예수님과 사도들의 발자취와 함께

신약성경 일독

李錫烈 지음

목양

예수님과 사도들의 발자취와 함께

신약성경 일독

초판 1쇄 인쇄 2018년 10월 17일
초판 1쇄 발행 2018년 10월 20일

지은이_ 이석렬
펴낸이_ 정성준
펴낸곳_ 도서출판 목양
등록_ 2008년 3월 27일 제 2008호-04호
주소_경기도 용인시 처인구 양지면 양지리 38-2
전화 070-7561-5247 | 팩스 0505-009-9585
홈페이지 www.mokyangbook.com
이메일 mokyang-book@hanmail.net

ISBN 979-11-86018-68-2 (03230)

* 책값은 뒤표지에 있습니다.
* 잘못된 책은 교환하여 드립니다.

추천사

신학박사 윤성원

기독교 대한성결교회 총회장(현)

삼성제일교회 담임목사(현)

본서의 저자, 이석렬 장로님은 지난 수년간 삼성제일교회에서 함께 동역했던 귀한 장로님입니다. 많은 시간을 함께 했기에 저자가 얼마나 성경을 아끼고 사랑하는지를 누구보다 잘 알고 있습니다. 하나님의 말씀을 사모하며 말씀의 사람이 되고자 노력한 결과물이 한권의 책으로 묶였습니다. **《구약성경 일독》**에 이어 이번 **《신약성경 일독》**에까지 신구약 성경이 조화롭게 종합되었습니다.

《신약성경 일독》을 보며 가장 먼저 떠오른 생각은, 종교개혁자들이 외쳤던 "오직 성경" 입니다. 신앙의 암흑기라 불리는 중세 천년에, 교회가 타락하며 부패하였던 가장 큰 이유는 성경을 읽지 않았기 때문입니다. 성경을 읽지 않으니 하나님의 말씀에 대해 무지하고, 하나님의 말씀에 대해 무지하니 맹인이 맹인을 인도하는 꼴이 된 것입니다.

성경은 살아계신 하나님의 말씀이자 진리의 책입니다. 단지 어떠한 정보를 전달하기 위한 책이 아닌 하나님의 경륜을 나타내는 책입니다. 우리가 믿는 성삼위일체 하나님께서는 창세 이후에 세상의 역사를 통해서 자신을 드러내시며 계시하셨습니다. 하나님의 구속의 역사가 성경 속에 고스란히 계시되어 담겨 있고, 그 계시의 절정에는 성육신으로 이 땅에 오신 예수 그리스도가 계십니다. 그래서 우리는 성경 말씀에 담겨있는 역사와 이야기들을 통해, 진리 되신 예수 그리스도를 발견해야 합니다.

저자의 서문에서도 밝히고 있듯이 성경을 읽는데 안내서가 필요합니다. 어떤 안내를 받으며 어떤 가치관으로 성경을 읽느냐는 매우 중요합니다. 어떤 이는 잘못된 안내를 받아 같은 성경을 읽으면서도 성경의 역사성을 부정하며 무신론자가 되기도 합니다. 그러나 성경은 디모데후서의 말씀처럼 능히 우리로 하여금 구원에 이르는 지혜를 갖게 합니다. 하나님의 사람으로 온전하게 할 뿐 아니라 모든 선한 일을 행할 능력을 갖추게 합니다. 이러한 하나님의 온전하신 뜻을 깨닫고, 성삼위 하나님께서 우리에게 베푸신 구속의 역사를 깊이 그리고 넓게 알아가기 위한 안내서로 저자의 《신약성경 일독》을 추천하는 바입니다

추천사

한천설 교수

총신대학교 부총장 겸 신학대학원장

성경은 인간에게 단지 지식만을 주는 책이 아니라, 인간을 근본적으로 변화시키는 책입니다. 하나님의 입으로부터 나오는 생명의 말씀으로 인하여, 보이는 곳에서, 보이지 않는 곳에서, 헤아릴 수 없는 수많은 사람들이 회심과 거듭남의 변화를 경험해왔습니다. 또한 지금 이 순간에도 어느 누군가 성경에서 하나님을 만나 예수님의 십자가 앞으로 나아오고 있을 것입니다. 하나님의 말씀은 생명입니다. 그러므로 일평생 성경을 사랑하고 날마다 성경을 묵상하며, 그 가운데 하나님을 만나고 하나님의 뜻대로 변화되어가는 사람은 진정 복 있는 사람입니다.

이번에 이석렬 장로님께서 출간하신 **《신약성경 일독》**은 성경을 사랑하는 성도라면 누구든지 언제나 곁에 두고 편안한 마음으로 읽을 수 있는 성경해설서입니다. 이 책의 도움을 받으면 성경을 더 쉽고 깊이 있게, 그리고 꾸준히 읽을 수 있으리라 확신합니다. 목회자나 신학생을 위한 성경 주석이나 신학 전문서적은 일반 성도들에게는 부담이 될 수 있을 것입니다. 그러나 이 책은 편집 구성이 평이하게 수록되어 있어서 일반 성도들이 읽기에 매우 적합한 책이라고 생각합니다.

뿐만 아니라 내용 또한 충실하고 체계적으로 잘 구성되어 있습니다. 제1편은 신약성경에 관한 역사적, 종교적, 철학적, 지리적 배경, 그리고 신약성경의 구성과 정경화 과정을 소개하고 있습니다. 이러한 내용들을 잘 이해하게 되면, 성경을 이해하는 안목이 더 넓고 깊게 열리게 될 것입니다. 그리고 이러한 관점을 가지고, 제2편 '신약성경 일독'을 읽게 되면, 이전보다 성경을 더욱 일목요연하게 큰 그림으로 이해하게 될 것이며, 성경을 읽는 기쁨이 더욱 풍성해질 것입니다.

저자는 신학 전공자가 아님에도 불구하고 이토록 방대한 분량의 책을 체계적으로 심도 있게 구성하여 집필했다는 사실이 우리에게 큰 모범이 되고 귀감이 됩니다. 이 장로님께서 60여년이라는 오랜 세월 동안 변함없이 하나님의 말씀을 사랑하고 탐독하며 연구해오셨기에 가능한 일이며, 남다른 인내와 비범한 열정이 있으셨기에 이루어낸 귀한 열매라고 확신합니다. 이 장로님께서 수십 년 동안 일반 분야에서 성실히 근무해 오시면서도, 날마다 성경을 묵상하고 수많은 서적들을 읽고 연구해 오신 내용이 한데 모아져 이렇게 훌륭한 작품으로 탄생하게 된 것입니다.

저는 이 장로님께서 신학자가 아니라 일반 저자이기에 오히려 성도들의 마음을 누구보다도 잘 아시는 분이라고 생각합니다. 무엇보다도 독자의 마음을 잘 알고 독자의 입장에서 글을 쓰는 것은 훌륭한 저자가 될 수 있는 요건 중 하나일 것이기 때문입니다. 이 책을 한 장 한 장 넘길 때마다 저자의 성경을 향한 사랑의 마음을, 그리고 독자를 향한 정성과 배려의 마음을, 나아가 연구자와 저자로서의 땀과 인내와 눈물이 고스란히 담겨 있음을 독자들은 마음 깊이 느끼게 될 것입니다.

이 책의 친절한 안내를 받으며, 한 걸음 한 걸음 꾸준히 신약성경을 읽어나가시기를 바랍니다. 그러다보면 어느새 '신약성경 일독'이라는 가슴 벅찬 정상(頂上)에 오르시게 될 것이고, 그 정상에서 바라보는 세상은 이전과는 다른 세상으로 다가오리라 확신합니다. 하나님의 말씀을 통하여 나 자신을 새롭게 발견하는 기쁨을 얻으실 것입니다. 또한 이 세상과 이웃을 하나님의 눈으로, 하나님의 마음으로 보게 되는 변화를 경험하실 것입니다. 날마다 하나님의 말씀을 묵상하고 그분의 뜻대로 변화되어가기를 간절히 소망하는 모든 성도들께 기쁜 마음으로 **《신약성경 일독》**을 적극 추천합니다.

저자서문

성경은 인간의 위대한 경전(經典)이자 필수 인생독본(讀本)입니다. 성경에는 인간의 구원과 영생에 대한 진리가 담겨 있기 때문입니다. 인간에 대하여 한 번이라도 고민을 해본 사람이라면 성경은 결코 멀리할 수 없는 책입니다.

성경은 구약과 신약으로 구성됩니다. 구약은 만물의 시작과, 타락한 인간의 구원자 메시야가 오신다는 예언이 중심을 이루고, 신약은 그 예언이 성취되었다는 증거와 종말에 관한 계시가 주축을 이룹니다.

그런데, 성경은 한 번에 선명하게 터득되는 책이 아닙니다. 그것은 하나님의 계시를 받은 많은 저자들에 의해, 여러 권의 책으로, 오랜 기간에 걸쳐, 시공적(時空的)인 순서가 구분되지 않은 채 기록되었기 때문입니다. 바로 그 점이 성경이 별도의 안내서가 필요한 이유입니다.

성경에 관한 훌륭한 안내서는 무수히 많습니다. 그러나 대부분 권별(卷別) 주석이거나 전문적인 해석 또는 설화적 설명의 형태여서, 일반 독자들의 요구를 충족시키지 못하는 경우가 많은 것 같습니다. 그래서 저자는 일반 독자들에게 신구약성경 66권 전체를 일목요연하게 정리하여 성경을 쉽게 이해하는데 도움이 될 수 있는 안내서를 생각해보았습니다. 이를 위하여 나름대로 시공(時空)의 순서를 설정하고, 그 순서를 따라 신구약성경 66권을 두 권의 책으로 압축하여, **《구약성경 일독》**과 **《신약성경 일독》**이라는 표제를 붙였습니다. 그리하여 본서를 읽은 독자들이 능선과 골짜기 그리고 숲과 그 안의 나무를 구분하면서, 현장감과 생동감으로 중도 포기하지 않고 아마추어이면서도 마침내 정상(頂上)을 정복하는 산악인과 같이 되기를 원했습니다.

본서는 성경에 대한 전문적 지식을 원하는 분들보다는 성경에 관심을 갖고 있는 일반 독자들을 위한 신약성경 안내서입니다. 저자는 신학 전공자가 아닙니다. 다만 학부시절에 '교회사'를 선택하여 수강하였습니다. 종교학과 주임교수였던 고(故) 신사훈 박사로부터 신학 전공을 권유받은 적도 있었지만, 대학 졸업 후에는 신학과 무관한 분야에서 일을 해왔습니다. 그러나 저 자신의 영성(靈性)을 위해 대학을 떠난 후에도 60여년 가까이 틈나는 대로 성경과 관련 참고서를 꾸준히 읽어왔고, 중요한 부분은 메모도 해두었습니다. 이제 와서 그것들을 버리기에는 너무나 애착이 커서 책으로 엮어 보았습니다. 미흡한 부분이 많지만 해량(海諒)해주시기를 부탁드립니다.

저자는 이미 2013년 12월에 **《이스라엘 역사와 함께하는 구약성경》**이라는 표제로 구약성경의 안내서를 출간한 바 있습니다. 그리고 이번에는 신약성경 일독과 함께 **《구약성경 일독》**도 자매서(姉妹書)로 출간합니다. 그런데 이번에 출간하는 《구약성경 일독》은 이전의 **《이스라엘 역사와 함께하는 구약성경》**의 표제를 바꾸었을 뿐 내용은 동일합니다. 다만 **〈신구약 중간 시대의 역사〉**의 절(節)은 **《구약성경 일독》**에서 삭제하고 **《신약성경 일독》**으로 이기(移記)하였습니다.

부족한 부분이 많은 저의 저서에 분에 넘치는 격려와 추천의 말씀을 해주신 윤성원 담임목사님과 한천설 원장님께 충심으로 감사드리며, 남은 생애 동안 더욱 탐구하여 보다 충실한 책이 되도록 노력할 것을 다짐합니다.

본서의 출판에 열과 성을 다해 주신 도서출판 목양의 정인수 대표님과 직원들에게도 아낌없는 감사의 말씀을 드립니다.

"나를 훈계하신 여호와를 송축할지라. 밤마다 내 양심이 나를 교훈하도다"(시 16:7).

부족한 것을 항상 깨닫게 해주신 하나님께 감사드리며, 이 책이 독자들에게 조금이라도 도움이 되기를 바라는 마음 간절합니다.

사랑하는 아내 안연희 권사에게 이 책을 드립니다.

저자 이석렬

목 차

제1편 신약성경의 배경

〈부록〉

제 1 편
신약성경의 배경

제 1 장
신약성경의 역사적 배경

제1절 신구약 중간 시대(Intertestamental Period)

1) 신구약 중간 시대의 의의

① BC 586년 유다가 바벨론의 느부갓네살 왕에게 멸망함으로써 이스라엘의 역사는 사실상 끝이 났다. 또한 BC 430년경 이스라엘 마지막 선지자 말라기가 예언활동을 마치면서 구약시대의 역사도 종언(終焉)을 고하였다.

그리고 말라기로부터 400여 년이 지난 로마제국 시대 초기(AD 4년경)에, "때가 차매 하나님이 그 아들을 보내사 여자에게서 나게 하시고"(갈 4:4), 세례 요한에 이어 예수 그리스도가 탄생하였고, 그리스도께서 사역을 시작함으로써 신약시대가 열리게 되었다.

이와 같이 이스라엘의 역사에 있어 구약시대로부터 신약시대가 단절된 400여 년 간의 공백 기간을 우리는 신구약 중간 시대라 부른다. 그런데 성경은 이 시대에 대해 침묵하고 있다. 그러므로 우리는 이 시대를 침묵의 시대(silent centuries)라 부르기도 한다.

② 신구약 중간 시대를 서양 제국(諸國)의 역사에 대입시켜 설명한다면, 이는 페르시아(Persia) 제국(帝國) 후기 100여 년(BC 430-331)과, 뒤를 이은 헬라제국의 통치 시대 300여 년(BC 331-30)을, 합친 400여 년 동안을 말한다.

페르시아제국의 경우는 제7대 왕 아닥사스다(BC 465-424)로부터 최후의 왕 다리오 3세(BC 336-331) 때까지 100여 년 동안을 말한다. 이 기간 동안에, 이스라엘 백성(유대인)은 70여 년 동안의 바벨론 포로생활을 마치고 귀환하여, 나라 없는 민족으로서, 성전제의(祭儀)를 회복하면서, 대제사장 중심의 혈연(민족) 및 율법 공동체를 형성하기 시작하였다.

또한 페르시아제국의 뒤를 이은 헬라제국 시대 300여 년 동안에도, 이스라엘 백성은 역사의 흐름 속에서 소멸되지 않고 혈연공동체 및 율법공동체로서 명맥을 계속 유지하며 존속해 왔다. 그리고 헬라제국 시대 후기에 이르러 이스라엘(유대인)은 자기들의 독립국가로서 하스몬(Hasmon) 왕국을 마카비(Maccabee)의 혁명을 통하여 세우기까지 했다(BC 143).

③ AD 1세기 로마제국 시대(초기)에 이르러서는, 유대인(이스라엘)은 비록 로마제국의 속국(봉신국)이었지만, 헤롯 왕국(하스몬 왕국의 찬탈자)이라는 국가의 틀 속에서 존속할 수 있었다(BC 37-AD 70). 그리고 헤롯 왕국 시대에 예수 그리스도께서 탄생하시고(BC 4) 사역을 시작함으로써 신약시대가 시작된 것이다.

④ 그러나 AD 70년에 로마제국이 헤롯 왕국을 멸망시킴으로써 유대인은 또다시 1,900여 년 동안(AD 70-1948) 나라 없는 민족의 길을 걷지 않을 수 없게 되었고, 이스라엘의 영토 또한 이방인의 발에 짓밟히게 되었다.

<신구약중간시대연대표>

<table>
<tr><th>서양제국의 역사</th><th>팔레스타인의 역사</th><th>성경 시대</th></tr>
<tr><td rowspan="2">바벨론 제국시대
(612-538 BC)</td><td>유다왕국 시대(922-586 BC)</td><td rowspan="3">구약시대</td></tr>
<tr><td>바벨론 통치시대
(586-538 BC): 포로시대</td></tr>
<tr><td rowspan="3">바사 제국시대
(559-331 BC)</td><td>바사제국 통치시대(前期)
(538-430 BC): 포로 귀환시대</td></tr>
<tr><td>아닥사스더 1세(465-424 BC)</td><td>(말라기의 죽음:430 BC)</td></tr>
<tr><td>바사제국 통치시대(後期)
(430-331 BC)</td><td rowspan="5">신구약 중간시대
(400여년 동안)</td></tr>
<tr><td rowspan="4">헬라 제국시대
(331-30 BC)</td><td>알렉산더대왕 통치시대
(331-323 BC)</td></tr>
<tr><td>애굽 통치시대
(323-198 BC)</td></tr>
<tr><td>수리아 통치시대
(198-143 BC)</td></tr>
<tr><td>하스몬 왕국시대
(143-37 BC)</td></tr>
<tr><td rowspan="2">로마 제국시대
(BC 27-AD 476)</td><td>헤롯 왕국시대
(BC 37-AD 70)</td><td>(예수의 탄생: BC 4)</td></tr>
<tr><td>로마제국 직접 통치시대
(AD 70-476)</td><td>신약 시대</td></tr>
</table>

2) 신구약 중간 시대 역사의 중요성

400여 년 동안의 신구약 중간 시대의 팔레스타인(이스라엘)의 역사에 관하여 우리는 아는 것이 별로 없다. 그리하여 외경(外經)과 일반역사에 의존하여 그간의 역사를 추적해보지만 매우 제한적일 수밖에 없다.

그러나 신구약 중간 시대 특히 헬라제국 시대의 역사는 특히 다음과 같은 의미에서 신약성경의 연구에 중요성을 갖는다.

첫째, 팔레스타인은 헬라 시대에 정치적으로 헬라의 지배를 받았을 뿐만 아니라 문화적으로도 헬레니즘 문명에 동화되었다. 언어도 고유 언어인 히브리어나 당시의 국제 상용어인 아람어보다 헬라어(그리스어)를 더 많이 사용하였다. 당초 히브리어로 기록된 구약성경이 이 시대에 헬라어로 번역되어 70인역(Septuagint)으로 출현하였고, 신약성경도 히브리어가 아닌 헬라어로 기록되었다. 신약성경에 헬라어 지명과 인명이 나타나는 것도 바로 이러한 연유이다.

둘째, 페르시아 시대에 태동한 유대교가 헬라제국 시대에 이르러 그 정체성(골격)을 확립함으로써, 유대인을 유대교 공동체의 단단한 틀 속에 가두게 된 측면이 있다.

셋째, 유대교는 신약성경의 기록에 크나큰 영향을 주었다. 복음서를 보면 유대교의 종파인 바리새인, 사두개인 등이 등장한다. 유대교의 종파는 마카비 혁명과 하스몬 왕조 시대를 거치며 극명하게 구분되었다. 그리고 유대교의 특징인 유일한 하나님에 대한 정열적인 헌신, 다신교 및 우상숭배의 회피, 영혼 불멸과 육체 부활 신앙, 종말론적인 견해 등이, 구약성경의 마지막 세기보다 예수님 강림 이후 한 세기 동안 더욱 명료하게 드러나는 것을 보게 된다. 복음서에서 우리는 산헤드린(Sanhedrin)공회와 장로들의 전통에 대해 읽게 되고, 서기관들의 활동에 대해 알게 된다. 복음서 저자들은 예수님께서 제사를 위해서가 아니라 율법을 읽고 종교적인 강론과 기도를 하기 위해 회당(synagogue)을 찾았음을 기록하고 있는데, 이는 유대교의 산물이다.

넷째, 말라기 시대에는 예루살렘의 인구가 적었고, 성읍들은 초라했다. 그러나 신약시대에는 팔레스타인이 로마제국 가운데 가장 인구밀도가 조밀한 지역으로 등장한다. 또한 예수님이 이 땅에서 은혜를 베푸셨을 당시 팔레스타인은 유대와 사마리아 그리고 갈릴리의 세 부분으로 분할되어 있었다. 이러한 신약시대의 지리적 상황도 하스몬 왕조와 헤롯 왕국에 대한 적절한 인식이 선행되어야 이해가 가능하다.

요컨대 구약과 신약성경의 무대가 모두 지중해 연안인 것은 사실이지만, 신구약 중간 시대를 겪으면서 두 성경의 지리적, 종교적, 사회적 배경은 현격하게 달라졌다. 또한 신약성경이 기록된 분위기도 중간 시대에 표출된 상황의 상당부분을 포함하고 있다. 그러므로 구약성경에 대한 연구만 가지고는 신약성경을 설명할 수 없다. 우리가 신약성경을 정확하게 이해하고 설명하기 위해서는, 신구약 중간 시대 유대인들의 지리, 역사, 종교의 변화와 발전에 대한 연구가 반드시 필요하다. 다시 말하면 이 모든 것들을 통해 신약성경이 구약의 연장선에서 기록되었으므로, 중간 시대의 역사를 정확하게 이해함(인식)으로써 그 과정의 상당 부분을 정당하게 판별할 수 있다는 것이다(cf. Surburg Raymond F. 저서, 별첨 참고문헌). 이에 관하여는 절을 바꾸어 상세하게 설명하고자 한다.

제2절 신구약 중간 시대 서양 제국(諸國)의 역사

Ⅰ. 페르시아제국(帝國)의 역사

① BC 550년에 고레스 2세(Cyrus Ⅱ, BC 559-529)가 바벨론과 연합하여 메대(Medes)를 합병한 후 다음, BC 539년에는 바벨론마저 정복하여 페르시아제국(바사제국)을 세웠다. 그리고 BC 331년에 다리우스(Darius) Ⅲ세가 알렉산더 대왕에게 패하면서, 멸망할 때까지 페르시아는 약 200년 동안(BC 539-331), 광대한 영토를 지닌 제국을 유지하였다.

② 그리고 구약시대의 마지막 선지자 말라기가 역사의 무대에서 사라지고 신구약 중간 시대가 시작된 시점은 BC 430년경이었다. 이때는 아닥사스다 왕(BC 465-424)이 통치하던 때였다. 신구약 중간 시대는 이와 같이 페르시아제국의 후기(반)에 시작되었다.

Ⅱ. 그리스/헬라제국의 역사

1. 알렉산더 대왕 이전의 시대 / 그리스 시대(Hellenic Age: Grecian Age)

① 일반적으로 그리스의 역사는, 알렉산더 대왕 이전의 시대(그리스 시대)와 알렉산더 대왕 이후의 시대(헬라제국 시대)로 구분한다.

② 발칸 반도의 중심부를 마케도니아(마게도냐), 발칸 반도의 남부를 그리스라 부른다. 그리고 발칸 반도의 최남단을 펠로폰네소스 반도(Peloponnesus Peninsula) 또는 남부 그리스라 부른다. 1893년 고린도 해협(Corinth Canal)의 개통으로 펠로폰네소스 반도는 펠로폰네소스 섬

(Peloponnese Island)이 되었다. 역사적으로 북부 그리스의 중심도시는 아테네(아덴)였고, 남부 그리스의 중심 도시는 스파르타였다. 그리스에서는 크레타 문명 시대(BC 3,000-1,400)와 미케네 문명 시대(BC 1,400-1,200)를 거쳐 BC 8세기에 이르러 폴리스(Police: 도시국가)가 성립되었다. 또한 BC 750년경부터는 아테네의 민주정치가 꽃을 피웠고, BC 6세기까지 왕성하게 식민지 활동을 하였다.

BC 5세기 초에 이르러 그리스는 3차에 걸친 페르시아(Persia)와의 전쟁(BC 492-479)에서 승리함으로써 동방(페르시아)의 힘이 서방(그리스)으로 이동하게 되었으며, 아테네는 이전에 경험하지 못했던 번영을 누리게 된다.

그러나 그리스는 BC 5세기 후반에 30여 년에 걸쳐 벌어진 동족 간의 내전, 즉 펠로폰네소스 전쟁으로 인하여 승자인 스파르타와 패자인 아테네를 포함한 폴리스 중심의 그리스는 사양(斜陽)의 길을 걷게 되었다. 펠로폰네소스 전쟁(BC 431-404)은 북쪽의 아테네를 중심으로 한 도시동맹과 남쪽의 스파르타를 중심으로 한 도시동맹 간의 내전으로서, 스파르타의 승리로 끝났다. 그리고 BC 336년에 이르러 알렉산더에 의해 통일되었다. 그리스의 역사에 있어서 알렉산더에 의한 통일 이전의 시대를 그리스 시대라 한다.

2. 알렉산더 대왕 이후의 시대 / 헬라제국 시대 / 헬레니즘 시대(Hellenistic Age)

그리스의 역사에 있어서 알렉산더 대왕으로부터 시작된 시대를 헬라제국 시대 또는 헬레니즘 시대라 부르고, 알렉산더 대왕 시대와 분할 세 왕국 정립(鼎立) 시대로 구분한다.

2:1. 알렉산더 대왕(Alexander, the Great) 시대

① 알렉산더 제국은 마케도니아에서 기원하였으나 그 기원에 대해서는 정설이 없다. 페르시아 전쟁 이전까지는 미개민족이었다. 하지만 페르시아 전쟁 이후 그리스 문화를 받아들이고 사회의 각 분야에서 혁신이 있었다. 필립 2세(Philip Ⅱ, BC 359-336)는 BC 359년 마케도니아의 왕위에 오른 후 상비군을 두고 그리스의 전술을 도입하며 그리스 정복의 기회를 노리다가 BC 338년 드디어 스파르타를 제외한 그리스 전역을 장악하였다.

② BC 336년 필립이 암살당하자 그의 아들 알렉산더가 왕국을 이어받았고, 그는 즉시 출정하여 스파르타와 메소포타미아 등 근동의 제국(諸國)까지 점령하고 대제국을 건설하였다. 그가 세운 왕국을 헬라제국 또는 알렉산더제국이라 하고, 그는 알렉산더 대왕(Alexander, the Great)이

라 호칭되었다.

③ 그리스 반도를 통일한 알렉산더는 BC 334년 보스포루스 해협(Bosporus Strait)을 건너 아나톨리아(터키)로 진군했는데, 이때 고국에 남긴 발자국이 그가 고국에 남긴 마지막 발자국이 되었다. 그는 계속되는 원정에서 승리를 거듭하였다. BC 333년 안디옥 북쪽에 있는 잇수스(Issus) 전투에서는 다리오(다리우스) 3세(BC 336-331)가 직접 지휘하는 페르시아군을 격파하고 수리아(시리아)의 북부로 패주시켰다. 알렉산더는 수리아(시리아)의 두로(Tyre, 티로)를 함락시키고 팔레스타인을 거쳐 BC 332년 아무런 저항도 받지 않고 애굽(이집트)으로 진입하였다. 당시 페르시아의 통치로 철저히 피폐했던 애굽인들은 그를 해방자로 환영하고 합법적인 바로(왕, 파라오)로 받아들였다. 알렉산더는 그곳에 알렉산드리아를 건설하였다.

알렉산더는 BC 332년 하부 메소포타미아의 아르베라(Arbela) 근처, 즉 티그리스와 유프라테스 강이 만나는 지점에서 페르시아의 다리오(다리우스) 3세와 다시 한 번 격전을 벌이게 되는데, 알렉산더 군이 승리하여 페르시아 군은 카스피 해 동부 지역으로 패주하였다. 쫓겨 갔던 다리오(다리우스) 3세는 1년 뒤인 BC 331년에 자신의 수행원들에게 살해되고, 페르시아는 멸망하였다. 그리하여 알렉산더는 그리스 반도, 아프리카 북부와 아라비아를 제외한 서남아시아 대부분을 지배하게 되었다.

알렉산더는 이어 인도로 진군하였으나 이전 어떤 군대도 경험하지 못한 어려움을 겪은 병사들은 철군할 것을 요구하였고, 대(大) 정복자 알렉산더도 사막을 통해 철수하고, 그의 함대도 바벨론으로 돌아올 수밖에 없었다. 바벨론으로 돌아온 알렉산더는 그곳에 본부를 설치하고 제국의 재정비와 아라비아 원정을 계획하다가 갑자기 열병에 걸려 숨을 거두었다. BC 323년 6월 13일, 그의 나이 33세였다. 그리하여 알렉산더가 직접 통치한 시대는 12년(BC 336-323) 만에 끝나고, 헬라제국은 그때부터 20여 년에 걸친 후계자 투쟁을 거쳐 분할왕국(제국) 시대로 접어들었다.

④ 알렉산더 대왕 사망 후 그리스 문화는 동양적 요소에 의하여 삼투, 변형되어 하나의 새로운 세계주의적 인류문화를 형성하였다. 이 문화는 이전의 그리스문화와는 분명히 구분되는 것이었다. 그리하여 알렉산더 대왕 이후의 헬라문화를 두고 19세기 독일의 역사학자 드로이젠(J. G. Droysen)이 헬레니즘(Hellenism)이라 불렀고, 이후부터 이 시대를 헬레니즘 시대라 부르게 되었다. 일반적으로 헬레니즘 시대(Hellenistic Age)는 알렉산더 대왕이 죽은 BC 323년경부터 아구스도(아우구스투스)가 로마제국을 건설한 BC 27년경까지 약 300여 년간의 시대로 이해되고 있다. 한편 알렉산더제국 이전(以前)의 시대는 그리스 시대(Hellenic Age, Grecian Age)라 부른다.

〈알렉산더 대왕의 일생〉

- BC 336년: 알렉산더의 즉위
- BC 332년: 팔레스타인 점령
- BC 332년: 애굽 점령
- BC 331년: 페르시아의 멸망
- BC 323년: 알렉산더의 죽음

2:2. 분할 세 왕국 정립(鼎立) 시대

알렉산더 대왕의 갑작스런 죽음으로 거대한 제국은 통치자 없이 남겨지게 되었다. 그가 죽은 후 그의 아들이 태어났으나 BC 310년 마케도니아의 카산더(Cassander)에게 살해되었고 친족들도 모두 제거되었다. 이어서 마케도니아의 카산더를 포함하여 5명의 알렉산더 부하 장군들 간에 일련의 후계자(The Diadochi) 전쟁이 벌어졌다. BC 301년 소아시아(터키)의 입소스 전투(Battle of Ipsos or Ipsus)에서 후계자 쟁탈전은 절정에 달했고, 이후 BC 281년 소아시아에 있는 코루페디온(Corupedion)에서 또 한 번의 전투가 있었다. 1차 전투(입소스)의 결과로 제국은 4개 왕조(왕국, 제국)로 분할되었다가, 2차 전투(코루페디온) 후 3개의 왕조(왕국, 제국)로 분할되었다.

이렇게 분할된 헬라제국은 300여 년 동안 정립(鼎立)하다가(정립시대) BC 30년 애굽의 프톨레마이오스 왕조가 최종적으로 로마에게 멸망함으로써 3개 국 모두 완전히 사라지고 말았다.

〈헬라의 3대 분할 왕국〉

① 애굽의 프톨레마이오스 왕국
(Kingdom of The Ptolemites) 323-30 BC, Alexandria
② 수리아(시리아)의 셀레우코스 왕국
(Selucus Kingdom) 312-64 BC, Antioch
③ 마케도니아의 안티고누스 왕국
(Kingdom of The Antigonus) 281-168 BC, Pella Macedonia

1) 애굽/프톨레마이오스 왕국(Kingdom of The Ptolemites, BC 323–30)

〈프톨레마이오스 왕국의 주요 왕들〉

① 프톨레마이오스 1세(Ptolemaios Ⅰ, Soter. 323-285 BC)
② 프톨레마이오스 2세 (Ptolemaios Ⅱ, 285-247 BC)
③ 프톨레마이오스 3세 (Ptolemaios Ⅲ, 247-221 BC)
④ 프톨레마이오스 4세 (Ptolemaios Ⅳ, 221-203 BC)
⑤ 프톨레마이오스 5세 (Ptolemaios Ⅴ, Epiphanes, 203-181 BC)
⑥ 클레오파트라 7세 (Cleopatra Ⅶ, 51-30 BC)

프톨레마이오스 1세가 애굽/프톨레마이오스 왕조를 건설하였다. 프톨레마이오스 왕조는 프톨레마이오스 1세, 2세, 3세에 걸쳐 세력을 확장하여, 수리아(시리아)와 그리스에까지 그 세력이 미쳤다. 이 때문에 북쪽 시리아(수리아)의 셀레우코스 왕조와 자주 다투었다. 프톨레마이오스 3세 이후부터는 왕족 간의 빈번한 분쟁과 내란으로 차차 외부 영토를 잃어가다가, BC 30년 마지막 왕인 클레오파트라와 그 동생 프톨레마이오스 12세 때에 로마에게 멸망되어 속주가 되었으나 알렉산더 후계 왕조 중에는 가장 장수하였다.

(1) 프톨레마이오스 1세(BC 323-285)의 프톨레마이오스 왕국 건설

프톨레마이오스 1세는 마케도니아 출신으로, 알렉산더가 죽기 전에 애굽의 지방장관(Satrap)으로 임명되었다. 알렉산더 대왕의 가장 유능한 장군 중 하나였던 그는 대왕이 죽자 시체를 손수 거두어 알렉산드리아 시의 중심에 묻었다. 그는 재빠르게 이집트를 장악하고 알렉산드리아를 수도로 정한 뒤, BC 320년 정복사업에 나섰다. 그는 팔레스타인 전역을 점령하고 페니키아 해안의 통치권을 손에 넣었다. BC 305년 그는 자신이 알렉산더의 후계자임을 공포하였다. 프톨레마이오스 1세는 BC 301년 입소스 전투에서, 다른 경쟁자들과 결탁하여 안티고누스를 패사시키고 영토를 확대해나갔다. 그는 애굽 전(全)지역과 리비아(Libya), 소아시아, 팔레스타인, 에게 해 주변 등을 영유하였다. 그는 많은 유대인들을 알렉산드리아로 이주시켰고, 그들이 알렉산드리아의 유대인 공동체의 모체가 되었다.

(2) 프톨레마이오스 2세(BC 285-246)

프톨레마이오스 1세의 아들로 아버지와 공동으로 통치하다가 BC 285년 왕위를 계승하였다. 그는 셀레우코스와의 2차례 전쟁(BC 276-271, 260-253)으로 수리아(시리아)와 소아시아로 세력을 넓혔고 동아프리카와 남아라비아의 통상로를 확보했다. 그는 알렉산드리아에 대형도서관을 건축하고 많은 문헌을 수집, 소장하였다. 그러나 그 문헌들 중에는 헬라어로 번역된 구약성경이 없었다. 프톨레마이오스 2세는 토라의 헬라어 번역을 명하였다(70인역 성경).

(3) 프톨레마이오스 5세 에피파네스(BC 203-181)

프톨레마이오스 5세가 즉위 후 수리아/셀레우코스 왕국의 안티오쿠스 3세는 애굽 지배하에 있던 팔레스타인을 공격하였다. 프톨레마이오스 5세는 팔레스타인을 내어줄 수밖에 없었다. 유대인들은 예루살렘에 있는 프톨레마이오스의 수비대를 공격하고 안티오쿠스 3세의 군대를 열렬히 환영하였다. 이로써 팔레스타인은 BC 198년부터 수리아/셀레우코스 왕조의 지배를 받게 되었다.

〈로제타 비석(Rosetta Stone)과 고대 애굽 문자〉

1799년 나폴레옹 전쟁 중에 나일강 서쪽 하구 로제타 마을에서 발견된 비석을 로제타 비석이라 한다. 이 비석에는 프톨레마이오스 5세와 안티오쿠스 4세 에피파네스의 칙령이 새겨져 있다. 사용된 문자는 헬라어, 애굽의 민간 문자, 상형 문자 등 3개 언어이다. 로제타 비석의 발견으로 고대 애굽어의 판독이 가능하게 되었다.

(4) 클레오파트라 7세(BC 51-30)-프톨레마이오스 왕조의 최후

프톨레마이오스 11세(BC 80-51)는 죽으면서 아들 프톨레마이오스 12세와 딸 클레오파트라 7세를 상속자로 남겨 놓았다. 클레오파트라는 공동으로 애굽을 통치하던 동생 프톨레마이오스 12세에게 추방되었다가, 시저가 정적 폼페이우스를 추격하여 애굽에 왔을 때 시저의 힘을 빌어 다시 왕위에 올랐다. 시저가 로마의 공화정을 위협한다는 이유로 암살된 후, 클레오파트라는 다시 안토니우스와 결혼하였다. BC 31년 안토니우스와 함께 옥타비아누스를 상대로 치른 악티움 해전에서 참패한 클레오파트라는 스스로 독사에게 물려 자살하였다. BC 30년 애굽은 마침내 로마에게 멸망당하였고, 이로써 클레오파트라 7세는 프톨레마이오스 왕조 최후의 왕이 되고 말았다.

2) 수리아(시리아)/셀레우코스 왕국(Selucus Kingdom of Syria, BC 312–64)

〈셀레우코스 왕국의 주요 왕들〉

① 셀레우코스 1세 니카토르(Seleucus Ⅰ Nicator, 312-281 BC)
② 안티오쿠스 2 세(Antiochus Ⅱ, 261-246 BC)
③ 셀레우코스 3세 (226-223 BC)
④ 안티오쿠스 3세 대왕(Antiochus Ⅲ The Great, 223-187 BC)- 셀레우코스 3세의 동생
⑤ 셀레우코스 4세(Seleucus Ⅳ, 187-175 BC)- 안티오쿠스 3세의 아들
⑥ 안티오쿠스 4세 에피파네스(Antiochus Ⅳ Epiphanes, 175-164 BC)- 안티오쿠스 3세의 차남
⑦ 알렉산더 발라스(Alexandrus Balas, 150-145 BC)
⑧ 안티오쿠스 7세(139-134 BC)
⑨ 안티오쿠스 9세(115-95 BC)

수리아(시리아)의 셀레우코스 왕조는 셀레우코스 1세 니카토르가 열었다. 셀레우코스 왕조는 애굽의 프톨레마이오스 왕조 다음가는 알렉산더의 후계 왕국으로 동서양의 문화교류에 기여하였다. 그러나 애굽의 프톨레마이오스 왕조처럼 통일을 이루지는 못하였다. 수도 안디옥(Antioch)은 애굽의 알렉산드리아와 상업적으로 경쟁하였지만, 프톨레마이오스 왕조의 강력한 해군은 셀레우코스 왕국의 경제적 번영을 방해하였다. 셀레우코스 왕조는 BC 198년부터 팔레스타인 지역을 장악하였는데, 안티오쿠스 4세 에피파네스가 유대인과 유대교를 무참히 탄압하여 결국 마카비 반란이 일어나고(BC 167-143), 유대인의 하스몬 왕조(143-37 BC)가 세워지게 되었다. 셀레우코스 왕조는 헬라화 정책을 강력하게 추진하였다.

셀레우코스 왕조는 안티오쿠스 3세 때까지는 유대인의 제의(祭儀)에 간섭하지 않았고 유대인 공동체에 대하여 호의적이었다. 셀레우코스 왕조는 사실상 BC 130년부터 해체된 왕조였으며, BC 64년 로마에 멸망당하였다

(1) 셀레우코스 1세(BC 312-281)

셀레우코스 1세 니카토르(Seleucus Ⅰ, Nicator)는 마케도니아의 안티오쿠스의 아들이었다. 그는 페르시아의 총독(Satrap) 출신으로 알렉산더가 죽은 후 BC 312년에 셀레우코스 왕조를 열었고, 301년 입소스 전투 후 수리아(시리아)와 메소포타미아를 지배하게 되었다. 그는 동쪽으로 인더스강 유역까지 세력을 확장해갔다. 그러나 BC 281년 코루페디온 전투에서 암살당하였고,

왕위는 그의 아들 안티오쿠스 1세에게 계승되었다.

그가 죽은 후 대부분의 통치자들은 셀레우코스나 안티오쿠스라는 이름으로 번갈아 불리었다.

(2) 안티오쿠스 2세(BC 261-246)

안티오쿠스 2세는 부왕(안티오쿠스 1세)으로부터 물려받은 영토를 지키지 못하였다. 그의 치세에 영토는 메소포타미아 서부와 수리아(시리아), 그리고 아라비아 지역으로 축소되었고, 팔레스타인도 수리아 세력권 밖에 있었다.

(3) 안티오쿠스 3세 대왕(BC 223-187)

안티오쿠스 3세는 셀레우코스 3세의 동생이다. 그가 즉위하자 모든 것은 일변하였다. 그는 연전연승을 거듭하여 소아시아로부터 인도 국경에 이르기까지의 지배권을 다시 선언하였다. 수리아(시리아) 셀레우코스 왕조의 가장 큰 적은 애굽이었는데, 그것은 수리아와 인접한 팔레스타인을 애굽이 장악하고 있었기 때문이었다.

BC 217년 안티오쿠스 3세는 최초로 애굽을 공격했으나 실패하였다. 그러나 BC 198년에 팔레스타인 일대를 장악하는데 성공하고, 100여 년간 이곳을 통치하던 프톨레마이오스 왕조를 몰아내었다. 그가 팔레스타인을 애굽으로부터 탈환한 것은 대단한 업적이었다. 팔레스타인은 이때부터 셀레우코스 왕조의 지배를 받게 되었다. 그러나 안티오쿠스 3세는 BC 198년의 전쟁 후부터는 패전을 거듭하면서 엄청난 전쟁 배상금을 떠안고 BC 187년 암살당하고 말았다. 안티오쿠스 3세가 애굽 군대를 격퇴시키는 과정에서 유대인들은 안티오쿠스 3세를 지원하였고, 이에 대한 대가로 유대인은 그의 통치기간 31년 동안 종교적 자유를 누릴 수 있었으나, 이와 같은 종교적 자유는 셀레우코스 4세가 왕위에 오르면서 깨어지고 말았다.

(4) 셀레우코스 4세(BC 187-175)

셀레우코스 4세는 안티오쿠스 3세의 아들로 선왕의 부채를 안고 후계자가 되었다. 그는 막대한 전쟁 배상금을 갚기 위해 예루살렘 성전 금고를 약탈하였고 유대인을 탄압하였다. 팔레스타인에 파견되었던 총독은 민중의 반감과 소요를 두려워한 나머지 왕의 성전 금고 약탈을 중단시켰고, 얼마 후 쿠데타를 일으켜 셀레우코스 4세를 암살하였다.

(5) 안티오쿠스 4세 에피파네스(BC 175-164)

안티오쿠스 4세 에피파네스는 안티오쿠스 3세의 아들이며 셀레우코스 4세의 동생으로, 형 셀레우코스 4세가 암살당할 때 로마에 있었다. 그는 귀국하여 총독의 쿠데타를 진압하고 BC 175년 왕위에 올랐다. 그는 쇠퇴해가는 수리아(시리아)를 회복시키기 위해 문화 · 종교적으로 강압정책을 구사하면서 헬라화를 강력하게 추진하였다. 유대인들은 이에 극도로 반대하였다. 그는 애굽과 대항하여 싸웠으나 로마로부터 경고를 받고 애굽에서도 철수할 수밖에 없었다.

그는 "제국도 하나이고, 종교도 하나이다. 유대인은 전통을 버리고 나를 신봉하라"고 강요하면서 BC 167년 예루살렘에 제우스 신전을 짓고 자신을 에피파네스(신이 나다나셨음)라 칭하면서 신으로 숭배하도록 명령하였다("멸망의 가증한 것"). 이 명령에는 돼지고기를 먹고, 안식일을 지키지 말 것이며, 사내아이에게 할례를 하지 말고, 각종 우상숭배 의식에 참가함으로써 헬라화 시책에 협력하라는 내용이 포함되어 있었다. 그는 과거부터 내려오던 유대인의 율법적 제의와 생활방식을 헬레니즘적인 삶의 양식으로 바꾸려 했던 것이다. 그의 정책은 예루살렘의 개방적인 헬라주의자들에게는 협력과 지지를 얻었으나, 율법에 충실한 자들에게는 심한 저항에 부딪쳤다. 그에 대한 반감은 유대인 사이에서 서로 다른 이상을 가진 계층 간 갈등(내분)을 자극하였고, 급기야 BC 167년 마카비 항쟁으로 비화되었다. 안티오쿠스 4세 에피파네스는 BC 164년에 바데(파르티아: Parthains 이란)와의 전쟁에서 죽었다.

(6) 알렉산더 발라스(Alexandrus Balas, BC 150-145)

안티오쿠스 4세 에피파네스가 죽은 후 알렉산더 발라스라는 자가 에피파네스의 양자라 자칭하며 통치하였다.

(7) 안티오쿠스 7세(BC 139-134)

안티오쿠스 7세가 바데(파르티아, Parthia)에 대한 반격 도중 패사(敗死)함으로써 왕조의 정통이 단절되었다.

셀레우코스 왕조는 BC 130/129년 경 바데에 패하여 사실상 해체되었다. 이후부터는 왕들이 난립하다가 BC 64년 폼페이우스에 의해 로마에 합병되었다.

3) 마케도니아/안티고누스 왕국(Kingdom of The Antigonus, BC 281-168)

소아시아에서는 안티고누스의 손자인 안티고누스 고나타스(Antigonus Gonatas)가 안티고누스 왕조를 세우고 헬라와 마케도니아를 지배하였다.

Ⅲ. 로마제국(帝國)의 역사

로마의 역사는 왕정 시대와 공화정 시대 그리고 제국 시대로 구분된다.

〈로마의 시대구분〉

① 왕정 시대(BC 753-509)
② 공화정 시대(BC 509-30)
③ 제국(帝政) 시대 (BC 30-AD 476, 1453)

1. 왕정(Monarchy) 시대

로마는 라틴족이 이탈리아 반도 티베르 강가에 세운 작은 도시국가에서 시작되었다. 전설에 의하면 트로이의 전쟁 용사 아이네아스(Aeneas)의 자손 로물루스(Romulus)가 BC 753년에 건국하여 최초의 왕이 되었다고 한다. 그리고 로마(Rome)라는 이름도 로물루스(Romulus)에서 유래한 것이라고 한다. 로마의 왕은 한 집안의 가장(家長)과 같은 지배권을 가지고 있었다. BC 4-5세기부터 로마사회는 귀족(patricians, nobles), 평민(plebeians, citizens), 노예(clients)의 세 계급으로 분명하게 구분되었다. 원로원도 로마의 핵인 평민과 함께 왕정 시대부터 존속하였다.

2. 로마 공화정(Republic) 시대

로마는 BC 509년 왕정에서 공화정으로 바뀌었다. 그러나 로마의 세력이 확장되고 강성해지면서 귀족과 원로원은 특권층으로, 평민은 빈민으로 바뀌었다. 민권 투쟁을 통해 호민관 제도와 평민회의 설립, 12 동판법 제정 등으로 평민의 지위가 다소 향상되었지만, 계급 사이의 반목과 사회적 불안은 계속되었다. BC 2세기 후반 호민관으로 선출된 그라쿠스(Gracchus) 형제는 이러한 위기를 극복하기 위해 토지개혁을 시도하였으나 뜻을 이루지 못했다. 결국 원로원 및 귀족과 평민이 치열하게 대립하였고, 스파르타쿠스(Spartacus)의 난과 같은 노예 반란까지 겹쳐 로마는 심각한 내란 상태에 빠졌다.

1) 제1차 삼두 정치

〈1차 삼두 정치인〉

① 시저(Gaius Julius Caesar: 가이사: BC 110-44)
② 폼페이우스(Pompeius: BC 105-48)
③ 크라수스(Crassus)

(1) 폼페이우스

이러한 사회적 혼란과 계속된 전쟁을 겪는 동안 군인들이 무력을 기반으로 정치에 진출하였다. 이른바 원로원 독재시대에서 군인 독재시대가 된 것이다. 마침내 전쟁에서 명성을 얻은 귀족파 술라(Sulla, BC 138-78)는 로마를 장악하고 군인 독재시대를 열었다. 술라가 죽은 후, 그의 부하였던 폼페이우스가 강력한 지배적 인물로 등장하였다. 그는 BC 67년 지중해 해적을 소탕하고, 총사령관으로서 소아시아를 정복한 후 BC 64년 수리아(시리아)의 셀레우코스 왕조를 무너뜨렸다. 그리고 팔레스타인으로 내려가 3개월간 예루살렘 성을 포위한 끝에, BC 63년 드디어 예루살렘을 정복하였다. 이후 팔레스타인-유대(Judea)는 수리아 총독의 감독을 받게 되었고 폼페이우스는 BC 62년 로마로 개선하였다. 그는 원로원과 대항하기 위하여 BC 60년 시저 및 크라수스와 함께 제1차 삼두정치를 시작하였다.

(2) 가이사(시저)

한편 가이사(Gaius Julius Caesar 시저, BC 110-44)는 평민파였다. 그는 8년에 걸친 갈리아 원정(BC 58-50)에 성공하여 로마 시민에게 인기를 얻었다. 폼페이우스는 당시 원로원이 평민파인 시저 대신 자신을 지지하자, 삼두 정치를 파기하고 단독 집정관이 된 후 정면으로 시저를 견제하였다. 시저는 결국 갈리아를 출발하여, BC 49년 1월 "주사위는 던져졌다"는 말과 함께 갈리아와 로마의 경계인 루비콘 강을 건넜다. 시저에게 패배하고 쫓긴 폼페이우스는 마침내 애굽까지 갔다가 시저가 애굽에 도착하기 전(BC 48년) 그곳에서 암살당했다. 시저는 애굽에서 클레오파트라 7세를 만나게 된다. 시저는 동맹국 애굽의 남매 간 왕권 다툼에 개입하여 클레오파트라의 왕위를 회복시켰다. 시저는 동방을 평정한 뒤 클레오파트라와 함께 로마로 귀환하였고 BC 46년 10월 성대한 개선식을 거행하였다.

시저는 이때 **유대의 안티파터**(헤롯 왕의 아버지)를 유대 총독으로 임명하고 로마의 시민권도 주었다. 그는 종신 독재관으로서 원로원으로부터 대원수(Imperator)의 칭호를 받았다. 달력을 지금의 태양력으로 바꾼 것도 그였다. 시저는 그의 독재와 로마 공화정의 미래를 걱정하던 브루투스(Brutus), 카시우스(Cassius) 등에게 BC 44년 3월 15일 암살당하였다. 클레오파트라는 시저가 암살당하자 아들 카사리온과 함께 애굽으로 귀국하였다.

2) 제2차 삼두정치

〈2차 삼두 정치인〉

① 안토니우스(Antonius: BC 43-30)
② 옥타비아누스(Octavianus: BC 43-14)
③ 레피두스(Lepidus)

(1) 안토니우스

시저의 유해가 로마 광장으로 옮겨지고 시저의 부관 안토니우스가 장엄하고도 애절한 추도 연설과 함께 피가 묻은 시저의 옷을 시민들 앞에 내보이자 시민들은 분노하였다. 한편 가이우스 옥타비아누스(Octavianus)는 해외에 있다가 유언에 의해 자신이 시저의 양자이자 상속인이 되었다는 소식을 듣고 귀국하였다. 그의 나이 19세 때였다. 옥타비아누스는 안토니우스와 손을 잡고 BC 43년 레피두스(Lepidus)를 끌어들여 제2차 삼두 정치(BC 43-31)를 성립시켰다. BC 42년에 안토니우스와 옥타비아누스는 연합군을 편성하고 마케도니아로 출정해서 도망한 브루투스 등 시저 살인자들을 죽였다. 제2차 삼두 정치에 따라 세 사람이 분할 통치한 지역은 다음과 같다.

① 안토니우스: 소아시아와 애굽의 속주들
② 옥타비아누스: 서방의 속주들
③ 레피두스: 아프리카의 속주들

안토니우스는 소아시아의 길리기아(Cilicia) 다소(Tarsus)에서 수리아(시리아)와 팔레스타인, 애굽 등 동방을 통치했다. 안토니우스는 BC 42년 유대 안티파터의 두 아들 파사엘과 헤롯을 분봉왕으로 임명하였다가, **BC 40년에 헤롯을 유대의 왕**으로 임명하였다. 안토니우스는 BC 36년 과거 로마의 패전에 대한 복수를 위해 바데(파르티아 Parthia)를 공격하였으나 크게 패한 후, 아르메니아(Armenia)를 장악하고 애굽으로 내려갔다. 안토니우스는 클레오파트라 7세와 결혼하였고, 아르메니아에서의 승리를 자축하면서 BC 34년 로마의 동방 지역 일부를 클레오파트라 7세에게 선물하였다. 바데에 대한 재원정을 미루고 애굽에서 안토니우스가 취한 이러한 처사가 로마에 알려지자 로마 시민들은 안토니우스를 격렬히 비난하였다.

(2) 옥타비아누스

① 안토니우스가 로마시민의 신임을 잃자 이때 옥타비아누스는 로마 시민의 전폭적인 지지를 안고 애굽에 대해 선전 포고를 하였다. 전투는 BC 31년 안토니우스와 클레오파트라의 막강한 해군이 집결한 악티움(Actium)에서 벌어졌고, 옥타비아누스가 승리하였다.

② 그 해에 옥타비아누스는 바데의 침공으로 로마로 피신했던 유대의 헤롯을 유대 왕으로 복권시켜 주었다.

③ BC 30년 안토니우스는 자살하였다. 알렉산드리아는 로마 군대에 점령되었고, 결국 클레오파트라도 자살하였다. 이로써 알렉산더 제국의 뒤를 이은 헬라 왕국들 가운데 유일하게 존속하던 애굽은 BC 30년 로마에 멸망하여 로마의 속주가 되었고, 로마의 지중해 통일이 완성되었다.

3. 로마제국(Roman Empire, 帝國) 시대

<로마제국 초기시대의 황제들>
① 아우구스투스(Augustus: 아구스도, 옥타비아누스, BC 27-AD 14, 눅 2:1)
② 티베리우스(Tiberius: 디베료, 14-37)
③ 칼리굴라(Caligula 37-41)
④ 글라우디오(Claudius: 글라우디우스, 41-54)
⑤ 네로(Nero, 54-68)
⑦ 베스파시아누스(Vespasianus: 베스파시안, 69-79)
⑧ 티투스(Titus: 디도, 79-81)
⑨ 도미티아누스(Domitianus: 도미티안, 81-96)

로마가 지중해를 통일함으로써 100여 년에 걸친 로마 국내외 전쟁은 일단 끝이 났다. BC 30년 옥타비아누스는 로마에 개선하였다. BC 27년 옥타비아누스는 원로원에 의해 아우구스투스(아구스도)와 프린켑스(제1시민)라는 존칭이 부여되었고, 아울러 종신 황제(Imperator)로 추대됐다(아우구스투스=Augustus=존엄자 / 프린켑스=Princeps=제1시민). 원로원은 여전히 국가 최고기관의 지위를 유지하였고 공화정의 제도와 조직도 존속했으나, 국가의 실권이 아우구스투스 한 사람에게 집중됨으로써 실제로는 아우구스투스의 전제정치와 다름이 없었다. 역사가들은 이 시대를 공화적 제국(제정)시대 또는 제국시대라 부른다. BC 27년부터 로마의 제국시대가 시작되었다. 이후 200년간 지중해 일대에는 로마의 평화(The Pax Romana)가 지속되었다. 아우구스투스가 건설한 로마는 지중해 연안과 유럽, 근동 지역에 걸친 대(大)제국이었다. 그러나 로마는 AD 395년에 동서로 분할되었고, (서)로마제국은 476년에 게르만족에게, (동)로마제국은 1453년에 오스만 투르크에게 멸망하였다.

로마제국의 역사는 흔히 로마제국 초기시대, 오현제 시대, 군인황제 시대, 전제군주 시대, 동서분할제국 시대로 구분한다.

1) 로마제국의 초기(BC 27–AD 96)

아구스도(아우구스투스) 황제(초대)로부터 도미티아누스 황제(9대)까지 100여 년간을 로마제국시대 초기라 한다. 아구스도 황제가 76세(AD 14)에 죽고 그의 양자인 티베리우스와, 이어 친족 4명이 제위를 계승하였으나 대체로 무능하였다.

(1) 아우구스투스(아구스도) 황제(BC 27-AD 14)

아구스도는 **BC 31년경 유대의 헤롯을 봉신왕(Client king)**으로 인정하였다. 아구스도 시대 BC 4년경 예수님이 유대에서 탄생함으로써 기독교 신약시대가 시작되었다.

(2) 티베리우스(디베료) 황제(AD 14-37)

아구스도가 AD 14년에 죽고 티베리우스가 즉위하였다. 티베리우스는 23년간 통치하였고, 그가 경마장에서 낙상했을 때 부하가 그를 죽였다. 칼리쿨라가 황제의 위를 계승하였다. 티베리우스 재위기간에 세례 요한의 출현과 사역 그리고 예수 그리스도의 공생애(AD 27-30)가 있었다. 즉 예수께서는 티베리우스 황제 때 복음을 선포하셨고, 십자가에서 죽으셨다. 또한 티베리우스 통치 말기에 바울의 다메섹 도상의 회심사건이 있었다(AD 32).

① 초대 황제 아구스도는 본처에서 아들 없이 외동 딸 쥴리아를 두었다. 또한 아구스도의 동료 장군 중에 아그립바가 있었다. 그리고 아그립바에게는 첫 부인에서 낳은 딸(비프사니아. Vipsania)이 있었다. 쥴리아는 아그립바와 결혼하였다. 쥴리아는 초혼이지만 아그립바는 재혼이었다. 쥴리아와 아그립바 사이에서 딸 아그리피나(Agrippina)(大)가 태어났다(아구스도의 외손녀).

② 그런데 아구스도 황제는 리비아와 재혼하였다. 리비아도 재혼이었으며 전 남편에서 낳은 디베료를 데리고 왔다. 디베료는 비프사니아의 남편이 되었다. 그리하여 디베료는 아구스도의 양자가 되었으며 아구스도는 그를 후계자로 지명하였다. 그러므로 디베료는 아구스도의 후처 리비아가 전 남편에서 낳은 아들이다.

③ 황제 아구스도와 황후 리비아는 쥴리아(아그립바의 아내)와 디베료(비프사니아의 남편)를 정략적으로(강제적으로) 결혼시켰다. 따라서 디베료는 아구스도의 양자이면서 동시에 사위가 되었다.

〈cf. The History Of The Decline And Fall Of The Roman Empire, by Edward Gibbon〉

(3) 칼리굴라(Caligula) 황제(AD 37-41) / 가이오

티베리우스에게도 아들은 없었다. 아구스도는 티베리우스가 죽기 전에 미리 칼리굴라를 티베리우스의 후계자로 지명해 두었다. 티베리우스가 죽었을 때 후계자 승계과정에서 경쟁은 있었으나 칼리굴라는 원로원의 지원으로 무난히 황제(3대)가 되었다. 그는 불과 3-4년 재위하였고 AD 41년에 부하에게 암살되었다. 칼리굴라의 본명은 가이우스(Gaius: 가이오)이고, 칼리굴라는 '꼬마군화'라는 뜻을 갖는 별명이다.

한편 유대 헤롯 대왕의 손자 아그립바 1세는 그의 아버지 아리스토불러스가 처형당하자 그의 어머니와 함께 로마로 보내져 로마 황실에서 청년 시절을 보면서 로마의 황족들과 친분을 맺고 있었다. 아그립바 1세는 티베리우스의 비위를 거스르게 한 이유로 티베리우스에 의해 투옥되기도 했다. 그러나 아그립바 1세는 칼리굴라와는 좋은 인연을 맺고 있었기 때문에 티베리우스가 죽고 칼리굴라가 즉위하자 아그립바 1세는 출옥되었다. 그리고 유대에서 헤롯 빌립이 죽자 칼리굴라는 아그립바 1세를 신임하여 그를 헤롯 빌립의 후임으로 임명하였다.

또한 헤롯 안디바(헤로디아의 남편)가 칼리굴라에게 아그립바 1세를 모함하자 칼리굴라는 그로부터 분봉왕 지위를 박탈하고 그를 리옹으로 유배 보냈다. 칼리굴라는 유대인에게도 자기를 숭배할 것을 강요하였고, 예루살렘 성전 안에 자기 동상을 세우라고 명령하였으나 그 명령이 이행되기도 전에 죽었다.

① 아구스도의 휘하 장군 중에 게르마니쿠스(Germanicus)가 있었다.

② 게르마니쿠스는 쥴리아의 딸 아그리피나(Agrippina)(大)와 결혼하였다. 그러므로 게르마니쿠스는 아구스도의 외손녀의 남편이다. 두 사람 사이에서 칼리굴라와 (소)아그리피나가 태어났다. 따라서 칼리굴라는 쥴리아의 외손자이다.

(4) 글라우디오(Claudius) 황제(AD 41-54)

AD 49년경 글라우디오 황제 집권 당시 로마에 거주한 유대인들은 약 5만 명에 달했다. 당시 로마의 유대인 사회 내에서 '크레스투스(Chrestus)'라는 사람 때문에 유대인들이 두 파로 갈라져 계속해서 소요(난동)를 일으키고 있었다. 이에 글라루디오 황제는 AD 49년에 기독교인이든 비기독교인이든 모든 유대인들을 로마에서 추방하라는 **글라우디오 황제의 칙령(decree)**을 내렸다. 그리하여 유대인 거주자들은 로마에서 모두 추방당했는데 그중에는 아굴라와 브리스길라가 포함되어 있었다(행 18:2).

일부 연구자들은 난동자 Chrestus라는 사람을 Christ(예수)를 지칭하였던 것으로 추측한다. 때문에 로마에서 벌어졌던 소요는 전통 유대교인과 기독교로 개종한 유대인(Chrestus 측) 간의 갈등이 표출된 것이라는 것이다.

이에 관련된 한 가지 증거로 1878년 나사렛에서 돌판 하나가 발견되었다. 그 돌판에는 글라우디오 황제의 칙령이 실려 있는데(나사렛 칙령이라고 한다), 어떤 무덤도 파헤쳐져서는 안 되고 그 시신도 옮기면 안 된다며 만약 이것을 어긴 자들은 모두 사형에 처한다고 기록되어 있었다. 때문에 글라우디오 황제 통치 때 기독교 소요사건의 처리와 관련된 칙령(나사렛 칙령)으로 추정한다. 바울의 1, 2차 선교여행이 AD 47-52년에 있었다.

글라우디오는 명장 게르마니쿠스의 동생이다. 따라서 그는 칼리굴라의 숙부이다. 그의 조카 칼리굴라 황제가 암살되자 궁궐 안에 숨어 있다가 병사에게 발견되고 황제 호위병의 옹립으로 즉위하였으며 원로원의 승인을 받았다. 그리하여 4대 황제가 되었다.

(5) 네로 황제(Nero, AD 54-68)

글라우디오가 죽자 네로가 17세의 나이에 황제로 추대되었다. 로마제국은 초기에는 기독교에 대해 대체로 관대했다. 그러나 로마제국의 황제가 황제숭배를 강요하자 기독교인들은 이를 거부했다. 그리고 로마 시민은 비밀단체나 미신적 사상을 싫어했다. 그런데 로마인들의 눈에는 기독교인들이 비밀 단체로 또는 미신적 사상의 소유자로 보이기도 했다. 때문에 가끔 로마 사회가 기독교인들을 이상한 눈초리로 바라보았다. 이와 같은 현상은 로마사회에 어떤 불길한 사건이 생기면 그 원인을 기독교인들에게 돌리게 하는 악의에 찬 목적으로 이용되기도 했다. 네로 황제 때 이르러 기독교에 대한 노골적이고 무자비한 박해가 있었다.

공식적 박해는 64년 로마를 불태운 일과 함께 일어났다. 즉 예수께서 십자가에서 죽으시고 34년 후의 사건이다. 6일간의 불길로 로마시의 3분의 2를 태워 버렸다. 네로 황제는 자신의 악정을 은폐하기 위하여 방화의 죄를 그리스도인들에게 씌웠다. 그리스도인에 대한 무서운 박해가 따랐고 무수한 순교자가 생겼다. 바울도 이때 네로의 손에 순교의 제물이 되었다. 베드로도 이 때 순교한 것으로 전해지고 있다.

글라우디오 황제는 본처와 사별하고 (소)아그리피나와 재혼하였다. (소)아그리피나는 (대)아그리피나의 딸이며 칼리굴라의 여동생이다. 글라우디오에게는 본처가 낳은 옥타비아라는 딸이 있었다. 그리고 (소)아그리파나에게도 첫 남편에서 낳은 네로라는 아들이 있었다. (소)아그리피나가 글라우디오와 재혼함으로써 네로는 글라우디오의 양자가 되었다. 그리고 (소)아그리피나는 자신의 영향력을 행사해서 글라우디오의 본처가 낳은 옥타비아와 자기가 낳은 네로와의 결혼을 성사시켰다. 때문에 네로에게는 글라우디오의 후계자가 될 수 있는 길이 열렸다. (소)아그리피나는 네로를 황제로 세우기 위하여 글라우디오 황제를 그의 재위 14년에 독살하였다.

(6) 베스파시아누스(베스파시안) 황제(AD 69-79)

그는 네로 황제시대의 장군이었다. 66년 예루살렘에서 유대인의 반란을 진압하고 있을 때 네로가 죽자 로마로 돌아와 황제가 되었다. 예루살렘 반란 진압은 그의 아들 디도(티투스)의 임무가 되었다.

(7) 티투스(디도) 황제(AD 79-81)

베스파시아누스 황제의 아들로서 유대인의 1차 반란(AD 66-70)을 무참하게 진압하였고, 헤롯 성전을 흔적도 없이 파괴하였다. 예수 그리스도께서 십자가에서 죽으신 지(AD 30년) 40년 후의 일이다.

(8) 도미티아누스(도미티안) 황제(AD 81-96)

그는 디도(Titus)황제의 동생이었다. 치밀한 조직성과 교활성을 바탕으로 자신을 신격화 하면서 **황제예배**라는 형식으로 로마제국 내의 종교들을 통솔하려 했다. 그는 그리스도인을 박해했다. 그의 박해는 조직적이고 공포적이었다. 이 박해는 네로 황제 때를 이어 두 번째로서, 95년에 있었으며 대규모 박해였다. 원래 황제는 세금납부를 거절한 '유대인들'에게 박해를 가하기 시작했으나 그리스도인들도 아직 유대교의 한 종파로 알려졌기 때문에 덤으로 그리스도인들도 함께 박해를 입게 되었다. 도미티아누스 황제는 특별히 황제예배를 거절하는 그리스도인들을 반역자로 정죄하여 처벌하였다. 이때 사도 요한은 밧모(Patmo)섬으로 유배되었다. 교회에 대한 그의 박해가 요한계시록이 쓰인 배경이다. 요한계시록은 요한이 압제받는 그리스도인들을 위하여 쓴 것이다.

2) 오현제(五賢帝)시대(96–180)

훌륭한 5명의 황제가 연이어 로마제국을 통치한 로마제국 전성시대이다.

〈5현제〉

① 네르바(Nerva: 96-98)-밧모섬에 유배중인 사도 요한을 석방
② 트라야누스(Trajanus: 98-117)
③ 하드리아누스(Hadrianus: 117-138)-유대의 이름을 Syria-Palestine으로 바꾸었다.
④ 안토니우스 피우스(Antonius Pius: 138-161)
⑤ 마르쿠스 아우렐리우스(Marcus Aurelius: 161-180)- 대대적 기독교 박해자

(1) 네르바(Nerva, 96-98)

서민출신으로 원로원의 의원이 되었다가 도미티아누스가 죽자 황제로 추대되었다. 도미티아누스의 치하의 문란해진 질서를 회복시켰다. 밧모섬에 유배중인 사도 요한을 석방시켰다.

(2) 트라야누스(Trajanus, 98-117)

스페인의 이탈리카 출신이며 97년 네르바의 양자가 되어 그의 사후에 즉위하였다. 그가 소(小) 폴리니우스에게 보낸 서한은 그의 기독교 정책을 잘 말해 주고 있는데, 특히 기독교인이 죄를 범했을 경우에만 처벌될 것을 역설하여 그의 신중한 태도를 보였다.

(3) 하드리아누스(Hadrianus, 117-138)

트라야누스가 중병에 걸렸을 때 양자가 되어 후계자로 정해졌다. 트라야누스가 죽고 그가 즉위하였다. 하드리아누스 황제는 유대인의 3차 반란(AD 132-135)을 진압하였다. 이를 계기로 예루살렘을 로마도시로 만들어 반란의 여지를 없애려 하였다. 유대인을 예루살렘에서 추방하고 다시는 돌아올 수 없게 만들었다. 그는 예루살렘을 로마 도시로 만들기 위하여 실제로 아엘리아 카피톨리나(Aelia Capitolina)로 명명하였다. 그리고 유대지방을 'Syria-Palestina'로 불렀다. 'Palestina'는 '블레셋의 사람의 땅'이라는 의미를 갖는다. 블레셋은 유대인의 원수이기 때문에 악의적 저의가 내포되었다. 이스라엘을 **'팔레스타인'**으로 부르게 된 것은 이때부터이다. 그는 결국 유대인 그리스도인들이 다시 예루살렘으로 돌아가서 교회를 세울 길을 막고 말았다.

(4) 안토니우스 피우스(Antonius Pius, 138-161)

하드리아누스 황제의 양자가 되어 후계자로 정해졌다. 즉위 후 선정을 했다. 모로코에서 반란을 일으킨 유대인에 대해서만은 무기를 사용하였다. 후계자를 정하고 죽었다.

(5) 마르쿠스 아우렐리우스(Marcus Aurelius, 161-180)

안토니우스 피우스 재위 때 양자가 되어 후계자로 지명되었고, 고등 교육을 받았으며 명군이 되었다. 스토아 철학을 좋아했다. 스토아 철학자로 부르기도 한다. 유명한 변증가였던 유스티누스(Justinus)와 감독 폴리카르푸스(Polycarpus)가 그의 통치 때 순교했다.

3) 군인 황제 시대(180–284)

군인들이 로마제국의 권력을 장악한 시대이다.

4) 전제군주 시대(284–395)

독재자들이 로마제국의 권력을 장악한 시대이다.

(1) 디오클레티아누스(Diocletianus: 285-305)

디오클레티아누스는 군인 황제시대에 종지부를 찍고 중앙집권적 질서를 어느 정도 회복하였다. 또한 그는 로마가 한 사람이 통치하기에는 너무 광대하다고 생각하여 제국을 4개로 분할하고, 두 사람의 황제와 부황제를 두어 지배하도록 했다.

(2) 콘스탄티누스 대제(Constantinus or Constantin: 306-337)

콘스탄티누스 1세는 황제가 된 후 디오클레티아누스 황제 사망과 더불어 발생한 내란을 진압하여 제국을 통일하고 몇 가지 획기적인 정책을 취하였다. ① 그는 AD 313년에 밀라노 칙령을 공포하여 기독교를 공인하였고, ② 324년에는 정제(定帝)제도를 폐지하였으며, ③ 수도를 동쪽 비잔티움으로 옮겼다. 새로운 수도 비잔티움은 이후 신로마(Nova Rome)라 불렸다. 그리고 후에 다시 콘스탄티노플(Constantinople)로 개칭되었다.

(3) 테오도시우스 황제(Theodocius: 378-395)

두 명의 선대 황제들의 개혁은 그들의 노력에도 불구하고 큰 실효를 거두지 못하였으며, 여기에 게르만 민족의 침입이 계속되어 로마제국은 급속도로 몰락해가고 있었다. 이러한 위기 속에서 테오도시우스 황제는 AD 380년에 기독교를 국교로 공인하며 제국의 유지에 안간힘을 썼다.

5) 동서 로마제국 양립(兩立)시대(395-476)와 로마제국의 멸망

AD 395년에 테오도시우스 황제가 죽자 로마제국은 그의 유언에 따라 동서로 분할되었다. 로마를 수도로 하는 제국을 로마제국 또는 (서)로마제국이라 부르고, 비잔티움(콘스탄티노플)을 수도로 하는 제국을 동로마제국 또는 비잔티움제국이라 부른다. 동서 로마제국은 이후 80여 년 동안(395-476) 양립하다가 (서)로마제국은 476년에 게르만의 침입으로 멸망하였고, 동로마제국은 1453년 오스만 투르크의 침입에 의해 멸망하였다. 그러므로 (서)로마제국은 500여 년(BC 27-AD 476) 동안, 동로마제국은 1000년 이상(395-1453)을 존속하였다.

제3절 신구약 중간 시대 팔레스타인의 역사

Ⅰ. 페르시아제국 시대(후기) 팔레스타인의 역사

1. 이스라엘 재건 공동체의 정체성 자각

① 바벨론에서 포로생활을 마치고 귀환한 이스라엘 백성(재건공동체)은 무엇보다도 먼저 예루살렘 성전재건에 전력을 다하였다. 마침내 페르시아 왕 다리오(다리우스) 1세 통치 시대인 BC 515년에 성전을 완공하고 봉헌하였다. 귀환한 지도자 출신 스룹바벨을 중심으로 하여 건축했기 때문에 스룹바벨 성전이라 부른다. 그리하여 성전을 중심으로 하는 제의(祭儀)는 복구되었다. 이로써 대제사장은 유대인 재건공동체의 최고지도자가 되고 이스라엘은 제사적(祭司的) 공동체가 되었다.

포로시대에 바벨론에서 종교지도자들이 집대성하기 시작한 토라는, 포로귀환 시대에 에스라의 율법 부흥운동을 통해 유다 백성에게 삶의 전거(典據)가 된 것으로 본다. 흩어져 살기 때문에 성전제의에 참석하기 어려운 백성들은 일정한 지역 단위로 회당(synagogue)을 만들어 그곳에서 예배를 드렸을 것이다.

한편 페르시아제국의 당국자들은 식민지의 종교에 매우 관대하였고 예루살렘의 유대인 사회는 페르시아제국의 중심부에서 멀리 떨어져 있었으므로, 유대의 제사장들은 상당한 자치권을 누렸다. 대제사장은 매년 일정액의 황실세를 지불하는 것을 제외하고는 모든 정치적, 종교적 권한을 갖고 있었다. 대신 그들은 페르시아 정부를 위해 기도해 주어야 했다.

② 그러나 그들이 그토록 고대하던 이스라엘 회복의 꿈은 아직도 이루어지지 않았고 가까운 장래에 이루어질 가능성도 보이지 않았다. 과거의 지파동맹체제 또한 재조직할 수 없었다.

때문에 국가체제를 상실한 민족으로 전락한 유대인 재건공동체가 자기 정체성과 방향성을 찾지 못한다면, 비록 공동체가 붕괴되지는 않더라도 그 독특한 성격을 상실할 수 있다는 위험을 자각하기에 이르렀다. 재건공동체는 현재의 모호한 상태로 계속 존속할 수 없었고 과거의 체제로 돌아갈 수도 없었기 때문에, 새로운 외형을 찾아내지 못한다면 이스라엘은 살아남지 못하고 허황된 민족주의로 와해되거나 해체되어 이방 세계에 흡수되고 말 가능성이 있음도 예견했다. 이스라엘이 하나의 창조적 실체로 살아남으려면 새로운 길을 찾아야 했고, 신구약 중간 시대 이스라엘 재건공동체는 생존 전략으로서 자신의 정체성(正體性) 정립의 필요성을 자각(自覺)하기에 이르렀다.

2. '혈연공동체'와 '새로운 율법공동체' / 유대교의 태동

그들은 새로운 방향성과 정체성을 무엇보다도 언약 백성의 뿌리를 되찾는 일에서 시작하였다. 그것은 이스라엘 백성이 신앙의 순수성을 지키고 장차 오실 메시아에 대한 소망과 비전을 잃지 않으려면 뿌리를 되찾고 보존해야 한다고 믿었기 때문이다. 포로 귀환시대 또는 그 직후에 기록되었을 것으로 추정되는 역대기에 이스라엘의 족보가 상세하세 기록되고 있는 것(대상 1-9장)은 바로 이와 같은 배경을 반영하는 것이다.

포로기 내내 선지자들은 이스라엘의 재난은 이스라엘이 율법을 어긴 죄에 대한 형벌이라고 설명하였다. 때문에 바벨론 포로사회에서 적어도 경건한 유대인들은, 이스라엘의 장래가 율법을 엄격하게 준수하는 일에 달려있다고 생각하여 율법에 대한 관심이 지대하였다. 에스라를 '하늘의 하나님의 율법에 완전한 학사 겸 제사장'이라고 부른 것은 이와 관련이 있다. 더욱이 포로들이 귀환한 후 에스라가 율법 부흥운동을 전개함으로써, 율법은 이스라엘을 결속시키고 그들에게 정체성을 부여할 수 있는 준거를 마련해 주었다. 유대인의 재건공동체는 새로운 방향성과 정체성의 설정이라는 과제에 대한 또 하나의 해답을 율법에서 찾은 것이다. 이제 이스라엘은 에스라가 공포한 율법에 헌신하는 사람들, 율법으로 결속된 유다의 남은 자들처럼 새로운 율법공동체에 속한 사람들, 곧 '유대인'을 가리키게 되는 것이었다. 이때부터 이스라엘 곧 유대인은 국가 체제 없이 전 세계에 흩어져 살면서도, 율법공동체로 존속할 수 있었다. 다시 말하면, 유대인을 구별하는 증표는 정치적인 국적도, 성전 제의에 정기적인 참여도 아니고, 오직 모세의 율법을 굳게 지키는 데에 있게 되었다.

이스라엘이 율법공동체로 재정의(再定義)된다는 것은 필연적으로 율법중심 종교(유대교)의 출현을 의미하는 것이었다. 그러나 이것은 이스라엘의 옛 신앙과 결별하는 것이 아니었고 그 중요한 특징은 계속 유효하였다. 단지 그 신앙이 율법을 중심으로 철저하게 재편성되었을 뿐이다. 율법은 이제 유대인 공동체의 조직 원칙 및 경계선으로서 과거 어느 때보다도 큰 중요성을 갖게 되었다. 율법의 정경화(正經化)는 이 시대, 즉 페르시아 시대 후기의 산물이다. 이렇게 하여 유대교는 페르시아 시대의 에스라를 통해 기준이 제시되었고, 헬라제국 시대 마카비의 독립 투쟁을 거치면서 성숙하였다. 그리고 그 근본적인 요소들은 이후의 세기들을 거치면서 완성되었다(cf. John Bright 저서, 별첨 참고문헌).

II. 헬라제국 시대 팔레스타인의 역사

1. 알렉산더 대왕 시대 팔레스타인의 역사

1) 헬레니즘화(Hellenismization)

알렉산더가 팔레스타인을 직접 통치한 기간은 12년(BC 332-323)에 불과하였으나 그가 팔레스타인 공동체에 끼친 영향은 엄청나게 컸다. 팔레스타인의 헬레니즘화가 시작되었기 때문이다.

알렉산더의 꿈은 동서 세계의 통합, 즉 '하나의' 세계, '하나의' 시민이었다. 따라서 그의 이상은 자연스럽게 혼합주의를 바탕으로 하는 것이었다. 그 결과 팔레스타인의 지정학적 위치 때문에 유대인은 비(非)유대인과의 정치, 종교, 사회, 문화적 혼합 과정을 겪으면서 급진적으로 변화하게 되었다.

유대인은 헬라 문화와의 접촉과 수용을 더 이상 피할 수 없게 되었다. 그 동안 이 지역에 절대적이었던 앗수르(앗시리아), 바벨론, 페르시아 문화의 영향력은 쇠퇴하고 팔레스타인은 그 동안 전혀 경험하지 못했던 헬라 문화를 새로이 접하였다. 팔레스타인은 언어, 사상, 정치 등 사회의 모든 면에서 헬라 문화의 일부로 발전하게 되었다. 팔레스타인에 그리스(헬라)식 도시가 건설되면서 인구가 집중되고 그리스식 도시문화가 자리 잡게 되었는데, 그리스식의 극장과 목욕탕, 경기장과 각종 체육 시설이 들어섰다. 옛 도시들은 그리스 식으로 새롭게 건설되고 이름도 그리스 식으로 바뀌어, 사마리아를 세바스테(Sebaste), 악고를 프톨레미아(Ptolemais), 벧산을 스키토폴리스, 암만을 필라델피아(Philadelphia)라 불렀다. 사람들의 이름조차 그리스 식으로 바뀌면서 사람들은 두 개의 이름을 갖게 되었다. 시민들에게는 시민권이 부여되고, 헬라식의 원로원을 두어 소위 민주의회 제도를 정착시켜 나갔다.

경건한 유대인들은 이러한 조류에 휩쓸리지 않고 종교적 원칙을 지켰지만 새로운 풍조에 동조하여 도덕적으로 타락한 유대인들도 있었는데, 그들 가운데는 실제로 헬라문화를 부러워하고 거기에 몰두하였기 때문에 자신들의 고유한 율법과 관습을 거북하게 여긴 사람들도 많았다. 유대인 내부에 화해할 수 없는 분열의 폭이 넓어지기 시작하였다. 한편 알렉산더는 정복지에 헬라식 대도시를 세웠는데, 안디옥과 알렉산드리아는 그중 대표적인 도시이다. 특히 알렉산드리아는 이후 사실상 헬레니즘 세계의 문화 중심지가 되었다. 프톨레미 1세의 유대인 애굽 이주 정책으로 많은 유대인들이 알렉산드리아로 이주하였다. 그들은 모국에서 사용하든 아람어를 잊어버리고 대부분 헬라어를 사용하게 되었다. 이와 같은 현상이 70인역 구약성경의 발간동기가 되기도 했다.

2) 사마리아 교단의 독립

유대교에서는 BC 4세기 말에서 3세기 사이에, 아마 알렉산더 통치시대에, 사마리아 교단이 독립한 것으로 본다. 이것은 유대교에서 매우 중대한 사건이다. 사마리아인들이 예루살렘 교단을 이탈하여 '세겜의 그리심산' 위에 사마리아만의 독립 성소를 세웠기 때문이다.

사마리아 성소의 출발 연대는 정확히 알지 못한다. John Bright는 BC 4세기 말경 사마리아인들이 그리심 산에 그들의 성전을 세울 조치를 취하였고, 알렉산더가 팔레스타인에 당도했을 때에는 사마리아 성전이 완공되었을 것이라고 한다. 그러나 Martin Noth는 예루살렘 대제사장들은 알렉산더 군대의 수리아(시리아)-팔레스타인 점령을 페르시아제국에 대한 충성 때문에 거부한 반면, 사마리아 속주 총독은 즉시 항복하고 독자적인 성소 세우는 것을 허락해 달라고 요청하여 즉시 허락받았다고 주장한다.

어떻든 사마리아 교단(그리심 성소)은 이스라엘의 오랜 내부 대립의 최종적 귀결로 성립되었다. 사마리아 교단의 분리로 결국 북과 남 사이에 장기간 계속되었던 종교적, 정치적 분쟁에 종지부를 찍게 되었다. 이렇게 해서 북부와 남부는 그들 고유의 전사(前史)에 따라 독자적인 종교적 전승을 따라가게 되었다. 사마리아 사람들은 세겜의 그리심 성소가 이스라엘의 성소로서 더 오래된 전승을 갖고 있다고 생각했다. 그러나 BC 107년경 힐카누스가 세겜을 완전히 초토화시킨 이후에 이 지역은 완전히 버려졌다.

2. 애굽 / 프톨레마이오스 왕국 시대 팔레스타인의 역사

팔레스타인은 알렉산더 대왕의 사후에는 BC 198년까지 애굽/프톨레마이오스왕국의 지배를 받았다.

1) 프톨레마이오스 1세 시대

프톨레마이오스 1세는 알렉산더가 세운 알렉산드리아를 수도로 정하여 발전시켰다. 알렉산드리아에도 유대인들은 많이 살고 있었다(애굽 디아스포라). 알렉산드리아에는 프톨레마이오스 왕조가 성립되기 전부터 유대인들이 무리를 지어 살고 있었고, 이후 세계 전역에 흩어져 살던 유대인들의 중심지가 되었다. 그 동안 애굽의 유대인 거류민은 크게 증가하였다. 아마도 그들은 예전에 애굽으로 이주해 왔던 사람의 후손들, 유다 멸망시의 이주자들, 프톨레마이오스 1세에 의한 포로들, 용병이나 자발적인 이민자들, 번영하던 이 도시에 끌려서 이주해온 자들이었을 것이다. 그들은 히브리어나 아람어 대신 헬라어를 그들의 모국어로 사용하였다.

2) 프톨레마이오스 2세 시대-70인역 성경

프톨레마이오스 2세는 알렉산드리아에 최초로 왕립학사원(museion)을 세웠고, 많은 자연 과학자들을 배출하였다. 이어 이 도시에 당대 최대의 도서관을 지어 지중해 전역으로부터 소중한 문헌(Scrolls)들을 모아들였다. 그는 수많은 서적을 세계 각지에서 수집하였고 도서관은 90여만 권의 책으로 가득 찼다. 그는 귀중한 책을 헬라어로 번역하였다.

알렉산드리아는 이 시대의 가장 중요한 거점 도시 중 하나였다. 그리고 이 도시의 공용어는 헬라어였다. 그런데 이스라엘 성경(토라: 율법)은 히브리어로 기록되어 있었다. 따라서 히브리어를 모르는 이 도시 사람들은 구약성경에 접근하기가 어려웠다. 또한 알렉산드리아에 거주하고 있는 유대인 디아스포라(diaspora) 역시 모국어로 사용하던 히브리어를 이미 잊었기 때문에 성경을 읽을 수 없었다. 유대인의 성경도 알렉산드리아에서 읽혀지기 위해서는 헬라어로 번역되어야 했다. 프톨레마이오스 2세는 도서관장에게 토라를 헬라어로 번역토록 명하였다. 도서관장은 예루살렘의 대제사장 엘르아살(Eleazar)에게 요청하여, 전문적인 번역자 72인(12지파에 6명씩)을 알렉산드리아로 오게 했다. 그리고 그들로 하여금 히브리어로 된 구약성경을 헬라어로 번역하게 하였는데, 72일 동안 각 사람이 자기 맡은 부분을 번역해서 모은 이 번역을 70인역 성경이라고 명명했다(Septuagint or LXX). 이를 알렉산드리아 사본이라고도 한다.

70인역 성경은 고대 세계에서 히브리어를 말하는 사람과 헬라어를 말하는 사람 사이의 간격을 좁히고 동서양의 격차를 메우는데 결정적 역할을 했으며, 팔레스타인의 헬라화에도 크게 기여하였다. 그리하여 프톨레마이오스 2세는 결과적으로 유대교의 세계화에 크게 기여하게 되었다. 그 후 성경은 아람어로도 번역되었는데 아람어로 번역된 성경을 탈굼(Targum)이라고 한다.

3) 프톨레마이오스 4세 시대

프톨레마이오스 4세는 예루살렘을 방문했을 때 성전의 지성소에 들어가려다가 화를 당한 사건 때문에, 유대인들이 누려왔던 종교의 자유를 빼앗고 유대인을 박해하기 시작하였다.

4) 프톨레마이오스 5세 시대

프톨레마이오스 5세는 BC 198년에 팔레스타인을 수리아(시리아)/셀레우코스 왕조 안티오쿠스 3세에게 빼앗겼다.

3. 수리아(시리아) / 셀레우코스 왕국 시대 팔레스타인의 역사

1) 안티오쿠스 3세 시대(BC 223-187)–친유대교 정책

안티오쿠스 3세는 BC 198년 애굽의 프톨레마이오스 왕조로부터 팔레스타인을 빼앗았다. 수리아(시리아)의 안티오쿠스 3세의 군대가 예루살렘에 입성하자 주민들은 이들을 환영하면서 무장 궐기해서 예루살렘에 있는 애굽/프톨레마이오스 수비대를 몰아냈다. 팔레스타인은 이때(BC 198)부터 셀레우코스 왕조의 지배를 받게 되었다. 안티오쿠스 3세는 자기 군대를 도와준 데에 대한 보답으로 자신이 통치하던 37년 동안 유다 백성에게 종교적 자유를 누릴 수 있게 해 주었다. 예루살렘이 경제적으로 회복될 수 있도록 세금을 3년간 면제해 주고, 일반 부과금도 3분의 1로 감액해 준다는 포고령을 내렸다.

2) 셀레우코스 4세 시대 – 유대인 박해

안티오쿠스 3세는 셀레우코스 4세와 안티오쿠스 4세(에피파네스)라는 두 아들을 두었다. 장자 셀레우코스 4세(BC 187-175)가 안티오쿠스 3세의 왕위를 이어 받았다. 그는 친헬라주의자로 선왕과는 달리 유대인들의 종교적 자유를 빼앗아버렸다. BC 175년 셀레우코스 4세는 총리대신에 의해 암살되고 그의 동생인 안티오쿠스 4세 에피파네스(BC 175-163)가 뒤를 이었다. 그도 친(親)헬라, 반(反)유대적인 인물이었다.

3) 안티오쿠스 4세(에피파네스)

〈셀레우코스 왕조 시대의 유대인 대제사장〉

① 오니아스 3세(Onias 3, BC 170년경): 사독 계열
② 야손(Jason): 오니아스의 동생이라는 사람, BC 174년
③ 메넬라우스(Menelaus): 비사독 계열, 야손을 축출하고 왕으로부터 대제사장 직위 매수
④ 알키무스(Alcimus): 사독 계열, 안티오쿠스 5세가 임명
⑤ 요나단: 하스몬 가(비아론, 비사독 계열)의 지도자. 대제사장
⑥ 시몬: 하스몬 왕조(비아론, 비사독 계열) 1대 왕 겸 대제사장
⑦ 알렉산더 얀네우스: 하스몬 왕조 4대 왕 겸 대제사장
⑧ 힐카누스 2세: 하스몬 왕조 6대 왕 겸 대제사장

① 대제사장 임명권의 이권화

당시 유대인 공동체는 비록 정치적으로는 헬라의 지배하에 있었지만 종교적으로는 어느 정도 자유가 있었으며 예루살렘의 대제사장은 그들의 절대적 지도자였다. 그러나 대제사장에 대한 임명권은 왕이 갖고 있었다. 그리고 공동체 내에서는 대제사장직을 둘러싼 권력다툼이 치열하였다. 대제사장직을 둘러싼 이러한 권력 다툼은 결국 셀레우코스의 통치자들, 특히 안티오쿠스 4세로 하여금 대제사장 임명과 종교문제 전반에 자의적으로 간섭할 수 있게 하였고, 안티오쿠스 4세는 대제사장직의 임명을 로마에 대한 전쟁 배상금으로 쪼들리는 왕조의 재정을 보충하는 수단으로 이용하기도 하였다.

당시 오니아스(Onias)는 유대인들에게 존경받는 보수적 대제사장(사독 계열)이었다. 그런데 동료 제사장들 중 오니아스를 반대하는 사람들이 안티오쿠스 4세에게 오니아스를 헐뜯는 상소를 올렸다. 오니아스의 동생 야손(Jason)은 헬라파로 안티오쿠스 4세에게 유다를 헬라화할 것을 약속하고, 형 오니아스를 왕의 명령으로 쫓아내고 대제사장이 되었다. 그로부터 3년 뒤 메넬라우스(Menelaus)가 왕에게 더 많은 돈을 바치자, 왕은 야손을 쫓아내고 메넬라우스(비사독 계열)를 대제사장에 임명하였다. 그런데 BC 169년에 안티오쿠스 4세가 애굽 원정 중에 목숨을 잃었다는 소문이 퍼졌다. 이를 기회로 야손은 다시 무력으로 예루살렘 성과 대제사장직을 장악하고 메넬라우스와 그 지지자들을 숙청하였다. 이때 메넬라우스 지지자들의 일부가 안티오쿠스 4세에게 도망하였다. 소문과 달리 건재하였던 안티오쿠스 4세는 이들을 받아들이는 한편, 무력으로 메넬라우스를 대제사장으로 회복시키고 야손의 직분을 박탈하였다. 야손은 요단 동편으로 도망하였다.

② 예루살렘 성 약탈

상황은 더욱 악화되었다. BC 168년 안티오쿠스 4세는 두 번째 애굽 원정에 나섰다. 그러나 로마의 원로원은 안티오쿠스 4세에게 애굽에 대한 원정을 포기하고 즉시 철수하라는 포고령을 전달하였다. 그는 로마와 겨루기에는 역부족이었으나 애굽에서 철수하면서 예루살렘에 분풀이를 하였다. 즉, 부하 장군에게 예루살렘을 기습하여 성을 약탈하고 불태우며 가옥과 성벽을 허물도록 명령하였다. 이 일로 예루살렘 주민 중 많은 사람이 목숨을 잃었다. 여자와 아이들은 노예로 끌려갔고, 예루살렘은 적국의 성읍처럼 취급되었다. 그리고 예루살렘의 서쪽 언덕, 즉 성소와 마주하는 곳에 헬라어로 아크라(Acra)라고 하는 성채(城砦)를 설치하고 셀레우코스 왕조의 수비대가 주둔하게 하였다. 이 성채 안에는 예루살렘 주민 가운데 헬레니즘 생활 방식을 따르는 사람들이 주둔군과 함께 있었고, 율법을 고수하는 사람들은 이곳을 떠났다. 이 성채는 예루살렘 성 안에 설치된 또 하나의 '소규모 도시국가'와 같았고 예루살렘 통치의 중심부가 되었다.

③ 유대교 박해 칙령 공포

안티오쿠스 4세는 더 나아가 한층 폭력적이고 결정적인 조치로 유대교를 탄압하기 시작하였다. 그는 자기에게 반기를 드는 것으로 보이는 예루살렘 유대인 공동체를 말살하기로 하고, 다음의 내용을 칙령으로 공포하였다.

〈안티오쿠스 4세 에피파네스 칙령〉

① 유대인은 이방인들의 관습을 따를 것
② 성소 안에서 번제를 드리거나 희생제물을 드리거나 술을 봉헌하는 따위의 예식을 하지 말 것
③ 안식일과 기타 절기를 지키지 말 것
④ 성소와 성직자를 모독할 것
⑤ 이교의 제단과 성전을 세울 것
⑥ 돼지와 부정한 동물들을 희생제물로 잡아 바칠 것 / '멸망의 가증한 것'
⑦ 사내아이에게 할례를 주지 말 것 등

④ 유대인 공동체의 계층 간 분열 조장

안티오쿠스 4세 에피파네스의 정책은 예루살렘의 개방적인 헬라주의자들에게는 지지와 협력을 받았으나, 율법에 충실한 보수적 비(非)헬라주의자들로부터는 심한 저항에 부딪혔다. 경건한 유대인들에게 안티오쿠스 4세는 폭군이었다. 그리하여 그에 대한 반감은 서로 다른 이상을 가진 유대인 간의 갈등을 자극하여 분열을 가져왔다. 즉, 그리스 문화와 혼합주의를 지지하는 당시의 진보적 계층과 이에 적개심을 갖는 보수적 계층으로 분열된 것이다.

⑤ 묵시 문학의 전성기

헬라시대에 이르러 묵시문학 전승이 일어났다. 포로들이 귀향한 후 많은 시간이 흘렀는데도 일

찍이 예언자들이 보여 주었던 이스라엘 회복의 아름다운 꿈이 실현되지 않았고, 정복자에 의한 수난의 역사는 계속되었다. 역사 속에서 활동하시는 하나님의 모습은 점점 흐려지고 역사의 의미는 불투명해졌다. 이러한 상황에서 역사에 대한 새로운 이해로서 유대인 공동체 안에서 묵시사상이 일어나게 된 것이다. 안티오쿠스 4세 에피파네스 시대에 이르러 묵시문학은 전성기에 달했다

⑥ 유대인의 반정부 감정이 절정에 도달

이렇게 예루살렘 종교가 간섭을 받고 성소가 침범을 당하며 공동체가 유린되자 엄격하게 율법을 지키던 자들은 당연히 분노하여 안티오쿠스 4세를 원수로 간주하게 되었다. 왕에 대한 적대감은 이제 자제할 수 없는 지경이 되었다.

〈묵시문학(Apocalyptic literature, Apocalypticism)〉

① 묵시(默示)사상은 이스라엘의 역사와 깊은 관련이 있다. 페르시아 통치시대 바벨론 포로들이 귀향한 후 많은 기간이 흘렀는데도 일찍이 예언자들이 보여준 이스라엘 회복의 아름다운 꿈은 실현되지 않았고, 정복자에 의한 수난의 역사는 계속되었다. 역사 속에서 활동하시는 하나님의 모습은 점점 흐려지고 역사의 의미는 불투명해졌다. 이러한 상황에서 역사에 대한 새로운 이해로서 이스라엘 공동체 안에서 묵시사상이 일어나게 되었다.

② 묵시문학은 시대를 둘로 구분한다. 그것은 현재 시대(the present age)와 앞으로 올 시대(the age to come)이다. 전자는 악의 세력이 장악하고 있는 암흑의 시대이고, 후자는 하나님께서 통치하실 의로운 빛의 시대이다. 새 시대는 역사의 완전한 종말(단절)로써 도래한다. 이 종말은 현재 역사를 장악하고 있는 악의 세력이 파멸되고 옛 질서가 붕괴되는 날이다. 따라서 묵시문학의 종말은 절대적(radical) 종말이다.

③ 묵시문학은 일반적으로 미래를 이렇게 묘사한다. 현재의 역사는 초역사적인 대(大)전쟁으로 종말(eschaton: the end of the world)을 고하고, 곧 '새 창조'로 이어진다. 멀지 않은 미래에 악이 정복당하고 메시야적인 인물이 임하실 것이다. 그리고 영원한 평강과 의의 나라인 하나님의 나라가 세워질 것이다. 결국 악한 자들은 지옥에 떨어지고 의인 또는 선민들은 새로운 땅과 하늘에서 하나님 또는 메시야와 함께 다스린다고.

④ 구약성경의 다니엘과 신약성경의 요한의 계시록은 묵시문학을 대표하며, 신·구약 중간기의 책들도 묵시적 주제들을 담고 있다. 묵시적 주제들은 현대문학에서도 다루어지며 특히 공상과학소설에서 자주 나타난다.

4. 유대인의 독립 왕국 / 하스몬 (Hasmonean) 왕국 시대(BC 143-37)

〈마타디아스의 아들들〉

① 요한-혁명 지도자
② 시므온(Simon, BC 143-135)-대제사장. 하스몬 왕조의 제1대 왕
③ 유다 마카비(Juda Maccabee, BC 165-161)-혁명 선봉자
④ 요나단(Jonathan, BC 161-143)-혁명 지도자, 대제사장
⑤ 엘르아살

1) 마카비(Maccabee) 혁명(반란) (BC 167-143경)

(1) 마타디아스(Mattathias, BC 167-165)의 봉기

안티오쿠스 4세 에피파네스는 유대인들을 완전히 헬라화하기 위해 유대인을 탄압하고 유대교를 박해하였다. 그는 이방 신상(神像)을 세우고 유대인들에게 그 신상을 섬길 것을 강요하였다. 이러한 강요는 예루살렘 북쪽에 있는 모딘(Modin 또는 Modein)이라는 작은 마을에서도 있었는데(외경 마카베오 상 2:1-28), 그것은 그곳에 하스몬(Hasmon)계열의 노(老)제사장 마타디아스(Mattathias)가 살고 있었기 때문이다.

안티오쿠스 4세는 장교를 마타디아스에게 보내, 그에게 이방신 숭배를 위해 세워진 제단에서 제사를 드림으로써 이방신 숭배의 모범을 보이라고 요구하였다. 안티오쿠스 4세는 마타디아스가 본을 보이면 백성들이 영향을 받으리라 생각했고, 마타디아스에게는 지위와 부를 주고 왕의 측근으로 삼는다는 회유도 있었다. 마타디아스는 이를 단호히 거절하고, 다른 지방 수령이 제사를 드리려고 앞으로 나오자 그를 때려죽이고 제단을 허물어버렸다. 마타디아스는 산으로 도피하면서 유대 신앙을 지키는 자들에게 자기를 따르라고 하였다. 그의 아들들이 앞장을 섰고 '열심히 율법을 지키던 자들'(하시딤: Hasidim)이 적극 참여하였다. 처음에는 규모가 작았지만 점점 그 수가 늘어갔다. 마타디아스는 게릴라전의 대장이 되었다. 그들은 인근의 작은 도시와 마을들을 급습하여 우상과 이방 제단을 깨뜨리고, 변절한 유대인들에게 강제로 할례를 행하였으며 회당을 재건하였다.

(2) 유다 마카비(Juda Maccabee, BC 165-161)의 예루살렘 성 회복

마타디아스에게는 다섯 아들이 있었다. 반란을 지휘하던 마타디아스는 심한 과로로 BC 165

년에 사망하였다. 그는 임종하기 전 그의 셋째 아들 유다를 후계자로 지목하였다(이스라엘 역사가 요세푸스는 그가 장자였다고 주장한다). 유다가 사자와 같이 사납다고 해서 '마카비(Maccabee)' 또는 '망치를 든 자'라고 불렀다. 그는 모든 부대를 자신의 지휘 아래 일원화시키고 게릴라 부대의 유능하고도 탁월한 대장이 되었다. 유다의 활동으로 영광스런 유대인 혁명 역사가 시작되었다. 안티오쿠스 4세 에피파네스는 많은 군사를 보내어 유다 반란군(독립군)을 공격하였으나, 유다는 소수의 군대로 수리아(시리아) 군을 급습하여 그들을 패주시켰다. BC 165년에 유다는 드디어 예루살렘 입성에 성공하여 율법대로 다시 제사를 드렸다. 유대인들은 이를 기념하기 위해 그 해 12월 25일에 하누카(Hanukkah, 수전절[修殿節], 요 10:2) 행사를 열었다.

(3) 요나단(Jonathan, BC 161-143)의 항전

안티오쿠스 4세 에피파네스는 BC 164년 페르시아(바데)와의 전쟁에서 죽었다. 그가 죽은 후 셀레우코스 왕조는 내분 등으로 매우 약화되었다. 유다의 반란군도 지도자 유다가 BC 161년에 죽자 그의 동생 요나단이 어린 나이에 뒤를 이었다. 수리아(시리아) 셀레우코스 왕조가 약화되자, 요나단의 반란군은 종교적 자유와 더불어 어느 정도 정치적 독립도 누리게 되었다. 요나단은 무력 투쟁보다 외교로 대응해 나갔다. 당시 셀레우코스 왕조는 안티오쿠스 4세의 아들 안티오쿠스 5세가 어린 나이로 왕위에 올랐으나, 곧 안티오쿠스 4세의 조카 데메트리우스 1세

〈하스몬 왕조의 왕들〉

① 시므온(Simon, BC 143-135): 마타디아스의 둘째 아들. 초대 왕 (겸) 대제사장.
② 요한 힐카누스(John Hyrcanus, BC 135-104): 시므온의 둘째 아들.
③ 아리스토불루스 1세(Aristobulus, BC 104-103): 요한 힐카누스의 장남(살로메의 첫 남편).
④ 알렉산더 얀네우스(얀나이: Alexander Janneus, BC 103-76): 요한 힐카누스의 차남. 살로메의 두 번째 남편. 친사두개파.
⑤ 살로메 알렉산드라(Salome Alexandra, BC 76-67): ③대왕과 ④대왕의 아내. 친사두개파.
⑥ 힐카누스 2세(BC 67-66): 알렉산더 얀나이의 장남. 친바리새파.
⑦ 아리스토불루스 2세(BC 67-63): 알렉산더 얀나이의 둘째 아들.
⑧ 안티고누스(Antigonus, BC 40-37). 아리스토불루스의 아들. 복고왕.

(Demetrius 1, BC 162-150)에게 왕위를 넘겨주었다. 왕위에 오른 데메트리우스 1세는 알렉산더 발라스(안티고누스 4세 에피파네스의 또 다른 아들)와 왕권 싸움을 해야 했다. 요나단은 알렉산더 발라스에게 접근하였다. 그리고 BC 152년 예루살렘 성을 수축하면서 맞이한 초막절을 기하여, 알렉산더 발라스로부터 대제사장으로 임명받았다. 사독 계열(아론의 후손)이 아니면서

도 대제사장이 된 것이다. 한편 알렉산더 발라스는 BC 150년에 데메트리우스 1세와의 전투에서 그를 죽이고 수리아(시리아)의 왕(BC 150-145)이 되었다. 요나단은 알렉산더 발라스로부터 세속 권세의 상징인 황금 왕관을 받기까지 했다. 이렇게 하여 요나단은 셀레우코스 왕조의 봉신왕이 되었다(외경 마카베오 상 10:15-21). 마카비 일가는 정치와 종교의 최고지도자가 되었으므로 강력한 힘을 갖게 되었으나, 비(非)사독 계열 요나단이 대제사장이 됨으로써 오랫동안 지켜왔던 사독 가문 대제사장 전통이 무너지게 되었다. 요나단은 이후 수리아(시리아)의 데메트리우스 2세(BC 145-138)와의 전쟁에서 패하고 수리아(시리아)에 끌려가 그곳에서 BC 143년에 처형당하였다.

2) 하스몬 왕국(조) 시대(BC 143–37)

(1) 시므온(1대 왕: BC 143-135) / 하스몬 왕국의 시작

요나단이 수리아(시리아)에 끌려가 BC 143년에 처형되자, 유다 마카비의 형제 중 유일하게 남은 시므온(Simon: 마타디아스의 둘째 아들)이 그 뒤를 이었다. 시므온은 셀레우코스 왕조 데메트리우스 2세(BC 145-142)가 왕위에 오르는데 도움을 준 대가로 유대의 독립을 완전히 인정받았다. 유대 백성들은 시므온 형제들의 공로를 생각하여, 투표를 통해 시므온을 군대 장관, 국가의 지배자, 그리고 대제사장으로 공식 인정하였다. 이로써 하스몬 왕조(Hasmonaean Dynasty)로 알려진 유대인 독립국가의 새 왕조가 공식적으로 합법화되었고, 시므온이 첫 왕이 되었다. 그리고 하스몬 왕조에 이르러 왕이 대제사장을 겸하게 되었다. 하스몬(Hasmon)이라는 이름은 하스몬으로 알려진 마카비 가문의 조상에서 유래한 것이다. 사실 대제사장은 솔로몬 성전 시대 이래로 사독(Zadok)계열만이 될 수 있었는데(겔 44:15), 시므온은 사독계열이 아니어서 대제사장이 될 수 없는 사람이었다.

이 왕국은 BC 586년 남왕국 유다가 멸망한 이후 처음으로 다시 갖게 된 유대인의 독립 왕국이었다. 그들이 처음부터 왕국을 세우려는 의도가 있었던 것은 아니지만, 안티오쿠스 4세 에피파네스의 종교 탄압에 항거하여 종교적 자유를 얻기 위해 투쟁하다가 결국은 정치적 독립까지 얻게 된 것이었다. 그러나 시므온 역시 대제사장의 자리에 오르자 하시딤은 크게 실망하였다. 시므온은 BC 135년에 여리고에서 두 아들과 함께 여리고 통치자에게 배반당하여 죽임을 당했다. 하시딤의 에세네파는 그의 죽음에 환호하였다.

(2) 요한 힐카누스(2대 왕: BC 135-104)

① 즉위와 통치

시므온이 아들 두 명과 함께 암살당하자, 그의 남은 아들(둘째) 요한 힐카누스(BC 135-104년경)가 스스로 '왕'이라 칭하고 '대제사장, 민족 지도자, 유다군 최고사령관'의 지위를 차지하였다. 그는 권력을 이용하여 왕조에 굴복하지 않는 백성들을 탄압하였다. 그가 왕위에 오른 후 셀레우코스 왕조가 바데(Parthians, 이란)에게 패하여 사실상 해체나 다름이 없게 되었으므로, 요한 힐카누스는 수리아(시리아)의 간섭을 받지 않고 영토 확장에 나설 수 있었고 솔로몬 왕 시대의 영토를 거의 회복하였다. 그는 사마리아를 정복하고 그리심 산의 사마리아 성전을 파괴하였다. 그는 이두매(에돔)를 정복한 다음 이두매인들을 유대교로 개종시키고 할례를 강요하였다. 이로 인하여 이두매인의 후예는 종교적으로는 유대인이 되었다. 그는 그가 발행한 주화에 자기 이름을 새겨 넣은 최초의 유대인 군주가 되었다.

② 왕권과의 갈등과 유대교 종파의 발생

마카비 혁명(반란)의 근본적 동기는 종교적 자유의 회복에 있었다. 그러나 혁명이 진행되는 과정에서 혁명지도자들의 방향은 이러한 종교적 동기에서 정치적 동기로 변질되어갔다.

사실 하시딤이 처음부터 반란(독립운동)에 참여한 것도 종교적 자유의 회복을 위해서였다. 그들은 유대인 국가의 정치적 발전에 관여하는 것보다 율법을 잘 지키는 것에 더 관심을 가졌다. 그러나 혁명 지도자들은 이제 정치적 권력까지 쟁취하려 했다. 더욱이 제사장 가문 출신이 아닌 요한 힐카누스가 왕이면서 동시에 대제사장의 지위까지 갖게 되자 하시딤들은 실망하였다. 한편 요한 힐카누스는 하시딤이 마카바 일가의 지원자로서 그 동안 독립운동 과정에서 수행한 중요한 역할을 잘 깨닫지 못하고 오히려 푸대접하였다. 하시딤들의 실망은 커가고 나아가 불만까지 갖게 되었다.

그러나 하시딤 중에서도 온건에 속한 사람들(바리새인)의 그간 요한 힐카누스와의 관계는 원만하였다. 하지만 바리새파가 요한 힐카누스에게 대제사장직을 사임하라고 요구하면서부터 바리새파와의 관계도 극도로 악화되었다. 바리새파가 그렇게 주장한 이유는 요한 힐카누스가 다윗 가문도, 대제사장 가문(사독 가문)도 아니며, 특히 그의 어머니가 수리아(시리아)에서 포로로 생활하다가 돌아와 그를 낳았다는 이유로 그의 출생 배경을 의심했기 때문이었다. 그런가하면 친헬라적이고 정치적인 유대인들(사두개파)은 요한 힐카누스에 대하여 친화적이었다. 이와 같은 현상은 유대인들 사이에 종교적 분파가 생기는 배경이 되었다.

이에 요한 힐카누스는 바리새파를 배제하고 친헬라적이고 정치적인 세력(사두개파)을 대거 등용하였다. 이때부터 하스몬 왕조의 권력은 사두개파에게로 넘어갔다.

종교가 이와 같이 정치적인 목적으로 악용되자 하시딤과 바리새파는 크게 반발하였고, 이로 인하여 요한 힐카누스는 이들을 극도로 탄압하였다. 결국 각 세력집단 간의 갈등관계는 피할 수 없게 되었다. 즉 사두개파는 친헬라적, 친하스몬적, 그리고 정치적, 현실적인 성향을 분명하게 하고 또한 하시딤과 바리새파는 그와 반대되는 성향을 고수함으로써, 하스몬 정권과 유대교 교파 간의 친반(親反) 관계 그리고 유대교 교파들 간의 상호 대립과 반목관계가 노골화되고 심화되어 갔다.

(3) 아리스토불루스 1세(3대 왕)와 알렉산더 얀네우스(얀나이: 4대 왕)

요한 힐카누스가 죽자 그의 두 아들이 교대로 왕위에 올랐다. 첫째 아들은 아리스토불루스 1세(BC 104-103년경)인데, 부왕 생존시 대제사장에 임명되었고, 둘째 아들은 알렉산더 얀네우스(얀나이)이다. 장자 아리스토불루스 1세가 먼저 왕위에 올랐다. 아리스토불루스 1세는 자신이 왕위에 오르자 곧 모친과 친동생 알렉산드라 얀네우스(얀나이)를 투옥시키고 지배권을 강화했다. 그러나 그는 치세 2년 만에 죽었다. 아리스토불루스 1세가 죽자 그의 아내 살로메 알렉산드라는 얀나이(아리스토불루스 1세의 동생)를 감옥에서 석방하고, 신명기 법(신 25:5-10)에 의해 그와 결혼하였다. 그리고 얀나이를 왕위에(BC 103-76) 오르게 했다.

얀나이는 부왕(요한 힐카누스)과 형(아리스토불루스 1세)의 외교 정책과 영토 확장 전쟁을 계승하였다. 그러나 바리새인과의 불화는 절정에 달하여 얀네우스(얀나이)가 행하던 기념행사에서 바리새파의 공개적인 반란이 일어났다. 많은 바리새인들이 살해되었고 한때 국가가 존폐의 위협을 겪었다. 얀나이는 정국이 안정되자 정복전쟁을 다시 시작하여, 요단 동편 암몬과 모압을 정복하고 애굽 국경까지 영토를 확장했다. 그는 팔레스타인 대부분 지역을 정복하여 하스몬 왕조 역사상 최대 판도를 달성하였다. 특히 그는 이두매 지방을 합병시키고 안티파터(Antipater or Antipas)를 이두매 총독으로 임명하였다. 얀나이가 27년을 통치하고 죽자 그의 아내 살로메 알렉산드라가(BC 76-67경) 왕위에 올랐다.

(4) 살로메 알렉산드라(Salome Alexandra) 여왕(5대 왕)

살로메 알렉산드라(BC 76-67)는 하스몬 왕가의 여왕이 되었다. 여왕은 바리새파와 화해하고 바리새파의 협조를 얻어 내정에 성공을 거두는 한편, 얀나이의 외교, 군사 정책을 계승하여 대군을 유지했다. 그녀가 9년간 통치하고 죽자 장자 힐카누스 2세가 대제사장 겸 왕이 되었다.

(5) 힐카누스 2세(6대 왕)와 아리스토불루스 2세(7대 왕)

알렉산드라 여왕에게는 두 아들, 즉 힐카누스 2세(큰아들, BC 67-66경)와 아리스토불루스 2세(둘째 아들, BC 67-40)가 있었다. 형인 힐카누스 2세는 나약한 반면 동생인 아리스토불루스 2세는 도전적인 인물이었다. 여왕은 생전에 대제사장인 장자 힐카누스 2세를 후계자로 지명하였으며 그녀가 죽은 후 왕이 되었다(6대 왕). 동생 아리스토불루스 2세는 왕위를 빼앗기 위하여 형과 싸웠다. 형 힐카누스 2세는 바리새파의 지지를 받았고 이두매의 안티파터(Antipater, Antipas)와도 가까웠다. 한편 동생 아리스토불루스 2세는 사두개파의 지지를 받았다. 결국 동생 아리스토불루스 2세는 사두개파의 도움으로 형으로부터 왕위를 빼앗았다(7대 왕). 교활한 이두매의 안티파터는 힐카누스 2세에게 왕위 회복 전쟁을 부추겼다.

당시 로마는 공화정 말기로 장군 폼페이우스가 BC 67년에 지중해 해적 소탕을 위해 동방지역 총사령관을 맡았다. 폼페이우스는 BC 63년에 수리아(시리아) 셀레우코스 왕국을 정복하였다. 힐카누스 2세는 이때 폼페이우스에게 왕위 회복을 간청하였다. 폼페이우스는 이것을 기회로 예루살렘에 입성하여 예루살렘마저도 정복하였다. 아리스토불루스 2세는 로마로 끌려가고, 힐카누스 2세는 다시 대제사장이 되었으나 왕위는 회복하지 못하였다. 이로써 팔레스타인-유대(Judea)는 로마의 수리아(시리아) 총독이 다스리는 로마의 예속국이 되었다. 하스몬 왕조는 이로써 사실상 종말에 이르렀다.

(6) 복고 왕 안티고누스(8대 왕) / 하스몬 왕조의 멸망

BC 63년 하스몬 왕조는 로마의 예속국이 됨으로써 사실상 막을 내렸다. 그러나 그 후 BC 40년에, 아리스토불루스 2세의 아들 안티고누스(Antigonus)가 바대의 지원으로 하스몬 왕조를 다시 회복하여 대제사장 힐카누스 2세를 제거하고 예루살렘을 4년간(BC 40-37) 지배했다. 하지만 로마 안토니우스의 지원을 받은 헤롯(이두매 사람 안티파터의 아들)이 BC 37년에 예루살렘을 점령하고 안티고누스를 처형함으로써, 84년(BC 143-63, BC 40-37)을 버텨온 하스몬 왕조는 실질적으로 사라지고 말았다. 헤롯은 로마의 지배 아래 하스몬 왕국의 뒤를 이은 유대의 왕으로 등장하였다.

Ⅲ. 로마제국(帝國)시대 팔레스타인의 역사

1. 로마 공화정 시대 팔레스타인의 역사

BC 143년에 시작된 유대인의 하스몬 왕조는 BC 63년에 폼페이우스에게 접수되었다. 그리고 BC 4년에 헤롯이 하스몬 왕국을 멸망시키고 유대 분봉왕국(헤롯왕국)을 세웠다(BC 37). 그러므로 로마 공화정의 삼두정치 시대(BC 60-30)에 팔레스타인에서는 하스몬 왕조의 최후 왕들과 안티파터 및 그 아들 헤롯 간에 팔레스타인을 차지하기 위한 치열한 전투가 벌어지고 있었다.

1) 폼페이우스 시대 / 하스몬 왕조의 말기

BC 67년 폼페이우스는 지중해 해적 소탕작전을 성공적으로 마치고 소아시아 폰투스(Pontus)와의 전쟁 총사령관으로 임명되었다. 그는 지중해 일대와 소아시아를 점령한 후 BC 63년 수리아(시리아)의 셀레우코스 왕조를 무너뜨리고, 수리아(시리아)와 팔레스타인 일대를 다메섹(다마스커스)에 주재하는 로마 총독이 통치하는 속주(province)로 만들었다. 이때(BC 63년) 하스몬 왕조 살로메 알렉산드라 여왕(BC 76-67)의 두 아들, 즉 힐카누스 2세(장자)와 아리스토불루스 2세(차자)는 폼페이우스에게 경쟁적으로 접근하여 각각 자신들의 왕위 쟁탈전에 도움을 청하였다. 폼페이우스는 왕권 조정이라는 명분으로 예루살렘으로 들어가 3개월의 전투 끝에 예루살렘을 정복하였다. 그는 아리스토불루스 2세를 로마로 보내고, 힐카누스 2세는 대제사장직을 계속 유지하게 하였다. 이로써 하스몬 왕조는 사실상 해체되었고, 로마 군대의 주둔이 장기화되면서 팔레스타인은 로마의 지배하에 들어갔다. BC 60년 시저와 폼페이우스는 크랏수스와 '제1차 삼두정치'를 결성하였다.

2) 시저 시대 / 에돔의 부상(浮上)

시저는 폼페이우스가 암살당한 후 동맹국 애굽의 남매 간 왕권다툼에 개입하여 클레오파트라의 왕위를 회복시키고, 동방을 평정한 뒤 BC 46년 로마로 돌아왔다.

그 동안 팔레스타인에서는 이두매(에돔) 총독 **안티파터**(헤롯 대왕의 아버지)가 하스몬 왕조의 후계자 자리를 노리고 있었다. 하스몬 왕조의 요한 힐카누스가 이두매를 정복하여 하스몬왕조의 지배하에 두고 그 백성들을 유대교로 개종시킨 바 있다. 따라서 안티파터(Antipater, Antipas)

는 이두매 출신으로서 유대종교로 개종한 자일 뿐이지 혈통적 유대인은 아니다. 안티파터는 하스몬 왕조의 얀나이(BC 103-76)에 의해 '이두매'의 총독으로 임명되었다. 시저는 노련한 안티파터를 BC 48년 '유다'총독으로 임명하고 로마 시민권도 주었다. 안티파터는 BC 47년 힐카누스 2세(살로메 여왕의 둘째 아들)를 대제사장으로, 자신의 큰 아들 파사엘을 유다 행정관으로, 둘째 아들 헤롯을 갈릴리 행정관으로 각각 임명하였다.

3) 안토니우스 시대 / 헤롯 왕국의 성립

BC 43년 안토니우스와 옥타비아누스는 레피두스와 '제2차 삼두정치'를 시작했다. BC 42년 옥타비아누스는 서방을, 안토니우스는 동방을 통치하기로 합의하였다. 한편 BC 43년 팔레스타인에서는 안티파터가 독살되었고, 그의 두 아들 파사엘과 헤롯 사이에 후계자 쟁탈전이 치열하였다. 수리아(시리아)에 머물고 있던 안토니우스(동방 총사령관)가 애굽으로 떠난 직후 바데(Parthia)의 군대가 예루살렘에 쳐들어왔는데, 하스몬의 최후 황태자 안티고누스(아리스토불루스 2세의 아들)는 바데 군대의 도움으로 예루살렘과 주변 영토를 장악하고 하스몬 왕조의 마지막 왕이 되었다(BC 40-37). 헤롯의 형 파사엘은 속임수에 넘어가 그의 왕국(유다)을 바데의 수중에 넘겨주었다. 안티고누스는 힐카누스 2세의 제사장직을 박탈하고 헤롯을 반역자로 몰았다. 헤롯은 마사다(Masada)로 피신하여 겨우 목숨을 건졌다. 다시 로마로 피신한 헤롯은 안토니우스의 후원으로 BC 40년 로마 원로원으로부터 '유다 왕(봉신왕)'으로 인정을 받게 되었는데, 로마가 바데를 예루살렘에서 몰아내자 헤롯은 예루살렘으로 돌아왔다. 헤롯은 안티고누스와 3년간 전쟁을 치르고 BC 37년 마침내 예루살렘을 되찾았다. 헤롯이 안티고누스를 죽이고 왕위에 오름으로써 하스몬 왕조는 끝이 나고 **헤롯 왕국(BC 37-AD 70)**이 성립되었다.

4) 옥타비아누스 시대

옥타비아누스(황제 아우구스투스)와 안토니우스의 갈등은 BC 31년 지중해 동부 악티움(Actium)해전에서 절정에 달하였다. 헤롯은 BC 31년 지중해 동북부 로도스 섬에서 전쟁 중인 옥타비아누스를 만나 충성을 맹세하였다. 그는 옥타비아누스의 애굽 원정을 지원하여 옥타비아누스의 호감을 얻었다. 헤롯은 자신의 왕국을 지키고 갈릴리, 바산, 사마리아, 여리고 등을 옥타비아누스로부터 선물로 받았다. 헤롯은 그가 죽을 때까지 황제 아우구스투스(옥타비아누스)의 신뢰를 받으며 자기의 지위를 유지하였다.

2. 로마제국 시대 팔레스타인의 역사

2:1. 헤롯 대왕(King, Client King) 시대 / 위임 통치(마 2:1-22, 눅 1:5)

〈헤롯의 가계〉

① 안디바(안티파터 Antipater, Antipas)-헤롯 대왕의 아버지
②-1 파사엘: 안디바의 장남.
②-2 헤롯 대왕(BC 37-4): 안디바의 차남.
③-1 헤롯 아켈라오(Archelaus: BC 4-AD 6): 헤롯 대왕의 아들, 말다스 소생, 분봉왕.
③-2 빌립(BC 4-AD 34): 헤롯 대왕의 아들, 예루살렘의 클레오파트라 소생, 분봉왕.
③-3 헤롯 안디바(Antipas: BC 4-AD 39): 헤롯 대왕의 아들, 말다스 소생, 분봉왕, 헤로디아의 둘째 남편.
③-4 헤롯 빌립(헤롯 2세): 헤롯 대왕의 아들, 미리암느 2세 소생, 헤로디아의 첫 번째 남편. 살로메의 아버지, 그는 분봉왕이 되지 못했음.
③-5 아리스토불루스 1세: 헤롯 아그립바 1세와 헤로디아의 아버지.
④ 헤롯 아그립바 1세(AD 41-44): 아리스토불루스의 아들, 유다 왕.
⑤ 헤롯 아그립바 2세(AD 50-100): 헤롯 아그립바 1세의 아들, 유다의 최후 왕

1) 헤롯 왕국(BC 37–AD 70)의 시작과 통치

① 헤롯(37-4 BC)은 로마제국(아구스도 황제)의 지원을 받아 하스몬 왕조를 무너뜨리고 유다를 지배할 수 있게 되었다. 그리고 로마제국은 헤롯을 자기의 영토가 되어버린 유대의 왕으로 인정하였다. 즉 헤롯은 로마의 분봉왕이 되었다. 로마제국은 이와 같이 자기들의 지원 하에 유대를 지배하게 된 헤롯에게 왕의 칭호를 줌으로써 헤롯은 로마제국의 봉신왕이 되었고 유대는 로마제국의 봉신국이 되었다.

그리고 로마제국은 국방과 조세를 제외한 기타 행정은 헤롯 왕국에 위임하였다. 국방은 로마의 수리아(시리아) 총독이 관장하였다. 그리하여 헤롯이 생존하는 동안 헤롯 왕국은 로마제국의 봉신국이었고 헤롯 왕국의 통치는 헤롯에게 위임되었다.

② 이로써 유다가 BC 586년 바벨론에게 멸망한 이후, 이스라엘의 율법 공동체는 결국 하스몬 왕조에 이어 두 번째로 자기들의 독립왕국을 갖게 되었다. 그러나 두 번째 독립왕국의 경우 그들의 왕은 혈통적 유대인이 아닌 개종자 유대인(이방인)이었다. 다시 말하면 헤롯은 이방인으로서 유대교로의 개종을 통하여 그리고 로마제국의 세력을 등에 업고 유대인의 지배자가 된 것이다.

헤롯이 이와 같이 유대인이 아니고 개종한 이두매(에돔)인 출신이었다는 그의 출신 배경, 그리고 그가 오로지 탁월한 교활과 충성을 통하여 로마제국의 지원을 받아 유대인의 통치자가 되었다는 그의 정치적 배경은 일생 동안 그를 괴롭히는 결과가 되었다.

유대인의 통치자로서 헤롯은 권력과 부를 모두 누릴 수 있었다. 그러나 헤롯에게는 결코 해결하지 못한 일이 있었는데 그것은 유대인과의 화해였다. 그는 유대인의 충분한 지지를 얻지 못하였고 로마의 앞잡이로 인식되었다. 또한 폭군으로 평가를 받게 되었다.

③ 헤롯은 이를 극복하기 위하여 하스몬 왕조 마리암(Mariamme) 1세와 결혼함으로써 그의 지위를 확고히 하고자 하였다. 이것은 율법에도 없는 일이었다(유대인 마리암의 비유대인 헤롯과의 결혼 사건). 그러나 그의 성격적 의구심은 광기가 되어 비참한 살인극을 초래시켰다. 그는 결혼 후 하스몬 왕조 일족과 추종자들을 대대적으로 숙청하였다. 80세가 넘은 전 대제사장 힐카누스 2세, 자신의 사위이자 대제사장이었던 아리스토불루스 3세, 자신의 아내인 마리암 1세와 자신의 장모 등을 갖가지 이유로 처형하였다. 그럼에도 그는 34년 동안 유다를 통치하면서 헤롯 대왕이라는 칭호를 얻었다.

④ 한편 헤롯은 자신의 명성을 로마에 알리는 대규모 건축 사업을 벌였다. 그는 사마리아를 재건하고 그곳에 화려한 궁전을 지어 아우구스투스에게 봉헌하고, 궁전의 이름을 세바스타(고귀한 자)라 하였다. 또 지중해 연안에 가이사랴(가이사의 도시)라 이름붙인 항구 도시를 건설하였으며, 자신의 왕궁을 비롯하여 대규모의 수로와 로마식 경기장, 원형극장, 마사다 요새의 왕궁 등을 지었다. 헤롯의 건축물 가운데 으뜸은 단연코 예루살렘 성전이다. 헤롯 성전은 국가의 장엄한 기념물로 당시 로마제국에까지 알려진 건축물이었다. 또 그가 건설한 헤로디움(Herodium: 무덤)과 마사다(Masada)는 완벽한 요새였다. 이러한 건축물들은 AD 70년과 73년에 로마 군대에 의해 대부분 파괴되었지만, 오늘날까지 그 흔적이 남아 그 규모와 화려함을 짐작할 수 있게 한다.

늙은 헤롯은 BC 4년 여리고의 겨울 궁전에서 죽고 자신이 생전에 만든 무덤인 헤로디움에 묻혔다.

2) 예수의 탄생 / 신약시대의 시작

로마제국 시대 초기, 팔레스타인에서는 헤롯 대왕이 통치하고 있을 때, 역사적인 사건이 발생하였다. 그것은 바로 BC 4년경 예수 그리스도가 탄생한 것이다. 드디어 신구약 중간 시대는 끝나고 신약 시대가 시작되었다. 성경은 "때가 차매 하나님이 그 아들을 보내사 여자에게 나게 하셨다"고 기록하고 있다(갈 4:4).

예수의 탄생 소식을 들은 헤롯 대왕은 닥쳐오고 있는 자신의 죽음(BC 4년)도 모르고, 예루살렘의 2살 이하 모든 사내아이를 살해하였다(마 2:16-18, 눅 2:1-2).

2:2. 헤롯 대왕의 후계 왕들(Ethnarch, Tetrarch) / 그들의 통치시대

헤롯 대왕이 BC 4년에 죽자 로마 황제 아우구스투스는 헤롯의 유언에 따라 헤롯 왕국을 셋으로 분할하여 헤롯의 세 아들, 즉 헤롯 아켈라오, 헤롯 안디바(안티파스)와 빌립에게 주고, 그들을 분봉왕(分封王)으로 세워 각 지역을 다스리게 하였다.

1) 헤롯 아켈라오 분봉왕(Ethnarch. BC 4-AD 6, 마 2:22)

헤롯 대왕은 사마리아 여인인 아내 말다게(말다스: Malthace)가 낳은 아켈라오에게 유대와 사마리아 그리고 이두매(유대남쪽, 에돔)를 주었다. 아켈라오는 아우구스투스 황제(아구스도)에게 오랜 신임을 받았으며, 예루살렘을 포함하여 아버지가 통치하던 영토의 절반가량을 차지하였다. 애굽으로 피신했던 예수의 아비지 요셉은 "아켈라오가 아버지 헤롯의 뒤를 이어 유대지방의 왕이 되었다"는 말을 듣고, 그곳으로 가기를 두려워하였다(눅 2:22). 아켈라오는 폭정을 일삼았다. 이를 견디다 못한 유대지역의 귀족들은 로마황제 아구스도에게 호소하였다. 즉 바리새파 사람들은 반대 시위를 하고 사두개파 사람들은 2명의 대표단을 황제에게 파견하여 아켈라오에 대한 불만을 보고하였다. 아우구스투스는 AD 6년에 아켈라오를 해임하고 로마로 소환한 후 비엔나로 보냈다.

로마 황제는 유대 지역을 로마의 속지로 격하시키고 아켈라오의 후임 왕을 임명하지 않았다. 그 대신 총독을 임명하였으며 이때(AD 6년)부터 아켈라오 통치지역에는 로마의 총독 통치(로마의 직접 통치)가 시작되었다.

2) 빌립 분봉왕(Tetrarch, 눅 3:1)

헤롯 대왕은 아들 빌립(예루살렘의 클레오파트라 소생)에게 갈릴리 북동부(이두래와 드라고닛)를 주었다. 빌립(살로메의 남편)은 요단 강 수원 근처에 도시 판(Pan)을 세우고 이 도시를 가이사랴라 불렀는데, 지중해 연안의 가이사랴와 구분하기 위하여 '가이사랴 빌립보'라 부르기도 한다. 가이사랴 빌립보는 베드로가 "살아 계신 하나님의 아들 그리스도이십니다."라고 고백한 곳으로 유명하며, 빌립 왕국의 수도이다(마 16:13-20, 막 8:27-30). 신약성서에 여러 차례 언급되는 벳새다 역시 그가 세운 도시였다. 그가 차지한 영토는 본래 유대인의 영토가 아니었으며, 주민의 대부분은 수리아(시리아)인과 그리스인(헬라인)이었다. 그는 비교적 안정을 누리면서 상업과 문화를 발전시켰다. 빌립은 세례 요한이 처형될 때 춤을 추었던 살로메(헤롯 빌립과 헤로디아의 딸)와 결혼하였으나 자손이 없었다. 그가 37년간 통치한 후 후계자 없이 AD 34년에 죽자, 그의 땅은 수리아(시리아)에 합병되었다. 이후 AD 37년에 로마 황제 칼리굴라가 아그립바 1세를 왕으로 임명하면서, 빌립이 통치하던 지역을 그에게 돌려주었다.

〈분봉왕 빌립의 아내 : 살로메〉

'헤롯 빌립'(헤롯 2세: 헤로디아의 첫 남편)과 헤로디아 사이에 태어난 딸이 살로메이다. 살로메는 헤롯 대왕의 또 다른 아들 '빌립'분봉왕(예루살렘의 클레오파트라 소생)의 아내가 되었다.

3) 헤롯 안디바 분봉왕(Tetrarch, 마 14:1-10, 막 6:14-28, 눅 3:1, 19)

헤롯 대왕은 역시 사마리아 여인 말다게(Malthake)에게서 낳은 아들 헤롯 안디바에게 갈릴리와 베레아 지방(요단강 동쪽)을 주었다.

헤롯 안디바는 헤롯 대왕이 죽자 즉시 로마 아구스도에게 달려가 왕의 칭호를 받고자 했으나 거절당했다. 그는 아버지를 가장 많이 닮아 교활하고 잔혹하며 화려한 것을 좋아하였지만 헤롯의 아들 중 가장 유능하였다.

분봉왕으로 통치자(tetrarch)가 된 그는 부왕(헤롯 대왕)의 통치정책을 그대로 따랐다. 그는 아름다운 갈릴리 호숫가에 수도를 건설하고 로마 황제 티베리우스의 이름을 따 디베랴(티베리아)라 명명하였다. 디베랴 도시는 헬레니즘 문화를 대표하며, 인구밀도가 높은 상업 요충지로 어업과 상업이 번창한 도시였다. 헤롯 안디바는 동서 관통도로를 장악하고 관세로 돈을 벌어 들였다. 헤롯 안디바는 동전을 만들었다.

그는 나바티안 왕국과 좋은 관계를 유지하기 위하여 나바티안의 공주와 정략결혼을 하였다. 그러나 미인이며 미망인이었던 이복동생(헤롯 빌립)의 아내 헤로디아와 결혼하기 위해 그녀와 이혼하였다. 그리고 헤로디아와 결혼하였다. 이는 유대인의 입장에서 보면 절대로 있을 수 없는 일이었다. 세례 요한이 이를 비난하자 그를 처형하였다.

예수께서는 헤롯 안디바의 통치시대에 주로 그의 통치 구역(갈릴리)에서 복음을 전하셨다. 예수님은 그를 '여우'라 불렀다(눅 13:32). 예수님이 로마 총독 빌라도 앞에서 재판받을 때 헤롯 안디바는 예루살렘에 올라와 예수님을 조롱하였다(눅 23:6-16).

헤롯 안디바는 42년간 통치한 후 밀고에 연루되어 AD 39년 로마의 칼리굴라 황제로부터 영토를 빼앗기고 가울(Gaul: 불란서)의 리용으로 추방되었다. 그의 영토는 아그립바 1세에게 넘어갔다.

〈분봉왕: 分封王〉

봉건제도에서 유래한 말로서 종주국에 속한 한 왕국이나 도(道)의 일부를 다스리는 자에게 주어지는 칭호이다. 로마제국 시대에 유다의 통치자들은 분봉왕이었다. 분봉왕들의 호칭에도 King, Ethnarch, Tetrarch 등과 같은 구분이 있다. King은 분봉왕 중 가장 높은 서열의 호칭이고, 그 밑으로 Ethnarch, Tetrarch 순이다. 유다에서 헤롯 대왕은 King으로, 헤롯 아켈라오는 Ethnarch로, 헤롯 안디바와 빌립은 Tetrarch로 불렸다. 아그립바 Ⅰ세와 Ⅱ세도 King으로 불렸다.

4) 아그립바 1세(AD 41-44)(행 12장)

① 아그립바 1세(AD 37, 41-44)는 아리스토불루스 1세(헤롯 대왕의 아들이지만 왕이 되지 못하였다)의 아들이다. 그러므로 헤롯 대왕의 손자이다. 헤로디아의 동생이기도 하다. 그의 아버지 아리스토불루스 1세가 암살당하자 그는 로마로 보내져 로마 황실에서 청년시절을 보냈다. 그는 로마에서 미래의 로마황제 칼리굴라(Caligula)의 신임을 얻게 되는데, 칼리굴라가 AD 37년에 황제가 되자 그는 팔레스타인의 분봉왕(치안관)으로 임명되었다. 그리고 황제는 이전에 빌립이 통치하였고 그 당시 수리아(시리아)에 병합된 갈릴리 북동부를 그에게 주었다. 또한 아그립바 1세는 2년 뒤인 AD 39년에는 분봉왕 헤롯 안디바의 영토도 이어받았다. 그리고 AD 41년에는 글라우디오(AD 41-54)가 황제가 되자 아그립바 1세는 유다와 사마리아 지역(총독 통치지역)까지 이어받게 되었으며 예루살렘에 올라가 유다의 왕(집정관)이 되었다. 아그립바 1세는 이제 헤롯 대왕이 다스리던 영토의 대부분을 통치하게 되었으며, 그가 다스리던 영토 전체를 공식적으로 유대(Judea)라고 불렀다.

② 아그립바 1세는 적어도 표면적으로는 유대인의 율법을 존중하였으며, 초기 기독교에 대하여 핍박함으로써 유대인들에게 호의를 얻었다. 즉 그는 유대(교)인들로부터 환심을 사기 위하여 율법의 엄격한 기준대로 희생제사를 드렸으며, 기독교 초대교회에 대하여 적의를 들어내고 있는 유대교 지도자들을 정책적으로 지원하였다. 그러나 아그립바 1세 통치시대에 그리스도의 복음은 본격적으로 이방인들에게도 퍼져나갔고 성령의 사역을 통하여 그리스도의 주권의 영역도 확장되었다. 헤롯 아그립바 1세는 이를 용납할 수 없었다. 결국 그는 무자비하게 기독교를 탄압하기 시작하였다. 그는 1차적으로 사도 야고보(세베대의 아들)를 칼로 죽였다(참수, 행 12:1). 사도 야고보는 아마 활약이 누구보다도 두드러졌을 것이다. 야고보는 성격이 급하여 우레의 아들이라는 별명을 얻기도 하였다(막 3:17). 그리하여 그는 사도로서는 최초의 순교자가 되었다. 사도 야고

보에 대하여는 더 이상의 기록이 없다.

③ 예루살렘 교회가 최초로 받았던 박해는 유대교 지도자들에 의해 이루어진 것이었다. 그리고 이어 AD 40년경의 박해는 헤롯 아그립바 1세에 의한 것이었다. 아그립바 1세는 AD 44년, 3년간(AD 41-44)의 짧은 유대 통치 끝에 갑작스러운 질병(하나님의 심판)으로 가이사랴에서 죽었다(행 12:20-23).

5) 아그립바 2세(AD 50–100)(행 25:13–27. 26장)

아그립바 1세에게는 자기와 같은 이름을 가진 어린 아들 하나가 있었다. 그가 아그립바 2세다. 아그립바 1세가 AD 44년에 죽었을 때 로마는 아그립바 2세가 아직 어리다는 이유로 그를 후임 왕으로 임명하지 않았다. 그리고 6년 뒤, 즉 AD 50년경에야 로마(글라우디오 황제)는 그에게 레바논 산지의 작은 공국(Chalcis: 칼키스)을 주었고, 이어 네로 황제는 이전 빌립의 영토와 디베랴를 포함한 갈릴리 일부를 주었다. 그는 예루살렘 성전의 감독 권한도 받았다. 그러나 그는 AD 66년부터 시작된 유대 반란에 참여하지 않았고, 로마의 반란 진압 사령관인 베스파시아누스(Vespasianus)를 지지하였다. 그는 그가 다스린 AD 75년경까지 정치적으로 중요한 역할을 하지는 못하였다. 그는 AD 75년경 거처를 로마로 옮겼으나 이후의 행적에 대하여는 알 수 없다. AD 100년경에 로마에서 죽은 것으로 본다. 그는 헤롯 왕가의 최후 통치자였다. 그의 죽음과 함께 헤롯 왕국은 역사적으로 끝이 났다.

성경은 아그립바 2세가 로마 총독 베스도(AD 59-62, 행 24:17)와 함께 가이사랴에서 사도 바울을 심문하였던 것으로 전하고 있다. 사도 바울은 심문장에서 아그립바 2세를 설득하여 전도하려고 했다(행 25-26장).

2:3. 로마제국 총독들의 통치 시대

1) 총독(procurator)들의 통치시대 전기(前期) (AD 6–41)

〈전기 총독들〉

① 코포니우스(Coponius: AD 6-9)

② 암비비우스(M. Ambivius: 9-12)

③ 안니우스 루푸스(Anius Rufus: 12-15)

④ 발레리우스 그라투스(Valerius Gratus: 15-26)

⑤ 본디오 빌라도(Pontius pilate: 26-36)

⑥ 마르셀루스(Marcellus: 36-37)

⑦ 마릴루스(Maryllus: 37-41)

① 로마제국은 헤롯 대왕이 유대를 통치할 동안에는 유대 총독을 임명하지 않았으며 유대 지역의 치안권은 수리아(시리아) 총독의 관할에 두었다.

② 그러나 AD 6년 유대지역의 분봉왕 아켈라오가 해임되었을 때, 로마는 유대지역을 로마의 속지로 격하시키고 후임 왕을 임명하지 않았다. 그 대신 총독을 임명하였으며 이때부터 유대 지역에 대한 로마의 총독 통치가 시작되었다. 그 결과 팔레스타인의 중심지역(유대지역)의 치안권은 유대 총독의 관할에 들어갔다. 유대총독의 임명은 초대총독 코포니우스(Coponius: AD 6-9)로부터 시작하여 7대 총독 마릴루스 때(AD 37-41)까지 35년 간(AD 6-41) 계속되었다. 그러나 유대 총독은 빌립 분봉왕국(BC 4-AD 34)과 헤롯 안디바 분봉왕국(BC 4-AD 39)의 통치에 관하여는 간섭하지 않았다.

③ AD 41년 7대 총독 마릴루스가 죽었을 때 로마는 후임 총독을 임명하지 않고 분봉왕 아그립바 1세(AD 37, 41-44)에게 이 지역의 통치를 맡겼다. 그리하여 1대 총독 때부터 7대 총독 때까지 35년 간(AD 6-41)을 총독 시대 '전기'라 부른다.

④ 본디오 빌라도(AD 26-36)

전기 총독들 중 우리가 익히 알고 있는 총독은 5대 총독 본디오 빌라도이다.

AD 26년 빌라도가 5대 총독으로 부임하기 전까지 즉 1대 총독 때부터 4대 총독 때까지 로마는 불필요하게 유대인의 감정을 자극하는 군사 행동은 거의 하지 않았다. 그러나 빌라도가 통치하는 동안 사회 불안이 심해지고 민심이 동요하기 시작하였다. 빌라도 총독은 로마군을 예루살렘에 증강 배치하였다. 빌라도는 불안세력을 잔인하게 진압하고 잠재적인 선동가들마저 재빠르게 처형해 버렸다. 예수님이 십자가에 처형된 시기도 바로 이때였다. 특히 사마리아에서 일어난 광신적인 종교 운동을 잔인하게 처리한 일로, 수리아(시리아) 총독 비텔리우스(Vitellius)가 그를 소환하였다. 사건을 해명하기 위해 로마로 간 빌라도는 36년 그곳에서 자살하였다(cf. 최창모 저서. 별첨 참고문헌).

2) 총독들의 통치시대 후기(AD 44-66)

<후기 총독들>

⑧ 쿠스피우스 파두스(Cuspius Fadus: 44-46)

⑨ 티베리우스 알렉산더(Tiberius Alexender: 46-48)

⑩ 벤티디우스 쿠마누스(Ventidius Cumanus: 48-52)

⑪ 안토니우스 벨릭스(M. Antonius Felix: 52-60)(행 24:2)

⑫ 보르기오 베스도(Porcius Festus: 60-62)(행 24:27)

⑬ 알비누스(Albinus: 62-64)

⑭ 게시우스 플로루스(Gesius Florus: 64-66)

① AD 44년 아그립바 1세가 죽었을 때 로마제국은 그의 아들 아그립바 2세를 후임 왕으로 임명하지 않았다. 그 대신 '총독'을 다시 임명하여 유다를 통치하게 하였다. 이때부터 팔레스타인 전 지역은 로마의 식민지 영토로 편입되었고 사실상 총독 정치가 시작되었다. 이때 새로 임명된 총독이 8대 총독 쿠스피우스 파두스(44-46)였다.

② 그리고 로마는 50년에 이르러 아그립바 2세를 왕으로 임명하였다.

③ 8대 총독 이후에도 로마는 총독을 계속 임명하였으며 14대 플로루스(AD 64-66)까지 계속되었다. AD 66년 로마와 유대 사이에 전쟁이 발발하면서 총독의 임명은 끝났다. AD 44년부터 AD 66년까지를 총독 통치 후기라 한다.

④ 안토니우스 벨릭스(AD 52-60)

후기 총독들 중 우리가 잘 알고 있는 총독은 안토니우스 벨릭스와 보르기오 베스도이다.

AD 51년 사마리아 지역을 통과해서 예루살렘으로 순례하러 올라오던 유대인들이 사마리아 사람들에 의해 살해되는 사건이 발생하였다. 예루살렘의 유대인 지도자들은 총독 쿠마누스(48-52)에게 즉각 범인을 잡아 처벌해줄 것을 엄정하게 요청하였다. 쿠마누스가 거절하자 유대인들과의 갈등은 크게 확대되었다. 벨릭스(52-60)가 51년 사건의 해결책임을 맡고 새로운 총독으로 임명되었다. 그러나 무능력한 그는 더 큰 혼란을 초래하였다. 이 시기에 처음으로 등장한 시카리(Sicarii: 자객)들은 로마에 협조하는 사람들을 살해하면서 민족의 독립을 부르짖었다.

바울 투옥 사건도 벨릭스 총독 시절에 발생하였다. 즉 유대인들은 바울이 이방인을 성전에 데리고 들어가 성전을 더럽혔다는 죄목을 씌워, 바울을 붙잡아 로마 군인(천부장 글라우디오 루시아)에게 넘겨 투옥시켰다(행 21:27 이하, 23:26). 벨릭스 총독은 바울을 옥에서 불러내어 대제사장 안나스 앞에서 심문하였으나, 쟁점은 종교적인 문제임을 알고 천부장 루시아에게 다시 넘기기로 했다. 그는 바울로부터 뇌물 받을 것을 기대하고 거짓 친절을 보이기도 하였다(행 24:24-26).

결국 그는 소요를 진정시키지 못하고 네로 황제에게 해직 당하였다.

⑤ 보르기오 베스도(AD 60-62)

바울의 투옥 사건 2년 후 벨릭스 총독이 해임되고 베스도(50-62)가 총독으로 부임하였다(행 24:27). 베스도는 상당히 유능한 인물로 많은 열심당원을 소탕하였다. 베스도는 전임자 벨릭스가 해결하지 못하고 남겨놓은 바울 문제를 처리하기 위하여, 자기를 찾아온 아그립바 2세 등과 함께 바울을 심문하였다. 그러나 그들은 종교적인 문제 밖에는 다른 문제점을 찾지 못하였다. 아그립바 2세도 바울이 로마의 황제(가이사)에게 상소를 하지만 않았다면 석방시킬 수 있을 것이라 하였다. 결국 바울은 로마에 있는 가이사 앞으로 가는 것으로 결론이 났다(행 26장). 벨릭스가 바울을 투옥시킨 후 2년이라고 한 성경 기록(행 24:27)은 바울의 로마행 연대와 사도시대의 연표를 결정하는데 중요한 기준이 될 수 있는데, 그 연도가 정확하게 밝혀지지 않았다(새성서 대사전). 다만 두 총독의 해임과 부임 사이에 얼마간 행정 공백이 있었던 것으로 보이는데, 이 행정 공백은 유대사회를 더욱 불안하게 만들었다.

3) 총독 통치 시대의 통치 형태 / 직접 통치

① 분봉왕 통치하에서는 조세는 분봉왕이 로마에 조공을 바치는 형태를 취하였다. 그러나 총독 통치, 즉 식민지 시대에는 로마는 예속된 지역의 주민에 대한 군사적인 방어와 세금 징수 및 재판권을 가져갔다. 그 대신 그들에게 자치권과 종교적 관습을 허락해 주었다.

첫째, 유대에 대한 군사적 방어는 로마 총독이 담당하였다. 총독의 통치수도는 헤롯 대왕이 건설한 지중해변의 가이사랴였다. 따라서 로마군의 주력 부대도 가이사랴에 배치되어 있었다. 그러나 사람들이 많이 모여드는 유대절기 기간에는 소란을 일으키는 것이 일종의 관례처럼 되어버렸기 때문에 이를 다스리기 위하여 총독은 예루살렘에 와서 머물렀는데 로마의 주둔군 사령부가 있던 안토니아 성채가 그곳이었다.

둘째, 조세에 있어서는 조세의 징수권한은 로마(총독)의 권한이었다.

〈로마의 세제〉

① 로마의 세목(稅目)은 크게 인두세와 토지세 그리고 관세이다. 인두세는 다시 소득세와 인두세로 구분된다. 인두세는 일정한 연령 이상이면 누구나 내야 하는 세금이다. 토지세는 재배한 산물을 기준하여 부담하는 세금이다. 그리고 관세는 도로나 항구에서 수입과 수출에 따른 세금이다.

② 로마의 조세 징수방법은 하청제도였다. 로마의 원로원이나 행정관들은 사업이나 무역에 종사할 수 없었다.

그래서 기사계급을 이용했다. 정부는 징수금액과 징수업무는 경매에 의해 하청을 주었다. 기사계급은 회사를 설립하여 정부의 경매에 참여했다. 낙찰금액 이상으로 징수된 세액은 회사의 수입이 되었다.

③ 경매를 통해서 세금액을 할당 받은 로마의 세금 징수원이 세리이다. 이들은 다시 각 지방 사람들을 세금징수원으로 고용했다. 이들 모두가 세리이다.

④ 이들은 창녀와 같은 죄인 취급을 당하였다. 조세의 징수는 백성들의 불만과 사회불안의 온상이 되기도 하였다. 조세징수를 위하여 인구조사도 실시하였다. 인구조사는 훗날 유대인의 반란으로 이어졌다.

셋째, 산헤드린은 유대인 자치 기구로서 일종의 사법집행을 맡았다. 그러나 사형 집행권은 로마가 가지고 있었다. 예루살렘은 자유도시가 아니었기 때문이다. 자유도시(free city)란 그 지방 총독의 주재 하에 시법단체에 부응하는 그 지방의 지도적인 시민들의 공동체가 있는 도시를 말한다(cf. F. F. Bruce 저서).

넷째, 종교적 행위에 관하여는 로마는 대제사장에게 그 권한을 위임하였다. 그러나 대제사장의 임명권은 총독이 행사하였다. 그 결과 대제사장직은 총독과 대제사장이 되고자 하는 사람들 사이에서 이권(利權)의 홍정의 대상이 되고 말았다. 또한 헤롯 대왕과 총독은 대제사장의 법의(法衣)보호권(법의를 로마 사령부에 보관)을 통하여 대제사장을 간섭하였다.

② 유대지방이 AD 6년부터 41년까지 총독의 통치를 받고 있을 때(총독통치 전기), 빌립(BC 4-AD 34)과 헤롯 안디바(BC 4-AD 39)는 각각 관할 지역에서 분봉왕으로 통치하고 있었다. 또한 유대가 AD 44년부터 AD 66년까지 다시 로마 총독의 통치를 받고 있을 때(총독통치 후기), 아그립바 2세(AD 50-100)가 유대의 분봉왕으로 통치하였다. 이와 같이 로마의 총독과 유대의 분봉왕이 공존하는 이중적 통치구조의 시대가 있었다. 물론 양자의 통치권은 구별되었으며 중복되는 것은 아니었다. 그러나 총독과 왕과는 정치적 라이벌 관계에 있었다. 성경은 이를 원수관계로 표현하기도 하였다(눅 23:12).

2:4. 유대인의 반란

1) 유대인의 1차 반란과 예루살렘의 멸망

(1) 1차 반란의 배경

AD 66년 가이사랴에서 유대인과 그리스인이 충돌하는 사건이 발생하였다(이하 66년 사건).

즉 회당 옆 지역에서 벌인 공사가 회당의 입구를 가로막는다는 이유 때문에 충돌이 시작되었다. 당시의 총독은 플로루스(64-66)로 역시 무능한 인물이었다. 그는 예루살렘의 주민이 저항하자 군대로 하여금 도시를 약탈하도록 허락함으로써 오히려 유대인 반란을 촉발시켰다. 더욱이 유대인들 중 애국적이고 국수적이며 극단적인 집단인 열심당원과 시카리들이 반란에 적극 가담함으로써 유대 반란은 확대되어갔다. 그러나 네로 황제의 통치 말기였던 로마는 행정공백 상태여서 사태의 원만한 해결이 지연되고 있었다.

(2) 반란의 진행

① 플로루스 총독은 로마 군대가 도시를 약탈하도록 허락함으로써 반란에 직접적인 빌미를 제공한 셈이었다. 로마와 그들의 앞잡이가 된 정치, 종교지도자들에 대한 열심당원과 백성들의 분노는 극에 달하였다. 총독은 백성의 분노를 꺾으려 하였으나 오히려 폭동으로 걷잡을 수 없이 번져갔다. 예루살렘 주민들은 성전구역을 점령하고, 성전구역과 안토니 성채 사이의 통로 주랑(柱廊)을 헐어버렸다. 총독은 사태를 수습하지 못하고 예루살렘을 떠나 가자의 가이사랴로 피하였고, 예루살렘에는 보병대 하나만 남겨 두었다.

② 아그립바 2세 왕이 예루살렘에 도착하여 백성을 설득하려 하였으나 소용이 없었다. 왕은 무력하게 예루살렘을 떠나고 예루살렘은 반란군이 장악하였다.

③ 수리아(시리아) 총독 갈루스(C. Gallus)도 내려와 반란군을 진압하려 했지만 역부족으로 퇴각하고 말았다. 반란군은 안토니 성채와 사해(死海) 서쪽에 헤롯 대왕이 세운 마사다(Masada) 요새를 점령하였다. 이때 훗날 역사가가 된 요세푸스는 유대군의 갈릴리 사령관이 되었다.

〈요세푸스(F. Josephus)〉

AD 37-2세기 초. 유대인 역사가. 유대전쟁사(Bellum Judaicum)와 유대고대사(Antiquitas Judaicae)가 유명하다.

(3) 유다, 예루살렘의 멸망

① 반란의 진압

그리스에서 쉬고 있던 네로 황제는 팔레스타인에서 벌어지고 있는 반란을 심각하게 받아들이고, 경험 많고 노련한 베스파시아누스 장군에게 반란 진압을 맡겼다. 베스파시아누스(Vespasianus)는 그의 아들 디도(티투스, Titus)도 전쟁에 참여하게 했다. 베스파시아누스는 67년에 3개 군단과 보조 부대를 이끌고 반란군 진압에 나섰다. 그는 67년 봄, 불과 몇 주 만에 갈릴리를 장악하고, 68년에는 여리고를 거쳐 예루살렘으로 진군해 들어갔다. 한편 디도는 갈릴리 요타파타에서 요세푸스 반란군과의 47일간 전투 끝에 성을 정복하고 요세푸스를 포로로 잡았다. 그리고 예루살렘으로 합세하였다. 68년 여름, 네로 황제가 죽자 후계자 결정 문제로 예루살렘 진압 전쟁은 잠시 주춤하였다. 그러나 곧 베스파시아누스가 군대에 의해 황제로 추대되어 로마로 돌아갔으며, 그의 아들 디도(Titus)가 유다의 작전권을 인계받았다.

이즈음 예루살렘 반란군 진영에서는 내분이 일어났다. 유월절 기간 동안에는 당파들 간에 유혈 충돌이 벌어졌다. 70년 봄에 디도는 예루살렘에 대한 공격을 재개하였다. 디도의 군대가 공격을 재개하자 반란군들은 다시 뭉쳤고 항복하라는 로마 군대의 요구를 거절하였다. 로마 군대는 70년 7월, 안토니 성채를 목표로 공격하였는데, 몇 차례의 시도가 실패로 끝나자 성전 건물 부근에 불을 붙였다. 불은 그들의 의도와 달리 성전 건물을 휩싸버렸고 성전은 모두 타버렸다. 70년 8월의 일이었다.

② 유다, 예루살렘의 멸망

디도의 군대는 예루살렘 성을 함락시켰고 성전과 성벽은 "돌 위에 돌 하나" 남김없이 무너지고 말았다. 예루살렘 곧 유다는 멸망하였다(AD 70). 헤롯 성전(예루살렘 성전)은 일부 성벽(통곡의 벽)만 남긴 채 그 웅대했던 모습은 사라지고 말았다. 동시에 성전예배의 시대도 끝났다. 그리고 예루살렘은 로마의 도시가 되었다.

③ 마사다에서의 최후

예루살렘을 빠져나간 일부 유대인 열심당원들은 사해 서쪽에 위치한 천연 요새 마사다(Masada)로 퇴각하여 그곳에서 최후까지 저항하였다. 로마군대의 마사다 공격은 67년 봄에 시작되었다. 유대인 저항군은 세 번까지 성벽을 쌓아가며 로마군에 저항하였다. 세 번째 성벽마저 로마 군대는 파성퇴(破城槌)로 무너뜨리고 성벽에 불을 질렀다. 저항군은 성벽이 불타는 것을 보고 자신들이 패하였음을 깨닫고 요새에 있던 헤롯 궁에서 모두 자결하였다. 이것이 로마제국에 대항한 유대인 봉기의 종말이었다. 요세푸스(Josephus, 유대의 정치가, 역사가. 별첨 참고문헌)와, 타키투스(Tacitus) 및 수에토니우스(Suetonius) 등 로마의 사학자들도 기록을 남겼다. 마사다에서의 저항이 3년 만에(AD 73년) 비극으로 막을 내림으로써, 유대인들의 정치적 메시아의 꿈은 땅에 묻히고 말았다.

(4) 성전 멸망 이후 유대교와 기독교

① 사두개파의 몰락과 랍비 유대교의 탄생

사두개파 사람들은 성전을 지키고 기록된 토라의 규정에 따라 성전 제의를 완성하려 했던 자들이다. 따라서 70년 예루살렘 성전의 멸망은 당연히 사두개파의 몰락을 가져 왔다.

이제 바리새파만 살아남았다. 그런데 힐렐학파의 지도적인 바리새파 율법 박사 요하난(Yohanan ben Zakkai)은 1차 반란 중에 몰래 예루살렘에서 다른 사람들에 의해서 베스파시안에게로 갔다. 그는 '베스파시안 만세'를 부르면서 그의 황제 즉위를 예언하였다. 그리고 그의 예언은 성취되었다. 대격변이 지난 후 요하난은 유대 서쪽에 위치한 야브네(Jabneh 곧 Jamnia)에 유대 율법 연구학교를 세우도록 로마 정부로부터 허락을 받았다. 그는 유대교 대학교(University)인 예시바(Yeshiva)를 세웠다. 유대교 교육이 다시 시작되었고, 여기에서 랍비 유대교가 탄생하였다.

이와 같이 70년 예루살렘(성전)의 멸망은 유대교에 결정적 변화를 가져왔다. 무엇보다도 바리새파가 주류가 된 유대교는 그 중심이 예루살렘에서 야브네로 이동되었다. 그리고 유대인의 생활이 성전에서 토라로, 성전에서 회당으로, 제사장에서 현자(랍비)로 변화되었다. 뿐만 아니라 수백 년 동안 구전되어 온 율법이 집약되고, 정리, 분류되어 법전으로 편찬되었다. 미쉬나(Mishnah)와 미드라쉬(Midrash)도 이 시대의 산물이다.

그러나 이렇게 하여 얌니아에서 성립된 랍비 유대교가 기존의 유대교와는 다른 새로운 종류의 유대교는 아니었다. 다만 기존 유대교의 변형일 뿐이었다.

② 기독교의 분리와 독립

〈a〉 기독교는 예루살렘에서나 이방에서나 유대교적 그리스도인들을 교회에서 추방함으로써 70년 예루살렘 멸망 전까지는 사실상 유대교의 전통과 분리될 수 있었다. 그러나 기독교는 성전 멸망 전까지도 아직 예루살렘에서나 이방에서나 독자적 교회를 갖추지는 못했다. 유대교와 함께 예배를 드렸으며 유대교의 한 분파로 여겨지기도 했다.

이와 같이 유대교와 기독교에 두 발을 함께 딛고 있던 기독교인들 특히 예루살렘의 기독교인들은 예루살렘의 위기를 앞에 두고 이제 유대교인과 함께 행동하느냐 아니면 독자적으로 행동하느냐를 선택해야 할 중대한 기로(岐路)에 이르렀다. 그 시기 기독교인들은 예루살렘에 있는 '인정받은' 사람에게 주어진 계시의 말씀을 통해서 비운의 도시 예루살렘을 떠나 요단 동편 펠라(Pella)로 가라는 계시를 들었다. 마침내 예루살렘의 기독교인들은 독자의 길을 선택하였다. 그들은 로마군이 예루살렘을 포위하기 직전에(또는 포위 중에) 빠져 나와, 요단강 건너 펠라로 피난을 갔다.

펠라(Pella)는 요단 광야의 헬라 도시로서 데가볼리(Decapolis)의 중심 성읍이었다. 그러나 그들은 예루살렘 멸망 이후 펠라에서 다시 예루살렘으로 돌아간 것 같다. 어떻든 이후의 예루살렘 기독교 공동체에 대한 정보는 매우 희박하다(cf. 유세비우스 Eusebius의 교회사. F. F. Bruce 저서. 별첨 참고문헌).

〈b〉 요컨대 성전 멸망 이후, 유대교는 성전에서 토라로 달려갔으며(성전 없는 유대교), 기독교는 '예루살렘에서 로마로' 그리고 '유대적 기독교에서 비유대적 기독교(바울의 이신득의 기독교)로' 즉 서양 기독교로 각각 달려 나갔다. 그리고 곧 로마, 알렉산드리아, 안디옥 등지에서 큰 교회를 이루었다.

2) 유대인의 2차 반란(AD 115-117)

1차 유대인 반란이 있은 후 40여년이 지나, 트라야누스(Trajanus) 황제 시대(98-117)인 AD 115년경, 로마에 대항하는 유대인 반란이 다시 한 번 일어났다. 이 반란은 애굽, 메소포타미아, 키레네(구레네), 구브로(키프로스) 등 여러 지역에서 일어났는데, 유대인뿐 아니라 그리스인도 함께 참여하였다. 반란의 원인과 배경에 대하여는 알려지지 않았으나 그 결과는 참혹하였다. 키레네, 애굽, 메소포타미아에 있던 유대인들은 거의 몰살되다시피 됐다.

3) 유대인의 3차 반란 / 바르 코크바 반란(AD 132-135)

AD 115년 2차 유대인 반란이 있은 지 15년 뒤 하드리아누스 황제(Hadrianus, 117-138) 때인 AD 132년경 3차 유대인 반란이 일어났다. 바르 코크바 반란(Bar Kokhbah Revolt)이라고 불리는 이 반란은 반란군 지도자의 이름을 딴 것으로 알려졌다. 바르 코크바는 메시야적인 의미를 내포하고 있다고 받아들여지고 있다. 반란의 원인은 예루살렘을 아엘리아 카피톨리나(Aelia Capitoliana)라는 이름의 로마 식민도시로 바꾸려는 로마 황제 하드리아누스의 시도와, 할례를 금한 것에 대한 유대인들의 반발 때문이었다. 기독교인들은 바르 코크바라는 새로운 메시야를 수용할 수 없었기 때문에 반란에 참여하지 않았다(cf. Max I. Dimont 저서. 별첨 참고문헌). 반란은 3년여에 걸쳐 진행되었지만 바르 코크바가 예루살렘을 점령하였는지, 반란의 규모는 어떠하였는지 등에 대하여는 알지 못한다.

그러나 반란의 결과는 가혹하였다. 로마군은 반란군 진영을 무자비하게 초토화시키고 반란군을 대량 살육하였다. 하드리아누스 황제는 예루살렘을 로마 도시로 만들어 반란의 여지를 없애려 하였다. 유대인을 예루살렘에서 추방하고 다시는 돌아올 수 없게 만들었다. 예루살렘은 실제로 아엘리아 카피톨리나로 명명되었다. 그리고 유대지방을 'Syria-Palestina'로 불렀다. 'Palestina'는 '블레셋의 사람의 땅'이라는 의미를 갖는다. 그리고 블레셋은 역사적으로 유대의 적대국이었다. 따라서 하드리아누스 황제는 유대의 이름을 유대의 적대국이던 블레셋의 이름으로 바꿔버린 것이다. 이스라엘을 '팔레스타인'으로 부르게 된 것은 이때부터이다. 수리아(시리아)-팔레스타인은 두 개의 군단이 상주하는 군사 도시가 되었고, 예루살렘 밖의 유대인들은 모두 디아스포라(diaspora)가 되고 말았다. 그리고 유대교는 이때부터 미쉬나 탈무드 시대가 시작되었다(period of Mishnah-Talmud).

2:5. 유대인의 반란 이후의 팔레스타인

① 이후 로마제국은 군인황제 시대(180-284)와 전세군주 시대(284-395)를 거쳐 395년에 이르러서는 동서로 분할되었다.

동서 로마제국은 이후 80여 년 동안(395-476) 양립하다가 (서)로마제국은 476년에 게르만의 침입으로 멸망하였고, 동로마제국은 1453년 오스만 투르크의 침입에 의해 멸망하였다. 그러므로 (서)로마제국은 500여 년(BC 27-AD 476) 동안, 동로마(비잔티움)제국은 1,000년 이상(395-1453)을 존속하였다.

② 476년 (서)로마제국이 멸망할 때까지 팔레스타인(영토)은 (서)로마제국의 통치를 받았다. 그리고 (서)로마제국 멸망 이후 637년 이슬람제국이 예루살렘을 점령할 때까지 팔레스타인은 비잔티움제국의 통치를 받고 있었다.

〈로마제국 멸망 이후 팔레스타인의 역사〉

1. 이슬람제국(帝國) 시대

팔레스타인을 지배해 온 (서)로마제국은 AD 476년에 멸망하였다. 팔레스타인은 AD 638년까지 동로마제국의 간섭 하에 있었다. **팔레스타인은 AD 637년부터 AD 1917년까지 1,300여 년 동안 이슬람 제국(諸國)의 지배하에 있었다**(십자군 시대를 제외하면 1,200여 년 간).

1) 이슬람 제국의 성립과 발전

마호메트(Mahommet, Muhammmad: 570-632)가 622년(원년: Hegira)에 이슬람교(마호메트교, 회교)를 창시하였다. 아라비아인은 포교 전쟁을 통해 급속하게 영토를 확장해 나갔다. 짧은 기간에 기독교의 발상지인 서아시아와 북아프리카 전부가 이슬람교 국가가 되었다.

그들은 634년에 수리아(시리아)를, **637년에 예루살렘을**, 638년에 애굽을, 640년에 페르시아를, 689년에 북아프리카를, 711년에 스페인을 정복하여 대제국을 건설하였다. 이 제국(帝國)을 중국인들은 대식국(大食國, Tazi)이라고 불렀고, 유럽인들은 사라센(Saracen, 동방이라는 뜻)제국 또는 이슬람제국이라고 불렀다. 마호메트가 죽은 후 그 뒤를 이은 후계자를 칼리프(Caliph)라 한다. 마호메트 사후 제1대부터 제4대까지를 정통 칼리프 시대(632-661)라 한다.

제1대 칼리프: 아부 바크르(Abu Bakr, 632-634)

제2대 칼리프: 우마르(Umar, 634-644)는 예루살렘, 사산조 페르시아, 애굽을 점령하였다.

제3대 칼리프: 오스만(Othman, 644-656)-**(反 마호메트)**

제4대 칼리프: 알리(Ali, 656-611)-**(親 마호메트)**

제3대 칼리프 오스만은 **反 마호메트** 가문인 **옴미아드 가문(Ommiads)** 출신이고, 제4대 알리는 **親 마호메트** 가문인 **아불 압바스**(Abul-Abbas) 출신이다.

661년에 **옴미아드 가문의** 무아위야(Muawiya, 661-680)가 제4대 칼리프 알리를 암살하고 칼리프 자리에 올라 옴미아드 왕조(661-750)를 열었다. 무아위야는 661년에 수도를 메카에서 다메섹(Damascus)으로 옮기고 북아프리카를 거쳐 711년에는 서유럽 에스파냐(스페인)로 진출하여 서고트 왕국을 섬멸하였다. 그리고 다시 피레네(Pyrenees)산맥을 넘어 프랑크(오늘의 프랑스)왕국을 강타하였으나, 프랑크 왕국의 재상 칼 마르텔(Karl Martel)이 732년 투르(Tours)전쟁에서 그를 격퇴시킴으로써 그 확산이 저지되었다.

이와 같이 옴미아드 왕조가 장기간에 걸쳐 지나치게 전쟁을 강행하자, 이에 불만을 품은 친 마호메트 세력이 750년에 옴미아드 왕조를 멸망시키고 압바스 왕조(Abbas, 750-1258)를 세웠다. 수도를 바그다드로 옮겨 **동칼리프(동사라센)라** 불렀다. 옴미아드 왕조의 잔존 세력은 에스파냐로 망명하여 756년에 **후옴미아드(서칼리프, 서사라센,** 756-1031)를 세웠다.

2) 이슬람 제국(諸國)시대의 팔레스타인

팔레스타인 영토는 180여 년 동안의 십자군 전쟁시대(1095-1272)를 제외하고는 637년부터 1917년까지 사실상 이슬람 제국의 통치하에 있었다.

① AD 637년: 이슬람제국의 2대 칼리프 오마르(Umar, Omar) 왕이 팔레스타인을 점령함으로써, 팔레스타인

은 이때부터 이슬람제국의 통치를 받게 되었다.

② AD 661년: 팔레스타인은 이때부터 이슬람제국 옴미아드 왕조의 통치를 받게 되었다(수도-다메섹).

③ AD 750년: 팔레스타인은 이때부터 압바스 왕조의 통치를 받게 되었다(수도-바그다드).

④ AD 969년: 팔레스타인은 이때부터 애굽의 파티마(Fatimid Caliphs) 왕조(909-1171)의 통치를 받게 되었다(수도-카이로).

⑤ AD 1099년: 예루살렘이 유럽 기독교 국가들의 십자군에 의해 회복되었다. 유럽 기독교 국가들이 이슬람 국가가 점령하고 있는 예루살렘을 되찾기 위하여, 180여 년 동안(1095-1272)에 7차에 걸쳐 십자군 원정을 감행하였다. 1차 원정(1095-1099) 당시 1099년에 예루살렘을 탈환(회복)하고 라틴(예루살렘)왕국을 세웠다. 기독교의 라틴 왕국은 90여 년 동안 지속되었다. 이때 예루살렘과 전(全) 팔레스타인 지역이 크게 번성하였고 많은 교회가 세워졌으며, 매년 수만 명이 성지를 순례하였다.

⑥ AD 1187년: 1187년에 팔레스타인이 이슬람 국가 애굽의 아유브(Ayyub) 왕조(1169-1250) 살라딘(Saladin)에 의해 점령당하였다. 살라딘은 셀주크 투르크(Seljik Turk)출신이다. 이때 사실상 십자군 시대가 끝난 것이지만 부분적으로 그 명맥을 유지하다가 1291년 악고에서 완전히 멸망하였다.

⑦ AD 1260년: 1260년에 팔레스타인이 이슬람 국가 애굽 맘루크(Mamluk) 왕조(1250-1517)에게 점령당하였다. 그 후 260년간이 가장 황폐했던 시대였다(수도-애굽의 카이로). 맘루크 왕조는 1798년 나폴레옹에게 패한 후 사라졌다.

⑧ AD 1516년: 1516년에 오스만 투르크(Osman Turk, 1299-1922)의 살림 왕(Sultan Salim 1세)이 팔레스타인을 점령하였다. 1537년에 술레이만 대제(Sultan Suleiman)가 현재까지 남아있는 예루살렘 성벽과 성문을 건축하고, 욥바문 남쪽에 있는 다윗 망대도 십자군 시대의 기초 위에 다시 건축하였다(54년 걸림). 1917년까지 **400여 년간** 통치하였다.

⑨ 결국 이슬람 제국은 팔레스타인을 1,300여 년간 통치하였다.

3. 대영 제국(帝國)의 통치시대

1917년 영국군이 팔레스타인에 들어왔다. 이 해 11월의 발포어 선언(Balfour Declaration)으로 유대인 민족국가 건설이 승인되었고, 영국의 위임통치가 시작되었다.

4. 이스라엘 독립국가 탄생

1948년 오늘의 이스라엘 독립국가가 탄생하였다.

제 2 장
신약성경의 종교적, 철학적 배경

제1절 신약성경의 종교적 배경

1. 유대교(Judaism or Jewish Religion)

1) 유대교의 기원

(1) 페르시아제국 시대(포로의 귀환 시대)-유대교의 발아

① 유대교의 근원적 기원은 아브라함 시대 또는 모세 시대까지 소급된다. 그러나 유대교의 실제적 기원은 바벨론포로 시대 또는 그 이후에서 찾는다. 그리하여 유대교는 신구약 중간 시대의 산물이라고 할 수 있다.

BC 586년 유다가 바벨론에게 멸망하기 전까지 이스라엘은 '정치적, 주권적 국가'였다. 그러나 예루살렘이 바벨론에게 멸망함으로써 이스라엘은 더 이상 특정한 지역의 정치적, 주권적 국가로서의 존재성은 완전히 상실되었다.

그러나 이스라엘 백성은 유다의 멸망 후 포로시대(BC 586-445)를 겪으면서 율법을 새롭게 발견하고, 구원(회복)의 소식을 전한 선지자들의 외침에 귀를 기울이게 되었다. 그리고 페르시아시대에 이르러 포로들이 고국으로 귀환하게 되었을 때 그들은 이스라엘의 회복(존재성의 회복)이라는 꿈이 드디어 실현되는 것으로 믿었다. 그리하여 귀환한 이스라엘 백성은 어려운 여건 속에서도 성전을 재건하고(스룹바벨성전: 제2차 성전) 하나의 제의 공동체를 형성하였다. 그것은 한편 고레스(키루스) 정책을 계승한 페르시아제국 후기(BC 430-331)의 왕들이 이스라엘 백성에 대하여 종교 불간섭 정책을 편 것도 영향이 컸다. 그럼에도 불구하고 이스라엘 회복의 꿈은 실현되지 못하였고 회복의 기미조차 보이지 않았다.

그렇다면 국가가 없는 소수민족 이스라엘은 어떻게 해야 강대국과 이방 종교들 속에서 살아남을 수 있을까? 즉 그들의 존재성을 회복하고 유지할 수 있을까? 그들은 새로운 자기 존립양식이 절실하게 필요하였고, 그것을 그들은 혈통과 철저한 율법의 준수에서 찾았다. 그들은 '율법을 중심으로 결속한 유다의 남은 자들(혈통)의 공동체'를 새로운 자기 존립양식으로 삼았다. 즉 '율법의 짐을 짊어진 남은 자들'이 바로 이스라엘에 속한 사람 곧 유대인이 되는 것이었다. 그리하여 율법이 그들의 통치자가 되었고 그들의 군주가 되었다. 그리고 그들은 율법의 백성이 되었다. 그래서 율법의 연구와 교육이 강화되었다. 대제사장과 율법의 교사가 종교적 통치자가 되었다. 유대교의 역사에 있어서 에스라(BC 458-445?)의 종교개혁이 중요한 의미를 갖는 이유는 여기에 있다. 어떻든 우리는 이와 같이 율법으로 뭉쳐진 이스라엘을 율법공동체라 부른다. 물론 이 율법공동체가 정치적 주권을 갖는 것은 아니었다. 다만 페르시아정부가 간섭하지 않는 범위 내에서 자주적인 종교 생활을 할 수 있는 종교(율법)공동체였다.

② 그러나 이러한 율법 공동체로서의 '이스라엘'의 새로운 의미가 결코 이스라엘의 옛 신앙 그리고 옛 종교와의 결별을 뜻하는 것은 아니었다. 옛 신앙의 주요한 특징은 계속 유효하였고, 신앙을 율법 중심으로 더욱 철저하게 재편성한 것이었다. 이제 율법이 공동체의 조직 원칙 및 경계선으로서 과거 어느 때보다 더 큰 중요성을 갖게 된 것이다. 이때부터 이스라엘=율법공동체=유대인이라는 등식이 싹트기 시작하였다.

(2) 헬라제국 시대 / 유대교의 형성

페르시아제국 시대가 지나고 헬라제국 시대(BC 323-30)에 이르러서도 수리아/셀레우코스 왕조의 셀레우코스 4세(BC 187-175) 이전까지는 헬라제국의 왕들은 대체로 유대인의 종교에 대하여는 너그러운 편이었다(이원체제). 때문에 이스라엘 공동체는 비록 정치적, 주권적 공동체는 아니었지만 율법의 틀 안에서 일치된 종교적 행위를 할 수 있는 율법공동체로서 존속은 가능하게 되었다. 이스라엘 공동체가 이렇게 율법공동체로 새롭게 정의되고 존재하게 됨으로써 이 공동체를 계속 존속시키는 결속의 틀로서 철저한 율법 중심의 종교 형태가 필연적으로 출현하게 되었다. 즉 헬라제국 시대에 이르러 유대교가 형성되고 성장하게 되었다.

그러나 셀레우코스 4세 때부터는 율법공동체에 대한 핍박이 시작되었고 안티오쿠스 Ⅳ세 에피파네스(BC 175-163) 때에 이르러서는 그 핍박이 절정에 달함으로써, 율법공동체는 결국 마카비 혁명을 거쳐 유대인의 왕국인 하스몬 왕조(BC 143-63)를 쟁취하는 데에 이르렀다. 그리고 왕이 대제사장을 겸함으로써 그 왕국은 명실상부한 '유대교인의 왕국'이 되었다. 또한 이러한 과정에서 바리새파, 사두개파, 에세네파 등 유대교의 종파도 생겼다.

(3) 로마제국 시대 / 유대인의 반란과 유대인(교)의 박해

로마가 공화정 말기 세계를 제패(制覇)하는 와중에 있을 때 헤롯(BC 37-4)은 로마의 지원을 등에 업고 하스몬 왕국으로부터 왕권을 찬탈하여 헤롯 왕국을 세웠다. 헤롯 대왕이 죽을 무렵(BC 4년) 예수 그리스도가 탄생하였다. 그런데 헤롯은 이방인(이두매) 출신으로 개종을 통하여 유대교인이 된 자이다. 따라서 실상은 이방인이 율법공동체의 왕이 된 것이다. 때문에 그는 대제사장이 될 수는 없었고 다만 대제사상 임명권을 통하여 유대교를 간섭하였다. 그는 사실상 유대인으로부터 신임을 구걸해야 할 입장에 있었고 유대교를 핍박할 수는 없었다. 그의 후계자들도 그러했다.

로마제국도 초기에는 유대인의 종교를 간섭하지 않았다. 그러나 AD 66년 헬라주민과 유대인 간의 사소한 충돌이 유대인의 로마제국에 대한 항전으로 확대되자(유대인의 1차 반란), 로마제국은 AD 70년 예루살렘을 돌 하나 없이 멸망시켰다. 그리고 앞에서 말한 바와 같이 예루살렘의 최종 멸망과 함께 유대교인 중 사두개파는 사라지고, 바리새파도 예루살렘을 탈출하여 예루살렘 밖(Jamnia)으로 나와서 오늘날의 바리새적, 실천적 유대교(랍비 유대교)를 이루었다.

2) 유대교의 정체성(正體性)

(1) 신론

유대교는, 여호와만이 절대적인 유일신이고 이스라엘은 여호와가 사랑하는 선민으로, 갖은 고난 속에서도 반드시 메시야를 보내어 그들을 구원하신다는 신앙을 가진 종교이다. 따라서 유대교는 구약성경의 여호와를 유일한 신으로 신봉한다.

기독교 역시 구약성경의 유일신 여호와를 신봉한다. 그리고 7세기경에 마호메트(Mahommet or Muhammad: AD 570-632)도 구약성경의 바탕 위에서 이슬람교를 창시하였다.

그러나 유대교는 기독교의 예수님을 하나님의 아들로 인정하지 않는다. 즉 삼위일체 교리를 인정하지 않는다.

(2) 메시야 대망(Messianic hope)

유대교에서는 지금도 그들의 메시야를 기다리고 있고, 하나님이 메시야를 보내시면 그를 왕으로 하여 유대인이 세상을 다스리게 될 것이라고 해석한다. 즉 그들의 메시야는 다윗의 아들로 오셔서 불의한 자들을 흩으시고 이스라엘의 왕이 되시며, 전 세계를 지배하고 국가적인 경배를 받는 여호와를 이상적인 왕권의 대리자로 표현된다(다윗 왕가의 통치 회복). 그들은 기름부음을 받은 자요 전사(warrior)이며, 인자(son of man) 같은 이(단 7:13)로서의 메시야를 기다린다. 그리고 그들은 메시야가 종말론적으로 오실 것을 기대한다. 그리하여 다윗의 자손이 나타날 때 그는 거룩한 성읍을 그의 수도로, 의(義)의 백성을 그의 신민으로 삼으실 것이며, 또한 메시야의 통치가 예루살렘을 회복하면 이방인들이 땅 끝에서부터 모여들어 선물을 가지고 올 것으로 기대하였다. 따라서 그들은 예수가 2,000년 전에 '나사렛 촌 목수의 아들로' 오셨을 때 그를 결코 자기들의 메시야로 받아들일 수 없었다. 이와 같은 유대인의 메시야 대망은 유대인이 역사적으로 겪어온 수많은 고난을 견딜 수 있게 한 힘이자 미래에 대한 희망의 절대적인 이유가 되었다.

(3) 구원론

유대인은 자신의 회개와 기도, 선하고 의로운 행위로 하나님께 죄를 용서받고 구원을 받는다고 믿는다. 그러므로 속죄와 구원을 위한 하나님의 심판만이 있을 뿐 기독교에서처럼 다른 구원자가 필요하다고 생각하지 않는다.

3) 유대교의 경전(經典)

(1) 정경(正經)

정통 유대교는 유대교 경전을 정경(正經)과 구전(口傳)으로 구분한다. 정경(正經: Canon)은 토라(Torah: 모세 5경)와 예언서 및 성문서 등 구약 39권을 말한다. 율법이라고도 한다. 그러나 율법은 토라만을 말하는 경우(협의)도 있고, 39권 전체를 말하는 경우(광의)도 있다. 정경은 절대적인 권위가 부여되었다. 유대교는 신약성경을 경전으로 인정하지 않는다. 유대교의 바리새파는 구전도 존중한다.

(2) 구전(口傳: Oral Traditions) (장로들의 유전, 탈무드)

① 유대(교)인 중 바리새파는 구전을 존중한다. 그러나 사두개파는 구전을 인정하지 않는다.

② 유대인들은 하나님께서 주신 율법은 오경에 기록된 율법 이외에도 하나님이 모세에게 주신 구전(口傳) 율법이 있다고 생각하였다. 또한 유대교에서는 성경 율법(성문 율법)은 원리만 가르치기 때문에, 율법을 상세하고 복잡한 현실 생활에 구체적으로 적용하기 위해서는 보다 상세한 규범이 필요하다고 생각하였다. 그리하여 바벨론포로 이후부터 유명한 유대 랍비들이 고대의 구전 전승 자료들을 중심으로 하여 세세한 생활 규칙들을 정비하고 집성(集成)하기 시작하였다. 이것이 바로 장로들의 유전(遺傳) 또는 전통(傳統, tradition of the elders)이다.

③ 그리고 BC 300-AD 800 사이에 이런 구전 율법을 집대성하여 문서화한 것이 바로 탈무드(Talmud)이다.

④ 탈무드는 미쉬나(Mishina)와 게마라(Gemara)라고 불리는 두 부분으로 구성되어 있다. 미쉬나는 AD 2세기까지 알려진 구전된 법들이며, 게마라는 AD 3세기부터 5세기까지 구전된 법규에 대하여 해석해놓은 것이다.

⑤ 게마라 또한 두 종류로 되어 있다. 하나는 법전을 다룬 할라카(Halakah)이고, 다른 하나는 일반 설교나 할라카가 아닌 다른 모든 것을 편집한 것으로서 하가다(Hagada)라 한다. 유대인의 구전을 할라카라고 부른다.

할라카는 일상적인 종교생활을 명확하게 구분해 놓음으로써 행동의 지침이 되고 있는 규칙이나 법도를 명시하고 있다. 하가다는 성격상 할라카가 아닌 모든 성경해석을 포함한다. 할라카와 하가다를 합하여 미드라쉬(Midrash)라 부른다.

⑥ 현재 유명한 탈무드로는 바벨론 탈무드와 예루살렘 탈무드가 있다. 바벨론 탈무드는 5세기 말엽에 동아람 방언으로 쓰였다. 예루살렘 탈무드는 서아람 말로 쓰였으며 AD 4세기 이후의 것이다.

⑦ 오늘날까지 탈무드는 믿음과 의식행사를 주관하는 정통유대교의 표준이 된다.

⑧ 물론 구전이 성문 율법의 권위를 약화시키는 것은 결코 아니었다. 성문 율법은 절대적인 것으로 인정되었고 구전은 다만 성문의 율법에 울타리를 치는 것이었다. 유대인은 이와 같이 율법의 이중구조를 인정하였다(cf. Merrill C. Tenney 저서. 별첨 참고 문헌).

4) 유대교의 종파(Religious Groups)

(1) 분파의 배경

바리새파와 사두개파 등 유대교의 종파는 이미 설명한 바와 같이 하스몬 왕조시대에 발생하였다. 하시딤들(Hasidim, Hasideans)이 마카비 혁명에 가담한 것은 종교적인 자유의 회복을 위해서였다. 그들은 극히 보수적이고 종교적이며, 비정치적이고 율법주의적인 '경건한' 유대교인들이었다. 경건한 유대교인들을 하스몬 가의 혁명에 적극적으로 협조하였으며 이러한 협력관계는 하스몬가가 혁명에 성공하여 종교적 자유를 쟁취할 때까지 계속되었다. 그러나 하스몬가의 지도자들이 종교적 목적의 한계를 넘어 정치적 목적까지 쟁취하려고 하자 그들은 이에 불만을 갖게 되었다. 드디어 하스몬 왕국이 성립되고 하스몬 왕국의 지도자들이 왕의 자리는 물론 대제사장의 자리까지 독점하자 그들은 크게 반발하였다. 그러나 일부 유대인들(사두개파)은 마카비 정부의 이와 같은 정책을 옹호하기도 하였다.

(2) 바리새파(Pharisees)

① 요한 힐카누스(BC 135-105, 하스몬 왕국 2대 왕)가 왕이면서 동시에 대제사장이 되자, 하시딤의 다수가 크게 반발하였다. 그들은 요한 힐카누스에게 대제사장직을 사임하라고 요구하기에 이르렀다. 요한 힐카누스는 거절하였고, 하시딤의 다수가 하스몬 왕조와의 협력관계에서 분리(separation)하였다. 이들을 바리새파(Pharises)라 한다. '바리새'라는 이름은 '분리'(separation)를 의미하는 히브리어(paras)에서 유래하였다.

요한 힐카누스는 하시딤(바리새파)을 정권에서 배제하고 탄압하였으며 반면에 친(親) 헬라적이고 친 정치적 세력인 사두개파를 새로이 등용하였다. 이에 사두개파는 헬라화 정책에 적극적으로 참여하였다. 그리하여 지금까지 하스몬 왕조의 주요 정치세력은 바리새파였으나 이때부터 사두개파로 넘어갔다. 탄압으로 쫓겨난 하시딤들은 바리새파와 에세네파의 기원이 되었다. 이후부터 바리새, 사두개, 에세네 등의 종파가 대두하였고, 왕권과 바리새파 사이에, 그리고 유대교 종파들 사이에 갈등이 노골화되었다.

② 바리새파 사람들은 의롭고 경건하기를 원하여 지나칠 정도로 율법 준수에 엄격하였다. 그들은 종교 관습에 대해 누구보다도 정확히 이해하고 있다는 평판을 받았으나, 그들의 율법주의는 형식주의가 되고, 형식주의는 다시 외형주의가 되면서 비현실적인 것이 되었다. 바리새파는 율법과 율법을 해석한 구전(口傳) 전통을 동시에 중요한 규범으로 여기는 이중 구조를 인정하였다. 그들은 제사장, 수공업자, 농부, 상인 등으로 이루어졌고, 귀족계급보다는 중간계급의 평민 대중

에 속해 있었다. 그들은 도시와 시골에 퍼져 살면서 유대인의 일상적인 삶과 정치에 밀착되어 있었다. 그들은 회당을 중심으로 대중에게 종교적인 영향을 행사하였는데, 의식적인 정결(淨潔)규정과 십일조, 금식 등 엄격한 규범을 지켰다. 그들은 안식일, 정결예식, 우상숭배, 이혼문제 등에 있어서도 초기 기독교 공동체와 다른 견해로 논쟁을 벌이곤 했지만, 인간의 사후와 부활, 천사 및 영혼불멸은 믿었다. 바리새파의 후계자들은 로마에 항거하다가 결국 이스라엘 멸망에 한몫을 하였다. 그들은 예루살렘이 로마에 멸망하여(AD 70년) 이스라엘이 종말을 고하는 날까지 예루살렘 제의 공동체의 영적 생활에 결정적인 영향을 끼쳤고, 그 후에도 계속 존속하여 오늘의 유대교 형성에 결정적으로 기여하였다.

(3) 사두개파(Sadducees)

사두개파는 헬라시대 이후 신흥귀족 중심의 친 헬라파였다. 그들은 종교적인 이유와 함께 정치적인 목적을 갖고 마카비 혁명에 참여하였다. 그들은 헬라화 정책에 적극적으로 참여하였다. 또한 그들은 구 성전세력(하시딤 바리새파)과 경쟁하였고, 요한 힐카누스 때에 바리새파를 몰아내고 정권을 잡았다. 토라를 수호한다는 점에 있어서는 사두개파도 하시딤과 입장을 같이 했으나, 그 해석에 있어서는 큰 차이가 있었다. 사두개파는 토라의 권위만을 인정하고, 서기관들에 의해 발전된 구전(口傳) 전통의 권위는 인정하지 않았다. 그들은 기록된 토라에서 명백한 근거를 찾을 수 없는 신학적 개념은 어떤 것도 받아들이지 않았다. 그들은 토라를 문자대로 해석하고 현실 생활에 적용하였다. 구약성경은 예언서와 성문서도 포함하지만 그들은 토라에 가장 큰 권위를 두었다. 토라의 권위만 인정한다는 이유로 그들은 스스로를 보수주의자로 자처하였다. 그들은 성전을 지키고 토라의 규정에 따라 성전 제의를 완성하려 하였다.

사두개파는 미래의 부활을 거부하고 육체의 죽음과 함께 영혼도 사라진다고 믿었다. 그들은 부활과 사후심판 교리를 조로아스터교(Zoroastrianism)에서 수입된 기괴한 사상으로 보고 거절하였다. 그들은 보상과 징벌이 오직 현세의 삶과 관련된 것이고, 그것은 자기의 의지에 따라 행동한 결과일 뿐이라고 여겼으므로, 하나님의 궁극적인 목적보다 현실에서의 현상 유지(Status Quo)를 중시하였다. 그래서 세속의 통치자들과 쉽게 협력하였다. 그들은 로마시대에 유대 반란으로 예루살렘이 멸망할 때까지 주요 정책을 이끌었다. 그들은 친(親) 헬레니즘 입장이었으므로 헬레니즘과의 충돌에서 빗어지는 위기를 이겨내고 이스라엘의 역사가 끝나는 날(AD 70년)까지 살아남았다. 그러나 그들이 역사에 자취를 남긴 것은 그때까지 뿐이었다.

(4) 에세네파(Essenes)와 쿰란(Qumran)사본

에세네파는 하시딤(경건한 자) 중 극단적인 사람들이다. 그들에 대한 기록은 별로 없다. 그들은 임박한 종말을 기다리며 종말론적 긴장 속에서 살았다. 그들은 검소하고 금욕적이었다. 그들은 엄격한 율법의 준수를 통해 이방인과 분리해야 이스라엘의 민족적 독립이 가능하다고 주장하였다. 그들은 예정론을 숙명론적으로 받아들였다.

1947년 한 베두인(Bedouin) 목동에 의해 사해 서쪽에 있는 동굴(쿰란 동굴)에서 두루마리 뭉치가 발견되었는데 이것들이 구약성경의 사본임이 밝혀졌다(사해사본 또는 쿰란사본). 그리고 이 문헌들을 통하여 쿰란지역이 에세네파 공동체가 거주하였던 곳으로 추정하게 되었다. 때문에 에세네파는 하스몬 왕조 시대에 하스몬 왕조와 결별하고 본거지를 쿰란으로 옮긴 것으로 본다(쿰란 공동체). 세례 요한의 검소한 생활, 금욕적 행동, 광야에서의 외침 등의 유사성을 들어 쿰란 공동체와의 관계성을 말하기도 한다.

요세푸스와 필로는 에세네파에 속한 자들이 약 4천 명 정도 되었다고 한다.

(5) 열심당(Zealots)과 시카리(Sicarii)

열심당은 신과 율법에 열성이 있는 자라는 데서 유래한 이름이다. 열심당원들은 율법에 대해 광신적인 열성을 갖고 있었다. 그들은 종말론적 사상에 심취하였고, 무장투쟁을 통해 메시야사상을 현실에 구현하려 하였다. 그들의 메시야 운동은 민중들에게 폭넓은 영향을 주었다. 그들은 민족의 독립을 위해서는 어떤 공격도 감행할 준비가 되어 있는 광적으로 용감하고 무모한 자들이었다. 그들 중에는 시카리(자객: 刺客)라 불리는 극단적 성향의 사람들도 있었다. '시카리'란 자객이라는 의미의 라틴어로, 열심당원 중 과격분자들이 옷 속에 단검(sica)을 지니고 다닌 데서 유래하였다. 그들을 폭력단(terrorists)으로 보기도 한다(행 21:38). 열심당원들은 마카비 전쟁에 적극 참여하였다. 또한 AD 66년 유다의 주동으로 갈릴리에서 일어난 폭동과도 관련이 있다고 본다(행 5:37, cf. F. F. Bruce 저서. 별첨 참고문헌). 그들은 유대인의 로마에 대한 1차 항쟁 때(AD 66-70)에는 갈릴리 지방을 시작으로 유대 반란을 이끌었다. 로마군의 공격을 피하여 예루살렘 성에서 마사다(Masada) 요새로 피신했을 때, 그들은 그곳에서 끝까지 저항하다가 모두 자결하였다. 성경에는 예수의 제자 중 시몬이 열심당과 관련이 있는 것으로 나온다(눅 6:15, 행 1:13).

2. 성전과 회당

1) 성전

유대교의 중심은 율법과 성전이다. 성전은 최초에는 솔로몬에 의해 예루살렘에 건립되었으며(솔로몬 성전), 바벨론 포로 직후에는 스룹바벨 성전(2차성전)이, 헤롯 왕 시대에는 헤롯 성전이 재건되었다. 성전은 오늘에 이르기까지 오랫동안 수많은 희비(喜悲)의 역사를 간직하고 있다

〈성전의 역사〉

1. 예루살렘 성전(솔로몬 성전: 구약시대)

1) 성전 장소

성전의 장소는 예루살렘 북동쪽에 위치한 모리아산이다. 일찍이 아브라함이 이삭을 바치려 했던 곳이다. 다윗은 여부스 사람 아라우나(오르난)의 타작마당이었던 이곳을 성전 부지로 매입했다. 현재 이곳은 성전산(Temple mount)이라 불리고 있다.

2) 성전 건축

다윗에 이어 이스라엘의 왕이 된 솔로몬이 건축했다. BC 966년 즉 출애굽 후 480년이 지나고 솔로몬이 즉위한지 11년에 완공되었다.

3) 성전의 평면 구조(및 제기들)

(1) 전체구조

성전은 동서가 길고 남북이 짧은 장방형이었다. 100평 조금 안 되는 규모였던 것으로 추정된다.

(2) 출입구

성전으로 들어가는 출입구는 동쪽으로 나 있었다. 현관 양편에는 높이 12m, 둘레 7m의 청동기둥이 세워져 있었다. 성전 방향으로 오른편에 세워진 기둥은 야긴, 왼쪽 기둥은 보아스라 이름했다.

(3) 성전의 내부 구조

성전구역은 크게 세 구역으로 구분되었다. 뜰, 성소, 지성소가 그것이다.

① **뜰:** 뜰은 바깥뜰과 안뜰로 되어 있었다.

② **성소:** 성소는 성전의 외소를 말한다. 성전 안에는 금으로 만든 제단과 금으로 만든 떡상, 열 개의 금촛대, 금으로 만든 꽃장식, 등잔, 불집게, 금대접, 잔, 숟가락, 향로 등의 기구와 기명들이 배치됐다.

③ **지성소(Holy of Holy):** 성소를 지나 더 안쪽에 위치한 밀실은 '내소'라고도 하고, 가장 거룩한 곳이라 하여 '지성소'라고도 불렀다. 지성소 안에는 오로지 하나의 상자만이 보관되어 있다. 바로 언약궤다. 그리고 언약궤 안에는 십계명이 새겨진 두 개의 돌판 외에는 아무것도 없었다. 지성소에는 1년 중 단 하루 속죄일에 대제사장만이 출입할 수 있었다.

성소와 지성소 사이에는 휘장(curtain)이 있다.

2. 스룹바벨 성전(2차 성전. 바사시대)

솔로몬의 지휘 아래 세워진 예루살렘 성전은 BC 586년경의 유다의 멸망과 함께 바벨론(신바빌로니아)의 느부갓네살 2세(Nebuchadnezzar Ⅱ)에 의해 완전히 파괴되고 말았다. 성전이 완공된 지 약 370년이 지난 때였다. 성전은 페르시아(페르시아) 시대에 포로 생활에서 귀환한 동포들에 의해 BC 515년경에 재건되었다. 스룹바벨 성전 또는 2차 성전이라고 부른다.

3. 헤롯 성전(신약시대)

1) 헤롯 성전의 건축

로마제국 통치시대에 이르러 헤롯 대왕(BC 37-4)은 스룹바벨 성전을 확장하며 재건축하였다(파손된 2차 성전을 모두 헐고 새로운 양식으로 엄청나게 확장하여 다시 지었다고도 한다). 재건축은 헤롯이 집권한지 19년이 되던 해(BC 20-19)에 시작되었다. 그리고 재건의 첫 단계를 완공하는데 10년이 걸렸다. 외곽 건물과 현관은 AD 62년 혹은 64년에 비로소 끝나게 되었다. 그러므로 성전 공사는 82년 동안(BC 20/19-AD 62/64) 계속되었다.

예수의 대적들이 성전을 짓는데 64년이 소요되었다고 말했을 때 그들은 그 공사가 그때(AD 64)까지도 계속되고 있다는 사실을 염두에 두고 말한 것이다(요 2:2) (cf. Merrill C. Tenney 저서, F. F. Bruce 저서. 별첨 참고문헌).

2) 성전의 벽과 바깥 출입문들

외부와의 출입은 4개의 벽들(동서남북)에 있는 9개의 바깥 출입문들을 이용하였다. 즉 북쪽 벽에 있는 4개의 바깥 문(1문, 2문, 3문, 4문), 동쪽 벽에 있는 1개의 바깥 출입문(5문), 남쪽 벽에 있는 4개의 바깥 출입문들(6문, 7문, 8문, 9문)을 사용하였다. 서쪽 벽에는 출입문이 없었다. 주(主)출입문은 동쪽의 제5문이었다. 제5문의 밖에 있는 바깥뜰이 바로 '이방인의 뜰'이다. 제5문을 미문(Beautiful Gate, 행 3:2)으로 보기도 한다(문마다 번호를 붙인 것은 저자가 편의상 그렇게 한 것이다).

3) 헤롯 성전의 평면 구조

헤롯 성전도 동서가 길고(610 피트) 남북이 짧은(585 피트) 장방형이었다. 헤롯 성전도 뜰과 성소 그리고 지성소로 되어 있었다.

① 바깥뜰과 안뜰

헤롯 성전의 동쪽에는 바깥뜰(open court)이 있었다. 이 동쪽 바깥뜰을 '이방인의 뜰'이라고 불렀다. 이방인의 뜰에는 누구나 제한 없이 출입할 수 있었다. 이곳은 때때로 시장으로 사용되었다. 예수께서 성전을 정화하기 위하여 상인들을 내쫓으신 일도 바로 이 이방인의 뜰에서 이루어졌다.

성전 안뜰은 제사장들의 뜰, 여인들의 뜰(court of women), 이스라엘인들의 뜰로 구분되었다. 여인들의 뜰의 동쪽 벽에는 남북으로 길게 뻗은 이중(二重)의 회랑이 있었다. 이 회랑은 솔로몬 행각(Pillars of Solomon)으로 알려져 있다(요 10:23, 행 3:11). 그 이유는 그 회랑이 솔로몬의 성전 때로부터 내려오는 전설적인 잔존물이기 때문이다. 이 건물은 주랑(기둥)으로 덮개를 받치고 있었으며, 랍비들이 그 제사들과 모임을 갖거나 공식인 가르침을 베푼 장소였다.

② 성소와 지성소의 구조 및 기물

구약시대의 구조와 같다.

③ 안토니아 망대(요새: Antonia fortress)

성전의 북서편 모퉁이에 안토니아 망대가 있었다. 이 망대에 로마군 보병대가 주둔하면서 유대인들을 감시하였다.

4) 헤롯 성전의 멸망

헤롯 성전은 재건축이 끝나고 7년이 지나서, 즉 AD 70년에 로마의 디도 장군(후에 황제가 된 티투스)에 의해 돌 하나 남김없이 소멸되었다.

4. 현재의 예루살렘 성전

① 팔레스타인(이스라엘)은 AD 638년부터 1917년까지 약 1,300여 년 동안 이슬람(아랍)제국의 통치를 받았다. 이때부터 예루살렘은 이슬람교도들의 도시로 변모하였다. 교회는 대부분 파괴되거나 아니면 이슬람 사원으로 바뀌었다.

② 이슬람제국의 한 칼리프(AD 686-705)가 옛 예루살렘 성전이 자리에 이슬람 대사원을 새로이 건립하였고 그 때 이후로 오늘날까지 계속 그 대사원은 위풍을 드러내고 있다.

③ 오스만 투르크(Osman Turk, 1299-1922)의 술레이만대제(Sultan Suleiman: 1520-1566)는 재위 기간 중 예루살렘 성에 성문들을 축성하였다. 성문은 동서남북에 모두 여덟 개로 되어 있다.

-북쪽(3개): 새 문(New Gate), 다마스커스 문, 헤롯 문

-동쪽(2개): 스테반 문(사자문), 황금 문(美門)

-남쪽(2개): 쓰레기 문(Dung Gate), 시온 문

-서쪽(1개): 욥바 문

④ AD 70년 디도의 군대가 예루살렘 성을 파괴할 때 이 성의 전부를 파괴하지 않고 일부를 남겨놓음으로써 승전국의 아량을 과시했다. 남겨진 일부는 성의 서쪽 벽이다. 벽의 높이는 18m, 폭은 60m이다. 유대인들과 순례자들은 그곳에서 벽을 붙들고 AD 70년 예루살렘의 비극을 회상하고 통곡하면서 간절히 기도한다(통곡의 벽: Wailing Wall).

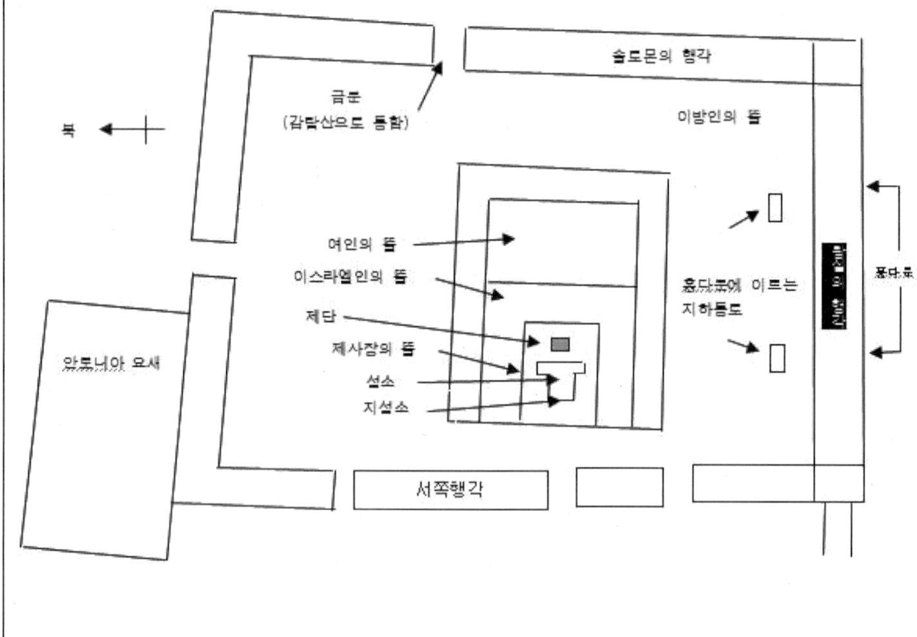

헤롯의 성전

2) 회당(synagogue)

(1) 기원

일반적으로 회당은 바벨론 포로기 이후에 생겨난 것으로 본다. 포로기 이전에는 예루살렘의 성전을 중심으로 예배를 드렸다. 그러나 포로기 동안에는 이것이 불가능하였다. 포로기 동안 유대인들은 자기들의 각 거주 지역에서 함께 모여 예루살렘을 향하여 기도를 드렸다(왕상 8:46-50). 이와 같은 예배 또는 기타 모임의 필요 때문에 생긴 공적인 장소가 회당의 기원이 되었을 것이다.

포로귀환 후 2차 성전이 건축됨에 따라 성전제의가 어느 정도 회복되었지만, 그 때에도 흩어진 각 지방, 각국에서 예루살렘 성전(2차 성전) 예배에 참여한다는 것은 사실상 불가능한 것이었다. 따라서 그때부터 예루살렘 성전에서의 제의는 유대인 공동체 또는 유대교의 절대적인 축이 되지 못하였다. 그 대신 유대인들은 일정한 거주지역 단위로 회당을 만들어 그곳에서 예배를 드리고 교육을 행하였으며, 이때부터 회당이 점차 유대인 공동체의 중심이 되어갔다. 회당에 참여할 자들이 10명 이상이 되면 회당을 건축하게 되었다. 회당은 계속 늘어나 1세기에는 예루살렘에만도 4,080개가 있었으며(cf. 톰슨II 주석성경), 이방 도처에도 회당이 생겼다. 사도행전은 안디옥, 다메섹(다마스커스), 구브로(키프로스), 이고니온(터키 남부 Konya), 데살로니가, 베뢰아, 고린도 및 에베소 등지에도 회당들이 있었음을 말하고 있다. 유대인의 회당은 바울과 같은 그리스도인들이 복음을 전파함에 있어서 발판의 역할을 하였다.

(2) 회당예배

회당은 다양한 용도로 사용되었지만 대표적 용도는 예배와 교육이었다. 회당은 처음부터 성전을 대신하는 예배장소로 시작되었다. 그러나 신약성경은 회당에서의 예배 제도에 관하여 별로 언급을 하지 않는다. 아마 성전예배에 준하여 찬양, 송축과 응답, 기도, 쉐마의 교독(신 6:4-9) 등이 있었을 것이다(cf. F.F. Bruce 저서, Merrill C. Tenney 저서, 별첨 참고문헌).

예수님 당시에도 유대인이 회당에서 예배를 드리는 것은 유대인의 일상적인 삶의 일부였다. 예수님께서도 정규적으로 관례를 따라 안식일에 회당에서 예배를 드리면서 성장하셨다. 공생애 사역 중에도 예수님은 안식일에 회당에 들어가 예배를 드렸고, 가르치시기도 하셨다. 사도 바울도 선교여행을 할 때 회당에 들어가 회당예배에 참석했고 거기서 복음을 전했다.

⑶ 회당 교육

유대인들의 교육적 열정은 특히 포로시대 이후에 더 높아졌다. 그들은 자기들이 국가적 재난을 당한 것은 율법에 대한 불순종이 가져온 하나님의 심판이라고 여겼으므로 그들의 교육은 율법의 준수에 집중되었다. 그들의 주요 교육장소는 가정과 회당이었다. 그리하여 회당은 그들의 교육기관이 되었고 나아가서 초등교육과 고등교육의 모체가 되었다.

⑷ 회당의 관리자

회당은 몇 사람의 직분을 가진 사람들이 관리하였다. 그 중에서 가장 중요한 인물이 회당장이다. 그는 회당의 우두머리였다. 그는 예배를 인도하고(사회자) 모임 중에 질서를 유지시키며 예배순서에서 율법과 선지서를 낭독할 자를 지명하였다. 설교의 주제도 결정하였다.

회당 안에는 또한 회당을 지도하고 관리하는 장로들의 그룹이 있었다. 회당의 장로는 회중을 훈육하고 처벌하는 권한을 갖고 있었다.

회당의 관리자 중에는 회당에서 회당장을 돕는 하짠(Hazzan)이라는 직분자도 있었다.

3. 제사장과 성전제의(祭儀)

1) 제사장들

구약에서 제사장 제도는 인간은 죄로 인해 하나님께 직접 접근(교제)할 수 없으므로 하나님과의 접근을 가능케 하는 수단으로 만들어진 것이다. 즉 제사장은 하나님과 사람 사이의 중보자(仲保者, 仲介者)이자 언약의 중재자이다. 제사장 직은 오직 레위지파에만 제한되어 있다. 제사장 제도는 세 집단, 즉 대제사장, 제사장, 그리고 레위인으로 구분이 되어 있다.

⑴ 대제사장

① 포로시대 이후 국가가 없던 시대에 유대인의 공동체는 대제사장에 의해 통치되었다. 대제사

장은 제사장의 우두머리(the Highest Priest)를 말한다. 그는 신정국가의 최고 통치자이자 유대 사회에서 최고급의 귀족이며 가장 중요한 인물이었다.

② 솔로몬 시대 이래로 대제사장은 사독의 후손에서 임명되었다(겔 44:15). 사독계열의 마지막 대제사장은 수리아(시리아)/셀레우코스 왕국의 안티오쿠스 4세 에피파네스 통치시대(BC 175-164)의 오니아스(Onias) Ⅲ세였다. 그는 안티오쿠스 4세에 의해 자격을 박탈당하고 3년 후 암살되었다. 후대에도 사두개파는 사독의 후손이라는 것을 근거로 대제사장직을 거의 독점하였다.

③ 하스몬 왕조 시대에는 한 사람이 왕과 대제사장 직분을 겸하였으며, 하스몬 가문에서 세습되었다. 헤롯 왕국 시대에는 왕들이 대제사장을 임명하였다. 헤롯의 왕들은 제사장계열의 혈통이 아니었으므로(이두매인) 대제사장 직을 차지할 수는 없었다. 총독 통치시대에는 총독들이 임명권을 행사하였다. 그리하여 대제사장직은 결국 돈을 주고 사는 '거래'의 대상이 되어버렸다. 대제사장은 산헤드린의 의장이라는 직책도 갖고 있었다.

④ 대제사장은 직무를 수행할 때에는 특별한 예복(에봇: ephod)을 입었다. 헤롯 대왕 때부터 에봇은 평시에는 안토니 성채(요새)에 보관되었다. 헤롯 대왕과 총독들은 에봇의 출입을 수단으로 대제사장을 간접적으로 간섭하였다(고분고분하게 만들었다). 예수 지상시대의 대제사장은 안나스와 가야바였다.

〈헤롯 왕국시대의 주요 제사장들〉

1) 안나스(Annas, AD 6-14): 눅 3:2, 총독 임명

2) 엘레아잘(Eleazar): 총독 Gratus가 임명, 안나스의 아들

3) 가야바(Caiaphas, AD 18-36): 마 26:3, 총독 Gratus가 임명, 안나스의 사위

4) 아나니아(Ananias, AD 47-55): 행 23:2.

(2) 제사장들

제사장 직분은 레위지파의 아론 가문에만 제한되었다. 제사장은 24반열(班列)로 나뉘어져 있었다. 그 가문들은 차례로 성전에서 봉사를 했다. 이들은 반열을 따라 한 주간씩 성전에서 봉사를 했고, 대 절기 때에는 모든 반열의 제사장들이 참여하였다. 제사장직의 주요 기능은 대제사장의 성례를 도우며 성소의 그릇들을 손질하고 제단에서 희생 제사를 드리는 의무를 수행하는 것이었다. 희생제사는 제사장만이 드릴 수 있었다(민 18:5-7). 제사장들은 재판을 행하는 치리자(治理者)이기도 했다. 세례 요한의 아버지 사가랴도 이와 같은 제사장 중 한 사람이었다.

제사장들에게는 잘 정비된 직제와 서열이 있었다. 제사장들 중 대제사장 다음의 서열은 성전 우두머리였는데, 그의 일은 대제사장을 가장 측근에서 돕는 것이었다. 그는 산헤드린의 회원이기도 했다. 그는 성전에서 최고의 경찰력을 장악하고 있었다.

레위지파는 땅을 분배받지 않았기 때문에 제사장들도 백성들이 바치는 제물 중 정해진 부분과 백성들의 십일조를 받아 생활을 영위하였다. 그들의 성전에서의 봉사기간은 1년에 두 주간 정도였기 때문에 나머지 시간의 대부분은 고향에서 생업에 종사하였다.

(3) 레위인들

그들은 레위의 후손으로 하급 성직자들이다. 성전 제의에는 전혀 참여하지 못했다. 성전에서 음악과 각종 업무를 담당했다. 음악 담당자들은 제의 때 합창을 하며 악기를 연주했다. 이외의 레위인들은 제의와 관련된 허드렛일과 청소를 했다.

2) 성전제의(祭儀, temple cult)

구약의 말씀에 따라 성전에서 매일 오전과 저녁에 제사(제물을 바치는 일)를 드렸다(출 29:38-42, 민 28:1-8). 아침에는 일출시, 저녁에는 제9시(오후 3시)에 드렸다. 이것은 성전에서 매일 반복되는 기본적인 제의이다(상번제). 이외에도 여러 종류의 제사가 있다. 제물은 짐승과 곡식 등으로 그 종류와 양(量)은 율법에 정해져 있다. AD 70년 예루살렘이 멸망하고 성전이 완전히 파괴된 이후로 성전 제의는 중단되었다. 유월절은 희생양이 없이 지켜졌으며 속죄일은 '회개의 날'로 지켰다(cf. F.F. Bruce 저서. 별첨 참고문헌). 성전 제의는 AD 70년 이래로 단절되었지만, 유대인들은 성전 재건의 꿈을 지금도 버리지 않고 있다. 성전의 몰락은 유대인 종교의 축이 성전에서 회당으로 옮겨지게 하였고, 유대교에 일대 변혁을 가져오는 계기가 되었다.

4. 율법교사

1) 서기관, 율법사

① 서기관은 초기에는 율법을 필기하고 기록하는 사람들에게 붙여진 이름이다(scribes). 그들

은 율법을 돌, 진흙, 파피루스, 양피지 등에 기록, 필사하였다. 포로시대 이전에는 군사를 모병하는 관리(왕하 25:19), 재정관리자(왕하 12:10-11), 서기관(대상 24:6)등 다양한 의미로 사용되었다.

② 포로시대 후기부터는 율법이 유대인의 공동체를 하나의 공동체로 결속시키는 밧줄이 되었다. 그리하여 모세의 율법을 연구, 해석하고 가르치는 것이 중시되었다. 처음에는 서기관이 그 일을 겸했으나 차츰 이를 전담하는 교사가 등장하였다. 이러한 상황은 포로 귀환 후에 더욱 강화되었고, 이들은 율법학자(a teacher of the Law, 스 7:12)라 불리기도 했으며, 신약시대에는 율법사(an expert of the Law, 눅 10:25)로 호칭되기도 했다.

③ 성경은 에스라를 "하나님의 완전한 학사 겸 제사장"으로 불렀는데(스 7:12), 여기에서 '하나님의 완전한 학사'는 율법의 연구에 탁월한 자였음을 나타내는 말이다.

④ 서기관들은 헬라의 셀레우코스 왕조의 핍박 시대에는 정치적 집단이 되었다. 그러나 그들은 유대교의 한 분파인 바리새인과는 구별된다.

⑤ 예수님 사역 시대에 서기관들은 산헤드린의 구성원에 포함되기도 하였다. 또한 서기관들은 토라를 해석함에 있어 바리새인들의 해석과 장로들의 유전 즉 구전을 지지하였다. 이것은 그들이 예수님과의 빈번한 충돌을 일으킨 계기가 되었다.

2) 랍비(율법학자)

특히 서기관의 명칭 중 율법학자라는 말이 있다. 율법학자는 율법에 능통한 자로서 40세를 넘어 특별한 절차를 거쳐 서품을 받은 자를 말한다. 이들은 랍비(Rabbi: 선생님)라는 칭호를 받게 된다.

랍비는 율법(히브리 성경)과 탈무드에 대한 학문적 연구를 거쳐야 하며, 랍비 자격을 얻으면 유대인 사회와 회중의 명실상부한 영적 지도자 또는 종교적 교사가 된다.

예루살렘이 멸망한 후 일단(一團)의 바리새인들이 지중해변 얌니아(Jamnia)에 70명의 장로로 구성된 최초의 랍비학교를 세워 랍비를 양성하였다. 설립 이후 수세대 동안 랍비가 되기 위해서는 거의 배타적으로 구약과 탈무드 연구만으로 족했으나, 19세기부터 다양하고 총체적인 지도력(指導力)교육 과정들이 포함되었다.

3) 존경 받는 율법학자들

예수님의 사역시대에 유대사회에는 이미 존경받는 율법학자들이 활동하고 있었다.

힐렐(Hillel: BC 60-AD 20, 바울보다 앞선 시대 사람), 삼마이(Shammai: BC 20-AD 초), 가말리엘(Gamaliel: AD 25-50경) 등이 이에 속한다. 율법의 해석과 적용에 있어서 삼마이는 힐렐보다 더 엄격하였다. 힐렐은 나지(Nasi)라는 직함을 가지고 있었는데 이는 그가 성전의 우두머리 교사였음을 말한다. 가말리엘은 바울의 스승이었다.

5. 랍비 학교 / 랍비 유대교(Rabbinic Judaism)

① 앞에서 말한 바와 같이 AD 70년 유대인 1차 반란 시기 예루살렘의 멸망은 동시에 사두개파 유대교의 결정적 몰락을 가져왔다. 유대교로서 남은 것은 바리새파뿐이었다. 그런데 이 반란(AD 70년) 기간 중에 바리새파 랍비의 한 사람인 요하난 벤 자카이(Yohanan ben Zakkai)가 얌니아(Jamnia: 지중해에서 가까운 도시명)로 빠져 나와 유대교 대학교인 예시바(Yeshiva University)를 세움으로써(랍비학교), 유대교 교육이 다시 시작되었고, 랍비 유대교라는 오늘날의 유대교가 태동하였다.

② 수백 년 동안 구전되어온 율법이 집약되고 정리 분류되어 법전으로 편집되었다.

③ 랍비 유대교는 미쉬나와 탈무드로 이어지는 법률문서와 주석서에 근거를 둔 규범적인 유대교로서, 미쉬나와 탈무드를 토대로 오늘날까지 전 세계에 퍼져 있는 유대인들이 지켜야 할 예배양식과 생활원칙을 세워주었다.

6. 유대인의 최고 의회 / 산헤드린(Sanhedrin, 마 14:55 등)

① 산헤드린은 포로시대 이후 예루살렘에 있던 유대인의 최고의회 즉 유대인의 자치의결기구를 말한다. 구약에서는 의회(council), 법정(court)과 동의어로 나타났고, 하스몬 시대 후기에는 공회(Local Council)로 나타난다. 신약시대에는 산헤드린과 공회(막 13:9 등)가 병용되고 있으며, 산헤드린이 "이스라엘 족속의 장로들(원로들)의 총회"(the full assembly of the elders of Israel, 행 5:21)라고 정의되고 있다.

② 신약성경에서 산헤드린은 유대인의 영적, 정치적, 사법적 문제에 대한 최고의 권위를 갖고 있는 것으로 나타나고 있다. 즉 종교문제, 세금문제, 민형사 심판 등 산헤드린의 권한은 막강하였다. 산헤드린은 이방인이 성전 안뜰로 들어갈 경우 예외적으로 사형을 집행할 권한이 있었다.

③ 신약성경은 예루살렘에 하나의 산헤드린이 있는 것으로 표현되고 있다. 그러나 구전(미쉬나)은 대소(大小) 두 개의 산헤드린이 있었던 것으로 전한다.

④ 산헤드린은 대제사장들(마 27:41 등), 서기관들(행 5:34 등), 그리고 백성들의 장로들(막 26:3 등)로 구성되었다. 그러나 중추세력은 제사장계열의 사두개인들과 서기관 계열의 바리새인들이었다. 회원의 수는 71명(의장포함)이었고, 산헤드린의 의장은 나지(Nasi)로 불렀다.

⑤ 그러나 예루살렘 멸망 이후 구(전통적) 산헤드린은 완전히 폐지되고 새로운 산헤드린이 설립되었다.

7. 유대교로부터의 기독교 분리

1) 유대교와 기독교

(1) 신관

기독교는 성부, 성자, 성령 삼위일체(三位一體)의 하나님을 믿는다. 유대교는 여호와 하나님만 믿으며 성자를 인정하지 않는다. 따라서 삼위일체 하나님을 신봉하지 않는다. 때문에 예수님께서 하나님의 아들이며 동시에 하나님이라 하였을 때, 유대인들이 그를 참람(僭濫)하다 하고 신성모독죄로 십자가에 처형하였다(요 10:33).

(2) 경전

유대교와 기독교는 다 같이 구약성경을 그들의 경전으로 인정한다. 따라서 유대교와 기독교는 구약시대 역사를 공유한다. 기독교는 예수 그리스도를 하나님의 아들이라 인정하고 신약을 경전으로 받아들인다. 그러나 유대교는 예수 그리스도를 하나님의 아들이라 인정하지 않으므로 신약을 받아들이지 않는다.

⑶ 구원관

기독교는 하나님의 아들 예수 그리스도가 죄가 없지만 인류의 죄를 대신하여 십자가 위에서 죽었기 때문에, 그를 믿기만 하면 구원을 얻는다는 대속적(代贖的) 구원관을 갖는다. 그러나 유대교는 예수님을 인정하지 않으므로 이를 거부한다. 유대인은 자신의 회개와 기도, 선행과 의로운 행위로 하나님께 용서받고 구원을 받는다고 믿는다.

⑷ 예수님의 부활과 재림

기독교는 예수 그리스도가 십자가 위에서 죽은 후 3일 만에 부활하여 승천하였고, 이후 재림한다고 믿는다. 그러나 유대교는 예수님을 인정하지 않으므로 예수님의 재림도 인정하지 않는다.

⑸ 메시야

유대교는 아직 메시야가 오지 않았다고 믿지만, 기독교는 예수님이 메시야라고 믿는다. 따라서 기독교는 '이미 오신 메시야'를 믿지만, 유대교는 '앞으로 오실 메시야'를 믿는다.

2) 기독교의 유대교로부터 분리

① 앞에서 본 바와 같이 로마에 대한 유대인의 1차 반란과 로마 정부의 진압 과정에서 기독교가 유대교로부터 분리되었다(cf. 유세비우스의 교회사).

② 또한 유대인의 제3차 반란(AD 132-135)을 진압한 하드리아누스 황제는 유대인을 예루살렘에서 추방하고, 다시는 예루살렘으로 돌아올 수 없게 만들었다.

③ 그러나 결정적으로 분리의 계기가 된 것은 18조 기도문의 수정에서 비롯되었다. 원래 유대교와 기독교는 예배를 같이 보았다. 하나님을 믿는 뿌리는 동일하였기 때문이다. 그런데 70년 예루살렘 멸망 이후 야브네(Jabneh: Jamnia)에서 랍비 사무엘이 회당예배 때마다 드리는 18조 기도문 중 이단자를 단죄하는 12조 기도문에 나사렛 사람들 곧 그리스도교도를 추가하였다. 그 결과 그리스도교도들은 유대교 회당예배에 참석할 수 없게 되면서 독자적 종단으로 독립하였다. 유대교에는 미쉬나-탈무드(Mishnah-Talmud) 시대가 시작되었다.

'배교자들에게 소망이 없게 하시며 오만한 자의 나라를 이 세대에서 근절하시옵소서. (나사렛 사람들과) 이교도들을 곧 소멸하옵소서.'(유대교 18조 기도문 중에서).

제2절 신약성경의 철학적 배경

1. 그리스의 고대철학

① 기독교 신학은 독창적인 것으로 신약성경이 서양의 철학사상에 빚진 것은 없다. 그러나 사도 요한은 헬라사상의 특징인 플라톤의 존재론적 이원론(이데아와 개별자)의 세계관을 가진 사람들에게 그리스도의 복음을 전하기 위하여 로고스(Logos: 말씀)와 세상, 빛과 어둠 등 헬라 철학의 용어를 사상 전달의 도구로 인용하였다. 그리고 누가는 사도 바울이 그의 2차 선교여행 때 아덴(아테네)에서 스토아 및 에피쿠로스 철학자들과 쟁론하였다고 기록하고 있다(행 17:18). 또한 사도 베드로와 사도 요한은 그들의 서신서에 당시의 이단 사상(그노시스 등)에 관하여 언급하고 있다. 나아가 속(續) 사도시대와 교부시대에 일부 기독교 신학자들은 신 플라톤 철학을 도구로 하여 자기들의 신학을 전개하기도 했다. 이와 같은 사정 때문에 서양 고대철학의 윤곽을 살펴보는 것도 신약성경의 폭넓은 이해를 위해 필요하다고 본다. 이에 서양의 고대 철학의 흐름을 간략하게 설명하려고 한다.

② 서양의 철학은 고대 그리스 아테네에서 시작되었으며, 아테네의 철학이 전성기에 이르렀을 때 그리스의 철학도 최고조에 달했다. 그리스 철학은 이후 헬레니즘 시대(BC 336-30, 300여 년 간)와 로마제국 시대(BC 30-AD 476, 500여 년 간)의 서양사상을 지배하여 왔다.

③ 그리스 시대의 철학을 고대철학 또는 고전철학이라 부르고, 헬레니즘 시대와 로마제국 시대의 철학을 헬레니즘-로마 시대 철학이라 부른다.

그리고 고대(고전) 철학은 다시 자연(natural)철학과 정신철학으로 구분한다. 페르시아 전쟁 때까지 철학의 대상은 자연이었지만(자연철학), 페르시아 전쟁 이후에는 정신(인간)의 문제가 철학의 중심 주제로 등장하였다(정신철학).

1:1. 자연철학

1) 일원론적 자연철학

(1) 밀레토스학파

그리스에서는 고대 신화(mythology)시대가 지나고 BC 6세기경에 이르렀을 때 현자들이 나타나, 세계를 신화적으로 설명하려는 지금까지의 태도를 버리고, 세계 자체로부터 설명하려 하였다. 그리고 이러한 탐구 운동은 오늘의 밀레토스(Miletos) 섬에서 시작되었다. 밀레토스는 터키 반도 서남쪽에 있는 섬으로서, 당시 동방무역의 중심 국가인 베니게(페니키아 Phenecia: Poeni)의 식민지였다. 때문에 찬란했던 동방 문명(메소포타미아 문명)의 영향을 가장 많이 받고 있었으며 현자들이 이곳에서 가장 먼저 나타난 것도 바로 이 때문이었다.

밀레토스의 현인들은 도대체 우주의 자연적 원인은 무엇인가, 다시 말하면 자연현상의 기초를 이루는 근본 물질은 무엇이며, 그 근본 물질에서 어떻게 온갖 자연현상이 일어나는가라는 문제에 몰두하였다. 그리스인들은 세계의 근본 물질(원인)을 아르케(Arche)라고 불렀다.

현인들 중 탈레스(Thales: BC 640-545)는 철학 사상 최초로 우주의 아르케를 물(water)이라 했다. 그는 만물은 물에서 생겨 다시 물로 돌아간다고 하였다. 그리고 다른 한 학자(Anaximandros)는 무한정한 것(apeiron: 무한자)이라고, 또 다른 학자(Anaximanes)는 공기(air)라고 결론지었다. 이 현인들을 철학자라 하였고, 그들이 밀레토스 출신들이므로 밀레토스학파라 부른다. 이들이 서양철학의 창시자들이다. 이들은 이와 같이 우주만물의 근원적 물질을 자연, 즉 물질에서 찾았기 때문에 이들의 철학을 자연철학이라 부른다.

그리고 만물의 근원을 하나로 보고 자연계 전반에 걸쳐 합리적인 설명을 꾀하는 사상을 일원론(monism)이라 한다. 때문에 밀레토스학파는 일원론에 속한다.

이들은 이와 같은 근원적 물질(물, 무한정한 것, 공기)이 자기 스스로 살아서 움직이는 것이며, 자기 스스로 모든 것으로 변화하는 것이라고 생각하였다. 이와 같이 물질 자체가 생명을 가졌다고 생각하는 사고방식을 물활론(物活論, animism)이라 한다.

(2) 피타고라스학파

우리에게 잘 알려진 피타고라스(Pythagoras, BC 580-500)는 만물의 구성요소는 단순한 재료로서 물질적 존재일 수 없으며 순수한 형식적 원리로서 수(數)여야 한다고 주장하였다. 즉 그는 만물이 수로 구성되어 있다고 여겼다. 하지만 그는 사물들이 그대로 수라고는 말하지 않는다. 중요한 것은 만물이 수의 이상적인 비율과 조화로 구성되어 있다는 것이다.

(3) 존재와 생성의 문제

밀레토스학파의 철학은 물이나 공기 등의 근원적 물질이 자기 자신 생명을 가지면서 스스로 모든 것으로 변한다는 물질관을 토대로 한 것이었다. 다시 말하면 근원적 물질은 그 자신은 근저(根柢)에 있으면서도 또한 스스로 모든 것으로 변화되는 것이라는 것이다. 여기에서 근원적 물질의 근저에 있는 것을 우리는 존재(存在: Sein)라고 하고, 그 존재가 스스로 모든 것으로 변화되는 것을 생성(生成: Werden)이라고 한다.

그러나 근원적 물질이 모든 변화의 근저에 항상 있는 것(존재)이라면 그것은 변화하는 사물 그 자체와는 상이(相異)한 것이어야 할 것이다. 그렇다면 여기에서 어떻게 하여 근원적 물질이 근원적 물질이면서(존재) 또한 모든 것으로 변화될 수 있는가(생성)라는 문제가 제기(提起)되지 않을 수 없다. 이를 존재와 생성의 문제라고 한다. 이 문제에 대한 철학은 두 부류로 분류된다. 하나는 존재라는 것을 중시하여 생성을 부정하려는 부류이고, 다른 하나는 반대로 생성을 중시하여 존재를 부정하려는 부류이다. 전자를 고집하는 학파가 엘레아학파이고, 후자를 고집하는 철학자가 헤라클레이토스이다.

① 엘레아(Elea)학파-존재론 중시

BC 5세기 페르시아(Persia)전쟁(BC 492-479)으로 인하여 그리스 사상의 중심지는 밀레토스에서 이탈리아 남쪽으로 이동하였고, 그곳 식민 도시 엘레아에서 엘레아(Elea)학파가 형성되었다.

엘레아학파의 선구자는 크세노파네스(Xenophanes, BC 570경)이다. 그는 모든 존재의 원인을 신에서 찾았다. 그러나 희랍신화에 나타나는 변화무쌍하고 잡다한 신은 아니다. 이 신은 우주 전체의 통합자(범신론)이고, 유일하며(유일신), 인간은 이 신에 대하여 전혀 알 수 없다(불가지론)고 하였다.

파르메니데스(Parmenides, BC 540-470)는 이 학파의 창설자이다. 그는 "참다운 지식이란 이성적 인식에 의해서만 도달할 수 있고, 이성적 인식에 의하면 존재(有)만이 있고 무(無)는 있을 수 없으며 생각할 수도 없다"고 하였다. 그리하여 그는 "있는 것(有)만이 있고 있지 않는 것(非有: 無

)은 있지 않다"는 유론(有論)을 세웠다. 그는 결국 존재와 생성변화에서 존재만 긍정하고 생성변화는 부정한 것이다.

제논(Zenon, BC 500년경)은 엘레아학파의 대표적 철학자이다. 피타고라스학파가 주장하는 분할 가능한 단위들로 구성되는 세계 속에서도 그는 운동은 불가능하다고 생각했다. 운동은 마치 우리 앞에 실제로 펼쳐지는 것처럼 보이지만 그것이 실제 존재하는지는 알 수 없다는 것이다. 이를 증명하기 위하여 그는 유명한 아킬레스와 거북이의 달리기시합을 예로 들었다.

② 헤라클레이토스(Herakleitos, BC 544-484)**-생성론 중시**

그러나 엘레아학파이면서 에베소(터키) 출신인 헤라클레이토스는 엘레아학파의 의견에 정면으로 반대하였다. 그는 '생성'을 중시하여 '존재'를 부정하려 하였다. 그에 의하면 영구불변이란 다만 환상에 불과하며 변화만이 진리라는 것이다. 우리가 똑같은 강물 흐름 속에 두 번 발 디딤을 할 수 없는 것과 같이, 몸과 마음을 비롯한 우주 안의 만물은 생성유전(生成流轉)하며 항상 유동의 상태 속에 있다. 그리하여 헤라클레이토스는 "세계에는 고정부동(固定不動)한 것은 존재하지 않는다. 일체의 것은 항상 흐르고 있으며 멈추는 일이 없다. 일체의 것은 오직 생성뿐이고 모든 것은 운동하고 변화하며 있는 것이다."라고 주장하였다. 이것이 유명한 "만물은 유전한다(panta rhei)"의 사상이다. 그러나 그도 세계의 본질은 불(火)이라 하였다. 즉 그는 세계의 본질(아르케)을 불이라 생각하고, 이 불이 끊임없이 변화하면서 존재한다고 주장하였다.

그는 또한 이와 같이 만물유전(萬物流轉)을 강조하면서도 만물유전 즉 생성변화 그 자체 속에 한 법칙이 있다고 주장하였다. 그는 이 법칙을 로고스(Logos: 말씀)라고 명명하였다. 그에 의하면 불 그 자체는 끊임없이 변화하여 결코 멈추는 일이 없는데, 이 불의 변화는 '오르는 길(上道)'과 '내려가는 길(下道)'의 두 방향으로 이루어진다. '내려가는 길'이란 불이 점차 응고하여 물이 되고 또 흙이 되는 과정이며, '오르는 길'이란 거꾸로 흙이 점차 희박하게 되어 물이 되고 불로 되돌아오는 과정이다. 그리고 이와 같은 변화의 법칙은 영원불변하며 그로 말미암아 세계는 끊임없는 변화에도 불구하고 질서를 유지할 수 있다는 것이다. 이와 같이 헤라클레이토스가 말하는 로고스는 '자연현상의 보편적 운동 법칙'을 뜻한다. 그리하여 로고스는 인간사회의 법(인간의 이성)을 포함하여 전(全) 우주의 법(우주의 이성)으로 이해되었다. 즉 이성을 인간의 법칙이라면, 로고스는 인간을 포함한 전 우주의 법칙이며 즉 우주 이성이라는 것이다. 또한 그것은 모든 것에 공통된 법칙인 신(god)의 법칙으로 이해되기도 하였다.

요한복음(1:1)에 "태초에 말씀(the word)이 계시니라"고 기록되어 있다. 여기에서 "말씀"은 헬라어로 로고스(logos)이다.

2) 다원론적(pluralistic) 자연철학

페리클레스의 영도 아래 황금시대를 구가하던 아테네도 BC 5세기 말경에는 어두운 그림자가 지기 시작하였다. 펠로폰네소스 전쟁은 그리스를 다시 전란으로 몰고 갔고, 아테네와 스파르타와의 싸움은 각 도시국가의 내부까지 흔들어 놓았다. 이와 같은 정치정세를 반영하듯 이 시기의 철학은 격렬한 논쟁을 전개했다. 초기의 자연철학자들은 자연현상의 근저에 있는 아르케를 하나의 근본 물질에서 구하였으나, 후기 자연철학자들은 그것을 여러 개의 근본 물질에서 구하였다.

엠페도클레스(Empedokles, BC 490-430)는 만물의 원소를 인정하되 그것은 하나가 아니라 네 가지(물, 불, 공기, 흙)라고 주장하였다. 아낙사고라스(Anaxgoras, BC 500-438)는 '무제한'의 다원성을 주장하였다. 데모크리토스(Demokritos, BC 460-370)는 원자론의 창시자로서, 우주의 공간은 더 이상 쪼개질 수 없는 불가분의 것, 즉 원자(Atom)로 이루어졌다고 주장하였다.

1:2. 정신철학

1) 소피스트(Sophist)

① 페르시아 전쟁(BC 500-449)에서 승리한 후 아테네는 전성기를 맞이했다. 정치, 경제, 사회에 걸쳐 체제를 정비하고 문화적 성취의 기반을 확립하였다. 시민들은 풍요로운 생활 속에서 부와 사치를 마음껏 누렸는데 물질적 만족감에 이어 높은 교양을 쌓고자 하는 정신적 욕구도 팽배해졌다. 또 민주주의의 발달로 인하여 의회나 법정에서 자기의 주장을 정확하고 유창하게 전달할 필요성이 제기되었다. 특히 출세를 꿈꾸는 사람들에게는 정치가이며 동시에 웅변가로서의 훈련을 철저히 받을 필요가 있었다.

② 이러한 시대적 상황에 부응하여 이 도시에서 저 도시로 떠돌아다니면서 여러 가지 기술과 능력을 가르쳐 준 지식인 그룹이 있었다. 그들은 스스로를 '지혜의 스승'이라는 의미를 가진 소피스트(Sophist)라 불렀다. 소피스트란 말은 후에 일반적으로 궤변가(詭辯家)라는 뜻으로 쓰이게 되었지만, 본래는 지식인 또는 학자를 의미하며, 당시에 그들은 일반인에게 상당한 존경을 받았다. 문제는 그들이 돈을 받고 지식을 팔았다는 사실이다.

철학이 최초로 자연의 학문으로부터 벗어나 정신의 학문(인간의 문제)으로 선회하기 시작한 것은 소피스트들의 공적으로 평가되고 있다. 그러나 소피스트들이 주장하는 인간은 아직 자연적이요 본능적인, 따라서 개인적이고 임의적인 인간이었다. 즉 보편적인 인간이 아니었다.

(1) 프로타고라스(Protagoras, BC 481-411경)

프로타고라스는 대표적 소피스트이다. 인간 척도론(Homo-mensura-Satz)은 프로타고라스의 사상 중 가장 대표적인 것이다. 프로타고라스는 "인간은 만물의 척도(尺度)이고, 있는 것에 관하여는 있다고, 있지 않는 것에 관해서는 있지 않다."라고 주장하였다. 여기에서 인간이라는 것이 처음으로 철학의 전면에 나타나게 되었다. 그러나 여기에서 그가 주장하는 인간이라는 것은 결코 인간 일반(一般)을 말하는 것이 아니고 개개의 인간을 의미한다. 따라서 그는 모든 사람에게 공통된 보편적 진리를 부정하고, 같은 것이라도 이것을 보는 사람에 따라서 상이하다는 것을 주장하였다. 그의 주장은 결국 상대적 주관주의, 마침내는 개인주의(상대주의)와 회의(懷疑)주의에 빠지게 되었다.

(2) 고르기아스(Gorgias, BC 483-373경)

고르기아스는 프로타고라스의 상대주의를 더욱 철저화하였다. 그는 상대주의를 넘어 회의주의로 나갔다. 진리는 존재하지 않으며, 무엇이 존재한다 하더라도 알 수 없고, 설령 무엇을 안다 하더라도 다른 사람에게 전달할 수 없다고 주장하였다.

2) 소크라테스(Sokrates, BC 470-399)

(1) 생애

마지막 소피스트라 부를 소크라테스는 아테네에서 출생하였다. 그는 소피스트 시대에 살았고, 아테네가 펠로폰네소스 전쟁에 패하여 그리스의 국력이 기울며 몰락하기 시작하는 것을 보았다. 그는 소피스트들과 같이 철학의 대상을 자연에서 인간의 문제로 선회하였다. 그러나 인간의 문제에 있어서도 소피스트들처럼 개별적, 상대적 인간의 문제에 머물지 않고 최초로 보편적 인간의 문제를 다루었다. 그는 어떠한 저서도 남기지 않았다. 그의 철학 사상은 그의 제자 플라톤의 저서를 통하여 얻게 된다.

(2) 무지의 자각 / 무지(無知)의 지(知)

① 소크라테스는 델포이 신탁(神託)을 계기로 자신의 길을 찾았다. 올림푸스 산에 있는 고대 그리스 델포이(Delphi)의 아폴로 신전에서는 신의 뜻을 물어 그 응답을 받는 신탁이 행해졌다. 소크라테스의 친구 한 사람이 델포이 신전에 가서 신탁을 구한 결과 '아테네에서 소크라테스보다 현명한 사람은 없다'는 내용의 신탁을 듣게 되었다. 이 소식에 놀란 소크라테스는 이후 현명하다는 사람들을 만나 그들이 현명한 이유를 찾기 시작했다. 그 결과 한 가지 중대한 사실을 발견했는데, 그것은 그들이 현명한 것처럼 많은 말을 하지만 진실로 아는 것은 없다는 사실이었다. 더구나 그들은 자신이 무지하다는 사실조차 모르고 있었다. 사람은 자신이 아무 것도 모른다는 사실을 알 때만 무엇을 알 수 있다. 그러므로 중요한 것은 자신이 모른다고 하는 사실을 아는 것이다. 즉, 무지를 자각해야 한다. 그리하여 '너 자신을 알라' 또는 '무지의 지'로 요약되는 소크라테스의 철학적 태도가 정립되었다.

② 소크라테스는 대화를 통해 무지를 자각하고 마침내 진리에 도달하는 방법을 사용하였다. 처음에는 단순하고 격의 없는 문제로부터 시작하여 점차 심오한 문제로 파고 들어갔다. 그리하여 상대방으로 하여금 본래 자기가 알고 있다는 것에 대하여 실상은 조금도 아는 바 없다는 것을 자각하게 하고 결국 자기의 주장을 철회하지 않을 수 없게 만든다. 이와 같은 대화의 방법으로 소크라테스는 상대방의 영혼 속에 잠자고 있는 애지정신을 일깨웠다. 그는 이러한 문답법을 산파술(産婆術: maieutike)이라 불렀다(실제로 그의 어머니는 산파였다).

(3) 보편적 진리

① 소크라테스가 주로 관심을 가진 것은 인간 문제에 있어서도 인간의 윤리에 관한 문제였다(윤리학의 창시자). 그는 덕(德)이란 무엇인가에서 출발한다. 그는 '덕은 옳은 것'이라고 말한다. 그러므로 덕은 곧 선(善)이다. 또한 그는 인간이 나쁜 짓을 하는 것은 옳은 것에 대하여 무지하기 때문이라 하였다. 올바른 행동을 아는 사람은 옳지 못한 행동을 할 수 없다. 결국 올바른 행동은 올바른 지식에서 나온다는 것이다. 따라서 '덕은 지(知)'이다. 그러므로 그에 있어서 덕은 선이고 동시에 지(知)이다.

그러나 개별적 선은 진정한 선이라고 말할 수 없다. 한 사람의 선한 행동을 모든 사람의 선한 행동이라고 볼 수 없다. 모든 사람에게 공통되고 보편적인 선만이 진정한 선이라는 것이다(보편적 진리). 그러므로 보편적 선(진리)이 되기 위해서는 먼저 어떤 공통적이고 보편적인 기준이 있어야 하고 진정한 선은 이 기준에 부합하여야 한다. 그러면 우리는 그 보편적 선의 기준은 어떻게 아는가? 인간은 이성의 끊임없는(반복적인) 사색과 반성을 통해 올바르고 보편적인 것을 알 수 있다. 소크라테스는 이와 같이 인간의 이성을 신뢰하였다(소크라테스는 이성=혼魂으로 본다). 이 성적 사색과 반성에 있어서도 그는 여러 가지 특수한 개개의 경우에서 일반적, 보편적 결론(보편적 진리)을 이끌어 내는 귀납법(歸納法: epagoge)을 사용하였다. 그리하여 소크라테스는 보편적 진리만이 진정한 진리라는 결론에 도달하였다.

② 소크라테스는 사람은 옳고 그름을 알고 있으면서 동시에 악을 행할 수는 없다고 생각하였다. 그러므로 선의 지(知)는 반드시 행(行)으로 나타나야 한다는 것이다. 그의 이와 같은 실천적 윤리 사상은 그의 죽음에서 증명되었다. 그는 부당한 죄목으로 아테네의 법정에 섰고, 사형이라는 부당한 판결을 받았다. 그는 제자들의 도움으로 탈출할 수도 있었으나, 아테네의 법률과 법적 결정에 대해 순응함으로써 아테네의 시민으로서의 미덕을 지키고자 했다. 그는 의연하게 죽음의 독배를 마셨다.

③ 그러나 소크라테스는 정작 보편적 진리(선)란 무엇인가에 대하여는 답을 내놓지 못했다. 보편적 진리의 내용, 즉 보편적 진리의 인식의 문제는 플라톤을 통하여 얻게 된다.

(4) 소크라테스학파

소크라테스의 후계자들은 소크라테스의 사상 전체를 전하지 못하고 일면적으로만 전하였기 때문에 그의 후계자들을 소(小)소크라테스학파라 부른다. 퀴니코스(Kynikos: 개와 같은)학파, 퀴레네(Kyrene)학파, 메가라(Megara)학파 등이다. 견유파(犬儒派)는 시노페(Sinope)의 디오게네스(Diogenes, BC 323경에 죽음)가 대표적이다.

3) 플라톤(Platon, BC 427-347)

(1) 생애

플라톤은 철학을 반석 위에 세운 철학자이다. 플라톤은 아테네의 영웅 페리클레스가 사망한 이듬해에 태어났다. 그리하여 아테네의 타락과 몰락 그리고 아테네의 민주정치가 소크라테스를 죽음으로 몰고 가는 것을 목격하였다. 그는 소크라테스의 가장 우수한 제자였지만 소크라테스가 죽은 후에는 방랑의 세월을 보냈다. 그는 40세의 나이에 아테네로 돌아와 최초의 철학학교인 아카데미아(Academeia)를 세웠다.

(2) 이데아(idea)

① 소크라테스가 사람들에게 무지의 자각을 각성시킨 것, 그리고 또한 선(덕)이란 무엇인가에 대한 문제를 제기한 것은 그의 위대한 업적이었다. 그러나 그는 선의 '인식'에 대하여는, 즉 우리가 선을 어떻게 인식할 수 있느냐에 대하여는 해답을 주지 못하였다. 그리하여 플라톤은 스승 소크라테스가 해답을 주지 못한 보편적 선(진리)의 인식 문제의 해답을 찾는 것을 철학의 과제로 여겼다. 그는 이데아(idea)라는 사상을 도입하여 이에 대한 해답을 제시하였다.

예를 들면 현실의 세계에 많은 동그라미(圓)가 있는데 그것들이 아무리 완전한 것 같아도 엄밀하게 보면 어딘가 흠이 있게 마련이다. 우리가 경험하는 이 세계에는 '절대적으로 완전한 동그라미'는 있을 수 없으며 어쩌면 우리는 한 번도 절대적으로 완전한 동그라미를 보지 못했을지도 모른다. 그러함에도 우리가 저 동그라미가 이 동그라미보다 더 동그라미에 가깝다고 말하는 것은 우리의 마음속에 그리고 있는 '절대 완전한 모양의 동그라미'와 비교함으로써이다.

그때 우리가 절대 완전한 동그라미라고 머릿속에 그리고 있는 그 동그라미야말로 모든 동그라미의 원형(原型: Prototype)이라 할 수 있다. 플라톤은 이를 모든 동그라미의 이데아(idea)라고 했다. 그리고 감각으로 인식할 수 있는 현실의 모든 불완전한 동그라미들을 개별자라고 했다.

마찬가지로 인간의 행위(도덕적 행위)에 대해서도 동일한 논리를 적용할 수 있다. 이 세상의 어떤 인간이라도 완전하게 선한 인간은 없을 것이다. 그럼에도 가령 이 사람이 저 사람보다 선하다고 판정하는 것은 우리의 마음속에 완전히 선한 사람의 선행(善行), 즉 선행의 원형을 상정하고 있기 때문이다. 플라톤은 이를 모든 선행의 이데아라고 했다.

플라톤은 이와 같이 세계를 둘로 나누어 보았다(이원론). 첫 번째 세계는 우리가 감각을 통해서 알 수 있는 감각적 세계, 즉 현상의 세계이고, 두 번째 세계는 정신, 즉 이성의 사유를 통해서 접근할 수 있는 정신(이성)의 세계이다. 이 정신(이성)의 세계는 근원적 본질의 형태로 이루어진 세계로서, 즉 이데아의 세계로서, 감각적 세계를 있게 하는 존재의 근원이다.

② 일반적으로 말하면 이데아란 사물로 하여금 그 사물이게 하는 것이다. 예를 들어, 많은 사람이 모두 다 같이 사람이라고 불리는 것은 거기에 '사람 그 자체(이데아)'란 것이 있다고 생각되기 때문이다. 또한 많은 아름다운 것을 아름답다고 하는 것은 거기에 '미(美) 그 자체(이데아)'란 것이 있다고 생각되기 때문이다.

이러한 이데아는 비(非)물질적, 관념적인 것이다. 그리고 현실의 세계에는 존재하지 않는다. 이러한 이데아에 도달할 수 있는 것은 감각을 통해서가 아니라, 이성의 활동(사유)을 통해서이다. 말하자면 우리는 이데아를 볼 수도 만질 수도 없지만 이성의 능력을 동원하여 그려낼 수 있다는 것이다. 그리고 이러한 '사람 그 자체' 또는 '미 그 자체'가 보편적 존재(진리)라는 것이다.

이와 같이 소크라테스가 해결하지 못했던 보편적 진리의 인식 문제가 플라톤에 이르러 마침내 해결을 보게 된 것이다.

(3) 자연계와 비물질적 세계와의 관계 / 개별자와 이데아와의 관계

그러면 개별자와 이데아, 즉 물질적 존재와 비물질적 존재와는 어떠한 관계에 있는가?

첫째, 일자(一者)와 다자(多者)의 관계에 있다. 이데아는 같은 유(類)에 속하는 많은 개별자에 공통되는 존재로서 그 수는 하나이다(一者). 즉 각 유마다 이데아는 하나이다. 다시 말하면 모든 사물(감각계의 개별자)은 유별로 각각 하나의 이데아를 가지고 있다. 그러나 각 이데아에 상응하는 개별자는 다수(자)이다.

둘째, 원형(原型)과 모사(模寫)의 관계에 있다. 즉 각각의 이데아는 이에 상응하는 감각계의 개개의 사물(개별자)에 대하여 절대적으로 완전한 원형(原型: prototype) 또는 모본(模本)이라는 것이다. 그리고 이데아는 절대적으로 고정되어 있고, 절대로 변화하지 않는 보편자이며 개별자의 실체라고 할 수 있다. 이에 반하여 감각계의 개별자는 단지 완전한 원형으로서의 이데아의 불완전한 모방(模倣: mimesis) 또는 모사(模寫)에 불과하다는 것이다.

그러면 어째서 개별자(감각계)가 이데아계를 모방하는 것인가? 이데아 그 자체는 절대로 불변적인 것이므로 그것은 스스로 움직여 감각계의 사물에 작용할 수 없다. 따라서 감각계의 사물이 이데아계를 모방한다는 뜻은 감각계의 사물이 불변의 이데아를 목표로 하여 움직인다는 것이다. 즉 이데아는 자신은 움직이지 않으면서도 타(他)를 움직이게 하는 부동(不動)의 동자(動者)이다. 오히려 감각계의 사물이 이데아를 동경하여 스스로 움직이는 것이다. 여기에서 이데아는 감각계의 목적이라는 의미를 가지게 된다. 이와 같이 플라톤은 양자의 관계를 목적론적으로 파악하였다(모방의 관계). 그러나 감각계는 결코 완전하게 그 목표에 도달하여 이데아계와 합치하지는 못하며, 끊임없는 생성과 소멸을 되풀이하고, 영원히 이데아계의 그림자에 지나지 않는다.

셋째, 개별자는 그의 이데아를 분유(分有: methexis)한다. 또는 임재 (臨在: parousia)한다고 표현하기도 한다. 즉 모든 현실의 개별자는 그의 이데아를 조금씩 지닌다. 예를 들어 여러 식물들은 식물의 이데아를 조금씩 지니고 있기 때문에 식물로 분류된다. 책상은 책상의 이데아를 조금씩 나누어 가지고 있기 때문에 책상이라고 말할 수 있다. 충성이라는 이데아는 여러 가지 충성스러운 행위를 통해 나타난다(그러나 여러 가지 충성스러운 행위는 충성이라는 이데아와는 다른 것이다. 그 행위들은 충성을 표현하고 있는 것이지 충성 그 자체는 아니기 때문이다).

(4) 이데아 중의 이데아 / 선의 이데아

플라톤은 온갖 종류의 이데아 중에 최고의 이데아는 '선(善)의 이데아'라고 보았다. 선의 이데아는 이데아계의 태양과 같은 것으로, 모든 이데아가 완성되는 지점이라고 할 수 있다. 다른 이데아들과 선의 이데아는 결코 같은 것이 아니다. 선의 이데아는 다른 모든 이데아들을 초월한 것으로서, 모든 이데아는 선의 이데아에 의하여 지배되고 포괄되며, 최고의 절대 목적인 선의 이데아에 의해 통일된다. 플라톤은 참이나 진리 같은 것보다 선을 가장 큰 가장 완성된 원리로 보았다. 플라톤은 소크라테스의 계승자로서, 소크라테스와 같이 윤리적 문제를 그의 철학의 중심에 두었다. 그에게 있어서 선은 곧 진실, 진리로 표현된다. 따라서 선의 이데아는 전체 세계를 지배하는 이성이며 이런 의미에서 우주적 이성(nous)이자 신(god)이라 할 수 있다.

(5) 자연계의 형성자(demiurgos: producer, fashioner)

플라톤은 우주론으로서 자연계의 형성에 관하여 말하였다. 즉 자연계의 형성자(形成者: 製造者)를 말하였다. 그러나 그것은 최고의 선(이데아)은 아니다. 그러므로 그것은 최고의 선과는 구분되는 것이다. 플라톤은 그를 데미우르고스(demiurgos)라 불렀다. 데미우르고스는 최고의 이데아에 가장 가까운 것이다. 플라톤은 데미우르고스가 신적(神的)인 선의(善意)에 의하여 이데아의 세계를 원형(原型)으로 삼고 그것을 바라보면서, 아직 아무런 형태도 갖추지 못한 질료(質料)에서 자연계를 만들어내었다(製造)고 했다. 따라서 데미우르고스는 기독교의 신처럼 무에서 유를 만든 것이 아니다. 다만 질료에서 자연계를 만들어 낸 것이라고 말했다.

4) 아리스토텔레스(Aristoteles, BC 384-322)

(1) 생애

아리스토텔레스는 마케도니아 출신이다. 아리스토텔레스는 17세 때에 아테네의 아카데미아에 들어가 플라톤 철학의 충실한 제자가 되었다. 그는 플라톤이 죽은 후 마케도니아로 건너가 3

년 동안 알렉산더의 스승이 되기도 했다. 그러나 그는 다시 아테네로 돌아와 리케이온(Lykeion)이라는 학교를 세우고 숲속의 산책로를 거닐며 제자들을 가르쳤다. 이들을 소요(逍遙)학파라는 부르는 이유가 여기에 있다. 그는 플라톤 생존 시에는 스승의 철학을 훌륭하게 계승하였으나 스승의 사후에는 독창적 철학을 개척하였다. 그는 모든 학문의 창시자이다. 즉 논리학, 물리학, 윤리학, 정치학, 심리학, 천문학 등 거의 모든 분야에 관심을 보였다. 그러나 그의 형이상학과 윤리학만 간단히 살펴보려고 한다.

(2) 형이상학

① 질료 안에 내재하는 형상

플라톤은 세계를 감각의 세계와 정신(이성)의 세계, 즉 두 개의 세계로 나누어 보았다(이원론). 그는 이를 설명하기 위하여 자연계(개별자)와 이데아(보편자)를 분리시켰다. 그리고 이데아의 세계는 개개의 사물이 존재하는 현실의 감각계를 초월하여 따로 존재한다고 결론지었다. 그러나 아리스토텔레스는 이데아란 현실의 감각계를 초월하여 따로 있는 것이 아니라 감각계의 개별적 사물 가운데 내재(內在)하는 형상이라고 주장하였다. 그리고 감각계의 개개의 사물이야말로 참다운 실재이며 본질이고 바로 실체(實體: Ousia)라고 하였다.

아리스토텔레스는 실체는 질료(質料: hyle)와 형상(形相: eidos)로 되어있다고 한다. 예컨대 소나무를 깎아서 기둥을 만들었다면, 소나무는 질료이고, 기둥은 형상이다. 그리고 다시 그 기둥으로 집을 지었을 때는 이번에는 기둥이 질료가 되고 집은 형상이 된다. 똑같이 소나무를 깎아서 판자를 만들었다면 소나무는 질료이고 판자는 형상이다. 그리고 다시 그 판자로 옷장을 만들었을 때는 이번에는 판자가 질료가 되고 옷장은 형상이 된다.

그는 이와 같이 형상이 질료 안에 내재한다고 주장한다. 위의 예에서 소나무는 질료이며 기둥은 형상이다. 그리고 다시 그 기둥으로 집을 지었을 때는 기동은 질료이고 집은 형상이다. 소나무는 기둥의 질료도 되고 또한 판자의 질료도 될 수 있다. 그리고 이와 같이 소나무가 기둥의 질료도 되고 판자의 질료도 되는 것은 기둥 또는 판자라는 형상 때문이다. 그러므로 질료란 그 실체를 만들고 있는 재료이며, 형상이란 그 실체로 하여금 지금 있는 것과 같게 하는 것이다.

② 가능태와 현실태

개물로서의 실체는 끊임없이 변화하여 가는 것이다. 그렇다면 어떻게 해서 양자의 관계가 맺어질 수 있는가? 그도 역시 이데아(형상, 보편자)를 중요시하였다. 그도 개별물의 본질을 보편자로 보았다. 그런데 현실의 세계에 있는 사물은 모두 끊임없이 변화하고 있다. 또한 개물은 개물인 이상 이러한 변화에도 불구하고 여전히 동일한 개물이어야만 한다. 가령 소크라테스는 청년으로 변화하여 간다. 그러나 그러한 변화에도 불구하고 소크라테스라는 개물은 동일하다. 그렇다면 이와 같은 실체의 변화는 어떻게 설명할 것인가? 여기에서는 그도 플라톤의 사상을 계승하고 있다. 즉 개물의 운동이 형상을 목적으로 하여 이루어진다고 생각하였다. 다시 말하면 어떤 질료가 아직 형상을 갖추지 않더라도, 그것은 언제든지 형상으로 완성될 가능성을 잠재적으로 지니고 있다는 것이다. 아리스토텔레스는 이러한 질료의 변화 가능성을 가능태(potentiality)라고 표현한다. 나무는 아직 기둥이나 판자가 아니지만 그 안에 기둥이나 판자가 될 가능성을 잠재적으로 가지고 있다는 것이다. 이러한 질료가 기둥이나 판자의 형상을 갖게 되었을 때 그것은 더 이상 가능태가 아니라 현실태(actuality)가 된다. 질료가 비로소 형상으로 실현된 것이다. 아리스토텔레스에 있어서 모든 변화는 가능태에서 현실태로의 발전이라고 볼 수 있다. 모든 것에는 이렇게 가능태에서 현실태로 발전하는 목적이 있다. 이렇게 목적을 염두에 둔 사유(思惟)를 목적론이라고 한다. 소나무는 기둥의 목적을 지닌 것이고, 기둥은 집이라는 목적을 가지고 있는 것이다. 이와 같이 모든 질료는 목적을 향하여 변화하는 운동 속에 있다고 말할 수 있다. 목적은 계속 다른 목적을 향해 나아가고 운동은 계속되는 것이다. 결국 이 세상은 끊임없는 목적의 이어짐으로 구성되는 것이다.

③ 부동(不動)의 동자(動者)-신(神)

그러면 이 운동의 끝에는 무엇이 있을까? 혹시 어떤 의미도 없는 기계적인 순환은 아닐까?

아리스토텔레스는 질료와 형상이 순차적으로 단계적인 계열을 만들고 있다고 생각했다. 즉, 우리가 질료를 계속해서 찾아가면 어떠한 형상도 포함하지 않은 최하의 순수한 질료에 도달할 수 있을 것이다. 아리스토텔레스는 이것을 제1 질료라 불렀다. 그러나 그는 이러한 제1 질료는 현실에 있어서 존재하지 않는다고 하였다. 왜냐하면 그것은 그 속에 이미 각기 형상을 지니고 있기 때문이다.

형상에 대해서도, 형상의 형상을 찾아서 어디까지고 나간다면 우리는 필연적으로 어떠한 질료와도 결부되지 아니한 순수한 궁극의 형상, 즉 제1 형상에 도달할 수 있다. 그는 이것을 신이라고 생각했다. 그리고 모든 사물은 제1 질료로부터 제1 형상으로서의 궁극의 목적인 신을 향하여 움직인다. 그런데 순수형상으로서의 신은 어떠한 질료도 갖지 않기 때문에, 결코 다른 형상을 목적으로 하여 움직이지 않는다. 그러면서도 그 아래의 다른 질료를 움직이게 한다. 그러므로 아리스토텔레스의 신은 플라톤의 이데아처럼 부동의 동자(Unmoved Mover)이다. 다시 말하면 스스로는 움직이지 않으면서 타자를 움직이게 하는 것, 즉 부동의 동자가 절대자로서의 신인 것이다. 그러나 제1 형상은 종교적 신이라기보다는 영원한 운동의 원리에 가깝다고 보아야 할 것이다.

이상에서 설명한 것이 아리스토텔레스의 제1 철학, 즉 형이상학의 근본 사상이다. 그는 사물과 세계의 존재에 대한 연구를 가장 중요한 것으로 여겼다. 제1 철학으로서 형이상학은 바로 존재 일반에 대한 지식인 것이다. 그러나 형이상학은 현상을 다루는 것이 아니다. 형이상학이란 사물과 현상의 배후에 있는 것들, 즉 눈앞에 나타난 것의 뒤에 담겨져 있는 것들을 보고자 하는 것이다. 형이상학(形而上學: Metaphysica)이라는 말은 자연학의 뒷장에 편집한 것에서 유래하였다(ta meta ta physika).

(3) 윤리학

아리스토텔레스는 인간생활의 궁극적 목적을 최고선(最高善)으로 보았다. 그리고 최고선은 행복에 있다고 여겼다. 그는 플라톤에서처럼 우리가 초월적인 이데아를 좇아갈 것이 아니라 타고난 능력을 잘 계발하기만 하면 얼마든지 최고선의 경지에 도달하여 행복을 이룰 수 있다고 주장한다. 아리스토텔레스에 있어서는 인간이 그 본성으로서의 이성능력을 완전히 발휘하는 것이 덕성의 원천이라는 것이다. 그런데 덕에는 이론적 덕과 실천적 덕이 있다. 이론적 덕이란 지혜, 식견과 같이 이성 그 자체를 고양하고 완성함으로써 생기는 덕을 말하고, 실천적 덕이란 단지 관능적 충동을 억제하기 위한 이성의 지배력을 말한다. 이러한 실천적 덕은 우리가 양극단을 피하기 위하여 중용(中庸: meson)을 지키는 데서 성립한다. 중용이란 과도와 부족의 중간상태를 말한다.

2. '헬레니즘 시대 / 로마제국 시대'의 철학

① 아테네는 펠로폰네소스 전쟁(BC 431-404)에서 스파르타에 패함으로써 추락하기 시작하였다. 아테네가 스파르타의 예속국으로 전락하고 그리스 전체는 북방 마케도니아의 필립에 의해 정복되는 피정복(BC 338)의 수모를 겪은 후 12년간 알렉산더의 통치(BC 336-322)를 받게 된다. 그리고 알렉산더 사후에는 300여 년 동안의 헬라제국 시대(BC 322-27)와 500여 년의 로마제국 시대(BC 30-AD 476)를 맞게 된다.

알렉산더 대왕의 통치기간은 12년에 불과했지만, 그의 중동 지방 정복의 결과로 이루어진 문화의 융합과 종족의 혼합으로 인하여 고전적 그리스 사상은 대부분 말살되고 새로운 형태의 문명, 즉 그리스와 동방의 여러 요소들이 혼합된 문명이 형성되었다. 그리하여 알렉산더의 통치 시대를 분수령으로 하여, 이전 시대의 문화를 그리스 문화(Hellenic Culture)로, 그 이후 시대의 문화를 헬레니즘 문화(Hellenistic Culture)로, 그리스 문화를 구분하여 부른다. 그리고 헬레니즘 문화는 로마시대의 문화로 이어진다.

② 그리스 시대의 고전 문화는 폐쇄적이었고 자충적(自充的)이었지만, 헬레니즘 시대의 문화는 개방적이고 보편적인 것이었다. 또한 헬레니즘 시대의 사상과 문화는 변화하는 현실을 반영한 면이 뚜렷하였다. 즉 사람들은 혼란한 외부 세계보다는 자신의 내면세계에서 구원과 행복을 얻으려 하였다. 또한 사람들은 국가사회에 대한 적극적인 관심보다는 내면의 세계로 파고들어가 소극적으로 자기의 안심입명(安心立命)만을 구하였다. 그 결과 상대주의와 세계주의(cosmopolitanism) 그리고 개인주의와 도피주의가 이 시대의 공통된 특징이 되었다.

③ 헬레니즘 시대와 로마제국 시대 초기까지 독창적 사색이 발견되지 않았고 거장(巨匠) 철학자도 나타나지 않았다. 개인 윤리의 문제가 중심이 되었다. 스토아 철학이나 에피쿠로스 철학이 이 시대의 대표적 사상이었다. 나중에는 인간의 무력함을 절실히 느끼는 데서 종교적 경향이 우세하게 나타났다. 로마 시대의 신 플라톤 철학과 기독교 철학은 이를 반영한다.

1) 스토아 철학(Stoicism)

(1) 견유파(犬儒派, Cynics)

스토아(Stoa)파의 선구적 요소는 이미 소크라테스의 후계자인 견유파에서 발견되었다. 견유파는 이 세상 모든 것이 어리석고 이 인생에서 아무 것도 가질만한 가치가 있는 것은 없다고 보았다. 대표자는 알렉산더 대왕도 그의 극단으로 간소한 생활을 부러워했다는 '걸인 철학자'디오네게스(Diogenes, BC 323경)다.

(2) 제논(Zenon, BC 338-264)

① 스토아학파는 키프로스(구브로)섬의 제논에 의해 창시되었다. 스토아(Stoa)는 제논이 세운 학교의 채색한 전당에서 유래하였다. 창시자 제논의 저술은 남아 있지 않고 그의 사상은 후계자들에 의해 전달되었다.

② 스토아학파의 윤리학에 의하면 인생의 유일한 목적은 '모든 욕심으로부터 해방'되는 것이다. 그러므로 스토아학파의 이상은 에피쿠로스파와 마찬가지로 개인적 복리와 자족을 추구하는

데 있었다. 그들이 내세운 이념은 정신적 평온을 가로막는 모든 것에서 해방되는 것이었다. 즉 희로애락, 쾌(快)와 고(고), 명예와 같은 세속적 성공, 소유와 같은 물질적 욕심 등에 무관심하는 것이 스토아학파의 특성이었다. 이와 같이 '고요한 마음의 상태'를 그들은 아파테이아(Apatheia)라 불렀다. 아파테이아에 도달함이 개인윤리의 이상이었다.

③ 그들의 물리학에 의하면 자연계(물질계)는 동일한 형성과 동일한 파괴가 주기적으로 교체되는데, 이 교체는 동일법칙 즉 로고스(logos: 이성)에 의해 행해지기 때문에, 항상 동일의 세계와 그 동일의 형성 과정이 반복된다는 것이다. 세계의 모든 사물은 로고스의 필연 법칙에 의해 철두철미하게 예정되어 있으며 만물은 숙명의 지배를 받고 있다.

인간도 예외일 수 없다. 인간에 있어 가장 존귀한 이성 가운데에도 이 우주의 이성인 로고스가 들어 있다. 로고스가 우주를 지배하는 법칙인 것처럼 이성은 인간을 지배하는 법칙이어야 하고, 이성에 충실한 생활이야말로 가장 인간답고도 자연에 순응하는 생활이라는 것이다. '자연에 순응하여 살라'는 이 학파의 모토이다. 스토아학파는 이와 같이 이성을 모든 자유의 기초라고 보았다. 그들은 이성의 지시에 따라 행동할 때 인간은 자유와 평등을 의식할 수 있으며 이성을 소유함으로써 자유를 얻을 수 있고, 또한 세계의 질서는 이성의 법을 따르며 이 법(자연법)의 발견은 인간의 의무라는 것이다.

이와 같이 스토아 사상의 기조는 인간의 이성, 상식 및 보편적 인간성 등에 입각한 자연법(jus naturale)이었다. 요컨대 고대사상의 근간이 되어온 자유는 스토아학파의 철학에서 가장 관념적으로 완성되었다.

④ 스토아학파는 비판도 많이 받았지만 커다란 사상체계로 발전하였다. 스토아 철학은 이성, 자유, 자연법을 근본 관념으로 하고 있으며, 이 관념들은 로마의 법(法)사상은 물론 기독교신학에도 영향을 주었다. 후기 스토아학파의 대표적 철학자는 세네카(Seneca, BC 3-AD 65)와 마르쿠스 아우렐리우스 황제(Marucus Aulelius, AD 121-180) 등이다.

2) 에피쿠로스학파(Epicureans)

① 에피쿠로스학파의 논리학과 인식론은 스토아학파와 대동소이하다. 그리고 윤리학도 행복을 추구함에는 동일하다. 그러나 그들은 스토아학파와 동시대에 동일한 문제를 다루면서도 서로 반대되는 입장에 있었다. 이 학파는 사모스(Samos)섬 출신 에피쿠로스(Epicuros, BC 341-270)가 완성하였다.

그의 철학의 핵심은 무욕(無慾) 또는 무관심(Ataraxia)의 관념에 있었다. 에피쿠로스는 행복을 인생의 목적이라고 말하고 철학을 어떻게 하면 행복한 생활을 할 수 있는가를 가르치는 것이라고 하였다. 그에 있어서 행복이란 즉 '쾌락(快樂: pleasure)'이었다. 쾌락만이 바람직한 것, 착한 것(善)이며, 이에 대하여 악한 것이란 불쾌(不快)를 의미하는 것이다.

그러면 무엇이 우리에게 진정한 쾌락을 가져다주는가? 육체적 욕망을 충족시킴으로써 얻어지는 쾌락은 대부분 강력하지만 반면에 순간적이다. 이에 비하여 '정신적 열망에서 얻어지는'쾌락은 강력하지는 못하지만 반면에 길고 지속적이다. 그리하여 그들은 육체적 만족을 주는 쾌락은 천박한 쾌락으로 보았다. 그러므로 육체적 쾌락보다 '정신적 쾌락'을 선택하는 편이 더 현명한 처사로 보았다. 그 대신 정신적인 쾌락 즉 지속적인 행복을 위해서는 크고 작은 고통을 참아야 할 때가 있는가 하면 작은 쾌락을 희생하는 경우도 있다.

우리가 인생의 모든 시간을 통하여 쾌락의 양이 고통의 양보나 많고 지속적인 것으로 되게 하기 위해서는 어떤 일에도 흔들리지 않는 안정된 마음 상태가 필요하다. 그는 이러한 상태를 아타락시아(Ataraxia)라 하였다.

스토아학파는 인생의 행복을 이성에 따라 사는 덕스러운 생활에 있다고 보는 금욕(극기)주의 입장에 서 있었다. 반면에 에피쿠로스학파는 인생의 행복이 쾌락에 있다고 봄으로써 쾌락주의의 입장에 서 있었다.

② 스토아학파는 로고스(우주 이성)의 보편성을 강조함으로써 세계주의적 성향에 있었으며, 유대교를 세계적인(cosmopolitan) 종교로 발전시키는데 일익을 담당하였다. 반면에 에피쿠로스학파는 쾌락주의에 철저함으로써 개인주의적(individualistic) 성향에 있었다.

3) 절충적 철학파

스토아 철학과 에피쿠로스 철학에 대하여 회의적(懷疑的) 또는 절충적(折衷的) 입장을 취하는 철학이 그들의 뒤를 이었다. 라리사(larissa)의 필론(Philon, BC 160-80경)과 로마의 키케로 등이 이에 속한다. 웅변가 키케로(Cicero, BC 106-43)는 선한 것과 참된 것의 철학에 치중하였다.

3. 로마제국 시대(초기) 기독교 철학

1) 필로(Philo of Alexandria, BC 25–AD 50)

로마제국 시대에는 특출한 철학자가 없었다. 그러나 필로와 플로티노스 등 기독교 철학자들이 등장하여 기독교 신학에 기여하였다.

필로는 유대인 태생의 알렉산드리아 사람으로 구약성경의 주석자이다. 그에 의하면 세상의 근원은 신이다. 신은 인간의 모든 인식능력을 초월하여 있다. 그러므로 우리는 신에 대하여 적극적으로 그가 무엇인지를 파악할 수가 없다. 다만 소극적으로 모든 경험적 성질을 부정함으로써 그를 절대적 존재로 이해할 뿐이다. 신은 무성질(apoios)이며 불가규정, 불가명, 불가해이다. 신은 다만 여호와라 불릴 뿐이다. 신은 다만 있다고 말할 수 있을 뿐이다. 이러한 신에 대립하여 물질이 있다. 신은 직접적으로 물질과 결합하는 것일 수 없으나, 신은 질대자이므로 세계의 근원은 신이라 생각되지 않을 수 없다. 그는 신과 인간(물질) 사이를 매개하는 힘으로서의 중간적 존재가 있는 것으로 보고 이를 플라톤의 이데아 그리고 천사 또는 로고스(Logos)라 하였다. 사도 요한은 요한복음을 기록하면서 로고스라는 용어를 예수를 가리키는 말로 사용하였다.

2) 플로티노스(Plotinos, BC 204–270)

알렉산드리아 출신으로서 플로티노스는 기원전후 근 300년 동안 가장 두드러진 철학자였다. 플라톤의 철학을 계승하여 신플라톤주의자라고 불리며 스피노자(Spinoza)에게 영향을 미쳤다.

그도 세계의 창조주요 생명의 원인으로서 절대적이고 초월적 존재로서 신의 존재를 인정하였다. 그는 이를 일자(一者: to proton)라 불렀다. 그리고 그는 만물이 초월한 신, 즉 일자(一者)로부터 어떻게 이 세상이 생성되었는가 하는 문제를 해결하려고 하였다. 그런데 그의 신(一者)은 스스로 완성된 자요 모든 대립이나 갈구를 초월한 신이다. 따라서 그의 신(一者)은 자신의 의지적(의도적) 행동에 의하여 이 세상을 창조하지는 않는다. 즉 그럴 의도가 없는 존재이다. 그렇다면 이 세상은 어떻게 해서 이루어졌는가? 그는 유출설(流出說: Theory of Emanation)을 들고 나온다.

이 설에 의하면 신으로부터 만물이 생겨남은 신의 의식적 창조에 의해서가 아니라 신의 본질적 필연성에서 저절로 되는 것이다. 일자(一者)는 그 자체가 충만해있기 때문에 반드시 넘쳐흐르고, 이 넘쳐흐르는 힘이 모든 것을 창조한다. 일자는 만물을 유출시키고도 줄어들지 않는데 그것은 마치 태양이 빛을 발산시키고도 고갈되지 않고 계속 빛을 발산하는 것과 같다.

플로티누스에 의하면 유출은 세 단계로 이루어진다.

① 제일 먼저 유출되는 것이 정신(nous: 누스)이다. 그것은 신과 매우 가까이 있으며 제2의 신이다. 그러나 그것은 일자(一者)의 모사(模寫)일 뿐 일자는 아니며, 일자(一者)의 아들이다. 그가 이 세계를 형성하였다. 플라톤의 경우 데미우르고스(demiurgos)와 같은 존재이다. 정신(누스) 사상은 후에 기독교 삼위일체 교리 형성에 지대한 영향을 주었다

② 두 번째 유출되는 것은 다수의 영혼(psyche)들이다. 그것들은 각각 상위의 영혼(이성)과 하위의 영혼(형체적, 물질적인 것과 결부된 생기)으로 구성되었다(인성). 상위의 혼은 인간의 영혼으로서 구제를 얻으며 불멸의 것이다.

③ 마지막으로 유출되는 것은 물질이다. 그리고 마지막의 것은 일자로부터 멀리 떨어져 있기 때문에 악에 노출되어 있다.

④ 한편 물질은 영혼에 의해서, 영혼은 정신에 의해서, 그리고 정신은 일자에 의해서 정립된 것이기 때문에, 모든 것은 이와 같이 결국 일자 안에 있다. 그리하여 모든 유출물(존재)들은 최고의 존재인 일자의 사랑과 은총에 의하여 생명을 이어 간다.

그러나 유출물들은 그들 스스로의 출발점으로 되돌아가지 않으면 안 된다. 그들은 일자에 가까워지게 될수록 그만큼 더 자유롭고 행복해진다. 완전히 가까워진 상태를 엑스타시스(Ekstasis)라 한다. 그러나 완전히 가까워졌다고 하여 일자가 되는 것은 결코 아니다.

4. 로마제국 시대(초기) 기독교 이단

1) 그노시스트(Gnosist) / 영지주의(靈知主義: Gnosticism)

그노시스주의자들은 AD 2세기 초기에 주로 활동하였으며 이교도(異敎徒)와 기독교도들 사이에서 활동하였던 것 같다. 그들의 저술은 맹렬한 반대자들에 의해 인용된 단편들을 제외하고는 오늘날 하나도 남아 있는 것이 없다.

그노시스(gnosis)란 '지식'을 말하는 그리스어이다. 그러나 그들이 가지고 있다고 자랑한 지식은 과학적 탐구를 통해서나 어떤 지능의 사용을 통해서 획득할 수 있는 지식이 아니었다. 오히려 일종의 계시(啓示) 즉 신비적으로 알려진 그리고 보통 개개인마다 내밀적(內密的)인 구원의 수단에 관한 것이었다. 그것은 이 지식을 소유하는 사람들만이 유효하게 구원을 얻을 수 있다는 신이

나 영적 존재에 관한 지식이었다.

그들은 이 세상을 정신계와 물질계로 구분하고, 두 세계는 처음부터 숙명적으로 상반적(相反的)인 것으로 보았다(Zoroaster교). 그리고 물질세계는 악신(惡神: 데미우르고스)이 창조한 것으로서 악신의 지배를 받고 있다고 하였다. 인간이란 물질계의 물질 속에 갇혀있는 정령(精靈)들이며 이로부터 스스로는 탈출할 수 없다. 물질이나 데미우르고스부터 탈출할 수 있는 자들은 자신들을 구출해줄 수 있는 정령들에게 호소할 수 있는 지식을 가진 자들뿐이다. 그리고 그들이 호소할 수 있다고 믿었던 정령들은 수없이 많았고 또 그노시스주의자들에 따라 각각 상이하였다. 기독교는 이들을 이단(heresy)으로 보았다. 영지주의와 유사한 이단 중에 말시(키)온(Marcion)주의가 있었다(cf. Bengt Hagglund 저서. 별첨 참고문헌).

2) 마르시온(Marcion) / Marcionism

2세기 기독교의 이단이다. 마르시온은 소아시아 북안(Pontus) 시노페(Sinope) 출신이다. AD 138년경 로마에 나와 그노시스파에 접근하였고 뒤에 독자적인 설을 주장하였다. 특히 그리스도교와 유대교는 아무 관련이 없다고 하였다. 또한 구약의 하나님은 신약의 하나님과 다르다고 하였다. 그는 모든 구약성경을 거부하였고, 또한 동정녀 탄생도 거부했다. 그는 이와 같은 자신의 주장이 반영된 독자적인 신약성경 정경을 발표하기도 했다. 144년경 그리스도교회에서 파문되었다.

3) 에비온주의(Ebionism)

그리스도의 신성을 부인하는 유대인의 일파로서 역시 기독교의 이단이다. 2세기 말에 시작되어 주로 팔레스타인 및 수리아(시리아) 방면에 퍼져 5세기경까지 계속되었다. 그들은 그리스도는 하나의 인간에 불과하다. 다만 신법(神法)을 충실히 지켜서 의인이 되어 세례를 받을 때 비로소 메시야로서의 기름부음을 받았다고 주장한다.

그들은 유대교와 기독교를 동시에 신앙하였다. 그들은 바울의 율법에 대한 해석을 부인하였고, 그 결과 바울 서신의 수용 또한 거부하였다. 에비온주의는 evion(가난한 자)에서 유래하였다(cf. Bengt Hagglund 저서. 별첨 참고문헌).

4) 몬타니즘(Montanism)

2세기 후반 몬타누스(Montanus)에 의해 아프리카에 있는 로마의 영 브리기아(Phrygia)에서 발생한 종말론적 이단운동을 말한다. 동서로 신속하고 널리 파급되었으나 5-6세기에는 거의 모두 사라졌다. 원시교회의 소박성으로의 복귀, 성령에 대한 기대와 영적 선민의식 등으로 특징지어진다. 몬타누스 자신은 AD 156-157년 혹은 172년에 예언을 시작, 하나님의 나라가 브리기아 성읍(페푸자: Pepuza) 가까이에 내릴 것이라고 주장하였다. 그의 추종자 중에는 프리스카(Prisca)와 막시밀라(Maximilla)가 특히 유명하였는데, 이들은 몬타누스와 함께 종교적 황홀경 속에서 이상한 언어로 말하고 예언을 하였으며 추종자들은 이를 성령에 의한 것으로 믿었다.

제 3 장

신약성경의 지리적 배경

1. 이스라엘, 유다, 유대, 팔레스타인

이스라엘은 하나님께서 야곱에게 준 야곱의 이름이다. 야곱이 애굽으로 이주한 이후 그의 후손들이 430년 동안 애굽에서 한 민족을 이루었는데 이들을 이스라엘이라 불렀다. 이때부터 이스라엘은 민족의 이름이 되었다.

BC 922년 솔로몬이 죽자 이스라엘은 남북으로 분열되었는데, 여로보암 1세가 세운 북쪽의 왕국(10지파)을 이스라엘이라 불렀고, 르호보암으로 승계된 남쪽의 왕국(2지파)을 유다(Judah)지파의 이름을 따서 유다라 불렀다.

그리고 헬라와 로마제국 시대에 이르러 갈릴리, 사마리아, 유다를 포함한 전체 이스라엘을 유대(Judea)라 불렀다.

또한 로마제국 시대에 유대인이 반란을 일으키자 로마 황제 하드리아누스(AD 117-138)는 이를 평정하고 유대의 이름을 비하(卑下)하려는 의도로 블레셋의 이름을 따 팔레스타인(Palestine)으로 불렀다. 따라서 이스라엘, 유다, 유대, 팔레스타인 등은 부르게 된 동기와 시대만 다를 뿐 모두 동일한 이름이다.

2. 신약시대 팔레스타인의 지리

팔레스타인은 동쪽은 요단 계곡을, 서쪽은 지중해를 경계로 하면서, 동서는 짧게(45마일), 남북은 길게(145마일) 자리 잡은, 중동의 한 작은 나라이다. 우리나라 강원도의 면적과 비슷하다. 팔레스타인의 북부를 갈릴리, 중부를 사마리아, 남부를 유대라 부른다. 요단 계곡은 팔레스타인을 그 동편의 산악 지대와 구분 짓는 경계선이 된다.

팔레스타인의 중부에서 동서를 가로지르는 에스드렐론(Esdrelon) 평야는 팔레스타인의 동서를 연결하는 길이 된다.

〈해안 지방〉

서쪽의 해안 지방은 지중해와 접한 지역으로 해안을 따라 전개되어 있다. 북쪽은 베니게(페니키아)와 접해있고, 남쪽은 애굽과 연결되어 있다. 해안을 따라 악고 평야와 샤론 평야 그리고 갈멜산이 있고 또한 가이사랴와 욥바 등의 성읍이 있다.

〈갈릴리지방〉

갈릴리지방은 팔레스타인을 남북으로 3등분 할 때 북쪽 지역이다. 예수께서는 공생애 3년 동안 주로 이 지방에서 사역하셨다. 서쪽으로는 지중해, 북쪽으로는 수리아(시리아), 동쪽으로는 갈릴리 호수(바다), 남쪽으로는 에스드렐론 평야가 중부지방인 사마리아 지방과 경계를 이루고 있다. 이 지역에는 이방인들이 많이 살았다. 갈릴리 호수는 이 지역 대표적 명소로 주민들에게 풍부한 어류를 제공하였다. 갈릴리 호수 북쪽에는 가버나움, 벳새다, 고라신이 있고, 서쪽에는 나사렛, 게네사렛(Cennesaret, Kinnereth), 막달라, 가나, 나인 등이 유명하다. 나사렛은 예수의 고향으로, 동서남북으로 통하는 사통팔달(四通八達)의 고을이다. 게네사렛은 호수 북쪽의 평야지대로 비옥하여 겨울에도 과수와 채소를 재배하였다. 벳새다는 베드로와 안드레 그리고 빌립의 고향이었다. 막달라(마 15:39, 마가단)는 갈릴리 호수 서쪽에 있는 성읍으로 달마누다라고도 한다(막 8:10).

〈사마리아 지방〉

사마리아는 팔레스타인을 남북으로 3등분 할 때 중앙지역이다. 동쪽으로는 요단강, 서쪽으로는 지중해, 남쪽으로는 유대지방, 그리고 북쪽으로는 갈릴리 지방과의 경계선인 에스드렐론 평야와 접하고 있다. 이 지역의 경계는 언제나 유동적이었기 때문에 정확한 지형을 구분하기가 어렵다. 그리고 사마리아는 언덕(산악)으로 둘러싸인 산지와 각종 과실과 곡식이 풍성한 비옥한 평야로 되어있다. 성경에서는 사마리아 지역을 에브라임 산지라 부르기도 한다. 사마리아는 역사적으로 유다와 갈등이 많은 지역이며, 신약시대에는 '개'처럼 취급을 받기도 하였다.

〈유대(Judea) 지방〉

유대 지방은 팔레스타인을 남북으로 3등분 할 때 남쪽 지역이다. 유대 지방은 유다(Judah) 산지라고도 하고 외부와는 고립된 지리적 특성을 지닌 지역이다. 동쪽으로는 사해, 서쪽으로는 지중해, 남쪽으로는 유대 광야와 이두매, 그리고 북쪽으로는 사마리아와 접하고 있다. 서남쪽은 세펠라(Shephelah) 완충지대로 둘러싸여 있다. 유대 지방의 중심 도시는 물론 예루살렘이다. 여리고, 엠마오, 베다니 등이 주요 성읍이다. 벳바게는 베다니 근처에 있었을 것으로 추정한다. 이두매는 유대의 남쪽지역으로 에돔이라고도 한다. 에돔은 에서(야곱의 형)의 별명이다. 그리고 그 후손이 살던 지역의 이름이기도 하다. 그 동안 에돔(이두매)은 이방시되었다. 신약시대 해롯(대왕)은 이두매(에돔) 출신이다.

〈요단 계곡(Jordan Valley)〉

팔레스타인의 동쪽 경계선을 이루는 계곡 지역이다. 팔레스타인 북쪽 헤르몬 산(Mt. Hermon)에서 사해 남쪽 홍해 아카바 만까지 남북으로 직선을 긋는다면, 이 직선은 다음의 계곡지역을 통과한다.

〈헤르몬(Hermon)산—훌레(Huleh, Merom)호수—갈릴리(긴네렛)호수—요단(강)계곡—사해(Dead Sea)—아라바(Arabah)계곡—홍해(Aqaba만)〉

이 직선 상의 지역들은 고도가 아주 낮은 지대로 계곡을 이루기 때문에 이 지역을 묶어서 계곡(골짜기) 지역 또는 계곡 저지대라 부른다. 그리고 이 계곡 지역이 팔레스타인의 동쪽 경계선을 이룬다. 특히 갈릴리(긴네렛) 호수부터 사해까지를 요단 계곡(골짜기)이라 부른다. 사해는 지구상 가장 낮은 지역이다.

〈요단 동편(Trans Jordan)〉

요단 계곡(협곡)의 동편을 말한다. 이스라엘의 영토는 아니다. 오늘날 요단강 동편의 북부는 수리아(시리아)가, 남부는 요르단이 자리 잡고 있다. 구약시대에는 길르앗, 암몬, 모압 등이 있었다. 신약시대에는 북쪽의 광활한 지역을 데가볼리(데카폴리스 Decapolis: 10개의 도시로 형성된 동맹체제 지역), 남쪽 지역을 베레아(Perea)로 불렀다. 거라사, 바테네아(Batanea), 가이사랴 빌립보 등이 이 지역에서 유명하다. 베레아는 구약시대에는 모압평지라고도 불렀으며, 신약시대에는 갈릴리와 함께 헤롯 안디바(BC 4-AD 39)가 다스렸다. 또한 베레아에는 많은 유대인들이 살고 있었고 예루살렘의 유대인들은 갈릴리로 갈 때는 사마리아 대신 이곳으로 우회하여(detour) 지나갔다고 한다. 요단 강가 베레아의 베다니는 세례 요한이 최초로 등장하여 세례를 베풀고 예수께서 세례를 받으신 곳이다. 예수께서는 이곳에서 마지막 사역을 하셨다. 베레아의 베다니는 예루살렘에서 가까운 베다니와는 다른 곳이다. 데가볼리는 넓은 지역으로 열 개의 헬라 성읍과 주변지역으로 이루어졌다. 예수께서 이 지방 거라사에서 귀신을 쫓아낸 일화는 유명하다.

제 4 장

신약성경의 구성과 정경화(正經化)

1. 신약성경의 구성

구약성경은 39권, 신약성경은 아래와 같이 27권으로 구성되어 있다.

1) 복음서(4권)

(1) 공관복음(3권) : ① 마태복음 ② 마가복음 ③ 누가복음

(2) 제4복음(1권) : 요한복음

2) 역사서 (1권) : 사도행전

3) 서신서(22권)

(1) 바울 서신서(13권) (Pauline Epistles)

-여행서신(6권): ① 데살로니가전서 ② 데살로니가후서 ③ 고린도전서
④ 갈라디아서 ⑤ 고린도후서 ⑥ 로마서

-옥중서신(4권): ① 골로새서 ② 빌레몬서 ③ 에베소서 ④ 빌립보서

-목회서신(3권): ① 디모데전서 ②디도서 ③ 디모데후서

(2) 공동 서신서(일반 서신: 8권):

① 히브리서 ② 야고보서 ③ 베드로전서 ④ 베드로후서 ⑤ 요한1서 ⑥ 요한2서
⑦ 요한3서 ⑧ 유다서

(3) 예언 서신(1권): 요한계시록

2. 신약성경의 정경화

1) 신약성경의 기록

(1) 구전(口傳) 시대

예수께서는 말씀을 전하셨지만 기록은 남기지 않으셨다. 그를 따르던 제자들도 기록을 남기는 일에 관심을 두지 않았다. 그들은 기록을 남길 만한 능력도 갖추지 못했고 기록할 시간이나 도구도 없었고, 그들에게는 믿음을 증언하는 일이 중요했고 그 일로 바빴다. 제자들 중 베드로, 마태, 요한을 제외하고는 기록을 남기지 않았다. 기독교 초기에는 성도들이 종말의 임박을 믿고 있었다. 더욱이 구전된 것이 기록 없이 상당기간 기억력에 의해 보존될 수 있었으므로 문서성경의 절실함을 크게 느끼지 못했다.

(2) 성경 기록의 동기

그러나 예수께서는 이미 죽으셨고 그를 곁에서 따르던 최초의 제자들도 하나씩 세상을 떠나가고 있었다. 임박하리라고 믿었던 주님의 재림도 지연되고 있었으므로 기독교인의 이 세상에서의 생활이 좀 더 지속되리라고 생각되었다. 상황이 이렇게 전개됨에 따라 기독교 지도자들은 예수의 재림 때까지 기독교 신앙을 안전하게 보존하려면 무엇보다 교인들에 대한 교육과 훈련이 중요하다고 생각하게 되었다. 이는 결국 기록된 성경을 요구하게 만들었다.

당시 로마에 의한 기독교 박해는 기독교인의 비밀장소 예배를 촉진시켰다. 이러한 경우 구전 설교보다 기록된 문서 설교가 안전했고, 구약성경만을 인정하는 유대교 예배와의 대립 측면에서도 신약성경의 필요성을 누구나 느끼게 되었다.

(3) 기독교 문서 성경의 등장

이와 같은 필요성 때문에 기독교의 문서들이 기록되었고 최초로 등장한 것이 바울의 서신서들이었다. 그 중에서도 데살로니가 전후서가 가장 먼저, 즉 AD 50년대 초기(AD 51년 추정)에 등장하였을 것이다. AD 60년대 초기까지 바울의 서신들은 거의 나왔다. 복음서 중에는 마가복음이 가장 먼저 (아마 AD 70년 직전) 나왔을 것이다.

2) 정경(正經)과 정경화(正經化)

(1) 정경(canon)

교회의 실제적인 필요와 요구에 따라 기독교 문서들이 기록되기 시작하자, 수많은 사람들에 의해, 수많은 지역에서, 수많은 책들이 기록되고 읽히게 되었다. 이와 같은 현상은 복음 전파를 위하여 긍정적인 면도 컸지만 또한 부정적인 면도 컸다. 그것은 그 많은 문서들 중 기독교 사상을 위협하고 나아가서는 이단사상을 전파하는 위험한 문서들이 다수 포함되어 있었기 때문이다. 이는 기독교 사상을 혼란케 하는 중대한 사태였다. 범람하는 문서들 중 어떤 책이 기독교 신앙의 올바른 표준이 되고 기독교회 안에서 공통적으로 인정받을 수 있는 책인지 발췌하고 확정하는 일이 시급한 과제로 등장하였다. 이를 위해서는 먼저 책을 선택하는 표준(canon)의 설정이 필수적이었다. canon은 무엇을 재고 측정하는 자(尺), 곧 기준, 규범, 표준, 모범이라는 의미를 갖고 있다. 어떤 기독교 문서가 이에 해당할 때 이를 정경(正經)이라 하고, 기독교에 관한 수많은 문서들 중에서 이와 같은 canon에 맞는 문서를 골라내는 일을 정경화라 한다.

정경의 기준은 무엇보다도 영감성이다. 모든 성경은 하나님의 감동으로 된 것이라는 성경말씀과 같이(딤후 3:16-17) 영감으로 기록된 책이어야 한다. 그리고 사도성, 즉 그 책의 저자가 사도이거나 사도들과 밀접한 관계에 있는 자이어야 하고, 보편성, 즉 그 책의 내용이 모든 교회와 교회지도자들에 의해 보편적으로 인정받는 책이어야 한다.

(2) 정경화(canonization)

① 정경화는 처음에는 성경학자들에 의해 개별적으로 진행되었다. 이를 최초로 시작한 학자는

로마의 클레멘트(1세기 말)로 보고 있다. 그의 저서 클레멘트서는 AD 95년경의 작품으로 보는데, 그 안에 히브리서 등 몇 권의 신약성경의 이름이 나타난다.

② AD 140년경 본도(폰투스 Pontus)의 마르시온(Marcion, 1세기말)이 마르시온 정경을 내놓았다. 마르시온은 제법 큰 단일 집단의 지도자였으며, 집단으로서는 최초로 정경을 확정하였다. 그러나 그는 이단이었고 극단의 반(反) 유대주의자였다. 그는 모든 구약성경을 거부하고 동정녀 탄생도 부정했다. 구약의 창조주 하나님을 신약의 하나님과는 다른 분으로 보았다. 그는 이단으로 정죄되었고 그의 정경도 거부되었다.

③ AD 200년경에는 카르타고의 교부 터툴리안(Tertullian, AD 160-225경)이 빌레몬서, 야고보서, 요한2서, 요한3서를 제외한 나머지 모든 신약성경을 인용하였다.

터툴리안과 동시대 사람인 알렉산드리아 교부 오리겐은 신약의 정경화에 매우 큰 공을 세웠다. 오리겐(Origen, AD 185-254)은 이를 위하여 로마, 안디옥, 가이사랴, 예루살렘까지 여행하였다.

④ 그는 기독교의 신성한 책들을 호모 로고메나(homo logoumena)와 안티 레고메나(anti legomena)의 두 부류로 구분하였다. 전자는 의심할 바 없이 순수한 것이며 모든 교회에 의해 받아들여진 책들로서, 오늘의 신약성경 대부분이 여기에 포함되었다. 후자는 모든 교회들이 받아들이지는 않는 책들로서, 오늘의 신약성경 중 히브리서, 베드로후서, 요한2서, 요한3서, 야고보서, 유다서 등이 여기에 포함되었다. 니케아 시대 가이사랴의 유세비우스(Usebius, AD 265-340)가 오리겐의 노선을 따랐다.

⑤ 신약성경 27권이 맨 처음으로 기독교 경전으로 추천된 것은 AD 367년경 알렉산드리아의 감독 아타나시우스(Athanasius, AD 296-373경)에 의해서였다. 그러나 신약성경의 정경은 공의회의 공식 회의를 통해 최종적으로 확정되었다.

공식적 논의는 4세기 말에 있었다. AD 363년 라오디게아 공의회가 이 목적으로 모인 최초의 공의회였다. 그리고 그 후 AD 397년의 카르타고 3차 회의를 거쳐 AD 414년의 힙포(Hippo) 공의회가 오늘의 신약성경 27권을 최종적으로 확정하였다.

3) 신약성경의 원본(본문)과 사본

(1) 신약성경 원본(본문)의 보존(전달)

신약성경 27권의 원본(original text)은 각각 한 권씩이었을 것이다. 그러나 안타깝게도 27권 중 어느 하나의 원본(본문)도 보존되지 못했다. 즉 원본(본문)으로 지금까지 보존(전달)된 것은 한 권도 없다. 현재까지 보존된 것은 각 원본의 사본들과 사본의 사본들뿐이다.

신약성경의 사본은 개인적 필요에 의해 만들어진 경우도 있고, 교회나 수도원에서 사용할 목적으로 전문적인 사본가(서기관: scribe)에 의해 만들어진 경우도 있다. 당시에는 인쇄하거나 복사할 수 있는 방법이 없었으므로 사본은 오직 필사(筆寫: hand-writing)의 방법으로 만들어졌다. 대개의 경우 사본은 한 번에 한 권씩 만들어졌지만 수요가 증가함에 따라 여러 권의 사본이 동시에 만들어진 경우도 있었을 것이다.

성경은 원본이나 사본 모두 파피루스(papyrus)에 기록되었다. 그래서 파피루스 사본이라 말한다.

(2) 신약성경 사본의 구분

<대(大)문자 사본들>

사본들은 크게 대문자 사본과 소문자 사본으로 구분한다. 이 명칭은 그 사본이 희랍어 알파벳의 대문자 또는 소문자로만 기록된 데서 유래하였다. 현존하는 대문자 사본은 250개 정도, 소문자 사본은 2,500개 정도로 본다(cf. 김득중 저서. 별첨 참고문헌).

대문자 사본 중 중요한 것은 다음과 같다.

① 시내 사본(Codex Sinaicus)

시내 사본은 1844년에 시내산의 한 수도원에서 발견되었다. 신약성경 전체와 바나바서 그리고 허마스의 목자가 기록되어 있다. 현재 영국 박물관에 보관 중이다

② 알렉산드리아 사본(Codex Alexandrianus)

이 사본은 제5세기 초에 기록된 것으로 구약성경과 신약성경, 클레멘트 일서와 이서, 그리고 솔로몬의 시편을 포함하고 있다. 현재 영국 박물관에 보관 중이다.

③ 바티칸 사본(Codex Vaticanus)

이 사본은 제4세기 초에 기록된 것으로서 가장 오래된 것으로 알려지고 있다. 구약 전체와 신약의 대부분이 포함되어 있다. 현재 바티칸 도서실에 보관 중이다.

그 외에 베자 사본(Codex Bezae) 등도 있다.

<소(小)문자 사본들>

현존하는 소문자 사본도 다수 있다.

4) 신약성경의 원본(본문) 복원

이미 말한 바와 같이 현재 우리는 신약성경의 본문 즉 원본은 한 권도 갖고 있지 못하다. 모두 사본들뿐이다. 사본은 필사로 만들어진 것이다. 그런데 필사란 사람이 하는 것이기 때문에 필사(hand-writing)의 과정에서 무의식적인 오기(誤記)나 오전(誤傳) 등의 오류가 발생할 수 있고, 의식적인 수정이나 첨가도 있을 수 있다. 이는 오늘날까지 존재하는 사본들을 상호 비교할 때 사본들 간 차이점이 발견되기 때문이다. 때문에 많은 비평 신학자들은 현존하는 신약성경의 사본들 중 어느 것이 원본(본문)에 가장 가까운 것인지 분별하려는(또는 본문에 가깝게 복원하려는) 노력을 해왔다. 비평신학에서는 이를 본문비평(textual criticism)이라 한다. 아직까지 모두가 인정하는 본문은 이루지 못했다.

5) 신약성경의 번역

신약성경은 본래 코이네(통속) 헬라어로 기록되었다. 코이네 헬라어는 당시 거의 세계적인 통용어로 사용되었다. 기독교의 확산은 신약성경이 필연적으로 헬라어 이외의 언어로 번역되게 만들었다. 서방에서는 라틴어로, 동방에서는 수리아(시리아)어로, 애굽에서는 콥틱어로 번역되었다. 라틴어 번역본 중 대표적인 것이 제4세기말의 제롬(Jerome)에 의한 벌게이트(Vulgate)역이다.

〈외경(外經): Apocrypha〉

(1)구약성경은 원래 히브리어로 기록되었다. 히브리어로 된 구약성경(39권)을 팔레스타인 정경(Palestian Canon)이라 부른다.

(2)그리고 헬라시대에 유대인들 사이에는 팔레스타인 정경(본래의 구약 39권) 이외에 많은 종교적 문헌이 양산되고 애독되었는데, 당시에 출현한 많은 종교 저작 중 15권의 책이 팔레스타인의 특별한 사랑을 받았고 본래의 구약(39권)과 동등한 권위를 인정받게 되었다. 그리하여 헬라시대에 70인역(39권) 구약 정경이 헬라어로 완성(번역)되었을 때, 이 15권의 책도 첨부되어, 전체(39권 +15권)가 구약성경으로 읽혀지게 되었다. 이와 같이 15권이 포함된 헬라어 구약성경을 알렉산드리아 정경(Alexandrian Canon)이라 부른다. 그리고 추가된 15권을 본래의 39권의 정경에 대하여 외경이라 부른다.

(3) 그러나 루터의 종교개혁 때 개신교는 외경을 정경으로부터 제외 되었다. 그리하여 개신교는 이후부터

외경이 제외된 39권의 책만 정경으로 받아들인다.

④ 그러나 로마 카토릭은 Alexandrian Canon 전승을 계속 받아들이고 있다. 다만 트렌트(Trent) 종교회의(1545-1563)에서 15 권의 외경 중 3 권을 제외시키고, 12권 만 외경으로 인정하고 있다. 12 권의 외경은 다음과 같다.

① 토비트(Tobit)

② 유딧(Judith)

③ 에스델서

④ 솔로몬의 지혜서(Wisdom of Solomon)

⑤ 벤지라의 지혜서(Ben Sirach, Ecclesiasticus)

⑥ 바룩서(Baruch)

⑦ 예레미아의 서한(letter of Jeremiah)

⑧ 아사랴의 기도(Prayer of Azariah)

⑨ 수산나와 벨과 용의 노래(Susanna, Bell and Dragon)(2권)

⑩ 마카베오 상하 (1 and 2 Maccabees)(2권).

<성경 비평신학>

(1) 성경비평학은 성경에 대한 비평학적 접근을 말한다. 즉 기독교에서 성경의 역사적 배경과 사실성, 양식과 문학적인 요소(문체 등), 저자가 사용한 자료, 자료의 편집구조, 저자가 사용한 수사학 등의 비평을 통하여 가장 순결한 본문의 형태를 회복하고 또한 성경 본문의 본래적 의미를 찾는 것을 말한다.

(2) 성경비평학은 대체로 다음 사항들을 전제로 한다.

① 신구약을 막론하고 성경의 원본은 하나도 존재하지 않는다. 현존하는 것들은 모두 사본의 사본과 역본들이다.

② 성경의 모든 책이 모두 하나님의 영감으로 되었다고는 볼 수 없다. 따라서 성경에도 오류가 있을 수 있다.

③ 각 성경 기자는 많은 자료들을 모아 한 권의 책으로 편집하였다. 따라서 각 성경들이 편집되기 전에 다수의 자료 모음집들이 있었다.

④ 성경 속에는 종교적 신화(religious myth)들이 다수 포함되어 있다. 따라서 성경으로부터 신화적 요소의 제거가 성경비평의 과제이다.

(3) 성경비평학은 19세기에 주로 독일신학계에서 주장되었다. 자유주의 신학이라고도 한다. 정통보수신학은

이를 거부한다.

(4) 성경비평의 방법은 크게 두 가지로 나눈다. 하나는 역사를 거슬러 올라가 성경의 본문 바깥에서 계속해 찾으려하는 수직적 차원의 방법이고, 다른 하나는 성경의 본문 안에서 본문 자체가 스스로 말하는 의미를 찾으려하는 수평적 차원의 방법이다. 본문 비평(하등 비평)을 비롯하여 자료비평, 양식비평, 전승비평, 편집비평, 경전 비평 등은 전자에 속하고, 문학 비평(신문학 비평)은 후자에 속한다.

① 본문 비평

하등(lower)비평이라고도 한다. 현존하는 성경의 사본이나 역본들 사이에는 조금씩 차이가 발견된다. 이것들을 서로 비교하여 가장 순결한 본문의 형태를 회복하는 노력과 작업을 본문 비평이라고 한다. (cf. 최종진 저서. 별첨 참고문헌)

② 자료(source) 비평

자료 비평은 본문의 회복만을 하려던 본문 비평의 한계를 넘어 자료의 배경에 대한 구체적 지평을 밝힘으로써 성경을 기록할 때 사용했을 자료를 재구성하려고 한다.

③ 문학(literary) 비평

성경을 문학으로 간주하여 그것의 형식, 구조, 수사법, 그리고 문학적 특징을 분석한다.

제 2 편

신약성경 일독

제 1 장

예수 그리스도의 생애와 가르침

제1절 복음서 개요

1. 복음서와 복음

1) 복음서

복음서는 예수 그리스도의 생애와 가르침을 기록한 책이다. 그리고 복음서의 핵심은 예수의 십자가에서의 죽음과 부활이다. 구체적으로는 복음서는 마태복음, 마가복음, 누가복음, 요한복음을 말한다.

2) 복음(Gospel)

① 복음이란 하나님께서 인간의 구원을 위해 예수 그리스도를 통해 주신 '기쁨의 소식(good news)'을 뜻한다.

② 복음의 핵심은 예수께서 우리의 구원을 위해 죽으시고 다시 살아나신 구원자라는 메시지이다. 물론 복음이 여기에 국한되는 것은 아니다. 복음의 메시지에는 예수님의 주 되심과 세례 요한의 사역, 갈릴리에서의 예수님 사역, 예수님의 능력과 기적과 치유, 십자가 죽음과 부활, 부활 후 제자들에게 나타나심, 그리스도를 통한 죄 사함을 전파하라는 명령, 이 모든 일에 관해 예언한 구약성경에 대한 확인 등의 내용이 포함되어 있다

③ 'good news'라는 용어는 구약에서부터 사용되었다. 이사야 선지자는 바벨론 포로가 된 유대인들을 위로하기 위하여 '아름다운 소식'을 전하는 '한 사람'을 예언하고 있다(사 40:9). 신약

복음서에서는 마태와 마가 그리고 누가가 이 단어를 사용하고 있으며, 사도 바울과 베드로, 빌립도 사용하고 있다. 바울은 "이 복음이 모든 믿는 자들에게 구원을 주시는 하나님의 능력이 됨이라"고 말했다(롬 1:16-17). (cf. Walter A. Elwell과 Robert W. Yarbrough 저서. 별첨 참고문헌).

④ 광의로는 4 복음서 그리고 신약 전체가 복음이라고 말할 수 있다. 그러나 이와 같은 복음의 핵심은 요한복음 3:16에서 다음과 같이 명쾌하게 요약 정리되어 있다.

'하나님이 세상을 이처럼 사랑하사 독생자를 주셨으니 이는 그를 믿는 자마다 멸망하지 않고 영생을 얻게 하려 하심이라'

2. 복음의 문서화

① 예수는 자신의 가르침을 기록으로는 남기지 않았다. 그의 주된 관심은 임박한 하나님 나라의 도래에 대한 선포였다. 그리고 사람들로 하여금 회개를 통해 하나님나라의 도래를 준비하도록 권면하는 것이었다. 그의 제자들도 예수의 복음을 말로 전하는 일에 관심이 있었지 기록을 남기는 데까지는 관심을 갖지 못했다.

왜 그랬을까? 무엇보다도 그들은 복음의 메시지를 전파하고 행하며 증언하기에 바빴기 때문이었다. 그리고 그들 중에는 예수의 가르침을 기록으로 남 길만큼 유식한 사람도 많지 않았다. 특히 중요한 것은 그때까지도 구약시대처럼 사람들의 기억능력이 놀라울 정도로 풍부하여 기록 없이 입으로 전하고 입으로 가르치는 것이 가능한 시대였다(口傳 Oral Gospel 시대).

그러나 구전 시대가 계속 존속되어 갈 수는 없었다. 예수는 십자가에서 처형 되었고 예수의 제자들도 하나씩 죽어갔다. 임박했다고 믿었던 천국의 도래가 늦어지면서 교회시대는 계속되어갈 전망이었다. 그러므로 예수 그리스도의 말씀의 전승과 확장, 초대 교인들의 예배의식을 위하여 말씀의 문서화는 매우 절실하게 요구되었다. 또한 로마의 교회 박해는 기독교인들의 예배와 훈련이 비공개적 비밀 모임에서 이루어지게 하였고 결국 복음의 기록화를 촉진시켰다.

② 이렇게 해서 나타나게 된 최초의 기독교 문서는 복음서가 아니고 바울의 서신들이었다. 그의 서신은 주로 그의 전도 활동 후반기에 기록되었다. 그의 최초 서신인 데살로니가전서는 그의 2차 전도여행 때인 AD 51년경에 기록되었고 나머지 서신들은 그 후에 기록되었다.

③ 예수 그리스도의 생애와 활동에 관한 최초의 기록문서인 마가복음은 AD 70년경에 기록되었다. 이어서 마태복음, 누가복음, 요한복음이 기록되었다.

3. 3권의 공관(共觀)복음서와 자료가설(Hypothesis)

① 4권의 복음서들 중에서도 마태복음, 마가복음, 누가복음 등 3권을 일반적으로 공관복음(Synoptic Gospels)이라 부른다. 이 말은 이 복음서 저자들이 예수의 생애와 교훈을 동일한 관점에서 보고 기록하였다는 뜻이다.

3권의 복음서가 공통의 관점에서 기록된 것은 공통의 자료에서 근거한 것을 짐작하게 하고, 공통된 내용이 3권 성경의 여러 부분에서 발견된다.

그러나 3권의 복음서들 사이에 차이점들도 많이 발견된다. 이것은 사건의 내용이 (공통의 자료가 아닌) 특수 자료에서도 왔다는 것을 말한다. 어떤 사건이 마태와 마가에서는 동일하게 언급되고 있지만 누가에는 누락되었다. 예컨대 산상수훈을 마태는 기록하고 있지만 마가와 누가는 기록하지 않고 있다(누가는 평지수훈). 이와 같이 공관복음서가 서로 비슷하면서도 다른 점을 보이고 있는 것을 공관복음서 문제(the synoptic problem)라고 한다. 학자들은 이러한 차이점의 원인을 공관복음서 기자들이 복음서를 기록할 때 사용한 각각 자료들(각각의 특수 자료)의 차이에서 찾는데 그 경위는 이렇다.

② 즉 학자들은, 공관복음서 기자들이 복음서의 기록 이전에 예수의 생애와 교훈에 관한 구전 또는 기록의 형태로 전승된 여러 자료들을 가지고 있었고, 이러한 자료들은 분야별로 모음집의 형태로 존재하였다고 가정한다. 예를 들면 메시야적 예언집, 족보집, 예수의 교훈 및 어록집, 비유집, 논쟁집 등. 그리고 공관복음서 기자들은 복음서를 기록할 때 각각 이러한 자료들을 사용하였고, 사용하는 과정에서 각자 자료의 취사선택에 차이가 있었고 이러한 차이가 공관복음서들 간의 차이를 초래하였다고 본다. 이러한 주장 중 대표적인 것이 사문서설(四文書說, the four document theory)이다.

③ 이 설명에 의하면 공관복음서들 중 처음으로 기록된 것이 마가복음이라고 한다. 그리고 마태와 누가는 마가복음을 자료로 이용하여 마태복음과 누가복음을 기록하였다고 본다.

④ 그런데 마태와 누가는 마가복음 이외에도 또 하나의 자료를 이용하였는데 그 자료가 Q자료라는 것이다. Q는 독일어 Quelle(자료)의 첫 자이다. 마가복음에는 기록되어 있지 않았으나 마태와 누가가 똑같이 소개하고 있는 것으로 보아 두 복음서 기자가 마가복음 이외의 또 다른 자료를 문서자료로 이용했다고 생각하게 되는데, 마가복음과 함께 Q자료도 마태복음 및 누가복음의 기본 자료가 되었다고 주장한다.

⑤ 또한 마태와 누가는 마가복음과 Q자료 이외에 각각 자신들의 특수자료도 사용하였다고 본다. 마태의 특수자료를 'M'이라고, 누가의 특수자료를 'L'이라고 부른다. 그리하여 공관복음서

는 마가복음, Q자료, M자료, L자료 등 4개의 문서를 자료로 사용하였다고 하는데 이를 4문서설이라 한다.

4. 4권의 복음서 개요

1) 마가복음

(1) 기록 시기

마가복음 역시 저자의 신원을 밝히지 않는다. 그러나 요한 마가가 기록한 것이라고 일반적으로 인정되고 있다. 요한 마가의 가족은 초대 예루살렘교회에서 현저한 역할을 했다(행 12:12). 마가는 비록 도중에 이탈하기는 했지만 바울과 바나바의 제1차 선교여행의 동행자였다. 바울이 제2차 선교여행 때 그를 동반하지 않겠다고 거절한 바 있지만 나중에 마가는 바울과 화해하였고(골 4:10), 베드로와 동행하였다(벧전 5:13).

많은 학자들이 마가복음의 기록연대가 확실하지 않지만 4권의 복음서 중 가장 먼저 기록되었다고 보고 있다. 성전의 멸망 예언이 기록되어 있기 때문에(막 13:2), 성전이 멸망한 AD 70년 이전, 아마 AD 69-70년일 것으로 본다.

(2) 기록 배경

마가는 분명히 로마인 독자들을 초점으로 하여 이 책을 썼고, 교회사 초기부터 전통적으로 이 복음이 로마에서 기록되었다고 전한다. 그 이유는 이방인에게는 관심거리가 되지 못하는 그리스도의 계보, 예언의 성취, 율법에 대한 언급, 다른 복음에서 찾아볼 수 있는 유대 관습 등이 마가복음에서는 배제되었기 때문이다. 대제국의 수도 로마에 사는 사람들은 로마의 힘을 충분히 인식하였다. 마가는 그들을 예수 그리스도 안에서 하나님의 능력과 대면시킨다.

(3) 특징

첫째, 마가복음은 4권의 복음서 중 가장 짧으며 예수의 가르침보다는 예수의 행위 특히 이적에 대해 더 많은 이야기를 담고 있다. 그래서 마가복음을 행위의 책이라고 한다. 그리고 그리스도를 종으로 묘사하고 있다. 강론의 책인 마태복음과는 이 점에서 대조가 된다. 그리스도의 비유는 5개에 불과하다. 마가복음에 기록된 사건들은 대부분 마태복음과 누가복음에도 기록되었다.

둘째, 마가는 사건들을 간결하고 정교하게 그리고 생생하게 표현한다. 마가는 사건을 직접적이며 신속하게 전개해 나간다.

셋째, 마가는 예수의 죽음과 부활을 핵심적 사건으로 유도한다. 즉 마가복음의 주제는 예수 그리스도의 십자가 수난이다. 마가에 의하면 십자가는 하나님 계시의 절정이다(마가의 십자가 신학). 따라서 마가는 십자가 죽음과 연이은 부활에서 정점에 이르는 예수의 다양한 지리적 이동에 따라 마가복음을 구성한다. 즉, 머리말에 이어 갈릴리에서의 공적인 사역(1-8장)→유대로 가는 길(9-10장)→예루살렘과 갈릴리에서의 사역(11-13장)→십사가 수난과 부활(14-16상)로 정점(頂点)에 이른다. 특히 부활에서 절정에 이르는 예수 생애의 마지막 팔 일에 많은 기록을 할애함으로써 고난과 부활이 강조되고 있음을 보여준다.

넷째, 마가복음의 몇몇 구절에서 예수는 사람들이 자기가 누구인지를 본 것, 사람들이 자기가 누구인지를 증언하는 장면을 본 것, 그리고 각종 질병을 고치고 귀신을 내쫓으신 것에 대하여, 누구에게도 말하지 말라고 했다(막 1:44 등). 이를 '메시야의 비밀(the messianic secret)'이라고도 한다. 그것은 아마 자신이 사람들에게 단순히 이적(sign) 행위자로 인식되는 것을 피하기 위해서였을 것이다. 예수는 대속적 고난의 종으로서의 메시야로 이 땅에 왔으므로 그가 세상적 왕으로서의 메시야로 인식되는 것을 막고, 지상에서의 그의 사명을 다하기 전 조기노출 되는 것을 피하기 위해서였을 것이다.

2) 마태복음

(1) 저자 및 기록 시기

마태복음 자체는 저자의 신원을 밝히지 않는다. 그러나 예수의 제자 마태가 기록한 것이라고 일반적으로 인정되고 있다. 기록 연대는 AD 50-70년 사이로 본다.

(2) 기록 배경

기독교로 개종한 사람들에게는 유대인들의 율법책에 대응하는 기독교(교회)의 교과서가 절대적으로 필요하였다. 마태는 이러한 목적으로 마태복음을 기록하였다. 따라서 마태복음은 기독교인들의 신앙훈련, 교육을 위해 기록된 교과서인 것이다. 때문에 마태복음을 교사의 복음서라고도 한다.

(3) 특징

① 구약성경의 인용

마태는 구약과 신약과의 관계를 약속(메시야)과 성취(예수)의 관계로 보고 이를 증언하기 위해 구약의 예언과 예수의 생애를 일일이 대조하는 방법으로 마태복음을 기록하였다. 때문에 마태복음은 그 어떤 다른 복음서보다도 구약과 예수님과의 관계를 강조한다. 마태는 또한 예수가 모세의 율법과 하나님의 뜻에 대한 권위 있는 해석자였음을 보여준다. 이러한 배경 때문에 마태복음은 구약시대와 신약시대를 연결하는 가교(架橋)의 역할을 한다. 신약성경 편집자들이 마태복음을 신약의 첫 머리에 놓은 것은 이러한 의도를 반영하는 것이다.

② 유대적 특징

마태복음은 유대적이다. 마태는 예수를 약속된 메시야적 왕이자 다윗 왕가의 후손으로 표현한다. 때문에 마태는 구약의 인용과 언급이 다른 책들보다 훨씬 많다.

③ 교사이신 예수 / 윤리적 행동 강조

마태는 교사이신 예수를 강조한다. 윤리적 행동 곧 선한 행동을 강조하면서 거기에 대한 심판과 보상을 말하고 있다. 산상수훈(마 5-7장), 선교명령(마 10장), 하나님 나라의 비유들(마 13장), 공동체 설교(마 18장), 종말론(마 18장) 등은 예수의 대표적(5대) 교훈집이다

④ 교회론 강조

마태복음은 교회를 명시적으로 언급한 유일한 복음서이며(마 16:18, 18:17), 마태만이 교회의 훈련에 관해서 쓰고 있다(마 18:17).

⑤ 천국(the Kingdom of Heaven)

천국이라는 말은 마태만이 사용하였고 마태복음에서 가장 많이 등장한다. 하나님의 나라와 같은 말이다. 아마 '하나님(God)'에 대한 경외심 때문에 하나님이라는 말 대신 '하늘(Heaven)'의 나라(천국)라는 말을 사용한 것으로 본다.

〈마태가 중요시하는 예수 생애의 5대 사건〉

마태는 예수의 생애를 기록함에 있어 다음의 5 사건을 매우 중요시하였다. 예수 생애의 5대 사건이라 한다. ① 성육신(Incarnation) ② 변모(Transfiguration) ③ 십자가 수난(Crucifixion) ④부활(Resurrection) ⑤ 승천

(Ascension)

3) 누가복음

(1) 저자

누가복음 역시 본문에서 저자를 밝히지 않고 있다. 그러나 이 복음서의 제목대로 누가의 저작권은 일반적으로 인정되고 있다. 그리고 눅 1:3과 행 1:1에 의하여 누가복음과 사도행전은 동일한 저자에 의하여 기록되었다는 것과, 행 16:10의 '우리'라는 표현으로 보아 누가는 바울의 전도여행에 동행하였다는 것, 그리고 골 4:14에 의하여 누가의 직업이 의사였던 것도 일반적으로 인정되고 있다. 또한 저자는 역사의식이 강하였으며, 당시의 높은 교양을 지닌 헬라인 아니면 헬라파 유대인이자 기독교인이었다고 본다. 누가복음이 헬라적인 것은 이 때문인 것으로 보기도 한다.

(2) 기록 연대

기록연대는 사도행전의 마지막 장(28:30)이 AD 63년에 발생했던 사건(바울의 옥중 생활)을 말하고 있기 때문에 AD 63년 이전으로, 기록 장소는 가이사랴로 본다.

(3) 기록 자료

누가복음은 마태복음 및 마가복음과 상당부분을 공유하고 있지만 누가복음의 절반 정도의 내용이 전적으로 누가복음에만 기록되어 있다(L자료). 특히 누가는 갈릴리에서 예루살렘까지의 마지막 여행을 집중 조명하고 있다(눅 9:51-19:27). 이 부분을 '여행이야기의 장'이라고 한다.

(4) 기록 배경

① 예수 생존 시대나 죽음 직후까지 기독교인들은 종말이 임박한 것으로 믿고 있었다. 그러나 종말이 지연되자 종말 및 복음에 대한 신앙적 동요가 생기기 시작하였다. 누가는 이를 목격하였고, 종말에 대한 준비와 준비기간에 대한 사상으로 종말 도래 전 땅 끝까지 복음을 전할 필요성을 절감하였다(교회시대의 존재 이유).

② 예수께서는 로마(총독)의 사형판결에 의해 죽으셨다. 따라서 예수가 사람들에게 정치적 범죄자로 각인되는 것은 피할 수 없었다. 이에 누가는 누군가가 예수가 정치적 범죄자가 아니라는 것과 진실의 정체(무죄)를 밝힘으로써, 로마 당국의 기독교에 대한 오해를 불식시키고 나아가 기독교 선교의 장애물을 제거해야 한다고 판단하였다. 그리고 그 사명을 누가 자신이 담당한 것이다.

누가는 이렇게 종말에 대한 준비와 예수에 대한 정치적 변증의 목적으로 누가복음을 기록하였다(cf. 김득중 저서, 별첨 참고문헌).

(5) 특징

① 구원사(史)적 관점에서 기록하였다.

누가는 4장에서 밝힌 대로(4:18-19) 누가복음을 구원사의 빛(관점)에서 예수의 역사를 기록하였다. 하나님의 구원계시는 추상적 관념이 아니다. 하나님의 구원계획은 예수의 인격에서 구체화된다. 그러므로 예수 그리스도의 오심은 하나님께서 계획한 구원 역사에서 새로운 시대를 열게 하는 결정적 사건이며 구원계획의 구체적 실천 사건이다. 누가의 관점은 여기에 있었다. 하나님은 이 구원사업을 그간 성령을 통하여 행해 왔다. 그리고 성령의 역사는 이제 예수를 통하여 구체적으로 실현된다(cf. 연세대 신학 교재, 별첨 참고문헌).

"주의 성령이 내게 임하였으니 이는 가난한 자에게 복음을 전하게 하시려고 내게 기름을 부으시고 나를 보내사 포로 된 자에게 자유를 눈 먼 자에게 다시 보게 함을 전파하며 눌린 자를 자유케 하고 주의 은혜의 해(year)를 전파하게 하심이라"(눅 4:18-19)

② 누가의 특별한 관심 사항을 나타낸다.

첫째, 누가는 예수의 인성과 인간적 연민의 모습도 강조한다. 누가는 예수의 족보, 탄생 이야기, 성장을 다른 복음서보다 정확하게 전한다. 또한 예수는 우리와 똑같이 슬픔과 아픔을 지닌 완전한 인간의 아들임을 보여준다. 누가는 가난한 자, 소외된 자, 여성에 대한 예수의 사역 등에 특별한 주의를 기울이는데, 이는 누가의 인도주의(humanism) 사상에서 비롯한 것이다.

둘째, 누가는 예수가 유대인만을 위한 메시야가 아니라 전 세계의 구주이심을 보여준다(눅 2:32, 24:27). 누가는 예수를 모든 민족의 구원자로 묘사하면서 예수께서 사마리아인과 이방인에게 보여 주신 관심을 강조한다. 이는 누가의 보편주의(universalism) 사상에서 비롯한 것이다.

③ 본서의 연장선에서 사도행전을 기록하였다.

누가는 사도행전의 저자이기도 하다. 그러나 첫째, 누가복음은 예수의 탄생부터 그의 죽음과 부활까지 즉 예수께서 주로 팔레스타인 안에서 유대인을 대상으로 복음을 전한 것을 다루었다. 한편 사도행전은 예수의 승천 이후부터 바울이 로마에 입성할 때까지 즉 예수의 제자들이 땅 끝까지 이방인을 상대로 복음을 전파한 것을 다루었다. 둘째, 누가복음은 처음부터 말씀의 목격자와 일꾼 된 사람들이 전하여 준 것을 기록한 것이다(눅 1:1). 누가는 그들을 처음부터 따라다녔다고 말한다. 사도행전은 그가 귀로 들은 것이 아니라 눈으로 직접 본 것을 기록한 책이다.

지리적으로 본다면 누가복음은 팔레스타인에서 그리고 사도행전은 팔레스타인에서 시작하여 로마까지의 복음 전파 과정을 다루었다.

또한 저자가 동일인이라는 사실 등으로 미루어, 이 두 권의 책은 서로 관계없는 별개의 책이 아니라 체계적인 전편과 후편, 제1권과 제2권의 관계에 있다고 보아야 한다.

4) 요한복음

(1) 저자, 기록 시기, 기록 장소

요한복음도 저자를 명시하지는 않지만 전통적으로 야고보의 형제요 세베대의 아들인 사도 요한이 이 책의 저자라고 인정되고 있다.

요한복음(21:20)에서 말하는 "예수의 사랑하는 제자"는 베드로, 야고보, (사도)요한을 말한다. 요한복음 21:24에서는 "이 일들을 증언하고 기록한 자를 이 사람"이라고 기록하고 있는데 '이 사람'은 바로 사도 요한을 가리킨다. 사도 요한의 요한복음 저작설은 여기에 근거한다.

이레니우스(교부 AD 97-147?)도 사도 요한이 에베소에 머물면서 요한복음을 기록하였다고 하였다.

오늘날에는 이 전통적 견해에 대하여 논란이 제기되고 있으나, 아직까지 정설은 없다. 요한복음은 AD 85-90년경에 기록된 것으로, 사도 요한이 요한복음과 요한1, 2, 3서, 요한계시록을 기록한 것으로 본다.

요한복음이 기록된 장소는 에베소로 본다. 요한이 오랜 기간 에베소 지역에서 살면서 사역하였다고 여겨지기 때문이다.

(2) 공관복음과의 차별성 / 요한복음의 특징

① 보충 관계설

요한복음은 여러 측면에서 공관복음과 구별되는 특성들을 갖고 있다. 이와 같은 차별성 때문에 요한복음을 제4복음(the fourth Gospel)이라고도 한다.

요한은 공관복음의 집필이 끝난 뒤에 기록하였고 따라서 공관복음의 존재를 알고 있었다고 본다. 이와 같은 사정으로 미루어 요한은 공관복음을 보충하고, 특별히 헬레니즘 문화권의 독자들에게 그리스도의 신성과 사역에 대한 적절한 신학적 해석을 제공하기 위하여 이 복음서를 쓴 것으로 본다.

그러나 최근에는 요한이 공관복음서 중 어느 하나도 알거나 이용하지 않았고 다만 완전히 독립적인 전승들로부터 복음서를 기록하였다는 생각이 더 널리 받아들여지고 있다(cf. 김득중 저서, 별첨 참고문헌).

② 활동 무대와 활동 기간

공관복음이 갈릴리 사역에 초점을 맞추고 있는 반면, 요한복음은 대조적으로 유대지방 사역을 강조하고 있다. 특히 예수의 공생애 기간 동안 네 번의 유월절이 있었으며 예수께서는 유월절을 지키기 위하여 그 중 세 차례 예루살렘을 방문한 것으로 기록하고 있다(요 2:13, 5:1, 7:10). 이와 같은 기록은 예수의 공생애기간이 3년 이상이었음을 가늠하게 한다.

③ 예수의 모습

공관복음의 예수는 주로 천국도래를 선포하는 예언자, 율법문제를 논하는 랍비, 병자를 고쳐주는 이적 행사자의 모습을 갖고 있다.

그러나 요한복음의 예수는 오히려 하나님이 보내신 계시자, 구원자, 하나님의 아들의 모습을 보여주고 있다. 즉 요한복음은 성자 그리스도에 중심을 두고 있으며 예수 그리스도는 하나님의 화육신이었다는 사실을 강조하고 있다(요 20:31).

④ 신학적 설교

공관복음은 짧은 경구(epigram)와 비유(parable)의 형식으로 예수의 가르침을 소개한다. 그러나 요한복음은 예수의 가르침을 긴 신학적인 설교의 형태로 소개한다. 그것은 요한복음이 플라톤(Platon)으로 대표되는 헬라사상의 특징인 존재론적 또는 공간론적 이원론의 세계관을 가진 사람들에게 그리스도의 복음을 선포하기 위하여 쓰인 책이기 때문이다. 여기에서 말하는 이원론적 세계관이란 **'위'의 세계** 즉 이데아, 진리 또는 빛의 세계, 영혼의 세계, 영원의 세계, 변화가 없는 세계와, **'아래'의 세계** 즉 본질의 반영(反影)인 현상, 곧 그림자, 모조품, 가짜의 세계, 암흑의 세계, 물질의 세계, 시간의 세계, 변화가 있는 세계로 구분되는 세계관이다. 사도 요한(요한복음 기자)은 이와 같은 세계관을 가진 사람들을 전제로 하여 예수의 가르침을 기록함에 있어 빛과 어둠(요 1:5), 신앙과 불신앙, 사랑과 미움, 이 땅과 하늘과 같이 대립적 개념들을 사용하였다.

⑤ 이적(miracle)과 표적(sign)

복음서에는 이적에 대한 이야기(설화)가 많이 나온다. 그러나 공관복음서가 언급하고 있는 동정녀 탄생, 예수의 세례, 마귀의 유혹, 성찬식 제도, 예수의 승천 등에 대하여 요한복음은 침묵하고 있다. 이적 이야기가 요한복음에서는 공관복음과는 다른 목적으로 사용되고 있다. 예컨대 예수가 맹인의 눈을 뜨게 해준 이적도 예수가 사람의 영적인 눈을 뜨게 해 주었다는 상징적 의미를 표현하고자 한다. 요한복음에서는 이적이라는 말 대신에 '표적'이라는 말이 많이 사용되고 있는데, 이는 표적이 그러한 의미를 갖고 있기 때문이다.

⑥ 직접적인 자기 계시의 선언

공관복음 메시지의 중심은 하나님 나라이다. 그러나 요한복음 메시지의 중심은 계시자이신 예수이다. 공관복음은 하나님 나라를 표현함에 있어 '하나님의 나라는 ~이다'라는 방법으로 표현한다.

그러나 요한복음에서는 예수께서 자기 계시를 선언하실 때에 언제나 "나는 ~이다"의 방법을 사용하셨다(I am declarations or statements). 예수께서는 자신을 생명의 떡, 빛, 선한 목자, 부활과 생명, 길이요 진리, 참 포도나무라고 계시하셨는데 그때마다 "나는 ~이다"의 방법으로 말씀하셨다.

<예수의 자기 계시 방법>

예수께서는 신성(divinity)을 다음과 같이 자기 계시(God's Self-Revelation)의 방법으로 선언하셨다.

① 나는 생명의 떡이다(I am the Bread of Life. 요 6:35-48)

② 나는 세상의 빛이다(the Light of the World. 요 8:12)

③ 나는 양의 문이다(the Gate for the Sheep. 요 10:7)

④ 나는 선한 목자다(the Good Shepherd. 요 10:11)

⑤ 나는 부활이요 생명이다(the Resurrection and the Life. 요 11:25)

⑥ 나는 길이요 진리요 생명이다(the Way and the Truth and the Life. 요 14:6)

⑦ 나는 참 포도나무이다(the True Vine. 요 15:1)

⑦ 성령과 사랑의 복음

요한복음은 공관복음보다 성령에 더 특별한 관심을 갖고 강조한다. 성령으로 거듭 나야 한다(3:5), 하나님은 영(4:24), 영과 진리로 드리는 예배(6:63), 보혜사 성령(14:16외), 진리의 영(14:17) 등은 요한복음이 특히 강조하는 말이다. 또한 요한은 사랑이라는 단어를 가장 많이 사용하였다. 그러나 의외로 예수의 가장 큰 두 계명(하나님 사랑과 네 이웃을 네 자신 같이 사랑)은 요한복음에 나타나지 않는다. 그 대신 요한복음에는 "서로 사랑하라"는 "새 계명"이 주어지고 있는데 아마 새 계명이 두 계명을 대신하는 것으로 여겼을 것이다.

<사도 요한이 중시한 7대 이적 기사>

사도 요한은 예수의 신성과 메시야 되심을 강조하기 위하여 다음의 7가지 기사(奇事)를 특별히 강조하여 소개하고 있다.

① 가나 혼인잔치 포도주(요 2:1-11)

② 가나에서 왕의 신하 아들 치유(요 4:46-54)

③ 베데스다 연못가 환자 치유(요 5:1-8)

④ 오병이어 이적(요 6:5-14)

⑤ 바다 위를 걸어오심(요 6:16-21)

⑥ 날 때부터의 맹인 치유(요 9:1-12)

⑦ 죽은 나사로를 살림(요 11:1-14)

제2절 예수 그리스도의 가르침 개요

1. 예수의 '하나님 나라' 선포

1) 복음 선포(proclamation)의 으뜸가는 주제

예수의 '천국 복음' 최초 공개적 선포는 갈릴리에서 있었다. 이때부터 예수께서 비로소 전파하여 이르시되 "회개하라. 천국(Kingdom of Heaven)이 가까웠느니라" 하셨다(마 4:17.). 이와 같이 예수의 제일성(一聲)은 천국이었고, 예수가 선포한 복음의 으뜸가는 주제는 천국이었다.

2) 천국(Kingdom of Heaven)과 하나님의 나라(Kingdom of God)

① 마태복음은 '천국'(Heaven)이라는 표현을 사용했지만(마 3:2), 마가복음(1:15)이나 누가복음(4:43) 그리고 요한복음(3:3)은 '하나님(God)의 나라'라는 표현을 사용했다.

마태가 특별히 천국이라는 표현을 사용한 것은 마태가 전하려는 대상이 유대인이었다는 것과 관련이 있다고 본다. 유대인은 거룩한 하나님의 이름을 감히 부르지 못했으므로, 천국의 표현에서 하나님(God) 대신 하늘(Heaven)을 사용했다고 본다. 그러나 천국이나 하나님의 나라는 같은 말이고 그 뜻이 각각 다른 것도 아니다.

② 하나님의 나라도 세 요소를 모두 갖추고 있다. 즉 하나님의 통치권(주권), 선민(국민), 그리고 그 통치가 미치는 전 영역(영토)이 하나님의 나라를 이룬다. 그러나 하나님 나라는 영원에서 영원까지 이어지므로 시간적 제한이 없으며, 영토가 분할되지 않는 전(全) 영역이므로 지리적 제한 역시 없는 초자연적 나라라는 특성을 지니고 있다. 그리고 인간의 마음이 예수님께서 통치하시는 영역이다.

3) "천국은 이미 임하였느니라" / "천국은 가까이 왔다"

① 하나님 나라의 역동성

하나님의 나라는 과거 역사의 어느 한 시점에서 완전히 이루어졌다거나 아니면 현재의 역사와 아무 상관없이 어느 날 갑자기 임하는 것이 아니라 현재 임하고 있는 중이다. 즉 하나님의 나라는 지금 역사 속에서 역동적으로 활동하고 있다. 예수께서도 "내가 만일 하나님의 손을 힘입어 귀신을 쫓아낸다면 하나님의 나라는 이미 너희에게 임하였느니라" 하시고, 이어서 "하나님의 나라는 볼 수 있게 임하는 것이 아니요 또 여기 있다 저기 있다 하지도 못하리니 하나님의 나라는 너희 안에 있느니라"고 말씀하셨다(눅 11:20, 17:20-21). 이는 하나님 나라가 이미 현재 속으로 들어와서 현재에 작용하고 있음을 말하는 것이다(현재적 역동성, realized eschatology, C. H. Dodd).

② 하나님 나라의 임박성, 장래성

그러나 하나님의 나라가 완전하게 임한 것은 아니다. 하나님 나라는 세상 끝날 이후 최후의 심판을 통하여 완전히 도래할 것이다. 그 시기를 알지 못하지만 임박하였으므로 예수께서는 천국이 가까이 왔다고 선포하셨다(마 3:2, 4:17). (천국의 임박성 또는 장래성: future or consistent eschatology).

③ 요컨대 천국이 이미 임재 하였음은 단정적 사실이다. 그럼에도 불구하고 하나님의 나라는 아직 완성되지 않았다. 그것은 예수께서 오시는 종말에 완성될 것이다. 따라서 예수께서는 천국은 '이미 already'와 '아직 but not yet'의 긴장 관계에 있는 것으로 말씀하셨다고 보아야 할 것이다.

4) 하나님 나라에 대한 비유적 표현

예수께서는 수많은 비유들을 통해 하나님 나라를 강조하셨다. 하나님 나라의 특성이나 요소를 설명함에 있어 비유의 방법만이 그 어느 방법보다 명확하게 표현할 수 있기 때문이었을 것이다. 예수께서는 비유(parable)들을 사용하여 하나님께서 예수를 통해 행하시는 것이 무엇인지를 보여주면서, 인간이 무엇을 수용하고 무엇을 배척할지를 가르치셨다. 하나님 나라에 대한 대표적 비유는 씨 뿌리는 비유와 겨자씨 비유 그리고 누룩 비유 등이다.

5) 묵시 문학의 거부

이미 본바와 같이 묵시문학은 세상을 이원론적으로 보고 현재의 세계(the present age)와 앞으로 다가올 세계(the age to come)로 구분한다. 현재의 세계는 악의 세계 그리고 물질의 세계이며, 앞으로 다가올 세계는 선의 세계이고 악의 세계는 종말론적 단절을 통해 선의 세계로 전환된다고 한다. 그리고 그 진행과정은 미리 정해진 계획에 따라 시간 계산적으로 설명된다. 그러나 예수는 현재의 세계와 앞으로 올 세계가 단절되지 않으며, 앞으로 올 세계가 언제 올지 "그날과 그때는 아무도 모른다"고 말함으로써(막 13:32) 그러한 묵시문학의 주장을 거부하였다.

2. 예수의 신관

① 예수는 그의 신관(神觀)에 있어서도 구약의 신앙 유산을 계승하였다. 즉 하나님은 역사와 우주의 창조자이고 지배자이며, 유일하고 전능하시며, 실존하여 인격적으로 활동하시며, 자비롭고 사랑 그 자체이며, 절대적 신뢰의 대상자라는 구약의 신관을 그대로 이어 받고 확신하였다. 더불어 예수께서는 사람들에게 이 같은 하나님에 대하여 절대적 신뢰와 믿음을 요청하셨다.

② 그러나 예수는 이와 같은 이스라엘의 신관을 자기의 새로운 해석과 체험을 통하여 발전시켰다.

그에 의하면 하나님은 우리와 가까이 계시는 우리의 실존적 아버지와 같은 인격적 존재라는 것이다. 예수는 복음서에서 수십 번 하나님을 아버지라고 부르셨다(어떤 학자는 150회라고 한다). 물론 유대인들도 오래 전부터 하나님을 아버지라고 믿어 왔다. 그러나 구약성경의 신관에 있어서는 아버지라는 생각은 중심적인 것이 되지 못했다. 그들은 오히려 하나님을 이스라엘의 왕으로 강하게 믿어왔다. 그리고 그 왕은 초월적인 하늘의 왕으로서 머나먼 초월 세계에 후퇴하여 계시며, 현세에서는 그의 통치력을 겨우 인정할 정도로 멀리 계신다고 여겨 왔다.

그러나 예수는 하나님을 아바(Abba)라고 불렀다. 즉 먼 곳에 계신 초월의 하나님이 아니라 다시 가까이 계신 그리고 친밀하신 하나님이 되게 하였다. 우리의 실존적 아버지와 똑같은 인격적 존재로 이해하였다. 즉 일대(對) 일의 하나님으로 여겼다.

그러나 친아버지로서의 하나님의 존엄성이 상실되는 것은 결코 아니다. 오히려 두려움과 존경이 함께 하는 것이다. 따라서 예수에 있어서 하나님은 아버지인 동시에 왕이시다.

그러나 유대인들은 결코 예수를 하나님의 친아들로 받아들이지 않았다. 예수의 이와 같은 사상은 유대인과의 갈등을 초래하였다.

③ 예수께서는 나아가 하나님을 "내 아버지" 또는 "친아버지"라 하여 자기를 본성에 있어(본체상) 하나님과 동등으로 말씀하셨다.

"뿐만 아니라 하나님을 자기의 친아버지라 하여 자기를 하나님과 동등으로 삼으니라"(요 5:18)

유대인들에게는 절대로 용납될 수 없는 말이었다. 그것은 논란의 여지가 없는 신성모독이며 참람죄에 해당하는 것이었다. 결국 십자가 처형의 결정적 이유가 되었다.

3. 예수의 율법관

1) 율법의 권위 인정

예수께서는 당연히 구약의 권위를 인정하셨다. 예수는 구약을 애독하였고 구약에 대해 풍부한 지식을 갖고 있었다. 그는 구약의 사건들을 역사적 사건으로 믿었고 설교와 논쟁에서 수시로 구약성경의 구절과 사건들을 인용하였다.

그러나 예수께서는 구약성경의 문자나 형식에 얽매이지는 않았다. 또한 구약성경의 모든 책이 동등한 가치를 지닌 것으로 보지 않았다. 그는 구약의 모든 계시의 의미를 요약하고 그 중심이 되는 교훈은 '하나님을 사랑하라'(신명기)와 '이웃을 네 자신과 같이 사랑하라'(레위기)로 요약하였다(막 12:30-31).

2) 장로들의 유전 / 율법의 형식주의화(化)

① 유대인들은 이미 언급한 바와 같이 하나님께서 주신 율법은 오경에 기록된 율법 이외에도 하나님이 모세에게 말로 주신 구전(口傳)율법이 있다고 생각하였다(cf. 본서 제1편 제2장 제1절). 유대교에서는 성경 율법(성문 율법)이 원리에 해당하므로 이를 복잡한 현실 생활에 구체적으로 적용하기 위해서는 상세한 규범이 필요하다고 생각하였다. 그리하여 바벨론 포로생활 이후부터 유명한 유대 랍비들이 고대의 구전 전승 자료들을 중심으로 하여 율법명령의 시행 세부 규례를 정비하고 집성(集成)하기 시작하였다. 이렇게 하여 제정된 세부규례가 바로 장로들의 유전(遺傳: 전통, tradition of the elders: 할라카)이다(막 7:1-23). 율법의 명령이 613개임에 비하여 장로들의 유전(전통)은 그 수가 수천 가지에 이른다.

② 장로들의 유전은 안식일을 준수하기 위하여 안식일에 할 수 없는 39개 조항의 특별 규례들을 구별하여 규정하고 있다. 예를 들면 안식일에 깔개(앉을 자리)를 들고 다니는 것(요 5:10), 안식일에 이웃 곡식을 낫으로 잘라 먹는 것(신 23:25, 마 12:1-2), 안식일에 병 고치는 것(마 12:10) 등은 안식일에 할 수 없는 행위이다. 만일 이러한 일을 안식일에 행한다면 모두 '일을 하는 것'으로 인정되어 "안식일을 기억하여 거룩하게 지키라"는 계명을 범하는 것이 된다.

③ 그러나 출생 후 8일이 되는 날이 안식일일 경우 할례는 해야 하는가에 대해 문제가 될 수 있다. 왜냐하면 그들의 유전에 의하면 '할례 행위'(수술)가 '일'에 해당하기 때문이다. 하지만 한편 장로들의 유전에 의하여 할례는 안식일에도 할 수 있도록 규정하고 있다. 왜냐하면 할례 제도는 시내산 율법의 제정 때보다 훨씬 이전에 즉 아브라함 시대에 제정되었기 때문이다(요 7:22)

④ 또한 구약의 율법에 '네 부모를 공경하라'는 명령이 있다(출 20:12). 유대인들은 이와 같은 율법의 명령에 따라 부모공경 명목으로 하나님께 선물을 바친다. 이렇게 바쳐진 선물을 고르반(gorban)이라고 한다. 그리고 구전에 의하면 고르반은 하나님께 바쳐진 선물이기 때문에 다른 사적 용도로는 쓰일 수 없다. 따라서 고르반은 선언만 하면 유효하다(막 7:11). 그런데 후대로 가면서 고르반에 관한 구전은 유대인들에 의해 이기적 목적으로 이용되고 왜곡되었다. 즉, 어느 불효자식이 '나의 재산은 다 고르반 되었다'고 맹세한 후 그 일부만을 성전에 헌납하고 나머지 전체를 자기 소유로 삼아 부모 모시기를 거부하는 일이 공공연하게 자행되었다. 그러나 율법 준수 측면에서는 자식에게 불효의 책임을 물을 수 없으며, 심지어 그가 후에 회개하여 부모를 공양하려고 해도 서기관의 법(구전)이 이를 허락하지 않았다(막 7:5). 왜냐하면 자신의 재산은 모두 이미 고르반이 되었다고 선언했기 때문이다.

⑤ 장로들의 유전은 율법의 명령에 비하여 외형상으로는 별 문제가 없는 것 같이 보인다. 그러나 장로들의 유전은, 첫째로 인간의 생각을 하나님의 계시와 동일한 수준으로 생각하였다는 점과 둘째로 율법의 목적과 정신을 버리고 외형적인 세부규칙을 지나치게 상세히 규정해 놓았다는

점에서 결과적으로 하나님이 요구하는 순종과 사랑은 버리고 인간의 형식과 위선만 내세우게 되는 치명적 오류를 범하고 말았다(막 7:8-9).

3) 예수께서는 율법의 형식주의화를 비판

예수께서는 장로들의 유전에 얽매이지 않았다. 오히려 그는 서기관과 바리새인들이 이와 같이 율법의 근본정신을 버리고 율법의 형식적 준수만 강조함으로써(형식주의화) 마침내 인본주의 신앙으로 전락되는 것을 강력하게 비판하셨다. 때문에 예수와 서기관 및 바리새인들 사이에 논쟁이 빈번하게 발생하였다. 이를 유전논쟁이라 한다. 안식일 논쟁과 고르반 논쟁이 대표적 예이다.

4. 예수의 메시야관

1) 유대인의 전통적 메시야관 / 구약적 메시야관 / 다윗왕국의 복원자

"너희 가운데 네 형제 중에서 너를 위하여 나와 같은 선지자 하나를 일으키리니"(신 18:15)

"네 수한이 차서 네 조상들과 함께 누울 때에, 내가 네 몸에서 날 네 씨를 네 뒤에 세워 그의 나라를 견고하게 하리라 나는 그의 왕위를 영원히 견고하게 하리라"(삼하 7:12-13)

"인자(Son of Man)가 천군 천사를 거느리고 와서 사탄의 세계를 쳐부수고 하나님의 나라를 수립할 것이다"(단 7:13-14)

"그가 공의로 가난한 자를 심판하며"(사 11:4)

① 메시야(Messiah)는 히브리-아람어로서 '기름 부음을 받은 자'를 말한다. 이스라엘에서는 왕과 제사장을 언급할 할 때 사용되었다. 헬라어로 번역하면 크리스토스(Christos)인 바 이 말에서 그리스도라는 말이 유래하였다. 따라서 메시야와 그리스도는 같은 의미이다.

② 구약에는 메시야를 지칭하는 말이 여러 곳에서 나타난다. 신명기에는 선지자의 모습으로, 이사야서에는 임마누엘, 기묘자, 전능하신 하나님, 평강의 왕의 모습으로, 예레미야서에는 의로운 가지의 모습으로, 에스겔서에는 목자의 모습으로, 다니엘서에는 인자(人子, the Son of Man)의 모습으로(단 7:13) 소개되었다. 특히 신명기에서는 하나님께서 모세와 같은 선지자가 와서 모세가 이룬 출애굽 구원(제일 출애굽 구원)을 재현하리라고(제이 출애굽) 말씀하셨다(신 18:15). 사

무엘하에서는 하나님께서 나단을 통해 다윗에게 "내가 네 몸에서 날 네 씨를 네 뒤에 세워 그의 나라를 견고하게 하리라. 나는 그의 왕위를 영원히 견고하게 하리라"(나단의 신탁)고 약속하셨다. 그러나 유다는 BC 586년 바벨론의 침공으로 멸망하였고, 나단의 신탁은 미래에 다시 이루어질 약속으로 재해석되어 메시야 사상으로 발전하였다. 즉 종말에 하나님께서 다시 한 번 다윗의 씨를 일으키셔서 왕위에 앉히고 다윗 왕조를 재건하여 하나님 대신 하나님 백성을 통치하는 왕으로 삼아 다윗시대의 태평성대를 재현하실 것이라는 사상이다. 이것이 신약시대 유대교의 메시야 사상이다. 요컨대 그는 다윗 왕국의 복원자요, 지상의 왕 또는 정치적 군주요, 그리고 심판자라고 여겨졌다. 이를 유대교적, 구약적 메시야관이라 한다.

③ 유대인들은 이와 같은 유대교적 메시야관에 근거하여 메시야를 어느 순간 종말론적으로 지상에 출현하여 다윗의 영원한 왕국을 다시 일으키고 지상의 강력한 왕이 되실 분으로 보았다. 유대인들은 이와 같은 구약적 메시야관을 견지하면서 메시야가 속히 오시기를 대망하고 있었다(messianic hope).

2) '예수는 메시야가 아니다.'

예수가 등장했을 때 유대인들은 예수가 메시야가 될 수 없는 이유를 하나하나 들어가면서 '예수는 메시야가 아니다' 하고 그를 배척하였다.

첫째, 본래 그리스도(메시야)가 오실 때는 어디서 오시는지 아는 자가 없으리라 하였다(요 7:27). 즉 메시야는 기원을 알지 못하는 데서 와야 한다는 것이다. 그러나 예수는 나사렛 출신이 분명했다. 유대인들은 그의 부모와 그의 형제들도 알고 있었다. 따라서 나사렛에서 메시야를 발견했다는 것은 성경과 일치하지 않고 예수는 메시야가 아니라는 것이다. 둘째, 메시야는 다윗의 아들로서 베들레헴에서 태어나야 한다(요 7:42). 그런데 예수는 나사렛 요셉의 아들이어서 메시야가 될 수 없다는 것이다. 셋째, 메시야는 종말 구원을 출애굽적으로 재현해야 하므로 모세와 같이 많은 이적을 행할 것으로 기대하였다.

그러나 첫째, 초림 시에 예수는 비공개적으로 오셨다. 둘째, 예수는 혈통적으로, 법적으로, 다윗의 자손이고, 출생지는 베들레헴이다. 셋째, 어떤 이들은 그들이 기대하던 메시야보다 예수가 더 많은 이적을 행한 것으로 보고 그를 믿기도 하였다(요 7:31).

따라서 예수는 구약적 메시야관으로도 유대교의 메시야 조건을 모두 갖춘 분이다. 하지만 유대인들은 현상적으로만(물리적, 외형으로만) 보고 판단하였기에 진리를 깨닫지 못하고 예수의 메시야성을 부정한 것이다.

3) 예수의 메시야관 / 대속적 메시야관

① 예수는 이와 같은 유대교적(전통적), 구약적 메시야 사상에 대해 아무 말도 하지 않으셨다. 또한 구약적 메시야관을 계승하지도, 유대인의 민족주의적 메시야운동을 지지하지도 않으셨다.

② 그러나 세례 요한이 감옥에 있으면서 제자들을 보내어 "오실 그이가 당신이오니이까? 우리가 다른 이를 기다리오리이까?"하고 질문했을 때, 예수께서는 "너희가 듣고 보는 것을 요한에게 알리되, 맹인이 보며, 못 걷는 사람이 걸으며, 나병환자가 깨끗함을 받으며, 듣지 못하는 자가 들으며, 죽은 자가 살아나며, 가난한 자에게 복음이 전파된다"(마 11:5, 눅 7:20)라 전하라고 대답하였다.

이 말은 결과를 보고 스스로 판단하라는 말씀이다. 즉 자신은 다윗과 같은 정치적 권력을 휘두르는 메시야가 아니며, 도리어 고난 받는 종으로서 자신의 생명을 줌으로써, 세상에 억눌린 자, 가난한 자, 병든 자에게 구원의 기쁜 소식을 전하러 온 진정한 메시야임을 말씀하신 것이다. 자신이 고난 받는 대속(代贖: substitutionary)의 종임을 말씀하신 것이다(사 53장, 대속적 메시야관). 그래서 예수께서는 "인자가 온 것은 섬김을 받으려 함이 아니라 도리어 섬기려 하고 자기 목숨을 많은 사람의 대속물로 주려 함이니라"(막10:45)고 말씀하셨다.

〈인자: 人子, the Son of Man〉 (마 8:20, 막 3:28, 눅 6:22, 요 1:51)

① 인자는 문자 그대로 '사람의 아들' 즉 '사람'을 말한다. "인자는 안식일의 주인이니라"(마 12:8)라는 구절에서 인자는 사람을 뜻한다.

② 예수님 당시 인자는 '메시야'적 의미를 함축하였다. 때문에 인자와 메시야를 같은 의미로 사용했다.

③ 메시야적 의미의 인자라는 말은 다니엘서에서 최초로 등장하였다. "내(다니엘)가 또 밤 환상 중에 보니 인자 같은 이가 하늘 구름을 타고 와서"(단 7:13), 이 구절에서 인자는 메시야를 뜻하였다.

5. 예수의 윤리적 교훈

1) 회개

예수의 교훈의 핵심은 회개와 사랑이었다(막 12:29-32).

예수는 회개가 하나님 나라에 들어가는 데 가장 근본적인 일이라고 확신하였다. 누구도 하나님 앞에서 죄 없다 할 수 없다. 그러므로 모든 사람은 회개하고 복음을 믿어야 한다. 회개 없이 하나님과의 인격적 사귐은 있을 수 없다. 때문에 예수께서는 이 사실을 사람들에게 믿게 하려고 전력을 다하였다. 갈릴리 첫 사역의 제일성도 "회개하라 천국이 가까이 왔느니라"였다(마 4:17).

회개는 하나님의 부르심에 대한 인간의 응답이다. 회개의 요구에 있어 무엇보다 중요한 것은 하나님에 대한 결단과 행위가 인간의 모든 행위와 결단에 선행된 것임을 알아야 한다. 인간은 회개를 통하여 하나님께 발견되고 비로소 구원의 은총을 입게 되기 때문이다. 따라서 사람은 회개 없이는 하나님께 발견될 수 없다.

유대인들도 회개를 요구하였으나 그들이 요구하는 회개는 형식적인 것이었다. 하지만 예수께서 요구하는 회개는 형식적 회개가 아니고 종말론적 현재에서 전인적(全人的) 변화의 결단을 촉구하는 회개였다. 즉 엄숙한 결단을 통하여 전인적 변화를 수반하는 회개를 촉구하셨다.

2) 사랑

예수께서는 모든 계명 중 첫째가는 계명은 "주 너의 하나님을 사랑하라"이고, 둘째가는 계명은 "네 이웃을 네 자신과 같이 사랑하라"라고 말씀하셨다. 이어 이 두 계명은 온 율법과 선지자의 강령이고(마 22:40), 모든 율법의 완성이요 핵심임을 말씀하셨다(마 5:17, 7:12).

이 두 계명은 예수의 윤리적 교훈의 근본 원리이다. 다른 모든 계명은 모두 이 두 계명 속에 포함되어 있다. 이 두 계명에서 사랑의 대상은 하나님과 이웃 형제이다. 그러나 두 대상을 평등시 할 수는 없다. 즉 두 대상을 동일시 할 수는 없다. 한 사람이 두 주인을 동등하게 섬길 수 없기 때문이다.

그러나 사랑의 본질은 같다. 즉 마음을 다하고 목숨을 다하고 뜻을 다하고 힘을 다하는 것이다. 그것은 도움을 필요로 하는 사람에게 자신을 실제로 바치는 결단적 행위이다. 즉 언제든지 응답할 수 있는 태도를 취하는 것이다. 그리고 실재적 행동으로 이행되었을 때 이웃에 대한 사랑은 하나님에 대한 사랑으로 증거(인정)가 된다. 즉 이때에 하나님에 대한 사랑과 이웃에 대한 사랑은 하나가 되고, 이웃에 대하여 취한 태도가 하나님 앞에서 취한 태도로 증거된다.

또한 예수께서는 이웃을 사랑할 뿐만 아니라 이웃을 용서하라 하신다. 원수를 용서한다는 것은 원수를 참으로 사랑할 때에만 가능한 것이기 때문이다. 용서 또한 제한을 두지 말라 하신다.

제 2 장

예수 그리스도의 생애

제1절 예수 그리스도의 사생애

1. 예수 그리스도의 사생애와 공생애 구분

① 예수 그리스도의 생애를 사생애와 공생애로 구분한다.

② 예수 그리스도의 사생애는 예수께서 탄생한 때로부터 공적 사역을 시작한 30세 때까지를, 공생애는 공적 사역을 시작한 30세 때로부터 십자가에서 처형된 때(33세)까지 약 3년 동안의 생애를 말한다.

③ 사생애 동안의 행적에 관하여는 탄생에 대한 이야기와 12세 때 있었던 성전에서의 교육에 대한 이야기를 제외하면 별로 알려진 것이 없다. 특히 12세 때부터 30세까지 18년 동안의 사생애에 대한 기록은 전무하다. 사람들은 이 기간을 '침묵의 시기'라고 말하기도 한다. 다만 누가는 한마디로 "예수께서는 지혜와 키가 자라고 하나님과 사람의 총애 속에서 자라가시더라"라고 기록하고 있다(눅 2:52).

④ 예수 그리스도의 공생애는 그가 공개적으로 선교활동을 하던 생애를 말한다. 누가는 "예수께서 가르치심을 시작하실 때에 삼십 세 쯤 되시니라"(눅 3:23)라고 기록하고 있다. 그러나 예수께서 30세에 공생애를 시작하신 후 몇 년 동안이나 활동하셨는지, 즉 예수의 공생 기간이 얼마 동안이었는지에 대하여는 기록이 없다. 그런데 요한복음은 예수께서 공생애 동안 유월절을 네 번 맞이한 사실을 알려준다(① 요2:13, ② 요 5:1, ③ 요 6:3, ④ 요 11:55). 이를 근거로 학자들은 예수의 공생애 기간이 3년 동안이었음을 전통적으로 인정하고 있다.

⑤ 다시 언급되겠지만 본서는 예수의 탄생 시기를 BC 4년경으로, 그리고 예수께서 30세가 되던 해를 AD 27년경으로 본다.

2. 세례 요한의 출생(눅 1:56-66)

1) 요한의 수태(受胎) 예고

헤롯 대왕(BC 37-4)이 유대를 통치하고 있을 때 유대 땅에 제사장 사가랴와 그의 아내 엘리사벳은 하나님 앞에 의인으로 인정받으며 살고 있었다. 그러나 이들 부부는 노년에 이르기까지 아이가 없어 마음 한구석은 늘 허전하였다. 어느 날 제사장 사가랴가 차례를 따라 제사장으로서 주의 성전에 들어가 분향을 할 때 주의 사자(천사 가브리엘)가 나타나 엘리사벳이 아들을 낳으리라고 예고한다(눅 1:13). 부부는 이미 노년에 이르렀기에 비록 천사의 말이라 할지라도 믿을 수가 없었다. '나도 내 아내도 늙었는데' 하고 반문할 수밖에 없었다. 그때 사가랴의 의심의 말은 그의 아내가 아들(세례 요한)을 낳을 때까지 그를 벙어리로 만드는 이유가 되었다.

<가브리엘 천사>

천사는 하나님을 섬기고 인간을 보호해주는 영적 존재이다. 무수하게 많다. 가브리엘(눅 1:19)과 미가엘(단 10:13, 유 1:9)은 각각 천사장이다. 전자는 하나님의 기쁜 소식을 전하는 천사장, 후자는 군장(軍長)으로 나타난다. 유대 전승에 의하면 7의 천사장이 있다고 한다.

① 기한이 차서 엘리사벳이 아들을 낳았다. 팔 일이 되므로 율법에 따라 할례를 행하고 이름을 지어야 했다. 친족들이 아이의 이름을 혈육의 이름을 따라 '사가랴'라 하고자 하니 아이의 어머니 엘리사벳이 '요한'이라 할 것이라고 말한다. 친족이 이는 혈육을 따르는 이름이 아니라고 했으나 엘리사벳은 고집한다. 남편 사가랴에게 물었으나 그는 말을 못하고 대신 서판에 요한이라고 썼다. 그제야 그의 입이 열리고 아이의 이름은 요한으로 결정되었다.

② 이때 성령이 사가랴에게 임했다. 그리고 성령께서 그의 입을 통하여 이렇게 말씀하셨다(사가랴의 축가: the Benedictus).

"우리를 위하여 구원의 뿔을 그 종 다윗의 집에 일으키셨으니..."(눅 1:69)

"이 아이여 네가 지극히 높으신 이의 선지자라 일컬음을 받고 주 앞에 앞서 가서 그의 길을 준비하여..."(눅 1:76)

③ 세례 요한이 태어날 때 성령께서 그의 아버지 사가랴를 통하여 이렇게 말씀하신 것은 세례 요한이 이후 구약 선지자의 최후의 인물로 여겨질 것과, 그가 예수의 지상 사역을 준비하는 사명을 감당하게 될 것을 예언한 것이다.

④ 선지자 말라기는 그리스도의 앞길을 예비할 주의 사자의 도래에 관해 이미 예언한 바 있다(말 3:1). 세례 요한의 출생은 궁극적으로 이와 같은 구약의 예언이 성취된 것으로 이해하여야 한다.

3. 예수 그리스도의 탄생

1) 수태(受胎) 예고(눅 1:26-45)

세례 요한의 수태가 예고되고 정확하게 6개월 후 천사 가브리엘은 북쪽 갈릴리 나사렛이라는 동네에 찾아가 다윗의 자손 요셉과 약혼한 처녀 마리아에게 나타난다. 그리고 그녀에게 전한다. "보라 네가 잉태하여 아들을 낳으리니 그 이름을 예수라 하라"(눅 1:31). 마리아는 반문한다. "나는 남자를 알지 못하오니 어찌 이 일이 있으리오." 천사가 대답한다. "성령이 네게 임하시고 지극히 높으신 이의 능력이 너를 덮으시리니"(눅 1:35). 천사는 이어 유대 땅에 사는 친척 엘리사벳도 비록 늙었지만 잉태하였다고 알려준다.

천사로부터 이 소식을 들은 마리아는 바로 갈릴리를 떠나 엘리사벳의 집으로 간다. 마리아의 문안을 받은 엘리사벳은 그에게 큰 소리로 "여자 중에 네가 복이 있으며 네 태중의 아이도 복이 있도다"라며 환영한다. 이에 마리아는 "내 영혼이 주를 찬양하며 내 마음이 하나님 내 구주를 기뻐하였음은…"하고 화답하며 노래한다(눅 1:47). 이 화답의 노래가 우리가 '마리아 찬가(Mary's song, the Magnificat of Mary)'라고 부르는 유명한 노래다.

〈마리아의 구분〉

① 예수의 어머니(마 1:6 외)

② 막달라(인) 마리아: 막달라 지역 출신 마리아(마 27:55-56, 눅 8:3). 막달라는 갈릴리 해변 지방에 있음.

③ 야고보와 요셉의 어머니: 예수의 어머니로 볼 수 있다(마 27:56, 28:1, 막 15:40).

④ 마르다의 동생이며 나사로의 누이(마 26:6-13, 눅 10:38-39, 요 12:3).

⑤ 글로바의 아내 마리아(요 19:25).

2) 예수 그리스도의 탄생(마 1:18–25, 눅 2:1–7)

(1) 마리아 데려오기를 무서워하지 말라

마리아와 약혼한 요셉은 의로운 사람이었다. 그는 자기와 동침하기 전에 마리아가 잉태하였다는 고백을 듣고 신중하게 생각한 끝에 마리아와의 약혼을 은밀히 정리하려 하였다. 이때 주의 사자가 현몽하여 "다윗의 자손 요셉아, 네 아내 마리아 데려오기를 무서워하지 말라. 그에게 잉태된 자는 성령으로 된 것이라. 아들을 낳으리니 이름을 예수라 하라. 이는 그가 자기의 백성을 그들의 죄에서 구원할 자이심이라"(마 1:18-21)고 일러주었다. 요셉은 그 말을 따라 마리아를 데려왔으나 아들을 낳을 때까지 동침하지 아니하였다.

(2) 예수가 구유에서 탄생

요셉은 로마제국의 초대 황제 아구스도(BC 27-AD 14)가 통치하던 때의 사람이다. 아구스도(아우구스투스) 황제는 증세를 목적으로 통치하는 전 지역에 최초의 인구조사(호적)를 명령했다. 요셉 부부는 갈릴리 지방 나사렛에서 살고 있었지만(현 주소), 선조의 고향(본적)은 다윗의 동네인 유대 땅 베들레헴이었다. 호적은 베들레헴에서 했다. 때문에 인구조사에 응하려고 베들레헴으로 갔다. 역시 많은 사람들이 호적을 위하여 베들레헴 지방에 모여들었다. 이 때 마리아의 출산일이 도래했다. 사관(여관)마다 만원이어서 숙소를 찾지 못한 요셉 부부는 양을 재우는 곳이나 다름없는 누추한 숙소에 투숙하였고, 그 숙소 내에서도 가축의 구유와 같은 곳에서 예수를 출산하였다(눅 2:1-7). 구유는 가축의 여물통(manger)을 말한다.

<예수 그리스도의 동정녀 탄생>

동정녀(童貞女)는 남자와 아직 동침하지 않은 처녀를 말한다. 마리아는 동정녀로서 예수 그리스도를 성령으로 잉태하였다. 예수 그리스도의 동정녀 탄생은 하나님의 신비에 속한 사건이기 때문에 인간의 이성으로는 이해될 수 없고 참된 신앙으로써만 받아들일 수 있다. 예수의 동정녀 탄생은 ① 구약의 예언을 성취한 사건이다(사 7:14). ② 이는 성육신의 신적 기원과 능력을 보여줄 뿐만 아니라 그리스도의 길을 예비하러 온 마지막 선지자 세례 요한과는 달리 예수가 인류의 죄를 대속하기 위하여 이 땅에 오신 메시아이심을 나타내준다. ③ 예수가 메시야가 되기 위해서는 첫 사람 아담의 타락 이후 인류 전체에 전가되어 내려온 원죄의 영향을 받아서는 안 되고, 인간을 대표하는 흠 없는 대속 제물이 되기 위하여서는 인간이 되셔야만 한다. 이 두 조건을 완전히 충족시켜 줄 수 있는 유일한 방법이 곧 동정녀 탄생이라는 기적적인 방법이다(막 10:45). 이를 성육신의 이중 목적이라고 한다.

<예수 그리스도의 족보>

① 성경(마태복음과 누가복음)은 예수의 족보를 기록하고 있다(마 1:1, 눅 3:23). 그러나 양자의 기록에는 서로 다른 점도 있다.

② 마태는 아브라함부터 그리스도까지(42대)의 계보를 14세대씩 세 시대로 나누어 기록하되 일정한 시대의 사람들은 제외하고 있다. 누가는 아담부터 그리스도까지의 계보를 말하고 있다. 인명에 대하여 두 저자 간에는 차이가 있다.

③ 마태는 예수를 하나님과 아브라함 및 다윗과의 언약관계를 강조하는 측면에서, 누가는 예수의 계보를 전 인류의 조상인 아담에게뿐 아니라 하나님에게까지 연결시킴으로써 예수가 하나님의 아들이라는 사실을 강조하는 측면에서, 각각 서술하고 있다.

④ 마태는 하향식으로, 누가는 상향식으로 기록하고 있다. 또한 마태는 요셉의 관점에서, 누가는 마리아의 관점에서 사건을 전개하고 있다.

⑤ 예수의 족보가 성경에서 중요한 이유는 그것이 아담으로부터 예수에 이르기까지의 혈통적 계승과 예수에 의한 예언의 성취 그리고 예수의 역사성을 보여주기 때문이다.

<예수 그리스도의 탄생년도>

① 성경은 세례 요한이 로마황제 디베료(BC 14-AD 37) 15년에 공적 사역을 시작하였다고 기록하고 있다(눅 3:1). 예수께서도 같은 해에 그러나 세례 요한보다 조금 늦게 공생애를 시작하셨다. 그리고 다시 설명하겠지만 디베료(티베리우스) 15년을 AD 27년으로 본다.

② 또한 성경은 "예수께서 가르침을 시작하실 때에 30세 쯤 되시니라"고 기록하고 있다(눅 3:23). 그런데 세례 요한은 예수보다 6개월 먼저 출생하였을 뿐 예수와는 동갑이다. 때문에 예수께서 30세이실 때 세례 요한 또한 30세였을 것이다. 그리고 AD 27년에서 30세를 역산하면 BC 4년이 된다. 때문에 예수와 세례 요한의 출생 시기는 BC 4년으로 볼 수 있다.

③ 이상의 견해가 일치된 견해는 아니다. 다수설에 불과하다. 아직까지 성경학자들 간에 일치된 결론은 없다. 따라서 이처럼 복잡한 문제의 해답은 탐구적 성경학자의 몫으로 남겨 두고 우리는 다수적 견해에 따르는 것이 바람직하다고 사료된다.

<예수 그리스도의 탄생일 / 크리스마스>

AD 313년 로마제국 시대 콘스탄티누스 1세가 기독교를 인정하고 **그 후** 4세기말에 마침내 기독교를 로마제국의 국교로 인정함에 따라 기독교가 확립되었다. 그리고 예수의 탄생일 결정이 요구되었다. 이를 따라 콘스탄티누스 1세 황제가 크리스마스 354년에 처음으로 12월 25일을 크리스마스로 정했다고 한다.

<요한(복음)의 기독론>

(1) 예수 그리스도에 대한 요한의 독특한 표현

4명의 복음서 저자들(evangelists)이 엄밀한 역사적인 의미의 예수 생애를 기록하려고 하지는 않았다. 그들의 목적은 처음부터 예수는 메시아이고 하나님의 아들임을 믿는 사람들에게 그들이 하나님의 자녀가 되리라는 확신을 주려는 것이었다. 그러나 요한은 이러한 내용을 다른 복음서 저자들과는 구별되는 독특한 방법으로 기록하였다. 그는 그의 복음서 서두에서 이렇게 서술하고 있다.

"태초에 말씀(Logos, Word)이 계시니라 이 말씀이 하나님과 함께 계셨으니 이 말씀은 곧 하나님이시니라. 그가 태초에 하나님과 계셨고 만물이 그로 말미암아 지은 바 되었다 그 인에 생명이 있었으니 이 생명은 사람들의 빛이라. 빛이 어둠에 비치되 어둠이 깨닫지 못하더라 말씀이 육신이 되어 우리 가운데 거하시매..."

즉 요한은 먼저 말씀이라는 용어를 빌어서 독자들에게 예수 그리스도를 소개한다. 그리고 그는 예수 그리스도는 만물의 주인이시며 창조주이시고 세상의 빛이요 생명이라는 사실을 확인한다. 또한 그가 육신의 모습으로 이 땅에 오셔서 우리 가운데 거하신다고 선언한다. 요컨대 그는 말씀이라는 용어를 빌어 예수 그리스도의 선재(先在)와 신격(神格) 그리고 성육신(成肉身)의 사실을 그의 기록의 첫머리에서 직접적으로 천명하고 있다.

(2) 로고스(logos: 이성, 말씀) 사상

당시 헬라 세계에는 신과 인간을 연결해주는 것을 묘사하는 몇몇 단어들이 있었다. 예를 들면 로고스, 빛, 생명, 진리인데 매우 추상적인 용어들이다. 로고스라는 말은 이미 본 바와 같이 그리스의 고대 철학자 헤라클레이토스(BC 544-484)가 최초로 사용하였다. 그는 만물은 끊임없이 변화하여 결코 멈추는 일이 없는데 이를 만물 유전(流轉)이라 하였다. 그리고 그 유전 속에 한 법칙이 있는데 이를 로고스라 명명하였다. 이는 결국 자연현상의 보편적 운동 법칙을 말한다. 이성을 인간의 법칙이라 하면 로고스는 인간을 포함한 전 우주의 법칙이며 즉 우주를 인격화할 경우 우주의 이성(정신)에 해당한다. 로고스 사상은 이후 스토아학파의 제논(Zenon, BC 338-264) 등의 철학자들이 수용함으로써 헬라제국 시대에는 많은 사람에게 인지되었다(cf. 본서 제1편 제2장 제2절).

예수와 같은 시대에 살고 있던 유대인의 석학 중 알렉산드리아의 필로(Philo, BC 25-AD 50)라는 학자가 있었다. 그는 자신의 저술을 통해서 유대문화와 헬라문화 사이에 긴밀한 관련이 있음을 입증하려고 힘썼다. 그리고 그가 하나님께서 세상과 만나는 수단을 묘사하는 용어로서 즐겨 사용한 단어가 바로 로고스였다. (사도)요한은 이 용어를 빌어서 자신의 독자들에게 예수 그리스도를 소개하였다. 그러므로 필로는 성경의 하나님 말씀과 헬라철학의 로고스 개념을 연결시킨 것이다. 그렇지만 요한은 필로의 사상과 현저하게 다른 의미로 이 용어를 사용하였다. 즉 필로는 이 단어를 결코 사람을 가리키는 말로 사용하지 않았다. 그러나 요한은 로고스를 예수 그리스도라는 인격체를 지칭하는 의미로 사용하였다. 그리고 물론 구약성경에서도 로고스와 유사한 개념을 찾아 볼 수 있다(창 1:1).

(3) "태초에 말씀이 계시니라"(요 1:1) / 로고스의 선재성(preexistence)

요한은 서두에서 태초에 말씀(Logos, the Word)이 계셨다고 선언한다. 창세기 1:1과 병행된다. 그러나 창세기에서는 태초가 천지창조의 시작을 의미하지만 요한복음에서는 태초가 시간의 시작이 아닌 영원성을 의미한다. 다시 말하면 로고스이신 예수님은 시간의 한계를 넘어선 분으로서, 하나님과 함께 계신 영원한 존재요 선재하신 분임을 선포한다.

(4) "그가 하나님과 함께 계셨고"(요 1:2) / 로고스의 동등성

하나님과 '함께(with) 계셨다'는 말은 하나님과 동등하다는 개념을 나타낸다. 뿐만 아니라 그가 하나님과 연합되어 있으며 동시에 구별된 다른 주체라는 의미도 지니고 있다.

(5) "만물이 그로 말미암아 지은 바 되었으니"(요 1:3) / 로고스의 창조사역

요한은 또한 "만물이 그로 말미암아 지은 바 되었으니"(요 1:3)라고 선언하는데 이 구절의 중심 내용은 창조이다. 즉 성자께서 성부와 함께 창조사역에 동참하셨음을 구체적으로 밝히고 있는 것이다.

(6) "그 안에 생명이 있었으니 이 생명은 사람들의 빛이라"(요 1:4) / 로고스와 생명

요한은 그리스도 안에 생명이 있었다고 밝힘으로써 생명의 근원이 예수라는 사실을 분명히 밝히고 있다. 또한 그는 이 생명은 사람들의 빛이라고 말한다. 동서고금을 막론하고 빛은 정의, 진리 등을 상징하는 보조 개념으로 자주 사용되어 왔다. 요한복음에서 생명은 신적 속성이며 하나의 본질로 나타난다(예수의 신성). 하나님은 이 생명을 예수님과 함께 있게 했으며, 이 생명이 역사적 존재들인 사람들에게 전달된다. 이 생명은 사람들의 빛이며 이 빛이 어둠(죄악 세상)을 비추고 있다.

(7) "말씀이 육신이 되어 우리 가운데 거하시매"(요 1:14) / 성육신(成肉身, the Incarnation)

① 요한은 로고스가 육신이 되어 우리 가운데 거하신다고 말한다(예수의 인성). 육신이 되었다는 것은 이제 육체와 연합하여 육신을 덧입었다는 것을 말한다. 즉 로고스가 우리와 성정이 똑같은 인간이 되었다는 것이다. 그것은 또한 하나님의 현존을 뜻한다. 로고스가 육신이 되어 우리 가운데 거하심으로 이제 육신을 입은 인간들이

그를 통해 하나님을 볼 수 있게 되었다. "나를 보는 자는 아버지를 보았거늘"(요 14:9)이라고 하신 것은 이를 두고 말씀하신 것이다. 그러므로 사람들은 육신이 되신 로고스를 통해 하나님을 볼 수 있게 되었다. 단지 비유적인 몸이 아니라 육체적인 모습으로 보는 것이다. 따라서 성육신은 하나님의 자기계시의 절정이다(히 1:12, 특별계시).

② 성육신은 무한한 존재가 유한한 세계에, 또는 초자연적 존재가 자연계에 개입하는 방편이며, 그 본질에 있어서는 성육신 전이나 후나 변함이 없다. 즉 로고스(말씀)가 지금까지 없던 육신을 덧입은 것이며 따라서 로고스는 성육신 후에도 존재로 남아 있는 것이다(요 1:14, 예수의 인성과 신성).

③ 그러나 성육신은 자신의 존재를 계시하는 데 목적이 있는 것이 아니다. 성육신은 죄인들의 구속에 목적이 있다. 즉 예수께서 십자가에 죽으심으로써 죄인들을 죄와 허물에서 구원하기 위해 성육신하신 것이다(히 2:14-15). 그것은 곧 죄인을 위하여 자신의 아들을 내주신 하나님의 절대적 사랑의 표현이다. 또한 하나님께서는 예수로 하여금 죄인인 인류를 대신하여 저주와 죽음의 형벌을 받게 하심으로써 예수께서는 하나님의 공의(죄인은 심판을 받아야 한다)를 완전히 충족하셨다(성육신의 이중목적).

④ 성육신 진리는 신앙의 대상이지, 인본적인 해석의 대상이 아니다. 이것을 믿음으로 받아들이지 않고 하나의 신화적 사건으로 해석하거나 이해한다면 그것은 불행한 것이다. 마태는 성육신 사건을 예수 생애의 5대 사건 중 하나로 본다.

⑤ 예수께서 인간의 몸으로 오셨다는 것을 부정하고 단지 인간의 환영(幻影)만을 가졌다고 주장하는 것은 이단으로서 가현설(Docetism)이다.

(8) 복음서의 서두에서부터 말씀(로고스)를 밝힌 이유

요한은 헬라인이라는 수준 높은 문화권의 사람들에게 예수의 선재와 신격을 소개하기 위해서는 우선적으로 그들의 귀에 익숙한 언어(로고스)를 사용하여야 하고, 또한 예수께서는 비범한 사람으로서 신적 존재임을 자기 기록의 서두에서부터 분명하게 들어내야 한다는 필요성을 느꼈을 것이다.

3) 할례와 정결례를 행함(눅 2:22-24)

아기 예수는 헌신례(할례와 정결례)를 행하였다. 할례는 생후 8일 만에 생식기의 표피를 자르는 것을 말하고, 정결례는 출산한 여인들이 행하도록 율법에 규정되어 있는 정결의 예식을 말한다. 즉 산모가 남자 아이를 낳았을 때는 33일, 여자 아이를 낳았을 때에는 66일이 지나야 산혈(産血)이 깨끗해질 수 있다. 그리고 이 기한이 찼을 때 번제와 속죄제를 드려야 하는데 정결례는 이를 말한다(레 12:1-5).

4) 예수 그리스도 탄생의 목격자와 증언자들(마 2:1-12, 눅 2:8-21)

나사렛 촌의 한 부부가 호적을 위하여 본적지에 왔다가 사관이 없어 매우 누추한 곳에서 아이를 출산하였다는 사실은 지극히 미미한 사건으로서 하등 세인들의 이목을 집중시킬 일이 되지 못했다. 더욱이 비록 그가 훗날 그리스도가 되었다고 해도, 이와 같은 사실을 목격한 사람이 없었다면 예수의 구유 출생은 요셉 부부의 일기장에나 기록되어 있을 것이고, 그리스도의 출생 경위를 객관적으로 증명할 수 없었을 것이다. 그러나 하나님은 이러한 중대한 사건을 사장시키지 않기 위해 목격자들을 준비하셨다. 우리는 목격자들의 증언을 통해 예수 출생의 현장을 생생하게 알 수 있게 되었고, 성경의 기록이 허구가 아님을 확신하게 된다.

(1) 목자들

첫 번째 목격자는 목자들(shepherds)이었다(눅 2:8-20). 주의 사자가 누구보다도 먼저 이들 목자들에게 나타나 예수 탄생의 기쁜 소식을 전하였다. 이들이 어린 아기를 찾아가 경배할 때 홀연히 수많은 천군이 천사들과 함께 찬송하여 이르되 "지극히 높은 곳에서는 하나님께 영광이요 땅에서는 하나님이 기뻐하신 사람들 중에 평화로다"라고 불렀다(눅 2:8-14). 이는 하나님께서 역사의 증인으로 삼기 위하여 목자들을 미리 대기시켰음이 분명하다(마태복음에는 동방박사들이 먼저 경배하러 왔다고 기록하고 있다).

(2) 박사들

두 번째의 목격자는 동방박사들이다(마 2:1-2). 이들은 아마 동방(메소포타미아)의 저명한 점성가 또는 천문학자들이었을 것이다. 하나님께서는 바로 이런 사람들을 증인으로 준비하셨다.

(3) 증언자들

① 증언자들로는 헤롯 대왕, 시므온과 안나가 있다. 헤롯 대왕(마 2:3, 16-18)은 물론 예수 탄생을 목격한 자는 아니다. 그러나 그가 예수 탄생의 소식을 듣고 왕권의 위협을 느껴 두 살부터 그 아래로 모두 살아(殺兒)하도록 명령을 내렸던 사실은 그가 결과적으로 목격자 이상으로 예

수의 탄생을 증언하고 있다.

② 시므온은 예루살렘에 사는 의롭고 경건한 사람으로 주의 그리스도를 보기 전에는 죽지 아니하리라 하고 그리스도의 탄생을 고대하고 있었다. 출생 후 40일 되는 날 율법대로 정결예식에 참여시키기 위해 예수의 부모가 예수를 예루살렘에 데리고 왔을 때 성령이 시므온을 감동시켜 예수를 보자 "내 눈이 주의 구원을 보았다"고 고백하였다.

이때 안나(Anna)라는 노년 과부인 여선지자가 성전을 떠나지 않고 금식하며 기도하며 성전을 섬기다가, 예수를 보고 그가 예루살렘의 속량자라 하였다(눅 2:21-38).

5) 예수의 애굽으로 도피와 귀국 / 나사렛 거주(마 2:13-23)

동방박사들이 떠난 후 주의 사자가 요셉의 꿈에 나타나 헤롯 대왕이 아기를 찾아 죽이려하니 아기와 아내를 데리고 애굽으로 피하여 주의 사자가 이르기까지 머물라고 전하였다. 요셉은 일어나 밤에 아기와 아내를 데리고 애굽으로 가서 헤롯 대왕이 죽기까지 거기 있었다. 헤롯 대왕이 BC 4년에 죽고 그 해에 그의 아들 아켈라오가 유대지방의 분봉왕이 되었다. 헤롯 대왕이 죽자 주의 사자가 다시 요셉에게 현몽하여 이르기를 헤롯 대왕이 죽었으므로 고국으로 돌아가라고 지시하였다. 요셉은 식구를 데리고 고국에 이르러 갈릴리 나사렛 동네에서 살기 시작하였다(마 2:13-23).

4. 예수 그리스도의 소년 시절(눅 2:41-52)

① 성경은 예수의 사(私)생애 중 탄생에 관하여는 이상과 같이 비교적 상세하게 기록하고 있다. 누가는 12살 때의 예루살렘 방문과 관련한 예수의 소년시대의 모습을 보여주고 있다. 그러나 기타의 성장과정이나 12살 이후부터 30세까지 18년 동안의 생애에 관하여 성경은 침묵하고 있다.

② 예수는 12살 되었을 때 유월절 절기를 지키기 위하여 부모와 함께 예루살렘에 올라갔다. 유대인은 3대 절기(유월절, 칠칠절, 초막절)를 예루살렘에서 지킨다. 집으로 돌아갈 때 부모는 예수가 많은 인파 중에 끼어 함께 오는 줄 알고 예루살렘을 떠나 하룻길을 갔다. 그런데 예수는 예루살렘 성전에 그대로 머물러 있었던 것이다. 3일 후 부모가 그를 찾았을 때 그는 성전 뜰에서 선생들과 함께 토론을 하고 있었다. 그가 토론에서 보여준 지혜와 지식은 듣는 사람들을 놀라게 하는 수준이었다. 부모가 왜 말없이 대열에서 이탈하였느냐고 물었을 때 예수는 "내가 아버지의 집

에 있어야할 줄을 알지 못하였나이까?"라고 반문하였다(눅 2:41-50). 부모는 그 말의 뜻을 이해하지 못하였다. 예수는 이때부터 하나님을 아버지라 불렀다. 이는 예수께서 어린 시절부터 자신이 하나님의 아들임을 분명히 깨닫고 있었음을 보여준다.

③ 예수의 아버지 요셉은 일찍 세상을 떠난 것으로 생각되는데, 그에게는 야고보(Jacob), 요세(Joses), 유다(Judas), 시몬(Simon) 등 네 동생과 누이들이 있었다(마 13:55, 막 6:3). 형제 자매는 7남매로 본다. 예수는 아버지 요셉이 살아 있을 때에는 아버지의 목수 일을 도왔고, 죽은 후에는 소년 가장 노릇을 했을 것이다.

④ 성경은 예수가 부모와 함께 나사렛으로 내려가 부모께 순종하며 육체적, 영적으로 잘 성장하였다고 기록하고 있다(눅 2:51-52).

제2절 예수 그리스도의 공생애 준비기

1. 세례 요한의 사역(마 3:1–3:12, 막 1:1–8, 눅 3:1–18, 요 1:19–27)

예수께서 공개적으로 사역(public ministry)을 시작하신 때(공생애의 시작)는 그가 30세가 되시던 해의 유월절(4월)로 본다(눅 3:23, 요 2:13).

그러나 예수께서 그해 유월절 날 갑자기 공생애를 시작하신 것은 아니다. 짧은 기간이지만 유월절 이전까지의 준비기간이 있었다. 우리는 예수 그리스도의 공생애 직전 기간을 예수의 공생애 준비기라 한다.

예수께서는 요단 강가에서 세례 요한으로부터 세례를 받으면서 최초의 모습을 드러내셨다(최초의 출현). 이로 미루어 세례 요한이 예수보다 앞서 등장한 것으로 본다. 예수의 출현과 사역에 관한 설명에 앞서 세례 요한의 등장과 사역을 먼저 설명하는 이유가 여기에 있다.

1) 세례 요한의 출현 시기

성경은 세례 요한의 출생 이야기가 있은 후 요단 강가 빈들(유대 광야)에 최초로 등장하기까지 그의 행적에 대하여 아무런 기록이 없다. 그리고 누가는 그의 최초 출현에 관하여 이렇게 기록하고 있다.

디베료 황제가 통치 한지 15년, 곧 본디오 빌라도(AD 26-36)가 유대의 총독으로, 헤롯 안디바(BC 4-AD 39)가 갈릴리 분봉왕으로, 안나스(AD 6-14)와 가야바(AD 18-36)가 대제사장으로 있을 때, 하나님의 말씀이 요단 강가 빈들에서 세례 요한에게 임하였다(눅3:1-2).

디베료 황제(BC 14-AD 37)는 로마제국의 초대 황제 아구스도의 양자로서 로마제국의 2대 황제이다. 학자들은 일반적으로 디베료의 통치 15년(15년이 되던 해)을 AD 27년 또는 AD 28년으로 본다. 본서는 27년 설을 따른다.

그러니까 세례 요한은 출생의 이야기가 있은 지 30년 동안의 침묵을 깨고 AD 27년에 요단 강가 빈들에 나타나 외치기 시작했다. 예수께서도 공생애를 세례 요한과 같은 시기에 시작하셨고 그때 예수께서 30세쯤 되셨기 때문에(눅 3:23), 이때 세례 요한의 나이도 30세쯤이었을 것이다.

2) 세례 요한의 은둔 시대

우리는 세례 요한이 요단 강가에 최초로 등장하기 전의 행적은 잘 모른다. 그래서 이 시기를 그의 은둔기라 부른다. 그러나 사람들은 그가 최초로 등장했을 때의 모습과 외침의 내용을 보고 그가 은둔기에 특수 종교단체에서 수련을 쌓고 있었다고 본다.

세례 요한은 일찍이 유대사회의 심층을 냉철하게 관찰한 것 같다. 그 결과 외면적으로는 소위 신정(神政)국가의 백성들이 로마제국의 속박에서 허덕이는 민족적 비극을 목격할 수 있었고, 내면적으로는 외식(外飾)과 형식 그리고 권위(權威)로만 포장된 유대사회의 심각한 죄악상(부패상)을 발견할 수 있었다. 그는 자신이 이를 감당하기에는 벅차다고 느끼고 일찍이 외부 세상과 등진 것 같다. 하지만 그가 민족적 과제를 외면한 채 은둔하는 것이야말로 하나님의 심판을 자초하는 것이라는 하나님의 음성을 들었을 때 그는 분연히 일어나 외칠 수 있었다. 그가 공개적으로 등장했을 때 그는 낙타 털옷을 입고 허리에 가죽 띠를 띠고 메뚜기와 석청을 음식으로 하고 있었다. 그의 외모는 분명히 그가 특수한 종교단체 또는 극기(克己)단체에 속했던 자로 보였다. 그래서 사람들은 그가 세상에 드러내기 전에는 쿰란(Qumran)공동체에서 지냈을 것으로 추정한다. 쿰란공동체는 여리고 근처의 유대사막에 있었던, 세상 부조리와 종교 부패가 싫어서 세상을 등지고 은둔생활을 하고 있던 사람들의 집단이었다.

3) 세례 요한의 최초 출현 장소

세례 요한이 최초로 출현한 장소에 대하여, 마태는 "그때에 세례 요한이 이르러 '유대 광야'에서 전파하여 말하되"라고 기록하고 있고, 다른 복음서 기자들은 '요단 강가'로(마 3:6, 막 1:5, 눅 3:3), 또는 '요단강 건너편 베다니'(요 1:28)로 기록하고 있다.

요단강은 북에서 남으로 흐르고 있다. 유대 광야(수 15:61, 삿 1:16)는 요단강 서남쪽에 있으며 여리고 남쪽과 사해 고원지대에 걸쳐있는 황량한 지역으로, 모든 땅이 유다지파에 속하였기 때문에 유대 광야로 지칭되었다. 이 광야의 남쪽에 쿰란공동체가 있었다. 유대인에게 광야는 새로운 출발을 하는 곳이요 하나님을 만나는 곳이며, 말씀을 깨달아 하나님께로 돌아갈 수 있는 곳으로 인식되어 왔다. 모세가 그랬고 엘리야도 그랬기 때문이다.

요단 강가는 요단강 동편의 베레아(Perea) 지방을 말하고, 베다니는 베레아 지방에 있는 고을이다. 베레아의 베다니는 예루살렘으로부터 약 3km 떨어진 유대지방에 있는 또 하나의 베다니(나사로의 고향)와는 구분된다.

4) 세례 요한이 외치고 세례를 베풀다.

세례 요한이 유대 광야에 이르러 외친 첫 마디는 이렇게 터졌다.

"회개하라 천국이 가까이 왔느니라"(마 3:1)

"독사의 자식들아 누가 너희를 임박한 진노를 피하라 하더냐 그러므로 회개에 합당한 열매를 맺고 속으로 아브라함이 우리 조상이라고 생각하지 말라"(눅 3:7-8, 요 3:7-9)

그의 이와 같은 종말론적 메시지에는 거침과 두려움이 없었다. 기득권을 누리고 있는 유대교 지도자들부터는 전혀 들을 수 없었던 새롭고 생명이 넘치는 메시지였다. 그의 메시지는 무섭고 떨리는 심판의 경고를 담고 있었고 심판의 기운이 명백하게 나타나 있었다. 그는 이렇게 기존 체제를 정죄하였고 종교지도자들을 책망하였다. 회개와 회개에 합당한 열매 그리고 회개의 세례를 강조하였다.

요단 강가에서 일어난 이 사건의 소문은 곧 널리 퍼졌다. 이 광야의 소리를 듣기 위하여 많은 계층의 사람들이 유대와 예루살렘 전역으로부터 요단 강가로 나와 자기들의 죄를 자복하고 세례를 받았다.

지금까지 바리새인과 사두개인들에게는 자신이 아브라함의 자손이라는 혈통과 계보만이 중요하였다. 그러나 그들이 할 수 있는 것은 아브라함에 호소하는 것이 전부였다. 그러나 그들에게는 회개가 전혀 없었으므로 하나님께서는 세례 요한의 입을 통해 이들에게 아브라함이 우리 조상이라 생각하지 말라고 경고하게 하신 것이다.

〈세례 요한〉

① 세례 요한의 시대까지도 이방인 개종자들이 유대교에 입문하기 위해서는 입문식(式)으로서 세례를 받는 것이 필수적이었다. 그러나 세례 요한은 죄에 대한 '회개'의 상징으로 유대인들에게 세례를 요구하였고 자신이 직접 그 세례의식을 시행함으로써 '회개 세례'의 신기원을 이룩했으며 이로 인하여 '요한의 세례'라는 말이 나왔다.

② 사람들은 요한을 '세례 요한'이라 불렀다. 사도 요한 등 자주 등장하는 다른 사람의 동일한 이름과 구분하기 위하여 그렇게 불렀을 것이다.

5) 우리가 무엇을 하리이까?

이때 무리가 세례 요한에게 "그러면 우리가 무엇을 하리이까"하고 물었다. 세례 요한은 "부자나 세리나 군인이나 모두 욕심을 버리고 자비를 베풀라"(눅 3:10-14)고 답하였다.

6) 세례 요한이 자신의 신분과 사명에 대하여 증언함(요 1:19–23)

(1) "네가 누구냐?"(요 1:19- 21)

"네 하나님 여호와께서 네 형제 중에서 '나와 같은 선지자'(모세를 뜻함) 하나를 너희를 위하여 일으키리니 너희는 그의 말을 들을지니라"(신 18:15).

"보라 여호와의 크고 두려운 날이 이르기 전에 내(여호와)가 선지자 엘리야를 너희에게 보내리니"(말 4:5).

모세의 신명기와, 구약시대의 마지막 선지자 말라기는, 위와 같이 각각 예언하고 있다. 이와 같은 구약적 배경에서 유대인들은 주의 날이 오기 전에 분명히 모세 같은 선지자 또는 엘리야가 다시 오리라고 확신하고 있었다. 따라서 세례 요한이 나타났을 때 사람들은 그를 엘리야로 착각할 수 있었다.

세례 요한에 관한 소문을 접한 예루살렘 유대인들(이하 대적들)은 즉각 제사장들과 레위인들을 요단강 건너 베다니에 있는 세례 요한에게 보냈다. 그리고 세례요한과의 대화가 이렇게 진행되었다.

> 유대인 지도자들: "네가 누구냐?"
>
> 세례 요한: "나는 그리스도가 아니다."
>
> 유대인 지도자들: "그러면 네가 엘리야냐?"
>
> 세례 요한: "아니다."
>
> 유대인 지도자들: "네가 '선지자'냐."
>
> 세례 요한: "나는 그리스도도, 엘리야도, 선지자도 아니다"(요 1:19-21).

베다니에 도착한 대석들은 세례 요한에게 "네가 누구냐?"하며 세례 요한의 신분에 대해 묻고 따졌다.

그러나 이와 같은 질문을 받은 세례 요한은 자신은 그리스도도, 엘리야도, 선지자(모세)도 아니라고 대답하였다(요 1:21). 첫째, 그가 그리스도가 아니라고 대답한 것은 당연하였다. 둘째, 그가 '엘리야'가 아니라고 대답한 것은, 단지 질문하는 자들이 구약시대의 엘리야가 다시 환생하여 메시야의 선구자로서 일할 것으로 착각하고 질문하였기 때문에 취해진 답변이었다. 즉 세례 요한은 자신이 엘리야와 동일한 인물이 아닌 것을 말한 것이지, 자신이 실제로 엘리야의 사역을 수행하고 있음을 부인한 것은 아니었다. 사실 그는 자신이 그와 같은 사역을 하고 있다고 믿었을 것이다(마 11:14, 17:12). 셋째, '선지자(모세)'가 아니라고 대답한 것은 율법(신명기)을 잘 알고 있던 유대인들의 질문 속에 '네가 모세에 필적할 만큼 위대한 선지자냐?'는 의미가 포함되어 있었기 때문에 세례 요한은 이것도 부인하였던 것이다.

(2) "광야에서 외치는 자의 소리로라"-자신의 사명에 대한 증언(요 1:22-23)

대적들은 또 다시 세례 요한에게 "그러면 네가 누구냐? 우리를 보낸 자들에게 답변할 내용을 달라"고 촉구하였다. 세례 요한은 "나는 선지자 이사야의 말과 같이 주의 길을 곧게 하라고 광야에서 외치는 소리로라"고 답하였다(요 1:23).

이는 750여 년 전에 이사야가 이미 예언하였던 바를 인용한 것이다. 이사야는 예언하였다. "외치는 자의 소리여 이르되 너희는 광야에서 여호와의 길을 예비하라 사막에서 우리 하나님의 대로를 평탄하게 하라"(사 40:3).

"외치는 자의 소리"란 외치는 자(예수)가 따로 있고 자신은 그 외치는 자의 말씀을 전달하는 소리라는 말이다. "광야에서 여호와의 길을 예비하라"는 말은 왕이 행차할 때를 대비하여 왕이 통행할 길을 미리 평지와 같이 정비하라는 말로서, 세례 요한 자신의 사명은 장차 오실 메시야의 길을 예비하는 것임을 밝힌 것이다.

세례 요한은 자신의 사명은 백성들에게 메시야를 소개하고, 회개를 촉구하며, 그의 오실 길을 예비하는 것으로서, 선구자적 사명임을 증언하였다.

하나님께서는 예수(메시야)의 오심에 관하여 하늘이 갑자기 열려서 하늘 음성으로 들려주는 방법을 택하지 않으셨다. 한 인간 전령을 택하셨다. 그리고 그 사람도 낮은 신분의 사람이었다. 그가 바로 세례 요한이었다.

7) "네가 어찌하여 세례를 베푸느냐?"(마 3:11, 눅 3:16, 요 1:25-28)

그들은 다시 세례 요한에게 "네가 만일 그리스도도, 엘리야도, 선지지도 아닐진대, 어찌하여 세례를 베푸느냐?"고 물었다.

세례 요한이 대답했다. "나는 너희를 회개키 위하여 물로 세례를 베푼다. 그러나 너희 가운데 너희가 알지 못하는 한 사람이 섰고 나보다 능력이 많으시니 나는 그의 신발끈 풀기마저도 감당하지 못하겠노라. 그는 성령과 불로 너희에게 세례를 베풀 것이다"고.

이는 세례 요한이 드디어 예수께서 나타나심과, 예수께서 세례를 받고 또한 베푸실 것임, 또 요한 자신의 세례는 물세례이나 예수의 세례는 성령의 세례임을 말하는 것이다.

2. 예수 그리스도의 출현 / 공생애 준비기=

예수께서 세상에 최초로 모습을 나타내신 때는 세례 요한이 요단 강가에서 사람들에게 외치며 물로 세례를 베풀고 있는 때였다. 예수께서는 그곳(베다니)에서 세례 요한에게 세례를 받으셨다. 그리고는 광야에서 40일 금식기도를 하시고 사탄의 시험을 받으셨다. 그 후 처음으로 5명의 제자들을 택하시고 제자들과 함께 갈릴리 가나로 가서 첫 이적을 행하셨다. 그리고는 유월절(태양력 4월) 즈음에 예루살렘으로 오셨다. 예수께서 요단강에서 세례를 받으신 이후 그 해 유월절까지를 예수의 공생애 준비기로 본다.

1) 예수께서 세례를 받으시다(受洗)

(마 3:13-15, 막 1:9, 눅 3:21, 요 1:29-34)

(1) "하나님의 어린 양을 보라"

세례 요한이 요단 강가 베다니에서 세례를 베푼 다음 날, 요단 강가에 다시 등장하여 외치며 세례를 베풀고 있을 때 예수께서 자기에게 나오심을 보았다. 그는 "보라 세상 죄를 지고 가는 어린 양이로다. 내가 전에 내 뒤에 오는 사람이 있는데 그가 나보다 먼저 계심이라한 것은 바로 이 사람을 가리킨 것이다"(요 1:29)라 하였다.

① 출애굽 할 때 유월절 어린 양은 그 자체가 희생제물로 사용되지는 않았으나 희생된 양의 피는 이스라엘 집의 문설주에 발라 그 집 장자의 죽음을 면하게 하였다. 복음서 기자들과 바울은 모두 예수님이 바로 이 유월절 어린 양으로 십자가를 지신 것이라고 증언한다.

② 이사야는 일찍이 메시야를 '도수장으로 끌려가는 어린 양'이라고 말한 바 있다(사 53:7). 따라서 요한의 선언은 예수가 감당할 사역이 세상의 왕으로 행하는 영광의 사역이 아니라, 대속적(代贖的) 고난의 종으로서 행하는 철저한 고난과 희생의 사역임을 말한 것이다. 인간의 죄를 지고 가는 자, 그러나 승리가 보장되는 자는 하나님의 아들이 아니면 불가능하다. 이 사람이 바로 그 분임을 선포한 것이다. 예수께서는 이렇게 자신의 모습을 최초로 드러내셨다. 그러나 아직 공개적으로 사역을 시작한 것은 아니었다.

③ 유대인들은 속죄양에 대하여는 잘 알고 있었지만 세상 죄를 대속할 위대한 양에 대하여는 한 번도 생각해본 적이 없었다. 그리고 그것은 또한 당시 두루 퍼져있던 메시야 사상과도 맞지 않는 개념이었다.

(2) "이같이 하여 모든 의를 이루는 것이 합당하다"

(마 3:13-15, 막 1:9, 눅 3:21)

예수께서 세례 요한 앞에 이르러 세례를 받으려 하셨을 때 세례 요한은 감히 감당할 수 없어 '내가 당신에게서 세례를 받아야 할 터인데 당신이 내게로 오시나이까'라 말했다. 그러나 예수께서는 "이제 허락하라. 우리가 이같이 하여 모든 의를 이루는 것이 합당하다"고 말씀하셨다. 세례 요한이 예수께 세례를 베풀었다.

① 예수께서는 자신이 세례 요한으로부터 세례를 받는 것이 무엇보다도 하나님의 의를 이루기 위함이라 말씀하셨다(마 3:15). 이는 요한이 예수에게 세례를 베푸는 것은 하나님의 뜻이며('모든 의'), 예수께서 요한과 함께 그 뜻에 순종하는 것이 그의 의를 이루게 된다는 것이다. 예수는 인간의 몸을 입고 오셨지만 죄인은 아니다. 다만 자신을 낮춰 자신이 구원할 사람들과 동일시하려고 했기 때문에 교회의 선한 전승에 응하여 세례를 받으시는 것이라는 뜻이다. 또한 예수께서 받으신 세례는 '죄 사함을 받게 하는 회개'의 세례는 아니다(막 1:4). 그 이유는 예수가 어느 때에도 죄의식을 보인 일이 추호도 없기 때문이다. 그는 세상 죄를 지고 가는 하나님의 어린 양 그리고 이사야 53장의 대속의 종으로서의 책임과 사명을 의식하면서, 그의 공생애를 시작하는 상징적 의례로서 세례를 받았던 것으로 생각된다.

② 이와 같이 예수께서 요한으로부터 세례를 받으심으로써, 즉 세례 요한이 예수께 세례를 베풂으로써, 세례 요한은 사실상 메시야의 출현과 그 사역의 시작을 이스라엘에 공개적으로 나타낸 것이다(요 1:31-34). 즉 예수의 공생애 준비와 시작을 선언한 것이다.

(3) "성령이 내려서 누구 위에든지 머무는 것을 보거든"

"성령이 내려서 누구 위에든지 머무는 것을 보거든 그가 곧 성령으로 세례를 베푸는 이인 줄 알라"(요 1:33).

"예수께서 세례를 받으시고 곧 물에서 올라오실새 하늘이 열리고 하나님의 성령이 비둘기 같이 내려 자기 위에 임하심을 보시더니 하늘로부터 소리가 있어 말씀하시되 이는 내 사랑하는 아들이요 내 기뻐하는 자라 하시니라"(마 3:16-17, 막 1:10, 눅 3:22, 요 1:34).

① 세례 요한도 처음에는 예수가 누구인지 알지 못했다. 그러나 예수께 세례를 베풀 때 성령이 내려서 누구 위에든지 머무는 것을 보면 그가 곧 성령으로 세례를 베푸는 이인 줄 알라는 하나님의 음성을 들었다. 때문에 세례 요한은 예수께서 세례를 받고 물가로 올라오실 때 성령이 하늘로부터 내려와서 예수 위에 머무는 것을 보고 그가 바로 하나님의 아들임을 자신 있게 증언하였다. 예수님께서 하나님의 아들 그리스도이심을 체험한 사람은 이와 같이 세례 요한 한 사람이었다.

② 예수께서 세례를 받고 곧 물에서 올라오실 때 하늘이 열리고 하나님의 성령이 비둘기 같이 내려 예수 위에 임하셨다. 그리고 "이는 내 아들이요 내 기뻐하는 자"라는 하늘로부터의 소리가 들렸다. 이는 예수만이 보고 들은 것이다. 이것은 놀라운 소명의 체험으로서, 예수에 대한 하나님의 메시지 선포인 동시에 또한 이는 예수로 하여금 자신을 하나님의 아들이며, 여호와의 종(사 42:1이하)이라고 믿게 하는 계시의 음성이었다. 예수께서는 이 말씀을 들음으로써 자신이 메시야

라는 내적 확신을 가졌을 것이다.

2) 예수께서 사탄의 시험(유혹)을 받으시다(마 4:1-11, 막 1:12-13, 눅 4:1-13)

예수는 요단강에서 요한에게 세례를 받은 후 성령에게 이끌리어 유대 광야로 가셨다. 그리고 그곳에서 40일 간 금식기도를 하셨다. 예수의 40일 기도는 관습적 광야의 기도와는 다른 것이었다. 예수는 무척 피곤하고 주릴 때 마귀로부터 세 차례의 시험을 받으셨다.

첫 번째는 물질적 시험(유혹)으로서 **돌들을 떡덩이가 되게** 하라는 것이었다. 그것은 인간이 물질적 시련을 당했을 때 솟아오는 대표적 욕망을 시험하는 것이었다. 이와 같은 때 하나님의 아들이라면 초자연적 능력을 발휘해야 하지 않겠느냐는 것이다. 예수는 "사람이 떡으로만 살 것이 아니요 하나님의 입으로부터 나오는 모든 말씀으로 살 것이라"(신 8:3)는 구약의 말씀으로 대답하여 마귀의 시험을 일축하였다. 떡을 만들어 당장의 배고픔을 해결하는 것이 나쁜 것은 아니었으나 예수는 메시야로서 더 급하고 본질적인 문제 즉 말씀의 선포와 실천이 중요함을 강조하신 것이다.

두 번째는 예수를 성전 꼭대기에 세우고 **하나님의 아들이어든 뛰어내리라**는 것이었다. 이는 이미 예수의 메시야직을 알고 있는 사탄이 예수께서 메시야로서 희생의 길을 걸어가기보다 세상적 영웅으로서의 영광을 누려 보라고 유혹하는 것이었다. 인간의 정신적 허영을 이용한 시험으로서 예수께서는 "주 너의 하나님을 시험하지 말라"(사 7:12)고 구약의 말씀으로 대답하여 다시 한 번 마귀를 패배시켰다. 예수는 이미 자신의 메시야직의 권위와 능력에 대해서 확신하고 있는바 새삼스레 이를 자신에게 실행해보일 필요가 없었기 때문이었다.

세 번째는 세상 왕국(세상 영광)에 초점이 맞추어져 있다. 마귀는 예수를 지극히 높은 산으로 데리고 가서 "**내게 엎드려 경배하면** 눈앞에 보이는 천하만국과 그 영광을 네게 주리라"는 시험이었다. 이는 가장 본질적인 영적, 신앙적 문제에 관한 시험으로서 예수께서는 "주 너의 하나님께 경배하고 다만 그를 섬기라"(출 20:5)는 하나님의 말씀으로 응수하였다. 사탄은 세상의 최종적 창조자가 아니며 멸망할 자이기에 경배의 대상이 될 수 없기 때문이다. 패배한 마귀는 예수를 떠나고 천사들이 나와서 예수를 수종들었다.

예수께서 마귀의 시험에서 승리하신 것은 중요한 의미를 갖고 있다.

① 첫 번째 아담은 에덴동산에서 사탄(마귀)의 유혹에 넘어가고 말았다. 때문에 그는 출발점에서의 하나님과

의 신인(神人) 관계설정에 있어서 실패하였다. 그 결과 그는 아버지의 왕권을 지상에서 누릴 수 없게 되었다. 그러나 둘째 아담(예수)은 마귀의 시험에서 승리하였다. 때문에 그는 지상에서 하나님의 아들로서 아버지의 왕권을 대신 행사할 수 있게 되었다.

② 어떻게 죄 없는 자가 시험을 당할 수 있는가? 완벽하게 합리적인 설명은 있을 수 없다. 그러나 여기에 메시야의 특별한 사명과 관련하여 닥쳐온 모든 시험을 물리치신 메시야의 위대한 승리가 있었다는 점만은 의심할 여지가 없다.

어떤 사람들은 역사적 실험에 회부시킬 수 없다 해서 영적 세력을 믿지 않으려 한다. 그러나 영적 세력(spiritual forces)은 역사적 사실과 또 다른 차원의 실제에 속한 것이다. 여러 번 귀신을 쫓아내신 예수의 사건들은 세상을 이기신 예수의 능력을 실제로 보여주는 것이다. 하나님이 그렇게 존재하고 계신 것처럼, 천사도 천사의 방식으로, 사탄도 사탄의 방식으로 존재하고 있다. 우리가 다 이해하지 못해도 사실이다.

3) 최초로 5 명의 제자들을 택하시다

(1) 3 명의 제자를 택하심(요 1:35-42)

-안드레, 베드로, 사도 요한-

사탄의 시험에서 승리하신 예수는 다시 세례 요한의 집회 장소(베레아 지방의 베다니)로 오신다. 이때 요단 강가에 세례 요한이 자기의 제자 두 사람과 함께 있었다. 사도 요한(요한복음서 기자)은 세례 요한의 그 두 제자가 결국은 예수에게로 갔다고 기록하고 있다. 즉 예수의 제자가 되었다는 것이다. 그 둘 중 하나는 시몬 베드로의 형제 안드레임을 밝히고 있지만 나머지 한 사람에 대하여는 말이 없다. 아마 사도 요한(자기 자신)일 것이다.

안드레는 예수에 대한 세례 요한의 말을 듣고 자기 형제 시몬(베드로)을 찾아가 우리가 메시야를 만났다고 했다. 그리고 그를 데리고 예수께로 오니 예수께서 시몬을 보시고 "네가 요한의 아들 시몬이니 장차 게바라 하라" 하셨다.

〈세례 요한의 제자들〉

이 기사를 통하여 세례 요한에게도 일단의 제자들이 있었으며 이들 중 상당수가 예수의 제자가 되었을 것으로 본다.

(2) 다시 2 명의 제자를 택하시다(요 1:43-51)

-빌립, 나다나엘-

3 명의 제자를 택하신 이튿날 또 2 명의 제자(빌립과 나다나엘)을 택하셨다. 예수께서 베다니에서 갈릴리로 나가려 하시다가 빌립을 만나시자 그에게 "나를 따르라"고 말씀하셨다. 빌립이 동향 출신 나다나엘에게 예수를 소개했다. 나다나엘이 처음에는 나사렛에서 무슨 선한 것이 날 수 있느냐고(요 1:46) 예수의 출신을 들추며 거부하였으나, 예수께서 "빌립이 너를 부르기 전에 네가 무화과나무 아래에 있는 것(기도하는 것)을 보았다"고 말씀하시자 자기가 기도하는 것까지 아시는 예수의 능력을 보고 곧 예수를 따랐다. 무화과 나무 아래에서 율법을 공부하며 메시야 오심을 기대하면서 명상하는 것은 유대인의 전통이다.

이렇게 하여 예수께서는 갈릴리 가나 혼인잔치에 가기 전까지 5 명의 첫 제자들을 선택하셨다. 공관복음 기자들은 첫 제자의 선택에 대하여 이와 다소 다르게 기록하고 있다.

4) 가나 혼인잔치에 가시다(요 2:1-11)

예수께서는 갈릴리로 오셨다. 그리고 가나에 혼인잔치가 있어 어머니와 함께 잔치에 참석하셨다. 다섯 제자도 함께 갔다. 연회 도중 포도주가 바닥나자 예수의 어머니께서 이 사실을 예수께 말했다. 예수께서는 "나와는 상관이 없다 나의 때가 아직 이르지 않았다"고 말씀하셨다. 그러나 곧 하인들에게 6 개의 항아리에 물을 채우도록 명하신 후 이 물로 포도주를 만드셨다.

요한은 이 사건을 예수께서 행하신 최초의 표적(the first sign)으로 기록하였다. 예수의 말씀 중 '나의 때'는 그의 사역 전체의 절정을 이루는 때를 말한다. 따라서 그의 때는 아직 이르지 않았다.

예수는 이 표적을 행함으로써 그의 영광을 나타내셨고, 제자들이 그를 믿었다. 예수께서는 이 표적을 통하여 자신이 자연 만물을 지배할 수 있다는 것을 보여주셨다. 그리고 이 표적 속에는 예수께서 종말의 구원을 가져 오신다는 의미를 내포하고 있다.

5) 가버나움을 사전답사 하시다(요 2:12-13)

예수께서는 가나 혼인잔치에 참석하신 후 향후 갈릴리지역 사역활동의 기지를 염두에 두시고, 어머니와 형제들 그리고 제자들과 함께 가버나움으로 가 사전답사를 하셨다. 그리고 유월절이 가까워지자 예루살렘으로 가셨다(요 2:12-13). 이제부터 예수의 본격적 공생애가 시작된다.

제3절 예수 그리스도의 공생애

1. 예수의 공생애 개관

"예수께서 가르치심을 시작하실 때에 삼십 세 쯤 되시니라"(눅 3:23).

1) 예수의 공생애 기간: 3년(복음시대)

(1) 예수께서는 요단 강가에서 세례를 받으심으로써 그 모습을 처음으로 세상에 드러내셨다. 또한 성령에 이끌리어 광야로 가서 사탄의 시험을 물리치셨다. 갈릴리에 오셔서 가나 혼인잔치에 참석하시고 이적을 베푸신 다음 갈릴리 가버나움 사전답사를 하셨다. 이러한 일련의 사건들은 예수의 공생애 '준비기'동안에 행해진 것으로 본다. 또한 그 기간은 반년을 넘지 않은 것으로 생각된다.

(2) 예수께서는 준비기간 이후 3년 동안 공개적으로 사역하셨다. 이를 예수의 공생애라 한다. 그러나 성경에는 3년이라는 말은 없다. 다만 예수의 공생애 기간 중에 다음과 같이 네 번의 유월절을 맞이하였기에 이를 근거로 하여 예수의 공생애 기간을 3년으로 보는 것이다.

① 유대인의 유월절은 매년 아빕월(태양력으로 4월)에 있다. 성경은 유대인의 '유월절'이 가까운지라 예수께서 예루살렘으로 올라오셨다고 기록하고 있다(요 2:13). 이 구절에서 말하는 유월절이 예수께서 공생애 기간 중 '첫 번째'로 맞이하는 유월절이다. 그리고 이때 예수께서는 성전을 공개적으로 정화하셨다(요 2:14-16). 이 사건이 예수의 공생애 첫 사역이다(공생애 사역의 기점). 한편 성경은 예수께서 (공개적) 가르치심을 시작하실 때에 삼십 세 쯤 되었다고 기록하고 있다(눅 3:23).

우리는 여기에서 다음의 결론을 얻는다.

첫째, 예수께서는 준비기를 거쳐 곧 공생애를 시작하셨다.

둘째, 그 해의 유월절이 예수의 공생애 기간 중 첫 번째 유월절이다.

셋째, 예수께서 (공생애) 가르침을 시작한 때는 예수께서 30세가 되던 해이다.

따라서 예수께서는 30세이던 해의 유월절에 공생애 첫 사역을 시작하셨다는 것이다. 학자들은 그 해를 AD 27년으로 본다.

② 사도 요한은 예수께서 '유대인의 명절'에 다시 예루살렘에 올라가셨다고 기록하고 있다(요 5:1). 학자들은 이때의 유대인 명절을 유월절로 본다. 그리고 이 유월절은 예수의 공생애 기간 중 '두 번째' 유월절이다(AD 28년, 31세).

③ 사도 요한은 예수께서 오병이어 기적 사건 직전의 유월절에는 예루살렘에 올라가시지 않고 갈릴리 지방에 계셨음을 기록하고 있다(요 6:4). 이때의 유월절은 예수의 공생애 기간 중 '세 번째' 유월절이다(AD 29년, 32세).

④ 끝으로 4명의 복음서 기자들은 모두 예수께서 유월절에 제자들과 함께 최후의 만찬을 하시고 십자가에 죽으신 사실을 기록하고 있다(마 26:17-29, 막 14:12-25, 눅 22:7-30, 요 13장). 이때의 유월절은 예수의 공생애 기간 중 '네 번째'이자 마지막 유월절이다(AD 30년, 33세).

(3) 이상과 같은 성경의 기록에 근거하여 예수의 공생애 기간을 일반적으로 3년이라고 말한다. 공생애 준비기간을 공생애 기간에 포함시킨다면 예수의 공생애 기간은 대충 3년 반이라고 말할 수 있다.

2) 공생애 3년 동안의 시공적(시간적, 공간적) 구분

① 예수께서는 공생애 3년 동안 어느 한 지역에 머물러서 사역하시지 않고 주로 유대지방(예루살렘)과 갈릴리지방을 오가며 사역하셨다. 그러나 유대지방에서보다 갈릴리지방에서 더 오랫동안 활동하셨다.

② 그런데 네 명의 복음서기자들은 모두 예수의 3년 동안의 사역에 대하여 어떤 공통된 시공적(시간적, 공간적) 순서를 따라 기록하지 않고 각각 독자적 기준에 따라 기록하였기 때문에 네 권의 복음서를 통합하여 한 권의 예수 편전(編典)으로 재편(再編)하는 것(복음서의 조화)은 상당히 어려운 일이다. 그동안 많은 학자들이 이를 시도하였지만 아직까지 완전한 성공을 거두지는 못하였다. 어쩌면 앞으로도 영원히 불가능할 것이다. 하나님께서 복음서들을 통하여 드러내고자 하신 계시가 잘못 전달(誤達)될 수 있고, 또한 각 복음서 기자들의 개별적 특성들이 간과(看過)될 수 있는 위험성이 있기 때문이다.

③ 그럼에도 불구하고 복음서 독자들에게 예수의 공생애를 시공적 순서에 따라 일목요연(一目瞭然)하게 이해할 수 있도록 네비게이션(navigation)을 제공하고, 단절 없는 현장감과 생동감을

준다는 의미에서 네 권의 복음서 내용을 한 권으로 조화시키는 것은 불완전성이 있다 하더라도 매우 필요하다고 본다(cf. 이애실 저서, 별첨 참고문헌).

이러한 이유 때문에 본서도 예수의 공생애 3년 동안의 사역을 4권 복음서 기록 순서의 병렬적(竝列的) 대조와 절기(유월절, 수전절, 초막절 등) 그리고 사역 지역을 토대로 하여 다음과 같이 6개의 시공적 구간을 설정하여 한 권의 예수 편전을 만들고 이에 따라 설명하려고 한다. 물론 이와 같은 구간설정의 기준이 절대적인 것은 아니다. (cf. 배열순서는 **Nelson's Complete Book of Bible**. Thomas Nelson Publishers에 의함).

〈예수 사역의 시공적 구분〉

사역구분(공간)	기간(시간)	유월절 기준	예수의 나이
유대지방 1차 사역(8개월)	AD 27. 4월초부터-12월(수전절)까지	공생애 첫 번째 유월절의 해	30세
갈릴리지방 1차 사역(4개월)	AD 27. 12월부터-AD 28. 4월까지	공생애 첫 번째-두 번째 유월절의 해	30-31세
유대지방 2차 사역(1개월?)	AD 28. 4-5월?까지	공생애 두 번째 유월절의 해	31세
갈릴리지방 2, 3차 사역(1년 5개월?)	AD 28. 6월?부터-AD 29. 9월까지	공생애 두 번째-세 번째 유월절의 해	31-32세
유대지방 3차 사역(6개월)	AD 29. 10월(초막절)부터-AD 30. 4월(초)까지	공생애 세 번째-네 번째 유월절의 해	32-33세

*매년 4월은 유월절의 달임

2. 유대(예루살렘) 지방 1차 사역(요 1:35-3:36) (AD 27년 4-12월)

① 예수께서는 30세가 되시던 해(AD 27)에, 유월절(태양력 4월초)이 가까워지자, 갈릴리에서 예루살렘으로 오셨다(요 2:13). 그리고 예루살렘에서 유월절에 성전정화 등의 사역으로 예수님의 공생애 첫 사역이 시작되었다(요 2:14). 이때의 예루살렘에서의 사역은 그 해(30세)의 수전절(태양력 12월)까지 계속되었고, 수전절(Feast of Dedication) 이후에는 다시 갈릴리로 가셨다(요 4:35).

② 이와 같이 예수께서 30세가 되시던 해(AD 27)의 유월절에, 예루살렘에 오셔서 성전정화로

부터 시작하여, 그 해 수전절 때까지, 최초로 행하신 사역(약 8개월)을, 우리는 예수의 유대지방(예루살렘)지방 1차 사역이라 한다.

③ 유대지방 1차 사역에 관하여는 요한복음에만 기록되어 있다(요 1:35-3:36). 공관복음서 기자들은 모두 이례적으로 유대지방 1차 사역에 대하여는 기록을 하지 않고 있다. 그 이유는 공관복음서 기자들은 갈릴리 사역을 예수 사역의 본격적인 출발로 보았기 때문이다(cf. 톰슨II 주석성경, 별첨 참고문헌).

<유대지방 1차 사역기간을 그해 12월(수전절)까지로 보는 근거>

예수께서는 유대지방에서 1차 사역을 마치고 갈릴리지방으로 이동할 생각을 말씀하시면서(요 4:43), "넉 달이 지나야 추수할 때가 이르겠다"(요 4:35)고 하셨다. 이스라엘에서 추수 때라고 하면 4월을 말한다. 따라서 유대에서 이동계획의 말씀을 하신 시점은 12월이다. 12월 중 절기는 수전절이다.

1) 성전의 정화(淨化) (요 2:13–22)

① 예수께서 공생에 첫 유월절을 예루살렘 성전에서 맞이하셨다(요 2:13). 예수께서는 예루살렘 성전 뜰(이방인의 뜰)에 이르러 거룩한 성전이 악의 소굴이 되고 있는 광경을 보셨다. 상인들은 제사에 바칠 제물들(비둘기, 소, 양 등)을 팔면서 폭리를 취하고 있었고(성전 안에서 제물을 살 때는 성전 밖에서 살 때보다 제물에 흠이 없다는 이유를 붙여 훨씬 비싸게 받았다), 환전상들은 성전세와 이방인세 그리고 제물(祭物)의 매매대금으로 사용할 화폐를 환전해 주는 과정에서 횡포를 부리고 있었다. 성전 뜰에서는 동물들과 절기 참여자들로 인하여 극도의 무질서(난장판)가 일어나고 있었다. 제사장 등 기득권자들은 이들의 이면에서 비리를 저지르며 이권을 누리고 있었다.

예수께서는 이러한 광경을 보시고 경악을 금치 못하셨다. 그는 즉석에서 채찍으로 동물을 내쫓고 환전상의 돈을 쏟고 외치시되 "내 아버지의 집을 장사하는 집으로 만들지 말라" 하셨다. 예수께서 유월절 날 예루살렘 성전에서 장사판을 뒤엎은 사건은 일파만파의 영향을 가져 왔다. 특히 대제사장, 사두개파, 서기관들은 신경을 곤두세웠다. 민중을 등에 업고 있는 바리새파들도 마찬가지였다. 그러나 그들(바리새파)은 성전정화에 관한 한 예수의 행동에 동조하였다. 다만 신중을 기할 뿐이었다. 이 사건을 흔히 성전정화(淨化) 사건이라 말한다. 3년 후 네 번째 유월절 때에도 이와 같은 현상이 다시 한 번 벌어진다.

② 예수의 과감한 행동을 보고 있던 유대인들이 예수에게 "네가 이런 일을 행하니 무슨 표적을 우리에게 보이라"고 요구했다(요 2:18). 유대인들이 표적을 보이라고 요구하는 것은 흔히 있는

일이다. 그것은 율법이, 선지자의 말에 성취함이 없을 때에는 거짓 선지자로 간주하도록 규정하고 있기 때문이다(신 18:22). 따라서 유대인들이 예수에게 표적을 요구한 것도 예수가 만일 표적을 보여 준다면 그 표적의 결과를 가지고 예수가 참 선지자인지 거짓 선지자인지를 판단하겠다는 것이었다.

예수는 대답하셨다. "너희가 이 성전을 헐라 내가 사흘 동안에 일으키리라"(요 2:19). 헤롯 대왕이 당시의 성전을 건축하는데 이미 46년이나 소요되었다는 사실을 잘 알고 있는 유대인들로서는 이 말을 이해할 수가 없었다. 그러나 예수의 대답 속에는 자신이 죽은 후 3일 만에 부활할 것이라는 인류 최대의 표적사건이 예언되어 있었지만, 유대인이 이러한 심오한 예언을 이해하지 못한 것은 당연하였다.

<또 한 번의 성전정화 사건>

요한복음 기자와는 달리 공관복음 기자들은 예수께서 공생애 말기 승리의 예루살렘 입성을 하실 때 성전을 정화하신 것으로 기록하고 있다(마 21:12-17, 막 11:15-19, 눅 19:45-48). 이 점에 대해 두 기사를 같은 사건으로 보는 경우도 있으나, 절대 다수의 학자들이 별개의 사건으로 본다(CF. 톰슨 II 주석성경, 요 2:13-25 해설).

2) 예루살렘의 환대(요 2:23–25)

유월절에 예루살렘에 모인 많은 무리들이 예수께서 행하시는 표적을 보고 그를 환대하며 믿었다. 그러나 예수께서는 순수하고 깊이 있는 믿음을 원하셨기 때문에 표적을 보고 따르는 무리들을 오히려 경계하셨다.

3) 니고데모와 대화 / 중생(重生)을 가르치심(요 3:1–21)

예수의 가나 이적, 그리고 성전정화 사건 등은 그를 세인의 관심 대상이 되게 만들었다. 이와 같은 예수의 독특한 행위에 주목하던 사람들 중 바리새인 니고데모가 있었다. 그는 진지하고 신중한 사람이었으며 산헤드린의 회원이 될 만큼 박식하였다. 그러나 그는 영적으로는 무지하였다. 그럼에도 그는 예수께서 하늘에서 오신 것을 확신하였다. 그는 유대인들의 이목을 피하여 밤중에 예수께 찾아와 예수와 대화를 청했다.

예수는 "사람이 물과 성령으로 거듭나지 않으면 하나님 나라를 볼 수 없다"는 중생의 말씀으로부터 시작하여 속죄의 이치를 깨닫는 데까지 대화를 유도해 나갔다. 그리고 자신은 하늘에서 내려온 인자(人子)로서 다시 하늘로 올라가야 한다는 것을 말씀하시고, 자신을 통하지 않고는 영생을 얻을 수 없다는 결론을 내리셨다. 그리고서 "하나님이 세상을 이처럼 사랑하사 독생자를 주셨으니 이는 그를 믿는 자마다 영생을 얻게 하려 하심이라"라는 영원한 진리의 말씀을 주셨다(요 3:16).

니고데모는 처음에는 예수의 말씀을 이해하지 못하였으나 차츰 이해하게 되었다. 그는 결국 예수의 제자가 되었다(요 7:50). 그는 후에 산헤드린 공회원들 앞에서 예수에 대하여 공정한 발언을 함으로써 공회원들과 논쟁을 벌였다(요 7:51). 니고데모는 예수의 시신을 장사지낼 때 아리마대 요셉을 도왔다(요 19:38-42).

4) 예수와 세례 요한과의 중복(동시) 사역 / 세례 요한이 예수를 증언(요 3:22-36)

① 예루살렘에 오신 예수께서는 제자들과 함께 유대지방에서 세례를 주시며 사역하고 있었다. 이때에 세례 요한 또한 살렘 가까이 그러나 예수의 세례 장소와는 떨어진 애논(Aenon)에서 세례를 베풀고 있었다. 애논의 정확한 위치는 모르지만 요단강 서쪽으로 추정한다. 이와 같이 예수와 세례 요한이 유대지방에서 동시에 사역한 때가 있었다. 매우 짧은 기간이었겠지만 우리는 이 기간을 예수와 세례 요한의 중복(동시) 사역시대라 부른다.

② 요한의 세례보다 예수의 세례에 더 많은 사람들이 모여들자, 요한의 제자들은 큰 어려움을 겪었다. 이 광경을 목격한 세례 요한의 제자들이 이 사실을 세례 요한에게 전했다. 이는 세례 요한의 제자와 예수의 제자들 간에 갈등으로까지 발전할 수 있는 현상이었다. 그러나 세례 요한은 예수에 관하여 자기 제자들에게 증언한다. "예수께서 지니신 권위는 하늘로부터 온 것이다. 만일 하늘에서 주신 바 아니면 사람이 아무 것도 받을 수 없다. 너희들도 이를 증언해야 한다. 그는 흥하여야 하겠고 나는 쇠하여야 하리라"고. 세례 요한은 겸손했다. 자신의 몰락을 예견하였고 이를 묵묵히 받아들였다. 그는 내심 예수가 메시야이기를 바랐을 것이다. 그리고 세례 요한은 그리스도의 탁월성을 증언하는 자신의 평소의 신학적 명상을 '위로부터 오시는 이' 또는 '하늘로부터 오시는 이'에 관한 설명으로 요약하여 자기의 제자들에게 소개하였다(요 3:31-36).

5) 세례 요한의 투옥(마 4:12, 막 6:17-18, 눅 3:18-20)

세례 요한과 예수가 공개적으로 동시에 등장하여 사역하고 있을 때(AD 27), 헤롯 안디바(BC 4-AD 39)는 갈릴리 지방과 베레아 지방(요단강 동편)의 분봉왕이었다. 그는 나바티안(Nabatean: 아라비아) 왕국의 공주와 결혼하였으나 그녀와 이혼하고 이복형(헤롯 빌립)의 아내 헤로디아와 다시 결혼하였다. 세례 요한은 헤롯 안디바가 형제의 아내를 취한 것은 옳지 않다(레 18:16)고 책망하였다. 이에 헤롯이 세례 요한을 옥에 가두어버렸다. 그는 이후 계속 옥에 있다가 헤롯 안디바에 의해 죽게 된다(막 6:17-29). 이와 같이 세례 요한의 사역기간은 옥중생활 기간을 제외하면 1년을 넘지 않은 것으로 보인다. 세례 요한의 투옥으로 그의 제자들이 예수에게로 이동하게 된다.

6) 예수께서 갈릴리를 향해 유대를 떠나심(마 4:12, 막 1:14, 눅 4:14, 요 4:3)

① 예수의 8개월 동안의 예루살렘지방 1차 사역은 예수로 하여금 역사상 어느 누구보다 영향력 있는 인물이 되게 만들었다. 이후 예수께서는 공인으로 화제(話題)의 인물로 대중에게 완전히 알려졌다. 특히 성전정화 사건은 결국 유대교 지도자들(특히 사두개파)로부터 예수에 대한 분개심을 촉발시켰다. 유대교 지도자들은 독기 가득한 눈으로 예수를 바라보기 시작하였다. 예수께서도 이를 감지하고 계셨다. 그럼에도 그는 누구에게 의탁하거나 아니면 도피하거나 또는 은둔하지도 않고 공개적으로 활동하셨다.

② 예수께서는 초기에는 바리새인들로부터는 세례 요한에 비하여 어느 정도 호감을 받기도 했다. 그것은 세례 요한은 바리새인과 사두개인들을 싸잡아 "독사의 자식들아 누가 너희를 가르쳐 임박한 진노를 피하라 하더냐"고(요 3:7) 외쳤으나, 예수께서는 성전에서 장사치들을 추방하며 안식일을 엄격히 준수하는 등 바리새인들의 비위에 맞는 활동도 하셨기 때문이다. 그런데 예수께서 제자를 삼고 세례를 베푸시는 것이(실제는 제자들이 세례를 베풀었다), 세례 요한보다 많았다. 이에 세례 요한은 예수로부터는 떨어진 다른 지역에서 세례를 베풀었다. 이러한 모습은 바리새인들에게 세례 요한의 제자들과 예수의 제자들 간의 경쟁관계 또는 갈등관계로 비쳐질 수 있었다. 바리새인들은 이 소식을 들었고 예수께서도 예수의 세례가 요한의 세례보다 많다 하는 말을 바리새인들이 들은 줄을 아셨다(요 4:1).

③ 세례 요한이 투옥되는 사태가 발생하였는데, 이 사건은 예수께 적지 않은 충격을 주었음이 틀림없다(마 4:12, 막 1:14).

이상과 같은 복합적 사건들이 예수로 하여금 선교지역을 갈릴리로 옮기려는 결심을 하게 하였다. 그는 예루살렘을 떠나 갈릴리로 향하였다(요 4:3). 때는 그해 12월(수전절)이었다. 예수의 유대지방 1차 사역은 이 시점에서 끝났다. 이미 언급했지만 공관복음 기자들은 위와 같은 예수의 유대지방 1차 사역은 물론 앞으로 설명하게 될 유대지방 2차 사역에 관하여도 기록을 생략하고, 곧바로 갈릴리 사역부터 기록하고 있다. 그러므로 유대지방 1차와 2차 사역에 대한 기록은 사도 요한(복음)만이 전하고 있는 것이다.

7) 사마리아 여인과의 만남 / 생수 강화(요 4:5–42)

유대지방에서의 사역은 아니지만 유대지방에서 갈릴리지방으로 가는 도중에서의 사건이므로 유대지방 사역에서 설명된다.

① 예수께서는 유대(예루살렘)를 떠나 갈릴리를 향하여 가실 때 요단강을 넘어가는 우회의 길을 택하지 않고 유대인들이 싫어하는 사마리아를 경유하는 직행 길을 택하셨다.

예수께서는 제자들과 함께 사마리아 지경에 이르러 수가성에 있는 야곱의 우물가에서 한 사마리아 여인을 만난다. 제자들은 먹을 것을 사기 위하여 동네로 갔고 예수는 그녀와 대화를 한다.

② 예수께서 물을 좀 달라는 말로부터 대화가 시작된다. 예수는 야곱의 우물 물과 자신의 생수를 대조시키면서, 우물의 물은 반복되는 갈증을 막을 수 없고 육적인 만족만을 채울 수 있을 뿐이지만, 자신이 주는 '생수'를 마시는 자는 영원히 목마르지 아니할 것이며 또한 그 속에서 영생하도록 솟아나는 샘물이 되리라고 말씀하셨다.

여기에서 생수는 생명이 넘치는 복음 그리고 그를 믿는 자들이 받을 성령의 도우심을 의미한다(요 7:38-39a). 그것은 하나님께서 거저 주시는 것이며(사 55:1), 인간의 영으로 하여금 새로운 힘을 얻게 하며, 우리의 영적 갈증을 해결해주며(계 22:17), 우리의 죄를 씻어주기 때문이다(딛 3:5). 그리하여 생수는 결국 예수의 신성(divinity)을 계시한다.

이 때 그녀는 그 물을 자기에게 주어 자기로 하여금 다시는 물을 길으러 오지 않도록 해주기를 청했다.

③ 예수께서는 그녀의 부도덕한 행위를 지적하셨다. 랍비들은 여자가 두 번 이상(특별한 경우는 최대 세 번까지 허용됨) 결혼하는 것을 금했다. 따라서 이 여자가 다섯 번이나 결혼을 했고, 현재 결혼도 하지 않은 채 또 다른 남자와 산다는 것은 지극히 부도덕한 행위였다. 예수는 그녀의 이러한 삶을 지적하심으로써 그녀로 하여금 죄를 자각하고 구원의 필요성을 깨닫게 했다. 이 때 그녀는 "당신은 선지자로소이다"라고 고백했다(요 4:19).

④ 이번에는 그녀가 예배장소에 관하여 질문하였다. 자기의 조상들은 이 산에서 예배를 드렸는데 당신들의 말은 예루살렘에서 예배를 드리라고 하는 바 그 이유가 무엇이냐는 것이다. 사실

사마리아 사람들은 이 산(사마리아의 산)에서 예배를 드렸던 역사와 관습이 있다. 즉 여호수아가 가나안을 정복할 때 모세의 유언에 따라 이스라엘(백성)은 가나안을 정복하는 순간 사마리아의 그리심 산에서 율법을 선포하였다(수 8:33-34). 동시에 이스라엘 공동체는 이곳에서 예배를 드렸다. 이후 사사시대 동안 이스라엘 공동체의 예배는 북쪽의 중앙성소(세겜, 벧엘 등)에서 계속되었다. 그리고 (북)이스라엘을 세운 여로보암 1세는 (북)이스라엘 백성의 예루살렘 성전 순례를 차단하기 위하여 사마리아의 벧엘 등에 제단을 세우고 그곳에서의 예배를 강요해왔다(왕상 12:26-29). 헬라제국 시대에 이르러서는 '사마리아 교단'이 예루살렘 교단으로부터 독립하였고, 이후 이 교단은 사마리아의 산을 그들의 독자적 예배장소로 지켜왔기 때문이다. 그러나 유대인의 전통적 성전은 예루살렘 성전이다. 따라서 정통성을 주장하는 (남)유대인들은 역사적으로 사마리아 성전을 인정하지 않았다.

그러나 예수께서는 예배는 장소의 문제가 아니고 예배의 정신, 즉 예배하는 자들이 영과 진리로 예배하는 것이 중요하다며, 예배의 기본정신을 설명하셨다(요 4:24). 그때 그녀는 메시야 곧 그리스도가 오시면 모든 것이 밝혀지리라고 토로한다. 예수께서 "내가 그로라" 말씀하심으로써 사마리아 여인과의 의미 깊은 대화는 끝이 난다.

⑤ 사마리아 여인의 예수님 인식 과정이 흥미롭다. 먼저 이상한 유대인에서 선지자로, 선지자에서 메시야로 발전해 나갔으며, 예수님을 메시야로 받아들이고 수가 성 사람들에게 전파하기에 이른다.

그리고 여인의 증거로 수가 성 사람들이 예수님을 받아들였으며, 성 사람들의 요청으로 예수께서는 이틀을 머무시면서 하나님 나라의 복음을 전하셨다(요 4:39-40).

⑥ 이때가 그 해 12월경이었다. 그것은 사마리아 지역의 추수 시기는 4월쯤이고 예수께서 넉 달이 지나야 추수할 때라고 말씀하셨기 때문이다(요 4:35).

3. 갈릴리지방 1차 사역(AD 28년 1–4월)

예수께서는 30세가 되시던 해(AD 27), 즉 공생애의 첫 해 12월(수전절)에 갈릴리를 향해 예루살렘을 떠나셨다(마 4:12, 막 1:14, 눅 4:14, 요 4:1, 35). 그리고 그 해(AD 27) 12월에 갈릴리에서 사역을 시작하셨다(요 4:46, 갈릴리지방 최초 사역). 갈릴리지방에서의 사역은 그 다음 해(AD 28, 31세)의 유월절(4월, 예수의 공생애 두 번째의 유월절)까지 계속되었다(약 4개월, 요 5:1). 이와 같이 예수께서 갈릴리지방에서 최초로 수행하신 약 4개월간의 사역을 우리는 갈릴리지방 1차 사역이라 부른다.

갈릴리에 이르러 왕의 신하를 원격 치유하며, 고향 나사렛에서 배척당하시고 가버나움으로 이사하셨다. 가버나움을 이 지역 사역의 중심지로 결정하신 후 4명의 제자를 선택하시고, 두루 다니시며 순회사역을 하셨다.

이미 말한 바와 같이 공관복음서 기자들은 유대지방 1차 사역을 언급하지 않는다. 그리고 그들은 지금부터 설명되는 '갈릴리지방'1차 사역을 예수의 공생애 첫 번째 사역으로 기록하고 있다.

1) 왕의 신하의 아들을 원격 치유(요 4:46-54)

예수 일행은 사마리아를 경유하여 갈릴리로 들어가 가나에 이르렀다. 예수께서 오셨다는 소문이 사방에 퍼졌다.

갈릴리지방 가나 동네에 헤롯 안디바 왕의 신하 한 사람이 살고 있었다. 가나는 나사렛 가까운 곳에 있으며 작년에 예수가 혼인잔치에서 최초로 이적을 행하셨던 곳이다. (헤롯 안디바 왕의) 신하의 아들이 가버나움에서 병들어 죽게 되었다. 왕의 신하는 예수께서 오셨다는 소문을 듣고 즉시 예수께 쫓아가 "청하되 내려오셔서 내 아들의 병을 고쳐 주소서"라 요청하였다. 왕의 신하의 요청을 받은 예수께서는 그의 믿음을 높이 평가하시고 가버나움까지 가시지 않고도 가나에서 "가라 네 아들이 살았다"는 말 한 마디로 그의 아들을 치유하셨다(원격 치유). 이 이적은 갈릴리지방에서 행하신 그의 두 번째 이적이었다(첫 번째는 가나 혼인잔치). 마태(마 8:5-13)도 이와 비슷한 사건에 관한 기록을 남겼다. 그러나 마태의 경우 주인공(백부장의 종)과 전후 사건의 순서에 차이가 있기 때문에 별개의 사건으로 보아야 한다.

2) 고향 나사렛에서 배척당하심(눅 4:16-30, 요 4:44) (1차 배척)

예수께서 갈릴리에 오셔서 친히 여러 회당에서 가르치시니 사람들로부터 칭송을 받았다. 그러나 자신의 고향인 나사렛에서는 배척당하셨다. 사실 예수께서 태어나신 곳은 베들레헴이지만 애굽으로 피신하였다가 나사렛으로 와 이곳에서 정착하였기 때문에 나사렛을 예수의 고향으로 본다.

(1) 메시야 시대의 도래를 선포(눅 4:16-21)

그는 그가 자란 곳 나사렛에 이르러 안식일에 다른 장소에서도 하시던 대로 회당에 들어가 강단에 서자 회당장(사회자)이 그날 강론할 성경(선지자의 글)을 펼쳐 주었는데 그것은 이사야에 기록된 다음의 말씀이었다.

"주의 성령이 내게 임하셨으니 이는 가난한 자에게 복음을 전하게 하시려고 내게 기름을 부으시고 나를 보내사 포로 되었던 자에게 자유를 눈먼 자에게 다 보게 함을 전파하며 눌린 자를 자유롭게 하고, '주의 은혜의 해'를 전파하게 하려 하심이라"(사 61:1-2, 눅 4:18).

여기에서 '주의 은혜의 해'는 레위기에 나오는 희년(禧年: Year of Jubilee)을 가리킨다. 희년은 7년마다 도래하는 안식년을 7번 지나고 맞이하는 50번째의 해를 말한다(7×7=49년, 49+1=50년. 레 28:8). 유대인에 있어 50년마다 도래하는 희년은 노예의 해방, 잃었던 땅의 회복 등이 있는 해방의 해이며 자유의 해였다. 예수께서 이 말씀을 읽으시고 이 글이 오늘 너희 귀에게 응하였다고 말씀하셨다. 이는 메시야 시대(초림 시부터 재림 시까지)가 도래하였음을 선포하는 것이었다. 나사렛 사람들은 기뻐하였다.

(2) 그들이 예수에 대한 비하의 생각을 품다(눅 4:22)

그러나 나사렛 사람들은 그의 말에 놀라움을 금치 못하면서도 "이 사람이 요셉의 아들이 아니냐? 네가 남의 병을 고치는 의사이면 네 병부터 고치라. 네가 만일 메시야라면 우리의 들은 바 가버나움에서 행한 기적들을 네 고향인 여기서도 해보라."라는 예수에 대한 비하의 생각을 품고 있었다.

(3) "선지자는 자기 고향에서 환영을 받는 자가 없느니라"(눅 4:25-27)

그들의 생각을 아신 예수께서는 다음과 같은 두 가지 말씀을 하셨다.

첫째 이야기는 선지자는 자기 고향에서 환영을 받은 일이 없다는 것이었다. 두 번째 이야기는 엘리야시대 3년 반의 흉년 중 많은 과부들 가운데 오직 시돈 땅(이방 땅)의 과부 사렙다만이 엘리야의 도움을 받았으며, 엘리사시대 많은 나병환자들 가운데 오직 수리아(시리아: 이방 땅) 사람 나아만만이 나병의 치유를 받았다는 것이다.

특히 두 번째 말씀은 이방 땅 사렙다 과부는 흉년의 어려움 중에서도 하나님의 도우심을 받을 수 있었지만 이스라엘의 과부들은 흉년의 어려움을 혹독하게 겪어야 했던 것처럼, 또한 이방 땅 수리아인 나아만은 나병을 고쳤지만 이스라엘 나병환자들은 고침을 받지 못하고 사회에서 버림을 받아야 하는 것처럼, 불신앙의 이스라엘 사람들은 하나님으로부터 버림을 받을 것이라는 언급이다. 이는 또한 하나님의 은혜를 거부한 나사렛 사람들 대신에 이방인이 주의 은혜의 해, 구원의 해, 희년의 해를 누리게 될 것을 비유한 말이었다.

이는 나사렛 사람들을 빗대어 하는 말씀임이 분명하였다. 회당 참석자들은 이 말씀을 듣고 크게 분개하였다. 그를 동네 밖으로 끌고 가 낭떠러지에서 죽이려고까지 했다. 예수와 그 가족은 가버나움으로 이사할 수밖에 없었다. 이것이 고향에서 겪은 첫 번째의 배척이다.

〈회당예배의 순서〉

① 찬양으로 개회

② 기도

③ 회중의 쉐마(Shema: 들으라) 교독(신 6:4-9, 민 15:37-41)

④ 한 회원이 18개(조) 기도문 낭송(회원은 아멘 회답)

⑤ 회당장이 선지자의 글(모세오경)을 임의로 선택하고 펼쳐 놓는다.

⑥ 낭독(유대인 남자는 누구나 앞으로 나가 읽을 수 있다).

⑦ 낭독이 끝나면 낭독된 본문에 대한 해석과 설교, 권면이 이어지는데, 유대인 남자는 지명에 의해 설교하고 권면할 권리를 갖는다. 그러나 예수께서는 지명 없이 설교하고 가르쳤다. 하지만 사도 바울은 지명되어 설교하고 가르쳤다(눅 4:20-21, 행 13:15).

3) 가버나움을 갈릴리지방 사역의 중심지로(마 4:13-17, 눅 4:31-44)

나사렛의 배척은 예수로 하여금 그곳을 떠나게 만들었다. 그는 공생애 준비기에 가버나움을 사전답사한 바 있다. 그는 이번 일로 나사렛에서 납달리 지경 해변에 있는 가버나움으로 이사하였다(장소는 베드로의 집으로 추정한다). 그리고 가버나움을 이후 갈릴리지방 사역의 전초기지(선교 중심지)로 삼았다. 마태(복음 기자)는 이 사실을 오랜 예언의 성취로 보았다(사 9:1-2).

4) 4명의 제자 선택(마 4:18-22, 막 1:16-20, 눅 5:1-11)

-베드로, 안드레, 야고보, (사도)요한-

① 예수께서 갈릴리 해변에 다니시다가 두 형제 곧 베드로라 하는 시몬과 그의 형제 안드레가 바다에 그물을 던지는 것을 보시니 그들은 어부였다. 예수가 말씀하셨다. "나를 따르라 내가 너희를 사람을 낚는 어부가 되게 하리라"고. 그들이 곧 그물을 버리고 예수를 따랐다.

예수께서 거기서 더 가시다가 다른 두 형제 곧 세베대의 아들 야고보와 그의 형제 요한이 배에서 그물 던지는 것(씻는 것)을 보고 부르시니 그들도 예수를 따랐다. 이상은 마태의 기록(마태복음)에 의한 설명이다.

② 그런데 사도 요한의 기록(요한복음)에 의하면 4명 중 안드레와 시몬 베드로 그리고 사도 요한은 이미 유대지방 1차 사역 때 세례 요한의 부름을 받았다. 따라서 이들은 첫 유월절 때 벌써 예루살렘에서 세례 요한과 함께 있었던 자들이다. 그런데 그들이 지금은 갈릴리에서 고기를 잡고 있다. 그들은 아마 생업을 유지해야 했을 것이다. 그러므로 그들은 요한의 전임적(專任的) 제자는 되지 않았던 것 같다.

예수께서 이제는 그물을 버리라고 촉구하셨다. 그들은 마침내 예수의 전임적 제자로의 전업(轉業)을 결심하였을 것이다.

5) 가버나움에서 첫 안식일에 병을 고치심

(1) 귀신 들린 자를 고치심(막 1:21-28, 눅 4:31-37)

예수께서 가버나움에 이사한 후 첫 안식일에 회당에 들어가 가르치니 뭇 사람이 그의 교훈에 놀랐다. 마침 그들의 회당에 귀신 들린 사람이 들어와 소란을 피우므로 예수께서 그를 치유하셨다. 예수께서 가버나움으로 이사하신 후 행하신 첫 사역이었다. 예수의 소문이 갈릴리 온 지방에 퍼졌다.

(2) 베드로 장모의 열병을 고치심(마 8:14-17, 막 1:29-34, 눅 4:38-41)

예수께서 베드로의 집에 들어가 그의 장모가 열병으로 앓아누운 것을 보셨다. 예수께서 그의 손을 만지시니 열병이 떠나가고 여인이 일어나서 예수께 수종을 들었다. 사람들이 귀신들린 자를 많이 데리고 예수께 오거늘 예수께서 말씀으로 귀신들을 쫓아내시고 병든 자들을 다 고치셨다.

6) 천국 복음의 선포(마 4:17, 막 1:15, 눅 4:43, 요 3:3)

이때부터 예수께서 비로소 하나님의 나라를 선포하셨다.

"회개하라. 천국이 가까이 왔느니라" 하셨다(마 4:17).

"때가 찼고 하나님의 나라가 가까이 왔으니 회개하고 복음을 믿으라"(막 1:15).

이와 같이 예수께서 최초로 복음을 공개적으로 선포한 장소는 갈릴리였고 선포의 제일성(一聲)은 '하나님 나라'였다. 이후 '하나님 나라'는 예수의 복음 선포의 주제가 되었다(cf. 본서 제2편 제1장 제2절의 1).

7) 나병환자의 고침과 그 반응(마 8:1-4, 막 1:40-45, 눅 5:12-16)

예수께서 한 동네에 와 계실 때 전신 나병환자가 예수를 보고는 엎드리며 병고쳐주기를 간구하였다. 예수께서 손을 내밀어 그에게 대시며 "내가 원하노니 깨끗함을 받으라" 하시니 나병이 곧 떠났다. 예수께서 그에게 아무에게도 말하지 말고 오직 제사장에게만 보이되 모세가 명한 예물을 드려 그들에게 입증하라 경고하며 말씀하셨다.

나병은 유대인들에게 죄의 결과를 상징하는 가장 금기시되는 질병이었다. 나병환자는 비록 하나님의 저주받은 자로 정죄되지는 않더라도 가장 기본적인 인간으로서의 생활권을 박탈당한 채 공동체 밖으로 내쫓겨 소외되었다(레 13:1-14:57). 그런데도 예수께서 이런 나병환자에게 관심을 갖고 치유해주신 것은 예수님은 어떠한 병도 고치실 수 있는 능력이 있음과 예수님은 나병환자 즉 영적으로 볼 때 죄에 빠져 신음하는 자에게 더 큰 관심과 애정을 가지셨음을 보여준다.

이 소문은 곧 퍼지고 수많은 무리가 병 고침을 받고자 몰려들었다. 예수께서는 한적한 곳으로 물러가 기도하셨다.

〈최초의 순회사역〉 (마 4:23-25, 막 1:35-39, 눅 4:42-44)

가버나움으로 오신 후 얼마동안은 가버나움 중심으로 사역하셨다. 그리고는 온 갈릴리를 두루 다니며 그들의 회당에서 복음을 전하는 순회사역으로 사역의 방향을 바꾸셨다(마 4:23).

8) 지붕을 뚫고 내려온 중풍병자 치유(마 9:1-7, 막 2:1-12, 눅 5:17-26)

예수의 가버나움에서의 치유 소식은 금방 두루 퍼졌다. 그 후 어느 날 네 사람이 한 중풍병자를 들것에 메고 예수께 왔는데 무리가 많아 예수께 접근할 수 없으므로, 그 집의 지붕을 뜯고 구멍을 통해 중풍병자를 예수께 데려왔다. 이때 예수께서 그들의 믿음을 보시고 "작은 자야 네 죄 사함을 받았느니라" 하시고 그를 치유하셨다.

① 예수의 말씀을 듣고 있던 어떤 서기관과 바리새인들이 마음속으로 예수의 이와 같은 말은 하나님 한 분 밖에는 누구도 할 수 없는 말이고, 따라서 이는 명백하게 신성모독에 해당한다는 생각을 하고 있었다. 예수께서는 곧 이를 아시고 죄 사함의 권세가 인자(人子) 자신에게 있음을 그들에게 보여주기 위하여 병자에게 "일어나 네 들것을 가지고 집으로 가라"고 명하셨다. 그가 즉시 일어나 그대로 행하였다.

② 하나님 한 분 외에 죄를 사할 분이 없다는 그들의 생각은 옳다. 그러나 그들은 아직도 예수님(인자)과 하나님이 동등한 분이라는 사실은 깨닫지 못하고 있음을 보여준다.

③ 예수의 병 고치는 이적은 서기관과 바라새인들의 질시(嫉視)를 불러일으키기에 충분하였고, 이때부터 그들의 시기는 더욱 커갔다(눅 5:21).

9) 레위 마태를 부르다(눅 5:27-28, 마 9:9, 막 2:14)

마태는 본래 가버나움 세관에서 근무하는 세리(publician)였다. 그의 본명은 레위이다. 예수께서 갈릴리 바닷가에 가시다가 세관에 앉아 있는 알패오의 아들 레위를 발견하였다. 예수께서 그에게 "나를 따르라" 하시니 그가 즉시 일어나 예수를 따랐다. 그는 예수의 제자가 되었다.

당시 세리는 유대인들로부터 창녀나 다름없는 죄인취급을 받았다. 그럼에도 마태가 예수의 제자 중 한 사람이 된 것은 파격적인 사건이다. 이는 천국시민과 주의 제자가 될 수 있는 자의 범위와 자격을 밝히는 것이다. 천국시민의 범위는 무제한적이다. 즉 사회적으로 멸시 천대받던 자도 천국시민이 될 수 있다. 또한 치료하시는 예수의 영적 치유를 깊이 사모하는 자, 자신의 부족과 죄악을 통감하는 자는 누구나 주의 제자가 될 수 있다는 것을 보여주는 사건이다. 제자 마태는 결국 마태복음의 저자가 되었다.

10) 금식 논쟁 / "새 포도주는 새 부대에"(눅 5:33-39, 마 9:14-17, 막 2:18-22)

예수께서 세리인 마태를 제자로 부르심으로 마태가 예수와 함께 기쁨의 잔치를 벌였다. 이를 보고 바리새인과 서기관들이 문제를 삼았다. 그들은 먼저 "너희가 어찌하여 세리와 죄인과 함께 먹고 마시느냐"고 비방하였다. 그리고는 또 다시 "요한의 제자들은 자주 금식하며 기도하고 또한 바리새인의 제자들도 그리하는데 당신의 제자들은 어찌하여 먹고 마시느냐"고 질문하였다.

사실 세례 요한의 제자 중 예수를 따르지 않는 제자들이 있었으며 이들은 금식의 관습을 지키고 있었다.

유대인들은 속죄일 전날 같은 날은 금식일로 지켰으므로, 바리새인과 서기관들의 이러한 질문은 예수의 제자들이 이 관습을 지키지 않은 것을 지적한 것으로 보인다.

① 예수는 그들의 질문에 대하여 두 가지로 비유를 들어 답변하였다. 첫 번째는 당시 유대인의 혼인 풍습을 비유로 들었다. 즉 당시 유대인의 혼인잔치는 일주일 동안 계속되었다. 따라서 신랑 친구들의 임무는 마지막 잔칫날 밤에 신랑을 신방으로 인도해 준 후에야 끝이 나는데, 그동안 그들은 비록 금식기간이 닥치더라도 금식할 필요가 없다. 예수께서는 이러한 당시 풍습을 비유로 들어 자신은 '영적 의미에서 선택된 백성의 신랑'이므로 그의 제자들은 그 신랑의 등장을 축하하는 의미에서 신랑과 함께하는 동안은 금식할 필요가 없다는 말씀을 하신 것이다. 그러나 그들이 예상하지 못하였지만 신랑을 빼앗길 날이 오면 그때는 비로소 교회가 금식해야 할 것이었다.

② 두 번째 비유의 답변은 "새 옷 조각은 새 옷에, 그리고 새 포도주는 새 부대에"라는 유명한 비유였다(개혁주의의 명제). "새 옷 조각을 새 옷에"라는 말은 새 옷 조각을 헌 옷에 붙이면 새 옷 조각마저 버리게 된다는 뜻이다. "새 포도주는 새 부대에"라는 말도 역시 유대인의 풍습과 관련이 있다. 유대인들은 동물의 가죽을 포대(부대)로 만들어 포도주를 담았다. 낡은 가죽 부대는 탄력성이 약하므로 발효력이 강한 새 포도주를 넣으면 감당하지 못하고 터져버린다. 그러므로 이 비유에서 새 옷 조각과 새 포도주는 그리스도의 복음정신을 말한다.

③ 이 비유는 요컨대 유대교의 형식주의적 외식(外飾)과 종교체제(헌 옷과 헌 가죽 부대)로서는 생명력이 넘치는 그리스도 복음의 정신(새 옷 조각과 새 포도주)을 감당할 수 없음을 지적한 것이다.

예수께서는 공생애 두 번째의 유월절이 다가오자 갈릴리를 떠나 예루살렘으로 가셨다. 그러므로 이 시점에서 갈릴리지방 1차 사역은 끝났다.

4. 유대(예루살렘) 지방 2차 사역(요 5:1–47) (AD 28년 4–5월?)

① 유대지방 2차 사역 역시 요한복음만 기록하고 있다. 즉 공관복음에는 이에 관한 기록이 없다.

예수의 공생애 두 번째 해(31세, AD 28) 유월절(4월)에 갈릴리를 떠나 예루살렘에 다시 오시고(요 5:1), 이곳 예루살렘에서 4월부터 두 번째 사역을 시작하셨다. 우리는 이를 유대지방 2차 사역이라 부른다.

② 예수께서 이곳에서 얼마 동안 사역하셨는지는 모른다. 그런데 요한(요한복음 기자)은 예수께서 예루살렘에 오셔서 베데스다 연못가의 38년 된 병자를 치유하시고, 이 사건과 관련하여 유대인들과 자신에 대해 신성 논쟁을 하셨던 사건만 기록하고 있다(요 5장). 이번 예수의 예루살렘 방문은 유월절 명절 참석이 주목적이었을 것이다. 특히 이때 유대인들과의 격렬했던 안식일 논쟁은 예수를 예루살렘에서 속히 떠나게 하였을 것이다. 따라서 예수의 유대지방 2차 사역은 단기간에 마치신 것이 분명하다. 아마 유월절(4월)에 단기(1개월?)로 사역을 마치고 곧 갈릴리지방으로 다시 가셨을 것이다(추정). 때문에 우리는 이곳에서의 2차 사역기간이 1개월 정도(4-5월)였던 것으로 본다.

〈두 번째 유월절〉

성경은 "그 후에 유대인의 명절이 되어 예수께서 예루살렘에 올라가시니라"(요 5:1)고 기록하고 있다. 따라서 유월절이라는 표현은 없다. 그러나 요한복음 2:13에 유월절 기록이 나오고 요한복음 6:4에서 또 다시 유월절 기록이 나오는데, 그간의 예수 사역의 시공적(時空的) 순서로 보아 그 중간에 또 다른 유월절이 있어야 한다. 요한복음 5:1의 유대인 명절을 공생애 두 번째 유월절로 보는 이유가 여기에 있다. 그러나 오순절로 보는 견해도 있다.

1) 38년 된 중풍병 환자 치유(요 5:1–47) / 안식일 논쟁(1차)

(1) '안식일'에 베데스다 연못가 38년 된 중풍병 환자를 치유하셨다(요 5:1-18)

예수께서는 공생애 두 번째 유월절에 갈릴리에서 예루살렘으로 올라오셨다. 그리고 안식일에 양문(羊門) 곁 베데스다 연못가를 거닐었다. 그 때 연못가의 행각 안에 많은 병자들이 누워서 물의 동함(動: 움직임)을 기다리고 있는 광경을 보셨다. 38년 된 중풍병자를 발견하시고 "네가 낫고자 하느냐" 물으셨다. 그는 돕는 사람이 없어 천사가 나타나는 시간에 연못에 들어가지 못한다고 대답했다. 예수께서 사정을 들으시고 "일어나 네 자리를 들고 걸어가라" 말씀하시니 그 사람이 자리를 들고 걸어갔다. 그 사람은 병 고침을 받았다. 유대인들이 이 사실은 알고 안식일에 일을 한 것(병 고치는 것)은 율법(장로들의 유전)을 범한 것이라 하여 예수를 박해하였다. 예수께서는 "내 아버지께서 이제까지 일하시니 나도 일한다" 하시며 그들의 비난을 일축하셨다.

구약에 의하면 예루살렘 성전에 들어가 죄를 회개하고 제사장의 축복을 받은 사람만이 구원을 받을 수 있었다. 장애인은 성전에 들어가지 못하기 때문에 구원을 받을 수 없었다. 유대인은 장애가 죄 때문에 생기는 것이라고 믿었기 때문이다. 그러나 예수께서는 병자와 장애인의 병을 고쳐주고 그들이 성전에 들어갈 수 있게 했다.

〈베데스다 연못과 양문〉

베데스다 연못은 예루살렘 성의 북쪽 외곽에 있었으며 이 못에서 성전에 바쳐질 양들을 씻은 것으로 전해지고 있다. 양문(sheep gate)은 예루살렘 성의 북(北)문으로 성전에 바쳐질 양들을 들여보내는 문으로 사용되었다.

(2) "안식일인데 네가 자리를 들고 가는 것이 옳지 않다"(요 5:10-16) / 안식일 논쟁

38년이나 된 중풍병 환자가 한순간에 정상인으로 회복되었다는 것은 놀라움 그 자체였다. 그러나 유대인들이 회복된 환자에게 그 경위를 들었을 때 그들이 던진 첫 마디는 "병이 정말로 나았느냐? 누가 병을 고쳤느냐?"는 것이었다. '축하한다'는 말이 아니고 '안식일에 네가 자리를 들고 가는 것이 옳지 않다'는 비난이었다.

① 그들이 이와 같이 비난한 첫째 이유는 그들(장로)의 유전에 비추어 안식일에 자리를 들고 가는 것이 율법에 위배된다고 보았기 때문이다.

율법의 규정(계명)은 안식일에는 아무 '일'도 하지 말라는 선언적 명령이다. 때문에 바리새인들은 율법의 명령을 잘 지키기 위하여 '일의 정의와 범위'에 관한 39개 조항의 특별 규례를 제정하였다(장로들의 유전. 할라카). 이 규례에 의하면 사람들이 집에서 쓰는 깔개를 옮기는 행위도 일을 하는 것으로 해석된다. 따라서 안식일에 자리를 들고 가는 행위는 안식일을 거룩하게 지키라는 계명을 범하는 것이 된다. 이러한 배경에서 그들은 안식일인데 "네가 자리를 들고 가는 것이 옳지 않다"고 비난한 것이다.

② 그들이 비난한 두 번째 이유는 그들의 잘못된 안식일관(觀) 때문이었다. 인간은 아담의 범

죄 때문에 종말이 임하고 구원이 성취될 때까지 땀 흘리며 숙명적으로 일을 해야 하는 존재가 되었다. 그럼에도 하나님께서는 안식일 제도를 주셨다. 그러나 안식일 계명(제4계명)을 지킨다는 것이 '부동의 자세로' 하루를 보내라는 것은 결코 아니다. 그것은 나를 위한 생업을 하루 중단하라는 것이다. 즉 일을 하여 나의 안녕과 행복을 확보하는 삶의 자세를 지양하고, 나의 안녕과 생명이 오로지 하나님께로부터 온다는 신앙고백이 있는 날로 안식일을 지키라는 것이다. 그것은 자기 힘이 아니라 하나님께 의지해 살겠다는 신앙적 결단과 헌신을 의미하는 것이다.

그러나 유대인들은 제4계명을 부동의 자세로 하루를 보내는 것으로 해석하였다. 그리하여 그들은 장로들의 유전을 제정하여 부동의 자세를 벗어나는 행위는 모두 율법을 범하는 것으로 규정하였다.

(3) "내 아버지께서 이제까지 일하시니 나도 일한다"(요 5:17)

그들은 다시 병 고침 받은 사람에게 '네게 자리를 들고 가라 한 사람이 누구냐'고 물었다. 병 고침을 받은 사람은 결국 그가 예수라고 고백했다. 유대인들은 예수께 안식일에 병 고치는 '일'을 행함으로써 안식일 규례를 범하였다며 공격하였다. 이에 예수는 "내 아버지께서 이제까지 일하시니 나도 일한다"고 답하셨다. 여기에서 하나님을 친아버지라 말함으로써 자기를 하나님과 동등으로 삼는 말이 되었다.

예수 답변의 취지는 이렇다. 하나님은 생명의 창조주이고 자신의 창조물을 보존하신다. 즉 하나님께서는 쉬시지 않고(안식일도 없이) 구원사의 사역을 계속하신다. 창조(출생)와 심판(죽음) 등 사역의 중단이 없으시다.

따라서 생명을 창조하신 이가 하나님이시고 그 하나님과 동등한 예수가, 신적 대권의 대행을 위해 안식일에 생명을 보존하고자 병을 고치는데 무슨 문제가 있느냐는 것이다.

2) 예수님의 신성(神性) 증거 / 하나님과의 동등성 증거(요 5:18-47)

"유대인들이 이로 말미암아 더욱 예수를 죽이고자 하니 이는 안식일을 범할 뿐 아니라 하나님을 자기의 친아버지라 하여 자기를 하나님과과 동등으로 여기심이라"(요 5:18).

(1) 유대인들의 반응

그러나 그들은 예수께서 하신 말씀, 즉 예수 자신이 하나님과 동등 된다는 말씀을 이해할 수가 없었다. 물론 하나님께서 이스라엘의 아버지가 되신다는 사실을 잘 알고 있었지만(사 64:8), 그들의 아버지이신 하나님은 초월한 하나님이고 감히 이름조차 함부로 부를 수 없는, 생각만 해도 두렵고 떨리는 분이다. 그런 하나님이 어떻게 '예수의 내 아버지', 즉 '개인적인 아버지'가 될 수 있느냐? 다시 말하면 어떻게 동등 될 수 있느냐는 것이다. 따라서 그들에게는 이와 같은 예수의 발언이 분명한 신성모독으로 들릴 수밖에 없었다. 결국 예수의 말씀을 이해하지 못한 유대인들은 예수를 죽이려 했다(요 5:18).

(2) 하나님과의 동등성 증거 / 예수의 자증(自證) (요 5:19-29)

기득권 유지를 위해 예수의 하나님과의 동등성에 대해 어떤 설명도 받아들이지 않으려는 유대교 지도자들에게 예수는 이를 분명하게 증거할 필요를 느끼셨다. 때문에 자신이 하나님과의 동등성을 스스로 증명하셨다(자증). 즉 아버지와 아들은 서로 비밀이 없으며(요 5:19-20), 아들은 아버지께서 죽은 자들을 부활시키는 일에 함께 참여하고(요 5:21), 심판 사역도 함께 하시며(요 5:22, 30), 모든 사람으로부터 함께 경배를 받으신다(요 5:23)는 것이다.

그러나 예수(그리스도)께서 근본 하나님의 본체이시라는 사실, 그럼에도 하나님과 동등 될 것으로 여기지 않고 종의 형체 곧 사람의 모양으로 오셨다는 사실을 자신들의 현상유지에만 몰두한 유대인들이 이해한다는 것은 실로 불가능한 일이었다.

(3) 하나님과의 동등성 증거 / 예수의 타증(他證) (요 5:30-47)

그들의 생각을 아시는 예수께서는 자신의 말이 자신의 증거에만 근거함이 아니라는 것을 다음과 같이 밝히셨다.

① 아버지께서 아들(그리스도)을 증거하신다. 즉 성부 하나님께서 성자인 자기에 대하여 증거하신다는 것이다(요 5:30-31).

② 세례 요한이 또한 나(그리스도)를 증거한다(요 5:33-35).

③ 예수(그리스도) 자신의 역사(役事)도 아들을 증거한다. 예수께서는 자신이 이미 많은 사역(이적과 표적 등)을 통해 스스로 증거하였다는 것이다(요 5:33-35).

④ 성령이 증거하신다(요 5:37-39).

⑤ 성경(구약)이 자신에 대하여 증거하고 있다(요 5:45-47).

그리하여 예수께서는 자신의 신성(하나님과 동등성)은 하늘과 땅이 증거하는 완전한 진리임을 깨우쳐 주었다. 그럼에도 "너희(유대인들)가 나를 믿지 않을 것이라"고 예수는 부언하였다(요 5:44). 유대지방 2차 사역은 여기에서 끝난 것으로 보인다.

5. 갈릴리지방 2차 사역(AD 28년 6월?-AD 29년 9월)

① 앞에서 본 바와 같이 공관복음서 기자들은 예수의 유대지방 1차 및 2차 사역에 대하여는 언급하지 않는다. 그들은 예수의 공생애는 갈릴리지방 사역에서부터 시작된 것으로 기록하고 있다.

② 예수께서는 공생애 두 번째 유월절의 해(AD 28, 31세) 6월(?)부터, 세 번째 유월절의 해(AD 29, 32세) 9월 즉 초막절(10월) 직전까지, 약 1년 5개월 동안(17개월), 갈릴리지방에서 두 번째 사역을 하셨다(마 12:1-8, 막 2:23-28, 눅 6:1-5). 갈릴리지방에서 두 번째 사역을 하시는 동안 세 번째 유월절의 해에는 예수께서 예루살렘에 올라오지 않으셨다(요 6:4).

③ 그런데 예수께서는 이곳 갈릴리지방에서 이미 1차 사역(4개월 동안)을 하신 바 있다(AD 27년 12월-AD 28년 4월). 따라서 갈릴리지방 두 번째 사역기간에 갈릴리 지방 1차 사역기간 4개월을 더하면 갈릴리지방에서 사역하신 전체기간은 무려 21개월(1년 9개월)이 된다. 그러므로 예수께서는 그의 공생애(3년) 중 유대지방에서보다 갈릴리지방에서 더 오랫동안 사역하였음을 알 수 있다.

④ 그런데 예수께서는 갈릴리지방에서 두 번째 사역을 하시는 도중에 열두 제자를 직접 복음 전도의 현장에 파송함으로써, 제자들을 독자적 전도 훈련에 투입하기 시작했다. 이와 같은 새로운 전도 방식은 지금까지의 전도 방식과는 확연히 다른 것이었다. 그러므로 갈릴리에서 두 번째 사역기간 중 열두 제자를 전도현장으로 파송함으로써 새로운 방식으로 전도를 시작할 때까지의 사역을 갈릴리지방 2차 사역이라 부르고, 그 이후의 사역을 3차 사역이라 구분하여 부르기도 한다. 2차 사역과 3차 사역의 분기시점은 잘 모른다. 본서도 이 구분을 따른다.

1) 갈릴리에서 또 안식일 논쟁

(1) **안식일에 제자들이 밀 이삭을 잘라 먹다**(안식일 논쟁 2차) (마 12:1-8, 막 2:23-28, 3:6, 눅 6:1-5)

갈릴리지방 2차 사역의 첫 사건이다. 안식일에 예수께서 밀밭 사이로 갈 때 동행한 제자들이 시장하여 밀 이삭을 잘라 먹었다(마 12:1). 이 현장을 목격한 바리새인들이 당신의 제자들이 안식일에 하지 못할 일을 한다(안식일 규례를 범한다)면서 예수께 시비를 걸었다(마 12:2).

구약성경에 따르면 이웃 곡식을 낫으로 베어 먹는 것은 금지하고 있으나 손으로 따먹는 것은 허락하고 있다(신 23:25). 그러나 율법에 엄격한 사람들은 이 성경구절을 더욱 엄격하게 해석하여 손으로 따먹는 것마저 안식일에 율법(구전)이 금하는 것으로 해석하였다.

예수께서는 이들의 시비에 대하여 구약의 사례를 구체적으로 들어가며 다음과 같이 반박하셨다.

① 예수께서는 먼저 다윗의 경우를 반박의 근거로 삼으셨다. 즉 구약에는 다윗이 사울의 추격 때문에 사흘 동안 먹지 못하여 기진맥진한 상태에서, 안식일에 성전에 들어가 제사장 외에는 먹어서는 안 되는 진설병(떡)을 제사장으로부터 받아 자신은 물론 동행한 일행도 먹게 한 기록이 있음을 상기시켰다(삼상 21:6).

예수께서 이와 같은 다윗의 경우를 상기시키신 것은, 다윗이 위와 같이 행한 것이 생명의 보존을 위한 것이었다는 것과, 생명의 보존은 율법(구전)의 준수보다 우선하기 때문에 그 행위가 비록 안식일에 행해졌다 하더라도 율법을 범하는 것이 아니라는 것을 말씀하시기 위해서였다.

② 또한 예수께서는 제사장들은 안식일에 성전에서 일을 해도 아무런 제지를 받지 않았던 민수기(민 28:9-10)의 예를 들었다(마 12:5). 제사장들이 안식일에 일을 해도 안식일 규례에 저촉을 받지 않은 것은 바로 그들이 성전 안에서 거룩한 임무를 수행하고 있었기 때문이다. 따라서 이처럼 제사장들이 성전 안에 있음으로 인하여 안식일 규례의 제재를 받지 않았다면, 자기의 제자들은 성전보다 큰 자기 자신(예수)과 더불어 있었기에 당연히 문제가 될 것이 없다는 것이다. 그래서 예수께서는 성전보다 더 큰 이가 여기 있다고 말씀하신 것이다.

③ 끝으로 예수께서는 자신이 안식일의 주인임을 말씀하심으로써 그날의 안식일 논쟁에 종지부를 찍으셨다(마 12:8). 안식일 규례는 하나님께서 시내산에서 모세를 통하여 주신 것이다. 따라서 예수님께서 자신이 안식일의 주인이라고 하신 것은 예수님은 성자로서 성부 하나님과 함께 안식일을 주관하고 결정하심을 선언한 것이다.

따라서 안식일에도 선한 일은 할 수 있으며 그럼에도 이를 태만히 한다면 도리어 죄가 된다는 것이다(눅 6:9).

(2) 안식일에 손 마른 자를 고치다 / 안식일 논쟁 3차(마 12:9-13, 막 3:1-6, 눅 6:6-11)

또 다른 안식일에 예수께서 회당에 들어가시니 한쪽 손 마른(shriveled) 사람이 거기 있었다. 바리새인들이 계획적으로 데려다 놓았는지도 모른다. 바리새인들은 이 기회에 예수를 고소할 증거를 잡으려 벼르고 있었다. 그들은 안식일에 병자를 고쳐 주는 것이 합법적인가에 대하여 예수께 물었다. 예수께서는 반문하셨다. "안식일에 선을 행하는 것과 악을 행하는 것, 생명을 구하는 것과 죽이는 것 중 어느 것이 옳으냐?"고. 이어서 비유의 말씀도 하셨다. "어느 사람이 양 한 마리가 있어 안식일에 구덩이에 빠져 있으면 붙잡아내지 않겠느냐?"고. 그들은 바로 답변하지 못했다. 어떤 답을 택하여도 완벽하지 못하다는 것을 잘 알고 있었기 때문이다. 예수께서 말씀하셨다. "사람이 양보다 얼마나 더 귀하냐? 그런즉 안식일에 선을 행하는 것이 옳으니라"고. 즉 안식일에 행한 일이 선을 행한 것이면 안식일 규례를 범한 것이 아니라는 것이다. 예수께서는 곧 환자에게 손을 펴라고 명하심으로써 회당에 있는 모든 사람들에게 그의 손이 완전히 회복되는 것을 보여주셨다.

이 사건 역시 안식일에 38년 된 중풍병 환자를 치유하신 경우와 같이 예수께서는 어떠한 이유로도 생명의 보존을 저버리게 할 수는 없음을 말씀하신 것이다.

2) 12제자의 확정(막 3:13-19, 눅 6:12-16)

예수께서는 갈릴리지방 2차 사역을 본격적으로 시작하시기에 앞서 사역에 동참할 제자들을 확정하셨다. 그가 이 땅에서 사역하시는 동안 사역을 혼자서 감당하기에는 벅찼다는 것, 그리고 그가 이 땅을 떠난 후에도 누군가가 사역을 계승해서 세계만방에 복음을 전파하여야 하는데, 그 일을 담당할 자는 자신이 이 땅에 있을 때 직접 훈련해 둔 자신의 제자가 가장 적합하리라고 여겼던 것이 제자 확정의 동기였을 것이다(막 3:14-15). 제자들의 수를 12명으로 한 것은 아마도 12지파가 고려되었을 것이다. 예수께서는 12제자들을 임명하시기에 앞서 온 밤을 기도로 새우셨다. 복음서 기자들은 예수께서 제자들을 선택하신 정확한 시기와 순서를 확실하게 기록하지 않고 있다. ① 베드로, ② 안드레, ③ 야고보, ④ 요한, ⑤ 빌립, ⑥ 나다나엘, ⑦ 레위 같은 제자들은 예수 사역의 초기부터 예수와 함께 다녔었다. 이들 명단의 기록 순서는 선택의 순서로 본다. 그리고 나머지 5명의 선택 과정에 대하여는 언급이 없다.

예수의 제자 임명 사건은 선교 및 치유와 더불어 예수의 3대 선교사업의 하나로 중요성을 갖는다.

갈릴리 2차 사역 전까지는 제자들이 이미 확정된 것은 분명하다. 다음의 기록 순서는 마가복음을 따른 것이다.

(1) 베드로(반석, Peter) (마 4:18)

벳새다 사람 요나의 아들이자 안드레의 형제이다. 본명은 시몬이다. 베드로는 예수께서 지어준 이름이고, 게바는 아람어(수리아)식 이름이다(요 1:42). 갈릴리 바다에서 부르심을 받은 어부 베드로는 가족과 생업을 버리고 주를 따랐으며, 12제자 중 수제자로 야고보, 요한과 더불어 주께 친근하였으며, 예수 승천 후에는 예루살렘 초대교회 3대 기둥 중 한 사람이 되었다. 베드로 전후서를 기록하였다. 가톨릭교회에서는 베드로가 로마 교회를 세웠다고 주장하나, 개신교에서는 이를 인정하지 않는다. AD 68년경 로마의 네로 치하에서 순교 당했다고 전해진다.

(2) 안드레(남자다운, Andrew) (요 1:40-42)

요나의 아들이고 베드로의 형제다. 갈릴리 해변 벳새다의 어부로 세례 요한의 제자가 되었다가 선생 요한으로부터 예수 이야기를 듣고 예수를 따랐다. 베드로와 함께 예수의 제자가 되어 일생을 봉사하였다.

(3) (큰) 야고보(발 뒤축을 잡음, James) (마 4:21)

세베대의 아들로 모친은 살로메이다. 사도 요한의 형이고 열두 사도 중 '큰 야고보(James, the Great)'로 호칭된다. 예수께서는 야고보와 요한(동생)을 보아너게(우레의 아들들, 막 3:17)로 불렀다. 아우 요한과 함께 갈릴리 해변에서 어부생활을 하다가 베드로 형제와 함께 예수의 부르심을 받았다. 변화산 사건 때 현장에 있었다. 헤롯 안디바에게 처형당하면서 12제자 중 최초의 순교자가 되었다.

(4) 요한(John) / '사도 요한'

별명은 보아너게(Boanerges: 우레의 아들). 어부 세베대의 아들이며 큰 야고보의 동생이다. 어머니는 살로메로 예수의 어머니인 마리아의 동생이다. 역시 갈릴리 해변가의 어부 출신이다. 요한복음, 요한1, 2, 3서, 요한계시록을 썼고 베드로, 야고보와 함께 예수가 가장 사랑하던 제자 중 하나였다. '세례 요한'과 구분하기 위하여 '사도 요한'으로 더 많이 호칭된다. 후년에는 밧모섬에 유배되었고, 그곳에서 요한계시록을 썼다. 12제자 중 가장 장수하였고 유일하게 자연사하였다고 전한다(AD 100년경).

(5) **빌립**(Philip, 말[馬]을 사랑하는 자) (마 10:3)

갈릴리 벳새다 출신. 나다나엘을 예수께 인도하였으나, 예수님의 말씀을 잘 이해하지 못한 것으로 나타난다(요 6:5, 12:21-22). 초대교회 7 집사 중 한 사람인 빌립과는 다른 사람이다. 그의 이름은 오병이어의 기적과 함께 언급되고 있고 마지막 성찬에도 기록되어 있다. 그는 주로 요한복음에서 언급되는데 사도 요한과 동향인으로 특별한 친분관계였기 때문인 것으로 보인다.

(6) **바돌로매**(Bartholomew) (요 1:45)

나다나엘과 동일시되며, 빌립이 예수를 그에게 소개했을 때 나사렛에서 무슨 선한 것이 날 수 있겠느냐고 반문한 것으로 유명하다(요 1:45). 12 사도 명단에는 언제나 빌립과 함께 기록되어 있다.

(7) **마태**(하나님의 선물, Mathew) (마 9:9)

알패오의 아들로 본명은 레위. 세리(publician)로서 가버나움 세관에서 일하던 중 예수님의 부르심을 받아 곧 주를 따랐다. 마태복음을 기록하였다.

(8) **도마**(Thomas)

요한복음에서는 디두모라는 이름으로 기록되었다(요 11:16, 20:24). 예수의 부활을 의심하다가 그 못 자국을 보고 믿었다. 그러나 이후 예수님을 "'나의 주 나의 하나님"으로 고백했다(요 20:24).

(9) (작은) **야고보**(James The less) (막 15:40)

알패오의 아들. 갈릴리 어부 출신. '작은 야고보(막 15:40)'로 불린다.

(10) (셀롯) 시몬(Simon, Simon the Zealot)

가나나인 시몬으로 또는 셀롯이라는 시몬(마 10:4, 눅 6:15)으로 불렸다. 셀롯은 열심당원을 말한다. 열심당원이 예수의 제자가 되었다는 것은 예수의 제자 선택의 보편성을 보여준다.

(11) 유다(Judas)

마가는 다대오(Thaddaeus)라 불렀고(막 3:18), 누가는 야고보의 아들 유다(Judas Son of James)라 불렀다(눅 6:12). 유다의 아버지 야고보가 누구인지는 알려지지 않았다. 유다서의 저자는 아니다.

(12) 가룟 유다(Judas Iscariot)

예수를 팔아넘긴 자이다. Iscariot은 칼을 품고 다니는 자객이라는 말이다. 당시 독립당원은 그랬다.

〈열두 제자의 아버지들〉

요나는 베드로와 안드레의 아버지이고, 세베대는 (큰)야고보와 요한의 아버지, 알패오는 마태와 (작은) 야고보의 아버지이다.

3) 산상수훈(山上垂訓) (마 5–7장, 눅 6:20–49)

① 예수께서 갈릴리지방 어느 한 산지에서 한 설교인데, 그 내용이 매우 광범하다. 구약 율법이 구약시대 이스라엘 백성이 하나님의 백성으로서 준수해야 할 하나님의 명령이라고 한다면, 산상수훈은 신약시대 이스라엘 백성(유대인)이 하나님 나라 백성으로서 준수해야 할 하나님 나라의 윤리와 헌법, 대강령이라 할 수 있다. 이는 예수님의 탄생과 더불어 예수님께서 이 땅에 하나님 나라의 왕으로서 오셨음을 전제로 한다. 마태복음에서 예수님의 하나님 나라 도래 선포에 이어 곧바로 산상수훈을 기록하고 있다는 사실은 산상수훈이 천국 백성의 강령임을 시사한다.

② 마태가 예수께서 이 교훈을 산상에서 주셨다고 기록하고 있기 때문에, 일반적으로 산상수

훈(설교, the Sermon on the Mount)이라 한다.

한편 누가도 이와 동일한 내용의 설교를 소개하고 있다(눅 6:17-49). 그렇지만 두 설교에는 약간 다른 점이 있다. 우선 마태는 설교 장소를 '산상'으로 소개하지만 누가는 '평지'에서의 설교로 소개하고 있다(눅 6:17). 그래서 누가가 소개하는 설교를 '평지설교'라 부른다. 마태는 그 내용을 한 번에 모두 소개하고 있는데 누가는 여러 곳에 나누어 소개하고 있다. 때문에 이 말씀이 당초부터 나뉘어 전해진 것인지 아니면 하나의 설교를 여러 개로 나누어 전한 것인지 의문을 갖게 한다.

③ 산상수훈은 누가 복 있는 자인가, 누가 하나님 나라의 백성인가, 하나님 나라 백성은 과연 인간의 이상형인가 등 다양한 내용의 교훈으로 구성되어 있다.

〈예수 그리스도의 사역〉

전통적으로 예수 그리스도의 사역은 3대 직무로 설명된다. 이 개념은 칼빈에 의해 처음 확립되었는데, 그는 그리스도(기름부음을 받은 자)라는 칭호에 근거하여 그것을 설명하였다. 즉 구약성경에 의하면 예언자와 제사장 그리고 왕이 그 직무를 맡을 때 기름부음을 받았으므로, 그리스도는 유일한 예언자요 유일한 제사장이요 유일한 왕이시라는 것이다(only prophet, only priest, only king). 이 3대 직무는 모두 그리스도 안에서 완전하게 수행되었다.

(1) 팔복(八福: eight beatitudes)의 선포(마 5:1-16, 눅 6:20-23)

예수께서는 1차적으로 누가 복 있는 사람인가를 선포하신다. 즉 ① 심령이 가난한 자, ② 애통하는 자, ③ 온유한 자, ④ 의에 주리고 목마른 자, ⑤ 긍휼히 여기는 자, ⑥ 마음이 청결한 자, ⑦ 화평하게 하는 자, ⑧ 의를 위하여 박해를 받는 자가 복이 있다는 선포이다. 예수는 이처럼 여덟 가지의 복(팔복)과 그 복의 내용, 복을 누리기 위한 조건을 함께 설명하신다. 팔복은 지상의 일시적 물질과 명예와 쾌락에 관계된 것이 아니라 종말론적 영원한 행복과 관련된 것이며, 팔복의 조건은 하나님을 향한 성실한 성도의 신앙 자세임을, 그 결과는 영원한 천국의 기쁨임을 보여준다.

(2) 소금이요 빛이라(마 5:13-16, 막 9:50, 눅 14:34-35)

"너희는 세상의 소금이니 소금이 그 맛을 잃으면 무엇으로 짜게 하리요… 너희는 세상의 빛이라."

(3) "율법을 완전하게 하려 왔다" / 율법과 복음과의 관계 선언(마 5:17-20)

예수께서는 산상수훈에서 "내가 율법이나 선지자를 폐하러 온 것이 아니라 완전하게 하러 왔으며, 율법은 결코 일점일획도 없어지지 아니할 것이고, 또한 누구든지 율법의 지극히 작은 것이라도 버리거나 그같이 사람을 가르치는 자는 천국에서 작다고 일컬음을 받으리라"고 선언하셨다.

이는 율법과 복음, 율법의 행위와 복음의 믿음 간의 관계에 관한 것으로 매우 중요한 문제에 속한다.

① 먼저 구속사의 전개 과정에서 볼 때, 즉 인간 구속을 위한 섭리역사의 전개 과정에서 볼 때, 율법은 구약시대 계시의 형태이고 복음은 신약시대 계시의 형태이다. 그런데 이 양자는 별개의 것이 아니라 한 분 하나님이 창세 전부터 그리스도를 중심으로 계획하신 것으로, 율법은 복음을 예표하는 그림자였다. 즉 율법의 피 제사 요구는 예수의 십자가 죽음 등을 예고한 것으로 율법의 예고는 모두 복음 속에서 성취되었다.

② 한편 구원의 유효성이라는 관점, 즉 율법과 복음의 목적이 무엇이고 그 기능이 무엇인가 하는 측면에서 볼 때, 율법과 복음은 첨예하게 대조된다. 율법은 죄를 깨닫게 하고 심판을 요구하는가 하면, 복음은 구원을 가져오며, 율법의 요구를 충족시키고, 사랑의 용서를 가져오기 때문이다. 다시 말하면 율법은 죄의 자각과 그에 대한 책임을 각성시켰으나 그에 대한 해결 방법은 제시하지 못했다. 하지만 복음은 하나님의 무조건적인 사랑의 용서, 예수의 희생(십자가 죽음) 실천, 그리고 인간의 믿음을 통한 해결(구원의 방법)을 제시하셨다. 그리하여 율법은 일점일획도 폐지되지 않고 복음 안에서 완성되었다.

③ 예수께서 이러한 복음과 율법의 관계에 대하여 말씀하신 것은, 자신의 율법에 대한 신앙 개혁적 가르침을 종교적 정치적 기득권에 대한 도전으로 간주하는 사람들의 오해를 불식시키고, 율법정신의 승화를 가르치는 예수의 교훈을 빌미로 율법폐기론까지 주장할지도 모르는 일부 방종한 자들을 동시에 경계하기 위해서였다.

(4) "네 오른편 뺨을 치거든 왼편도 돌려 대며" / 동해동량(同害同量) 형벌법의 올바른 이해 (마 5:38-42)

예수께서 산상수훈에서 "너희는 눈은 눈으로, 이는 이로 갚으라 들었으나(신 19:21 등), 나는 너희에게 이르노니 악한 자를 대적하지 마라. 누구든지 네 오른뺨을 치거든 왼편도 돌려대며…"라고 말씀하셨다.

구약은 "네 눈이 긍휼히 보지 말라. 생명은 생명으로, 눈은 눈으로, 이는 이로, 손은 손으로, 발은 발로"라고 기록하고 있다(레 24:20, 신 19:21 등). 구약의 율법은 이와 같은 복수를 정당시하였고, 유대인들은 이를 근거로 반드시 원수를 갚는 것이 하나님의 뜻에 맞는 의로운 행위이며 동해동량 복수법(復讐法)을 그 방법으로 인식하여 왔다. 그러나 예수께서는 무저항주의를 제창하셨다. 악한 자를 대적하지 말고 모두에게 은혜를 끼치며 구걸하는 자를 수용하는 자세로 생활하도록 가르쳤다. 물론 당하고만 있으라는 것이 아니다. 그들에게 관용을 베풀어 사랑으로 그들을 감화시키라는 것이다. 이런 방법이 처음에는 근본적 해결로 보이지 않으나, 사랑은 사랑을 불러일으켜서 근본적 해결을 볼 수 있다는 뜻이다.

(5) "사람에게 보이려고 의를 행하지 말라"(마 6:1-18, 막 7:1-23, 눅 11:1-13)-외식(外飾: hypocrisy)주의에 대한 비판-

"사람에게 보이려고 의를 행하거나 구제를 하지 않도록 주의하라(마 6:1). 구제도 하려거든 은밀하게 하라."

예수께서는 산상수훈에서 외식주의와 형식주의에 사로잡혀 있는 유대인을 비판하셨다. 특히 바리새인과 서기관들은 장로들의 유전을 도구로 유대교의 외식주의와 형식주의를 더욱 강요하고 있었다. 예수께서는 이와 같은 유대교의 적폐를 과감하게 지적하고 책망하셨다.

(6) "너희는 이렇게 기도하라" / 기도의 모범, 주기도문(God's Prayer) (마 6:5-13, 눅 11:2-4)

"하늘에 계신 우리 아버지여 이름이 거룩히 여기심을 받으시오며, 나라가 임하시며, 뜻이 하늘에서 이루어진 것 같이 땅에서도 이루어지이다. 오늘 우리에게 일용할 양식을 주시옵고 우리가 우리에게 죄 진은 자를 사하여준 것 같이 우리 죄를 사하여 주시옵고, 우리를 시험에 들게 하지 마옵시고 다만 악 에서 구하시옵소서 (나라와 권세와 영광이 아버지께 영원히 있사옵나이다. 아멘"(눅 11:1-4).

마태는 예수의 기도에 대한 가르침을 산상수훈(갈릴리지방 전도)에 포함하여 기록하고 있다. 누가는 갈릴리지방 전도 이후 유대지방 전도 때 교훈하신 것으로 설명하고 있어, 두 기자의 설명에는 약간의 차이가 있지만 상호보완적이다.

첫째, 예수께서는 기도의 원리와 모본(模本)을 보여주셨다.

예수께서는 이렇게 기도하라는 유일한 틀(모본)을 만들어주신 것은 아니지만, 기도는 이렇게 하는 것임을 보여주신 것이다(기도의 순서: 아버지를 부름 / 하나님의 은혜에 대한 감사와 찬양 / 죄에 대한 회개와 고백 / 자신의 소망에 대한 간구와 탄원).

둘째, 예수께서는 기도의 형식에 대하여 말씀하셨다. 기도할 때 외식하는 자와 같이 하지 말고 골방에 들어가 은밀하게 아버지께 기도하되 중언부언하지 말라고 당부하셨다(마 6:1-4). 대개의 경우 유대인들은 하루에 세 번 회당에 올라가 기도를 드렸다(행 3:1, 10:9). 이렇듯 처음 의도는 순수했으나 시간이 지남에 따라 외식으로 흐르게 되었다. 즉 일부러 사람들이 보는 앞에서 기도하는 자들이 생겨난 것이다. 그러나 기도는 하나님과 성도간의 대화이자 영적 교제이며 오직 하나님과 자아와의 순결한 만남의 장이다. 그러므로 하나님과의 교제 그 자체가 목적이어야 하고 기도를 통해 명성을 원하는 것은 어리석은 것이다.

셋째, 기도의 결과에 대하여 말씀하셨다. 하나님께서는 구하는 자에게 풍성한 은혜로 갚아 주신다는 사실을 가르쳐주고 있다. 즉 "구하라 주실 것이다. 찾으라 찾을 것이다. 두드리라 열릴 것이다"(눅 11:9-10).

넷째, 한밤중에 찾아온 친구의 비유를 통하여 하나님께 드리는 간구의 결과를 교훈하셨다(눅 11:5-8). 즉 인간의 경우도 강청하면 마지못해서라도 요청에 응하게 되는데 하물며 하나님께서 자신에게 간구하는 사람들에게 더 풍성하고도 은혜로운 응답을 주시지 않겠느냐고 말씀하신다.

다섯째, 금식에 관하여는 이렇게 교훈하셨다. "금식하는 것을 은밀한 중에 네 아버지께 보이게 하고 사람에게 보이려고 하지 말라"(마 6:16-18).

(7) **"재물을 땅에 쌓아두지 말라" / 성도의 경제관**(마 6:19-34, 눅 11:34-36)

① 예수께서는 너희를 위하여 재물을 땅에 쌓아 두지 말라고 말씀하셨다. 재물 즉 돈이란 인간에게 이 땅에서 누릴 수 있는 모든 것을 보장해주는 힘이다. 그러나 여기에 사탄의 치명적인 함정이 있다. 돈은 육적인 삶의 상대적 보장일 뿐 영적 축복의 절대적 보장은 아니다. 많은 사람들은 보이는 재물에 급급하여 당장에 보이지 않는 영적 축복을 소홀히 한다. 이에 대하여 예수는 재물 자체는 악한 것이 아니므로 하늘나라 사업과 연관시켜 선용할 것을 밝힌 뒤 헛된 재물 추구의 악함과 어리석음을 비유를 들어 설명하신다.

② 그리고 결론으로 "목숨을 위하여 무엇을 먹을까, 무엇을 마실까, 몸을 위하여 무엇을 입을까, 염려하지 말라. 그러므로 너희는 먼저 그의 나라와 그의 의를 구하라" 하셨다(마 6:25-34).

(8) 건전한 판단의 기준(마 7:1-6, 눅 6:37-38, 41-42)

예수께서는 비판을 받지 아니하려거든 비판하지 말라 하셨다(황금률).

무비판이 최선은 아니다. 엄정한 비판 기준을 동일하게 그리고 자신에게 먼저 적용시켜야 한다. 특히 성도들은 무지한 혼합주의로 세상과 타협하는 것을 경계하여야 한다.

(9) 이제 행할 것을 선택하라 / 교훈에 대한 실천 명령

예수께서는 산상수훈 끝 부분에 이르러 지금까지 말씀하신 교훈을 앞으로 어떻게 실천할 것인지에 대한 말씀을 하신다.

① "좁은 문으로 들어가라"(마 7:13-14)

교훈의 실천은 어려운 것이다. 우리가 안일한 길이나 세상과의 타협을 추구한다면 우리는 멸망으로 인도되고 말 것이다. 따라서 멸망하지 않고 영생을 얻고자 한다면 비록 좁더라도 생명으로 인도하는 좁은 문으로 들어가라고 말씀하신다.

② 좋은 열매를 맺도록 하라(마 7:15-20)

좋은 열매를 맺도록 하라. 좋은 열매를 맺지 않는 나무는 찍혀 불에 던져지리라.

③ 반석 위에 집을 지으라(마 7:21-27)

나(예수)의 말을 듣고 행하는 자는 그 집을 반석 위에 지은 지혜로운 사람이다.

4) '이방인' 백부장의 하인을 치유(마 8:5-13, 눅 7:1-10)

예수께서 가버나움에 들어가시니 한 백부장(이방인)이 나아와 간구하기를 "주여 내 하인이 중풍병으로 몹시 괴로워하나이다." 했다(마 8:6). 예수께서는 이어서 계속되는 백부장의 겸손한 태도와 믿음을 보시고 "이스라엘 중 아무에게도 이만한 믿음을 만나보지 못하였다. 가라. 네 믿음대로 될지어다." 하시니 그 즉시 하인이 나으니라.

이 사건은 예수의 하나님 나라 전파 사역이 유대인 중심에서 벗어나 이방인에게로 확산되어가고 있음을 보여준다. 또한 예수께서 백부장의 신앙을 유대인들의 신앙보다 높이 평가하신 것은 교회 내에서 이방인의 역할이 확대될 것을 예시하며, 예수를 직접 보지 못하고 전도자를 통해서 복음을 받아들인 이방인 성도들을 크게 고무시켜준다.

5) 나인성 과부의 아들을 살리심(눅 7:11-17)

예수께서 제자들과 함께 나인성(나사렛 부근)의 성문 가까이에 이르렀을 때 사람들이 한 과부의 죽은 아들(독자)의 시체를 메고 나오는 것을 보셨다. 예수께서 과부를 불쌍히 보시고 관에 손을 대심으로 회생시키셨다.

이 사건은 예수께서 메시아이심을 증명해준다. 물론 구약시내에 엘리야가 사렙다 과부의 아들을 살린 사건, 엘리사가 수넴 여인의 아들을 살린 사건, 신약시대에도 베드로가 다비다(도르가)를 살린 사건, 그리고 바울이 유두고를 살린 사건 등이 있지만, 이 모두는 하나님께 기도한 결과 하나님께서 그들을 살려주신 것이다. 그러나 나인성 과부의 경우는 예수께서 자신의 말 한마디로 직접 죽은 자를 살리심으로써 인간의 생사화복을 주관하시는 하나님의 아들 되심을 증거하신 것이다.

6) 세례 요한의 예수관(觀) / 예수의 요한관(觀) (마 11:2-19, 눅 7:18-35)

(1) 세례 요한의 예수관(觀)

① "오실 그 이가 당신입니까?"(마 11:2-3, 눅 7:18-20)

세례 요한이 감옥에 있을 때의 사건이다. 세례 요한의 제자들이 예수께서 행하신 이적들을 목격했다. 그리고 감옥에 있는 세례 요한을 찾아가 그에게 예수께서 행하신 일들을 다 고했다. 이 말을 들은 세례 요한은 자기 제자들을 예수께 보내어 "당신이 오실 메시아인가"라고 예수께 묻게 했다.

이미 설명한 바와 같이 당시의 유대인들은 구약의 예언에 근거하여 메시아의 출현을 대망하고 있었다. 그러나 그들이 대망하던 메시아는 어느 순간에 종말론적으로 지상에 출현하여 다윗의 영원한 왕국(삼하 7:16)을 다시 일으키고 지상의 강력한 왕이 되실 메시아, 즉 다윗 왕국의 복원자, 정치적 군주, 심판자로서의 메시아였다(구약적 메시아관).

물론 세례 요한은 예수의 수세(水洗)시에 성령이 임하는 것을 보고 그가 진정한 메시아이심을 확신하였고, 그와 같은 사실을 제자들과 뭇 사람들에게 증거하였다. 뿐만 아니라 그는 제자들을 포함한 많은 사람들이 예수께로 나아가는 것을 보고서도 예수는 흥하여야 하겠고 자기는 쇠하여야 하리라고 예수를 찬양하였다(요 3:22).

그럼에도 불구하고 세례 요한의 가슴 속에는 아직도 예수에 대하여 구약적 메시야관이 존재하고 있었다. 그는 예수를 메시야로 인정했지만(막 11:9), 메시야의 본질을 잘못 알고 있었다. 때문에 그는 예수께 '당신이 오실 그이' 즉 '메시야냐'인지 물은 것이다.

② "너희가 가서 듣고 보는 것을 요한에게 알리라"(마 11:4-5, 눅 7:21-22)

예수께서 요한의 제자들에게 대답하셨다. "너희가 가서 듣고 보는 것을 요한에게 알리라"고.

이는 자신이 행한 이적과 능력을 통해 구약의 예언이 성취되었고 자신이 메시야임이 증거되었음을 세례 요한에게 전하라는 말이다. 다시 말하면 세례 요한이 선포한 천국의 실체가 곧 자신임을 밝히는 것이다.

③ "나로 말미암아 실족하지 아니하는 자는 복이 있도다"(마 11:6, 눅 7:23)

예수께서는 다시 말씀하셨다. "누구든지 나를 인하여 실족하지 아니 하는 자는 복이 있도다"(눅 7:23)라고.

사실 예수의 대답은 강력한 왕권을 가진 메시야를 기대했던 유대인이나 세례 요한에게는 실망을 줄 만한 것이었다. 이를 아신 예수께서는 자신(예수)으로 인하여 실족하지 않는 것이 복이 있다고 부언하셨다. 이는 지금 메시야라고 믿고 있는 예수가 자기들이 지금까지 기대해왔던 강력한 왕권을 가진 메시야와 다르다고 하여, 다시 말하면 자기들의 기대와 다르다고 하여, 진정한 메시야(예수)를 거부하는 사람이 되지 않는 것이 복이 있다고 말씀하신 것이다.

(2) 예수의 세례 요한관(觀) (마 11:8-19, 눅 7:24-35)

세례 요한의 제자들이 다녀간 후 예수께서는 무리들에게 세례 요한에 대하여 말씀(증언)하셨다.

"그는 광야의 갈대도, 왕궁의 화려한 옷을 입은 사람도 아니다. 그는 선지자요 선지자보다도 훌륭한 자니라"(마11:8-9, 눅 7:24-26).

"보라 내가 내 사자를 네 앞에 보내노니 그가 네 길을 네 앞에 준비하리라 하신 것이 이 사람에 대한 말씀이니라"(말 3:1, 마 11:10, 눅 7:27).

"또한 만일 너희가 받아들일 마음이 있다면 오기로 되어 있는 엘리야가 바로 이 요한이다"(마 11:14).

"여자가 낳은 자 중에 세례 요한보다 더 큰 이가 일어남이 없도다. 그러나 천국에서는 극히 작은 자라도 그보다 크니라"(마 11:11-11, 눅 7:28).

"세례 요한의 때부터 지금까지 천국은 침노를 당하나니 침노하는 자는 빼앗느니라"(마 11:12).

"우리가 너희를 향하여 피리를 불어도 너희가 춤추지 않고 우리가 슬피 울어도 너희가 가슴을 치지 않는다"(마 11:16-17).

① **"선지자요 선지자보다도 훌륭한 자니라"**(마 11:7-10, 눅 7:24-35)

이는 예수께서 세례 요한의 선지자적 사역을 인정하신 것이고 세례 요한에 의한 구약의 종결을 선언하신 것이다.

구약의 기라성 같은 선지자들이 하나같이 메시야 왕국을 멀리서 고대하고 메시야의 선구자를 예언하였다(신 18:15, 삼하 7:12-13). 그러나 그들(구약선지자들)은 예언하는 정도에 그쳤다. 예수께서는 세례 요한이 그들과는 다른 것을 보셨다. 구약의 시대가 마감되고 하나님 나라의 새로운 시대가 막 열리려 할 때(가장 가깝게 접근했을 때), 천국의 도래(到來)를 예언했던 자들의 긴 대열 끝에, 세례 요한이 우뚝 등장한 것을 보셨다. 때문에 예수께서 "그는 선지자요 선지자보다도 훌륭한 자이니라"고 말씀하신 것이다.

② **"여자가 낳은 자 중에 세례 요한 보다 더 큰이가 일어남이 없다"**(마 11:11)

그는 구약의 여러 선지자 중 최고의 선지자라는 말이다. 그는 구약시대 최후 최고 선지자요 사자였다. 곧 구약시대 선지자의 마침표라 할 수 있는 인물이었다. 왜냐하면 천국의 주체이신 예수와 관련해 볼 때, 세례 요한은 예수에 대해 예언만 한 다른 선지자들과 달리 예수를 직접 뵙고 그의 길을 예비한 자이므로, 구속사적 관점에서 다른 어떤 구약 인물보다 큰 자이기 때문이다.

③ **"천국에서는 극히 작은 자라도 그보다 크니라"**(마 11:11)

그럼에도 불구하고 세례 요한은 메시야시대에 동참하지 못하고 직접적인 은혜와 하나님 나라의 실체를 완전히 누리지 못하였다. 반면 신약의 성도들(우리)은 이를 누렸다. 다시 말하면 우리(성도들)는 예수의 십자가 사건과 부활 사건을 직접 목격하였고, 성경 66권을 종합적으로 연구 조명하고 있다. 때문에 신약시대의 우리는 천국 계시의 이해라는 관점에서 볼 때 구약의 어떤 인물(세례 요한 포함)보다도 큰 자라 할 수 있다. 이는 세례 요한의 선구자적 위치와 한편 그 한계성을 밝히 말씀하신 것이다.

④ **"세례 요한의 때부터 지금까지 천국은 침노를 당하나니"**(마 11:12)

이어서 예수께서는 말씀하셨다. "세례 요한의 때부터 지금까지 천국은 침노를 당하나니 침노하는 자는 빼앗는다"고.

이는 세례 요한으로 끝난 구약시대 이후 천국이 더욱 역동적으로 많은 사람에게 열려있는 바 이방인, 세리, 창녀, 각종 범죄자들조차 천국을 열심히 갈구(침노)하고 있다. 그리고 갈구하는 자는 결국 그 나라를 얻게 된다는 말이다.

⑤ **"우리가 너희를 향하여 피리를 불어도 너희가 춤추지 않고"**(마 11:16-17, 눅 7:31-35)

예수의 말씀은 계속되었다. "우리가 너희를 향하여 피리를 불어도 너희가 춤추지 않고 우리가 슬피 울어도 너희가 가슴을 치지 않는다"고.

구약시대 인간상인 유대인들은 세례 요한의 역설(力說. 회개와 애통)이나, 예수의 가르침(구원과 해방)에 아무런 반응이 없음을 비유하여 하신 말씀이다. 이는 결국 세례 요한과 예수 자신 사역의 연속성을 말씀하신 것이다. 즉 세례 요한으로 마감되는 구약적 구원관과 자신으로부터 시작되고 완성되는 신약적 구원관의 점진성을 강력히 암시하고 있는 것이다.

7) 패역한 도시에 대한 경고 / 메시야의 초대(마 11:20-30)

(1) 패역한 도시에 대한 경고(마 11:20-24)

고라신, 벳새다, 가버나움은 모두 예수께서 수차례 전도여행을 했던 곳으로서 예수의 특별한 관심의 도시들이었다. 그러나 성과가 없었고 예수는 이를 책망하셨다. 진리에 순응하지 않는 자들이 있다 해도 진리는 지혜롭고 선한 것이다. 그러나 진리에 순응하지도 않으면서 자기는 하늘까지 높아지리라고 착각하는 자들에게는 소돔성이 받았던 심판보다 더 엄정한 심판을 받을 것임을 경고하고 있다. 예수께서는 70인 전도단을 파송할 때도 이와 같은 책망을 하셨다(눅 10:13-15).

(2) 메시야의 초대 / "수고하고 무거운 짐진 자들아 다 내게로 오라"(마 11:25-30)

순응하지 않은 자에 대하여 심판의 말씀을 하시고는 받아들이는 자에 대한 위로와 초대의 말씀을 하신다. "수고하고 무거운 짐 진 자들아 다 내게로 오라. 내가 너희를 쉬게 하리라"(마 11:28).

8) 옥합을 깨뜨린 여인(눅 7:36-50)

한 바리새인(시몬)이 예수를 식사에 초대하였다. 당시 유대인들은 귀한 손님을 집에 초대하면 손님에게 평화를 기원하는 입맞춤을 하고 발을 씻기며 향유를 손님의 머리에 부어 발랐다. 그러나 시몬은 예수를 식사에 초청하고도 그렇게 하지 않았는데, 그 마을의 한 죄인 여인은 그리하였다. 시몬은 예수께서 이 여인이 죄인인 것을 모른다고 내심 불평하였다. 예수께서는 시몬의 내심을 아시고 빚을 많이 탕감 받은 채무자가 적게 탕감 받은 채무자보다 채권자를 더욱 사랑한다는 비유로 시몬의 내심이 잘못되었음을 지적하셨다.

9) 재정을 후원하는 여인들(눅 8:2-3)

예수의 사역에 있어서 선교비용의 조달에 관한 기록은 별로 없다. 그러나 누가는 다음과 같이 몇 명의 여자 후원자가 있었음을 보여준다.

① 마리아(막달라인)

마리아는 갈릴리 바다의 서해안, 가버나움의 남쪽에 있는 작은 성읍 막달라 출신이다. 한 때 일곱 귀신이 들려 육체적, 정신적 고통을 당하였으나 예수께서 그녀를 구해 주시자 일생동안 예수를 위하여 헌신하였다. 그녀는 예수께서 십자가에 못 박히시는 것을 지켜보았으며(마 27:55-56), 안식 후 첫날 새벽에 예수의 시신에 기름을 바르려고 예수의 무덤을 찾아갔던 여인들 중 한 사람이었다(눅 24:10).

② 요안나

마리아는 막달라인 마리아와 함께 천상으로부터 예수 부활소식을 제일 먼저 전해들은 여인 중 한 사람이다(눅 24:10). 누가는 헤롯의 청지기 구사의 아내라고 소개하고 있다(눅 8:3).

③ 수산나

신분을 모른다.

④ 다른 여러 여자

10) 바알세불 논쟁 / 하나님 나라의 현재성(마 12:22-37, 막 3:22-30, 눅 11:14-23)

그때 귀신 들려 눈 멀고 말 못하는 사람을 데리고 왔을 때 예수께서 고쳐주셨다. 무리가 이 광경을 보고 놀라며 "이는 다윗의 자손이 아니냐"고 하였다. 바리새인들이 이를 듣고 "귀신의 왕 바알세불의 힘을 입지 않고는 귀신을 쫓아내지 못한다" 하였다. 예수께서는 그들의 생각을 아시고 말씀하셨다. "스스로 분쟁하는 나라마다 황폐하여 질 것이다. 만일 사탄이 사탄을 쫓아내면 스스로 분쟁하는 것이니 어떻게 그의 나라가 서겠느냐? 그러나 내가 하나님의 성령을 힘입어 귀신을 쫓아내는 것이면 하나님의 나라가 이미 너희에게 임하였느니라"고.

여기에서 바리새인들은 예수 사건의 진상 조사를 위하여 예루살렘에서 내려온 사람들이다(막 3:22). '바알세불'은 고대 수리아(시리아)인들이 숭배하던 신으로서 '불결함'을 뜻한다. 구약에서는 '바알세붑'이라 불렀다(왕하 1:2).

바알세불 논쟁 기사는 공관복음서 기자들(마태, 마가, 누가)이 모두 기록하였으나 조금씩 차이가 있다. 본서는 주로 누가의 기록을 중심으로 설명한다.

① 이 사건은 예수의 사역을 귀신의 사역으로 모함하는 바리새인들에 대한 예수의 단호한 답변이다. 예수께서는 자신의 사역이 사탄의 능력을 덧입는 것이 아니라 사탄을 대적하는 것이었음을 분명하게 말씀하신다.

② 또 자신의 능력은 하나님의 성령으로부터 온 것임을 밝히고 있다. 그러나 이는 예수께서 힘이 부족해서 성령을 덧입은 것이 아니고 삼위의 사역법칙상 성령을 통하여 일하신 것임을 말씀하신 것이다.

③ 귀신은 세상의 강탈자로 악으로 세상을 다스리고 있다. 사람들의 병도 귀신의 소행이다. 예수께서 이러한 귀신을 쫓아내신 것은 하나님 나라가 실제로 도래하였음은 증명하는 것이라고 말씀하신다(마 12:28). 이는 하나님 나라의 현재성을 설명하신 것이다(realized eschatology. already but not yet).

④ 자신의 사역을 모함하는 바리새인들에게 "사람의 모든 죄와 모독은 사하심을 얻되 성령을 모독하는 것은 결코 사하심을 얻지 못한다"고 엄하게 경고하셨다(마 12:31). 이는 성령 훼방죄 또는 신성모독죄에 해당하기 때문이다. 이와 같은 성령 훼방죄는 결코 용서받을 수 없다.

⑤ 그리고, 이 기사를 통하여 사탄의 세계에도 계급이 있음을 알 수 있다.

11) "그리스도라면 표적을 보여라" / "요나의 표적밖에 없다"–표적 논쟁–

(마 12:38–45, 눅 11:29–36)

예수께서는 지금까지 충분한 이적을 행하셨다. 그럼에도 바리새인들은 예수께 표적을 보여 자신이 그리스도인지를 증거하라고 요구하였다. 예수께서는 요나의 표적밖에 없다는 대답을 하셨다.

"요나가 밤낮 사흘을 큰 물고기 뱃속에 있었던 것 같이 인자(자신)도 밤낮 사흘을 땅 속에 있으리라. 심판의 때 니느웨 사람들이 일어나 이 세대 사람들을 정죄(심판)할 것이다. 왜냐하면 그들은 지극히 작은 선지자인 요나의 말을 듣고도 회개하였는데 너희들은 여기 요나보다도 더 큰 이(자신)의 말을 듣고도 회개하지 않기 때문이다."

"심판에 관하여는 남방여왕이 일어나 이 세대 사람을 정죄하리니 이는 그가 솔로몬의 지혜로운 말을 들으려고 땅 끝에서 왔음이거니와 솔로몬보다 더 큰 이가 여기 있느니라"

① 표적은 복음에 대한 증거로는 보조적 역할에 불과한 것이다. 따라서 바리새인들의 이러한 요구는 어떻게 하든지 예수의 무능력을 찾고자 하는 악한 동기의 발로에서 였다.

② "요나의 표적뿐이라"는 예수의 말씀은 예수 자신의 죽음과 3일 후 부활하게 될 사건을 요나의 기적에 비유하여 미리 예언한 것이다.

③ "니느웨 사람들이 일어나 이 세대를 심판하리라"는 말씀은 이 세대 사람들이 니느웨 사람들 만큼의 믿음만 가졌어도 예수의 이적을 보고 누구인지 깨닫고 죄를 회개하였을 것이다. 그러나 그들은 맹인이 되어 진실을 보지 못하고 새로운 이적만 요구하고 있으니 이미 잠든 니느웨 사람들이 일어나 그들을 심판할 것이라는 의미이다.

④ "남방 여왕"은 솔로몬의 진리의 도를 깨닫고자 자기 발로 찾아 왔다. 이와 반대로 유대인들은 솔로몬보다 훨씬 위대한 예수의 가르침을 받고도 깨닫지 못했음을 지적하신 것이다.

⑤ 예수께서는 이와 같이 단편적인 이적만을 요구하는 바리새인들의 헛된 요구에 결코 부응하지 않고 결정적이고 최종적인 이적 즉 인자의 부활과 심판을 예언함으로써, 그들의 동기를 정죄하고 비방을 원천적으로 봉쇄하셨다.

12) 예수의 참 가족 / 하나님의 말씀을 듣고 행한 사람(눅 8:19-21, 마 12:46-50, 막 3:31-35)

예수는 항상 군중에 싸여 있었다. 그의 어머니와 형제가 왔으나 무리로 인하여 접근이 어려웠다. 가족이 자신을 보려고 밖에 서있다는 말을 들었을 때 예수는 "하나님의 말씀을 듣고 행한 사람은 누구나 다 내 어머니이며 동생이라"고 말씀하셨다.

이는 새 언약을 근간으로 세워질 천국 가족의 개방성을 말해준다. 누구든지 하나님의 뜻을 전폭적으로 수용하고 행하면 천국의 가족이 될 수 있다는 것이다.

이는 예수가 당신의 가족관계를 부인하신 것이 아니고, 출생과 유전으로 이루어지는 혈연관계보다 영혼의 거듭남으로 이루어지는 하나님과의 신앙관계가 중요한 것임을 보여주고 있을 뿐이다.

<2차 순회 전도(눅 8:1-3)>

많은 무리를 대상으로 하는 순회 전도가 이전보다 더욱 활발해졌다.

13) "어찌하여 비유로 말씀하시나이까?" / 비유의 설교(마 13:1-53, 막 4:1-34, 눅 8:4-18, 12:2-13, 13:18-21)

(1) 비유의 주제 / 천국 비유(parable, metaphor)

예수께서는 여러 차례 비유를 통해 천국 운동의 전개 양상 및 천국을 기다리는 성도의 자세에 대하여 설명하셨다(마태적 입장). 비유를 사용하여 하나님께서 예수를 통해 행하시는 것이 무엇인지 보여주고 인간이 무엇을 수용하며 무엇을 배척해야 할지를 가르치신다(누가적 입장). 그러나 비유의 주제는 주로 천국에 관한 것이었다. 즉 예수는 많은 비유를 통해 하나님 나라를 강조하신 것이다. 예수님의 비유는 다른 방식으로는 표현할 수 없는 하나님 나라에 대한 놀라운 진리를 담고 있기 때문이다.

비유의 설교는 약 30여 개 되는데 대부분 마태와 누가가 다루고 있다. 다만 마태는 주로 천국 운동의 전개라는 객관적 문제에 대한 비유를 많이 다루고 있는 반면, 누가는 천국을 사모하는 성도들이 어떠한 자세를 가져야 하는가라는 주관적 문제에 대한 비유를 주로 다루고 있다.

(2) 비유의 문학적 양식

마태는 모두 일곱 가지의 비유를 말하고 있는데, 이 비유들은 천국의 현재성에서 미래성까지 종합적으로 망라하고 있다. 즉 예수의 탄생과 함께 이 땅에 도래한 천국이 최종적으로 새 하늘과 새 땅에서 완성되는 과정을 비유하고 있는 것이다.

천국 복음의 전파 단계로 ① 씨 뿌리는 자의 비유가 첫째로 제시되고, ② 그 결과 이 땅의 교회에서 하나님 백성과 세상 백성이 섞여 사는 상황이 가라지의 비유로 설명되었다. ③ 그 후 점점 확장되어가는 천국(교회)운동의 외적 측면이 겨자씨의 비유로, ④ 내적 측면이 누룩 비유로 보여진 뒤, ⑤ 참 천국을 마음에 소유하고 있는 자의 기쁨이 감추인 보배 비유와 ⑥ 진주 비유로 묘사되고 있다. ⑦ 그리고 마침내 마지막 날 참 교회의 성도와 세상 백성들 사이를 완전히 구분 짓게 되는 대사건이 그물 비유로 암시되고 있다. 이러한 천국 비유에서 유의할 점은 비유들이 유대인에게 완전성과 거룩성을 상징하는 '일곱'가지의 비유로 되었다는 것이다.

(3) 비유의 이중 목적

비유를 사용함에는 두 가지의 목적이 있다. 예수의 교훈을 어린이처럼 순수하게 받아들이는 자에게는 그 교훈이 천국의 비밀을 보여주는 계시가 되지만, 스스로 지혜 있는 체 하면서 천국 복음을 왜곡하는 자에게는 비밀이 된다(마 13:10-13). 이를 비유의 이중 목적이라 한다. "누구든지 있는 자는 받겠고 없는 자는 그 있는 줄로 아는 것까지도 빼앗기리라"는 것이 그 구체적인 예이다.

(4) 비유들의 의미

① 씨 부리는 비유(마 13:3-9, 눅 8:4-15)

씨는 하나님의 말씀이다. 길가와 돌밭, 가시 떨기와 좋은 땅(옥토)은 씨를 뿌리는 장소를 말하며, 이는 천국 복음(말씀)을 받아들이는 인간의 마음 자세를 말한다. 즉 마음 밭의 상태를 말한다. 밭의 상태 여하에 따라 결실에도 엄청난 차이가 있다. 씨를 뿌리는 자는 1차적으로는 예수님, 2차적으로는 하나님의 말씀을 받아 전하는 성도를 말한다.

② 알곡과 가라지 비유(마 13:24-30)

좋은 씨를 뿌린 주인에게는 원수가 있다. 이 원수는 하나님과 하나님의 백성을 대적하는 사탄이다. 따라서 좋은 씨인 참 성도는 사탄 및 그가 뿌린 가라지와 원수 관계에 있다. 현재 세상에서도 천국 밭의 알곡과 가라지가 같이 자란다. 교회에는 참 성도와 거짓 성도가 섞여 있다. 따라서 지상교회가 완전히 의로운 교회가 될 수는 없다. 알곡과 가라지가 현재는 함께 자라도록 허용되었으나 그 종말적 운명은 완전히 다르고 이미 결정되어 있다. 심판의 때에 두 존재는 엄격히 구별되어 영생과 영벌에 처해진다. 여기에 천국 시민들이 인내하며 소망해야 할 이유가 있다

③ 겨자씨(mustard seed) **비유**(마 13:31-32)

이는 천국이 확장되는 모습을 비유한다. 천국은 처음에는 미약하게 보이지만 점점 상상할 수 없을 만큼 그 세력을 떨치게 될 것이다. 겨자씨 비유는 천국의 외형적 성장을 상징한다고 볼 수 있다.

④ 누룩 비유(마 13:33)

이는 하나님의 통치로 인한 천국의 내면적 성숙을 상징한다고 볼 수 있다.

⑤ 감추인 보배 비유(마 13:44)

천국은 마치 밭에 감추인 보화와 같다. 천국은 이 세상 그 무엇보다도 우선한다는 것을 알아야 한다. 그렇지 않으면 천국의 비밀을 알게 되어도 그 가치를 모르기 때문에 얻을 기회를 놓칠 것이다. 천국 보배 발견에는 우연한 경우와 갖은 노력을 다하며 구하여 마침내 찾게 되는 두 경우가 있다. 그러나 발견한 것만으로는 불충분하다. 발견한 후에는 나의 것으로 소유하여야만 한다. 천국의 가치를 발견한 후에는 소유를 다 팔아서라도 자기 것으로 만들기 위해 노력해야 한다.

⑥ 감추인 진주 비유(마 13:47-50)

감추인 보배와 유사하다.

⑦ 그물 비유 / 물고기 구분의 비유(마 13:47-50)

그물은 선악을 불문하고 모든 존재를 모은다. 하나님은 만유의 주이시기 때문이다. 또 그물 안에 들어온 것을 분류하는 분도 오직 그 분이시다.

⑧ 등불 비유(마 5:14-16, 눅 8:16-18)

빛(밝게 함)과 소금(부패방지와 음식에 맛을 줌) 그리고 등불(능동적으로 알림) 등 세 개의 격언으로 이루어져 있는 비유 중 하나로, 천국시민인 신자들도 이와 같은 생활로 모범을 보여 복음의 진리를 널리 전파하라는 것이다.

〈알레고리(Allegory: 풍유諷諭, 우의寓意)〉

이야기의 세부 내용을 상징적 의미로 제시하는 문학 용어이다. 알렉산드리아의 필로(Philo, BC 25-AD 50)는 구약성경의 많은 부분을 이런 방식으로 해석하였다. 예수님(마 13:1-9, 18-23, 24-30, 36-43)과 바울(갈 4:21-31)은 종종 알레고리를 사용했다.

14) 풍랑을 잔잔하게(막 4:35-41, 마 8:23-27, 눅 8:22-25)

비유로 많은 것을 가르치신 예수는 저물 때 제자들과 배를 타고 호수 동쪽 데가볼리(데카폴리스) 지방에 있는 거라사를 향해 가셨다. 예수는 피곤하여 고물에서 잠들어 있었다. 밤에 광풍이 일어 배가 침수되기 직전에 이르렀다. 제자들이 겁에 질려 예수를 깨웠다. 예수께서 깨어 바람을 꾸짖으시니 바람이 그쳤다. 그리고 예수께서는 제자들에게 "내가 너희와 함께 있는데 아직도 두려워하느냐"하고 그들의 믿음 없음을 질책하셨다.

제자들은 이 광경을 통하여 그는 참으로 세상의 모든 것을 이기는 우주의 주권자이심을 발견하고 그에 대한 영적 경외심으로 압도되었다.

15) 거라사의 귀신 들린 자 치유(막 5:1-20, 마 8:28-34, 눅 8:26-39)

예수 일행이 데가볼리지방의 거라사(가다라, 마 8:28)성읍에 이르렀을 때 귀신들린 사람(두 사람, 마 8:28)을 만났다. 그는 무려 1개 군단의 수만큼이나 되는 많은 수의 귀신들에 매인 사람이었다. 그는 고랑과 쇠사슬에 매여 있어도 이를 깨뜨릴 만큼 힘이 셌으며 밤낮 무덤 사이에서 소리를 지르며 돌로 자기 몸을 상하게 하고 있었다. 그가 예수를 보자 달려와 큰소리로 부르짖어 간구하기를 "나를 괴롭게 마소서. 나를 이 지방에서 내어보내지 마소서" 하였다. 그리고는 다시 돼지 떼가 산 곁에서 먹고 있는 것을 보자 "나를(우리를) 돼지에게로 들어가게 하소서" 하였다. 예수께서 허락하시니 귀신들이 그 사람으로부터 나와 돼지 떼 속으로 들어갔다. 돼지 떼는 바다로 들어가 몰살되었다. 귀신 들린 자는 깨끗하게 치유되었다. 이 사실은 데가볼리 온 지방에 전파되었다.

예수는 이 사건을 통하여 눈에 보이는 자연계뿐 아니라 보이지 않는 영계까지 다스리는 권능의 소유자이심을 보여 주었다.

16) 회당장(야이로)의 딸과 혈루증 여인 치유(막 5:21-43, 마 9:18-26, 눅 8:49-56)

① 예수의 거라사 이적 사건은 곧 널리 퍼졌다. 그가 다시 갈릴리 호수 지방으로 돌아오자 사람들이 그를 환영하였다. 이때 회당장 야이로가 예수 앞에 와서 병으로 죽어가고 있는 자기의 12살 된 딸을 고쳐주기를 간청하였다. 예수께서 무리에 둘러싸여 아이가 있는 곳을 향하여 가는 도중이었다.

② 이때 12년 동안이나 혈루증을 앓고 고생하면서도 고침을 받지 못한 한 여인이 예수의 뒤에 와서 그의 옷자락을 잡으니 병이 즉시 고침을 받았다. 예수께서 이를 바로 감지하시고 "내게 손을 댄 자가 있다. 내게서 능력이 나갔음을 내가 안다."고 말씀하셨다. 그 여인이 자백하자 예수께서 "네 믿음이 너를 구원하였다."고 말씀하셨다. 그 여인이 얻은 구원은 질병으로부터의 구원은 물론 영생 얻는 것까지를 가리킨다.

③ 이와 동시에 회당장의 집에서 사람이 와서 이르기를 "당신의 딸이 죽었나이다"라고 했다. 그러나 예수는 "두려워하지 말라. 믿기만 하라. 그리하면 네 딸이 구원을 얻으리라." 말씀하시고, 통곡하며 예수의 말씀을 비웃는 자들을 물리친 뒤 베드로, 요한, 야고보와 함께 들어가 그 아이의 손을 잡고 "소녀야 일어나라(달리다굼)" 하시니 회당장의 딸이 회생했다.

<자연계와 영계에 주권을 행사한 이적들>

① 폭풍을 잔잔하게 하신 사건, ② 거라사의 귀신들린 자를 치유하신 사건, ③ 혈루증 여인의 치유 사건 등 3대 이적 사건은 예수께서 우주 즉 자연계와 귀신 즉 영계에 주권을 행사하신 사건들이다.

17) 두 맹인과 귀신 들린 벙어리의 치유(마 9:27-34)

마태는 회당장 야이로의 딸 사건 후 두 가지 이적을 더 기록하고 있다. 눈먼 사람 둘이 안타깝게 소리 지르며 따르다가 눈을 뜬 이야기와, 귀신들려 말 못하는 사람을 데려 왔는데 귀신을 쫓아 주신 기록이다(마 9:32-34). 이때가 공생애 2년의 마지막 즈음이다.

<이 무렵 2차 순회사역이 끝난다.>

18) 나사렛의 두 번째 배척(마 13:54-58, 막 6:1-6a)

예수께서는 가버나움에서 회당장 야이로의 딸의 병을 고친 후 제자들과 함께 다시 고향 나사렛으로 돌아오셨다(막 6:1). 그러므로 금차 귀향은 갈릴리 1차 사역(눅 4:16-30)에 이어 두 번째 귀향이다. 이때는 아마 예수께서 공생애를 시작하시고 2년이 지난 해(AD 29)였을 것이다.

안식일이 되어 회당에서 복음을 가르쳤다. 많은 사람들이 이를 듣고 크게 놀랐다. 그러나 나사렛 사람들은 "이 사람은 지금 우리와 같은 동네에 살고 있는 목수 요셉의 아들이 아니냐? 도대체 그의 지식, 지혜, 권능이 어찌됨이냐?"는 등 그의 출신 배경을 들추고 예수의 능력에 의문을 제기하면서 그를 배척하였다. 예수께서는 이렇게 고향 사람들로부터 두 번이나 배척을 받으신 것이다.

2차 배척 사건을 1차 배척과 동일한 사건으로 보는 견해도 있으나 1차 배척과는 별도의 사건으로 보아야 한다.

① 나사렛 사람들이 예수를 배척한 것은 당시 정치, 종교지도자들이 자기들의 기존 질서와 이권, 형식적 율법주의가 침해당할 것을 두려워하여 예수를 배척한 것과 맥을 같이 한다. 나사렛 사람들도 당시 사회적 명망과 출중한 지혜를 갖춘 예수의 인간적 품위에 대한 시기심과 평소 예수에 대한 선입견에 빠져 예수의 복음과 신성을 깨닫는 데 실패하였다.

② 예수께서는 아예 처음부터 선입관에 빠져 믿지 않는 자들 앞에서는 아무 권능도 행하실 수

없었다. 물론 예수님께서 권능 베풀 능력이 없었다는 뜻이 아니다. 예수께서는 선입관에 빠져 마음을 닫은 그들에게 권능을 베풀 이유가 없었고 또 권능만으로 구원과 상관없는 혼란만 야기할 필요가 없었다는 말이다.

③ 예수께서는 저들의 믿지 않음을 이상히 여기시고 나사렛을 떠나 다시 모든 촌에 두루 다니며 가르치기 시작하셨다(막 6:6). 즉 새로운 순회사역을 시작하셨다.

6. 갈릴리지방 3차 사역(AD 28년 6월?-AD 29년 9월)

갈릴리지방의 두 번째 사역 도중 열두 제자들을 전도현장에 파송하던 때까지를 갈릴리지방 2차 사역이라 부르고, 그 이후부터를 갈릴리지방 3차 사역이라 부른다. 이때부터 예수께서는 더 많은 시간을 제자훈련에 쏟으면서 비로소 십자가 수난을 통한 메시야직을 공개적으로 선포하기 시작하셨다.

3차 사역의 정확한 시점(始點)은 모른다. 갈릴리지방 3차 사역도 다음과 같이 세분할 수 있다.

① 예수께서는 제자들을 전도현장에 파송한 후에도 갈릴리지방에서 얼마동안 계속 사역하셨다('갈릴리지방에서 계속 사역').

② 예수께서는 갈릴리지방에서 3차 사역을 하시던 중 유대인 지도자들과의 충돌을 피하려고 이방지역인 두로와 시돈, 가이사랴 빌립보 등 외곽 지역으로 나가서 사역을 하셨다('외곽지역 사역').

③ 또한 외곽지역 사역을 마치고 다시 갈릴리지방으로 돌아온 후 '갈릴리지방 마지막 사역'을 하셨다.

④ 그리고 갈릴리에서 '예루살렘으로 가는 도중 사역'도 하셨다

6:1. 갈릴리지방에서 계속 사역

1) 열두 제자의 파송(마 10:7-11:1, 막 6:6a-13, 눅 9:3-6)

지금까지의 예수님 사역으로 복음의 씨앗은 무수하게 뿌려졌고 뿌려진 씨앗에서 싹이 나 자라서 열매를 맺고 있었다. 그리고 추수 때가 다가오고 있었다. 추수 때를 놓치면 지금까지 한 일이 헛수고가 되고 만다. 때문에 추수할 일꾼이 필요했다. 예수께서 갈릴리에서 3차 전도를 시작할

때가 바로 이러한 때였다. 그리하여 예수께서는 이 무렵부터 제자훈련에 박차를 가하셨다.

예수께서는 공생애 동안 제자들과 함께 다니시면서 제자들을 말씀으로 양육하고 복음 전도의 실례를 보이심으로써 살아있는 제자 훈련을 실시하셨다. 이제 제자들을 직접 복음 전도 현장에 파송시킴으로써 복음사역을 확장하고 제자들에게 독자적 전도 훈련을 시키는 이중적 효과를 거두신다.

(1) 추수할 일꾼들을 보내 주소서(마 9:35-38)

예수께서는 모든 성과 촌에 두루 다니며 회당에서 가르치고 복음을 전파하며 병을 고치셨다. 그러나 계속 몰려드는 무리를 보시고는 목자로부터 유리된 양떼를 언급하신다. 또한 추수할 것은 많으나 일꾼(파송할)이 적은 것을 민망하게 여기신다.

(2) 파송할 열두 제자의 명단(마 10:7-11)

예수께서는 파송할 열두 제자를 확정하셨다. 이제 선택된 열두 제자를 확정하여 전도현장에 투입하는 것이다.

① 베드로 시몬, ② 베드로의 형제 안드레, ③ 세베대의 아들 야고보, ④ 야고보의 형제 요한, ⑤ 빌립, ⑥ 바돌로매, ⑦ 도마, ⑧ 세리 마태, ⑨ 알패오의 아들 야고보, ⑩ 야고보의 형제 다대오, ⑪ 가나나인 시몬, ⑫ 가룟 유다.

(3) 전도 지침 공포와 전도 파송(마 10:5-42)

예수께서는 이어 제자들에게 다음과 같이 전도 지침과 제자직의 중요성을 말씀하시고 전도 현장으로 파송하셨다. 이 지침은 선교의 명령이며, 교회의 전도활동을 촉구하는 진군명령이기도 하다.

① 사마리아인의 고을 말고 이스라엘의 잃어버린 양에게 가라. 즉 전도 대상 지역을 유대 땅으로 제한하셨다(마 10:6). 그 이유는 메시야에 대한 선포를 우선 유대인에게 철저히 하여 구약의 계시를 받은 그들에게 복음 전도 사업의 중추적인 역할을 맡기기 위함이었다.

② 전도 사역을 이유로 필수적인 것 이상의 것을 취하지 말라(마 1:10). 하나님께서 그들에 필요한 최소한의 물질을 채워주실 것이다.

③ 합당한 자를 찾아내어 그 집에서 머물라. 그 집에 들어가면서 평안하기를 빌라(마 10:11-12).

④ 제자들을 영접하지도 제자들의 말을 듣지도 아니하면 발의 먼지를 떨어 버리라(마 10:14). 이방인들의 영향력을 제하여 버리라는 말이다.

⑤ 대적들 앞에서는 뱀 같이 지혜로워라. 그러나 비둘기 같은 순결을 갖추어야 한다(마 10:16).

⑥ 전도로 인하여 고난이 닥칠 것이다. 무엇을 말할까 염려하지 마라. 아버지의 성령이 대언하실 것이다(마 10:20).

(4) 제자가 가야할 길(마 10:34-39)

제자는 화평과 평안, 가족 사랑과 생명을 위하여 헌신, 희생해야 한다. 그러나 그것이 제자직 수행에 걸림돌이 된다면 과감히 포기하여야 한다. 즉 화평이 아니라 분쟁을(마 10:34), 가족의 화목이 아니라 분열을(마 10:35-37), 평안이 아니라 고통을(마 10:38), 생명이 아니라 죽음을(마 10:39) 택하여야 한다.

이 말씀은 성경의 일반 진리와 모순되는 것처럼 보인다. 그러나 이것은 역설적 표현으로 이와 같은 표현을 통해 주님을 따르는 제자직이 다른 그 무엇보다 더 중요하고 고귀한 사명임을 강조하신 것이다.

2) 다시 살아 난 세례 요한(막 6:14-29, 마 14:1-12, 눅 9:7-9)

(1) 세례 요한의 죽음(마 14:3-12, 막 6:17-29)

앞에서 말한 바와 같이 헤롯 안디바(BC 4-AD 39)와 헤롯 빌립은 헤롯 대왕의 아들들로 형제지간이다. 헤롯 안디바는 나바티안(Nabatean: 아라비아) 왕국의 공주와 결혼하였다. 그리고 헤롯 빌립은 아름다운 여인 헤로디아의 남편이었고 그들 사이에는 살로메라는 딸도 있었다. 그런데 형인 헤롯 안디바는 동생인 헤롯 빌립의 아내 헤로디아와 재혼하기 위해 본처 나바티안 공주와 이혼하고 헤로디아를 빌립으로부터 빼앗아 재혼하였다. 이는 율법에 위배되는 것이다. 세례 요한은 헤롯 안디바에게 이와 같은 불법을 지적하고 비난하였다. 때문에 헤롯 안디바는 세례 요한을 원수로 여기고 그를 죽이고자 했으나 무리가 요한을 선지자로 여기므로 두려워하고 때를 기다리고 있었다(마 14:5). 마침 헤롯 안디바의 생일 축하연이 있었다. 헤롯 안디바는 헤로디아의 딸 살로메에게 그녀가 참석자들을 기쁘게 한다면 모든 소원을 들어주겠다고 약속하였다. 살로메가 춤을 추어 참석자들을 기쁘게 하고 헤롯에게 세례 요한의 목을 요구하자, 헤롯은 할 수 없이 옥에 있는 세례 요한을 처형하고 그의 목을 그녀에게 주었다. 구약시대의 마지막 선지자라고 일컬어지는 위대한 선지자 세례 요한의 생애는 이렇게 끝났다. 요한의 제자들이 그의 시체를 가져다가 장사하고 가서 예수께 아뢰었다(마 14:12).

(2) 다시 살아난 세례 요한(막 6:14-16)

그동안 2년여에 걸친 복음의 선포(전도사역) 및 이적의 행사로 예수는 세상에 완전히 알려졌고 화제의 인물이 되었다. 그리고 그를 따르며 추앙하는 무리가 급증해가고 있었다(막 6:14). 갈릴리지방의 분봉왕 헤롯 안디바 또한 예수가 등장하여 이적과 능력을 행사한다는 소문을 들었다. 이와 같은 소문은 헤롯 안디바에게는 공포의 대상이 되었다. 예수의 존재를 믿지 못한 헤롯 안디바는 자기가 이미 처형한 세례 요한이 다시 살아났다고 믿었기 때문이다.

3) 12제자들의 사역 결과 보고(막 6:30, 눅 9:10-11)

파견된 제자들이 사역을 마치고 돌아와 귀신을 쫓아냈고, 수많은 병자들의 병을 고쳐 주었음을 예수께 보고하였다.

4) 5병(餠) 2어(魚)의 표적(miraculous signs) (마 14:13-21, 막 6:30-44, 눅 9:12-17, 요 6:1-15)

예수께서는 파견되었던 제자들로부터 사역 결과를 보고 받았다. 예수는 그들의 사역 활동에 따른 피로의 회복을 위하여 가버나움을 떠나 한적한 마을 벳새다(디베랴 건너편) 빈들로 제자들을 인도하고 거기서 휴식을 취하게 했다. 때는 유월절이 가까운 시기였다(요 6:4. 공생애 세 번째 유월절). 그러나 사람들은 예수께서 병자들에게 행하시는 표적을 보고 이곳까지 몰려들어 인산인해를 이루었고 그 수가 무려 5천명이나 되었다. 저녁이 이르자 예수께서는 제자 빌립에게 먹을 것을 구하라 말씀하셨다. 빌립은 보리떡 다섯 개와 물고기 두 마리 뿐이라고 대답하였다. 예수께서 떡을 가져 축사하신 후 무리들에게 나누어 주었다. 그들이 배불리 먹고 남은 조각을 담으니 12바구니에 찼다. 참석한 사람들은 예수께서 행하신 이 표적을 보고 말하기를 "이는 참으로 세상에 오실 선지자라"고 하였다. 예수께서는 무리가 자기를 임금으로 삼으려 하는 것을 아시고 무리를 피하여 홀로 산으로 가셨다.

이를 흔히 5병 2어의 표적 사건이라고 한다. 이 사건은 몇 가지 중요한 의미를 갖고 있다.

① 이 사건은 예수께서 자신의 육체를 영생의 떡으로 바쳐 인류의 구원을 이루는 대속적(代贖的) 메시야의 상(像)을 예표하기 위한 표적이었다. 여기에서 보리떡은 그리스도의 대속적인 죽음을 상징하며, 그것을 먹는다 함은 믿음으로 그리스도와 연합하게 됨을 의미한다.

그러나 무리들은 이 표적의 참 뜻을 깨닫지 못하고 예수를 지상적(세상의) 떡(축복)을 주는 지상적 선지자(메시야)의 모습으로 보았다. 즉 세상의 떡을 주어 육체적으로 배부르게 하는 지상의 임금으로 본 것이다(요 6:26). 그리하여 그들이 예수를 임금으로 삼으려하자 예수께서는 그들을 피하여 혼자 산으로 가셨다.

② 그리고 이 사건은 복음사역을 수행해야할 성도들의 균형 잡힌 생활 태도를 가르치고 있다. 즉 전도여행 동안 쌓인 제자들의 피로를 풀게 하고 그들에게 새로운 영적 지혜와 권능을 더해주기 위해 예수께서 그들을 한적한 곳으로 데리고 가신 것이다. 결국 전도 활동과 휴식의 균형, 피곤한 영육이 예수께 나아와 힘을 얻는 건전한 복음 전도자의 생활 리듬을 소개한다.

③ 또한 이 사건을 통해 예수 그리스도의 쉴 틈 없이 바쁘신 모습을 볼 수 있다(막 6:34).

④ 복음서 기자들은 이 사건을 정점으로 그리스도의 생애를 크게 둘로 나눈다. 공생애 초기부터 오병이어의 기적까지 그리스도의 인기는 상향곡선을 이루다가 그 후에는 서서히 하향세를 탄다.

5) 정한(clean) 것과 부정한 것의 논쟁 / 장로들의 유전(遺傳, 전통) 논쟁(마 15:1-20, 막 7:1-23)

예수가 전하는 바가 유대사회 전반으로 확대되어 가자 유대인들과 예수와의 갈등은 이제 신학적 논쟁으로 번져갔다. 그들은 바리새인들과 서기관들로 구성된 조사단을 예루살렘으로부터 갈릴리로 파견하여 예수의 행위 중 율법을 범한 것이 있는지 찾고자 했다.

그때 바리새인과 서기관들은 예수의 제자들이 손을 씻지 않고 떡을 먹는 광경을 보았다. 그들은 즉시 예수께 "당신의 제자들이 어찌하여 장로들의 전통(유전)을 범하나이까? 떡을 먹을 때 손을 씻지 아니 하나이다"하며 예수께 논쟁을 걸어왔다. 장로들의 유전에 의하면 떡을 먹을 경우에는 손을 씻게 되어 있기 때문이다.

이 또한 '장로들과의 유전 논쟁'의 하나이다. 예수께서는 고르반(gorban)제도를 예로 들어 고르반제도의 병폐(형식주의화)를 지적하시면서 그들의 트집을 논박하셨다(cf. 본서 제2편 제1장 제2절). 예수께서는 이어 유대인의 표리부동한 외식(外飾)주의를 지적하셨다. "이 백성이 입술로는 나를 존경하되 마음은 내게서 멀도다"(사 29:13)라고. 또 입으로 먹는 것은 배설되는 것으로 끝나기 때문에 씻지 않는 손으로 먹는 것은 사람을 더럽게 하지 못하지만, 인간의 악한 마음의 배출은 사람을 더럽게 한다고 말씀하셨다. 진정 무엇이 깨끗하고 무엇이 부정한가를 적나라하게 말씀하신 것이다.

6) 파도를 잔잔하게 하시다 / 물위를 걸으시다(요 6:16-21, 마 14:22-33, 막 6:45-52)

예수 일행이 벳새다의 빈들에서 가버나움으로 이동하는 과정에서 발생한 사건이다. 날은 이미 어두워진 시간이었다. 예수께서는 혼자 한적한 곳으로 가시고 아직 돌아오지 않았기 때문에 제자들이 먼저 배를 타고 가버나움을 향하여 출발하였다. 호수에는 큰 바람이 불어 파도가 일었다. 일행의 배가 10여 리쯤 갔을 때 예수께서 혼자 바다 위를 걸어오셨다. 제자들이 이를 보고 유령인 줄 알고 무서워하였다. 예수께서 "안심하라. 내니 두려워 말라" 하셨다.

이 사건은 예수께서 자연현상도 지배하시는 초자연적 존재이심을 다시 보여준다. 시간은 사경(四更: 2-4시)이었다. (밤 2시-4시 사이)

7) 게네사렛의 병자들을 고침(마 14:34-46, 막 6:53-56)

예수 일행이 호수를 건너가 게네사렛 땅에 이르니 그곳 사람들이 예수께 병자들을 데려왔다. 예수 옷에 손을 대기만 해도 다 나음을 얻었다. 갈릴리 호수를 게네사렛 호수라고도 한다. 게네사렛은 갈릴리 호수 북서쪽평야를 말한다.

8) 생명의 떡이신 예수(요 6:25-71)

(1) "표적을 본 까닭이 아니고 떡을 먹고 배부른 까닭이다"(요 6:22-27)

오병이어의 사건 다음 날이다. 요한(복음기자)만이 기록하고 있는 사건이다. 예수께서는 간밤에 벳새다를 떠나 따로 가버나움으로 오신 것이다. 무리들이 이곳까지 몰려왔다. 예수께서 무리를 보시고 말씀하셨다. "너희가 나를 찾는 것은 표적을 본 까닭이 아니고 떡을 먹고 배부른 까닭이다. 썩을 양식을 위하여 일하지 말고 영생하도록 있는 양식을 위하여 일하라"라고.

당시 유대인들의 유대교적(전통적) 메시야관은 다윗과 같은 위대한 왕이 다시 등장하여 다윗 왕국과 같은 제국(帝國) 즉 태평성대의 국가를 건립하는 것이었다(다윗 왕국의 재건).

그런데 드디어 예수께서 출현하여 오병이어의 이적을 베푸신 것이다. 때문에 유대인 무리가 예수를 자기들이 대망해온 메시야라고 보는 것은 당연하였다. 그리하여 그들은 예수를 왕으로 세우려 했던 것이다.

그러나 그것은 예수의 의도와는 전혀 다른 것이었다. 예수는 오병이어의 표적을 통해 자신이 영생의 떡으로서 인류에게 영원한 생명을 주기 위해 십자가에 달려 죽어야 하는 대속적(代贖的) 희생의 사명을 가지고 하늘에서 내려온 자라는 사실을 예표하려 했던 것이었다. 그러나 무리들은 표적의 진정한 모습은 보지 못했다. (세상의) 떡을 먹음으로써 배가 부른 사실만 보았던 것이다. 때문에 예수께서는 "너희가 나를 찾는 것은 표적을 본 까닭이 아니요 떡을 먹고 배부른 까닭이라" 말씀하셨다.

(2) "내가 곧 생명의 떡이니라"(요 6:28-59) (요 6:25-71)

이제 유대인들이 묻는다. "우리들이 당신을 보고 믿도록 할 수 있는 표적이 무엇이냐"고(요 6:30). 예수께서 대답하신다. "너희 선조가 광야에서 먹은 떡(만나)은 하늘로부터 준 것은 분명하다. 그러나 그 떡은 참 떡이 아니었다. 하나님이 주시는 떡이 세상에 생명을 주는 참 떡이다(요 6:32). 내가 곧 생명의 떡이니라(요 6:48). 너희 조상이 광야에서 하늘에서 주시는 만나를 먹었어도 그들은 죽었다"(요 6:49)고.

예수께서는 사람들이 자신을 따라다니는 것은 표적을 보았기 때문이 아니라 떡을 얻어먹었기 때문이라는 것이다. 그러나 예수가 주시는 구원은 배불리 먹는 정도의 구원이 아니다. 그것은 물질적, 세상적, 유한적인 것이어서 본질적 생명을 가져다주지는 못하기 때문이다. 결국 사람들이 추구한 구원은 신적 생명을 보장하지 못하는 것이다.

떡(빵)은 생명을 준다. 그러나 예수께서 표적하신 것은 인간에게 영생을 주는 떡이다. 그러기에 신적 생명(영생)을 가능케 하는 떡은 세상적, 물리적인(육체적인) 것일 수 없고 하늘로부터 오는 떡이어야 한다. 예수는 그런 생명을 가져다주는 자(者)라는 뜻으로 "하늘에서 온 생명의 떡이라"고 하셨다. 자신이 하늘에서 온 진짜 떡이라고 말씀하신다. 그리고 사람의 아들(人子)인 자신의 살과 피가 영생을 주는 양식이라고 하신다(요 6:53-58).

(3) "이 말씀은 어렵도다" / "너희도 가려느냐?"(요 6:60-71)

유대인들은 참 떡을 이해할 수 없었다. 그들이 이해하는 떡은 오직 그들이 추구하는 세상의 떡뿐이었다. 그리고 그들이 대망한 메시야는 세상적 정치적 메시야였다. 따라서 그들은 예수의 떡 강론을 듣고 실망했다. 그들은 떠나기 시작했고, 심지어 제자들 중에도 영생의 떡을 이해하지 못하는 이들이 있었다. 제자들도 "이 말씀은 어렵도다. 누가 들을 수 있겠느냐?" 하였다. 그리하여 예수께서 12 제자에게 물었다. "너의 말로 인하여 실망하였느냐? 만일 내가 이전에 있던 곳으로 올라가는 것(승천)을 보게 되면 어찌 하겠느냐? 너희도 떠나려느냐?"

이에 베드로가 감동적인 대답을 했다. "영생의 말씀이 주께 있사오니 우리가 누구에게로 가오리이까?" 예수께서 다시 말씀하셨다. "너희 중 한 사람은 나를 배반할 것이다"라고.

6:2. 외곽지역 사역 / 은둔 사역

지금까지 예수는 주로 가버나움을 중심으로 또는 갈릴리의 여러 마을과 회당을 순회하며 사역하셨다. 이제부터는 갈릴리를 벗어난 북쪽의 두로와 시돈 지방, 동북의 가이사랴 빌립보 지방, 그리고 동쪽의 데가볼리 지방 등 외곽 지역을 순회하며 사역하신다. 이는 유대인의 감시를 피하고 무리의 잘못된 추종을 진정시키기 위해 갈릴리 중심지역을 떠난 것이었으므로 은둔사역이라고도 한다. 한편으로는 휴식의 목적도 있었을 것이다. 즉 상황을 보면서 새로운 국면을 모색한다는 것이다.

1) 두로와 시돈에서 / 수로보니게 여인의 딸(마 15:21-28, 막 7:24-30)

예수의 확산되어 가는 인기는 유대인들로 하여금 예수에게 노골적으로 도전하게 만들었다. 이에 예수는 유대인의 감시를 피하면서 일시적 휴식을 위하여 제자들과 함께 북쪽에 있는 두로와 시돈 성읍으로 가셨다. 이 성읍들은 이방나라 헬라/수리아(시리아)의 땅이며 수로보니게 지방에 속했다. 그러나 이곳에도 예수의 능력을 고대하고 있는 한 가나안 출신 여인(혈통은 수로보니게인, 즉 이방인)이 있었다. 그가 예수를 보자 달려와 자기 딸이 흉악한 귀신에 걸렸으니 고쳐주셔 달라고 간청했다. 예수께서 냉담하시자 이번에는 제자들이 나서서 그녀를 돌려보내라고 했다.

예수께서 말씀하셨다. "나의 사명은 오로지 유대인 자녀의 구원에만 있다. 자녀의 떡을 취하여 개들에게 던짐은 마땅치 않다"고. 이번에는 그 여인이 처절하게 간청했다. "그러나 개들도 자기 주인의 상에서 떨어지는 부스러기를 먹나이다"라고. 예수께서 '그녀의 믿음을 보시고' 그녀의 딸을 치유해 주셨다.

여기에서 예수의 사명은 유대인의 구원에만 있지 않음을 보여준다. 오히려 하나님의 구속대상은 유대인만이 아니라 유대인을 중심으로 한 온 인류임을 말씀하신다. 구원의 조건은 전통이나 혈통이 아니라 믿음임을 가르치신 것이다.

마태복음에서는 가나안 여인으로 나타난다(마 15:22). 그것은 가나안은 베니게의 옛 명칭이었기 때문이다.

2) 귀먹고 벙어리 된 자의 치유 / 에바다 선언(막 7:31–37, 마 15:29–31)

예수 일행은 북쪽의 두로와 시돈을 떠나 역시 외곽 이방 지역인 데가볼리 지방에 이르렀다. 그리고 이곳에서의 사역도 마치고 마침내 데가볼리의 서쪽과 접한 갈릴리 호숫가로 돌아왔다. 이때 사람들이 '귀먹고 말 더듬는 자'를 데리고 와 안수하여 주기를 간구하였다. 그를 측은히 여기신 예수께서는 그를 데리고 무리를 떠나 안수하시고 하늘을 우러러 탄식하시며 "에바다"(열리라)라고 말씀하였다. 즉시 그의 입과 귀가 열렸다.

이를 '에바다 선언'이라고 한다. 여기에서 귀먹고 말 더듬는 자는 소망을 잃고 침체된 자, 영적 실재에 둔감한 자 즉 하나님과 단절된 인간을 대표한다. 그러나 영육의 치유자이신 예수께서 이와 같은 인간을 찾아와 귀와 혀를 여시고 하나님과의 단절된 관계를 회복해주신다.

〈데가볼리〉

데가볼리(데카폴리스, Decapolis)는 '10개의 도시'라는 뜻이다. 로마의 폼페이우스 장군이 팔레스타인을 정복할 때(BC 63) 건설된 도시이다. 10개의 도시들이 동맹체제를 형성하였다.

3) 7병(떡) 2어(생선)의 기적(마 15:32–39, 막 8:1–10)

역시 갈릴리 호수 동편 데가볼리 서쪽 광야에서 일어난 사건이다. 집회는 무려 3일 동안이나 계속되었고 먹을 것은 없었다. 제자들이 떡 7개와 작은 생선 두어 마리를 가져왔다. 예수께서 축사하시고 저들에게 나누어 주니 약 4천명이 먹었다. 배불리 먹고 남은 조각을 7광주리를 거두었다. 예수께서 이곳 사역을 마치시고 달마누다(막달라, 마가단)지방으로 이동하셨다.

오병 이어 사건과는 구분되지만 유사한 사건으로, 영적 깨달음을 강조하기 위하여 반복적으로 설명되고 있다.

① 이 사건에는 춥고 배고프고 병고에 시달리는 자들에 대한 주님의 연민과 사랑이 담겨 있다(막 8:2). 궁극적으로는 영적 기아에 허덕이는 무리들에 대한 긍휼을 나타내고 있다.

② 제자들은 오병 이어의 이적에서와 마찬가지로 이 이적에서도 교훈을 얻지 못한 것으로 보인다(막 8:4).

③ 오병 이어의 이적에서와 똑같이 이 사건에서도 예수는 필요한 것을 넘치도록 채워주시는 분임을 보여준다(막 8:8-9).

〈달마누다〉

마가는 '달마누다'(막 8:10)로 기록하고 있으나, 마태는 '마가단'(마 15:39)으로 기록하고 있다. 정확한 위치는 잘 모른다. 갈릴리 호수 '동편'설과 '서편'설로 나뉜다. 7병 2어의 기적이 호수의 동편인 데가볼리지역에서 있었던 것으로 보아 호수 동편의 벳새다 지방으로 보여진다.

4) "요나의 표적 밖에 보여 줄 표적이 없다" / 표적 논쟁(마 16:1-12, 막 8:11-13)

이 논쟁은 벳새다 지방에서 있었다. 지금까지 계속되는 예수의 이적들을 목격한 바리새인과 사두개인들은 이로 인하여 예수의 사상이 신뢰를 얻어가며 확산되어가고 있음을 보았다. 그들은 초초하여질 수밖에 없었다. 특히 '자신은 하늘에서 온 인자(메시야)라'는 예수의 계속된 주장은 눈의 가시였다. 때문에 그들은 예수의 주장이 허구임을 반증하기 위한 방법을 찾고자 혈안이 되었다. 마침내 그들은 물증의 방법을 생각해 냈다. 만일 예수가 자기의 주장에 물증을 제시하지 못한다면 결정적 함정에 빠지고 말 것이라고 확신하였다. 그들은 "이제 당신이 하늘에서 온 메시야라면 하늘에서 내려왔다는 표적을 제시하라" 요구하기에 이르렀다. 예수께서는 "너희가 천기는 분별할 줄 알면서 표적은 분별할 수 없느냐? 악하고 음란한 세대가 표적을 구하나 요나의 표적 밖에는 보여줄 표적이 없다"고 대답하셨다(마 16:4).

이를 '표적 논쟁'이라 한다. 눈에 보이는 자연세계만을 파악하고는 마치 참 진리를 알아낸 양 우쭐해 하는 자들에게 주신 이 말씀은, 진리의 실체는 눈에 보이지 않는 세계에 속한 것이며 겸손한 심령으로 하나님의 계시에 의존하지 않으면 그것을 깨달을 수 없음을 말씀하신 것이다.

'요나의 표적'이라는 답변은 예수께서 죽으신 후 사흘 만에 부활하실 것을 확정하시는 예언이었다. 그러나 이처럼 심오한 계시가 내포된 말씀을 예수의 대적들은 이해하지 못하였다. 그리하여 그들은 긍정도 부정도 못하였다. 이 사건은 마가단(막달라)지역에서 일어났다(마 15:39).

5) 바리새인과 사두개인의 '누룩'을 주의하라(마 16:5-12, 막 8:14-26)

표적 논쟁을 마치고 건너편으로 갈 때 예수께서 "삼가 바리새인과 사두개인들의 누룩을 주의하라" 말씀하셨다. 제자들은 서로 논의하다가 예수의 말씀이 식사를 위한 '떡'을 가져오라 말씀하신 것으로 알고 우리가 떡을 가져오지 않았다고 대답하였다. 예수께서 다시 말씀하셨다 "어찌 내가 말한 것이 떡에 관한 것이 아님을 깨닫지 못하느냐 오직 바리새인과 사두개인들의 누룩을 주의하라"고.

① 육적인 양식에 연연해하는 제자들의 모습과 영적 실재에 대해 가르치고자 노심초사하시는 예수의 모습이 첨예하게 대조되어 있다.

무지나 부주의, 신앙의 결핍으로 그의 나라와 그의 뜻(의)보다는 무엇을 먹고 마실까를 먼저 추구하는 잘못을 범하지 않도록 주의하여야 함을 교훈하신 것이다(막 8:17-21).

② 사실 바리새인들은 형식적 율법주의자들로서 자기 힘으로 얻는 의를 강조하는 자들이었고, 사두개인들은 영생을 거부하는 현세주의, 자유주의, 기복주의적 이론을 갖고 있는 자들이었다. 그리고 그들은 실천에 있어서도 언행이 일치하지 않는 자들이었다. 따라서 우리는 그들의 외식(外飾)주의, 권위주의, 형식주의 등 겉으로는 신앙과 선행을 말하면서도 실상은 실천이 없는 거짓과 위선에 물들지 않아야 함을 말씀하신 것이다.

③ 누룩의 특성은 발효력이다. 따라서 바리새인들의 악한 교훈에 물들지 않도록, 즉 그들의 발효력에 영향을 받지 않도록 주의하여야 한다는 말씀이다.

6) 베드로의 신앙고백 / 가이사랴 빌립보 선언(마 16:13-20, 막 8:27-30, 눅 9:18-21)

예수께서 가이사랴 빌립보 지방에 이르러 제자들에게 물으셨다. "세상 사람들이 인자(나)를 누구라 하더냐?"고. 제자들이 대답했다. "더러는 세례 요한, 더러는 엘리야, 어떤 이는 예레미야나 선지자 중 하나라 합니다."고.

예수께서 다시 물으셨다. 그러면 "너희는 나를 누구라 하느냐?" 시몬 베드로가 "주는 그리시도시요 살아 계신 하나님의 아들입니다."라고 답하였다. 예수께서 말씀하셨다. "바요나 시몬아 네가 복이 있도다. 이를 네게 알게 하신 이는 혈육이 아니요 하늘에 계신 내 아버지이시니라. 또 내가 네게 이르노니 너는 베드로라 내가 이 반석 위에 내 교회를 세우리니 음부의 권세가 이기지 못하리라"(마 16:13-18).

① '베드로의 신앙고백' 또는 '가이사랴 빌립보 선언'이라 한다.

가이사랴 빌립보는 헤르몬산 남쪽 기슭에 위치하고 있다. 유대 땅 서쪽 지중해와 접한 가이사랴와는 구분된다. 우상숭배로 유명한 도시이다. 당초의 이름은 Panias(Pan 신으로부터 유래)였다. BC 20년경 헤롯 대왕이 로마 황제로부터 하사받은 도시다. 헤롯 대왕은 로마 황제 아구스도(아우구스투스)를 기념하기 위하여 이곳에 흰 대리석 사원을 지었다. 그 후 분봉왕 빌립이 이 도시를 아름답게 정비한 후 가이사랴(카이사, 즉 시이저의 도시)라고 명명하였다.

공생애 세 번째 유월절의 해(AD 29) 초막절(10월)이 다가오고 있던 때였다. 예수는 자기에게 이 땅에서의 여정이 얼마 남지 않았음을 예감하고 계셨다. 따라서 제자들을 훈련시킬 시간이 많지 않다는 것도 알고 있었다. 무엇보다 중요하고 시급한 것은 제자들이 예수를 어떻게 인식하고 있느냐는 문제였다. 그래서 예수께서 심중에 갖고 있는 문제를 물으셨고 베드로가 이때 위대한 신앙고백을 한 사건이다.

② 이 사건은 예수의 제자들도 일부는 아직 예수를 하늘에서 오신 메시야로 확신하지 못하였음을 보여준다.

여기에서 인자(son of man)는 이미 말한 바와 같이 사람의 아들로 태어나 하나님의 일을 감당할 자를 말한다. 그러나 당시 이스라엘 백성들은 인자를 자기들을 로마의 압제로부터 해방시켜 줄 종말론적 군주(정치적 군주)로 생각하였다. 그리고 사람들은 선지자를 단순히 미래의 일을 예언할 뿐만 아니라 이적을 행하는 자로 인식하였다. 그런데 예수도 이적을 행하였으므로 당시 세상 사람들은 예수를 세례 요한이나 엘리야, 예레미야 같은 선지자 중 한 사람으로 보았다. 제자들의 일부도 이렇게 본 것 같다. 그리하여 제자들이 답한다. "세상 사람들 중 더러는 세례 요한, 더러는 엘리야, 어떤 이는 예레미야나 선지자 중 하나라 합니다."라고.

사실 세례 요한은 얼마 전까지 많은 사람들에 희망을 주었다. 엘리야는 그의 선언 한 번으로 3년 6개월 비가 오지 않았다. 예레미야는 멸망하여 애굽으로 도망가는 유대의 백성들에게 애굽으로 가지 말고 하나님의 뜻을 따라 바벨론으로 가라고 선포한 선지자였다. 그러나 그들은 모두 인자가 아니었다.

③ 때문에 예수께서는 다시 똑같은 질문을 베드로에게 하셨다. 베드로가 대답했다. "주는 그리

스도시요 살아 계신 하나님의 아들입니다."라고. 예수의 본래 모습을 정확하게 이해하고 한 대답이었다. 그렇다. 예수는 정치적 독립을 이룩하기 위하여 등장한 인간 지도자가 아니다. 그는 예언을 하고 이적을 보임으로써 소임을 다하는 선지자 이상의 분이셨다. 그는 그리스도의 사명을 지니고 하늘로부터 내려오신 하나님의 아들이다. 베드로의 고백은 예수의 사명(메시야)과 신적 속성(하나님의 아들)을 명백하게 증언하는 것이 되었다.

④ 베드로의 답변을 들으시고 예수께서 말씀하셨다. "네가 복이 있도다. 이를 네게 알게 하신 이는 혈육이 아니요 하늘에 계신 내 아버지시니라." 즉 너의 대답은 하나님이 주신 것이라고. 그리고 "너는 베드로라. 내가 이 반석 위에 내 교회를 세우리라"(마 16:18)고 약속하셨다.

예수께서 이때 부르신 베드로(반석)라는 이름은 그의 평생의 이름이 되었고, 이때의 약속은 이후 교회론 발전에 중대한 영향을 주었다(교회론의 기초).

그런데 여기에서 이 '반석 위에'라고 할 때, 이는 첫째, 베드로의 인격을 말하는 것이 아니라 베드로의 신앙고백을 의미한다. 둘째, 베드로를 포함한 사도직은 예수 복음전파의 출발점이라는 특수한 시대적, 일회적 사명이지 특별한 권한을 가지고 임의대로 타인에게 계승될 수 있는 성질의 것은 아니다. 따라서 이 고백 위에 교회가 세워진다는 뜻이다(cf. 톰슨 II 주석성경, 별첨 참고문헌).

그러나 구교(Catholic Church: 보편 교회)는 이 말을 예수께서 베드로라는 한 개인의 인격 위에 교회를 세우겠다고 하신 것으로 이해하고 천국 열쇠(마 16:19)와 연결시킨 뒤, 교황은 베드로의 권위를 승계 받은 사람이므로 교황 없이는 교회가 없고 교황이 다스리는 교회만이 참 교회라고 주장한다(사도 계승론). 하지만 신교(Protestant Church)는 교회의 기초는 오직 예수 그리스도뿐이며 성도는 하나님을 직접 대면한다고 믿는다(갈 3:28). 따라서 신교는 교황을 통한 통로(승계)사상을 거부한다(예: Martin Luther의 萬人 제사장 사상).

⑤ 예수께서는 이 사건 이후부터 주로 제자들에게 초점을 맞추시고 그들을 가르치셨다. 예수는 이 사건 이후부터 공개적으로 십자가 수난을 예고하셨다. 이 사건은 예수의 갈릴리 사역의 최절정을 이루었으며 예수 공생애의 일대 전환을 이루는 중대한 사건이었다.

7) 예수의 수난(受難) 예고(1차) (마 16:21-28, 막 8:31-9:1, 눅 9:22-27)

예수는 이어 자기가 예루살렘으로 올라가 장로들과 대제사장들과 서기관들에게 많은 고난을 받고 죽임을 당할 것이며 제3일에 살아나야 할 것을 제자들에게 비로소 나타내시니(마16:21).

이는 예수께서 제자들에게 자신의 십자가 죽음을 최초로 예고하신 것이다. 즉 예수께서 자신이 대속적(代贖的) 메시아임을 최초로 선언하신 것이다.

베드로는 이 수난 예고를 듣고 예수께 "그리 마옵소서"하며 반대하였다. 베드로의 이 말은 예수님에 대한 사랑을 나타낸 것이기도 하지만 한편으로는 구태여 희생하지 말고 힘으로 세상을 정복하자는 발상에서 나온 것이었다. 즉 예수의 대속적 메시야로서의 참 의미와 영원한 왕국의 본질을 이해하지 못한 사람의 생각으로서 사탄의 도구로 쓰이기에 적당한 생각이었다.

예수께서는 "사탄아 내 뒤로 물러가라"하며 베드로를 호되게 질책하셨다. 그리고 이어서 제자의 도(道)를 교훈하셨다. 즉 예수의 제자가 되려면 자기주장과 생각, 욕심을 버리고 오히려 진리를 위하여 고난을 자청하여야 한다는 것이다(마 16:23-28).

<예수의 수난예고>

예수께서는 4차에 걸쳐 수난(십자가 죽음)을 예고하셨다. 1차 예고는 수난의 전반적 측면과 이에 대한 제자들의 동참을 촉구하고 있다. 2차 예고(마 17:22-23)는 예수의 죽음과 부활을, 3차 예고(마 20:17-19)는 예수의 십자가 수난 장면을 구체적으로, 4차 예고(마 26:15)는 예수께서 가룟 유다에게 배반당하실 것을 예언한 것이다. 1차 예고는 가이사랴 빌립보 선언에 이은 것으로 이때부터 그의 죽음이 가시적으로 예고되었고 가이사랴 빌립보 선언은 그의 사역 활동의 중간 분수령이 되었다.

8) 죽기 전에 왕국을 볼 것을 약속(마 16:27-28, 막 9:1, 눅 9:26-27)

베드로를 질책하신 예수께서는 "여기 서있는 사람 중에는 죽기 전에 하나님의 나라가 권능으로 오는 것을 볼 자도 있으리라"고 말씀하셨다. 일주일 후 변화산에서 보게 될 예수의 변형 모습을 예언한 것으로 본다.

9) 변화산 사건(마 17:1-13, 막 9:2-13, 눅 9:28-36)

"엿새 후 예수께서 베드로와 야고보와 그 형제 요한을 데리시고 따로 높은 산에 올라가셨더니 그들 앞에서 변형되사 그 얼굴이 해 같이 빛나며 옷이 빛과 같이 희어졌더라. 그 때에 모세와 엘리야가 예수와 더불어 말하는 것이 그들에게 보이거늘 베드로가 예수께 여쭈어 이르되 … 주께서 원하시면 내가 여기서 초막 셋을 짓되 하나는 주님을 위하여, 하나는 모세를 위하여, 하나는 엘리야를 위하여 하리이다. … 이는 내 사랑하는 아들이요 내 기뻐하는 자니 너희는 그의 말을 들으라 하신지라 … 예수께서 명하여 이르시되 인자가 죽은 자 가운데서 살아나기 전에는 본 것을 아무에게도 이르지 말라 하시니"(마 17:1-10).

흔히 변화산 사건이라 부른다. 이 사건은 예수의 지상 생애 동안 있었던 5 대사건 중 하나로서(마태의), 베드로의 고백이 있고 6일(누가: 8일) 쯤 지나 역시 가이사랴 빌립보 부근 한 산기슭(변화 산이라 부른다)에서 일어났다.

예수께서 베드로와 야고보 그리고 야고보 형제 요한 등 세 제자만 데리고 헤르몬산 기슭에 올라가 따로 기도하고 있었다. 그때 예수께서 저희 앞에서 용모가 변형(transfiguration)되어 해같이 빛나는 놀라운 현상이 일어났다. 그리고 모세와 엘리야가 등장하여 예수와 함께 말하고 있는 장면이 보였다.

변화산 사건이 주는 의미를 다음과 같이 살펴볼 수 있다.

① 모세와 엘리야의 등장 배경

왜 변모하신 예수 곁에 모세와 엘리야가 등장했을까? 모세는 출애굽 구원의 주인공이었다. 엘리야 또한 유대인의 전통에서는 유대인의 구원과 관련된 선지자였다. 따라서 하나님께서 예수가 메시야(구주)라는 사실을 보여주신 것이다.

② 수난의 예고

모세와 엘리야가 영광 중에서 나눈 대화 가운데 '예수께서 장차 예루살렘에서 죽게 될 것'라는 말이 들렸다(눅 9:31). 또한 예수께서는 제자들에게 "인자가 죽은 자 가운데서 살아나기 전에는 본 것을 아무에게도 말하지 말라"(마 17:9) 하셨다. 이는 예수께서 장차 수난을 받으실 것과 다시금 그의 영광을 회복하실 것을 보여준 것이다.

③ 졸고 있는 제자들

베드로와 함께 있는 자들이 깊이 졸았다. 사실 이 순간은 하나님께서 자신과 예수의 관계 그리고 예수의 사명을 제자들의 대표들에게 보여 주시는 엄숙한 순간이었다. 그럼에도 그들은 졸고 있었다. 제자들은 졸다가 온전히 깨었을 때 모세와 엘리야를 보았다.

④ 초막 셋을 짓고

그들이 떠날 때 베드로가 예수께 제안했다. 예수와 모세와 엘리야를 위하여 초막 셋을 짓고 함께 여기 있는 것이 좋겠다고. 초막은 초막절을 상기시킨다. 그리고 초막절은 선조들의 광야시대에 하나님의 은혜와 임재를 기억하고 감사하는 절기이다. 그러나 베드로의 이러한 제안은 하나님의 의도, 즉 예수로 하여금 십자가 죽음을 통하여 인류를 구원하는 사역을 담당케 하려는 하나님의 의도를 알지 못하고 하는 말이었다.

⑤ 너희는 그의 말을 들으라

이때 하나님께서 말씀하셨다. "이는 내 사랑하는 아들이요 내 기뻐하는 자니 너희는 그의 말을 들으라"(마 17:5)고. 하나님의 이 음성은 예수께서 처음 세례를 받으실 때와 베드로가 가이사랴 빌립보에서 신앙고백을 할 때 그리고 이제 공생애의 마지막인 최후 수난에 직면하여 들려주시는 세 번째의 음성이다. 하나님께서는 이 음성을 통하여 한편으로는 예수의 신성과 구원 사역의 진정성 및 권위를 최종적으로 확증하셨고, 또 한편으로는 잘못된 세상적 생각을 버리고 예수의 말을 듣고 순종하라 명령하신 것이다.

⑥ 함구령

예수께서 제자들에게 함구령을 내린 이유는 아마 자신을 단순히 기적을 행하는 자로 나타내지 않기 위함이었을 것이다. 왜냐하면 당시 유대인들이 생각하고 있던 메시야는 그들을 로마로부터 해방시켜 줄 정치적 지도자였으므로 예수께서 기적을 행하는 자인 줄 알게 되면 그들이 몰려와 그와 같은 능력으로 세상 권력을 장악하도록 촉구할 것이기 때문이었다.

⑦ 이 사건은 예수의 수난예고에 심약해진 제자들에게 용기와 담력을 주는 사건이었고, 은둔 사역의 마지막을 장식하는 사건이 되었다.

10) 귀신 들린 아이의 치유(막 9:14–29, 마 17:14–21, 눅 9:37–43)

예수와 세 제자가 변화산상에 있는 동안 밑에 남아 있던 아홉 제자들은 귀신들린 아이를 고치지 못함으로써 서기관들로부터 호된 조롱과 비난을 받고 있었다. 산에서 내려온 예수께서는 그들에게 상황을 묻자 아이의 아버지가 아이의 상태를 설명한다. 예수께서 제자들의 믿음 없음을 한탄하시고 아이를 데려오라 하신다. 아이가 예수 앞에 나오니 귀신이 아이를 요동치게 만든다.

아이의 아버지: "무엇을 하실 수 있거든 우리를 불쌍히 여기사 도와주소서."

예수: "할 수 있거든이 무슨 말이냐? 믿는 자에게는 능히 하지 못할 일이 없느니라." 그리고 그 더러운 귀신에게 명하셨다. "네가 명하노니 그 아이에서 나오고 다시 들어가지 말라."

이때 아이가 치유되었다.

제자들: "우리는 어찌하여 그 귀신을 쫓아 내지 못하였나이까."

예수: "기도 외에는 다른 것으로는 이런 종류가 나갈 수 없느니라."

(1) 아홉 제자들의 실패의 원인 / "기도 외에는 없다"

집에 돌아 온 제자들이 예수께 물었다. 왜 자기들은 축사(逐邪: drive out demons)를 못하는지. 예수께서 대답하셨다. "기도 외에 다른 것으로는 이런 종류가 나갈 수 없다"(막 9:24)고. 제자들은 이미 귀신을 제어하는 권세를 받았다. 그런데도 그들이 실패한 것은 하나님께 대한 전적인 신뢰 곧 믿음과 기도가 부족하였기 때문이다.

이 사건은 예수께서 직접 축사하시고 치유하신 사건 중 하나이다. 십자가 수난을 목전에 두고 제자들에 대한 염려로 가득 찼던 예수의 애타는 심정을 잘 드러내고 있다. 이 사건은 모든 상황에 대처할 수 있는 비결은 오직 믿음과 기도뿐임을 잘 보여준다.

(2) 서기관들과의 불필요한 논쟁

서기관들의 빗발치는 비난과 야유에 대해 제자들이 변명한 태도는 애초에 잘못된 것이다. 근본적으로 복음을 거부하는 자들과의 장황한 변론은 실로 허망한 것뿐이기 때문이다(막 9:16).

6:3. 갈릴리지방 마지막 사역

예수의 갈릴리지방 사역 중 외곽지역에서의 은둔사역도 이제는 끝이 났다. 예수께서는 은둔사역을 마치시고 또 다시 가버나움으로 돌아오셨다(막 9:30). 그리고 갈릴리지방에서의 마지막 사역을 하신다.

1) 예수의 수난예고(2차) (막 9:30-32, 마 17:22-23, 눅 9:43-45)

가버나움에 이르자 예수께서는 제자들에게 "자기는 사람들의 손에 넘겨져 죽임을 당하고 죽은 지 3일 만에 살아나리라"고 말씀하셨다.

두 번째로 말씀하신 수난 예고이다. 두 번째 예고의 특징은 죽음과 함께 부활까지 말씀하신 것이다.

2) 성전세 납세 문제(마 17:24-27)

예수께서 가버나움 집에 왔을 때 밀렸던 성전세의 독촉을 받았다. 성전세는 반 세겔로 당시 유대인들이 신앙 관습에 따라 자발적으로 바치던 일종의 자치세였다. 따라서 의무세(마 22:15-22)와는 사뭇 다르다.

성전세가 문제가 되는 것은 예수는 성전의 실체로서 성전보다 큰 분(마 12:6)인데 세금을 내야 하느냐는 것이었다. 그러나 예수께서는 때가 이르러 결정적으로 메시야 사역을 행하시기 전까지는 사소하고 비본질적인 문제로 방해받는 일이 없도록 하기 위해 지혜롭게 이 문제를 피하셨다.

예수께서는 베드로를 시켜 바다에 나가 낚시를 던져 처음 잡히는 물고기의 입에서 돈 한 세겔을 꺼내어 세금으로 바치도록 했다.

3) 어린아이의 교훈 / 누가 천국에서 큰 자? (마 18:1–35, 막 9:33–50, 눅 9:46–50, 17:1–10)

제자들은 가버나움으로 오는 노상에서 '천국에서 누가 크냐'에 대한 토론을 하고 있었다. 예수께서는 이것을 들으시고 집에 이르렀을 때 제자들을 불러 "너희가 노상에서 토론한 것이 무엇이냐?"고 물으셨다(막 9:33-34). 제자들은 잠잠하였다. 예수께서 어린아이 하나를 불러 저희 가운데 세우시고 말씀하셨다. "너희가 돌이켜 어린아이와 같지 아니하면 결단코 천국에 들어가지 못하리라. 어린아이와 같이 자기를 낮추는 그 사람이 천국에서 큰 자이니라. 어린아이를 영접하는 자가 나를 영접함이다. 실족케 하는 자는 화가 있을 것이다. 비록 육체의 일부가 불완전하게 되어도 영생을 얻는 것이 더욱 소중하다"고(마 18:1-10).

이를 흔히 '어린아이 교훈'이라 한다. 그러나 어린아이를 위한 교훈이 아니고 어린아이를 통한 교훈이다.

① 제자들은 예수께서 사역을 어느 정도 마쳤기 때문에 머지않아 자신이 메시야임을 공식적으로 선포할 것이며 따라서 제자들은 새 왕국에서 고관이 되리라는 기대로 가득 차 있었음을 보여준다. 한편 제자들 사이에도 자리경쟁이 생기고 있었음을 볼 수 있다

② 순진성, 절대 의뢰성, 연약성, 회귀성, 겸손함 등으로 대변할 수 있는 어린아이와 같은 심령을 가진 자라야 천국에 들어갈 수 있다는 것이다.

③ 성도 공동체에서는 어린아이조차도 실족하지 말 것을 말씀하신다.

④ 하나님은 지극히 작은 어린아이조차도 기억하고 사랑하심을 보여준다.

4) 형제들의 불평(요 7:1–10)

예수의 형제(동생)들이 예수께 빈정대며 말한다. 이곳 촌구석(가버나움)을 떠나, 대도시 예루살렘으로 올라가서 제자들(추종자들)도 볼 수 있도록 활동하라고. 예수는 형제들에게 "너희는 명절(초막절)에 올라가라. 나는 때가 아직 차지 못하였다"고 대답하였다. 마침내 예수께서는 형제들이 올라간 후 예루살렘을 향하여 출발하였다(요 7:10).

사실 예수의 동생들은 예수와 함께 장성한 까닭에 그를 메시야로 보기에 어려움이 많았다. 어떤 때는 그를 미친 자로 오해하기도 했다(막 3:21). 그러나 예수 부활 후에는 그들도 제자들과 함께 기도에 힘썼다. 그중 야고보는 예수의 부활을 직접 목격하였고 그 후엔 예루살렘교회의 3 대 지도자 중 한 사람이 되었다.

5) 갈릴리 작별을 결심(마 8:18-22, 눅 9:51, 요 7:1-9)

예수의 공생에 세 번째 유월절의 해(32세: AD 29년) 초막절(10월)이 다가 왔을 때 예수의 갈릴리 3차 사역은 마감되고 있었다. 초막절을 지키고 2개월이 지나면 수전절(12월)을 맞이하게 되고, 수전절 후 4개월이 지나면, 즉 다음해 4월이 오면 그의 공생애 네 번째이자 마지막 유월절을 맞게 된다(AD 30년). 그는 네 번째 유월절에 십자가에 처형된다. 따라서 당시 예수는 그의 죽음을 6개월 앞에 둔 시점에 이른 것이다.

그에게는 십자가에 처형되기 전 예루살렘에서 해야 할 일이 아직도 많이 있었다. 오랜 기간 동안 진행되었던 갈릴리 2차와 3차 사역도 이제 끝이 났다. 갈릴리의 유대인들은 자기를 죽이려 한다(요 7:1). 동생들도 갈릴리 촌구석을 떠나라고 독촉한다(요 7:3). 예수께서는 마침내 갈릴리를 떠나려고 결심하였다(눅 9:51, 요 7:1).

6:4. 갈릴리로부터-예루살렘까지 도중 사역

갈릴리를 출발한 예수께서는 예루살렘에 이르는 노정에서도 사역을 하셨다. 갈릴리 지방에서의 사역은 아니지만 갈릴리지방 사역의 연장으로 볼 수 있기에 이에 포함시켜 설명한다.

1) 사마리아 사람들의 배척(눅 9:51-56)

예수께서는 사마리아 지경을 경유하여 예루살렘에 가기로 하셨다. 갈릴리를 출발하면서 사자

(제자)들을 앞서 사마리아로 보냈다. 사자들이 사마리아 한 마을에 들렀을 때 사마리아 사람들이 그들을 받아들이지 않았다(배척). 그 이유는 예수가 예루살렘을 향하여 가는 것을 알았기 때문이다(눅 9:53). 그것은 사마리아인과 유대인 간의 오랜 역사적 적대 감정에서 유래한 것이다. 제자들(야고보와 요한)은 이 마을에 진노의 재앙이 임하기를 간구했지만 예수께서는 이를 거부하셨다.

2) "여우도 굴이 있는데" / 제자의 도(discipleship) (눅 9:57–62, 마 8:18–22)

예수 일행이 갈릴리를 떠나 예루살렘을 향하여 가는 길에서 있었던 대화이다. 한 서기관이 예수께 나와 "선생님이여 어디로 가시든지 저는 좇으리이다"라 하며 따르기를 원했다(마 8:19). 예수께서 대답하셨다. "여우도 굴이 있고 공중의 새도 집이 있으되 인자는 머리 둘 곳이 없다"고. 예수께서 또 다른 사람에게 "나를 좇으라" 하시니 그가 대답하기를 "나로 가서 내 부친을 장사하게 허락하소서" 했다. 예수께서 이르시되 "죽은 자들로 자기의 죽은 자들을 장사하게 하고..."

여기에서는 다음과 같은 교훈을 얻는다.

① 12제자들은 물론 예수를 따르는 다른 이들 중에도 예수의 장래에 기대가 큰 사람들이 많았다. 12제자들 중에도 벌써부터 은근히 자리경쟁을 하는 모습이 보였다.

② 당시 사회의 엘리트층에 속했던 서기관이 이처럼 예수의 제자 되기를 요구한 것은 특이한 일이다. 대적들 중에도 예수와 같은 능력자를 따르는 것이 입신양명의 기회가 될 것이라 판단한 기회주의자들이 있었음을 보여준다.

③ 제자의 도를 가르침: "인자는 머리 둘 곳이 없다"는 말을 통하여 목자(전도자)의 길은 그야말로 이 땅에서는 머리 놓을 곳 하나 얻지 못하는 희생과 고난 그리고 역경의 길임을 배운다. 또한 깊게 생각해 보지 않고 순간적 감정의 발로에서 예수를 따르겠다고 장담하지 말라 교훈하신 것이다.

④ 전도 의무의 우선성: "나로 하여금 먼저 가서 내 아버지를 장사하게 하소서" 청하는 자에게 예수께서 "죽은 자는 죽은 자들이 장사하게 하라" 하신 말씀은 전도하는 일이 어떤 경우보다도 우선하는 중요한 일임을 보여준다. 즉 예수를 좇는 자는 인간의 도리도 다해야 한다. 그러나 그보다도 우선적인 것은 세상에 복음을 증언하는 일이다. 예수를 따르면서도 세상일에 미련을 두는 자는 하나님 나라에 합당하지 않다는 것이다.

이것이 바로 제자의 도(discipleship)요 예수를 따르는 길이라는 것이다.

7. 유대(예루살렘) 지방 3차 사역(AD 29년 10월–30년 4월초)

① 예수께서는 공생애 마지막 사역을 유대지방에서 하셨다. 예수께서는 32세(AD 29)의 해 초막절(10월초)경에 예루살렘에 오시고, 33세의 해(AD 30) 유월절(4월) 직전까지 이곳에서 사역하셨다(6개월 동안). 우리는 이를 유대지방 3차 사역이라 부른다.

그런데 유대지방 3차 사역 기간 중에도 32세의 해 초막절(10월)부터 수전절(12월)까지(3개월 동안)는 예루살렘에서 사역하셨다. 그리고 수전절(12월) 이후부터 다음해(33세) 유월절(4월) 직전까지(3개월 동안)는 베다니(베레아 지방)에서 사역하셨다.

② 그리고 33세 유월절 직전에 베레아로부터 예루살렘에 다시 오셨다.

③ 예루살렘에 오시고는 고난의 한 주간(유월절 포함)을 이곳에서 보내시고 마침내 십자가에서 운명하셨다.

〈유대지방(예루살렘)에서의 3차 사역의 구분〉

7:1 32세의 해 초막절(10월)부터 수전절(12월)까지: 3개월, 예루살렘에서 사역

7:2 32세의 해 수전절(12월)이후부터, 33세의 해 유월절(4월) 직전까지: 3개월, 베레아에서 사역

7:3 33세의 해 베레아에서—예루살렘까지 도중 사역

〈초막절, Feast of Tabernacles〉

과실 추수가 모두 끝날 무렵 지키는 절기(추수감사절)이며, 하나님이 광야에서 지켜주신 것과 앞으로도 지켜주시리라는 약속, 특히 풍성한 수확을 주시겠다는 약속을 대대로 기억하기 위한 절기이다. 태양력으로 10월(유대력으로는 7월) 15일부터 일주일(7일) 동안 계속되고, 초막 안에서 계속 지내며 첫날과 끝날(8일)을 안식일로 지킨다. 장막절, 수장절이라고도 한다. 7월 1일은 나팔절로, 7월 10일은 대 속죄일(금식의 날)로, 7월 15일부터 22일까지 일주일간이 초막절이다. 유월절 및 칠칠절과 함께 유대인의 3대 절기 중 하나이다. 유대인의 7월은 신년에 해당한다.

7:1. 초막절부터 수전절까지(3개월 동안) (요 7:10-8:59)

예수께서는 32세이던 해(AD 29) 초막절(10월초)에 갈릴리로부터 예루살렘에 오시고 그 해 수전절(12월)까지 이곳에서 사역하셨다(3개월).

1) 예루살렘 입성(요 7:10–13)

요한복음만이 기록하고 있다. 예수께서는 32세이던 해(AD 29) 초막절 예루살렘에 은밀히 입성하였다. 예견된 대로 유대인 특히 산헤드린 회원들이 어떻게 해서든 예수를 체포하려 했기 때문이다. 그 중에는 예수를 '좋은 사람이라'칭하는 사람도 있었지만, 유대인을 두려워하였기 때문에 공공연히 지지할 수는 없었다. 어떻든 그들 덕분에 예수께서는 체포됨을 피할 수 있었다(요 7:10-13).

예수는 드디어 예루살렘에 왔고 초막절에는 예루살렘 성전에 모인 무리 앞에서 당당하게 가르치기 시작하였다(요 7:14).

2) 초막절 설교(요 7:14–52)

(1) 초막절 중간 설교(요 7:14-36) / 메시야 논쟁

① "내 교훈은 나를 보내신 이의 것이다"(요 7:14-24)

"명절 기간 중 예수께서 성전에 올라가 가르치시니 유대인들이 놀랍게 여겨 이르되 이 사람은 배우지 아니하였거늘, 어떻게 글을 아느냐 하니, 예수께서 대답하여 이르시되, 내 교훈은 내 것이 아니요 나를 보내신 이의 것이니라 사람이 하나님의 뜻을 행하려 하면 이 교훈이 하나님께로부터 왔는지 내가 스스로 말함인지 알리라"(요 7:14-17).

예수께서는 자신의 가르침이 인간에게 전승받은 것이 아니고 하나님께로부터 온 것이라고 말한다. 예수의 가르침의 신적 기원을 설명한 것이다.

② "우리는 이 사람이 어디서 왔는지 아노라"(요 7:25-44)

"그러나 우리는 이 사람이 어디서 왔는지 아노라. 그리스도께서 오실 때에는 어디서 오는지 아는 자가 없으리라 하는지라"(요 7:27). "성경에 이르기를 그리스도는 다윗의 씨로 또 다윗이 살던 베들레헴에서 나오리라 하지 아니하였느냐?"(요 7:42).

유대인들은 구약적 메시야관의 입장에서 예수가 메시야가 될 수 없다는 이유들을 하나하나 들추어가며 그는 메시야가 아니라고 말한다.

(a) 메시야는 기원을 모르는 데서 와야 한다는 것이다. 그러나 자신들은 예수가 어디서 왔는지 안다는 것이다. 즉 예수는 나사렛 출신이 분명하며 그들은 그의 부모도 알고 형제들도 알고 있다

는 것이다.

(b) 메시야는 다윗의 후손이고 베들레헴에서 태어나야 하는데 예수는 갈릴리 나사렛 출신이라는 것이다. 그러나 예수는 혈통으로는 다윗의 후손이며 나사렛은 예수께서 성장한 곳일 뿐 출생지는 베들레헴이다.

(c) 뿐만 아니라 그들은 메시야는 모세와 같이 이적을 행해야 한다고 기대 해 왔다. 그러나 어떤 이들은 그들이 기대하는 메시야보다 예수가 더 많은 이적을 행한다고 보고 그를 믿기도 했다(요 7:31).

이와 같이 예수께서는 구약적 메시야관으로도 유대교의 메시야 조건을 모두 갖춘 분이다. 하지만 유대인들은 예수의 계시성을 보지 못한 결과 예수의 메시야성을 부정적으로 판단하고 그를 체포하려 했다(요 7:30).

(2) 초막절 끝날 설교 / 생수 강론(요 7:37-52)

"명절 끝 날에 예수께서 외쳐 이르되 '누구든지 목마르거든 내게로 와서 마시라. 나를 믿는 자는 성경에 이름과 같이 그 배에서 생수의 강이 흘러나오리라'하시니"(요 7:37-39).

① 예수의 강론은 초막절의 끝날(제8일)에도 있었다. 초막절 기간 동안 유대인들은 실로암 못에서 물을 길어다가 금 항아리에 부었다. 그것은 출애굽 당시 광야에서 목마른 백성에게 생수를 예비하신 하나님의 능력을 기념하는 것이었다. 예수께서는 이러한 관습을 배경으로 삼아 생수 강론을 하셨다.

② 이렇게 초막절에 행해지는 관습을 두고 예수는 자신이 바로 그 물을 공급하는 존재라고 선언하신다. 요한(요한복음 기자)은 이것을 가리켜 예수께서 그가 영광을 받으신 후에 우리에게 주실 성령을 가리켜서 하는 말이라고 해설한다. 다시 말하면 초막절에 물 긷는 행사가 고대하는 바는, 종말에 성령이 세상에 있는 자들을 풍성히 적셔 생명을 얻게 하는 그 일을 (예수) 자신이 한다는 것이다. 즉 예수께서는 자신이 하나님을 계시하고 하나님의 성령의 물을 부어 주는 메시야임을 선언한 것이다.

3) 현장에서 잡힌 간음한 여인의 죄를 사함(요 8:1-11)

역시 초막절 기간 중의 강론이다. 예수는 그 전날 밤 감람산에서 기도하셨다. 그리고 다시 성전으로 들어와 백성 앞에서 강론하셨다(요 8:1). 유대교 지도자들(서기관과 바리새인)은 무슨 수단을 동원해서라도 예수의 결점을 잡아 체포하려 했다. 이번에는 간음하다가 현장에서 잡힌 한 여인을 끌고 왔다. 그들은 이 사건을 통해 예수를 충분히 옭아맬 수 있다고 생각했기 때문이다. 예수께서 그 여인을 돌로 치라 한다면 이는 사랑을 역설한 예수의 가르침에 모순되는 것이다. 반면 돌로 치지 말라고 하면 모세의 율법을 어기는 것이 되기 때문이다.

그들의 계략을 잘 알고 있는 예수는 그들을 향하여 "너희 중 죄 없는 자가 먼저 돌로 치라"고 역공하였다(요 8:7). 그들은 양심의 가책을 느끼고 모두 헤어졌다. 예수께서 그 여인에게 "나도 너를 정죄하지 않겠다. 재범하지 말라"하고 조건 없이 그의 죄를 사하여 주셨다.

예수는 이 사건을 통해 흠 없는 자만이 허물 있는 자를 정죄할 수 있으며, 율법의 근본정신은 정죄가 아니라 긍휼과 사랑, 그리고 새로운 기회를 주는 것임을 보여준다.

4) "나는 세상의 빛이다 / 빛 강론"(요 8:12-20)

예수께서 또 말씀하셨다. "나는 세상의 빛이니 나를 따르는 자는 어둠에 다니지 아니하고 생명의 빛을 얻으리라." 바리새인들이 말하였다. "네가 너를 증언하니 네 증언은 참되지 아니하도다" (요 8:12-13).

① 요한복음 7:53-8:11에 기록된 이야기이다. 초막절은 출애굽 당시 하나님께서 불기둥과 구름기둥으로 이스라엘을 인도하시고 시내 산에서 그의 영광의 광채 가운데 율법을 계시하셨음을 기념하는 절기이다. 빛의 사상은 초막절에 큰 등불을 켜는 관례를 배경으로 한 것으로 보는데, 예수께서도 역시 이를 배경으로 말씀하셨을 것이다.

② 예수께서는 자신을 세상의 빛이라고 선언하신다. 즉 자신이 하나님을 온전히 계시하여 온 세상으로 하여금 하나님을 알게 하는 분임을 주장한다. 빛이란 계시의 수단이다. 우리는 빛 때문에 사물을 보고 지식을 얻는다. 따라서 예수가 빛이라는 것은 예수께서 하나님의 계시자로서 우리로 하여금 하나님을 보고(예수에게서 계시된 하나님을 보고), 하나님을 알게 한다는 뜻이다. 즉 예수는 빛으로 오셔서 암흑을 몰아내고 우리가 하나님을 보고 알게 한다는 것이다.

③ 바리새인들이 예수님의 이와 같은 선언을 반박한다. 자증(自證), 즉 예수 자신의 증언은 진리로 받아들일 수 없다고. 그러나 예수께서는 다시 "나의 경우는 나의 판단, 즉 자증도 타당하다. 왜냐하면 나의 판단은 나 혼자 하는 것이 아니라 나를 보내신 하나님(아버지)께서 함께 하시기 때문이다"라고 답한다. 그들이 "네 아버지가 어디 있느냐?"고 다시 묻는데, 그들은 예수가 누

구며 어디에서 왔는지를 알고 있었기 때문이다. 그러나 그들이 알고 있는 것은 사람이신 예수님이었다. 그들이 깨닫지 못했던 것은 하나님께로부터 오신 예수님이었고, 예수의 답변은 자신의 신성(divinity)을 의미하였다는 점이었다.

5) "내가 가는 곳에는 너희가 오지 못하리라"(요 8:21-30)-예수의 비하와 승귀의 예고-

예수: "내가 가리니 너희가 나를 찾다가 너희 죄 가운데서 죽겠고 내가 가는 곳에는 너희가 오지 못하리라"

유대인들: "그가 자결하려는가?"

예수: "너희는 아래서 났고 나는 위에서 났으며, 너희는 이 세상에 속하였고 나는 이 세상에 속하지 아니하였느니라. 그러므로 내가 너희에게 말하기를 너희가 너희 죄 가운데서 죽으리라 하였노라. 너희가 만일 내가 그인 줄 믿지 아니하면 너희 죄 가운데서 죽으리라."

유대인들: "네가 누구냐?"

예수: "나는 처음부터 너희에게 말하여 온 자니라"(요 8:21-25). "너희가 인자를 든 후에 내가 그인 줄 알고"(8:28).

① 예수께서는 이제 자신의 죽음(卑下)과 부활(昇貴)을 예고하신다. 즉 자신은 세상에 속한 것이 아니라 위로부터 온 자, 곧 하나님의 아들이기 때문에 너희는 내가 가는 곳에 오지 못하리라 말씀하신다. 유대인들은 그 말의 참 뜻을 이해하지 못하여 "그가 자결하려는가?"라고 묻는다. 그러나 예수께서는 "내가 그인 줄(하나님의 아들인 줄)을 믿지 아니하는 자들은 그 믿지 않음으로 인하여 결국 죄 가운데 죽으리라"고 선언하신다(요 8:24).

② 예수께서는 이와 관련하여 자신의 선재성(先在性)과 하나님과의 동등성을 언급하신다. 그것은 "너희가 죄 가운데서 죽으리라"는 예수의 선언을 이해하지 못하여 "네가 누구냐?"고 묻는 유대인들의 질문에서 비롯하였다. 예수께서 대답하셨다. "나는 처음부터 너희에게 말하여 온 자니라"고. 이는 자신은 "처음부터 있는 자"임을 말씀하신 것이다. 즉 자신의 선재성과 하나님과의 동등성을 말씀하신 것이다. 이어 말씀하신다. "너희가 인자를 든 후(승귀한 후)에 내가 그인 줄 알리라"고(요 8:28).

6) 자유롭게 하는 진리(요 8:31–59)

(1) "진리가 너희를 자유롭게 하리라"(요 8:31-32)

예수께서 자기를 믿는 유대인들에게 이르시되 "너희가 내 말에 거하면 참으로 내 제자가 되고 진리를 알지니 진리가 너희를 자유롭게 하리라"고 말씀하신다.

이는 누구든 예수가 하나님의 아들이자 구세주이심을 믿고 그가 이룬 대속 사역의 공로를 힘입기만 하면 인류의 죄의 결과인 죽음으로부터 영원히 자유하게 되는 것을 말한다. 여기서 진리는 예수 그리스도와 그리스도를 통해 계시된 하나님의 말씀을 뜻한다.

(2) "우리가 아브라함의 자손이라 남의 종이 된 적이 없거늘"(요 8:33-36)

그들이 대답하되 "우리가 아브라함의 자손이라 남의 종이 된 적이 없거늘 어찌하여 우리가 자유롭게 되리라 하느냐." 예수께서 대답하시되 "죄를 범하는 자마다 죄의 종이라"

유대인은 자기들이 남의 종이 된 적이 없다고 주장한다. 자신들이 애굽(이집트), 앗수르(앗시리아), 바벨론, 바사(페르시아), 헬라(그리스) 등의 정치적인 압제 하에 있었지만, 종교적인 자유만은 여전히 지켜왔다는 사실을 말하는 것이다. 이는 유대인들의 선민사상을 드러낸다. 그러나 예수는 육체적 정치적인 의미가 아니라 죄의 종임을 지적하신 것이다. 육신으로는 아브라함의 자손이라 해도 죄를 범하는 자라면 곧 죄의 종이기 때문이다.

(3) "너희는 너희 아비가 행한 일들을 하는도다"(요 8:37-47)

예수: 나도 너희가 아브라함의 자손인 것을 아노라 … 너희가 아브라함의 자손이면 아브라함이 행한 일을 해야 할 것이다. 그러나 너희는 지금 너희 아비(죄인)가 행한 일들을 하고 있다. 즉 죄를 범하고 있다.

유대인들: 우리는 음란한 데서 나지 아니하였다(죄인이 아니다).

예수: 너희는 너희 아비의 욕심대로 행하고자 한다. 그러므로 죄인이다.

예수께서는 그들이 진정으로 아브라함의 뜻을 이어 받은 후예가 아니라 혈통적으로만(육신적으로만) 후손일 뿐 죄인이라는 것이다. "너희가 진정한 아브라함의 자손이면 아브라함의 행한 일들을 하여야 한다"고 말씀하신다.

(4) "내 말을 지키면 영원히 죽음을 보지 아니하리라"(요 8:48-59)

예수께서 말씀하셨다. "사람이 내 말을 지키면 영원히 죽음을 보지 아니하리라." 유대인들이 답하였다. "지금 네가 귀신 들린 줄을 안다. 아브라함과 선지자들도 죽었거늘 네 말은 사람이 내 말을 지키면 영원히 죽음을 맛보지 아니하리라 하니"(요 8:48-51).

예수께서 다시 말씀하신다. "아브라함이 나기 전부터 내가 있느니라"(요 8:58).

"사람이 내 말을 지키면 영원히 죽음을 보지 아니하리라"는 예수의 말씀이 유대인들에게는 이해되지 않았다. 그래서 그들은 예수를 미쳤다고 했다. 이에 대해 예수는 아브라함이 나기 전부터 **내가 있느니라** 하신다(Before Abraham was, **I am**). '**내가 있느니라**'는 표현은 I am의 절대용법이다. 즉 예수께서는 아브라함이 있기 전부터 영원히 '현존하는 자로 있다'는 뜻이다. 이것은 모세에게 나타나신 하나님의 "나는 스스로 있는 자니라"(출 3:14)는 말씀과 같다. 곧 예수님의 선재성과 영원성을 뜻한다(cf. 톰슨 II 주석성경, 별첨 참고문헌).

7) 날 때부터 맹인 된 청년을 고치시다(요 9장)

장막절 끝날(안식일)에 놀라운 사건이 발생했다. 예수께서 제자들과 함께 길을 가시다가 날 때부터 맹인 된 청년(걸인)을 보셨다. 제자들이 이 사람이 맹인으로 출생한 것이 누구의 죄 때문이냐고 물었다. 예수께서는 "그 부모의 죄 때문이 아니라 그를 통해 하나님이 하시는 일을 나타내고자 하심이라"고 답하신다. 그리고는 땅에 침을 뱉어 진흙을 이겨 청년의 눈에 바르고 실로암 못에 가서 씻으라 하셨다. 그가 못에 가서 씻고 밝은 눈으로 돌아왔다. 사람들은 그 청년에게 누가, 어떻게 고쳤느냐고 물었다. 청년은 눈이 보게 된 경위를 설명했으나 그들은 이해할 수 없다 하며 사실을 받아들이지 않았다.

사람들은 그 청년을 바리새인들에게 데리고 갔다. 바리새인들도 똑같은 질문을 하였고 청년도 동일한 대답을 했다. 그러나 바리새인 중 어떤 이는 예수가 안식일을 지키지 않았으니 하나님에게서 온 자가 아니라 했고, 또 어떤 이는 죄인이 어떻게 이러한 표적을 행하겠느냐 하며 반응이 엇갈렸다. 바리새인이 청년에게 다시 물었다. "너는 그를 어떠한 사람이라 하느냐"고. 청년은 "그는 선지자입니다"라 답하였다.

유대인들은 이번에는 청년의 부모를 불러 아들이 눈을 보게 된 경위를 물었다. 부모는 출교가 두려워

"아들도 장성하였으니 그에게 직접 물어보라"고 대답했다. 유대인들이 청년을 다시 불러 경위를 물었다. 청년은 최종적으로 대답했다. "이 사람이 하나님으로부터 오지 아니하였으면 아무 일도 할 수 없으리이다. 이 사람(예수)은 하나님께로부터 온 자입니다"라고. 그들은 "네가 온전히 죄 가운데서 나서 우리를 가르치느냐"하고 그를 출교시켰다(요 9장).

(1) "이 사람이 맹인으로 태어난 것이 누구의 죄로 인함이니이까?"(요 9:2)

질병을 포함한 모든 고난은 죄가 가져온 죽음의 결과이다. 심지어 천재지변도 죄의 증상으로 볼 수 있다. 죄가 죽음의 고난을 가져오는 것은 사실이다. 그러나 죄와 죽음이 항상 일대 일로 상응하지는 않는다. 물론 상응할 때도 있지만, 우리는 고난 받는 사람이 무조건 죄를 지었기 때문에 하나님께 받는 벌이라고 단정해서는 안 된다.

예수께서는 그가 맹인된 것은 하나님의 영광, 즉 하나님의 치유의 능력과 사랑을 드러내기 위한 것이라 말씀하시고 곧 그를 치유해 주셨다.

(2) "이 사람이 하나님께로부터 온 자가 아니니다"(요 9:16)

맹인 치유사건에 대해 세 가지의 반응이 나왔다.

첫째는 유대인과 바리새인들의 반응이다. 그들은 안식일에 병 고치는 것도 일하는 것이므로 안식일 규례에 위배된다는 이유에서 예수의 신앙을 거부한다. 그들은 맹인이 눈을 뜬 명백한 이적을 보고도 자신들의 세상적 지식으로 판단하여 오해하고 만다. 이것은 세상 사람들의 태도이기도 하다.

둘째는 맹인의 부모의 반응으로서, 그들은 예수가 그리스도임을 알면서도 유대 회당에서 출교당할 것을 두려워하여 공개적으로 고백하지 못한다(요 9:22). 예수를 체험하고도 자기의 사회적 정치적 불이익을 두려워하여 감히 신앙 고백하기를 꺼리는 이들이다.

셋째는 눈 뜬 자의 반응으로 출교를 무릅쓰고 예수를 그리스도로 고백한다. 그리고 그의 신앙은 발전한다. 처음에는 예수를 선지자로 고백하고(요 9:17), 다음에는 하나님으로부터 온 자라고 고백하며(요 9:33), 마지막에는 그리스도라고 고백한다(요 9:38).

본문은 우리로 하여금 치유된 맹인처럼 십자가에 달린 메시야 예수를 인식하고 두려움이나 타협 없이 신앙을 고백할 것을 촉구하고 있다.

<사건의 시기>

간음하다가 현장에서 붙들려 온 사건은 '초막절'(10월) 끝 무렵에 있었다. 그리고 요한복음은 나면서부터 보지 못한 사람의 치유 사건과 선한 목자에 관한 이야기를 예수께서 배척당하신 '수전절'(12월) 사건보다 앞에 기록하고 있다. 따라서 나면서부터 보지 못하는 사람 치유사건과 선한 목자에 관한 이야기는 초막절 이후, 수전절 이전에 있었던 것으로 보인다.

8) 선한 목자의 비유(요 10:1–21)

역시 초막절 기간의 설교다.

"문을 통하여 양의 우리로 들어가지 아니하고 다른 데로 넘어가는 자는 절도며 강도요"(요 10:1).

"나는 선한 목자라 선한 목자는 양들을 위하여 목숨을 버리거니와 삯꾼은 목자가 아니요 양도 제 양이 아니라 이리가 오는 것을 보면 양을 버리고 달아나나니"(요 10:11).

(1) "다른 데로 넘어가는 자는 절도며 강도요"(요 10:1-6)

유대교 종교 지도자들은 목자가 아니라 절도요 강도라는 것이다.

(2) "나는 선한 목자라"(요 10:7-18)

그러나 예수 자신은 선한 목자라는 것이다. 예수께서는 지상에서의 생애가 얼마 남아 있지 않았음을 상기시키기 위하여 자신을 목자로, 신자를 양으로 비유하면서 자신이 지금 수행하고 있는 구속사역을 제자들에게 확실하게 각인시키고 제자들도 자기의 본을 따르도록 당부하신다.

예수께서는 이 말씀을 통해 목자와 양은 절대적 보호로 구축된 생명관계라는 것, 유대인 종교 지도자들은 목자가 아니요 절도이며 강도이며, 자신만이 양들을 위해 목숨을 버리는 참 목자임을 선언하신다.

9) 70 전도단의 파송과 활동 보고(눅 10:1–24)

(1) 70인 제자의 파송 / 제자들의 행동 지침(눅 10:1-16)

70인 제자의 파송은 열두 제자의 파송(마 10:5-42)과는 구분되는 사건이다. 예수가 갈릴리지방에서 사역하는 동안 열두 제자 이외의 다른 제자들도 얻었을 것인데, 그들이 70인 제자의 모체가 되었을 것이다. 예수께서는 이제 이들에게도 새로운 사역을 맡기기로 하고 현장으로 파송하셨다. 파송지역은 베레아 지방이었다. 예수께서 아직까지 전도의 틈을 내지 못했던 지역이었기 때문이다. 그리고 열두 제자의 경우와 같이 2명 씩 조를 지어 활동하게 하였다. 예수께서는 그들이 출발하기에 앞서 그들이 지켜야 할 행동강령(지침)을 정하고 일러주셨다. 요약하면 다음과 같다(눅 10:1-16).

① 험악한 세상 가운데로 보냄을 받은 전도자는 마치 어린 양 같이 어리고 약하다. 따라서 그는 전적으로 하나님을 의지해야 한다(전적인 의뢰).

② 전도 사역을 수행함에 있어 비둘기 같이 순결한 마음을 가지고 임해야 하지만 그 방법에 있어서는 뱀과 같이 지혜롭게 처신할 줄 알아야 한다(순결과 지혜의 조화).

③ 전도자는 복음전파의 사명이 시급하게 시행되어야 함을 깨달을 뿐 아니라, 그 일을 수행함에 있어 필요한 모든 것은 하나님께서 성도들을 통해 채워주신다는 것도 믿어야 한다. 전대나 배낭 그리고 신발을 가지지 말라(물질에 얽매지 말 것).

④ 전도자는 사람들이 복음을 받아들이지 않는 것은 곧 그리스도와 하나님을 거역하는 행위임을 분명히 깨닫고, 이에 대해 가슴 아파하며 뭇 심령을 구하는 일에 전력을 다해야 한다(담대하게 전파).

(2) 활동 보고(눅 10:17-24)

70인 전도단이 영적 전쟁에서 승리하고 돌아와 기쁨으로 전도사역 결과를 예수께 보고하였다. 보고를 들으신 예수께서 그들에게 말씀하셨다. “주의 이름으로 귀신들이 항복하고 귀신을 내쫓음으로 악의 세력이 무너지는 것을 보는 것은 성도들이 마땅히 기뻐해야 할 일이다. 그러나 그것보다 더욱 기뻐해야 할 일은 자신의 이름이 생명책에 기록되는 것이다”라고. 그리고 예수께서는 하나님의 주권에 대한 감사의 기도를 하셨다.

10) 선한 사미리아인의 이야기(눅 10:29–37)

어떤 율법교사(율법사)가 예수께 영생의 방법을 묻는다. 예수께서는 율법이 어떻게 기록하고 있느냐고 반문한다. 율법교사는 전심을 다하여 하나님과 이웃을 사랑하라고 기록되어 있다고 답한다. 이에 대하여 예수께서 한 예화를 드신다.

예루살렘에서 여리고로 내려가는 한 여행자가 강도에게 피해를 당했다. 이 때 이 현장을 통과하는 제사장은 현장을 목격하고도 그냥 피해 버렸다. 레위인 역시 그랬다. 그러나 한 사마리아인은 피해당한 여행자에게 필요한 모든 조치를 다해 주었다는 내용이다.

사실 제사장과 레위인은 율법의 모범적 준수자로서 하나님과 백성을 위해 봉사하는 직무를 맡은 자들이다. 따라서 이러한 경우 돌보아야할 의무가 있다(그 당시 제사장은 주로 사두개인들이 차지하고 있었다). 그럼에도 이들은 그냥 지나쳐 버렸다. 물론 시체를 만지면 정결 율법에 위배되기 때문에 이들이 시체를 피하였다고 변명을 할 수 있다. 그렇다 해도 이는 율법의 형식은 지키고 율법의 근본정신인 사랑은 실천하지 못한 것이라 할 것이다. 사마리아인은 이방인(개) 취급을 받는 자들로 그냥 지나쳐도 그를 비방할 자는 없었을 것이다. 그럼에도 그는 선한 행위를 했다.

예수께서는 이 예화를 통해 영생을 위한 참 사랑은 어떤 것이며, 진정한 이웃은 누구인가를 보여주셨다. 즉 사마리아인은 유대인으로부터 개 취급을 받았지만 유대인에게 사랑을 베풀었다. 누구의 사랑이 참 사랑이고, 사랑의 대상은 누구인가? 사마리아인의 사랑이야말로 참 사랑이었고, 그들의 사랑의 대상은 그들이 가히 원수로 여길 수 있는 유대인이었다는 것이다.

11) "마리아는 이 좋은 편을 택하였으니"(눅 10:38–42)

예루살렘 부근 베다니(베레아 지방의 베다니가 아님)에 사는 마르다 자매(나사로의 남매)의 이야기이다. 이들은 전부터 예수의 각별한 사랑을 받던 자들이다. 예수께서 그들의 집을 방문했을 때 마리아는 예수를 대접하기 위한 준비에는 무관심하고 예수의 발아래 앉아 그의 말씀 듣기에 열중하였다. 예수 대접 준비에 바빴던 마르다는 마리아의 행동을 예수님께 원망하였으나, 예수께서는 오히려 마르다를 책망하셨다. 예수께서는 "네가 많은 일로 염려하고 근심하나 몇 가지만 하든지 혹은 한 가지만이라도 족하니라. 마리아가 이 좋은 편을 선택하였느니라."

이는 예수님을 섬기는 데 있어 차분하고 진지한 마음으로 하나님의 말씀을 듣는 신앙생활이 필요하다는 교훈을 말씀하신 것이다.

12) 기도에 대한 또 다른 가르침(눅 11:1–3)

누가도 예수께서 가르치신 기도에 관한 교훈을 기록하고 있다. 마태도 기도에 관하여 전하고 있으나(마 6:9-15) 둘 사이에는 다소 다른 점이 있다. 마태는 산상수훈에 포함시켜 전하지만 누가는 평지수훈에 포함시키지 않았다. 마태는 다른 동기 없이 가르치신 것으로 전하고 있지만 누가는 제자의 요청으로 가르치셨다고 전하고 있다. 내용에도 차이가 있지만 예수께서 각기 다른 상황에서 주기도문을 재차 반복하여 가르쳐 주셨기 때문에 생긴 것이고 기도에 대한 근본 가르침은 같다고 보아야 한다.

13) "바알세불을 힘입지 않고는" / 바알세불 논쟁(눅 11:14-36)

예수께서 귀신 들려 눈 멀고 말 못하는 사람을 고쳐주시자 무리들은 놀라서 예수를 다윗의 자손이라 칭송했지만, 바리새인들은 예수가 귀신의 왕 바알세불을 힘입지 않고는 이런 일이 불가능하다며 조소하였다. 이 기사는 이미 본 바와 같이 조금 차이는 있지만 마태와 마가, 누가도 전하고 있다. 누가는 예수의 초자연적 능력을 구약에서 예언된 메시야라는 사실을 증언해주는 중요한 요소로 삼고 있다. 마태와 마가는 성령 훼방문제를 바알세불 논쟁과 연결시켜 언급하고 있다. 그러나 이와 같은 차이에도 불구하고 바알세불 논쟁에 있어서의 초점은 동일하다. 즉 예수의 권위와 권능이 무엇이냐는 것이다.

14) 회개에 대한 교훈(눅 12:54-13:9)

(1) "어찌 이 시대는 분간하지 못하느냐?"(눅 12:54-59)

초막절 동안 설교의 연속이다. 예수께서는 무리에게 "너희가 구름이 서쪽에서 이는 것을 보거나, 남풍이 부는 것을 보면, 천지의 기상은 분간할 줄 알면서 어찌 이 시대는 분간하지 못하느냐"고 물으신다.

예수께서는 사람들에게 회개를 촉구하신다. 말씀의 대상을 제자들에게서 무리에게로 바꾸시며 시대의 징조를 분간하라고 말씀하신다. 이는 천기를 분간하듯 종말의 징조를 보고 예수 재림의 때가 가까웠음을 분간하고 속히 회개하라고 교훈하신 것이다.

(2) "그들이 다른 갈릴리 사람들보다 더 죄가 있는 줄 아느냐?"(눅 13:1-5) / 죄와 심판과의

인과관계

예수께서는 죄와 심판과의 관계를 말씀하시면서 다시 회개를 촉구하신다. 이 말씀은 예수께서 총독 빌라도가 어떤 갈릴리 사람들의 피를 그들의 제물(祭物)에 섞었다는 끔직한 이야기를 들은 것에서 발단되었다. 예수께서는 빌라도가 어떤 갈릴리 사람들의 피를 예기치 않게 그들의 제물에 섞었다고 해서 그들(어떤 갈릴리 사람들)의 죄가 다른 모든 갈릴리 사람들보다 더 있는 줄 아느냐고 물으신다. 그리고는 결코 그렇지 않다고 말씀하셨다.

또 예수께서는 망대가 무너져 예기치 않게 18명이 죽은 사실을 예로 들면서 너희도 만일 회개하지 않으면 이와 같이 망하리라 말씀하셨다.

사람들은 어떤 사람이 겪는 나쁜 결과가 오로지 그 사람의 죄가 많기 때문인 것으로 인식하고 있다. 그러나 그것은 잘못된 판단이다. 심판은 죄가 많고 적음의 문제가 아니고 회개치 않는 모든 죄는 하나님의 심판 아래 있다는 것이다.

(3) 열매 얻지 못하는 무화과나무(눅 13:6-9)

한 사람(주인: 하나님)이 포도원에 무화과나무(유대인)를 심은 것이 있더니 그 주인이 와서 그 열매를 구하였으나 얻지 못하였다. 삼 년을 기다려도 얻지 못하였기 때문에 주인은 찍어 버리라고 포도원지기(예수)에게 명하였다. 포도원지기는 한 해를 더 기다려도 열매를 맺지 못하면 뽑아 버리자고 제안하였다.

이 비유의 초점은 심판 직전까지 와 있는 하나님의 은총기간을 놓치지 말고 회개하라는 것이다.

15) 또 한 번의 안식일 논쟁(눅 13:10-17)

예수께서 안식일에 18년 동안 귀신들린 여인을 고쳐주신 일로 인하여 안식일 논쟁이 재연되었다(눅 6:1-11).

16) 겨자씨와 누룩의 비유(눅 13:18-21)

예수께서는 겨자씨 비유로 사람들에게 하나님 나라의 확장에 대해 가르치셨다. 그런데 누가는 예수의 이 가르침을 예수의 이적과 치유사역 뒤에 수록하였다. 그것은 하나님 나라가 온 세계에 확장되는 것이 바로 하나님의 놀라운 능력에 의한 것임을 설명하기 위함이다. 겨자씨 비유가 하나님 나라의 외형적 확장을 나타내는 것이라면 누룩 비유는 하나님 나라의 내면적 확장을 비유한 것이다.

17) 수전절 논쟁(요 10:22-32)

(1) "나와 아버지는 하나이다"(요 10:24) / 수전절 선언

예수가 초막절(10월)에 예루살렘에 입성하고 두 달이 지나 수전절(12월)이 이르렀다. 이때 성전 솔로몬 행각에서 다시 논쟁을 하신다. 예수의 계속되는 이적으로 민심은 동요의 기색이 역력하였다. 유대인들은 예수가 정말 그리스도(메시야)인지 확인하고 싶었다. 유대인들은 예수께 질문하였다. "당신은 언제까지 우리에게 의혹만 가중시킬 것이요? 당신이 그리스도이면 밝히 말씀하시오."라고.

예수께서 대답하신다. "내가 너희에게 말하였다. 내가 아버지의 이름으로 행한 일들이 나를 증언한다. 그러나 너희가 내 양이 아니므로 믿지 않는다"(요 10:25-30).

예수께서 지금까지 자신이 하나님의 아들임을 여러 차례 천명하였음에도 유대인들의 완악한 마음은 그 말씀을 받아들이지 못했다. 예수께서는 마침내 폭탄선언을 하셨다. "나와 아버지는 하나이니라(I and the Father are one)"고(요 10:30).

이 말씀은 예수 자신이 곧 하나님이라는 것이다. 이는 성부와 성자인 자신의 일체성, 그리고 메시야임을 한마디로 그것도 공개적으로 선언한 것이다.

〈삼위일체 三位一體: Trinity〉

성경에 계시된 하나님은 성부와 성자와 성령의 세 위격을 가지며 그 각각은 동일한 본질을 공유하되 하나의 실체로 존재한다는 교리이다. 이 말은 하나님의 한 본질 안에 세 위(person), 즉 인격이 구별되는 것을 뜻하는데 이는 삼신(三神)을 뜻하는 것은 아니고 세 가지 양태나 부분을 뜻하는 것도 아니며, 영원히 동격이고 영원히 함께 계시는 한 하나님을 가리킨다. 성경에는 삼위일체라는 용어가 없으며 이것은 성경에서 생성된 교리이다.

(2) "그러나 그 일은 믿으라" / 예수의 신성 변호(요 10:32-39)

유대인들은 "나와 아버지는 하나이니라"라는 말을 듣고 신성모독죄를 적용하여 예수를 돌로 치려했다. 그러나 예수께서는 물러서지 않고 말씀하신다. "율법(시 82:6)에 하나님의 말씀을 받은 '사람들'을 신이라 하였다. 또한 만일 내가 내 아버지의 일을 행하지 아니하거든 나를 믿지 말려니와 내가 행하거든 그 일은 믿으라. 그동안 내가 아버지의 이름으로 행하는 일들(이적들)이 내가(누구임을) 충분히 증언한다"고.

이는 예수께서, "구약시대에 하나님을 대리하여 이스라엘 백성들을 치리하던 자들(인간 제사장들)이 신이라 일컬어지기조차 했다면, 하나님의 아들로서 초자연적 표적과 권세를 수 없이 들어낸 바 있는 나 자신(예수님)이, 어찌하여 신이라 일컬어질 수 없겠느냐? 내가 만일 내 아버지의 일을 행하지 않는 다면 나를 믿지 않아도 된다. 그러나 내가 아버지의 일을 행하고 있다면 그 일은 증거로 받아 들여라"고 반론을 펼치신 것이다.

〈수전절, Hanukkah, 修殿節, 요 10:2〉

이미 언급한 바와 같이 신구약 중간 시대에 수리아의 안티오쿠스 4세 에피파네스 (175-164 BC)가 유대교를 탄압하기 위하여 이방신 제사로 더럽혔던 예루살렘 성전을 유다의 마카비가 회복하고 청결케 한 후 그해(BC 165) 12월에 봉헌하였다. 유대인들은 이를 기념하는 절기로 매년 12월에 수전절을 지켰다. 따라서 수전절은 율법에서 정한 절기는 아니다.

7:2. 베레아 지방(베다니) 사역(눅 14:1-17:10, 요 10:40-42)

예수께서는 32세이던 해(AD 29) 수전절 후부터 33세가 되던 해(AD 30) 유월절 직전까지 베레아 지방 베다니에서 사역하셨다(3개월 동안).

1) 베레아 지방 베다니로 피신함(요 10:40-42)-"요한이 이 사람을 가리켜 말한 것은 다 참이다"(요 10:40)

돌로 치려는 예루살렘의 유대인들을 뒤로하고 예수께서는 제자들과 함께 베레아 지방 베다니로 피신하셨다. 예수는 이렇게 그의 공생애 세 번째 유월절의 해(AD 29) 수전절 직후부터 네 번째(마지막) 유월절의 해(AD 30) 유월절 직전까지 그곳에서 사역하게 된다(3개월). 베레아 지방은 고대에 여호수아가 가나안을 정복할 때는 모압평지라 불렸던 곳이다. 또 예수께서 최초 사역을 시작할 때 세례 요한으로부터 세례를 받았던 곳이다. 그곳에서는 예수에 대한 세례 요한의 증거를 믿었던 주민들이 "세례 요한은 모세나 엘리야처럼 엄청난 기적을 행하지도 않았다. 그러나 (세례) 요한이 이 사람(예수)을 가리켜 말한 것은 다 참이다"라 하며 환영하였다.

2) "어찌 구원 받는 자가 적습니까?" / "좁은 문으로 들어가기를 힘쓰라"-(눅 13:22-35)

당시 유대인들은 하나님의 언약 백성인 아브라함 자손들은 어떠한 제한도 받지 않고 무조건적으로 다 구원을 받게 되는 것으로 이해하고 있었다. 그러나 예수께서는 아브라함의 자손이라 해서 모두 구원을 받는 것이 아니라 오직 자기를 부인하고 하나님 뜻대로 행하는 자만이 구원을 받는다고 가르치셨다. 따라서 이러한 차이를 사람들이 의심을 품고 "주여 어찌 구원 받는 자가 적습니까?"라고 묻는 것은 당연하였다. 예수는 "좁은 문으로 들어가기를 힘쓰라"고 답한다.

이 말씀은 구원 받을 자가 많고 적음에 일차적인 관심을 두고 있던 유대인과는 달리, 구원 받을 자가 어떠해야 하는가 하는 본질적인 문제를 깨우쳐 준다. 좁은 문은 들어가기가 편하고 쉬운 문이 아니다. 땀과 노력이 수반되는 문이다. 성도이면 지나가야 하는 문이고 신앙의 길임을 말씀하신 것이다.

3) 안식일에 수종병 앓는 사람을 고침 / 또 안식일 논쟁(눅 14:1-24)

예수께서 안식일에 바리새인 지도자의 집에서 수종병(dropsy 고창병) 든 사람을 고쳐 줌으로 인하여 율법사들과 바리새인들과 안식일 논쟁이 다시 벌어졌다. 이처럼 안식일에 대한 논쟁이 계속 반복되고 있는 것으로 보아 유대인에게 안식일 문제가 얼마나 중요한 것인가를 알 수 있다.

4) 제자에게 요구되는 것 / 제자의 도리(눅 14:25-35)

예수는 바리새인의 집을 나오면서 그를 따르는 무리에게 제자의 도리에 대한 교훈을 주셨다. 이에 대해서는 여러 차례 교훈하셨지만 이번에 강조하신 것은 예수의 제자 된 자들은 자신의 희생을 각오해야 한다는 것이었다.

5) 회개에 관한 비유들(눅 15:1–32)

세리, 죄인들과 사귀는 것에 대해 종교지도자들이 비난하자 예수께서 주신 교훈으로, 죄인 하나가 회개하고 돌아올 때 얼마나 기뻐하는지를 비유로서 가르쳐 주셨다.

(1) 잃어버린 양의 비유(눅 15:3-7)

목자가 양 100마리 중 한 마리를 잃었을 때 99마리를 그대로 들에 두고 잃은 양 한 마리를 찾다가 마침내 찾았을 때 크게 기뻐한다고 말씀하신다.

이 비유의 초점은 잃어버린 한 영혼조차도 그냥 버려두지 않고 끝까지 찾아서 품안으로 맞아들이는 하나님의 사랑을 강조한 것이다. 여기서 잃은 양은 자신이 미련함으로 인해 하나님을 떠나 방황하는 죄인을 의미한다.

(2) 잃은 드라크마의 비유(눅 15:8-10)

한 드라크마도 잃은 여인에게는 큰 재산이다. 열 드라크마 중 한 드라크마를 잃었을 때 이를 찾는 심정 그리고 찾았을 때의 기쁨을 말한다. 이 비유의 교훈적 배경은 잃은 양의 경우와 같다.

(3) 탕자의 비유(눅 15:11-32)

어떤 사람이 두 아들을 두었는데 둘째가 아버지에게 자기 몫의 재산을 분배받아 출가한 후 허랑방탕하여 의지처가 없는 걸인이 되고, 결국 아버지 앞으로 돌아와 회개할 때, 돌아오기만을 기다리고 있던 아버지께서 뜨겁게 받아주는 드라마틱한 교훈이다.

① 이 비유에서 탕자는 자신의 사악함으로 인해 의도적으로 하나님을 떠난 자를 의미한다. 탕자는 아버지에게 받은 조그만 분깃을 가지고 부유한 아버지에게 등을 돌리고 멀리 떠났다. 그것은 아담이 무한한 창조주 하나님의 보호와 사랑을 거부하고 등을 돌린 것과 같다. 이는 결국 전 유대인의 떠남을 말한다. 아버지는 아들(유대인)이 회개하고 돌아오기를 기다리는 하나님을 말

한다. 맏아들은 유대인 중에서도 이러한 하나님의 사죄의 은총을 못마땅하게 여기는 바리새인과 서기관들, 즉 유대교 지도자들을 가리킨다.

② 이 비유의 의미는 무엇보다도 잃어버린 둘째 아들(죄인)을 찾음과 아들의 회개로 인하여 기뻐하시는 아버지(하나님)의 사랑과 기쁨이다. 그러나 맏아들의 경우는 탕자인 동생의 경우를 보고도 오히려 영적, 도덕적으로 퇴보, 타락하였음을 말한다(유대인). 하나님께서는 그럼에도 불구하고 두 아들을 모두 이전과 똑같은 사랑으로, 똑같이 사랑하고 계심을 가르쳐 준다.

③ 요컨대 탕자의 떠남은 에덴(하나님의 품)으로부터 아담이 떠났던 것, 탕자의 돌아옴은 회개하고 아버지의 무한한 부요함(하나님의 품)에 다시 참여함을, 즉 하나님의 상속자로 회복됨을 의미한다. 결국 회개한 유대인의 구원을 말한다.

6) 재물에 관한 비유들(눅 16:1-31)

(1) 불의한 청지기 비유(눅 16:1-13)

어떤 부자(주인)에게 청지기가 있었는데 그가 주인의 소유를 낭비한다는 말을 듣고 주인이 그 청지기를 해고시켜 버렸다. 실직된 그 청지기는 주인의 채무자들에게 선심을 쓰고서 자신이 어려워질 때 그 채무자들로부터 도움을 받고자 특별한 지혜를 썼다. 즉 주인의 채무자들을 불러다가 그들의 채무가 50% 또는 20%가 탕감된 새로운 채무증서를 작성하게 하였다. 그리고 구(舊) 채무증서들은 폐기시켜버렸다. 주인이 이 사실을 알게 되었을 때 옳지 않은 청지기의 '행동'이 부당하였으나, 그의 '지혜'만큼은 오히려 칭찬하였다(눅 16:1-9).

예수께서 이어서 비유의 말씀을 하셨다. "지극히 작은 것에 충성된 자는 큰 것에도 충성되고 지극히 작은 것에 불의한 자는 큰 것에도 불의하니라 … 집 하인이 두 주인을 섬길 수 없나니 혹 이를 미워하고 저를 사랑하거나 혹 이를 중히 여기고 저를 경히 여길 것이니라"(눅 16:12-13).

① 얼핏 보기에는 이해하기 어려운 비유이다. 그러나 이 비유의 교훈은 제자들이 청지기의 불의한 행위가 아니라 세상사를 처리하는 그의 지혜를 본받으라는 것이다. 불의한 청지기의 행위의 윤리성보다 그의 분별력을 중시한 것이다. 예수께서는 "불의한 재물로 친구를 사귀라. 그리하면 없어질 때에 그들이 영원한 처소로 너희를 영접하리라"고 말씀하였다. 이 교훈의 참 목적은 성도들이 불신자들이 지혜롭게 행한 것보다 더욱 지혜롭게 행하여야 한다는 데 있다.

② 예수께서는 우리에게 섬김 또는 충성의 원리는 큰일과 작은 일, 거룩한 일과 세상일에도 동일하게 적용됨을 말씀하셨다. 즉 작은 일에 충성하는 자는 큰일에도 충성하며, 세상일에 신의를

보여주지 않는다면 거룩한 일에도 신의를 보여주지 않을 것이라는 것이다.

③ 동시에 예수는 상반되는 두 원리를 동시에 따를 수 없다고 말씀하셨다. 즉 "한 하인이 두 주인을 겸하여 섬길 수는 없다"는 것이다. 이는 세상에 전적으로 몰두하면서 동시에 하나님께도 전적으로 충성할 수는 없음을 말씀하신 것이다.

(2) "율법과 선지자는 요한의 때까지요?"(눅 16:16-18)

바리새인들은 돈을 좋아한다. 그래서 예수께서 하나님과 재물을 겸하여 섬길 수는 없다고 말씀하실 때 곁에서 예수를 비웃었다. 이를 간파하신 예수께서 말씀하셨다. "율법과 선지자는 요한의 때까지요 그 후부터는 하나님 나라의 복음이 전파되어 사람마다 그리로 침입하느니라. 그러나 율법의 한 획이 떨어짐보다 천지가 없어짐이 쉬우리라.

세례 요한을 끝으로 율법 시대(율법에 의한 구원의 시대)는 끝이 났고 하나님 나라가 이미 전파되어 많은 사람이 이미 '그리로(하나님 나라 안으로)'들어가고 있다는 사실을 돈을 좋아하는 바리새인들에게 깨우쳐 주신 것이다. 그렇다고 율법의 기능이 정지되는 것이 아님도 동시에 말씀하셨다.

(3) 부자와 거지 나사로의 비유(눅 16:19-31)

누가복음에만 있는 말씀이다. '이 세상에서'부자'는 사치스러운 옷을 입고 호화스러운 식탁에서 식사하였다. 그러나 '거지 나사로'는 아주 비참한 조건에 있었다. 부자의 대문 앞에서 빌어먹고 있었다. 하지만 '저 세상에서의' 위치는 완전히 뒤바뀌었다. 거지 나사로는 아브라함의 품에 안겨있다. 반면 부자는 불타는 하데스(Hades: 지옥)에서 괴로움을 당하고 있다. 부자와 나사로 사이에는 건너갈 수 없는 큰 구렁이 있다. 부자는 나사로를 통해서 자신의 현재 고통을 덜게 해달라고 부탁한다. 그 요청은 아브라함으로부터 정중하게 거부당한다. 그러자 부자는 다시 나사로를 보내어 그의 가족에게 경고해 주도록 부탁한다. 아브라함이 대답한다. 저희에게 모세와 선지자들이 있으니 그들에게 들으라고. 부자가 또 다시 부탁한다. 죽은 자가 살아나서 가족들에게 가면 그들이 들을 것이라고. 그러나 아브라함은 죽은 자가 살아나서 가더라도 그들이 듣지 않으리라고 답한다.

이 비유는 예수께서 부자와 거지 나사로의 이 세상과 저 세상에서의 삶의 대조를 통해 우리에게 주시는 교훈이다. 먼저 이 비유는 부자가 과연 어떠한 죄를 지었기에 지옥에서 고통을 당하는

가를 생각하게 한다. 부자는 모세와 선지자의 가르침을 듣지 않았고(29절), 회개하지 않았다(30절). 이 비유는 이 땅에서는 회개할 기회가 있지만 죽고 나면 더 이상 기회가 없고, 자신의 삶에 따라 죽음 후 결정된 처소는 어떤 권세와 능력으로도 바뀌지 않는다는 것을 보여준다(거지 나사로와 마르다의 동생 나사로는 동명이인이다).

7) 용서와 섬김에 대한 교훈(눅 17:1–10)

(1) 용서에 대한 가르침(눅 17:1-4)

형제를 결코 실족시켜서는 안 된다. 즉 죄에 빠지게 해서는 안 된다. 죄인을 권면하는 것과 회개한 형제를 용서하는 것은 성도의 의무 중 하나이다.

(2) "겨자씨 한 알만한 믿음이 있다면"(눅 17:5-6) / 믿음의 본질

예수께서 제자들에게 "네 형제가 죄를 범하거든 경계하고 회개하거든 용서하라. 하루에 일곱 번이라도 용서하라"고 말씀하셨다. 제자들이 이 교훈을 듣고 "우리에게 믿음을 더하소서"라고 간구하였다. 예수께서는 "너희에게 겨자씨 한 알만한 믿음이 있었더라면 이 뽕나무더러 뿌리가 뽑혀 바다에 심기우라 하였을 것이요 그것이 너희에게 순종하였으리라"고 답한다.

주님의 가르침을 받고 제자들은 자신들의 작은 믿음으로는 도저히 그러한 가르침을 실천하기 어렵다는 것을 절감하고 믿음을 더해주시라는 간구를 예수께 하였다. 이에 대하여 예수는 비록 겨자씨 같이 작은 믿음을 가졌더라도 하나님을 의지할 때에는 불가능한 일이 없다는 사실을 말씀하심으로써 제자들에게 용기를 주셨다. 제자들은 인간적인 사고방식으로 믿음의 '양'을 우선적으로 생각하였으나 예수께서는 근본적 변화를 가져오는 신앙의 '본질'이 우선함을 깨우쳐 주신 것이다.

(3) 섬기는 자(종)의 의무(눅 17:7-10)

너희 중 누구에게 밭을 갈거나 양을 치거나 하는 종이 있어 밭에서 돌아오면 그더러 와 앉아 먹으라 말할 자가 있느냐?

예수께서는 주인과 종의 관계, 오늘날의 언어로 표현한다면 사용자와 근로자의 관계를 비유로 설명하시면서 제자들의 섬김의 자세 즉 의무에 대하여 말씀하셨다.

첫째, 종에게는 일의 한계가 없다. 어떤 농부가 머슴을 고용하였다. 머슴은 집밖의 일(농사)은 물론 집안일도 모두 해야 한다. 그가 밭에서 돌아와도 그에게 앉아서 쉬라고 말할 사람이 없다. 그는 집안에 쌓인 일도 끝내야 한다.

둘째, 머슴이 자기 일을 다했다 해서 칭찬을 하지는 않는다. 머슴으로서 의무를 다한 것으로 보기 때문이다. 머슴도 자신의 임무 이상을 하지 않았기에 주인으로부터 특별한 감사를 기대하지 않았을 것이다.

예수께서는 이 원리를 제자들에게 적용하셨다. 제자들은 자신들을 종으로 생각하고 겸손한 자세를 가져야 한다. 그들은 자신들의 공헌을 과대평가해서는 안 된다.

이 교훈은 제자들에게 높은 수준의 헌신을 요구하고 있다. 제자들은 자신에 대하여 어떠한 권리도 갖고 있지 않다. 예수께서는 제자들이 '우리는 우리가 해야 할 일을 한 것뿐이라'고 인정하기를 기대하셨다.

8) 죽은 나사로의 회생(요 11:1-54)

사도 요한만이 기록하고 있으며 중대한 표적을 보여준다. 죽은 나사로는 거지 나사로와는 동명이인이다. 나사로는 예루살렘 지방 베다니에 살고 있었다. 예수께서 아직 베레아 지방 베다니에 계실 때의 일이다. 베레아 지방 베다니는 예루살렘 지방 베다니와는 다른 곳이다.

나사로는 마리아, 마르다와 남매간이며 예수께서는 평소에도 그들 남매를 몹시 사랑하셨다. 나사로가 병에 걸리자 마르다와 마리아는 베레아 지방 베다니에 계신 예수께 사람을 보내어 소식을 전했다. 예수께서는 소식을 들으시고 "이 병은 죽을병이 아니라 하나님과 하나님의 아들의 영광을 위함이다"라고 말씀하셨다. 그리고 그곳에서 이틀을 더 계시다가 베다니로 가셨다. 도착했을 때 나사로는 이미 죽어 무덤에 묻힌 지 4일이 지났다. 마르다는 예수께서 오신다는 말을 듣고 마중 나갔다.

마르다: 주님께서 여기에 계셨더라면 저의 오빠는 죽지 않았을 것입니다.

예수: 네 오빠는 다시 살아 날 것이다.

마르다: 마지막 날 부활 때 다시 살아나리라는 것은 저도 잘 알고 있습니다.

예수: 나는 부활이요 생명이니 나를 믿는 사람은 죽더라도 살아날 것이고 살아서 믿는 사람은 영원히 죽지 않을 것이다. 너는 이것을 믿느냐?

마르다: 예, 주님. 주님께서는 이 세상에 오시기로 약속된 하나님의 아들이심을 믿습니다.

마리아: 주님, 주님께서 여기에 계셨더라면 제 오빠가 죽지 않았을 것입니다.

예수: 그를 어디에 묻었느냐?

마리아: 주님, 오셔서 보십시오.

예수님은 눈물을 흘리셨다. 그리고 무덤으로 가셨다. 그 무덤은 동굴에 있고 입구는 돌로 막아 두었다.

예수: 돌을 치워라.

마르다: 주님 오빠가 죽은 지 벌써 4일이나 되어 냄새가 납니다.

예수: 네가 믿기만 하면 하나님의 영광을 보게 되리라. 내가 말하지 않았느냐?

사람들이 돌을 치웠다. 예수께서는 하늘을 우러러보시면서 하나님 아버지께 감사기도를 하신 다음 큰소리로 외쳤다 "나사로야 나오너라." 그러자 손발은 베로 묶이고 얼굴은 수건으로 감긴 채 나사로가 무덤 밖으로 나왔다. "저를 풀어주어라." 예수께서 말씀하셨다.

① 나사로가 죽었다는 소식을 접한 예수는 이 병은 죽을병이 아니라 하나님과 하나님의 아들의 영광을 위한 것이라고 말씀하셨다. 즉 인간의 생사에 대한 주권이 하나님과 그의 아들에게 있음을 보여주기 위한 것이라고 말씀하셨다.

② 예수께서는 나사로의 죽은 소식을 들으시고도 이틀을 더 계신 후 나사로의 동네로 오셨다. 이는 나사로가 이미 죽었음을 모두에게 확실히 인식시키려 함이었을 것이다. 그리고 나사로를 살리셔서 하나님의 아들이 죽음의 문제까지도 해결하심을 보이려 하신 것이다. 그러므로 예수께서는 "내가 거기에 있지 아니한 것을 너희를 위하여 기뻐하노니 이는 너희를 믿게 함이라"고 말씀하셨다(요 11:15).

③ 예수께서는 나사로가 누운 곳을 보시고 우셨다고 했다(요 11:33-34). 이 짧은 구절 속에 그리스도의 인성이 간명하게 드러난다. 신약성경에는 예수께서 우셨다는 기록이 본절을 포함하여 3회 나타난다. 예수께서는 생애 마지막 유월절을 약 1주일 남기고 예루살렘에 입성하시기 전 우셨으며(눅 20:19), 겟세마네 동산에서 기도하시던 중에도 크게 통곡하셨다(히 5:7).

④ 나사로의 부활 기사(奇事)는 예수의 신성과 메시야 되심을 보여주는 대표적 사건이다.

⑤ 이 사건은 예수의 임박한 죽음과 부활을 예시하여 준다. 예수 자신이 죽음 후 부활할 것뿐 아니라 그를 믿는 자들이 종말에 죽음에서 생명으로 옮길 것을 보여주는 표적 사건이다.

9) 나사로의 회생 사건에 대한 반응(요 11:45-54)/예수에 대한 가야바의 정치적 살인 명령-

나사로를 살리신 예수의 최후 표적을 목격한 자들의 반응은 두 가지로 나타났다. 한 부류는 예수께서 하나님께로부터 오신 분임을 믿었다. 그러나 어떤 부류는 오히려 마음이 완고해져서 이 표적을 바리새인들에게 보고하였다.

그리하여 나사로의 부활(회생)사건은 산헤드린을 초긴장 상태로 몰고 갔다. 산헤드린 당국은 예수의 행동을 방관할 경우 발생할 사태를 염려했다. 만일 백성들이 예수의 표적을 보고 정치적 메시야로 받아들여 로마에 항거한다면 팔레스타인 전역이 로마군에 의해 초토화될 것이 분명하였다. 그렇게 될 경우 자신들이 누리고 있는 기득권을 상실하게 될 것을 염려하였다. 대제사장 가야바는 "너희가 아무것도 알지 못한다. 한 사람이 백성을 위하여 죽어서 온 민족이 멸망하지 않게 되는 것이 너희에게 유익할 것을 모르느냐?"라고 말했다. 결국 가야바는 유대민족 전체를 위하여 예수를 잡아 죽여야 한다고 결론지은 것이다. 이 말은 단순히 정치적인 계산으로 예수가 죽어야 함을 주장한 것이다. 그러나 하나님은 그의 입을 통해 예수님이 인류의 죄를 대신하여 죽으신다는 것을 나타내신 것이다(요 11:51-52).

이날부터 예수를 죽이려는 음모가 본격화되었다(요 11:53). 예수께서는 유대인을 피하여 제자들과 함께 유대 북쪽 에브라임(사마리아)으로 가서 머물렀다(요 11:54).

예수님의 전도사역은 요단 강가에서 시작되었고 요단 강가에서 사실상 마감되었다.

7:3. 베레아 지방으로부터-예루살렘까지 도중 사역(눅 17:11-19:27)

에브라임(사마리아)으로 피신했던 예수는 베레아지방 사역을 마치고 사마리아와 갈릴리 사이를 지나 예루살렘으로 가신다. 때는 그의 공생애 마지막 유월절 즉 네 번째 유월절(33세의 해, AD 30)을 앞둔 시점이었다. 예수께서는 예루살렘으로 가시는 도중에도 짧은 기간이었지만 많은 사역을 행하셨다.

1) 10명의 나병환자를 고치심(눅 17:12-19)

예수 일행은 예루살렘으로 가는 길에 요단 강가의 우회도로를 사용하지 않고 사마리아를 경유하는 직행도로를 선택하였다. 그들이 갈릴리와 사마리아 사이를 지나다가 한 촌에서 열 명의 나병환자를 만났다. 그들이 병 낫기를 간청하매 예수께서 보시고 그들을 치유하여 주셨다. 그들이 하나님께 영광을 돌리며 돌아갔다. 그러나 그들 중 한 사람이 가다가 돌아와 예수 앞에 엎드려 감사하였는데 그 사람은 사마리아인이었다.

이 사건은 은혜를 망각해버린 유대인과 은혜를 감사하는 이방인(사마리아인)을 대조시킴으로써 감사하는 자만이 누리는 더 큰 영적 은혜, 그리고 이방인에게 개방된 구원의 은혜를 강조하고 있다. 당시 사마리아인은 비록 유대인이지만 이방인 취급을 받았다.

2) 말세의 징조(눅 17:20–37)

(1) "하나님 나라는 너희 안에 있느니라"(눅 17:20-21)

바리새인들이 예수께 묻거늘 "하나님의 나라가 어느 때에 임하나이까?" 예수께서 대답하여 이르시되 "하나님의 나라는 볼 수 있게 임하는 것이 아니요 또 여기 있다 저기 있다고도 못하리니 하나님의 나라는 너희 안에 있느니라"(눅 17:20-21).

이것은 하나님의 나라가 지상적, 가시적 국가임을 전제로 하고 바리새인들이 던진 질문이다. 사실 유대인들은 하나님 나라를 지상적 권력과 영광을 수반하는 다윗 왕국의 재건이나 이스라엘의 적을 축출하는 왕으로서의 메시아의 국가로 이해하고 있었다. 즉 가시적 왕국이었다. 따라서 그들의 질문은 그들에게 당연한 것이었다.

그러나 그들은 하나님 나라에 대한 영적 이해에 대하여는 무지하였다. 하나님 나라는 하나님의 전(全) 통치영역이다. 하나님 나라는 하나님의 주권, 지배, 통치를 의미한다. 하나님 나라는 이와 같이 영적 측면과 가시적(지상적) 측면을 갖고 있다. 하나님 나라는 영적으로는 이미 와 있으며(우리의 마음속에) 또한 임박해 있다. 다만 지상적(가시적) 하늘나라가 아직 오지 않았을 뿐이다. 예수께서 바리새인들의 질문에 대하여 "하나님의 나라는 볼 수 있게 임하는 것이 아니다. 또 여기 있다 저기 있다고도 못 한다. 하나님의 나라는 너희 안에 있다"고 말씀하셨을 때 그것은 이러한 배경에서 하신 말씀이다.

(2) "번개가 비침같이 인자도 자기 날에 그러하리라"(눅 17:24) / 재림의 돌연성

예수는 천국의 도래를 알리는 분명한 징조나 정해진 때를 기대하지 말라고 하셨다. 그 나라가 임하는 것은 번개 같이 빠르고 순식간에 우주적으로 임하기 때문에 미리 추적할 수가 없음을 말씀하신다.

(3) "노아가 방주에 들어가는 날까지 사람들이 먹고 마시고"(눅 17:28)

노아의 때와 롯의 때 사람들에게 멸망이 임한 것은 그들이 경고를 듣고도 준비하지 않았기 때문이다.

(4) "둘 중 하나는 데려감을 얻고 하나는 버려둠을 당할 것이니"(눅 17:35)

그의 나라가 임할 때 사람들의 대(大) 구분이 있을 것이다. 즉 선택된 사람과 선택되지 못한 사람과의 구분이 있을 것이다.

3) 기도의 형태(눅 18:1–14)

예수께서는 다음 두 개의 비유를 통해 계속적인 기도와 겸손의 기도를 기도의 표본으로 보여주셨다.

(1) "밤낮 부르짖는 택하신 자들의 원한을" / 불의한 재판관 비유(눅 18:1-8)

어떤 도시에 하나님을 두려워하지 않고 사람을 무시하는 재판관이 있었다. 그 도시에 한 과부가 있어 원수에 대한 원한을 풀어달라는 소송을 제기했는데, 그 재판관이 이를 계속 무시하였다. 과부의 계속적인 호소에 시달린 재판관은 그 시달림 때문에 결국 과부의 청을 들어주었다.

이 비유는 주의 재림에 대한 설교와 연결되는 것으로 보아 천국을 기다리는 인내와 연관된 교훈으로 해석된다. 이 비유에서 재판관은 율법도 무시하는 불의한 자이다. 과부는 가장 힘없는 자를 대표한다. 그러나 과부는 끈질긴 요구로 뜻을 이루었다. 재판관은 더 이상 성가심을 당하고 싶지 않아 청을 들어 주었다. 옳은 일을 하였으나 그릇된 동기에서 한 것이기 때문에 '불의한 자'라는 오명을 뗄 수 없었다.

이 비유의 핵심은 과부의 호소를 계속 거부하는 재판관의 태도와 더 끈질기게 졸라대는 과부의 태도에 있다. 예수께서 "불의한 재판관이 말한 것을 들으라. 하물며 하나님께서 그 밤낮 부르짖는 택하신 자의 원한을 풀어주지 않겠느냐? 그들에게 오래 참으시겠느냐?" 하신 말씀은 이를 말한 것이다. 즉 쉬지 말고 기도하라는 것이다.

(2) "세리 이 사람이 의롭다 하심을 받다"(눅 18:9-14) / 바리새인과 세리의 기도

예수께서는 바리새인과 세리의 기도를 대조하여 비유로 들며 참된 겸손의 속성을 보여 주신다. 장소는 성전이었다.

성전에 바리새인과 세리 두 사람이 기도하러 들어갔다. 바리새인들은 세리를 멸시하였다. 그들은 세리보다 경건하다고 자부하였다. 그날 기도하러 온 바리새인은 자신을 죄인들 그리고 세리와 비교하여 우월함을 자랑하고 십일조 등 선행을 과시했다. 그는 교만하였다.

그러나 세리는 비록 사회적으로 멸시 당하였지만 가슴을 치며 통곡의 기도를 했다. "하나님이여 불쌍히 여기옵소서. 나는 죄인이로소이다."라고. 그의 기도에는 자신의 의로움을 자랑하는 자만의 흔적이 없다. 바리새인의 기도와는 지극히 대조된다. 그러나 결국 의롭다하심을 받은 사람은 세리였다.

예수께서는 이 비유를 통하여 겸손의 참된 속성을 보여주셨다.

4) 바리새인들의 함정 질문 / 결혼과 이혼(마 19:1–12, 막 10:1–12)

예수는 사실상 유대인들로부터 수배당한 신세가 되어 있었다. 유대인들은 그를 합법적으로 체포할 구실을 만들기 위해 여러 가지 논쟁거리를 가져온다. 이혼문제도 그런 동기에서 제기된 것이다.

바리새인들: 사람이 어떤 경우에 그 아내를 버리는 것이 옳습니까?

예수: 하나님께서 남자와 여인 둘이 합하여 한 몸이 되라 하셨다. 결혼하였은즉 이제 둘이 아니요 한 몸이니 그러므로 하나님이 짝 지어 주신 것을 사람이 나누지 못한다(이혼불가).

바리새인: 그렇다면 어찌하여 모세는 남자가 이혼증서만 해주면 이혼할 수 있다고 했습니까?

예수: 모세가 너희 마음이 완악함을 알기에 아내 버림을 허락하였지만 본래는 그렇지 않다. 내가 말하노니 누구든지 음행한 이유 외에 아내를 버리고 다른 데 장가드는 자는 간음함이니라(마 19:9).

제자들: 그렇다면 장가들지 않는 것이 좋겠습니다.

예수: 오직 타고 난 자라야 할지니라.

① 당시 유대사회는 이혼에 대해 남자 중심의 이혼 편의주의(남자만 이혼 가능), 간음 외에는 이혼할 수 없다고 주장하는 이혼 보수주의, 그리고 독신주의 등 의견이 나뉘어져 있었으며 논쟁거리가 되어 있었다(특히 Hillel파와 Shammai파 사이에). 따라서 예수를 정치적 함정으로 유도하기에는 적절한 주제였다.

② 예수께서는 근본적으로 이혼의 절대금지를 말씀하셨다. 즉 하나님이 남자와 여자를 창조하신 것 같이 결혼도 하나님이 짝 지어준 것이므로 사람이 임의로 나누지 못한다는 것이다. 남자와 여자의 결혼 관계를 하나님의 창조적 질서 안에 두고 말씀하셨다.

③ 그리고 누구든지 음행한 이유 외에 아내(남편)를 버리고 다른 데 장가(시집)드는 것은 간음을 행하는 것이라고 말씀하셨다(막 10:11-12). 그러나 이는 음행을 이혼 사유로 인정하신 것은 아니다. 왜냐하면 성적 부정(간음)은 애초부터 이혼금지에서 제외된 예외적 행동으로, 이혼 이전에 돌로 쳐 죽이도록(공개처형) 하고 있기 때문이다(신 22:23-24).

④ 모세가 이혼(증서)법을 만든 것은 적극적 입장에서 한 것이 아니다. 왜냐하면 당시 남성 우위(優位)였던 유대 사회에서 인간(유대인 남성)의 완악한 생각과 행동으로 인하여 유린되는 (여성) 인권의 보호 장치로 마련된 것이기 때문이다. 따라서 소극적 묵허(默許)라 할 수 있다.

⑤ 누구나 독신자가 될 수 있는 것은 아니다. 오직 타고 난 자라야 그렇게 할 수 있다. 즉 처음부터 결혼할 수 없는 몸으로 태어난 남자, 생후에 불구가 된 남자, 그리고 하늘나라를 위해 스스로 결혼을 포기한 남자는 그렇게(독신) 할 수 있다.

5) 예수님이 아이들을 축복함(마 19:13-15, 막 10:13-16, 눅 18:15-17)

예수는 이혼문제로 지쳐 있었다. 부모들이 어린아이에게 축복을 내려주기를 간구하여 예수께 가까이 왔다. 제자들이 어린아이들의 접근을 막았다. 예수는 제자들을 꾸짖었다. 그리고는 하나님 나라는 어린아이의 것이며 어린아이와 같아야만 천국에 들어갈 수 있다고 말씀 하셨다.

이는 순수, 전적인 의뢰, 겸손, 단순함 등으로 특징되는 어린아이들이야말로 하늘나라 시민의 모범적 전형이라는 것을 말씀하신 것이다.

6) 부유한 젊은 청년(관리)과 영생(마 19:16-30, 막 10:17-31, 눅 18:18-30)

예수께서 길에 나가신 때 한 부자 청년으로부터 질문을 받으신다.

청년: "내가 무엇을 해야 영생을 얻으리이까?"

예수: "네가 율법의 계명을 지켰느냐?"

청년: "어려서부터 다 지켰나이다."

예수: "그러면 이제 네게 있는 것을 다 팔아 가난한 자들에게 나누어 주라."

청년: "그가 재산이 많으므로 슬픈 기색을 띠고 근심하며 갔다."

예수: "낙타가 바늘구멍으로 들어가는 것이 부자가 하늘나라에 들어가는 것보다 쉽다."

제자들: "그러면 누가 구원을 얻을 수 있겠습니까?"

예수: "하나님으로서는 다 하실 수 있다."

한 부자 청년이 율법을 지키는 것, 즉 선행으로 영생(구원)을 얻는다고 믿고 있었음을 보여준다. 그러나 예수는 그의 구원관이 잘못된 것임을 지적함과 동시에 진정한 구원은 적극적인 이웃 사랑에 있으며 이것이 계명의 핵심임을 말씀하신다. 결국 구원은 하나님의 은혜이고 하나님의 주권에 속함을 말한다.

7) 포도원 품꾼들 비유(마 20:1-16)

마태만이 기록하고 있는 비유이다. 포도원 주인이 일꾼을 제3시(로마식 표기법으로는 오전 9시), 제6시(오전 12시), 제9시(오후 3시)에 즉 시차별로 포도원에 들여보냈다. 그러나 주인이 제11시(오후 5시)에 와서 품삯을 계산할 때 가장 늦게 들어간 자부터 시작하여 모두에게 동일한 품삯을 주었다.

여기에서 먼저 된 자(먼저 온 자)와 나중 된 자(나중 온 자)가 모두 똑같은 영생(품삯)을 얻는다(받는다)는 것은 아니다. 영생의 문제에 있어서 먼저 된 자로서 나중 되고, 나중 된 자로서 먼저 될 수 있고, 먼저 된 자와 나중 된 자가 동일하게 영생을 얻는 것은 하나님의 절대적인 주권에 의한다. 이러한 하나님의 주권에 대하여 누구도 이의를 제기할 수 없다는 것을 보여주는 말씀이다. 인간이 구원을 얻음에 있어 자랑할 요소(공로, 행위 등)는 없다. 인간의 구원은 전적으로 하나님의 사랑이요 은혜임을 보여준다.

8) 세 번째 수난 예고(마 20:17-28, 막 10:32-34, 눅 18:31-34)

베레아 지방에서 예루살렘으로 올라가려 하는 길에 예수는 그곳에 가면 유대인 지도자들(대제사장과 서기관들)에게 넘겨질 것이며, 능욕당하고, 십자가에 못 박히며, 제3일에 부활하실 것이라 예고하셨다. 갈릴리 사역을 마치고 예루살렘으로 올라가며 하신 말씀으로 보기도 한다. 세 번째의 수난(受難) 예고이다.

9) 야고보와 요한의 야심(마 20:20-28, 막 10:35-45)

야고보와 요한의 어머니는 예수를 정치적인 메시야로 보았다. 때문에 예수께 주의 나라에서 자기 두 아들에게 정치적으로 높은 자리를 주도록 간청했다. 예수께서는 오히려 너희가 "나의 잔(죽음)을 마실 수(동참할 수) 있느냐"고 물으시고, 이어 "너희는 과연 나의 잔을 마실 것이다(고난에 동참할 것이다)." 그러나 하늘나라에서 주의 자녀들을 어디에 앉게 하느냐는 아들의 소관이 아니고 하나님 아버지의 소관이라고 말씀하셨다(막 10:40). 누구든지 크고자 하는 자 그리고 으뜸이 되고자 하는 자는 모든 자를 섬기는 자 그리고 섬기려 하는 자가 되어야 한다고 말씀하셨다.

10) 여리고에서 맹인 바디매오를 고침(막 10:46-52, 눅 18:35-43)

베레아를 떠나 예루살렘을 향하여 가는 도중 여리고에 이르렀을 때였다. 맹인 거지 바디매오(디매오의 아들)가 나사렛 예수라는 말을 듣고 소리 질러 말했다. "다윗의 자손 예수여 나를 불쌍히 여기소서"라고. 주변의 만류에도 불구하고 더욱 소리 질러 외쳤다. 그만큼 그에게는 예수에 대한 강한 믿음이 있었다. 예수께서 그를 불러오게 했다. "네게 무엇을 하여 주기를 원하느냐"고 예수께서 물었을 때, 그가 "보기를 원합니다"라 대답했다. 예수께서 "가라 네 믿음이 너를 구원하였느니라" 하시니 그가 곧 보게 되고 예수를 길에서 따랐다.

이 사건에서 우리는 바디매오의 용기, 예수에 대한 강한 믿음, 신앙에 대한 올바른 인식 그리고 간구의 구체성과 같은 교훈을 얻는다.

11) 여리고에서 삭개오와의 대화(눅 19:1-10)

누가만이 기록하고 있는 사건이다. 역시 예수께서 베레아 지방을 떠나 예루살렘을 향해 가시면서 여리고를 통과하던 때였다. 그곳에 삭개오가 살고 있었다. 그는 키는 작았지만 여리고라는 큰 성읍의 세관장이었고 부자였다. 그는 예수에 대한 소문을 듣고 만나기를 원했다. 예수께서 여리고를 지난다는 말을 듣고 그를 만나기 위하여 인도(人道)에 나갔으나 사람이 많아 접근할 수가 없었다. 그는 예수를 보고자 하는 일념으로 인간적인 난관이나 부끄러움을 무릅쓰고 돌무화과나무에 올라가 예수를 보았다. 예수께서 그를 발견하고 나무에서 내려오라고 하신 뒤 그의 집으로 유하러 가셨다. 사람들은 죄인 취급받는 세리와 함께 하는 예수를 흉보았다.

삭개오가 예수께 말했다. 자기 재산의 절반을 사회에 환원하겠고, 또한 자기가 부정을 행하였다면 부정한 액의 4배를 변상하겠다고. 예수께서 말씀하셨다 "구원이 오늘 이 집에 이르렀다"고.

삭개오는 많은 부를 누렸음에도 동족으로부터는 경멸을 당했고 마음에 만족함을 맛보지 못한 채 영적으로는 방황하고 있었다. 그러나 그는 인간적인 난관과 수치를 극복하였다. 자기의 잘못을 깨달았을 때 죄의 대가를 스스로 치렀다. 유대인의 생각으로는 구원받을 수 없는 버림받은 사람이었지만 예수는 바로 이런 사람을 구원하셨다. 그리고 우리가 하나님을 진심으로 찾는다면 우리는 하나님을 만날 수 있음을 보여준다.

12) 므나의 비유(눅 19:11-27)

역시 여리고에서 예루살렘으로 가는 길에서 제자들에게 말씀하신 비유이다. 제자들은 이제 하나님 나라가 임박했다고 생각하고 있었다. 예수는 왕위를 받기 위해 황제에게 간 한 귀인을 모델로 말씀하셨다. 그 귀인은 왕위를 받으러 가면서 종 10명에게 각각 한 므나(화폐단위)씩 주고 자신이 돌아올 때까지 장사해서 증식해보라고 했다. 백성들은 그를 미워하여 대표를 은밀히 황제에게 보내 귀인에 대한 왕위를 거부하도록 하였으나 귀인은 결국 왕위를 받았고 귀국하여 종들과 결산을 하게 되었다. 10명 중 한 종은 한 므나로 열 므나를 남겼다고 보고했다. 주인은 "네가 지극히 작은 일에 충성하였으니 열 고을의 통치권을 차지하라" 하였다. 그러나 다른 종 하나는 한 므나를 그대로 가져와서 "당신이 엄한 사람임을 내가 알고 무서워하였고 당신은 두지 않은 것을 취하고 심지 않은 것을 거둘 수도 있기 때문에 나는 한 므나를 잘 보관만하고 있다가 그대로 가지고 왔다"고 보고하였다. 주인은 그에게 "악한 종아. 그 돈을 차라리 은행에 맡겼으면 이자와 함께 그 돈을 찾았을 것이다"라고 심판하며 그 한 므나를 빼앗아 열 므나를 만든 자에게 주게 했다.

이 비유에서 1 므나는 주인이 부재중일 때 종들에게 부여된 다양한 종류의 책임을 말한다. 1 므나로 10 므나를 만든 종은 가장 충성스런 종을 대표하며 그가 충성했을 때 주인으로부터 받는 보상이 어떠한가를 상징한다. 1 므나를 그대로 가지고 온 종은 가장 무책임한 종을 대표하며 그

보상이 무엇인가를 보여준다. 현재 가진 것을 제대로 사용하지 못한 사람은 가진 것마저 상실하고 만다는 원리를 가르쳐준다. 그리고 작은 책임에 충실한 사람에게 큰 책임도 맡긴다는 것을 교훈한다.

이 비유는 예수의 부활 승천 후 재림하실 때까지 제자들의 활동상황을 비유하여 말씀하신 것이다.

〈화폐의 종류와 가치〉

국가별	명칭	가치
유대	세겔 (Shekel)	금: 은의 15배. 은: 일반노동자 4일의 품삯
	므나(Minah)	달란트의 1/60
	달란트(Talent)	금: 은의 15배. 은: 6,000드라크마
로마	고드란트(Kodrantes. 호리)	앗사리온의 1/4
	앗사리온 (Assarius)	데나리온의 1/4
	데나리온(Denarius)	하루 품삯
헬라	렙돈(lepton)	로마 고드란트의 1/2
	드라크마(Drachma)	하루 품삯

13) 마리아와 마르다의 집에 돌아옴 / '값비싼 향유를'(요 11:55-12:1)

예수께서는 드디어 그의 생애 마지막 유월절(공생애 동안 네 번째)을 엿새 앞에 두고 예루살렘에서 가까운 베다니 마을(베레아 지방의 베다니와 구분) 마리아 자매의 집에 이르렀다(요 12:1). 마리아 자매는 예수를 위하여 잔치를 벌였다. 마리아는 값비싼 향유를 가져다가 예수의 발에 붓고 자기의 머리털로 예수의 발을 씻었다. 12제자 중 금고(金庫)담당자인 가룟 유다가 이 광경을 보고 값비싼 향유를 이렇게 낭비하는 것보다 차라리 팔아 빈민구제에 사용함이 유익하다고 말했다.

예수께서 말씀하셨다. "나의 장례할 날을 위하여 그것을 간직하게 하라"고.

이 사건은 곧 닥쳐올 그리스도의 십자가 죽음을 상징적으로 예고한 것이다. 또한 마리아의 절대적 헌신과 그 헌신의 향기가 자기 집안뿐만 아니라 이웃에게까지 퍼지고 있음을 보여준다.

14) 나사로를 죽이려는 음모(요 12:9-11)

많은 무리가 마르다와 마리아의 집에 예수를 보러 왔다. 그러나 그들의 관심은 예수께서 죽은 자 가운데서 살리신 나사로에게 더 있었다. 나사로 때문에 많은 유대인들이 예수를 믿는 사태가 발생하였으므로 당황한 대제사장들이 나사로까지 죽이려 모의하였다. 이와 같이 나사로를 죽이려는 음모는 이번이 두 번째이다.

8. 고난의 한 주간(苦難週間, 受難週間"Passion Week, Holy Week)

① 예수께서는 지상에서의 최후를 예루살렘에서 맞이하셨다. 예수께서 베레아 지방으로부터 예루살렘에 가까이 오신 날은 33세의 해 유월절(목요일)을 6일 앞둔 날(금요일)이었다(요 12:1). 예수께서는 예루살렘에서 가까운 베다니에서 이틀 밤을 머물고 일요일(종려주일)에 예루살렘에 입성하셨다. 그 주(週) 목요일(유월절) 저녁에 제자들과 최후의 만찬을 드시고 그 날 밤에 체포되셨다. 금요일에 십자가 처형을 당하시고 일요일(안식 후 첫날)에 무덤에서 부활하셨다. 그리하여 예수님께서 십자가를 지시며 고난당하신 주간, 다시 말하면 부활절(일요일) 전 1주일을 고난의 한 주간(고난주간, 수난주간, 대주간, Great Week)이라 부른다. 또 예수님이 부활하신 날(主日: 일요일)을 부활주일(主日: Passion Sunday) 또는 부활절이라 칭한다.

② 마태복음의 1/3, 마가복음의 1/3, 누가복음의 1/4, 요한복음의 1/2이 예수의 고난주간에 관한 기록이다.

<고난의 한 주간 요약>

① **일요일(태양력의 주일):** 승리의 예루살렘 입성(종려주일: Palm Sunday)

② **월요일:** 성전정화, 무화과나무 저주

③ **화요일:** 유대교 지도자들과의 불꽃 튀는 논쟁들, 감람산 강화

④ **수요일:** 기록 없음(예수의 침묵).

⑤ **목요일:** 유월절. 유월절(최후의) 만찬(저녁), 성찬식 준수 명령, 가룟 유다의 배반 예언 및 그의 이탈, 다락방 강화, 참포도원 설교, 대제사장적 중보기도, 겟세마네 동산 기도, 예수가 체포당하심(밤중).

⑥ **금요일:** (새벽) 예수를 심문, 베드로의 세 번 부인, 가룟 유다의 자살, 빌라도의 사형 판결(새벽 6시), 골고다로 끌려가심, 골고다 십자가에서의 운명(오후 3시).

⑦ **안식일(토요일): 무덤에 계심**

* **일요일:** 부활하심. 부활주일(復活主日), 부활절(復活節 : Easter)

8:1. 일요일(첫째 날) (종려주일)

1) 승리의 예루살렘 입성(마 21:1–11, 막 11:1–11, 눅 19:28–44, 요 12:12–19)

예수께서는 베다니에서 일요일에 이어 안식일(토요일)을 보내시고 일요일 아침 일찍 감람산에 있는 벳바게로 나와 나귀를 준비하여 타시고 오후에 예루살렘에 입성하셨다.

예수께서는 아침에 제자 둘을 맞은편 마을에 보내이 '주'를 위하여 나귀를 준비하게 하셨다. 이 때 예수께서는 최초로 자신을 '주'라 말씀하셨다(마 21:3). 제자가 예수께서 명하신대로 나귀를 가져오자 예수께서는 나귀를 타고 예루살렘으로 향하셨다. 무리들이 인도로 나와 더러는 겉옷을 벗어 나귀 안장을 만들기도 하고, 더러는 종려나무가지를 길에 펴서 왕의 행차를 방불케 하였다. 그리고 그들은 "호산나 다윗의 자손이여"하며 환호하였다. 이것은 구약시대 선지자 스가랴가 "예루살렘의 딸들아. 크게 기뻐할지어다. 네 왕이 네게 임하시나니 그는 겸손하여 나귀를 타시니"(슥 9:9)라고 예언한 것이 성취되고 있는 장면이다. 예수께서는 드디어 예루살렘에 '승리의 입성'을 하셨다. 이는 예수께서 왕으로 환영받는다는 것이다(요 12:13).

2) 예수를 비하(卑下) (마 21:10–11)

예수가 입성하니 무리가 나와 "갈릴리 나사렛에서 나온 선지자 예수라"하며 그를 비하하였다. '갈릴리 같은 곳에서 선지자적 인물이 나오다니'라는 경멸의 말이었다. 그들의 눈에는 위대한 선지자 정도로만 보였지 아직도 그분이 메시아이심까지는 깨닫지 못하였다. 그러나 이 사건은 선지자의 예언을 이루기 위함이었다(슥 9:9). 예수께서는 성전을 둘러보시고 다시 베다니로 돌아가셨다.

3) 평화의 성읍 예루살렘을 보고 우시다(눅 19:41–44)

예루살렘은 '평화의 성읍'이라는 뜻을 가진 도시이다. 그러나 이 도시가 머지않아 돌 하나 없이 멸망할 것을 아신 예수께서는 "네 눈에 지금 숨겨졌도다" 말씀하시고 홀로 우셨다(예수께서 지상에서 우신 것은 이번을 포함하여 세 번이다).

8:2. 월요일(둘째 날)

1) 잎사귀만 무성한 무화과나무를 저주(마 21:18–19, 막 11:12–14)

이른 아침에 성으로 들어오실 때 시장한지라. 길가에 한 무성한 무화과나무가 잎사귀만 무성하고 열매가 없는 것을 보셨다. 예수께서 이르시되 이제부터 네가 영원토록 열매를 맺지 못하리라 하셨다.

① 전능하신 예수님께서(만나를 생각하라) 시장하였기 때문에 무화과나무를 저주하신 것은 아닐 것이다. 때는 유월절 무렵 4월 중순경이었고 따라서 아직 무화과나무가 열매를 맺는 철(6월)은 이르지도 않았기 때문이다.

② 본문에서 예수께서는 무화과나무 사건을 두 번에 걸쳐 말씀하셨다. 그리고 그 중간에 성전정화를 말씀하셨다. 따라서 무화과나무에 대한 저주의 참 뜻은 성전, 곧 외식과 형식주의에 급급한 유대교(인)에 대한 심판을 상징한다고 볼 수 있다. 즉 하나님의 선민이라는 허울 좋은 외양은 갖추고 있으나 그에 합당한 신앙은 소유하지 못한 유대교(인)에 대한 심판을 말씀하신 것이다.

2) (2차)성전정화(마 21:10–17, 막 11:15–19, 눅 19:45–48)

성전에 들어가 성전 안에서 매매하는 모든 자들을 내쫓고 환전상들의 돈궤를 뒤엎으며 성전을 정화하였다. 이는 사역 초기의 성전정화 사건(요 2:13-22)과는 다른 두 번째의 사건이다(cf. 톰슨 II 주석성경, 별첨 참고문헌).

3) 무화과나무가 마른 것을 보고 / '기도의 대원칙'(마 21:20–22, 막 11:20–25)

그들이 아침에 지나갈 때 무화과나무가 뿌리째 마른 것을 보고 베드로가 이상히 여겨 예수께 물었다. 예수님께서 저주하신 무화과나무가 말랐다고. 예수께서 대답하셨다. "누구든지 이 산더러 들리어 바다에 던져지라 하며 그 말하는 것이 이루어질 줄 믿고 마음에 의심하지 아니하면 그대로 되리라. 무엇이든지 기도하고 구하는 것은 받은 줄로 믿으라. 그리하면 너희에게 그대로 되리라. 너희가 서서 기도할 때에 어떤 사람과 등진 일이 있으면 그 사람을 용서하라. 그래야 하늘에 계신 너희 하나님께서도 너희 죄를 용서하실 것이다"고.

이는 기도의 대원칙을 말씀하신 것이다. 즉 기도는 믿음을 가지고, 소망과 신념으로써, 용서와 사랑을 기반으로 하여, 인격적인 하나님과 친밀히 대화하는 것이다. 따라서 기도의 위력은 오직 확고한 믿음에 있음을 말한다.

4) 헬라인과의 만남(요 12:20-36)

(1) 수확의 법칙 / 한 알의 밀이 땅에 떨어져 죽지 아니하면(요 12:20-25)

유월절 순례자들 가운데 유대교에 매료된 이방인들이 있었다. 이들은 이방인 개종자(유대교로 개종한 자)로서 예루살렘에 예배하러 왔다. 이들 가운데 헬라인 몇 사람이 예수와 면담을 요청하였다. 이때 예수께서 말씀하셨다. "인자가 영광을 얻을 때가 왔도다. 내가 진실로 너희에게 말하노니 한 알의 밀이 땅에 떨어져 죽지 아니하면 한 알 그대로 있고 죽으면 많은 열매를 맺느니라"고.

① 헬라인의 신분과 방문 목적은 모른다. 영광을 얻을 때란 예수께서 십자가에서 죽으실 때를 말한다. 그것은 예수께서 십자가에 달려 하나님이 영광을 받으시게 함으로써 자신도 영광을 받는 것이기 때문이다. 그러므로 영광을 얻을 때가 왔다는 것은 예수께서 십자가에서 죽으실 때가 왔다는 말이다. 이는 이방인들에게까지 구원의 때가 도래했음을 알리는 데에 초점이 있음을 의미한다.

② 한 알의 밀알이 땅에 떨어져 죽어야 한다는 말씀은 자기의 희생(죽음)이 있어야 수많은 열매를 맺는다는 의미이다. 수확의 법칙을 말씀하신 것이다.

(2) "이 인자가 누구냐?" / 자신을 빛으로 비유(요 12:26-36)

"내가 땅에서 들리면 모든 사람을 내게로 이끌겠노라. 이렇게 말씀하심은 자기가 어떠한 죽음으로 죽을 것을 보이심이러라. 이에 무리가 대답하되, 우리는 율법에서 그리스도가 영원히 계신다함을 들었거늘 너는 어찌하여 인자가 들려야 하리라 하느냐? 이 인자가 누구냐? 예수께서 이르시되, 아직 잠시 동안 빛(그리스도)이 너희 중에 있으니 빛이 있을 동안에 다녀 어둠에 붙잡히지 않게 하라. 어둠에 다니는 자는 그 가는 곳을 알지 못하느니라. 너희에게 빛이 있을 동안에 빛을 믿으라. 그리하면 빛의 아들이 되리라"(요 12:32-35).

① 예수께서 십자가에 달리실 것(죽을 것)을 말씀하셨다.

② 무리가 묻는다. 메시야는 영원하신 분이다(시 110:4). 따라서 당신이 과연 메시야라면 어찌 하여 들려야(죽어야) 한다 하느냐? 예수께서 직접적인 답변을 생략한 채 자신을 빛으로 비유하신 후 빛을 믿으라고 말씀하셨다. 이는 예수 그리스도를 믿는 자들은 하나님의 자녀가 된다. 같은 논리로 빛이신 그리스도를 믿는 자들은 빛이신 하나님의 자녀가 된다는 뜻이다. 따라서 빛이신 자신을 믿어 하나님의 자녀가 되라는 것이다.

5) 사도 요한이 유대인의 불신을 정죄 / 예수께서 믿음을 호소(요 12:37-50)

(1) 요한이 유대인의 불신을 정죄(요 12:37-43)

예수께서는 지금까지 허다한 표적을 행하셨다. 누구도 그를 의심할 수 없게 되었다. 그러나 유대인은 예수를 믿지 않았다. 요한(복음기자)은 이와 같은 유대인의 불신은 이미 선지자 이사야를 통하여 예언되었으며 그것은 하나님께서 그들(유대인들)의 마음을 완고하게 하셨기 때문이라고 말한다.

유대인 관리 중에도 예수를 믿는 자가 많았지만 바리새인에 의해 출교당할 것이 두려워 드러나게 말하지 못하였다.

(2) 예수께서 믿음을 호소(요 12:44-50)

예수께서 다시 등장하여 말씀하신다. "나를 보고 믿는 자는 나를 보내신 이를 보고 믿는 것이다. 나는 빛으로 세상에 왔기 때문에 나를 믿는 자는 어둠에 거하지 않는다. 나는 사람이 내 말을 듣고 지키지 아니할지라도 그를 심판하지 않는다. 그러나 내가 한 그 말이 마지막 날에 그를 심판할 것이다."

십자가의 죽음을 앞에 둔 예수께서 유대인들의 완악함에 대한 안타까움과 영혼을 구하려는 열정으로 뒤섞인 채 뜨거운 심정으로 간절하게 외치신 말씀이다. 예수 그리스도는 근본 하나님의 본체(本體)이시므로 그를 믿는 것은 곧 하나님을 믿는 것이다. 또한 예수 그리스도는 보이지 아니하는 하나님의 형상이므로 예수 그리스도를 본 자는 하나님을 본 것과 다름이 없다.

믿고 구원을 받으라는 말씀을 배척한 유대인들은 바로 그 말씀으로 인하여 심판을 받게 된다는 것이다.

8:3. 화요일(셋째 날)

화요일은 예수께서 대제사장 및 백성의 장로들과의 논쟁으로 보낸 하루이다. 유대인 지도자들은 예수의 권위에 대하여 도전적 질문을 하였고, 예수께서는 세 가지의 비유로 그들을 질타하셨다.

1) 종교 지도자들과의 변론(마 21:23–22:14, 막 11:27–12:12, 눅 20:1–19)

(1) 무슨 권위로 이런 일을 하느냐?-"요한의 세례가 어디로부터 왔느냐?"(마 21:23-27, 막 11:27-33, 눅 20:1-8)

① 예루살렘에 입성하신 예수께서는 성전을 정결케 하시며(정화), 또한 저녁에는 베다니에 가서 유하시고 아침에는 다시 성전 안에 들어와 백성들을 가르치고 치유의 능력을 베푸셨다. 사실 대제사장들은 바사(페르시아)시대 포로의 귀환 이후부터 성전에 대한 전권을 장악하고 있었다. 성전의 질서 유지도 그들의 몫이었다. 바사 정부는 정치적 사항이 아닌 종교적 사항에 관하여는 피정복민에게 가급적 자율권을 인정하였기 때문이다. 그런데 지금 예수의 성전 정화 행동은 그들의 이와 같은 기득권에 대한 노골적인 도전으로 여겨졌고, 예수의 권위는 그들을 능가하는 것으로 보였다. 대제사장들과 장로들은 자신들의 기득권을 사실상 빼앗긴 것으로 보였다. 때문에 그들은 예수의 권위를 그대로 두고 볼 수 없게 되었다. 그들은 예수께 "네가 무슨 권위로 이런 일을 하느냐? 또 '누가'이런 권위를 네게 주었느냐?"고 하며 예수를 공격하였다.

예수께서는 그들에 대하여 오히려 역으로 질문하셨다.

"너희가 나의 질문에 대답을 한다면 나도 대답하겠다. 요한의 세례가 어디로부터 왔느냐? 하늘로부터냐 사람으로부터냐?"고(마 21:27). 두 개의 대답 중 어느 하나를 택하여도 역공을 수반할 수밖에 없는 성질의 질문이었다. 유대교 지도자들은 진퇴양난이 되었다. 결국 "우리가 알지 못하노라"하고 백기를 들었다. 예수께서 "나도 나의 권위의 출처에 대하여 대답하지 않겠다"고 대답하셨다. 예수에게 올가미를 씌우려던 그들의 계획은 수포로 돌아갔다.

(2) 포도원 농부의 두 아들의 비유 / 유대교 지도자들을 비판(마 21:28-32)

이번에는 예수께서 두 아들의 비유를 들어 대제사장들과 장로들의 외식적(外飾的) 태도를 비판하셨다. "한 사람에게 두 아들이 있는데 아버지가 큰 아들에게 오늘 포도원에 가서 일을 하라고 했을 때 그는 가겠다고 대답을 하고서도 실제로는 가지 않았다. 한편 둘째 아들은 가지 않겠다고 대답을 하고서도 실제로는 갔다. 누가 아버지의 뜻대로 했느냐?"고 예수께서 질문하셨다. 그들이 대답했다. 작은 아들이라고.

여기에서 큰 아들은 바리새인들을, 둘째 아들은 종교 지도자들이 죄인들이라고 여기던 사람들을 비유하는 말이었다. 예수께서 말씀하셨다. 세리와 창녀들이 너희보다 먼저 하늘나라에 들어가리라고(마 21:28-32).

(3) 악한 농부의 비유로 유대교 지도자들을 비판(마 21:33-46)

한 집주인이 훌륭한 포도원을 만들어 농부들에게 세를 주고 타국에 갔다. 결실할 때가 되어 집주인이 소출을 받고자 자기 종들을 농부들에게 보냈다. 그런데 농부들이 주인의 종들을 죽였다. 이번에는 집주인이 자기 아들을 보냈으나 그 아들의 유업을 빼앗고자 그 아들마저 죽였다.

예수께서 말씀하셨다. "집주인이 돌아오면 그가 이 농부들을 어떻게 하겠느냐? 그 악한 자들은 진멸하고 포도원은 제때에 열매를 바칠 다른 농부들에게 줄 것이다"고.

예수께서 다시 악한 농부의 비유를 들어 유대교 지도자들이 멸망하고 천국마저 빼앗길 것을 지적하셨다(마 21:33-46).

이 비유에서 집주인은 하나님을, 농부들은 유대교 지도자들을, 집주인의 종들은 하나님의 선지자들을, 집주인의 아들은 예수를 상징한다. 유대교 지도자들은 이 비유가 자기들을 가리킨다는 것을 알았다. 그러나 그 행위를 뉘우치기는 고사하고 예수를 잡으려 했다.

예수께서는 건축자들이 버린 돌이 모퉁이의 머릿돌이 되었다는 구약의 말씀(시 118:22-23)을 인용하여 그들을 다시 비판하셨다. 이는 유대인은 예수 그리스도를 버렸지만 그는(버림받은 돌) 결국 하나님 나라와 영생을 보장해주는 구원자가 된다는 의미이다.

(4) 혼인잔치에 초청 비유 / 유대인들을 비판(마 22:1-14)

예수께서는 이어 천국은 마치 자기 아들을 위하여 혼인잔치를 베푼 어떤 임금과 같다고 비유의 말씀으로 유대인을 비판하셨다. 즉, 임금이 혼인잔치를 준비하고 종들을 초청대상자들에게 보내어 잔치에 초청하였으나 그들이 거절하였다. 임금은 또 다시 다른 종들을 초청대상자들에게 보냈다. 그러나 초청받았던 사람들은 대부분 각기 자기 일로 떠나버렸고 남은 자들은 임금의 종들을 모욕하고 죽이기까지 하였다. 진노한 임금은 군대를 보내어 그 살인자들을 진멸하고 동네를 불살랐다.

임금은 이번에는 초청대상자들을 미리 정하지 않고 종들을 거리에 보내어 만나는 대로 데려 오도록 했다. 종들이 사거리에 나가 악한 자나 선한 자나 만나는 대로 모두 데려오니 혼인잔치석은 만원이 되었다. 그러나 임금은 그들 중 예복 입지 않은 사람을 발견하고 그를 결박하여 죽이라고 명했다. 예수께서는 "청함을 받은 자는 많지만 택함을 입은 자는 적다"고 말씀하셨다(마 22:1-14).

여기에서 혼인잔치는 하나님의 나라(좁은 의미로는 교회)를, 처음에 초청하러 간 종들은 선지자를, 다시 간 종들은 신약시대의 전도자들을, 청함 받은 사람들은 유대인을, 예복은 신앙을 의미한다. 따라서 이 비유는 하나님께서 선지자와 복음 전도자를 통하여 유대인들을 하나님 나라로 초청하였으나 그들이 거절하였으며, 그들에게 주어진 것은 심판뿐임을 보여준다.

2) 유대 종교 지도자들과의 논쟁

지금까지 예수의 권위에 도전하였다가 오히려 비유를 통한 비판만 받았던 유대교 지도자들(대제사장들과 백성의 장로들)은 이제 예수를 말의 올무로 걸기 위해 세 가지 질문을 던졌다. 즉 정치적, 신학적, 종교적 질문을. 그러나 예수께서는 이 모든 질문에 지혜롭게 대답하였을 뿐 아니라 오히려 능히 대답하지 못할 질문을 던짐으로써 그들의 사악한 의도를 무너뜨렸다.

(1) "가이사(Caeasar)의 것은 가이사에게"(마 22:15-22, 막 12:13-17, 눅 20:20-26)

바리새인들이 자기들의 제자들을 헤롯 당원들과 함께 예수께 보내어 "우리가 로마정부(가이사)에게 세금(인두세)을 바치는 것이 합당한지"를 질문하였다.

이것은 로마정부에 대한 납세의 건으로 정치적으로 매우 민감한 문제라고 할 수 있다. 이 세금은 모든 성년 유대인들에게 강제로 징수되어 로마황제에게 바쳐졌던 것으로, 로마 황제를 최고 통치자로 인정할 뿐만 아니라 신적 권위까지 부여하는 의미를 갖기 때문에 유일신 하나님을 경외하는 유대인들에게는 항상 저항감을 일으키는 제도였다. 따라서 이에 대한 긍정적 대답은 유대인의 반발을, 이에 대한 부정적 대답은 로마정부에 대한 반역을 의미하는 아주 복잡한 문제였다.

예수께서는 "어찌하여 나를 시험하느냐? 세금 낼 돈을 가져오라" 하셨다. 한 데나리온을 보이니 "이 동전의 동상과 글이 누구의 것인지?" 물으셨다. 가이사의 것이라고 대답하였다. 그런즉 "가이사의 것은 가이사에게, 하나님의 것은 하나님께 바치라" 예수께서 말씀하셨다. 그들은 이 말을 듣고 기이히 여겨 예수를 떠났다. (가이사: Julius Caeasar의 성. 로마의 '황제'를 의미).

〈헤롯 당원(Herodians)〉

헤롯 가문을 지지하는 자들을 말한다. 본질적으로 정치적 집단은 아니지만 그들은 종교적으로 정위되어 있으며 예수님의 가르침에 대항할 때에는 바리새인과 연합하였다(막 12:13).

(2) 사두개인들과의 부활 논쟁(마 22:23-33, 막 12:18-27, 눅 20:27-40) / "그 여자가 죽은 후에는 누구의 아내가 되겠느냐?"

이번에는 사두개인들이 신학적 질문을 던졌다. 사두개인들은 부활을 믿지 않는다. 그들은 모세의 율법에 규정된 계대(繼代) 결혼제도(신 25:5)에 근거해서 예수께 질문했다. 일곱 형제의 맏이가 자식 없이 죽었을 때 그 맏이의 아내는 남편의 동생과 결혼해야 할 것이다. 그 동생도 자식 없이 죽으면 역시 이 여인은 그 아래 동생과 결혼해야 한다. 그렇게 하여 일곱 형제가 모두 자식이 없이 죽는다면 이 여인은 죽은 후에는 누구의 아내가 되느냐는 것이다.

① 이는 사두개인들이 은근히 자기들의 부활이 없다는 사상을 정당화시키려는 의도에서 던진 질문이다. 예수께서는 "부활 때에는 장가도 시집도 아니 가고 하늘에 있는 천사와 같다"고 말씀하시면서 그들의 성경에 대한 무식을 탓하셨다. 곁에서 이 말을 듣고 있던 바리새인들이 예수의 말씀에 찬동하였다(눅 20:39). 사실 바리새인과 사두개인은 오월동주(吳越同舟)의 관계에 있었다. 바리새인들은 부활을 믿었고 사두개인들은 믿지 않았다. 따라서 사상적으로는 서로 대립관계에 있었다. 그러나 예수를 배척함에는 두 파가 동일하였다. 예수께서 하신 부활의 말씀은 사두개인들의 잘못된 부활사상을 지적하신 것이기 때문에 바리새인들은 예수의 말씀에 찬동을 한 것이다.

② 이어서 예수께서는 하나님께서 모세에게 "나는 아브라함의 하나님이요 이삭의 하나님이요 야곱의 하나님이로라" 하신 말씀을 상기시키고, 다시 "하나님은 죽은 자의 하나님이 아니고 산 자의 하나님이시다"라고 말씀하셨다.

이는 족장시대와 모세 시대는 500-600년의 간격이 있지만 하나님은 족장들(아브라함, 이삭, 야곱)의 하나님이었을 뿐 아니라 모세 시대에도 족장들의 하나님이시라(현재형)는 말씀이다. 이는 족장들이 죽은 시기는 모세시대 훨씬 이전이지만 하나님께서 모세에게 말씀하신 모세시대 당시(현재)에도 그들 족장들이 살아있는 존재로 인정되고 있다는 것이다. 이로 보아 족장들은 죽어 그 존재가 완전히 무(nothing. nihil)로 돌아간 것이 아니라, 이 세상 마지막 날에 하나님의 능력에 의해 다시금 부활의 영광에 동참할 것을 간접적으로 시사하고 있는 것이다.

(3) 가장 큰 계명(마 22:34-40, 막 12:28-34, 눅 10:25-28) / "사랑하라"

이번에는 서기관이 예수께 종교적 질문을 하였다. "모든 계명 중에 첫째가 무엇이냐?"고.

① 이 질문도 역시 예수를 곤경에 빠뜨리고자 하는 의도가 있었지만 실질적인 질문이기도 하였다. 율법 중에는 부정적 금지명령이 365개, 긍정적 규정이 248개(합 613개)나 들어있다. 서기관들은 이렇게 많은 율법 조항들 중 보다 중요하고 큰 것을 순서별로 구분하거나 보다 상세한 규례들을 도출해내기 위해 논쟁을 벌이곤 하였다. 또 율법 전체를 한마디로 표현하려고 노력하기도 하였기 때문이다.

② 예수께서는 "첫째는 마음과 목숨과 뜻을 다하여 너의 하나님을 사랑하라. 둘째는 네 이웃을 네 자신과 같이 사랑하라. 이보다 더 큰 계명이 없다"고 하셨다(막 12:30). 통틀어서 "사랑하라"는 말씀이다.

③ 서기관은 더 이상 예수를 공격하지 못하였다. 그리하여 예수의 말씀이 옳다고 내심을 드러냈다. 예수께서 이를 보시고 "네가 하나님 나라에 멀지 않다"고 하시며 모처럼 칭찬하셨다(막 12:32-34). 그 후에는 감히 묻는 이가 없었다.

3) "그리스도는 누구의 자손이냐?" / 그리스도의 신성과 선재성 증거(마 22:41-46, 막 12:35-37, 눅 20:41-44)

지금까지 예수께서는 유대교 지도자들의 질문과 공격에 대하여 답변하셨다. 그러나 이번에는 예수께서 적극적으로 그들에게 질문을 던지신다.

"그리스도는 누구의 자손이냐?"

이 질문은 기독론에 관한 것으로 그들에게 주님 자신이 누구인지 깨우쳐 주시려는 의도를 갖고 있다. 유대인들의 머릿속에는 '메시야는 다윗의 자손'이라는 고정관념이 자리 잡고 있었다. 때문에 그들은 즉시 다윗의 자손이라고 답했다. 잘못된 대답은 아니다. 메시야가 다윗의 자손이라면, 메시야(즉 예수)의 신성과 선재성(하나님과 함께 창조에 참여)은 어떻게 설명하여야 하는가? 이에 대한 해답은 결국 메시야가 '어떤 의미'에서 다윗의 후손이냐에 대한 증거를 필요로 한다.

예수께서는 시편의 글을 인용하여 질문하셨다. 즉 시편에는 "다윗이 주께서 내 주께 이르시되 내가 네 원수를 네 발아래에 둘 때까지 내 우편에 앉아있으라 하셨도다"라고 기록되어 있는데(시 110:1), "다윗이 왜 그리스도를 주라 칭하였느냐"라는 질문이다.

해당 구절 "주께서"의 '주'는 하나님을, "내 주께"의 '내'는 다윗을, "내 주께"의 '주'는 메시야 즉 그리스도를 가리킨다(다윗이 주[하나님]께서 내[다윗] 주[메시야]께 이르시되). 따라서 다윗이 그리스도를 '주'라고 불렀기 때문에 그리스도가 다윗의 '자손'이 될 수 없다는 것이다. 다시 말하면 메시야 즉 그리스도는 '혈통으로는'다윗의 후손이다. 그러나 '성결의 영으로는"하나님'의 아들로서 다윗의 주가 될 뿐 아니라 만민의 주가 되시기 때문에 영적으로는 다윗의 자손이 될 수 없다는 것이다. 이 시편의 말씀은 예수 그리스도는 주이시며(신성) 처음부터 하나님과 함께 계셨음(선재성)을 말씀하신 것이다. 예수께서는 이렇게 시편의 말씀을 인용하여 자신의 신성과 선재성을 증언하셨다.

<주: lord>

신약성경에서 주(主)라는 말은, 첫째, 일반적인 정중한 칭호로서의 선생(Sir), 둘째, 노예의 소유주 또는 주인(master), 셋째, 통치자로서의 황제 또는 만은의 주를 언급할 때 사용되었다. 따라서 예수 그리스도가 주님이라는 고백은 예수님은 우리들이 경외하는 만민의 주인이시며 통치자라는 의미이다.

4) 서기관과 바리새인들의 위선에 대한 최후 경고 / 7 가지의 화

예수께서는 이 날에 있었던 유대교 지도자들과의 질문과 답변, 설명 등 강론을 마무리하는 차원에서 외식하는 유대교 지도자들에게 경고의 말씀을 하셨다. 이 경고의 말씀은 세 부분으로 구분된다. 첫째는 바리새인들의 근본적인 종교적 결함에 대한 지적, 둘째는 이들의 일곱 가지 외식과 그 대가로 받게 될 7 가지 화(禍), 셋째는 이들의 도성 예루살렘이 장차 멸망할 것이라는 예언이다.

(1) 서기관들과 바리새인들의 행위는 본받지 말라(마 23:1-12, 막 12:38-40)

예수께서는 서기관들과 바리새인들이 '모세의 자리'에 앉았으니 저들이 말하는 바는 지키되 행위는 본받지 말라 하시면서 저들의 근본적인 종교적 결함을 다음과 같이 지적하셨다.

① 저희는 말만 하고 스스로 실천하지 않는다(마 23:3-4).

② 저희는 사람들에게 보이기 위하여 행동한다(마 23:5).

③ 저희는 교만하여 사람들로부터 높임 받고 칭찬받기를 좋아한다(마 23:6-12).

<모세의 자리>

모세가 강론 시 앉았던 좌석에서 비롯하였다. 유대인들의 회당에 설치된 돌 좌석을 가리킨다. 주로 서기관과 같이 학식과 권위를 겸비한 선생이 앉았다. 높은 자리 즉 상석을 의미한다.

(2) 7 가지의 외식 즉 저주받을 이유를 증언하셨다(마 23:13-39, 눅 11:37-54)

예수께서는 서기관과 바리새인들이 저주(화)를 받을 이유를 다음과 같이 7 가지(외식)로 지적하셨다.

① 저희는 천국 문을 사람들 앞에서 닫고 들어가지 못하게 하였다.

② 저희는 교인 하나를 얻으면 그를 오히려 지옥 자식으로 만든다.

③ 저희는 성전으로 맹세하면 지키지 않아도 되고 성전의 금으로 맹세하면 지키라고 한다.

④ 저희는 제단으로 맹세하면 지키지 않아도 되고 그 위에 있는 제물로 맹세하면 지키라고 한다.

⑤ 저희는 물질의 십일조는 드리되 정의, 긍휼, 믿음은 버렸다.

⑥ 저희는 겉은 깨끗하게 하되 속은 탐욕으로 가득하다.

⑦ 회칠한 무덤 같이 겉은 아름답게 보이나 그 안에는 더러운 것이 가득 찼다.

①과 ②는 자신뿐만 아니라 구원을 얻으려는 다른 사람마저도 실족하게 하는 자에 대한 경고이다.

③과 ④는 하나님 앞에서 전도(顚倒)된 가치판단을 드러내는 자에게 보내는 경고이다.

⑤와 ⑥은 외식주의자에 대한 경고이다. 십일조와 같은 계명 자체를 지키는 것도 중요하지만

무엇보다도 중요한 것은 그 같은 계명을 통하여 하나님이 요구하시는 바를 이해하고 존중하라는 뜻이다.

⑦은 선지자를 박해하는 자에 대한 경고이다.

각 경고마다 이에 따를 화(심판)를 말씀하셨다. 각각 "화있을진저"로 시작하여 예수께서 선고하신 화는 단순한 분노에 의해서 내리신 것이 아니다. 그것은 엄숙한 심판으로 선언된 것이다. 뿐만 아니라 인간에 대한 무한한 연민의 표현이며 미래에 대한 예언이기도 하다.

5) 과부의 두 렙돈 / 진정한 헌신(막 12:41–44, 눅 21:1–4)

예수는 무리가 어떻게 헌금함에 헌금을 하는가를 보셨다. 부자들은 많이 넣는데 가난한 과부는 두 렙돈(한 고드란트: 화폐단위)을 넣는 것을 보셨다. 예수께서 제자들을 불러 말씀하셨다. "이 가난한 과부는 헌금함에 헌금을 넣은 모든 사람보다 많이 넣었다. 부자는 풍족한 중에 넣었지만 과부는 전 재산을 넣었다"고. 과부는 전적 헌신의 본보기이다. 그는 자신의 전 존재와 생애를 주께 의탁하는 마음으로 가진 바 모두를 드렸기 때문이다.

6) 감람산 설교 / 묵시적, 종말론적 강화(마 24–25장, 막 13:1–37, 눅 21:5–36)

예수께서 화요일에 성전에서 논쟁과 비판의 말씀을 마치시고 감람산으로 자리를 옮기신 후 그곳에서 다시 강론을 하셨다. 이 말씀을 감람산에서 행하셨기 때문에 일명 '감람산 강화'라고도 한다. 감람산 강화는 천국을 주제로 한다. 그러나 감람산 강화는 이전의 천국 강론과 다르게 천국의 종말론적 도래를 다루고 있다. 이 강화는 크게 예루살렘의 멸망, 예수의 재림, 그리고 재림의 날을 맞이할 성도들의 마땅한 자세에 대한 교훈이다.

(1) 예루살렘 성전의 파괴를 예언(마 24:1-14, 막 13:1-2, 눅 21:5-6)

예수께서 성전을 나와서 가실 때 제자들이 성전의 큰 건물을 가리켜보였다. 이때 예수께서 성전을 보고 말씀하셨다. "돌 하나도 남지 않고 다 무너뜨려지리라"고. 이는 1차적으로는 예루살렘의 멸망, 2차적으로는 세상의 종말 즉 주의 임하심과 세상 끝 날에 관한 예언의 말씀이다. 실제로 예루살렘 성전은 AD 70년에 돌 하나 없이 멸망하였다. 즉 예수의 예언이 있고 약 40년 후

에 일어났다

(2) 종말의 징조를 예언(마 24:15-27, 막 13:14-23, 눅 21:20-24)

예루살렘 성전의 멸망에 대한 예언의 말씀을 들은 베드로, 야고보, 요한, 안드레는 예수께 "어느 때 이와 같은 일이 발생할 것이며 그때 어떤 징조가 있겠느냐"고 물었다. 예수께서는 종말의 징조에 대하여 이렇게 구체적으로 예언하셨다.

① 거짓 선지자들이 나타나 성도들을 유혹할 것이다(마 24:4-5, 11).

② 전쟁과 기근이 있을 것이다(마 24:6-7).

③ 성도들에 대한 박해가 있을 것이다. 즉 사람들이 너희를 끌어갈 것이며, 매질을 할 것이며, 재판에 넘길 것이다(마 24:9-12).

④ 대 환난(the great tribulation)이 있을 것이다(마 24:14-17). '멸망의 가증한 것'이 서지 못할 곳에 선 것을 보거든 유대에 있는 자들은 세상적인 모든 것은 뒤로 두고 화급하게 도망하라.

⑤ 큰 주검이 있을 것이며 군대(로마군대를 상징)가 주검 곁에 집결하리라(마 24:28).

① 이는 AD 70년 로마의 디도(티투스) 장군에 의한 예루살렘 성전 멸망을 예언한 것으로 볼 수도 있으나, 그보다는 종말이 가까이 오면 예루살렘이 더럽혀질 것이고, 마침내 우주적 종말이 올 때 나타날 대환난의 징조를 예언한 것이다.

② 이러한 대환난은 창조 이래 처음 있는 환난이며(막 13:19), 거짓 그리스도(적그리스도)가 나타나 거짓 선지자들과 함께 백성을 미혹할 것이라고 말씀하셨다.

③ 그러나 가장 중요한 것은 종말이 오기 전, 복음이 세상 만국에 전파되어야 한다는 것이다(막 13:10). 즉 복음의 만국전파의 날이 오면 그것이 종말이 가까이 왔다는 징조임을 깨달으라 하셨다.

〈멸망의 가증한 것〉(단 9:27-11:31, 12:11)(cf: 본서 p.48)

헬라제국(수리아/셀레우코스 왕국)의 안티오쿠스 IV세 에피파네스 왕(BC 175-164)이 유대교를 박해하여 유대인의 제단을 헐고 그곳에 제우스의 신상을 세우고 돼지를 제물로 바친 것을 말하며 유대인의 치욕을 상징한다. 그런데 바사시대 말기의 다니엘은 이 사건이 헬라시대에 발생하리라는 것을 이미 예언하였었다.

(3) 인자의 재림을 예언(마 24:29-51)

그리고 예수 자신의 재림에 관하여 예언하셨다.

① 오시는 모습

예수께서 초림하실 때에는 비밀스럽게, 유대라는 특정 지역에, 비천한 모습으로 오셨다. 그러나 재림하실 때에는 공개적으로, 공간에 제한 없이, 영광의 광채 가운데 오실 것이다.

② 재림의 목적

예수의 재림으로 심판과 구원이라는 이중적 목적을 성취하게 될 것이다.

③ 재림의 시간(재림의 불가지성[不可知性]) / **"깨어 있으라"**

재림의 시간은 하나님만이 아신다. 따라서 인간은 영적 긴장을 유지하면서 현실에 충실해야 한다. 영원한 하나님 나라를 잊고 현실세계에만 집착하는 자에게는 갑작스럽게 임할 것이다. 깨어 있는 자는 그 시점을 모른다 해도 징조를 읽을 수 있다. 무화과나무의 비유를 배우라. 즉, 무화과나무의 잎(자연현상)을 보고 계절을 구분하는 것과 같이 이 시대의 징조를 보고 하나님 나라가 가까웠음을 깨닫고 깨어있으라. 인자의 재림을 항상 준비하라. 재림의 때로부터 영생과 영벌이 완연히 구별될 것이다.

(4) 재림을 맞이할 준비와 심판에 관한 예언(마 24:42-25:46)

지금까지 예수님께서는 예루살렘의 멸망 및 종말에 대해 예언하셨다. 지금부터는 그와 같은 종말을 맞이하는 성도들의 자세 그리고 이를 게을리 하는 자들에게 임할 심판에 대하여 5가지의 비유로 말씀하신다.

① 집주인과 도둑의 비유(마 24:42-44)

도둑이 언제 침입할지 알 수 없듯이 예수께서 언제 재림하실지 알 수 없으니 성도들은 항상 깨어있어 언제라도 예수를 맞이할 준비를 해야 한다.

② 선한 청지기와 악한 청지기 비유(마 24:45-51)

하나님께서 성도들에게 맡겨 주신 사명을 충성스럽고 지혜롭게 잘 감당하면 예수께서 재림하시는 날 큰 상급을 받게 될 것이다.

③ 열 처녀 비유(마 25:1-13)

신랑을 맞이하는 열 처녀 중 미련한 다섯은 등만 준비하나 지혜 있는 다섯은 등과 함께 기름을 준비한다. 예수께서 재림하시는 때가 더딤에도 마땅히 오시기 때문에 준비하여야 한다는 것을 말씀하신 것이다. 등은 교회의 출석과 봉사 그리고 전도 등 외적 신앙생활을, 기름은 하나님과 영적으로 교제하는 내면적 신앙생활을 말한다.

④ **달란트 비유**(마 25:14-30)

여기에서 달란트들은 하나님께서 인간에게 주신 재능이 제각기 다름을 의미한다. 우리들은 어디까지나 우리들이 받은 갖가지 재능을 최대한 활용하며 성실하게 봉사함으로써 하나님의 기쁘신 뜻을 이루어야 한다는 것이다.

⑤ **양과 염소의 비유**(마 25:31-46)

인자가 왕으로 재림하실 때 왕께서 모든 민족을 모으고 양과 염소로 구분하여 양은 자신의 오른편에, 염소는 왼편에 앉게 할 것이다. 양은 선인을, 염소는 불신자를, 오른편은 권위와 존귀의 자리를, 왼편은 그와 대조되는 자리를 말한다. 양들을 오른편에 앉게 하는 이유는 그들이 세상에서 왕에게 선한 일을 하였기 때문이다. 왕에게 선한 일을 하였다는 것은 그들이 세상에서 가난하고 배고프고, 병든 사람들에게 선하게 하였다는 것을 의미한다.

7) 십자가 수난 예고(3차) (마 26:1–5, 막 14:1–2, 눅 22:1–2)

예수께서 이렇게 감람산 강화(설교)를 마치시고 이틀 후 즉 유월절에 자신이 수난당할 것을 말씀하셨다.

그때에 대제사장과 백성의 장로들이 가야바(대제사장)의 집 뜰에서 산헤드린 공회를 비공식적으로 소집하였다. 그리고 예수의 체포를 모의하였으나 유월절 명절에는 인파가 많아 소요가 일어날 것을 염려하여 명절은 피하기로 결정하였다.

8) 유다의 배반 계약(마 26:14–16, 막 14:10–11, 눅 22:3–6)

유대교 장로들이 아직 모여 있을 때 가룟 유다가 그들을 찾아가 예수를 체포해주는 대가로 은 30을 받기로 합의하였다.

9) 예수의 머리에 향유를 붓다(마 26:6–13, 막 14:3–9, 요 12:1–8)

이 사건은 예수께서 예루살렘에 입성하실 때 일어난 일이다. 그런데 마태는 이 사건을 화요일의 사건으로 기록하고 있다. 이는 예수의 죽음이 임박한 시점에서 구속사적 의미를 강조하기 위함이었을 것이다. 내용은 이미 설명한 바와 같다.

8:4. 수요일(넷째 날): 기록 없음

유월절 준비일로서, 누룩을 제거하는 대청소와 유월절에 사용할 여러 가지 물품을 준비했을 것이다.

8:5. 목요일 (다섯째 날: 아빕월 14일) / 유월절을 지킴

예수님의 마지막 유월절은 아빕월 14일(목요일) 오후 3시경(태양력 시간 기준)에 시작되어 저녁 6시경에 마치게 되어 있었다.

1) 유월절 만찬 예비(마 26:17-19, 막 14:12-16, 눅 22:7-13)

"무교절 첫날에" 예수께서는 베드로와 요한을 보내시며 말씀하셨다(마 26:17) "성안에 아무에게 가서 이르되 선생님 말씀이 내 때가 가까이 왔으니 내 제자들과 함께 유월절을 네 집(큰 다락방)에서 지키겠다" 하라고. 예수의 제자들이 예수의 말씀대로 그를 만나 유월절 음식을 준비하였다. ('무교절의 첫날'은 다음에서 설명하는 바와 같이 실제는 유월절의 '준비일'을 뜻한다).

2) 세족식(洗足式)(요 13:1-20)

저물 때 예수께서 제자들과 함께 성안 다락방에 모였다. 예수께서 저녁 잡수시던 자리에서 일어나 대야에 물을 담아 제자들의 발을 씻기시고 수건으로 닦아 주셨다. 베드로는 처음에 예수님의 의도를 모르고 이를 거절하였다. 예수께 이를 거절하면 "너와 나는 상관이 없다"는 말씀을 듣고 씻김을 받았다. 이는 예수께서 제자들에게 섬김의 정신을 일깨우는 데에 목적이 있었다. 또한 곧 다가올 그의 죽음이 인간의 죄를 씻는 것임을 상징적으로 보여준다.

3) 유다의 배반 예고와 예수의 수난 예고(4차) (마 26:20-25, 막 14:18-21, 눅 22:21-23, 요 13:21-30)

저물 때 예수께서 열두 제자와 함께 자리에 앉으셨다. 그리고 말씀하셨다. "너희 중 하나가 나를 팔리라(마 26:21). 인자는 자기에 대하여 기록된 대로 가거니와 인자를 판 자에게는 화가 있으리로다"(요 26:24). 제자들이 그가 누구냐고 물었다. 예수께서는 직접 지적하시지 않고 가룟 유다에게 떡 한 조각을 주셨다. 가룟 유다의 마음에는 뉘우침이 없었고 오히려 예수를 팔려는 계획을 확고하게 했다. 즉 사탄이 그의 마음속에 들어갔다(요 13:27). 그는 떡 한 조각을 받고 밖으로 나갔다. 벌써 밤이었다.

예수는 가룟 유다를 증오하시지 않았다. 그러나 가룟 유다는 자신의 이중인격을 철저하게 은폐하고 있었기 때문에 제자들 중 누구도 그가 배신자인 줄 몰랐다.

* 마태와 마가는 예수께서 성만찬의 말씀을 '하시기 전에' 유다의 배반을 예고하셨다고 기록하고 있다.

4) 최후의 만찬 / 성찬의 거행과 성찬 예식 제정(마 26:26-29, 막 14:22-26, 17. 눅 22:14-20, 요: 기록 없음)

그들이 먹을 때 예수께서 떡을 가지사 축복하시고 떼어 제자들에게 주시며 말씀하셨다. "받으라 이것은 내 몸이라." 또 잔을 가지사 감사기도를 하시고 그들에게 주시니 그들이 다 이를 마셨다. 다시 예수께서 말씀하셨다. "이것은 많은 사람을 위하여 흘리는 피 곧 언약의 피니라. 너희가 이를 행하여 나를 기념하라"(눅 22:19).

예수께서는 이렇게 유월절을 자신의 최후의 만찬으로 지키셨다. 그리고 이를 행하여 나를 기념하라 말씀하셨다. 성찬예식은 이렇게 시작되었고 오늘도 지켜지고 있다.

<마가의 다락방>

예수의 분부대로 식사를 준비한 사람은 베드로와 요한이고, 준비 장소는 예루살렘 성안의 아무개 집의 큰 다락방이었다. 다락방의 주인을 요한(복음 기자) 또는 마가(복음 기자)라고 하기도 하나 성경적 근거는 없다.

<유월절(Passover)과 무교절(the Feast of Unleavened Bread)>

유월절은 이스라엘 백성이 애굽에서 탈출(출애굽)한 것을 기념하는 절기이다. 날짜는 아빕월(태양력으로는 3, 4월경) 14일이다. 아빕월을 바벨론 달력으로는 니산(Nisan)월이라 부른다. 무교절은 유월절에 부수된 절기로서 아빕월(니산월) 15일부터 21일까지 7일 동안이다. 유대인의 하루는 전날 저녁 6시부터 당일 저녁 6시까지이다. 즉 전날 밤부터 당일 저녁까지이다.

<무교절 첫날과 유월절 준비일>

(1) 일반적으로 4권의 복음서는 ① 예수께서 돌아가시던 해 유월절은 '목요일'이었다는 것 ② 예수께서 '목요일'저녁에 유월절 식사를 하셨다는 것, ③ 예수께서 '금요일'정오에 십자가에 못 박히셨다는 것, ④ 주일(일요일) 새벽에 부활하셨다는 데에 모두 일치한다.

(2) 그러나 마태와 마가는 최후의 만찬 날을 '무교절 첫날'이라 기록하고 있다(마 26:17,막 14:12). 그러나 무교절의 첫날은 (아빕월) 15일(금요일)이다. 요한은 예수께서 십자가에 못 박히신 날을 '유월절 준비일'이라고 기록하고 있다(요 19:14). 그러나 유월절 준비일은 아빕월 13일(수요일)이다.

(3) 따라서 저녁식사 날을 목요일로 보는 일반적 견해와 십자가에 못 박히신 날을 금요일로 보는 견해와는 모순된다.

(4) 그런데 유대인들은 아빕월 14일인 유월절 저녁부터 무교병을 먹기 때문에 흔히 유월절과 무교절이라는 말을 교호적(交互的)으로 사용하였다(출 12:18). 이러한 점을 고려할 때 여기서 말하는 무교절의 '첫날'은 유월절의 '준비일'을 가리키는 것으로, '유월절의 준비일'은 무교절의 '첫날'(금요일)을 말하는 것으로 볼 수 있다(cf. 톰슨 II 주석 성경, 별첨 참고문헌).

<성만찬 식: the Last Supper, Lord's supper, Eucharist)>

예수님과 제자들이 마지막으로 나눈 저녁식사(만찬)를 성만찬 또는 최후의 만찬 그리고 주의 만찬이라 한다. 예수님께서 이날을 기념하라고 직접 명하셨다(눅 22:19). 이 명령을 따라 기독교는 지금까지 이 날을 기념하기 위하여 만찬식을 거행한다(개신교나 가톨릭 공히).

그리하여 유월절 만찬을 새롭게 제정된 성만찬의 법으로 지키게 되었다. 그러나 유월절과 무교절 전(全) 주간을 성만찬 주간으로 지키는 것은 아니다. 성경은 "너희가 이 떡을 먹고 이 잔을 마실 때마다"라고 말씀하고 있다(고전 11:26). 실제로 대부분의 교회들이 "매주 모일 때마다"성찬식을 거행해 왔다(cf. 웨인 그루뎀 저서, 별첨 참고문헌).

<성만찬의 신학적 의미>

① 유월절은 장차 영원한 유월절 어린 양 되신 주께서 오셔서 택한 만민을 죄악 세상에서 구원해 주실 것을 예표하는 것이다.

② 성만찬은 예수 그리스도의 죽으심을 예전(禮典)을 통해 나타냄과 동시에 십자가에 못 박히신 예수 그리스도와의 신비적인 연합을 의미한다.

③ 로마 가톨릭 교회는 사제가 떡과 포도주를 들어 축사하는 순간 떡과 포도주는 예수 그리스도의 진정한

살과 피로 변한다고 주장한다(화체설, trans-substantiation).

⑤ 그러나 개신교의 츠빙글리는 성만찬은 예수 그리스도의 십자가 구속 사업을 상징적으로 나타내주는 것에 불과하다고 하였다(상징설: symbolism). 칼빈은 예수 그리스도는 성만찬에서 신체적으로 또는 장소적으로 임재하지는 않지만 성령의 임재를 통하여 빵과 포도주에 임재하시고 참여인와 공동체에 임재하신다고 하였다(영적 임재설: spiritual presence). 영적 임재설이 일반적이다.

5) 제자들의 자리 경쟁을 꾸짖으심(눅 22:24-32)

예수께서 자신이 제자에 의해 팔릴 것을 예언하였음에도 불구하고 그들은 자기들 중에 누가 더 크냐는 자리 논쟁을 하였다.

이러한 제자들의 행위는 그들의 참된 관심이 대속자이신 그리스도에게 있는 것이 아니라 그리스도를 따름으로써 얻게 될 지위 및 영광에 있었음을 보여준다. 이때 예수께서 개입하셨다. "이는 이방인의 태도이다. 너희는 그래서는 안 된다. 너희 가운데 선배는 후배처럼 되고 지도자는 종의 역할을 맡아라."고.

6) 다락방 강론 / 고별 설교(요 13:31-14:31)

예수께서는 목요일 저녁 유월절 만찬을 마치신 후(오후 6시 이전) 가룟 유다가 밖으로 나간 다음 제자들에게 이 땅에서의 마지막 교훈의 말씀(유언)을 하셨다. 흔히 고별설교라고 말한다. 요한복음에만 기록되어 있다.

(1) "새 계명을 주노니"(요 13:31-35)

가룟 유다가 떠나자 이제 자신의 때가 이르렀음을 아신 예수께서 말씀하셨다. "지금 인자가 영광을 받았고 하나님도 인자로 말미암아 영광을 받으셨다. 이제 잠깐만 너희와 함께 있겠다. 그리고는 떠나겠다. 내가 가는 곳에 너희는 올 수 없다. 새 계명을 주노니 서로 사랑하라"고(요 13:31-34).

예수께서 죽음을 앞두고 제자들에게 남기신 것은 유산이 아니라 "서로 사랑하라"는 "새 계명"이었다. 옛 계명은 "네 이웃을 네 자신과 같이 사랑하라"였다. 그러나 새 계명은 "내가 너희를 사랑한 것같이 서로 사랑하라"였다. 그것은 모세가 시내산 언약에 따라 옛 계명을 주었듯이, 예수께서 새 언약에 따라 새 계명을 주신 것이다(요 13:34).

(2) "닭 울기 전에 세 번 부인하리라"(눅 22:33-34, 요 13:36-38)-베드로의 부인을 예고

베드로: "주여 어디로 가시나이까?"

예수: "내가 가는 곳에 네가 지금은 따라올 수 없으나 후에는 따라 오리라"

베드로: "주를 위하여 내 목숨을 버리겠나이다."

예수: "네가 나를 위하여 목숨을 버리겠느냐? 네가 닭 울기 전에 나를 세 번 부인하리라."

(3) 위로의 말씀-"너희는 마음에 근심하지 말라"(요 14:1-4)

가룟 유다의 배신, 그리스도께서 떠나심, 베드로의 부인 등에 관한 예고는 제자들의 마음을 불안하게 했다. 예수께서는 그들에게 이렇게 위로의 말씀을 하셨다

"너희는 마음에 근심하지 말라 하나님을 믿으니 또 나를 믿으라. 내가 너희를 위하여 거처를 예비하러 간다. 내가 어디로 가는지 그 길을 너희가 아느니라"(요 14:1-4)고.

(4) 도마: 우리가 어찌 그 길을 알겠습니까?

예수: "내가 곧 길이여요 생명이니"(요 14:5-7)

예수의 말씀에 도마가 의문을 제기한다. 그리고 예수께서 대답하신다.

도마: "우리가 그 길을 어찌 알겠습니까?"

예수: "내가 곧 길이요 생명이니 나로 말미암지 않고는 아버지께로 올 자가 없느니라."

예수의 속성을 명쾌하게 드러내신 말씀이다. 예수는 우리를 하나님 아버지께로 인도하는 통로이다. 구원에 이르는 유일한 길이며 다른 길은 없다. 그리고 그는 죄와 사망의 법에서 우리를 자유케 하는 진리이다. 그는 우리에게 새 생명을 풍성히 주시는 생명의 원천이다. 이를 직접 천명하신 것이다.

(5) 빌립: "우리에게 아버지를 보여 주소서"(요 14:8-11)

예수: "나를 본 자는 아버지를 보았거늘"(예수와 하나님과 동일성)

도마의 질문과 예수의 대답을 듣고도 궁금증을 이기지 못한 빌립이 하나님을 직접 보여 달라고 예수님께 요구한다. 예수께서 이에 대하여도 답변하신다.

빌립: "아버지를 우리에게 보여 주소서"(요 14:8).

예수: "빌립아! 내가 이렇게 오래 너희와 함께 있으되 네가 나를 알지 못하느냐? 내가 아버지 안에 거하고 아버지는 내 안에 계신 것을 네가 믿지 못하느냐? 나를 본 자는 아버지를 보았거늘 어찌하여 아버지를 보이라 하느냐? 내가 너희에게 이르는 말은 스스로 한 것이 아니라 아버지께서 내 안에 계셔서 그의 일을 하시는 것이라. 내가 아버지 안에 거하고 아버지께서 네 안에 계신 것을 믿시 못하겠거든 그의 행하는 일로 말미암아 나를 믿으라"(요14:9-11).

하나님을 직접 보여 달라는 빌립의 질문은 모든 세상 사람들의 질문이다. 그리고 이에 대한 예수님의 답변은 예수님과 아버지와의 관계를 설명한 위대한 선언이다. 예수님의 이 선언은 성부와 성자의 동일성 그리고 삼위일체론의 신학적 설명의 근거를 이룬다(cf. 본서 p. 248, 삼위일체).

이를 요약하면 다음과 같다. ① 예수께서는 아버지의 뜻을 따르신다. 그리고 그의 영광을 드러내려 하신다. 즉 아버지의 뜻을 대행하신다. 때문에 예수께서는 아버지를 드러내신다(계시하신다). 따라서 예수를 보는 자는 아버지(하나님)를 보는 것이다. ② 예수님은 자신이 아버지와 하나이기 때문에 자신을 본 자는 아버지를 본다는 것이다. 즉 성육신하신 예수님을 봄으로써 그를 보내신 하나님을 보는 것이다. 그러므로 나(성자)는 하나님과 동일하고 동등하시다는 말씀이다. 그리하여 나의 이 같은 말을 믿지 못한다면 내가 실제로 행하는 일을 보고 믿으라 말씀하신다.

(6) "나를 믿는 자는 내가 하는 일을 그도 할 것이요"(요 14:12-15)

예수께서 이어서 말씀하셨다. "나를 믿는 자는 내가 하는 일을 그도 할 것이요 또한 그보다 큰일도 하리니"라고(요 14:12).

이는 우리가 예수를 믿는다면 우리도 예수님께서 하시는 일을 할 수 있다 것을 말씀하신 것이다. 그러나 이 말씀에는 '나를 믿는 자'라는 전제가 들어있다. 즉 우리도 예수님께서 하시는 일을 할 수 있으려면 '나를 믿는 자'라는 한 가지 조건에 부합하여야 한다는 것이다. 그리고 '나를 믿는 자'라는 것은 "나(예수)는 하나님을 계시하며, 때문에 나는 하나님과 동등하다는 것을 믿는다는 것"이며, 또한 "나의 계명을 지키는 것"을 말한다. 그러한 조건이 갖추어지면 구하는 것마다 다 이루어질 것이라 말씀하신 것이다.

(7) "보혜사 성령을 너희에게 주사"(요 14:16-21)

그러나 예수께서는 제자들이 아직도 예수님이 요구하는 전제조건 즉 믿음을 갖고 계명을 지킬 능력이 없음을 아시고 말씀하셨다.

"내가 아버지께 구하겠으니 그가 또 다른 보혜사를 너희에게 주사 영원토록 너희와 함께 있게 하리니 그는 진리의 영이라. 세상은 능히 그를 받지 못하나니 이는 그를 보지도 못하고 알지도 못함이라. 그러나 너희는 그를 아나니 그는 너희와 함께 거하심이요 또 너희 속에 계시겠음이라"(요 14:16-17). "그날에는 내가 아버지 안에, 너희가 내 안에, 내가 너희 안에 있는 것을 너희가 알리라"(요 14:20). "나를 사랑하는 자는 내 아버지께 사랑을 받을 것이니 나도 그를 사랑하여 그에게 나를 나타내리라"(요 14:21).

① 이는 예수께서 보혜사(counselor) 성령을 주셔서 영원히 함께 있게 하겠다고 약속하신 것이다. 보혜사 성령은 진리의 영이다. 세상은 그를 받지 못하지만, 그는 영원토록 너희와 함께 있다(동거, 내주). 보혜사는 우리말로는 성령, 위로자, 중보자 등으로 번역될 수 있다.

② 우리는 성령의 사역으로 능력을 소유하고 행사하며 보호를 받는다. 그리고 "그 날" 즉 성령 강림 때와 마지막 부활의 날에는 예수가 제자들 안에, 제자들은 자기 안에 거하시는 예수를 증언하게 될 것이다. 그리하여 모두 연합에 이르게 될 것이다.

③ 또는 이렇게 설명할 수 있다. 성령은 아들의 가르침을 기억나게 하고 이해하게 한다. 그런데 아들의 가르침은 원래 '아버지'의 가르침이므로 성령은 그렇게 함으로써 결국 아버지의 가르침을 가르친다. 이렇게 성령은 아버지의 사자이기도 하고 아들의 사자이기도 하다. 따라서 성령은 '아들'을 계시하며, 성령이 아들을 계시함으로써 아들이 계시한 '아버지'를 계시한다. 그러므로 아버지와 아들 그리고 성령은 동일하다(삼위일체). .

<성령은 다음과 같은 사역을 하신다>

① 제자들의 심령 속에 영원히 동거하신다(요 14:16).

② 예수(아들)의 말씀을 가르치시고 또한 말한 것을 생각나게 한다(요 14:26).

③ 예수 그리스도가 그리스도이심을 증언하신다(요 15:26).

④ 예수께서 떠나시면 오셔서 하나님의 구속사역을 완수하신다(요 16:7).

⑤ 믿지 아니하는 자들에게 죄와 의와 심판에 관하여 책망하신다(요 16:8).

⑥ 너희를 모든 진리 가운데로 인도하실 것이다(요 16:13).

(8) "어찌하여 세상에는 나타내시지 아니하시려 하나이까?"(요 14:22-31)

'가룟이 아닌 유다'가 묻는다.

"어찌하여 자기를 우리에게는 나타내시고 세상에는 아니하시려 하시나이까?"(요 14:22).

'가룟이 아닌 유다'가 누구인지는 확실하지 않다. 앞에서 본 바와 같이 예수께서는 빌립과의 대화에서 "자기를 사랑하는 자에게만"자기를 드러내겠다고 하셨다. 그러나 사람들은 전통적으로 메시야가 세상에 '공개적으로'자신을 나타내리라고 믿고 있었다. 그의 질문은 이를 반영한다. '가룟이 아닌 유다'도 자기를 사랑하는 자에게만 드러내시겠다는 예수의 말씀에 대해 이해하지 못하였다. 확실히 마지막 날에는 메시야가 만민 앞에 서실 것이다. 그러나 예수께서 하신 말씀은 지금은 메시야가 성령을 통해서 내면적으로 임재하고 계신다는 것을 의미한다.

7) 겟세마네로 가는 도중의 설교 / 포도밭 교훈(요 15, 16장)

목요일 저녁 고별설교를 마치시고(오후 6시 이전) 겟세마네(감람산 기슭)로 가시는 도중 포도밭을 지나시면서 제자들에게 교훈을 주셨다. '포도밭 교훈'이라고도 한다.

(1) "나는 참 포도나무요 내 아버지는 농부라"(요 15:1-11)

"나는 참 포도나무요, 너희는 가지요, 아버지는 농부라. 무릇 내게 붙어 있어 열매를 맺지 아니하는 가지는 아버지께서 그것을 제거해버리시고, 무릇 열매를 맺는 가지는 더 열매를 맺게 하려 하여 그것을 깨끗하게 하신다. 너희가 내 안에, 내가 너희 안에 거하면 사람이 열매를 많이 맺나니"

이는 예수와 제자들과의 관계를 포도나무와 그 가지의 관계로 비유하신 것이다'. 즉 예수께서 제자들의 삶에 열매를 맺게 하는 원동력이 되심을 강조하신 것이다. 그리고 "너희가 내 안에"는 우리가 그리스도의 주권과 은혜와 보호 안에 있다는 것을, 반면에 "내가 너희 안에"는 우리가 그리스도를 전(全) 인격적으로 영접함으로써 우리 안에 모시고 있다는 것을 의미한다. 아버지는 포도나무를 기르시는 농부이므로, 결국 성부와 성자와 우리의 신비적 연합을 말씀하신 것이다(요 14:20).

(2) "서로 사랑하라"(요 15:12-17)

"내 계명은 곧 내가 너희를 사랑한 것같이 너희도 서로 사랑하라 하는 이것이니라."

주님 자신과 제자 사이의 신비한 생명적 연합을 설명하시고는 이제 '제자들 간의 관계'에 대하여 교훈하셨다. 예수와 사랑에 찬 교제와 연합을 이루기 위해서는 필수적으로 계명을 준수해야 하는데 그 계명은 곧 서로 사랑하라는 것이다.

(3) "제자들이 세상의 미움을 받을 것이다"(요 15:18-27)

"너희는 세상에 속한 자가 아니요 도리어 내가 너희를 세상에서 택하였기 때문에 세상이 너희를 미워하느니라."

이제는 제자들이 세상에서 미움을 받을 것을 말씀하신다. 즉 제자들은 세상에 거하면서도 세상에 속하지 않는 이중적 신분을 가진 성도이기 때문에 세상에서 필연적으로 박해에 직면하게 된다는 것이다.

(4) 성령의 일(요 16장) / '제자들'에게 주신 마지막 교훈

"지금 내가 나를 보내신 이에게로 간다는 이 말을 함으로 너희 마음에 근심이 가득하였다. 그러나 내가 떠나는 것이 너희에게 유익하다. 그것은 내가 가면 보혜사 성령을 너희에게로 보낼 것이며, 그가 와서 죄에 대하여, 의에 대하여, 심판에 대하여 세상을 책망하실 것이기 때문이다"(요 16:6-8).

십자가 죽음을 앞에 둔 예수께서 제자들에게 남긴 최후의 가르침으로 예수의 승천 후 있게 될 성령 강림에 대한 말씀이다. 공관복음은 예수의 승천 후에 있게 될 대환난, 심판, 재림 등 종말론적 사건을 강조한다. 물론 요한(복음 기자)도 이를 말한다. 그러나 요한은 예수의 승천 후 있게 될 성령 강림에 대하여 공관복음보다 훨씬 더 자세하게 취급하였다.

① **"이것을 기억나게 하려 함이요"**(요 16:1-4)

예수께서는 자신이 지금 이 말을 하는 이유는, 승천한 후에 분명히 환난이 임할 것인데, 그때를 당하면 지금 한 이 말을 기억나게 하려는 것이라고 말씀하신다.

② **"보혜사 성령을 너희에게 보내리니"**(요 16:5-7)

예수께서는 너희는 지금 내가 나를 보내신 이에게 간다는 말 때문에 마음에 근심하고 있으나 내가 승천한 후에는 "보혜사 성령을 너희에게 보내리니"너희는 염려하지 말라는 약속의 말씀을 하신다. 그리고 자신이 떠나가지 아니하면 보혜사가 오시지 아니하지만 가면 오실 것이니 자신이 떠나가는 것이 유익하다고 말씀하신다.

③ **"세상을 책망하리라"**(요 16:8-15)

그리고 "그가 와서 죄에 대하여, 의에 대하여, 심판에 대하여 세상을 책망하실 것"이라고 성령의 사역에 대하여 말씀하신다. 즉, 그들의 근본 죄는 나를 믿지 않는 것이고, 의는 그들이 볼 수 없고 통제할 수 없는 영역인 나와 아버지가 함께 있는 하늘에서 오는 것이며, 심판은 하나님을 모르는 이 세상통치자가 재판을 받게 되고 유죄판결을 받으면서 시행된다는 것을, 그분이 그들에게 보이실 것이라는 것이다.

④ **"조금 있으면 너희가 나를 보지 못하겠고"**(요 16:16-24)

예수께서는 이어서 "조금 있으면 너희가 나를 보지 못하겠고 조금 있으면 나를 보리라"고 말씀하신다(요 16:26). 예수께서 죽음을 불과 몇 시간 앞에 두고 하신 말씀이다. 십자가에서의 죽음(그리스도의 비하), 그리고 부활(그리스도의 승귀), 고통과 기쁨이 교차되는 사건이다. 예수께서는 여인의 해산을 비유하여 설명하신다.

⑤ **"지금은 비유로 말하지만 때가 이르면 밝히 말하리라"**(요 16:25-33)

예수의 교훈을 어린아이처럼 순수하게 받아들이는 자에게는 그 교훈이 천국의 비밀을 보여주는 계시가 되지만, 스스로 지혜 있는 체 하면서 천국 복음을 왜곡하는 자에게는 비밀이 된다(비유의 이중 목적). 때문에 예수께서 지금은 비유로 말씀한다고 하신다. 그러나 때가 이르면 즉 예수가 부활하시고 성령이 강림한 후에는 성령께서 하나님의 뜻을 직접 계시하실 것이다. 그리고 자신이 하나님께로부터 왔고 다시 하나님께로 가신다고 직접 설명하신다. 제자들은 이제야 예수를 이해한다 하였다. 예수께서 다시 말씀하신다. 그러나 환난의 때는 벌써 왔다. 하지만 너희가 내 말을 들었은즉 평안을 누리라. "내가 세상을 이기었노라"고(세상 권세를 이기심).

8) 대제사장적 중보기도 / 메시야의 고별 기도(요 17장)

예수께서 마지막 설교를 마치시고 하늘을 우러러 기도를 하셨다. 예수님의 기도는 보통 '대제사장의 기도'라 불린다. 이는 예수님께서 멜기세덱의 반차(班次)를 따르는 대제사장으로서(히 4:14-15), 하나님과 사람 사이에서 드리는 중보의 기도이기 때문이다. 이 고별기도는 예수의 기도를 기록해 놓은 것으로서 영적 자산이고 기도의 지침이며 모본이다. 이 기도는 다음에 설명될 겟세마네의 동산의 비탄의 기도와 함께 길이 기억되는 기도이다. 요약하면 성자 자신과 제자들 그리고 세상의 모든 교회를 위한 기도이다.

(1) 예수 자신을 위함(요 17:1-5)

"아버지여 때가 이르렀사오니 아들을 영화롭게 하사 아들로 아버지를 영화롭게 하게 하소서"로 시작된다.

이는 성자 예수께서 자신을 위하여 성부 하나님께 드리는 기도이다. 그는 이제 그 '때'가 시작되고 있음을 아셨다. 그때는 그 자신뿐만 아니라 온 인류에게 미칠 운명의 시간을 의미한다.

(2) 제자들을 위함(요 17:6-19)

"나는 아버지께서 내게 주신 말씀들을 그들에게 주었사오며 그들은 이것을 받고 내가 아버지께로부터 나온 줄을 참으로 아오며 아버지께서 나를 보내신 줄도 믿나이다. 내가 그들을 위하여 비옵나니 내가 비옵는 것은 세상을 위함이 아니요 내게 주신 자들을 위함이니이다"(요 17:8-9). "나는 세상에 더 있지 아니하오나 저희는 세상에 있사옵고 나는 아버지께로 가옵나니 거룩하신 아버지여 내게 주신 아버지의 이름으로 저희를 보전하사 우리와 같이 저희도 하나가 되게 하옵소서"(요 17:11).

이는 제자들을 위한 기도이다.

(3) 미래의 세상 모든 교회를 위함(요 17:20-26)

"내가 비옵는 것은 이 사람들만 위함이 아니요 또 저희 말을 인하여 나를 믿는 사람들도 위함이니, 아버지여 아버지께서 내 안에, 내가 아버지 안에 있는 것같이 그들도 다 하나가 되어 우리 안에 있게 하사 세상으로 아버지께서 나를 보내신 것을 믿게 하옵소서"(요 17:20-21).

이는 미래의 세상 모든 교회를 위한 기도이다.

9) 제자들에게 영적 무장 명령(눅 22:35-38)

"이제는 전대 있는 자는 가질 것이요 배낭도 그리하고 검 없는 자는 겉옷을 팔아 살지어다"(눅 22:36).

지금까지 제자들은 예수의 이름으로 나가는 곳마다 사람들의 환영과 도움을 받았으므로 부족함이 없었다. 그러나 예수의 십자가 수난과 관련하여 이제부터는 그들을 대하는 세상 사람들의 태도가 변하여 그들을 대적하고 박해하게 될 것이다. 따라서 예수의 제자들은 이에 능동적으로 대처할 필요가 있다는 것이다. 때문에 예수께서는 그들에게 전대와 주머니와 검을 준비하라고 말씀하신다. 그러나 전대, 주머니, 검 등의 표현은 영적, 정신적 무장을 실물에 비유한 것이다.

10) 겟세마네 동산의 기도 / 죽음 직전의 기도(비탄의 기도) (마 26:36-56, 막 14:32-52, 눅 22:39-53)

겟세마네(기름틀)는 예루살렘 동쪽, 감람산 서쪽 중턱에 위치한다. 목요일 밤 자신의 죽음을 불과 20시간도 채 남겨 놓지 않은 시점에서 예수께서는 겟세마네 동산으로 나가 하나님께 기도하셨다. 예수께서는 특별히 베드로, 야고보, 요한 등 세 명의 수제자(首弟子)와만 동행하셨다. 예수께서는 기도처에 이르러 세 명의 제자들에게 "내 마음이 심히 고민하여 죽게 되었으니 너희는 여기 머물러 기도하라" 하시고 조금 나아가 엎드리어 기도하셨다 "아빠(Abba) 아버지여 아버지께는 모든 것이 가능하오니 이 잔을 내게서 옮기소서. 그러나 나의 원대로 마옵시고 아버지의 원대로 하옵소서"라고(막 14:36). 예수께서 돌아와 제자들이 자는 것을 보시고 "시몬아 네가 한 시간도 깨어있을 수 없더냐. 시험에 들지 않게 깨어 있으라. 마음에는 원이로되 육신이 약하도다" 하시고 다시 나가 동일한 말씀으로 기도하셨다. 세 번째 기도를 하고 와서도 그들이 눈이 심히 피곤하여 자는 것을 보시고 "이제는 자고 그만 쉬라. 때가 왔다. 보라 인자가 죄인의 손에 팔리느니라" 말씀하셨다(막 14:41).

우리는 여기에서 죽음을 맞이하는 예수의 인간적 고통과 고뇌 그리고 갈등을 볼 수 있다. 그러나 고통을 피하려고 했음을 보이기 위하여 기록한 것이 아니다. 그는 신이면서도 또한 실로 우리와 다를 바 없는 연약한 몸과 성정을 지닌 진정한 인간이었음을 보여주고자 한 것이다.

목요일 밤중(밤 10시와 12시 사이)에 예수께서 겟세마네 동산 기슭 한적하고 무리와 인적이 없는 곳에서 기도를 마쳤을 때 예수의 대적들이 보낸 무리가 무기를 들고 가룟 유다와 함께 예수 앞에 나타났다.

8:6. 금요일(여섯째 날) / 예수의 수난(죽으심)

1) 예수께서 체포되심 / 수난의 시작(마 26:47-56, 막 14:43-50, 눅 22:47-53, 요 18:1-12)

금요일 한밤중(금요일 0시-03시 사이: 닭이 울 때) 예수께서 제자들과 함께 말씀하실 때 가룟 유다가 예수의 대적들(대제사장들과 백성의 장로들이 파송한 무리)과 함께 예수 앞에 당도하였다. 가룟 유다는 미리 약속한 신호에 따라 예수와 입을 맞추어 그가 예수이심을 알렸다. 그들이 나아와 예수의 손을 잡았다. 베드로가 가지고 있던 칼을 빼어 그 무리 중 한 사람인 대제사장의 종의 귀를 베었다. 예수께서 말씀하셨다 "네 칼을 도로 칼집에 꽂으라. 칼을 가지는 자는 다 칼로 망하리라. 너는 내가 내 아버지께 구하여 지금 많은 천사들을 동원할 수 없는 줄로 아느냐? 그렇게 되면 이와 같은 일이 있으리라고 한 성경의 예언이 이루어지겠느냐?"고(마 26:53-54).

여기에서 우리는 예수께서는 가장 강한 자로서 가장 약하셨고, 자신의 죽음이 선택적이요 자발적이었음을 볼 수 있으며, 하나님의 뜻에 순종하고 계심을 발견한다.

2) 안나스의 예비(비공식)심문(요 18:12-14, 18:19-24)

예수를 체포한 무리들은 금요일 한밤중(금요일 0시부터 03시 사이)에 그를 끌고 먼저 안나스에게로 갔다(요 18:13). 안나스(AD 6-14)는 전임 대제사장으로서 현 대제사장 가야바(AD 18-36)의 장인이었다.

안나스는 백성들로부터 존경을 받고 있었다. 하지만 안나스도 유대인 무리의 한 사람이었다. 그는 내심으로는 예수를 고소할 증거를 찾을 목적으로 예수께 그의 제자와 교훈에 대해 질문하였다. 예수는 "내가 이미 공개적으로 가르쳤으니 내 말을 들은 사람들에게 물어보라"(요 18:20-21)고 답하였다. 이에 그의 하수인들은 예수가 자기들의 지도자를 모독하였다 하여 예수를 때리며 욕설하였다(요 18:22). 안나스가 예수를 결박한 그대로 대제사장 가야바에게 보냈다(요

18:24). 안나스의 심문은 예비적이고 비공식적인 것이었다.

3) 베드로의 세 번 부인(마 26:69-75, 막 14:66-72, 눅 22:54-62)

예수께서 안나스의 집에서 심문받고 있을 때 베드로는 들어가지 못하고 바깥뜰에서 그들의 결말을 보려고 그 집 하인들과 함께 있었다. 그들 중 한 여종이 "너도 갈릴리 사람 예수와 함께 다니던 사람이 아니냐?"고 그를 지적했다. 베드로는 거듭 세 번이나 이를 부인하였다. 이때 예수의 말씀대로 닭이 울었다(금요일 밤 0시-03시 사이). 그는 예수의 말씀이 생각나서 심히 통곡하였다.

마태와 마가는 이 사건을 산헤드린 공회로부터 심문을 받은 후의 사건으로 기록하고 있다.

4) 산헤드린 공회에서 가야바가 심문 / 신성모독죄 선고(마 26:57-68, 막 14:55-65, 눅 22:63-71, 요 18:12-24)

① 예수를 붙잡은 자들은 안나스의 집으로부터 나와 그를 끌고 대제사장 가야바(산헤드린 공회의 의장)의 집 뜰로 갔다(마 26:57). 가야바는 예수의 사건을 속히 종결하기 위하여 즉시(새벽) 공회를 소집하고 공회장이 아닌 자기 집 뜰에서 야간재판을 개정(開廷)하였다(율법상 야간공회 소집과 야간재판은 불법이다).

② 예수를 죽이려고 거짓 증인을 찾았기 때문에 많은 거짓 증인들이 왔으나 그들은 결정적 증거를 제시하지 못하였다. 후에 두 사람이 와서 예수에게 성전의 안전과 신성(神聖)을 위협한 혐의가 있다고 증언하였다. 예수가 하나님의 성전을 헐고 사흘 안에 지을 수 있다는 말을 하였다는 것이다(마 26:61). 예수께서는 확실히 성전의 몰락을 예언하셨다. 그리고 유대인의 율법이나 로마법에 의하여도 성전의 안전과 신성은 보호를 받는 것이기 때문에 예수의 예언은 법정적 참람죄(法定的 僭濫罪)가 적용될 수 있는 위험한 발언이었다. 그러나 유대인 무리들은 예수가 실제로 말했던 것과 일치하는 증인을 얻지 못하였다(막 15:59). 또한 예수께서도 반론을 제기하지 아니하셨다.

③ 결정적 죄목을 찾지 못해 조급해지고 위기의식을 느낀 가야바가 이제 예수께 직접 물었다. "네가 하나님의 아들 그리스도냐?"(막 14:61)고.

예수께서 긍정하는 대답을 하셨다. "네가 말했다. 그러나 내가 너희에게 말하노니 이후에 인자가 하나님 권능의 우편에 앉아 있는 것과 하늘의 구름을 타고 재림하는 것을 너희가 보리라"고.

당시 '인자'는 '하나님 곁에 있는 지극히 높은 자' 또는 '지극히 높으신 자의 성도'를 의미했다(단 7:13, 18). 그리고 "인자가 권능의 우편에 앉아 있다"는 말은 곧 그가 하나님과 동등함을 의미한다. 따라서 예수의 말씀을 들은 사람들은 예수께서 자신이 곧 하나님의 우편에 앉아있는 자이고 하나님의 아들(메시야)이라고 말씀하셨다는 것을 알았다.

가야바가 소리쳤다. "네가 신성을 모독했다. 더 이상 다른 증인이 필요없다"고. 이는 예수께서 유대 백성의 공식적 대표자 앞에서 자신이 직접 자신의 신적 지위를 공공연하게 천명한 것이기 때문에 신성모독죄의 증거로 충분하다는 말이다. 그리하여 가야바가 "그는 사형에 해당한다"(마 26:66)고 선언하였다. 이와 같이 산헤드린 공회는 불법으로 소집된 야간(금요일 새벽)회의에서 변호인과 진정한 증인 없이 예수에게 신성모독죄로 유죄를 선고하였다.

④ 이제 죄인에 대한 형 집행 절차만 남아있었다. 신성모독죄는 사형에 해당하는 것이었지만 당시 유대인들은 로마의 지배 하에서 사형 판결권은 갖고 있지 못했다(예루살렘은 자유도시가 아니었다). 유대인들은 예수를 가장 강도 높은 처형방법인 십자가 처형을 원했다. 공회는 그 악역을 로마 총독에게 넘기기로 결정했다.

5) 가룟 유다의 자살(마 27:3-10)

가룟 유다는 예수가 정죄당하는 것을 보고 스스로 뉘우쳐 그 은 30을 예수의 대적들에게 돌려주며 "무죄한 피를 팔고 죄를 범하였다" 하였다. 대적들이 "우리와는 상관이 없다. 네가 당하라" 하니 그는 은 30을 성소에 던지고 스스로 목매어 자살하였다.

6) 총독 빌라도의 1차 심문(마 27:1-2, 11-14, 막 15:1-5, 눅 23:1-7, 요 18:28-38)

① 금요일 새벽, 산헤드린 공회는 죄인 예수를 로마 총독에게 이송하였다(마 27:2). 당시 로마의 총독은 빌라도(AD 26-36)였고, 총독의 관정(시무장소: the palace of the Roman governor)은 예루살렘에 있었다. 예수는 관정 안에 있었고 고소자들은 밖에 있었다. 고소자들(유대인들)은 절기(유월절) 첫날에 이방인의 거주지에 들어가는 것을 꺼려했다(요 18:28). 유대인은 유월절에는 모든 집안을 정결하게 해야 하는데 빌라도의 관정은 그렇지 않았기 때문이다(민 19:1-22). 때문에 빌라도는 양편을 오가며 대화를 해야 했다.

② 빌라도에게 고소된 예수의 죄목은 백성 선동과 가이사에게 세금 납부를 거부한 것 그리고 자신을 유대인의 왕이라 공언한 것 등이었다(눅 23:2).

빌라도는 예수에 대한 심문에서 백성 선동이나 납세의 거부에 대하여 심각한 문제점을 발견하지 못했다. 또 유대인의 왕이라는 예수의 공언에 대해서도 예수가 저항 운동을 했다는 혐의를 발견하지도 못하였다. 빌라도는 난감했다. 그리하여 예수를 고소한 자들에게 "이 사람에게는 죄가 없다"고 하였다(눅 23:4). 이 말을 들은 무리가 더욱 강하게 "그 자가 갈릴리에서 시작하여 온 땅에서 백성을 소동시키고 있다"고 외쳤다. 예수가 갈릴리 사람이라는 사실을 확인한 빌라도는 "예수가 갈릴리 사람이라면 재판관할은 헤롯(안디바)에게 속한다"고 선포하고 예수를 헤롯에게 보냈다(눅 23:7).

③ 헤롯 안디바(BC 4-AD 39: 헤롯 대왕의 아들)는 당시 갈릴리를 통치하는 유대인 분봉왕이었다. 지금까지 로마 총독과 유대 분봉왕과는 불편한 사이였다. 성경은 빌라도와 헤롯(안디바)와의 관계가 전에는 원수였다고 기록하고 있다(눅 23:12). 빌라도에게는 예수 문제가 유대인의 종교문제에 불과하지만 한편으로는 민족적 소요도 야기할 수 있는 민감한 사안이었고, 헤롯(안디바)의 권위를 존중하는 척 할 수도 있었다. 그는 당장 골치 아픈 문제로부터 탈출할 수 있었으므로 예수를 즉시 헤롯(안디바)에게 보냈다. 헤롯은 자기의 관할지인 갈릴리를 떠나 예루살렘에 와 있었다(눅 23:7).

7) 헤롯 안디바 앞에 선 예수(눅 23:6–12)

헤롯(안디바)도 예수에 관하여는 이미 소문을 들어 알고 있었고 예수의 이적도 보고 싶었다(눅 23:8). 빌라도가 예수를 자기에게 보내자 그를 심문하였다.

헤롯이 여러 말로 예수에게 질문하였으나 예수는 아무 말도 하지 아니했다. 헤롯에게는 아무 소득이 없었다. 그를 조롱만하고 빌라도에게 돌려보냈다.

8) 빌라도의 2차 심문–십자가 처형 언도(마 27:1–26, 막 15:6–15, 눅 23:13–25, 요 18:33–40)

① 헤롯(안디바)으로부터 예수를 다시 인도받은 빌라도는 유대인 앞에서 2차 심문을 시작하였다. 빌라도는 1차 심문을 통해 예수에게 적용할 죄목이 없다는 것을 이미 알고 있었다. 그의 아내도 간밤의 악몽을 되새기면서 죄 없는 사람에게 상관하지 말라고 전해왔다(마 27:19). 그래서 빌라도는 고소자들에게 예수를 때려서(笞刑) 놓겠노라고 했다(눅 23:16). 이에 무리들은 일제히 이 사람을 없애라고 소리 질렀다.

② 빌라도는 특별 사면권 카드를 들었다. 즉 예수와 바라바 둘 중 한 사람을 사면 대상으로 선택하도록 무리에게 제안했다. 특별 사면은 유월절이면 있어온 관행이었기 때문이다(막 15:6). 바라바는 흉악한 죄수였다. 그러나 무리는 "이 사람 예수를 죽이고 바라바를 우리에게 놓아 주소서"라고 외쳤다(마 27:21, 막 15:11, 눅 23:18, 요 18:40). 똑같은 현상이 한 번 더 반복되었다(눅 23:20).

③ 빌라도가 고소자들에게 최종적으로 물었다. "그러면 너희가 유대인의 왕이라 하는 자를 내가 어떻게 하랴?"(마 27:22, 막 15:12). 그들은 "십자가에 못 박혀야 하겠나이다"라고(마 27:22, 막 15:13, 눅 23:21) 외쳤다.

④ 본심은 어떠했든지 간에 빌라도는 예수를 풀어주려 애썼다. 그러나 유대인들은 "이 사람을 놓아주면 가이사의 충신이 아니다. 무릇 자기를 왕이라 하는 자는 가이사를 반역하는 것이다"라고 외쳤다(요 19:12). 유대인의 왕권을 주장한 자를 놓아준 재판관을 로마의 황제가 자신의 충신으로 여기지 않으리라는 유대인의 외침은, 빌라도 결단을 내리게 하는데 충분하였다.

빌라도는 무리들이 구하는 대로 십자가에 못 박을 것을 언도하고(금요일 새벽 6시경), 예수를 그들에게 넘겨주었다(마 27:26, 막 15:15, 눅 23:24, 요 19:16). 그리고 예수 대신 죄인 바라바를 풀어주었다.

⑤ "이 날은 유월절의 준비일이요 때는 제6시였다"(요 19:14). 즉 예수께서 사형 판결(언도)을 받으신 날은 유월절 준비일(실제는 무교절 준비일)인 금요일 새벽 6시(태양력)였다.

<빌라도의 본심(本心)>

왜 빌라도는 이렇게 예수를 석방하려 노력했을까? 무엇보다도 위에서 본 바와 같이 예수의 무죄를 인식하고 있었기 때문이다. 그러나 더 큰 이유는 그가 유대인의 종교적 문제에 개입하였다가 예기치 않은 정치적 피해를 입을까를 두려워했기 때문이다. 따라서 그의 예수 석방 노력은 재판장으로서 양심에 따라 행한 행위는 결코 아니었다.

9) 골고다로 끌려감(마 27:31-34, 막 15:20-23, 눅 23:26-33, 요 19:16-23)

금요일 새벽 6시에 빌라도의 사형언도가 선고되자(요 19:14), 총독의 병사들이 예수에게 십자가를 지워 골고다(해골: 갈보리, 십자가 현장)로 끌고 갔다(고난의 길, Via Dolorosa). 쓴 포도주를 예수께 주어 마시게 했으나 거부하였다. 마침 유월절 명절을 지키기 위해 예루살렘에 왔던 알렉산더와 루포의 아버지인 구레네 사람 시몬을 시켜 예수의 십자가를 대신 지게 했다.

예수는 백성과 그를 위하여 슬피 우는 여인의 무리를 향하여 "예루살렘의 딸들아 나를 위하여 울지 말고 너희와 너희 자녀를 위하여 울라"고 하셨다. 자신보다 장차 닥쳐올 예루살렘 자녀들의 고난을 더 슬퍼하셨다.

〈구레네: 키레네, Cyrene〉

오늘의 리비아의 트리폴리(Tripoli)를 말한다.

〈구레네 시몬〉

그는 유월절 명절을 지키기 위하여 예루살렘에 왔을 것이다. 본래 십자가는 처형당할 사람이 지고 가는 것이 원칙이었다. 그러나 예수는 그간의 사역과 간밤의 심문으로 너무 지쳤기 때문에 시몬이 자신의 의지와는 상관없이 예수의 짐을 대신 졌을 것이다. 그는 이 과정에서 예수를 믿고 가족에게 선노하였고, 그의 두 아들 알렉산더와 루포(Rufus) 중 루포는 잘 알려진 로마교회 성도였다(롬 16:13).

〈유대인의 시간 표기법〉

① 유대인의 하루는 전일 저녁 6시부터 당일 저녁 6시까지이다.

② 낮은 오전 6시부터 오후 6시까지이다.

③ 시간 표기법으로는 당시 유대인은 유대인 고유의 시간 표기법과 로마식 표기법을 같이 사용했다. 로마식은 시저 시대에 만들어진 것으로, 오늘의 태양력이다. 공관복음은 유대식을, 요한복음은 로마식을 사용했다. 공관복음을 볼 때에는 표기된 시간에 6시간을 더하거나 빼서 생각해야 한다.

④ 당시 로마인들은 저녁 6시부터 다음날 오전 6시까지를 4등분하여 '저물 때'(오후 6시부터 9시까지), '밤중'(오후 10시부터 12시까지), '닭 울 때'(밤 0시부터 3시까지, 한밤중), '새벽'(새벽 4시부터 6시까지)로 나누었다.

성경 구분	주야 구분	로마식 (太陽曆)	로마식 (밤중 기점) (요한복음)	유대식 (새벽 기점) (공관복음)	경(更)	시간대
신약	낮	오전 6시	제6시	제0시	초경	오후 8-10시
		오전 9시	제9시	제3시	이경	10-12시
		오전 10시	제10시	제4시	삼경	12-2시(다음날)
		오전 12시	제12시	제6시	사경	2-4시
		오후 3시	제3시	제9시	오경	4-밝을 때까지
		오후 5시	제5시	제11시		
		오후 6시	제6시	제12시		
		오후 7시	제7시	제1시		

10) 골고다에서 6시간 동안-가상 7언과 목격자들(마 27:35-44, 막 15:24-32, 눅 23:33-43, 요 19:18-27)

(1) 오전 9시부터 12시 사이(첫 3시간 동안) (공관복음: 제3시-제6시 사이)

① 골고다에 도착한 예수는 제3시에 못 박히셨다(막 15:25). 즉 태양력으로는 금요일 오전 9시였다.

② 십자가에 못 박힌 예수께서 저들을 보고 말씀하셨다. "아버지여 저들을 사하여 주옵소서. 자기들이 하는 것을 알지 못함이니이다"(눅 24:34, 가상 7언 중 첫 번째).

③ 총독의 병사들이 쓸개 탄 포도주를 예수께 주어 마시게 했으나 예수가 거절하셨다. 그들이 예수의 옷을 제비뽑아 나누고 거기 앉아 지켰다.

④ 예수의 머리 위에 '유대인의 왕 예수'라는 죄목을 붙였다. 유대인의 대제사장들은 유대인의 왕이라 하지 말고 '자칭' 유대인의 왕이라 기록해 달라 하였으나 빌라도는 거부하였다. 죄목을 기록한 언어는 히브리와 로마와 헬라 말이었다(요 19:19-21).

⑤ 예수의 좌우편에 강도(행악자) 둘이 못 박혔다. 행악자 중 하나는 예수를 욕하였으나 다른 하나는 이 사람이 행한 것은 옳지 않은 것이 없다 하고 "예수여 당신의 나라에 임하실 때 나를 기억하소서" 하였다. 예수께서 말씀하셨다. "내가 진실로 네게 이르노니 오늘 네가 나와 함께 낙원(의로운 자의 거주지)에 있으리라"(눅 23:43, 가상 7언 중 두 번째).

⑥ 예수의 십자가 곁에는 그의 어머니와 이모와 글로바의 아내 마리아와 막달라 마리아가 서 있었다. 예수께서 그들을 보시고 말씀하셨다. "여자여 보소서 아들이니이다"(요 19:26). 예수께서 사람의 아들로서 남기신 마지막 말씀이다. 또 제자에게 말씀하셨다 "보라 네 어머니라"(요 19:27) (가상 7언 중 세 번째). 어머니를 제자에게 부탁하시는 말씀이다.

⑦ 지나가는 사람들, 대제사장과 서기관들이 예수를 욕하고 희롱하였다. 함께 못 박힌 강도도 욕하였다. 또한 다른 대적들은 "나무에 달린 자는 하나님께 저주를 받은 것"이라고(신 21:23) 믿었을 것이다.

<가상(架上) 7 언(言)>

예수님께서 운명하시기 전 십자가 위에서 하신 7번의 말씀이다.

(2) 12시(정오)부터 오후 3시 사이 / 두 번째 3시간 동안(공관복음: 제6시-제9시 사이)

① 정오 12시(제6시)에 온 땅에 어둠이 임하여 오후 3시(제9시)까지 계속되었다(마 27:45). 3시간 동안 계속된 어둠 속에서의 사건은 잘 모른다.

② 오후 3시(제9시)쯤 되어 예수께서 크게 소리쳐 이르시되 "엘리 엘리 라마 사박다니"라 하셨다(마 27:46, 막 15:34). 이는 '나의 하나님 나의 하나님 어찌하여 나를 버리셨나이까'라는 말이다(가상 7언 중 네 번째).

③ 그 후에 예수께서 모든 일이 이미 이루어진 줄 아시시고 말씀하시되 "내가 목마르다" 하셨다(요 19:28, 가상 7언 중 다섯 번째).

④ 목마르다는 말씀을 듣고 사람들이 신 포도주를 적신 해면을 예수의 입에 대니 받으신 후 말씀하셨다. "다 이루었다"(요 19:30, 가상 7언 중 여섯 번째). "다 이루었다"는 선언은 하나님의 계시활동을 성취하였다는 것이다(요 17:4). 하나님께서 보냄 받은 자로서 위임받은 일, 즉 하나님을 계시하고 인류에 대한 하나님의 구원을 이루는 것을 예수께서 십자가에서 완성하셨다는 것이다.

⑤ 최후로 "아버지여 내 영혼을 부탁하나이다"라고 말씀하셨다(눅 23:46, 가상 7언 중 일곱 번째). 그리고 예수의 영혼이 떠나셨다(마 27:50).

⑥ 이때 성소의 휘장이 위로부터 아래로 찢어져 둘이 되고 땅이 진동하며, 바위가 터지고 무덤들이 열리며, 성도의 몸이 많이 일어났다(마 27:51-53). 휘장은 성전 안에서 성소와 지성소를 구분하는 커튼을 말한다.

그러므로 예수께서 최종 운명하신 날은 그가 33세 되던 해(AD 30년) 아빕월(니산월) 15일(금요일) 제9시였다. 즉 태양력 기준으로는 금요일 오후 3시였다.

11) 오후 3시 이후(유대曆 제9시 이후)

① 죄수 경비병들의 고백

백부장과 함께 예수를 지키던 자들이 지진과 그 일어난 일들을 보고 심히 두려워하여 말하기를 이는 진실로 하나님의 아들이었다고 고백하였다(마 27:53).

② 예수의 최후 자리를 지킨 여제자들

평소에 예수를 따라다니던 수많은 제자들은 그가 체포되자 모두 달아났다(마 26:32). 베드로는 세 번이나 예수를 부인하였다. 그러나 나약한 여인 제자들 중 막달라 마리아, 마리아(야고보와 요셉의 어머니), 그리고 세베대의 두 아들의 어머니는 멀리서 예수의 최후 자리를 지켰다(마 27:56).

③ 예수의 시체를 무덤에 장사하다(마 27:57-60)

금요일 오후 대사건이 끝나고 날이 저물자 아리마대(지명)의 부자 요셉이라는 제자가 빌라도에게 가서 예수의 시체를 달라 하였다. 그가 허락하매 시체를 가져다가 깨끗한 세마포로 싸서 속에 판 자기의 새 무덤에 넣어두고, 큰 돌을 굴려 무덤 문에 놓았다(금요일 오후 6시 이전). 아리마대 사람 요셉은 예수의 제자였으나 유대인이 두려워 그것을 숨기던 자였다(요 19:38). 니고데모는 향품을 가져와 요셉이 예수의 시체를 세마포에 쌀 때 함께 넣었다(요 19:39).

금요일은 유대인의 준비일(he Preparation Day before the Sabbath: 즉 안식일의 준비일)이고, 무덤이 예루살렘에서 가깝기 때문에 예수의 시체를 다른 곳으로 옮기지 않고 그곳에 두었다(요 19:42).

12) 예수의 십자가 운명(십자가 수난 사건)의 의미

① 예수는 십자가에서 죽으심으로써 자신의 메시야적 과업을 완성하셨다. 즉 구약에 나타난 구원에 대한 하나님의 모든 약속과 예언을 이루신 것이다.

② 예수의 십자가 죽음은 인류 구속을 위한 예수의 최종 사역이었다. 그런데 하나님께서 사회개혁과 같은 방법으로 인류를 구원하지 않으시고 예수를 십자가에 못 박음으로써 성취하신 것은 인간의 상식을 초월한 역사적 사건이다. 뿐만 아니라 만왕의 왕이자 만물의 창조자인 예수가 인간을 위해, 인간의 손에 체포되어, 가장 저주스러운 십자가형을 당하신 것은 인간을 사랑하시되 끝까지 사랑하시는 하나님 사랑의 극치를 보여주는 극적인 행위였다.

③ 이로써 우리는 유대인들이 죄 때문에 해마다 하나님께 드리던 속죄 제사와 같은 제사를 드릴 필요 없이 완전히 죄에서 해방되었다.

④ 예수의 십자가 죽음은 새 언약을 세우는 제사이다. 새 언약의 제사로 말미암아 하나님의 새 백성이 창조되고 하나님의 새 백성의 역사가 시작되었다.

8:7. 토요일(일곱째 날)/ 안식일 / 경비병들이 예수의 무덤을 지키다

준비일(금요일)의 다음날(토요일, 즉 큰 안식일)에 대제사장들과 바리새인들이 함께 빌라도에게 모였다. 그들은 혹시 예수의 부활이 현실화 될까 염려하여 무덤을 3일 동안은 철저히 지키도록 합의하였다. 무덤의 경비를 강화시켰다. 대제사장 등이 빌라도의 허락을 받고 경비병을 두어 무덤을 굳게 지키게 하였다(마 27:62). 큰 안식일은 무교절 중에 있는 안식일을 말한다.

제4절 예수의 부활과 승천

1. 예수 그리스도의 부활과 부활 이후 40일 동안

1) 예수 그리스도의 부활 / 안식 후 첫날(주일) (마 28:1-10, 막 16:1-8, 눅 24:1-12)

① 안식(일) 후 첫날(주일) 새벽에 막달라 마리아와 요안나, 야고보의 모친 마리아 그리고 그들과 함께한 다른 여인들이 예수의 시신에 바르기 위해 향품을 가지고 예수의 무덤을 보러갔다. 그들이 무덤에 이르렀을 때 큰 지진이 나며 주의 천사가 하늘로부터 내려와 무덤에 앉았다. 무덤을 지키던 자들도 무서워 떨었다. 천사가 여인들에게 "너희는 무서워하지 말라. 너희가 찾는 예수는 그가 말하시던 대로 살아나셨으며(부활), 너희보다 먼저 갈릴리로 가셨다. 빨리 가서 제자들에게 전하라"고 했다.

② 천사의 말(부활 소식)을 들은 여인들이 제자들을 향하여 달리던 중 노상에 예수께서 나타나셔서 "평안하냐?"고 물으셨다. 여인들이 나아가 예수의 발을 붙잡고 경배하니 다시 말씀하셨다. "무서워하지 말라. 내 형제들에게 갈릴리로 가라 하라. 그곳에서 나를 만날 것이다."라고.

③ 여인들의 말(부활 소식)을 들은 열한 사도의 대부분은 믿지 아니하였으나 베드로만은 무덤에 달려가 예수의 시체가 없는 것을 직접 확인하고 놀랍게 여기며 집으로 돌아갔다(눅 24:12).

〈부활의 현장 목격자〉

예수의 부활 현장을 목격한 사람은 없다. 그러나 예수께서 생전에 자신이 죽은 지 3일만에 부활하실 것을 예언하셨다. 안식 후 첫날(주일) 즉 그가 죽으시고 3일째 날 새벽에 여제자들이 실제로 무덤에 갔을 때 그의 시체는 없었다. 그리고 그날 저녁 다락방에서 예수께서 제자들에게 나타나셨다. 따라서 예수는 금요일에 죽으시고 3일에 즉 주일에 부활하신 것으로 믿는다.

<부활 학설>

예수의 부활 사건에 대한 마가복음의 설명을 '빈 무덤설'이라 한다. 이에 대한 반론으로 허위설(the falsehood theory), 기절설, 환상설(the vision theory), 신화설 등이 있다.

2) 파수꾼의 보고(마 28:11-15)

예수의 시체를 지키던 파수꾼(경비병)이 예수의 부활 소문을 듣고 대제사장들에게 보고하였다. 이에 대제사장들이 장로들과 함께 모여 의논한 후 군인들에게 돈을 많이 주어 예수의 제자들이 밤중에 예수의 시체를 도둑질하여갔다고 소문을 퍼뜨렸다.

3) 예수께서 다락방에서 제자들에게 나타나심(요 20:19-23, 마 28:16-20, 막 16:14-18, 눅 24:36-49)

안식(일) 후 첫날(주일) 저녁 때 다락방에서 제자들이 유대인들을 두려워하여 문을 닫고 모였을 때 예수께서 제자들에게 나타나셨다. 그리고는 "너희에게 평강이 있을지어다"라고 두 번 말씀하셨다. 또한 옆구리를 보이시고 다시 말씀하셨다. "아버지께서 나를 보내신 것 같이 나도 너희를 보내노라. 성령을 받으라. 너희가 누구의 죄든지 사하면 사하여질 것이요 그대로 두면 그대로 있으리라." 이때가 제자들에게 부활 후 처음 나타나신 것이다.

이때 11 제자 중 도마(디두모)는 자리에 없었다. 후에 도마가 왔을 때 제자들이 예수께서 나타나신 사실을 이야기했다. 이 말을 들은 도마는 "내 손을 예수의 옆구리에 넣어 그의 못 자국을 확인하기 전에는 믿지 않겠다"고 하였다(요 20:25).

4) 예수께서 엠마오로 가는 두 제자에게 나타나심(막 16:12-13, 눅 24:13-35)

안식(일) 후 첫날(주일) 저녁 예수의 제자들(추종자들) 중 둘이 예루살렘에서 가까운 엠마오로 가고 있을 때 예수께서 가까이 이르러 그들과 동행하였다. 그들은 처음에는 그가 예수이신 줄 모르고 그날에 일어난 예수의 부활 소문에 관하여 이야기를 주고받았다. 그 둘 중 글로바라는 제자는 성경을 잘 아는 자여서 모세와 모든 선지자들의 예언을 근거로 예수에 관한 이야기를 자세히 설명하였다. 엠마오에 가까이 왔을 때 저녁이 다 되었으므로 제자들이 예수께 함께 유하기를 청하였다. 예수께서 제자들과 함께 음식 잡수실 때 떡을 가지고 축사하시고 떼어 그들에게 주니 그들이 그제야 그분이 예수이심을 알게 되었다. 그러나 그 순간 예수는 그들의 시야에서 사라지셨다. 그 두 제자가 예루살렘으로 돌아와 11 제자에게 이를 말하였다.

5) 예수께서 제자들에게 다시 나타나심(요 20:26-29)

안식 후 8일이 지나 제자들이 예수께서 나타나셨던 그 다락방에 다시 모였다. 문은 닫혀있었다. 그때 예수께서 다시 나타나시어 "너희에게 평강이 있을지어다" 하시고 이어서 도마에게 "네 손을 내 옆구리에 넣어 못자국을 확인하라. 그리하여 믿음 없는 자가 되지 말고 믿는 자가 되라"고 말씀하셨다. 이번이 제자들에게는 두 번째 만남이었다.

6) 예수께서 갈릴리에 나타나심

(1) 7 제자에게 다시 나타나심(요 21:1-14)

두 여인 제자에게 예수께서 갈릴리에 나타나시리라 하셨다는 말씀을 믿고 시몬 베드로, 도마(디두모), 갈릴리 가나 사람 나다나엘, 세베대의 아들들, 또 다른 제자 2명 등 7명의 제자들이 갈릴리로 갔다. 다른 제자 2명 중 1명은 요한이다. 예수를 기다리던 시몬 베드로가 고기를 잡으러 바다에 나가매 다른 제자들도 함께 바다에 나갔다. 밤이 새도록 고기를 잡았으나 아무 것도 잡지 못하였다. 날이 새어갈 때 예수께서 그곳에 나타나셨다. 그러나 제자들은 예수이신 줄 몰랐다. 이것이 예수께서 제자들에게 나타나신 세 번째 만남이다.

예수: "얘들아. 너희에게 고기가 있느냐?"

제자들: "없나이다."

예수: "그물을 배 오른편에 던져라. 그리하면 잡으리라."

예수께서 명하신대로 그물을 던졌더니 물고기가 많아 그물을 들 수가 없었다. 그때 제자 요한이 "주님이시다"라고 외쳤다. 베드로가 배에서 뛰어내렸고 다른 제자들도 육지로 왔다.

예수: "지금 잡은 생선을 좀 가져 오라."

베드로가 그물을 끌어 올리고 고기를 세어보니 153마리나 되었다.

예수: "와서 조반을 먹으라."

예수께서는 제자들에게 떡과 생선을 주셨다.

(2) 예수의 베드로와의 최후 대화(요 21:15-23)

① 그리고 예수께서는 이렇게 베드로와 그의 마지막 말씀을 나누셨다.

예수: "요한의 아들 시몬아. 네가 이 사람들보다 나를 더 사랑하느냐?"

베드로: "주님, 그러하나이다. 내가 주님을 사랑하는 줄 주님께서 아시나이다."

예수: "내 어린 양을 먹이라. 요한의 아들 시몬아. 네가 나를 사랑하느냐?"

베드로: "주님. 그러하나이다."

예수: "요한의 아들 시몬아. 네가 나를 사랑하느냐?"(세 번째 질문).

베드로: (근심하며) "내가 주님을 사랑하는 줄을 주님께서 아시나이다."

예수: "내가 진실로 네게 이르노니 네가 젊어서는 스스로 띠 띠고 원하는 곳으로 다녔거니와, 늙어서는 남이 네게 띠 띠우고 네 팔을 벌리리니, 남이 네게 띠 띠우고 원하지 아니하는 곳으로 데려가리라. 나를 따르라."

예수께서는 베드로에게 위와 같이 그가 젊어서는 자기의지로 사역을 했지만 늙어서는 타인의 밧줄에 묶이고 순교당하리라고 예언하셨다. 사실 베드로는 복음을 본도, 갈라디아, 비투니아의 흩어진 유대인들에게 전하고 마지막으로 로마에 돌아와 십자가에 못 박혀 순교한 것 같다.

② 이렇게 자신과 예수와의 대화가 끝났을 때 베드로는 다시 예수의 사랑하시는 그 제자(아마 사도 요한)가 예수를 따르는 것을 보고 예수께 그 제자에 관하여 물었다.

베드로: "이 사람은 어떻게 되겠습니까?"

예수: "내가 올 때까지 그를 머물게 하고자 할지라도 네게 무슨 상관이 있겠느냐?"(요 21:20).

여기에서 예수의 사랑하시는 제자는 사도 요한을 말한다. 베드로는 예수께서 사도 요한을 더 사랑하시는 것으로 여기고 질투에 가까운 질문을 한 것이다.

제자들은 예수의 이 대답을 예수께서 재림할 때까지 요한이 죽지 않으리라고 말씀하신 것으로 해석하였다. 그러나 예수께서는 제자들의 이와 같은 해석이 잘못이었음을 지적하셨다.

7) 예수의 지상명령

부활하신 예수께서 승천하시기에 앞서 제자들에게 이렇게 말씀하시고 당부하셨다.

"볼지어다. 내가 내 아버지께서 약속하신 것을 너희에게 보내리니 너희는 위로부터 능력으로 입혀질 때까지 이 성에 머물라"(눅 24:49).

"오직 성령이 너희에 임하시면 너희가 권능을 받고 예루살렘과 온 유대와 사마리아와 땅 끝까지 이르러 내 증인이 되리라"(행 1:8).

"너희는 가서 모든 민족을 제자삼아 아버지와 아들과 성령의 이름으로 세례를 베풀고 내가 너희에게 분부한 모든 것을 가르쳐 지키게 하라. 볼지어다. 내가 세상 끝 날까지 너희와 항상 함께 있으리라"(마 28:16-20).

이것을 흔히 예수의 지상명령(the great commission) 또는 임마누엘 약속이라 한다. 흩어지지 말고 이 성에 머무르라. 성령을 보내리니 성령으로 무장하라. 내가 분부한 것을 가르치고 온 세상에 전파하라. 나의 증인이 되어라. 세상 끝 날까지 내가 너희와 함께 하겠다는 것이다.

명령을 받은 제자들은 흩어지지 않았다. 그들은 감람산을 떠나 예루살렘 성으로 갔다.

8) 예수 부활(Resurrection) 사건의 의의

마태는 예수의 부활사건을 예수 생애 5대 사건 중 하나로 다루었다.

① 예수께서 죽음을 정복한 부활 사건은 성도들의 영생을 굳게 보증해주는 의미를 지닌다. 뿐만 아니라 수난 당하신 예수가 다시 자신의 영광을 회복하셨다는 의미를 지닌다. 만일 이 같은 부활이 없다면 우리의 믿음은 헛것이 될 것이며 세상 사람들 중에서 가장 불쌍한 자가 될 수밖에 없다. 따라서 부활은 기독교 신앙의 정수(精髓)이자 기독교 신학의 핵심이라 하겠다.

② 한편 예수께서 부활 시에 입으신 영체(靈體)는 성도들이 장차 부활 시에 입을 영체가 어떠한 것인지를 짐작하게 해준다.

③ 예수의 부활은 신비적 사건이 아니고 분명한 역사적 사건이다. 학자들은 예수의 부활에 대하여 여러 가지 학설을 내놓는다. 그러나 예수의 빈 무덤이 그리고 예수께서 부활 후 40일 동안 5회 이상 수많은 사람들에게 나타나셨던 사실(즉 부활하신 예수님께서 베드로, 12제자, 500명의 형제들, 야고보, 그리고 모든 제자들과 바울에게 나타나셨던 사실)이 이를 증명한다.

〈주일: Lord's Day〉...

그리스도는 부활하여 주님이 되었고, 부활한 날은 일요일이었다. 따라서 기독교는 일요일을 주일이라고 한다. 주일은 그리스도가 부활한 날에 그 기원을 둔다. 유대교의 안식일은 주간 마지막 날이었다. 그러나 기독교의 주일은 주간 첫날이며 아담에 의하여 이루어진 인류의 창조와 예수의 피로써 맺어진 새 계약을 경축하는 날이다.

2. 예수 그리스도의 승천(Ascension) (막 16:19-20, 눅 24:50-53, 행 1:9-11)

1) 예수 그리스도의 승천

예수께서 제자들을 데리고 베다니(예루살렘 지방) 앞까지 나가사 지상명령을 말씀하신 뒤 손을 들어 그들을 축복하시더니 축복하실 때 그들을 떠나 하늘로 올라가셨다. 그러나 구름이 그를 가려 보이지 않게 하였다. 올라가실 때에 제자들이 자세히 하늘을 쳐다보고 있는데 흰 옷 입은 두 사람이 그들 곁에서 서서 이르되 갈릴리 사람들아 어찌하여 서서 하늘을 쳐다보느냐? 너희 가운데서 하늘로 올려지신 이 예수는 하늘로 가심을 본 그대로 오시리라 하였다(행 1:9-11). 그들은 그에게 경배하고 기쁨으로 예루살렘으로 돌아갔다.

2) 예수 그리스도 승천 사건의 의미

이미 언급한 바와 같이 마태는 예수의 승천을 예수 생애 5대 사건 중 하나로 다루었다.

① 부활과 마찬가지로 승천 사건은 예수께서 자신의 영광을 회복하셨음을 보여주는 사건이다. 따라서 그의 승천은 성육신 이전보다 더 큰 영광을 회복하셨음을 의미한다.

② 그리고 그의 승천으로 말미암아 비로소 이 땅에 성령시대가 도래하였으니, 이는 큰 의미가 아닐 수 없다.

③ 또한 승천하신 예수는 지금 우리를 위하여 하나님께 간구하고 계시며 장차 우리를 하나님 나라로 맞아들이기 위하여 다시금 재림하실 것이니 여기에도 예수 승천의 중요한 의미가 있다.

<승천 장소>

승천 장소는 예루살렘과 베다니로 나누어지는 감람산 부근으로 보며, '갈릴리 사람들'은 갈릴리에서 온 사람들로 보아야 할 것이다.

<사순절(四旬節, Lent>

인간을 구원하기 위하여 예수님께서 겪으신 고난과 부활을 기억하기 위하여 부활절(일) 전 경건하게 보내는 40일을 말한다. 절제기간이라고도 한다. 부활주일(Easter)을 기점으로 역산하여 도중에 들어있는 주일을 뺀 40일간이다.

제 3 장

교회의 시작 / 예루살렘 초대교회

제1절 예루살렘 초대교회의 탄생과 활동(church's rise & expansion)

1. 예루살렘 초대교회의 탄생

1) 예수의 지상명령

예수의 제자들은 예수가 십자가에 달려 죽음을 보고 낙담하여 뿔뿔이 흩어졌다. 그러나 예수는 부활하시고 수많은 사람들에게 보이시며 제자들과 다시 40일 동안이나 함께 하셨다. 또 승천하시기 직전 제자들에게 지상명령을 주셨다. 누가는 자신의 기록인 누가복음에서 예수의 말씀(지상명령)을 이렇게 전한다. "흩어지지 말고 예루살렘성에 머무르라. 성령을 보내리니 성령으로 무장하라. 내가 분부한 것을 가르치고 온 세상에 전파하라. 나의 증인이 되라. 세상 끝 날까지 내가 너희와 함께 하겠다"고(눅 24:49, 마 28:16-20). 누가는 다시 한 번 자신의 또 다른 기록인 사도행전에서 예수의 마지막 지상명령을 이렇게 환기시켜준다. "너희는 예루살렘을 떠나지 말고 내게서 들은 바 아버지께서 약속하신 것을 기다리라. 요한은 물로 세례를 베풀었으나 너희는 몇 날이 못 되어 성령으로 세례를 받으리라"고(행 1:4-5).

이와 같이 예수께서 십자가 수난 이후 부활하신 사건을 통하여 확신을 갖게 된 부활 신앙과, 감람산에서 승천하시면서 주신 지상명령에 따라, 제자들은 감람산에서 흩어지지 않고 예루살렘으로 돌아와 자기들이 유하였던 다락방에 모였다. 그곳에는 11사도 외에 예수의 모친 마리아와 아우들 그리고 다른 제자들도 모였고 그 수가 무려 120명이나 되었다. 그들은 마음을 같이하여 오로지 기도에 힘썼다(행 1:12-14).

2) 사도의 보충(행 1:12-26)

예수의 지상명령은 사도들의 연합된 사역과 헌신을 중심으로 이루어져야 하므로 사도 중 한 사람이 빠졌다는 것은 12 사도 전체가 지니는 구속사적 의미의 상실을 의미한다. 이 사실을 가장 먼저 파악한 베드로가 가룟 유다의 이탈로 결원이 된 제자 한 명을 충원하자고 제안하였다. 바사바 요셉(별명: 유스도)과 맛디아가 추천되었고 기도를 한 후 제비를 뽑아 맛디아를 선택하였다.

3) 오순절(五旬節, Pentecost) 성령 강림(행 2:1-13)

"오순절 날이 이르매 그들이 다 같이 한곳에 모였더니 홀연히 하늘로부터 급하고 강한 바람 같은 소리가 있어 그들이 앉은 온 집에 가득하며 마치 불의 혀처럼 갈라지는 것이 그들에게 보여 각 사람 위에 하나씩 임하더니 그들이 다 성령의 충만함을 받고 성령이 말하게 하심을 따라 다른 언어로 말하기를 시작하니라"(행 2:1-4).

① 제자들은 예수의 죽음 이후 첫 오순절 날에도 모두 다락방에 모여 함께 기도하고 있었다. 이때 성령이 임하였다. 이 날에 모인 무리의 수가 약 120명이나 되었다(행1:15). 이를 오순절 성령 강림 사건이라 부른다.

② 이 날은 예수께서 부활하시고 40일 동안 지상에 계시다가(행1:3), 승천하신 후 10일이 되는 날이다. 즉, 예수께서 부활하신 후 50일 이 되는 날이다. 성령 강림 날이 오순절과 겹친 것은 구속사적 면이나 교회 발전사적 면에서 그 중요성이 항상 강조되고 있다.

③ 오순절 성령 강림을 통하여 요엘의 예언(욜2:28)과 세례 요한의 예언, 그리고 예수의 생전 언약이 성취되었다. 이는 예수를 통한 구속의 과정이 하나님의 예정대로 진행되고 있음을 확실하게 계시하는 것이다.

④ 오순절 성령강림은 개인적인 현상이 아니라 12제자를 중심으로 한 집단적 현상으로 나타났다. 즉 집단적 신비 체험으로 나타났다. 그리고 강한 힘과 능력으로 나타났다. 이제 제자들은 내적으로는 성령의 충만한 감화를 받음으로써 더욱 담대한 심령을 가지게 되었다. 그리고 제자들은 다른 언어(방언)로 말하며 이제부터 더욱 담대히 부활하신 예수님을 전파할 수 있게 되었다. 또한 제자들은 영적 이스라엘을 형성하는 핵심적 인물로서 앞으로 성령사역의 기수들이 될 터이었다.

⑤ 오순절의 성령강림 사건은 교회 탄생의 모체적 사건이 되었다. 즉 오순절 성령 강림의 날을

기하여 이 지상에 최초로 교회가 설립되었으며 또한 이 땅의 실제적 교회사(와 교회시대)는 이 날로부터 시작되었다

⑥ 당시 예루살렘에는 경건한 유대인들이 여러 나라에서 와 머물고 있었는데 그들은 제자들에게 성령이 임하는 것과 제자들이 자기 나라의 언어로 말하는 광경을 보고 놀라 의혹하거나 조롱하기도 하였다(행2:5-13)..

<당시 예루살렘에 우거한 사람들>

①바대(파르티아)인 ②메대(메디아)인 ③엘람인 ④메소포타미아 ⑤유대 ⑥갑바도기아 ⑦본도(폰투스) ⑧아시아 ⑨브루기아 ⑩밤빌리아 ⑪애굽과 구레네에 가까운 리비아 여러 지방으로부터 온 경건한 유대인 그리고 유대교에 들어 온 사람들 ⑫ 그레데인과 아라비아인들 (행2:5-13).

<오순절(Pentecost)>

오순절은 유월절(아빕월 14일)의 다음날 즉, 아빕월 15일부터 기산하여 49일이 되는 날이다. 그런데 유월절 즉 '1월 14일부터'기산하면 50일째가 되므로 칠칠절을 오순일(五旬日) 또는 오순절이라고 한다. 이날은 보리를 처음 추수하여 하나님께 드리는 절기이기 때문에 맥추절, 맥추감사절, 초실절이라고도 한다(출23:16,34:22,레23:10,신16:10).

4) 베드로의 오순절 설교(행 2:14–41)

오순절에 무리에게 성령이 임하자 베드로가 소리 높여 설교를 하였다. 때는 제3시(로마식: 오전 9시)였다. 그는 먼저 성림 강림 사건의 성격을 구약에 비추어 설명하였다. 그리고 예수님에 관한 복음, 죽으심, 부활, 승천 역시 예언의 성취로 나타난 것으로 증언하였다. 결론으로 너희가 십자가에 못 박은 이 예수를 하나님이 주와 그리스도 되게 하셨다고 했다. 설교를 들은 그들이 사도들에게 어찌해야 할지 물었다. 베드로는 회개하고 세례를 받으라고 권하였다. 그 말을 받은 사람들이 세례를 받으니 신도의 수가 3천 명이 되었다.

5) 예루살렘 초대교회의 탄생(행 2:41–42)

모인 무리들이 사도의 가르침을 받고서 서로 교제하고 떡을 떼며 기도하기에 힘썼다. 성령을 체험한 무리들, 성령으로 맺어진 형제들, 기도에 힘쓰는 제자들로 구성된 새로운 공동체가 이렇게

예루살렘에서 탄생하였다. 우리는 이를 예루살렘 초대교회(初代敎會: the Earliest Church)라 한다.

초대교회가 예루살렘에서 탄생한 것, 즉 성령강림의 체험이 예루살렘에서 일어난 것은 뜻 깊은 일이다. 초대교회가 유대교와 깊은 관계를 갖고 있었던 것이 큰 이유가 되었을 것이다. 이와 같이 예루살렘 초대교회는 오순절을 생일(창립기념일)로 탄생하였으며 기독교 최초의 교회가 되었고 복음 전도의 중심이 되었다(AD 30년경). 그 모체는 다락방 모임이었다. 이와 같이 초대교회는 기사와 이적으로 시작되었고, 차츰 사도들의 가르침을 받고 하나님을 찬미하며, 서로의 물건과 음식을 나누는 공동체로 발전되어 갔다.

2. 사도들의 전도 운동과 사도 시대의 시작

1) 베드로와 요한의 복음 선포(행 3:1–4:31)

(1) 나면서 못 걷게 된 이를 고침(행 3:1-11)

오순절 성령 강림으로 인하여 성령으로 무장한 사도들이 이제 직접 복음 전도운동에 나섰다.

제9시(로마식: 오후 3시)는 유대인의 기도시간이다. 사도 베드로와 사도 요한도 유대인의 관행대로 기도하기 위하여 제9시에 성전을 올라가다가 미문(美門)에 이르렀다. 미문은 신체적 불구자들이 성전에 들어가는 사람들에게 구걸하기 위하여 타인의 도움으로 와 있는 곳이다. 그들 중 나면서부터 걷지 못하게 된 사람이 베드로와 요한을 발견하고 구걸하였다.

베드로가 말했다. "우리를 주목하여 보라"고. 그는 무엇을 얻을까 하여 베드로와 요한을 바라보았다. 베드로가 다시 "은과 금은 내게 없거니와 내게 있는 것으로 네게 주노니 곧 나사렛 예수의 이름으로 걸으라" 하였다. 그리고 그의 오른손을 잡아 일으키니 그의 발과 발목이 힘을 얻고 뛰어 서서 걸으며 그들과 함께 성전으로 들어가면서 걷기도 하고 뛰기도 하며 하나님을 찬미하였다(행 3:6-8). 이 놀라운 기적으로 예루살렘에 일대 소동이 일어났다. 이 소문은 즉시 예루살렘에 퍼졌고 그 불구자를 고친 베드로와 요한을 보고자 구경꾼들이 솔로몬 행각(行閣)에 수없이 몰려들었다.

(2) 베드로의 솔로몬 행각(行閣) 설교(행 3:11-26)

베드로는 결코 이 기회를 그냥 넘기지 않았다. 그는 솔로몬행각(Solomon's colonnade)에서 예수 승천 후 그의 두 번째 설교를 했다(솔로몬 행각 설교). "이스라엘 사람들아 이 일을 왜 놀랍게 여기느냐?"로 시작된 이 설교를 통하여 베드로는 구약적 배경에서 시작하여 주의 고난의 신비를 정확하게 설파하고 회개를 통한 구원을 호소하였다. 즉, 그는 예수께서 메시아이심을 담대히 선포하였다. 그리고는 유대인들이 예수께 저지른 과오가 얼마나 무거운 것인가를 밝히기 위하여 하나님의 뜻과 유대인들의 과오를 대조시키고 유대인들을 준엄하게 비판하였다. 그러나 다시 어조를 완화시켜 회개를 호소하였다. 비록 그들의 죄가 중하지만 회개하는 자에게는 죄가 더한 곳에 은혜가 더욱 넘치는 체험을 할 수 있다는 그 자신의 확신을 보여주었다.

그의 설교는 매우 감동적이었다. 백성들은 이 광경들을 보고 심히 놀랍게 여겼다. 해가 저물었음에도 불구하고 흩어지지 않고 사도들의 말씀을 들었으며 그들 중 믿는 자의 수가 남자만 약 5천명이나 되었다(행 4:4).

(3) 베드로와 요한이 체포되다(행 4:1-23)

사도들의 치유와 감동적 설교로 따르는 무리가 급격하게 늘어가고 있었다. 이와 같은 현상은 유대인들의 눈에는 가시가 되었다. 사도들의 설교 중에는 예수 안에서 죽은 자는 부활한다는 부활사상이 여러 차례 언급되었는데, 제사장들과 성전 맡은 자(경비병)와 사두개인들이 이를 문제 삼았다. 그들은 이 발언을 이유로 사도 베드로와 요한을 체포하였다(1차 체포). 날이 저물었으므로 그날 밤은 가두어 두었다가 이튿날 공회를 소집하고 두 사람을 불러 심문하였다. 공회원으로서는 대제사장 안나스, 가야바, 요한, 알렉산더 및 대제사장의 문중이 다 참여하였다. 공회원들이 "너희가 무슨 권세와 누구의 이름으로 이 일을 행하느냐"고 물었다. 베드로가 답했다. "우리는 너희가 십자가에 죽인 예수 그리스도의 이름으로 이 일을 행한다. 이 예수는 너희 건축자들이 버린 돌로서 집 모퉁이의 머릿돌이 되었다"고 구약 시편(118:22)의 말씀을 인용하여 대답했다. 이는 이스라엘은 버려진 돌로서 주변 국가들에게 업신여김을 받지만 결국 하나님의 선택함을 받는다는 뜻으로, 예수가 메시아임을 증언하는 구약의 대표적 말씀이다. (예수=머릿돌)

공회원들은 평소 베드로 등을 무시했지만 그들의 담대함과 이적(miracle), 무리들로부터의 인기를 보고 부인도 못할 뿐 아니라 다른 대책을 세우지도 못하였다. 결국 그들은 베드로와 요한에게 이후에는 누구에게도 예수의 이름으로 말하지도 가르치지도 말라고 엄하게 경고하고 그들을 풀어주었다. 베드로와 요한은 "하나님 앞에서 너희의 말이 아니라 하나님의 말씀을 듣는 것이 옳다"고 말하고 나왔다.

(4) 성도들의 기도(행 4:23-31)

풀려난 베드로와 요한이 동료들에게 이 사실(공회원들이 자기들에게 명령한 사실)을 전하자 제자들은 하나님께 소리 높여 기도하였다. 제자들에게는 그리스도를 증언해야 할 절대적 사명이 주어졌으나 유대의 최고기관(공회)으로부터는 절대적 금지명령이 엄하게 전달되었기 때문이다. 이와 같은 긴박한 상황에서 제자들은 도피하려 하지 않고 오히려 한 마음으로 말씀을 전파할 수 있는 능력을 간구하며 기도하였다.

2) 사도 시대의 시작과 끝남

예수 그리스도께서 AD 30년경에 십자가에 처형되심으로써 예수 그리스도의 지상시대는 끝났다. 그리고 예수가 부활 승천하시고 50일 후 다락방 집회와 오순절 성령 강림을 계기로 예루살렘 초대교회가 세워졌다. 이제 성령으로 무장된 사도들은 곧 바로 복음을 전파하기 시작하였다(사도시대의 시작). 앞에서 본 바와 같이 복음 전도운동의 기수는 사도 베드로와 요한이었다. 또한 사도 야고보, 그리고 집사 스데반과 빌립이 전도 대열에 섰으며 AD 32년에는 바울이 회심하고, AD 42년부터는 위대한 전도 사역에 나선다. 그러나 집사 스데반과 사도 야고보는 곧 순교하고, 집사 빌립의 전도도 계속되지 못했으며 이후에는 그의 행방조차 알려지지 않았다. 그리하여 초대교회시대에는 주로 사도 베드로와 사도 요한 그리고 예수의 동생 야고보 및 사도 바울에 의해 복음의 전도운동이 전개된다. 이들 전도자들(사도들)은 모두 예수와 동시대 사람들로서 예수의 음성을 직접 들은 사람들이었다(다만 바울은 예수 생존 당시의 음성을 직접 듣지는 않았다). 그리하여 AD 30년부터 사도시대가 시작되었다. 그러나 AD 100년경에 사도 요한이 죽음으로써 사도들은 모두 죽는다. 그리하여 사도시대도 AD 100년에 끝난다.

3. 예루살렘 초대교회의 예배와 공동생활(행 4:32–5:11)

1) 예루살렘 초대교회의 신앙생활

① 오순절 성령의 임재로 예루살렘 초대교회가 탄생했지만 아직 유대교와 완전히 분리된 것은 아니었다. 상당 기간 동안 그리스도인들은 유대교인들과 함께 성전에서 예배를 드렸다. 이처럼 초대교회도 유대교의 경건한 신앙을 따라 성전을 신앙생활의 기반으로 하였다. 회당에서 그리고 얼마 후에는 그리스도인의 가정에서도 예배를 드렸다.

② 제자들도 유대인들로서 이전에 지키던 유대인(교)의 관례대로 9시 '기도시간'에 성전에 올라가곤 했다(행 3:1, 26:46). 유대교의 정해진 기도시간은 새벽과 제9시(태양력으로는 오후 3시) 그리고 황혼 무렵이었다. 제9시 기도시간에 유대교의 랍비들은 희생제사를 드렸다.

③ 초대교회의 설교는 그리스도의 생애와 인격에 집중되었다. 즉, 그리스도의 부활을 힘입어 예수의 생애와 사역을 증언하는 것이었고, 회개하고 그의 이름을 믿으라는 초청의 설교이었다.

④ 초대교회에서는 이미 세례가 행해졌고(행 2:41), 사도들의 가르침을 받으면서 성도간의 교제를 나누며, 성찬(Eucharist)을 행하고, 애찬(love feast)을 함께 했다. 이와 같은 그들의 예배와 교회생활은 부활한 주님께서 임재하여 그들과 함께 계신다는 신앙을 중심으로 이루어나갔다.

⑤ 초대교회는 초기에는 예루살렘 성전에서 유대교와 공존하였다. 불완전한 공존의 시기였다. 그러나 시간이 지나면서 사도들의 체포, 스데반의 순교 사건 등으로 유대교와의 단절 문제가 심각하게 대두되었고, 드디어 AD 70년 예루살렘의 멸망을 계기로 기독교는 유대교로부터 완전히 분리되었다. 특히 18조 기도문 중 12조의 추가 사건은 분리의 결정적 계기가 되었다.

2) 통용 공동체(행 4:32–37)

성경은 예루살렘 초대교회의 믿는 사람들이 "사도의 가르침을 받아 서로 교제하며 떡을 떼며 기도하기를 전혀 힘쓰니라. 사람마다 두려워하는데 사도들로 말미암아 기사와 표적이 많이 나타나니, 믿는 사람이 다 함께 있어 모든 물건을 서로 통용하고 또 재산과 소유를 팔아 각 사람의 필요를 따라 나누어 주며"(행 2:42-45)라고 기록하고 있다. 이와 같이 예루살렘 초대교회의 교인들은 협동, 나눔, 헌신을 토대로 하는 통용공동체를 이루었다. 그러나 그것이 기독교적 공산주의 형태는 결코 아니었다. 예루살렘교회의 나눔은 하나님께 대한 헌신에 뿌리를 두고 있었고 순전히 자발적인 것이었다. 그리고 그것은 명백하게 성도들 중 가난한 자(롬 15:26)가 많았던 예루살렘을 고려하여 계획된 것이었다. 희생적 봉헌도 많았다. 바나바(요셉)의 봉헌은 대표적인 것이었다. 그는 밭을 팔아 그 값을 사도들의 발 앞에 두었다(행 4:36-37). 그는 구브로 출신으로 레위족이었으며 후에 바울의 1차 선교활동 때 동역자가 되었다(행 13:43).

3) 아나니아와 삽비라(행 5:1-11)

그러나 아나니아와 삽비라 부부는 그 소유를 팔아 일부를 감추고 나머지만 바치다가 죽고 마는 혹독한 징벌을 받았다(행 5:1-11).

4. 사도들에 대한 박해(행 5:12-42)

1) 사도들이 많은 병을 고침(행 5:12-15)

사도들의 손을 통하여 민간에게 표적과 기사가 많이 일어났다. 믿는 사람이 마음을 다하여 솔로몬 행각에 모여 들었다. 베드로가 지나갈 때 혹 그림자라도 덮일까 바라고 병든 사람을 메고 거리에 나가 침대와 요 위에 누이고 기다렸다. 예루살렘의 허다한 병든 사람과 더러운 귀신에게 괴로움 받는 사람들이 와서 치유를 받았다.

2) 사도들이 다시 체포됨(행 5:17-42) / 가말리엘의 결단

① 사도들의 이적과 치유, 그리고 민중의 인기가 그들에게 쏠리고 있는 현상은 유대교 지도자들의 입장에서는 결코 묵과할 수 없는 사건이었다. 대제사장과 사두개인의 당파는 모두 마음에 시기가 가득하여 함께 일어나 사도들을 체포하고 옥에 가두었다(행 5:17-18, 2차 체포). 그러나 주의 사자가 밤에 나타나 옥문을 열고 사도들을 끌어낸 뒤 날이 새면 성전에 서서 말씀을 백성에게 선포하라고 지시하였다. 날이 밝아지자 사도들이 옥에서 나와 성전으로 들어가 말씀을 가르쳤다. 유대교 지도자들이 사도들을 옥에서 꺼내어 심문하려고 부하들을 보냈으나 부하들은 사도들이 이미 옥에서 나와 성전에서 설교를 하고 있다고 보고했다. 성전지기와 부하들이 사도들을 강제로 끌고 와 공회 앞에 세우고 "너희에게 그 사람의 이름으로는 가르치지 말라고 명하였음에도 어찌하여 계속 가르치고 있느냐"고 심문하였다. 그러나 그들은 백성들이 두려워 더 이상의

강경책은 사용하지 못하였다. 사도들은 "사람의 명령보다 하나님의 명령에 순종함이 마땅하다" 고 대답하며 그들의 명령에 굴복하지 않았다.

② 이때 바리새파의 존경받는 율법사 가말리엘(사울의 옛 스승)이 중대한 결론을 내렸다. 드다의 폭동 사건과 갈릴리 유다의 반란사건을 예로 들면서 과감하게 나서 중용적인 반대 의견을 내세웠다(행:34-39). 즉, 드다는 선지자로 자처하고 큰 무리를 설득하여 폭동을 일으켰다. 400명이나 되는 무리가 그를 추종하였으나 그가 죽임을 당한 후에는 모두 흩어졌다. 또한 갈릴리의 유다는 호적할 때(AD 6년경?)에 일어나 백성을 꾀어 좇게 하다가 그도 도망한즉 사람이 다 흩어졌다. 이처럼 만약 하나님 앞에 옳지 않다면 스스로 와해되고 말 것이므로, 유대인 지도자들이 사도들을 먼저 어떻게 하려는 것은 조심해야 할 것이라고 설득하였다(행 5:35-39).

가말리엘이 어떠한 이유에서 객관적인 변호를 했는지 정확히는 알 수 없지만 다음과 같은 두 가지 이유 때문이었을 것이다. 첫째는 합리적 판단이다. 만일 제자들이 성공한다면 그것은 그들의 주장대로 신적 사건일 것이고, 만일 신적 사건이 아니면 그들은 자연스럽게 소멸되고 말 것이라는 주장이다. 둘째는 종교상의 이유였을 것이다. 바리새파와 사두개파는 비록 예수를 중상 모략하는 데 있어서는 함께 결탁하였지만 종교적 입장에서는 전혀 자리를 같이 할 수 없었다. 무엇보다도 바리새파는 부활을 주장하는 반면 사두개파는 부활을 인정하지 않았기 때문이다. 따라서 서로에게 불리하지 않은 미봉적 수습이 필요했을 것이다.

③ 유대교 지도자들은 가말리엘의 의견을 수용하고 사도들을 불러들여 채찍질하며 예수의 이름으로 말하는 것을 금한 뒤 방면하였다.

3) 일곱 집사 임명(행 6:1–6)

베드로의 설교로 믿는 자들의 수가 폭발적으로 늘어났다. 그러므로 공동체의 재산 관리와 매일의 구제의 일도 늘어날 수밖에 없었다. 때문에 열두 제자들만으로는 그 일을 감당하기가 어렵게 되었으며 특히 매일의 구제의 일에서는 불만이 발생하였다. 대표적인 불만은 헬라파 유대인의 과부들로부터 나왔다. 그들의 불만은 자기들이 히브리파 유대인 과부들과는 달리 매일 구제에서 제외된다는 것이었다.

이 사실을 사도들이 알게 되었다. 사도들은 구제하는 일은 일꾼을 따로 세우고 자신들은 기도에 더욱 힘을 다하기로 했다. "형제들아 너희들이 너희 가운데서 성령과 지혜가 충만하여 칭찬 받는 사람 일곱을 택하라. 우리가 이일을 그들에게 맡기고...". 사도들은 교회의 중간 지도자로 일곱 명의 집사를 선택하였다(행 6:5). 이들 중에는 스데반과 빌립이 포함되었고 그들은 초대교회에서 중요한 역할을 감당하였다. 이와 같이 교회의 내적 불만은 교회의 질서정립으로 발전하였다. 일곱 집사는 그들의 이름으로 보아 모두 헬라파 사람들이었다고 할 수 있다. 그들 중 니골라(Nicolaus)는 수리아 안디옥 출신 개종자로 니골라당을 창설하였다. 집사로 임명된 자들은 스데반, 빌립, 브로고로, 니가노르, 디몬, 바메나, 니골라 등 일곱 명이었다.

〈흩어진 유대인들(Diaspora)〉

① 로마제국 당시에는 상당수의 유대인들이 팔레스타인 밖의 다른 곳에 살고 있었다. 이들을 디아스포라라 부른다. 그들은 상업이나 식민정책으로 그들이 발붙여 놓을 수 있는 곳이면 어디든지 거주하였으며 그 결과 바벨론으로부터 로마 전역에 걸쳐 대부분의 큰 도시와 심지어 아주 작은 촌락에까지라도 정착 했다.

② 디아스포라의 기원은 앗수르에 의한 북이스라엘의 멸망 그리고 바벨론에 의한 남 유다의 멸망으로까지 소급한다. 페르시아시대 고레스(키루스)의 칙령으로 많은 귀환이 있었지만 그럼에도 불구하고 수많은 유대인들이 포로 된 땅에서 정착했다. 또한 알렉산더의 세계화 정책은 국가 간의 장벽을 헐게 하였고 이방민족들의 이동과 새로운 땅에서의 정착을 촉진시켰다. 특히 유대인들의 이방정착은 현저하였다.

③ 이방에 정착한 유대인들 중 많은 수가 유대인의 전통과 율법을 잃어버리기도 했지만, 그들 중 대다수는 자신들의 전통을 계속 유지하였다. 그들은 모세의 율법에 기초한 유일신의 믿음을 끝까지 간직하였다. 그들은 연례적인 절기를 맞이할 경우 반드시 순례여행을 함으로써 예루살렘 성전과 계속적인 관계를 유지하였고 반 세겔을 1년 동안의 세금으로 바쳤다. 그들은 안식일을 지켰으며 그들이 어디에 있든지 예배를 드릴 수 있을 정도의 사람(보통 10명)이 모이면 회당에서 예배를 드렸다.

〈히브리파 유대인과 헬라파 유대인 〉

유대인은 분산 후 두 그룹의 유대인으로 구별되었으니 히브리파(the Hebraists)유대인과 헬라파(the Hellenists)유대인였다. 히브리파 유대인은 히브리어와 아람 방언을 사용하여 히브리 관습을 계속 유지하고 고수했던 유대인을 말한다. 그리고 헬라파 유대인은 그리스-로마의 문화를 흡수하여 신앙을 제외하고는 유대인의 특성을 잃었던 유대인을 말한다. 그들은 헬라어를 사용하거나 아니면 그들이 정착하였던 지역의 언어를 사용하였다. 헬라파 유대인은 히브리파 유대인 비하여 대체로 가난하였다.

4) 스데반이 체포되고 순교함

(1) 스데반 집사가 체포됨(행 6:8-15)

일곱 집사 중 스데반은 자기 자신의 사역이 구제의 일에만 국한되는 것에 만족하지 않았다. 스데반은 은혜와 권능이 충만하여 큰 기사와 표적을 행하였다(행 6:8). 때문에 그는 사람들(유대교인들)로부터 논쟁의 표적이 되었다. 어느 날 자유민들(the Freedmen)의 회당에서 사람들이 스데반에 대적하여 일어나 스데반과 논쟁하였다(행 6:9).

스데반은 지혜와 성령으로 말함으로 상대가 이를 능히 감당하지 못했다. 결국 논쟁자들은 사람들을 매수하여 스데반이 하나님과 모세를 모독하였다는 거짓 증거를 만들어 그를 체포한 후 공회(산헤드린) 앞으로 끌고 갔다(행 6:8-15).

<자유민>

자유민이란 주로 로마의 폼페이우스(Pompeius, BC 105-48)에 의해 포로로 잡혀 갔다가 석방된 유대인들을 가리킨다. 그들은 북아프리카의 구레네(Cyrene), 애굽의 알렉산드리아, 소아시아의 길리기아(Cilicia) 등에서 정착하고 살다가 석방되었으며 예루살렘으로 돌아온 자들이다. 그들에게는 전용 회당(Synagogue of the Freedmen)이 있었다.

(2) 스데반의 설교(행 7:1-53)

유대인에 의해 체포되어 공회로부터 심문을 받기 위해 공회 앞에 선 스데반은 그의 생애의 처음이자 마지막인 설교를 담대히 전하였다. 그는 이스라엘의 믿음의 조상 아브라함부터 시작되는 족장들의 이야기, 출애굽과 지도자 모세 및 아론의 이야기, 그리고 다윗과 솔로몬의 이야기 등 하나님께서 오늘 날에 이르기까지 이스라엘 전체를 끌고 온 역사의 전 과정을 살피고 복음을 증언하였다. 그는 지적했다. 이스라엘의 선지자들은 의로운 자 곧 메시야가 올 것이라고 이미 예언하였다. 그런데 오늘의 유대인 지도자들은 바로 선지자들이 예언한 의로운 자 곧 그리스도가 실제로 나사렛 예수 그리스도의 모습으로 이 땅에 왔을 때 그를 죽인 살인자들이라는 것이다.

그리고 이어 "하늘이 열리고 인자가 하나님 우편에 서신 것을 보노라"고 말하였다(행 7:56). 이 말은 결정적으로 유대인의 마음을 찔리게 하고 동시에 트집을 잡히게 하는 말이 되고 말았다.

(3) 스데반의 순교(행 7:54-60)

박해자들은 스데반의 설교, 특히 "하늘이 열리고 인자가 하나님 우편에 서신 것을 보노라"하는 설교를 듣고 마음에 찔림을 받았다. 그러나 그들은 회개하지 않았다. 오히려 스데반을 참람하다 하고 신성 모독이라는 벗어날 수 없는 올가미를 씌웠다. 그들은 큰 소리를 지르며 귀를 막고 일제히 그에게 달려들어 그를 성 밖으로 내치고 돌로 쳤는데, 증인들이 그의 옷을 벗어 사울이라 하는 청년 앞에 두었다. 그들이 돌로 스데반을 치니 스데반이 "주 예수여 내 영혼을 받으시옵소서. 주여 이 죄를 그들에게 돌리지 마옵소서"라 부르짖고 죽었다. 스데반은 당당하고 장렬하게 죽음을 맞이하였다. 그리하여 그는 예수의 제자들 중 최초의 순교자가 되었다(AD 30년경).

〈초대교회와 예루살렘 초대교회〉

예루살렘교회를 시작으로 하여 AD 313년 밀라노칙령으로 기독교가 로마제국의 국교로 공인되기까지의 기독교를 초대교회(初代教會)라고 부른다. 그러므로 예루살렘 교회는 초대교회 중 최초의 초대교회였다.

〈제자(disciples)와 사도(apostles)〉

① 넓은 의미의 제자는 어떤 특정한 교사나 학파 또는 종파의 가르침을 추종하는 사람을 말한다(요 9:28, 마 22:16). 신약 대부분의 경우 특히 누가복음과 요한복음, 사도행전에서는 일반적으로 예수를 믿는 사람들을 가리키고 있다. 즉 예수를 믿고 그리스도인이 된 사람들을 말한다. 제자, 형제, 성도 또는 믿는 형제 등으로 표현하기도 한다.

좁은 의미로는 예수의 12 제자들을 말한다. 이 경우에는 일반적으로 '열두 제자'라 부른다.

② 예수의 12 제자들을 '예수의 부활 승천 이후'에는 '사도(使徒)'라 불렀다.

바울은 예수 사역시대의 인물은 아니지만 다메섹(다마스커스) 도상의 회심 사건을 통해 예수로부터 직접 사도로 지명 받은 것으로 인정한다. 바울은 자신을 스스로 사도라고 불렀다(롬 1:1, 갈 1:12). 따라서 사도는 〈12제자 + 바울〉을 말한다.

사도들의 직무는 복음 증거(preaching), 가르치는 일(teaching), 감독, 권징 등이다.

〈예루살렘 초대교회의 지도자들〉

① 예루살렘 초대교회의 첫 지도자는 요한, 베드로, 스데반이었다. 세 사람 중 요한이 덜 알려졌는데 단지 베드로와 함께 한 동역자로만 언급되고 있다. 베드로는 당시에 탁월한 설교자였다. 그는 오순절에 처음으로 설교했고 요한과 함께 고소당했을 때 산헤드린 앞에서 기독교인들의 입장을 옹호하기도 했다(행 4:5-8).

스데반은 구제사역을 위하여 임명되었던 일곱 집사 중 한 사람이었고 초대교회의 출중한 변증가였다. ② 스데반이 순교한 다음부터는 야고보(예수의 형제)가 언급된다. 예수의 형제들은 예수께서 죽기 전에는 예수와의 관계가 서먹서먹하였다. 그러나 예수께서 죽고 난 후에는 그들의 마음이 변화되었음을 보여준다. 그리하여 야고보는 예루살렘교회에서 탁월한 위치를 차지하게 된다. ③ 야고보와 사도 베드로와 사도 요한은 예루살렘 초대교회의 세 기둥이었다. 사울은 야고보를 사도라 칭하였다.

〈케리그마(Kerygma)〉

케리그마는 초대교회가 그리스도를 믿어야할 사람들에게 예수 그리스도의 생애와 죽음 그리고 부활에 관하여 선포한 메시지를 말한다.

대표적 영국의 신학자 다드(C. H. Dodd)는 사도행전 초반부에 나오는 설교들(예컨대 베드로의 설교)과 바울 서신들 중에 나오는 설교들(고전 15:3, 바울의 부활 설교 등) 가운데 나타나는 공통적인 패턴을 다음과 같이 구별하여 뽑고 양식 비평신학에 한 가지 대안을 제시했다.

-예수님은 메시야적 예언의 성취를 시작하셨다.

-그분은 하나님의 계획에 따라 십자가에 못 박히셨다.

-그분은 부활하사 하늘로 올라가셨다.

-그분은 심판 때 다시 오실 것이다.

이와 같은 유형(pattern)을 일컬어 다드는 케리그마(선포: proclamation)라고 불렀다. 시간이 지나면서 이와 같은 뼈대와 골격이 되는 메시지 위에 어록과 비유들이 첨가된다. 그리고 어록과 비유들을 더 이상 추가할 사람들이 없게 되었을 때, 케리그마의 뭉치는 영구적 복음서의 형태로 남게 되었다. 따라서 신약성경이 생기기 전부터 케리그마가 있었다. 초대교회 사도들이 거의 공통적으로 케리그마에 의하여 전도하였으며, 신약의 모든 문헌들이 케리그마를 반영하였다고 그는 주장한다.

제2절 예루살렘 초대교회의 확장 / 예루살렘 밖 선교

1. 박해로 인하여 성도(교회)가 흩어짐(행 8:1-3)

스데반의 순교 사건은 엄청난 후폭풍을 가져왔다.

첫째, 유대인들의 박해는 스데반의 죽음으로 끝나지 않았다. 스데반의 순교는 예루살렘에 대한 본격적인 박해의 신호탄일 뿐이었다. 곧 대대적인 박해가 시작되었다. 유대인들은 교회를 진멸하기 위하여 제자들과 그를 따르는 남녀들의 체포에 나섰다. 그들의 선봉에는 사울이 있었다.

둘째, 이와 같은 박해는 예루살렘교회의 제자들 특히 헬라파 제자들로 하여금 예루살렘을 떠나도록 만들었다. 그리하여 사도들(the apostles)을 제외한 예루살렘교회의 많은 믿는 사람들이 예루살렘을 떠나 예루살렘 밖 유대와 사마리아, 멀리 수리아(안디옥 등)로 흩어지게 되었다(행 8:1).

유대인들의 교회에 대한 박해는 오히려 그리스도의 복음이 예루살렘 밖의 유대 땅은 물론 이방나라에까지 전파되는 결정적 계기를 만들었다. 이는 교회의 확장, 즉 복음의 세계적 선포 다시 말하면 복음을 땅 끝까지 선포하라는 예수의 지상명령이 실현되는 이정표의 역할을 하게 되었다.

많은 믿는 사람들이 예루살렘을 빠져 나갔다. 그 결과 예루살렘에는 소수의 히브리파 제자들과 극소수의 헬라파 제자들만이 남아 교회를 지키게 되었다.

2. 빌립 집사의 사마리아 지방 전도

1) 사마리아 전도(행 8:4–13)

집사 빌립은 일곱 집사 중 한 사람으로, 열두 제자 중 한 사람인 사도 빌립과는 다른 사람이며, 헬라파 유대인이었다. 그는 박해를 피하여 예루살렘으로부터 빠져 나와 사마리아 성으로 가서 그리스도를 그 백성에게 전하였다. 빌립은 사마리아 땅에 복음을 전한 최초의 인물이 되었다. 많은 무리가 빌립의 말을 듣고 표적도 보고서 그를 좇았다. 심지어 사마리아에서 인기를 끌던 마술사 시몬도 비록 불순한 동기였으나(행 8:20) 믿고 세례를 받았다. 시몬은 하나님의 능력이라 일컬어질 정도로 사마리아 지방에서 숭앙받던 사람이었다.

사마리아인들은 예로부터 혼혈족이라 하여 이방인시 되어 왔는데, 빌립 또한 예루살렘의 유대인들에게서 쫓겨난 자이므로 사마리아인과의 사이에 일종의 동료의식이 형성되었는지도 모른다.

2) 에디오피아 여왕의 내시에게 전도(행 8:26–40)

빌립은 주의 사자의 인도하심을 따라, 이방 나라 에디오피아의 여왕(간다게)의 고위 관리(내시: 內侍)를 길에서 만나 복음을 전하였다. 그는 예배하러 예루살렘을 방문하였다가 자국으로 가기 위하여 가사로 내려가는 중이었다. 내시는 빌립에게 성경(사 53장 여호와의 종)에 관하여 질문도 하고 설명도 들었으며 또한 세례도 받았다(행 8:26-39). 이때 주의 영이 빌립을 이끌어 갔다. 때문에 내시는 다시는 그를 볼 수 없었다.

빌립은 아소도(아스도의 헬라어 명칭)로부터 가이사랴에 이르는 해안 도시들을 돌아다니면서 복음을 전하였다(행 8:40). 그는 가이사랴에 정착한 것 같다. 그의 네 딸은 그리스도의 예언자들이 되었다(행 21:8-9). 빌립은 십자가에 달려 순교함으로써 최후를 맞이했다고 전해지고 있다.

3. 사도 베드로의 이방 전도

1) 베드로와 요한이 빌립의 개척교회를 방문(행 8:14-25)

빌립에 의해 사마리아의 전도가 시작되었고, 사마리아인들도 믿고 세례를 받았다 하는 소식이 예루살렘에 알려졌다. 교회의 역사에 있어 최초의 예루살렘 밖 선교 사건이었다. 사도들이 이 소식을 듣고 베드로와 요한을 사마리아로 파송했다. 베드로 일행이 사마리아에 도착하였을 때 사마리아 사람들에게는 아직 성령이 임하지 않았고 그들은 오직 주 예수의 이름으로 세례만 받았을 뿐이었다. 베드로는 그들에게도 성령이 임하기를 기도했으며 그로부터 안수를 받은 자들은 다 성령을 받았다. 이를 본 마술사 시몬이 돈을 주고 성령을 사려고 했다가 책망을 받고 회개하였다. 그 후 베드로와 요한은 사마리아의 여러 마을로 다니면서 복음을 전파한 후 예루살렘으로 돌아왔다.

2) 베드로의 이방 선교여행

(1) 룻다 성읍에서 애니아를 고침(행 9:32-35)

1차로 요한과 함께 사마리아의 전도여행을 마치고 예루살렘으로 돌아온 베드로는 다시 2차 전도에 나섰으며 여러 지방을 다니다가 룻다(Lydda)에 이르렀다(행 9:32). 룻다는 지중해 연안 욥바에서 가까운 베냐민 성읍이다. 베드로는 룻다에서 8년 동안 중풍병으로 누워 있는 애니아를 고쳐주었다. 룻다와 사론(지명)에 사는 사람들이 다 그를 보고 주께로 돌아왔다.

(2) 욥바에서 다비다(도르가)를 고침(행 9:36-43)

애니아를 고친 소문이 욥바에까지 퍼졌다. 그때 욥바에서는 다비다가 선행과 구제에 힘쓰다가 죽은 사건이 발생하였다. 욥바에도 제자들이 있었다. 제자들이 다비다를 살리기 위해 룻다에 있는 베드로를 청했다. 베드로는 욥바로 가서 다비다를 살려주었다. 이로 인해 그곳의 많은 사람들이 예수를 믿었다. 베드로는 해변가에 있는 무두장이 시몬의 집에서 여러 날 머물렀다.

(3) 가이사랴에서 이방인 고넬료에게 전도(고넬료의 回心)

① 고넬료의 환상(행 10:1-8)

가이사랴에는 고넬료라고 하는 이달리야(이탈리아/로마) 군대의 백부장이 있었다. 그는 경건하여 온 집안과 더불어 하나님을 경외하고 백성을 많이 구제하고 기도하는 사람이었다. 어느 날 그는 환상 중에 하나님의 사자로부터 "네가 지금 욥바에 사람을 보내어 베드로 시몬을 청하라"라는 음성을 들었다(행 10:5). 천사가 떠나자 그는 사람을 욥바로 보냈다.

② 베드로의 환상(행 10:9-23)

베드로가 욥바 시몬의 집에서 머물던 어느 날, 기도하기 위해 지붕에 올라갔다. 그리고 비몽사몽간에 하늘에서 큰 보자기가 내려오는 것을 보았는데, 그 안에는 땅에 있는 각종 네 발 가진 짐승과 기는 것과 공중에 나는 것들(이방인을 상징)이 있었다. 베드로가 그 뜻을 알지 못하여 이 일에 대해 생각하고 있을 때 하늘에서 음성이 들려왔다. "베드로야 일어나 잡아먹으라."이때 베드로는 "속되고 깨끗하지 아니한 것을 결코 먹을 수 없다"고 답하였다. 사실 유대인은 정결규정(레 11장)에 근거하여 부정한 음식(낙타, 사반, 돼지, 토끼 등 짐승과 짐승들의 피)은 먹지 말도록 금하고 있다. 따라서 주의 사자가 베드로에게 네 발 가진 짐승(부정한 짐승과 그의 피)을 잡아먹으라 할 때 베드로가 이를 거부한 것은 지극히 율법에 충실한 것이었다.

이때 하늘에서 다시 음성이 들려왔다. "하나님께서 깨끗하게 하신 것을 네가 속되다 하지 말라"(행 10:15). 이런 일이 세 번이나 반복된 후 보자기는 하늘로 올라가버렸다.

③ 베드로의 고넬료 가정 심방 / 이방인 선교(행 10:24-48)

베드로가 욥바에서 자신이 본 환상으로 인하여 속으로 의아해 있을 때 가이사랴의 고넬료가 보낸 사람들이 베드로가 유숙하고 있는 시몬의 집으로 찾아왔다. 베드로는 그들이 찾아온 사연을 듣고 하루를 유숙한 다음 이튿날 그들과 함께 가이사랴의 고넬료의 집으로 갔다.

고넬료의 집에 도착한 베드로는 자신은 유대인으로서 이방인(할례 받지 않은 사람들)과 교제하는 것과(요 12:26-36) 가까이 하는 것이 율법에 어긋난다는 것을 알면서도 하나님의 지시이기 때문에 사양하지 않고 왔노라고 말하고 고넬료에게 자기를 초청한 배경을 물었다. 그것은 이방인과의 혼인 및 교제를 금하는 율법규정(신 7:3-4)에 근거하여 유대인은 이방인과의 일상적인 교제까지도 금하고 있었기 때문이었다.

고넬료 또한 천사의 지시에 따라 베드로를 초청하게 되었다고 초청의 배경을 설명하였다. 베드로는 이때에 비로소 주의 천사가 자기에게 부정한 짐승을 잡아먹으라 한 것도, 이방인 고넬료의 집에 가라고 한 것도 하나님의 지시였음을 깨닫게 되었다. 베드로는 입을 열어 말하였다. "내가 참으로 하나님은 사람의 외모(이방인)를 보지 아니하시고 각 나라 중에서 하나님을 경외하며 의를 행하는 사람을 받으시는 줄을 깨달았도다"라고.

이어서 베드로는 고넬료와 그의 친척, 친구들에게 예수 그리스도의 십자가 죽음과 부활의 복음을 증언하였다. 그때 그곳에 모인 모든 사람들에게 성령이 임하는 놀라운 사건이 일어났다(행 10:44). 베드로는 이들이 성령을 받았으니 세례 베푸는 일을 금할 수 없다 하여 그리스도의 이름으로 세례를 베풀었다. 즉 할례 받지 않은 이방인에게도 세례를 베푼 것이다. 이는 그 당시로서는 상상할 수 없는 사건이었다.

5) 유대(교)적 그리스도인(Jewish Christianity)의 문제(행 11:1-18)

① 예루살렘 초대교회 교인들(그리스도인)은 모두 유대인이었고 유대교 출신으로서 복음을 받아들인 자들이었다. 그들은 유대인이나 이방인이나 구별 없이 오직 믿음으로 구원을 얻는다는 이신득의(以信得義) 신앙을 받아들였다. 그리고 이방인의 경우 그리스도교인이 되기 위하여 율법에 의한 할례를 받을 필요는 없다고 인식하였다. 또한 레위기(11장)의 부정한 음식에 관한 규례로부터도 자유롭다고 여겼다.

② 그런데 초대교회 그리스도인들 중 일부는 구약의 레위 율법을 모든 그리스도인들에게 적용시켜야 한다고 주장하였다. 즉 그리스도를 통하여 얻은 구원은 유대인에게만 속한 것이니 다른 민족이 이에 참여하려면 먼저 유대민족에 귀화(歸化)하는 것부터 해야 한다는 것이다. 왜냐하면 하나님의 약속은 아브라함과 그의 후손에게만 한정된 것이기 때문이라는 것이다.

그리하여 그들은 "이방인이 그리스도인이 되기 위해서는(기독교로 개종하기 위해서는) 먼저 율법에 의한 할례를 받아야 하고, 그리스도를 받아들였다 해도 레위기(11장)가 규정한 부정한 음식은 금해야 하며, 자신들은 이방인과 식탁도 동석할 수 없다"고 주장하였다. 이들은 아직도 율법에 매인 자들이었다. 즉 율법의 향수를 버리지 못한 자들이었다. 또 유대인(민족)의 우월주의에 사로잡혀 있는 자들이었다. 이들은 바리새파 중에 '어떤 믿는 사람들'로서(행 15:5), 성경은 이들을 할례자(행 11:2) 또는 할례당(엡 2:11)이라 불렀다. 사람들은 이들을 유대주의자(Judaizers), 유대적 그리스도인 또는 유대교적 그리스도인이라 부른다(할례자: circumcised believers, 할례당: the circumcision).

③ 초대교회가 이방인에게 복음을 전하려 할 때 이와 같은 교리의 문제가 논의되지 않을 수 없었으며, 때문에 우선적으로 해결해야 할 과제가 되었다. 이방인 고넬료의 회심 사건은 바로 이 문제의 해결을 위하여 하나님께서 주신 해답이다. 즉 하나님께서는 베드로로 하여금 이방인 전도의 현장 체험을 통해 먼저 하나님의 의도를 깨닫게 하고, 그가 이 사실을 반대자들에게 전하게 하셨다.

④ 유대에 있는 사도들과 형제들이 이방인들도 베드로를 통하여 하나님의 말씀을 받았다 함을 들었다. 베드로 또한 예루살렘에 돌아와 전도 결과 보고를 했다. 이 때 할례자들(유대주의자들)이 베드로에게 "네가 무할례자(이방인)의 집에 들어가 그들과 함께 식탁을 같이 하였다 하니" 하며 베드로를 비난하였다(행 11:3).

베드로는 예루살렘의 할례자들에게 고넬료의 회심 과정을 차례로 상세하게 설명하였다. 그들이 이 말을 듣고 잠잠하여 하나님께 영광을 돌리며 말하기를, 그렇다면 하나님께서 이방인에게도 생명 얻는 회개를 주셨도다 하며 납득하였다(행 11:18). 즉 할례 등을 요구하지 않기로 하였다.

⑤ 유대인에게는 율법과 할례가 그들의 정체성이자 목숨과 같았다. 하지만 이제 율법과 할례 없이도 예수를 통해 하나님을 믿고 회개하면 유대인은 물론 이방인도 구원을 받을 수 있는 새로운 복음의 길이 열리게 되었다. 유대인과 이방인의 벽이 허물어지고 있었다.

⑥ 그러나 이 문제가 공식적으로 완전히 해결되기 위해서는 1차 예루살렘 공의회 때(AD 49년)까지 기다려야 했다. 예루살렘 공의회는 할례 등 율법의 족쇄로부터의 면제를 결의하였다. 즉 할례의 무효를 선언하였다(오직 이신득의). 그리고 이 문제는 바울 신학의 중심 중 하나가 되었으며, 바울은 특히 갈라디아서를 통하여 유대교적 그리스도인을 강하게 비판하였다.

4. (수리아의) 안디옥교회 설립(행 11:19–24)

이방인에 대한 전도(복음화)는 빌립과 베드로 외에 무명의 구브로(키프로스)와 구레네(트리폴리) 사람들에 의해 안디옥에서도 대규모로 이루어졌다. 그들은 헬라파 유대인으로 스데반의 죽음(AD 30년경) 이후 예루살렘과 유대를 떠난 사람들이었다(행 11:20). 그들은 수리아(베니게)를 통과하여 북쪽으로 가는 도중 유대인 공동체에 복음을 전하며 안디옥에 이르렀다. 그들은 안디옥에서 유대인뿐만 아니라 이방인들에게도 주 예수를 전파하였다. 많은 수의 이방인들이 하나님의 은혜를 보고 기뻐하였으며 예수를 구주로 환영하였다. 안디옥은 헬라적인 도시였으므로 구브로와 구레네 사람들이 가지고 온 복음이 낯설지 않은 언어로 전달되었다.

예루살렘교회가 이 사람들의 소문을 듣고 바나바를 안디옥교회에 보내어 형제들을 권면하며 돕게 하였다(행 11:22).

이렇게 설립된 안디옥교회는 이후 바울의 이방선교에 있어서 전진기지가 되었을 뿐만 아니라 세계 3대 교회(로마, 알렉산드리아, 안디옥) 중 하나로 초기 교회사에서 중요한 역할을 하게 된다. 안디옥은 당시 세계에서 세 번째로 큰 도시였다(cf. F. F. Bruce 저서, 별첨 참고문헌).

5. 야고보의 순교와 베드로의 투옥(행 12:1–19)

1) 헤롯(아그립바 1세)의 교회 박해(행 12:1)

① 예루살렘교회가 최초로 받았던 박해는 유대교 지도자들에 의한 것이었다. 그리고 AD 40년경에 또 한 차례의 큰 박해가 있었는데, 이번에는 헤롯 아그립바 1세(AD 37, 40-44)에 의한 것이었다.

② 헤롯(아그립바 1세)은 헤롯 대왕의 손자이다. 그의 아버지 아리스토불루스는 정치적 이유로 헤롯 대왕에게 처형되었다. 헤롯은 어려서 아버지를 잃고 어머니와 함께 로마에 가서 자랐다. 로마에서 디베료(티베리우스) 황제(AD 14-37)로부터는 미움을 받았으나 칼리굴라 황제(AD 37-41)와 글라우디오(클로디우스) 황제(AD 41-54)로부터는 총애를 받았다. 이와 같은 인연으로 그는 칼리굴라 황제에 의해 유대의 분봉왕이 되었고, 글라우디오 황제 때에도 그 자리가 유지될 수 있었다(cf. 본서 제1편 제1장 제2절 로마제국 시대).

③ 헤롯(아그립바 1세) 통치시대에 그리스도의 복음은 본격적으로 이방인에게도 퍼져나갔고 성령의 사역을 통하여 그리스도의 영적 주권 영역도 확장되었다. 그러나 헤롯 아그립바 1세는 자국 내의 종교가 왕인 자기보다 더 인기 얻는 것을 용납할 수 없었다. 그는 유대(교)인들로부터 환심을 사기 위해 자신도 율법의 엄격한 기준대로 희생제사를 드렸으며, 또한 기독교 초대교회와 갈등상태에 있는 유대교 지도자들을 정책적으로 지원하기도 하였다.

2) 사도 야고보의 순교(행 12:2)

그는 드디어 무자비하게 기독교를 탄압하기 시작하였다. 그는 1차적으로 사도 야고보(세베대의 아들)를 칼로 죽였다(참수, 행 12:1). 사도 야고보는 아마 활약이 누구보다도 두드러졌을 것이다. 야고보는 성격이 급하여 우레의 아들이라는 별명을 얻기도 하였다(막 3:17). 그리하여 그는 사도로서는 최초의 순교자가 되었다. 사도 야고보에 대하여는 더 이상의 기록이 없다(cf. 톰슨II 주석성경).

3) 베드로가 다시 체포됨(행 12:3–19)

유대인들은 이 광경을 지켜보면서 손을 들어 환영하였다. 헤롯 아그립바 1세는 이에 고무되어 베드로마저 체포하였다(행 12:2-3). 이 날은 마침 유월절이었으므로 다음날 죽이려고 그날 밤은 그를 옥에 가두었다. 그러나 이 날 밤 주의 사자에 의해 베드로가 방면되는 놀라운 이적사건이 발생하였다. 베드로는 옥 안에서 두 군인 틈에서 쇠사슬에 매여 있었고 예루살렘교회는 이 사건을 일대 위기로 판단하여 하나로 뭉쳐 간절하게 철야기도를 하고 있었다. 그런데 밤중에 주의 사자가 옥에 나타나서 베드로의 쇠사슬을 풀어 주고 그를 감옥에서 빠져 나오도록 인도하였다. 감옥에서 풀려나온 베드로는 마가 요한의 집으로 가서 주의 사자가 행하신 이적을 증언하였다. 그리고 야고보와 형제들에게 이 소식을 전하라 말하고 헤롯의 살의(殺意)를 피하여 다른 곳으로 떠났다. 이 야고보는 사도 야고보(순교자)가 아니며 예수님의 형제로 당시 예루살렘교회의 중추적 지도자 중 한 사람이었다. 날이 새자 헤롯 아그립바 1세와 정치권은 혼란에 싸였다. 아그립바 1세는 베드로를 찾기 위하여 철저히 수색하도록 명령하였으나 그를 찾을 수 없었다. 결국 아그립바 1세는 그날 밤 베드로를 지켰던 파수꾼을 조사하여 처형하도록 명령하고 예루살렘을 떠나 가이사랴로 갔다(12:1-19).

베드로는 이후 AD 49년경에 열린 예루살렘교회의 공의회 때까지 행적이 나타나지 않는다.

4) 헤롯(아그립바 1세)의 죽음(행 12:20–23)

헤롯 아그립바 1세의 통치 당시 두로와 시돈은 그의 통치 하에 있었으며 여러 가지 이유로 그의 격분을 샀다. 이 도시들은 갈릴리에서 나는 양식에 의존하였으므로 그들은 헤롯 아그립바와 화목하기를 청했다. 아마도 그들은 화친하려고 헤롯 왕의 신복인 블라스도를 매수했을 가능성이 높다. 헤롯은 한 날을 택하여 이들 앞에서 연설을 하였는데 사람들은 그를 신으로 받들었다. 그러나 하나님은 그를 죽음으로 심판하셨다. 성경은 "헤롯이 하나님께 영광을 돌리지 아니하므로 주의 사자가 곧 치니 벌레에게 먹혀 죽었다"(행 12:23)고 기록하고 있다. 이 일은 AD 44년에 있었다.

6. 바울의 회심과 다메섹 전도

1) 바울의 다메섹 도상(途上) 회심(행 9:1–17)

(1) 회심 때까지의 생애

바울(Paul: 작은 자)의 원래 이름은 사울(Saul: 큰 자)이었다. 그는 아시아 반도(터키) 남쪽, 즉 지중해 동북 해안 지역 길리기아 주(Province)의 다소에서 BC 1년경에 출생하였다(행 7:58, 9:11). 다소는 BC 1세기경 헬라철학의 본 고장이었으며, 동방의 신비주의와 혼합된 세계관이 그 도시의 밑바탕에 흐르고 있었다. 바울은 이러한 환경 속에서 자랐다. 그는 정통 유대인으로서 바리새파에 속했으며, 11세 때 예루살렘에 내려와 13세부터 가말리엘(위대한 랍비 Hillel의 제자)의 문하에서 엄격한 히브리식 교육을 받았다. 그는 히브리인 중의 히브리인이요, 율법으로는 바리새인이요, 열심으로는 교회를 박해하고 율법의 의로는 흠이 없는 자였다(빌 3:5-6). 그는 생계수단으로 장막 만드는 법도 배웠다.

그는 유대인으로서 로마 시민권을 가진 소수 중 한 사람이었다(행 22:25). 그를 산헤드린 공의회 의원이었다고 보는 견해도 있다(행 26:10).

(2) 기독교 박해자

바울은 교회 박해에 열정을 가졌고 스데반이 죽을 때에 증인이 되기까지 했다(행 7:58, 8:1).

바울이 이와 같이 그리스도인들을 박해하는 일에 열성적이었던 이유는 정통 유대인으로 바리새파에 속한 그로서는 그와 같은 행위가 구약과 조상의 유전(전통)을 충실하게 지키는 것으로 생각했기 때문이었을 것이다. 또한 그는 성경적으로도 "나무에 달린 자는 하나님께 저주를 받았음이니라"(신 21:23)라고 믿었을 것이다(예수는 저주 받은 자라는 것). 즉, 기독교에 대하여 전혀 문외한이었던 바울로서는 열정적인 그리스도인들을 위험한 분열주의자로 볼 수밖에 없었고, 그들의 열정과 끈기를 목격한 바 있는 그로서는 그들의 뿌리를 뽑아버리는 것이야말로 유전에 충실한 유대인이 되는 것으로 여겼기 때문이었을 것이다. 바울(사울)은 예루살렘에서 헬라파 그리스도인들이 흩어진 이후에도 계속 그리스도인들을 박해하였다. 그러므로 기독교와의 관계에 있어서 그의 최초의 모습은 기독교 박해자였다(고전 15:9, 갈 1:13).

(3) 다메섹의 그리스도인

예루살렘을 빠져나간 그리스도인들의 일부가 다메섹에서도 전도 활동을 하고 있었다. 다메섹은 수리아의 고대 성읍으로 다메섹 아람(수리아)의 수도이기도 했으며, 당시에는 아레다 왕(아라비아)의 통치를 받고 있었다. 다메섹은 헬라적인 도시였고, 유대인들은 그 도시에서 그리스도인들의 활동에 민감하였다. 그런데 바울이 그들의 탄압에 선두에 나섰다.

(4) 바울의 다메섹 도상 회심

바울은 다메섹에 가서 그 도(道)를 좇는 사람을 만나면 남녀노소를 불문하고 붙잡아오기로 하고 대제사장으로부터 다메섹 여러 회당에 갈 공문을 받아가지고 다메섹을 향하여 달려가고 있었다.

그런데 다메섹으로 가는 도상에서 바울에게 경이적인 현상이 발생하였다. 바울(사울)이 길을 가다가 다메섹에 가까이 이르더니 홀연히 하늘로부터 빛이 그를 둘러 비추었다. 바울이 땅에 엎드려 들으매 소리가 있어 이르시되 "사울아 사울아 네가 어찌하여 나를 박해하느냐" 하시거늘 사울이 대답하되 "주여 누구시니이까"이르시되 "나는 네가 박해하는 예수라. 너는 일어나 시내(직가: Straight Street)로 들어가라. 네가 행할 것을 네게 이를 자가 있느니라" 하셨다(행 9:3-6). (F. F. Bruce에 의하면 직가는 그의 숙소였다).

바울은 땅에서 일어나 눈을 떴으나 아무 것도 보지 못하고 동행자의 손에 이끌리어 다메섹으로 들어갔다. 3일 동안 그런 상태로 있다가 율법에 경건한 아나니아의 방문을 받았다. 아나니아는 바울을 한 형제로서 맞이하고 그에게 안수하였다. 바울은 즉시 시력을 회복하였으며 일어나 세례를 받고 음식도 먹고 마실 수 있게 되었다(행 9:18). 이때 아나니아는 그리스도의 대변인이 되어 바울에게 그리스도의 증인이 되라는 그리스도의 부탁을 전달하였다.

이 순간 바울은 새로운 주인의 평생 종이 되었다. 이제 그는 그 주인의 명령을 거역할 수 없게 되었다. 그는 다메섹 도상에서 부활한 예수를 만난 후 이방인의 사도로서 누구보다도 열심히 복음을 위해 일생을 바쳤다.

(5) 회심 사건의 의의

이와 같이 다메섹 도상에서 바울에게 나타난 이 현상이 바로 인구(人口)에 회자(膾炙)하는 바울의 다메섹 도상의 회심(계시)사건이다. 바울은 다메섹 도상의 계시(회심)를 통하여 예수가 메시아라는 것과 십자가에 못 박힌 예수가 부활하신 예수라는 것을 깨닫게 되었다. 그때에 바울은 예수의 추종자들이 결국 옳았으며 자신은 크게 잘못되었다는 것을 깨달았다. 이 경험은 바울에게 실제적인 중요성이 되었다. 그는 열두 제자들처럼 그리스도를 직접 만나지는 못했지만 "맨 나중에 바울 자신에게도 나타나신 경우"(고전 15:8)에 해당하기 때문이다.

유대주의자인 바울의 회심과 그리스도의 사도로서 부름 받은 일은 오직 한 번의 혁명적인 경험이었다. 기독교 역사의 전(全)과정에서 그리스도의 사건 자체를 제외하고는 바울의 회심 및 부름 사건보다 더 결정적인 것으로 드러난 사건은 없다(cf. F. F. Bruce 저서, 별첨 참고문헌). 그때는 아마 디베료 황제(AD 14-37)의 통치시대인 AD 32년경이었을 것이다.

(6) 자칭 사도

그러나 분명한 것은 바울은 역사적 예수를 직접 만나지 못했다는 사실이다. 그는 예수와 동행자도, 승천의 목격자도 아니었다. 바울이 역사적 예수보다 하늘에 계신 영적 예수를 중요시하는 것이나, 자신의 사도권을 의도적으로 강조하는 것은 이러한 사실에 영향이 있다고 볼 수 있다(고후 5:16, 갈 1:1 등). 그러나 그의 사도권이 부인되거나 사도권에 흠이 있는 것은 결코 아니다.

2) 다메섹에서 3년 동안 전도(행 9:18-25)

① 바울은 회복한 후 회당에 나가 예수를 그리스도라 증명하여 다메섹에 사는 유대인들을 복음으로 정복하였다(행 9:22).

② 그는 또한 일시 아라비아로 갔다가 다메섹으로 돌아왔다(갈 1:17). 아라비아는 당시 나바티안 왕국(Nabataean Kingdom)의 지배를 받고 있었으며, 아레타 4세(Aretas IV, BC 7-AD 40)가 통치하고 있었다. 그리고 그의 세력이 다메섹까지 미치고 있었다. 바울이 아라비아로 간 것은 광야에서 하나님과 교통하며 삶에 대한 모든 태도를 재고하기 위해서였을 것이다.

③ 바울은 다메섹에 3년 동안 머물러 있었다(갈 1:18). 그는 그곳에서 복음을 전파하는 데 대부분의 시간을 보냈다. 그리고 바울의 전도활동이 계속되자 유대인들이 그를 죽이고자 하였다. 제자들이 이 사실을 미리 알고 바울을 광주리에 담아 밤에 성에서 내려 그의 도피를 도왔다(행 9:24). 그러나 성경(고후 11:32-33)은 아레타 왕도 (방백을 시켜) 바울을 체포하려 하여 그가 밤에 탈출한 것으로 기록되어 있다. 아마 바울이 다메섹에 체류하는 동안 전도활동을 하면서 아레

타의 눈에 거슬리는 행위를 했을 수 있고, 그리하여 유대인과 아레타의 관리가 합작하여 바울을 체포하려 했을 것이다.

3) 회심 후 예루살렘 방문(회심 후 예루살렘 1차 방문, 행 9:26-29 / '바울 신학'의 완성

① 바울은 다메섹을 탈출하여 게바 등의 제자들과 사귀고자 예루살렘으로 올라가 15일 동안 체류하였다. 이를 바울의 '회심 후 예루살렘 1차 방문'이라고 한다(AD 35년경). 이 때 야고보를 만났다(행 9:26, 갈 1:18). 그러나 예루살렘의 형제들은 바울의 회심을 믿지 않고 경계하고 있었다. 물론 그들은 바울이 다메섹에서 복음증거에 열성을 보였다는 소식은 들었을 것이다. 그러나 한때 잔인하였던 박해자가 3년 간 모습을 감추었다가 돌연 나타났기 때문에 그들에게는 그에 대해 확신하기 어려웠을 것이다. 이때 구브로 출신 바나바가 바울에게 필요한 때의 친구가 되어 주었다. 그는 예루살렘 기독교 지도자들에게 바울이 이제는 유대인의 앞잡이가 아님을 확신시켜 주었다.

② 당시 예루살렘교회에서는 베드로와 야고보(예수의 형제)가 지도적 인물이었다. 바울은 베드로와 야고보를 만난 후에는 자신이 받았던 것을 다른 사람들에게 전달하면서 더 상세하게 복음을 전할 수 있었다. 바울은 15일이라는 짧은 기간이었지만 예루살렘에서 교회지도자들과 사귀었고 담대히 증언하였다. 특히 바울은 어느 누구로부터도 들을 수 없었던 예수의 사역, 수난, 그리고 부활 당시의 사실에 관하여 베드로로부터 직접 상세하게 들었을 것이다. 결국 바울은 예루살렘 방문으로 인하여 예루살렘교회와 긴밀한 교류를 형성함은 물론 이후 이방인 선교를 효과적으로 수행할 수 있는 토대를 마련하게 되었다. 아울러 바울과 바나바의 이방전도 소명은 분명하게 인식되었다.

③ 그리하여 바울의 메시야관, 즉 "성경대로 그리스도께서 우리 죄를 위하여 죽으시고 장사지낸 바 되셨다가 성경대로 사흘 만에 다시 살아나사"라는 '바울의 신학'(고전 15:3-4)은 그의 회심 후 예루살렘 1차 방문 때까지 완성되었다(cf. F. F. Bruce 저서, 별첨 참고문헌)

④ 그러나 베드로나 야고보가 바울에게 나누어 줄 수 없는 것이 한 가지 있었으니, 그것은 사도적 권위였다. 왜냐하면 바울이 주장한 바로는 바울의 사도권은 주님으로부터 직접 받았기 때문이다

4) 예루살렘 / 다소 / 안디옥으로(행 11:25–30)

① 그러나 예루살렘에 있는 헬라파 유대인들(Hellenistic Jews)이 그를 죽이려 하였으므로 형제들이 이를 알고, 바울을 예루살렘에서 가이사랴로 데리고 내려가 다소로 보냈다(AD 35년경).

② 그 후 바나바가 AD 45년경 다소로 가서 바울을 데리고 안디옥으로 왔다(행 11:25-26). 그러므로 다소에서 머문 기간은 10년 정도 된다. 두 사람은 안디옥교회에 1년 동안 함께 있으면서 큰 무리를 가르쳤다(행 11:26). 제자들이 비로소 '그리스도인'이라 일컬음을 받았다.

5) 유대지방의 기근 / 안디옥교회의 부조 / 바울의 관심(행 11:28–30)

글라우디오 황제(AD 41-54) 때에 예루살렘교회 선지자들 중 한 사람인 아가보라 하는 사람이 전 로마세계를 통하여 큰 기근이 있으리라고 예언하였다(행 11:28). 그리고 실제로 가뭄과 흉작이 계속되었다. 안디옥교회가 아가보의 예언을 들은 이후 계속하여 모아왔던 부조를 예루살렘교회의 지도자들에게 보냈다. 그들은 예루살렘에 있는 저희 형제들이 그 같은 그리스도인의 도움 없이는 기근 때문에 어려움을 겪으리라는 사실을 익히 알고 있었다. 바나바와 바울은 안디옥교회에서 예루살렘교회에 부조를 전해주는 책임을 맡았다(구조여행). 이를 바울의 '회심 후 예루살렘 2차 방문'이라 한다(행 11:30, 갈 2:1). 그 후 이방 그리스도인들의 예루살렘교회에 대한 재정적 원조를 계획하고 조성하는 일이 바울의 주요 관심사가 되었다.

〈바울의 행적〉

AD 32: 다메섹 도상 회심

AD 32-35: (회심 후 3년 동안) 다메섹 체류 및 아라비아 방문

AD 35: 회심 후 예루살렘 1차 방문(행 9:26, 갈 1:18) 15일을 지나서 다소로 가다.

AD 35-45: 다소 체류(다소에 10년 체류)

AD 45: 바나바의 권유로 안디옥으로 오다(행 11:26).

AD 46: 회심하고 14년 후 예루살렘 2차 방문. 흉년 구제헌금 전달 목적(행 11:30, 갈 2:10)

AD 47-49: 1차 선교여행

AD 49: 예루살렘 공의회 참석(회심 후 3차 방문, 행 15:22-35)

AD 50-52: 2차 선교여행

AD 53-58: 3차 선교여행

AD 58-60 : 예루살렘에서 죄수로 심문받다.

AD 61-63: 로마 옥중생활(1차: 2년 동안. cf. T. Nelson Publishers, 별첨 참고문헌)

AD 63-66: 4차 선교여행(cf. T. Nelson Publishers, 별첨 참고문헌)

AD 66-67?: 로마 옥중생활(2차).

AD 67?: 순교

제 4 장
바울의 이방 선교여행 / 교회의 이방으로 확장
-바울의 서신들-

제1절 바울의 이방 선교

1) 바울의 이방 선교 개관

① 바울은 AD 47년경부터 AD 58년경까지 약 11년 동안 3회에 걸쳐 이방 선교여행을 하였다. 그의 이방 선교 기지는 수리아의 안디옥교회였다. 안디옥교회에서 출발하였고 선교여행을 마치면 안디옥교회에 돌아와 결과를 보고하였다. 1차 선교여행 때(AD 47-49)에는 아시아 지방(오늘의 터키 지방)에서 선교하였다. 1차 선교여행을 마쳤을 때, 그는 예루살렘에 올라가 예루살렘 공의회에서 유대적 그리스도인의 문제를 해결하였다(AD 49). 2차 선교여행 때(AD 50-52)에는 소아시아지방을 거쳐 발칸 반도로 건너가 마게도냐와 발칸반도의 최남단 고린도까지 선교하였다. 3차 선교여행 때(AD 53-58)에는 1, 2차 선교여행 시에 개척한 교회들을 격려하고 믿음을 더해주었다.

② 3차례의 선교여행을 마친 그는 자신에 대한 오해를 해명하고 기부금을 전달할 목적으로 예루살렘에 갔다가 유대인들에게 붙잡히고 로마의 주둔군에게 넘겨졌다. 무려 2년 동안이나(AD 58-60) 예루살렘과 가이사랴에서 심문을 받았고 로마황제의 재판을 받기 위해 로마로 압송되었다.

③ 지중해를 건너 로마에 도착한 그는 다시 2년 동안 로마에서 옥중생활을 하였다(AD 61-63?). 출옥 후 그는 또 다시 선교여행(4차)을 하였으며, 4차 선교여행 후 다시 로마에서 투옥되었다가 AD 67년경 로마에서 순교했다고 전해진다.

④ 바울은 신약성경 27권 중 무려 13권을 썼다. 즉 2차 선교여행 때부터 3차 선교여행 때까지 6권의 여행 서신을, 로마에서 1차 옥중생활을 할 때에는 4권의 옥중 서신을, 2차 옥중생활을 할

때에는 3권의 목회 서신을 썼다.

2) 로마제국 시대의 터키반도와 발칸반도의 지리

① 바울의 이방 선교지역은 주로 오늘날의 터키반도와 발칸반도였다. 터키 반도와 발칸 반도는 당시 로마제국의 속주였는데, 로마제국은 식민지를 속주(屬州: Province)로 편성하여 다스렸다.

② 터키반도는 흑해, 에게 해, 지중해로 둘러싸여 있고, 로마시대에는 아시아로 호칭되었다. 아시아(Asia), 갈라디아, 길리기아(Cilicia), 갑바도기아 등은 터키반도의 주요 속주였다. 소아시아(Asia Minor)는 터키반도의 서쪽 즉 에게 해와 접한 지역을 말하는데, 드로아(Troy), 에베소, 밀레도(Miletus) 등이 이 지역의 주요 성읍들이었다. 바울의 고향 다소(Tarsus)는 길리기아 주에 속했다. 아시아 동쪽 수리아 주에는 안디옥과 다메섹이 있었다. 지정학적으로 팔레스타인이 아시아 대륙과 아프리카(애굽)를 연결하는 육상 통로라면, 터키반도는 아시아 대륙과 유럽 대륙(로마)을 연결하는 통로가 된다. 하나님께서는 유럽지역 선교를 위해 바울에게 일차적으로 터키반도로 가는 길을 여셨다.

③ 발칸반도는 오늘날 루마니아(동북지역), 불가리아(동남지역), 유고슬라비아(서쪽지역) 등이 있는 지역이다.

로마제국 시대에는 드라케(Thrace: 오늘날의 불가리아), 마게도냐(오늘날의 불가리아 일부와 유고슬라비아), 아가야(Achaia: 오늘날의 그리스) 등의 속주들이 있었다. 빌립보와 데살로니가는 마게도냐 주에, 아덴과 고린도는 아가야 주에 속했다.

④ 로마제국의 속주는 아구스도 통치시대에는 대략 13개였으나 150년 후에는 45개가 되었다. 속주의 통치자인 총독은 원로원이 임명하는 경우(원로원 속주)와 황제가 임명하는 경우(황제 속주)로 구분된다. 예컨대 아가야(Achaia)는 전자의 경우이고(총독: procunsul), 그리스도 시대의 팔레스타인은 후자의 경우이다(총독: procurator). 총독은 절대권을 가졌지만 상당한 규약과 제약이 있었다. 총독의 임기는 1년이지만 연장되었다. 직접세와 간접세는 모두 총독에게가 아니라 국고로 들어가게 되어 있었다. 속주 산하에는 지방도시나 자치시들이 있었다. 수리아나 유대도 속주의 대열에 있었다. 서기오 바울(행 13:7)은 지방총독에 속한다.

〈속주와 주요성읍들〉

속주(Province) 이름	속주 내의 주요 성읍들
수리아	안디옥, 실루기아
유대	예루살렘
밤빌리아	버가
갈라디아	비시디아의 안디옥, 이고니온, 루스드라, 더베
길리기아	다소
아시아	에베소, 드로아, 앗소
마게도냐	빌립보, 데살로니가, 베뢰아
아가야	고린도, 겐그레아, 아덴
드라케(Thrace)	비잔티움

3) 바울의 이방선교 기지 / (수리아의) 안디옥교회

(1) 안디옥교회의 배경(행 11:19-30)

안디옥교회는 스데반의 순교 여파로 예루살렘을 떠난 헬라파 유대인 신자들에 의해 설립되었다. 예루살렘을 떠난 신자들이 세운 안디옥교회는 수리아 지방 안디옥에 세운 교회를 말한다. 따라서 소아시아 지방의 안디옥교회가 아니다. 이곳에 최초로 복음을 전한 사람들의 정확한 이름은 모르지만 구브로와 구레네의 몇 사람들이었다.

수리아의 안디옥은 BC 300년경 헬라의 셀레우코스 왕조를 연 니카토르(Seleucos Nicator, BC 312-281)에 의해 수도로 세워진 도시이다. 따라서 안디옥은 처음에는 헬라인이 세운 도시였다. 그러나 훗날 수리아인과 바벨론에서 이주한 유대인들이 정착하였다. 예루살렘을 떠난 신자들이 안디옥에 교회를 언제 세웠는지는 확실하지 않지만 스데반이 순교한(AD 30년경) 이후 아마 AD 33년에서 AD 40년 사이였을 것이다. 안디옥교회는 이후 로마교회, 알렉산드리아교회와 함께 3대 교회 중 하나가 된다.

(2) 예루살렘교회가 안디옥교회에 바나바를 파송(행 11:22-26)

수리아/안디옥에서의 복음전도 소식이 예루살렘교회에 전달되었다(바울이 오기 전의 안디옥교회). 안디옥교회가 규모나 성격 면에서 예루살렘교회의 주목을 받게 되기까지는 얼마간의 기간을 필요로 하였을 것이다. 예루살렘교회는 행여 그곳에서 복음이 혼합주의로 변형되지 않도록 지도해야 할 필요에 따라 지도자를 파송하였는데, 바나바가 선택되었다(행 11:22). 바나바는 헬라파 유대인 출신으로 구브로 태생이었다.

바나바는 예루살렘교회에 재정을 지원하였고(행 4:36), 회심한 바울을 예루살렘교회에 소개한 바 있다(행 9:27). 바나바는 착한 사람이요 믿음과 성령이 충만하였다. 안디옥에 도착한 그는 신자들을 격려하고 믿음을 굳게 하였다. 그는 다소로 가서 당시 다소에 와 있던 바울을 안디옥교회로 데려왔고, 두 사람은 1년 동안이나 함께 안디옥에서 큰 무리들을 가르쳤다(행 11:25-30). 제자들이 비로소 **'그리스도인'**이라 일컬음을 받았다.

(3) 안디옥교회가 예루살렘교회에 부조 전달(구조여행) (행 11:27-30)

그때에 아가보라는 선지자가 안디옥에 이르러 천하에 큰 흉년이 일어날 것을 예언하였다. 글라우디오 황제(AD 41-54) 때 실제로 흉년이 들었는데, 안디옥교회에서 힘껏 부조를 모아 바나바와 바울 편에 예루살렘교회에 보냈다(행 11:27-30, 갈 2:1-14). (바울의 회심 후 예루살렘교회 2차 방문: AD 46년경). 두 사람은 다시 안디옥으로 돌아왔다.

(4) 안디옥교회의 지도자들(행 13:1)

안디옥교회에는 사울과 바나바 외에도 선지자와 교사들이 있었다. 니게르라 하는 시므온과 구레네 사람 루기오, 분봉왕 헤롯(안디바)의 젖동생 마나엔 등이었다. 초대교회 당시 선지자들과 교사들은 중요한 역할을 담당하여, 지교회(支敎會)들을 보존, 성숙하게 하는 일에 세움을 받았다. 선지자들은 특히 예언하는 능력이 있었을 뿐 아니라 교사들과 마찬가지로 목회적인 일도 감당하였던 것 같다.

〈선교와 전도〉

전도가 자국민에 대한 복음전도이고, 선교는 언어와 문화가 다른 타국에 대한 복음전파라 하여 구분하기도 한다.

제2절 바울의 1차 선교여행(missionary journey) (행 13-14장)

1) 개관

(1) 소아시아 지방으로

1차 선교여행(AD 47-49) 지역은 주로 소아시아 지방(오늘의 터키)이었다. 사울은 이때부터 사울 대신 **바울**이라는 이름을 사용하였다. 바나바는 끝까지 바울과 함께 동역하였으나 마가 요한(마가복음의 저자)은 도중에 이탈하였다. 1차 선교여행의 경로는 아래와 같다. 갈라디아의 더베에서 뒤로 돌아 이전 전도지역을 들려 권면하고 안디옥으로 귀환하였다.

(2) 1차 선교여행 경로

안디옥교회(수리아)→실루기아(수리아)→살라미와 바보(구브로섬)→버가(밤빌리아)→비시디아의 안디옥(갈라디아)→이고니온(갈라디아)→루스드라(갈라디아)→**더베**(갈라디아)→루스드라(갈라디아)→이고니온(갈라디아)→비시디아의 안디옥(갈라디아)→버가(밤빌리아)→안디옥교회(수리아)

2) 안디옥교회에서 출발(행 13:1-3)

안디옥교회는 성장하고 발전하였다. 안디옥 사람들은 안디옥 교인들을 **'그리스도인'**이라고 부르고 있었다. 안디옥 교인들은 수시 금식하며 기도하였다. 그런데 어느 날 금식하며 기도할 때 성령의 명령이 임하였다. "내가 불러 시키는 일을 위하여 바나바와 사울을 따로 세우라"는 명령이었다. 안디옥교회가 사울 일행을 선교사로 파송하기로 결정한 것은 성령에 의한 것으로, 안디옥교회는 세계적 선교를 위한 최초의 선교 교회로, 사울과 바나바는 선교의 기수로 선택되었다. 안디옥교회는 금식하며 기도하고 두 사람을 안수하여 보냈다(AD 47년경). 요한(마가)이 동행하였다(행 13:13).

3) 구브로 섬에서 전도(행 13:4-12)

① **구브로 섬 도착 경로**

바나바와 바울 두 사람은 마가 요한을 수행원으로 하고 수리아의 안디옥을 출발하여 수리아의 실루기아에 이르렀다. 그곳에서 배를 타고 바나바의 고향 구브로 섬에 도착하였다.

② **구브로 섬의 살라미에서**

바울 일행은 살라미 회당에서 최초의 전도를 하였다.

③ **구브로 섬의 바보에서**

당시 그 지역 총독은 서기오 바울이었다. 그런데 그의 측근에는 예수라 하는 유대인 거짓 선지자인 마술사(엘루마)가 있었다. 서기오는 지혜 있는 자여서 바울 일행이 전하는 하나님 말씀을 듣고자 하였다. 그러나 거짓 선지자 예수가 바울 일행을 대적하여 이를 방해하였다. 바울이 성령 충만하여 그를 강하게 힐책하고 저주하니 맹인이 되었다. 총독이 이 광경을 보고 믿게 되었다.

4) 밤빌리아의 버가에서 전도(행 13:13) / 마가 요한의 이탈

바울 일행은 배를 타고 밤빌리아에 있는 버가에 이르렀다. 버가에서의 전도 기록은 없다. 수행하였던 마가 요한이 이곳에서 그들을 떠났다.

5) 비시디아의 안디옥에서 선교(행 13:13-52)

(1) 비시디아의 안디옥 회당에서 설교

① 바나바와 바울은 안식일에 그곳 회당에 들어가 앉았다. 예배의 순서에 따라 회당장들이 율법과 선지자의 글을 읽었다. 회당장들이 바울에게 백성들에게 권할 말이 있으면 전하라 하였다. 바울의 설교가 시작되었다. 즉, 이방인에 대한 본격적 선교가 시작된 것이다. 그의 설교는 베드로와 스데반의 설교와 유사하게 전개되었다. 먼저 이스라엘의 역사 전반을 약술하여 그 속에서 일하시는 하나님의 경륜을 설명하고, 이어 구약을 인용해가면서 예수의 신성과 메시아임을 강조하는 기독론을 전개하였다. 특히 "모세의 율법으로는 너희가 의롭다함을 얻지 못하였지만 이 사람(예수)을 힘입어 믿는 자마다 의롭다함을 얻는다"(행 13:39)는 바울 신학의 핵심 이신득의(以信得義)의 교리를 전하였다.

② 회당의 모임이 끝난 후 유대인과 유대교에 입교한 **'경건한 사람들**(devout converts)'이 많이 바울과 바나바를 따랐다. 경건한 사람들이란 이방인으로서 바울의 복음을 받아들인 자들을 말

한다. 유대인들은 경건한 사람들의 무리가 늘어나는 것을 보고 시기하여 바울의 설교를 비난하였다(행 13:43-48). 경건한 사람들은 계속해서 유대인의 회당에 출석하기 어려웠을 것이다. 그들은 회당과 분리하여 그리스도인 그룹을 형성하고 갈라디아교회를 개척하였을 것이다.

(2) 비시디아의 안디옥을 떠나다

이곳 이방인들이 바울의 설교를 듣고 기뻐하며 믿었다. 주의 말씀이 두루 퍼졌다. 그러나 유대인들이 경건한 귀부인들과 이 지역의 유력자들을 선동하여 바울과 바나바를 박해하였다. 두 사람은 이곳을 떠나 이고니온으로 갔다.

6) 갈라디아의 이고니온에서 선교(행 14:1-6)

비시디아의 안디옥을 떠난 바울과 바나바는 갈라디아의 이고니온으로 왔다. 갈라디아 주(province)는 소아시아의 중앙과 북부를 포함한 광활한 지역이다. 비시디아의 안디옥, 이고니온, 루스드라, 더베는 모두 갈라디아 주의 성읍들이다.

이고니온은 로마의 식민지로서 철저히 로마화 된 도시였다. 민족적으로는 유대인, 헬라인, 로마인 등이 골고루 섞여 살고 있었다. 바울과 바나바는 회당에 들어가 전도하였다. 유대인과 헬라인의 허다한 무리가 믿었다. 그러나 순종치 아니하는 유대인들이 이방인을 선동하여 바울 일행에게 악감정을 품게 하였다. 때문에 성내 무리들이 사도파와 반(反) 사도파로 나뉘었다. 반 사도파들이 사도 일행을 능욕하고 돌로 치려하여 바울과 바나바는 이곳을 떠나 루스드라와 더베로 왔다. 이고니온에서 전도한 기간은 상당히 길었는데, 전도내용은 비시디아의 안디옥에서와 비슷하였다.

7) 갈라디아의 루스드라에서 선교(행 14:6-18)

(1) 루스드라의 연혁

갈라디아 주(Province) 일대는 BC 6세기경에 로마의 식민지로 흡수되었다. 루스드라도 이때에 로마의 식민지가 되었다. 로마는 고참 직업군인들을 이곳으로 보내어 이곳을 변방의 도시로 육성하였다.

원주민은 루가오니아인이었으나 교육과 상업은 소수의 헬라인들에 의해 장악되었고, 유대인들은 영향력을 발휘하지 못하였다.

(2) 바울과 바나바를 신으로 받들다

바울 일행이 루스드라에 이르렀을 때 태어나면서부터 못 걷게 된 사람을 발견하였다. 바울이, 그가 바울의 말을 듣고 구원받을 만한 믿음을 가진 것을 보고 큰소리로 "바로 일어서라"하니 일어나서 걸었다. 이 기적의 광경을 목격한 주민들은 자기 민족의 방언으로 신들이 사람의 형상으로 임하였다고 외치면서 바울을 '헤르메스', 바나바를 '제우스'라 불렀다. 그리고 그들에게 제사를 드리려 했다. 이에 당황한 바울이 그들을 향하여 설교하였다. "우리도 여러분과 똑같은 성정을 가진 사람이다"라는 말로 시작하여 모든 사람에게 친숙한 자연현상을 예로 들며 창조주 하나님을 가르쳤다(롬 1:20-23). 바울은 설교를 통하여 간신히 그들의 제사를 막을 수 있었다.

(3) 바울 일행을 돌로 쳐서 시외에 버리다.

그러나 안디옥과 이고니온에서 온 유대인들이 루스드라 주민을 선동하여 바울을 돌로 친 뒤 죽은 것으로 알고 시외에 버렸다. 제자들이 둘러섰을 때 바울이 일어나 루스드라 성으로 들어갔다가 다음날 그곳을 떠나 더베로 갔다. 루스드라에서의 전도는 이처럼 험난했다.

〈Zeus 신과 Hermes 신〉

① 루스드라 지방 민속 신화에서는 제우스와 헤르메스가 부부이다. 그들이 세상에 내려왔을 때 그들을 멸시한 사람들을 다 멸하고, 그들을 선대한 노인 부부는 신당지기를 시켰다. 성읍 사람들은 바울 일행을 그 신들로 착각하고 잘못 대하면 벌을 받을까 두려워하여 제사를 드리려 했다.

② 로마 신화에서는 제우스가 주피터(신들과 인간의 아버지)로, 헤르메스가 머큐리(전령사)로 등장한다.

8) 갈라디아의 더베에서 선교 / 1차 선교여행의 종점(행 14:20-21)

바울과 바나바는 루스드라를 떠나 인근 성읍 더베로 왔다. 더베는 갈라디아 주의 변방 작은 성읍으로 전략상 요충지이다. 바울과 바나바는 이곳에서도 많은 사람들을 제자로 삼았다. 그들은 더 이상 동진(東進)하지 않았으며 이곳이 1차 전도의 종점이 되었다.

9) 수리아의 안디옥교회로 귀환 / 선교 결과보고(행 14:21-28)

더베에서 수리아의 안디옥으로 귀환하는 과정에서 다시 루스드라와 이고니온 그리고 비시디아의 안디옥에 들러 제자들의 믿음을 굳게 하고 환난을 잘 극복하도록 권면하였다. 또 지금까지 세워놓은 각 교회에서 장로들을 택하여 금식 기도하며 그들을 주께 부탁하였다. 밤빌리아와 버가를 거쳐 마침내 수리아의 안디옥으로 돌아왔다. 교회에 전도결과를 보고하고 이곳에 오래 머물렀다.

제3절 예루살렘 공의회(the Council at Jerusalem, 행 15:1-35)

1) 유대교적 기독교인(할례당)의 주장 / 할례를 받아야 한다

① 바울은 지금까지의 선교 현장에서 유대인 회당 예배에 참석했던 '이방인들'도 자신의 설교를 듣고 따르는 것을 보아왔다. 그들은 '이방인'이면서 믿음에 의한 구원의 도리를 받아들인 자들이었다. 바울은 그들을 '경건한 이방인(devout converts)'이라 불렀다(행 13:43). 그들은 어떤 의미에서 이스라엘의 소망이었다.

② 바울이 1차 전도여행을 마치고 수리아의 안디옥교회에 있을 때 '어떤 사람들'이 유대(예루살렘)로부터 내려와 "너희가 모세의 율법대로 할례를 받지 않으면 능히 구원을 받지 못하리라"고 가르치고 있었다(행 15:1). 이러한 가르침은 유대(교)적 기독교인들의 주장이었고, 바울의 지금까지의 가르침(믿음에 의한 구원)과는 배치되는 것이었다. 그들(어떤 사람들)과 바울, 바나바 사이에 적지 않은 다툼과 변론이 일어났다.

③ 이방인의 구원도 오직 믿음으로 말미암는다는 바울의 주장과, 믿음 외에 할례 등 율법의 준수도 필요하다는 유대적 그리스도인들의 주장 사이의 관계 규명은 초대교회가 풀어야 할 중대한 과제가 되었다.

결국 안디옥교회는 바울, 바나바와 몇 사람을 예루살렘에 있는 사도와 장로들에게 보내기로 결의하고 바울과 바나바를 예루살렘교회로 보냈다.

2) 예루살렘 공의회의 결정(AD 49년경, 행 15:22-35)

① 바울과 바나바 일행은 예루살렘교회에 이르러 이 사실을 그들에게 알렸다(바울의 회심 후 예루살렘교회 3차 방문).

② 예루살렘교회도 문제의 심각성을 인식하게 되었다. 왜냐하면 이와 같은 할례자들(유대주의자들)의 주장에 의하여 이방인에 대한 할례의 이행이 강요되고 이방인과 한 식탁에서 교제를 나누는 일이 부정된다면 결과적으로는 기독교 공동체의 통일성도 설 자리를 잃을 것이며, 하나님의 은혜의 선물인 구원의 진리도 붕괴될 뿐만 아니라 교회의 분열이라는 최악의 사태도 예견되기 때문이었다.

회의는 순탄하지 않았다. 바리새파 중의 일부 기독교인도 유대적 기독교인들의 주장에 동조하였기 때문이다.

예루살렘교회의 공의회(사도회의)는 이 문제를 진지하게 다루었다. 사도와 장로들의 변론이 있은 후 베드로는 10년 전 자신이 체험한 고넬료의 사건을 예로 들면서 말했다. "하나님께서는 나를 택하여 하나님이 우리에게와 같이 그들(이방인들)에게도 성령을 주어 증언하게 하시고, 믿음으로 그들의 마음을 깨끗하게 하셨으며 그들과 우리를 차별하지 아니하셨다. 그럼에도 불구하고 어찌하여 이방인에게 우리도 감당하지 못하는 멍에(할례의 강요)를 지우느냐"고. 베드로는 가이사랴에서 고넬료를 회심시킬 당시만 하더라도 성령의 강권하심에 자신을 맡겼을 뿐, 유대인과 이방인 간의 장벽이 무너졌다는 사실을 분명하고 체계적인 신앙 원리로 채택하지는 못했다. 그러나 예루살렘교회의 영적 지도자가 된 베드로의 발언에 대해 참석자들은 더 이상의 변론을 하지 않았다. 야고보가 최종 발언을 하였다. "시몬의 말은 선지자의 예언과도 일치한다. 내 생각은 이방인 중에서 하나님께로 돌아오는 자들(기독교로 전향하는 자)을 괴롭히지 말고(할례를 강요하지 말고), 다만 우상의 더러운 것과 음행(간음)과 목매어 죽인 것과 피를 멀리 하도록 함이 좋겠다"고. 야고보의 이와 같은 발언은 예루살렘교회 1차 사도회의의 결정(decision)으로 채택되었다(사도의 규례). 이는 이방인의 구원에 있어서 할례의 강요를 무효화시키는 초대교회의 중대한 결정이 되었다(AD 49년경). 예수의 동생 야고보는 당시 예루살렘교회에서 주도적인 역할을 했다(행 15:13-21).

③ 예루살렘교회는 결의 내용을 정리하여 교회대표로 유다(바사바)와 실라 등 2명을 지명하고 바울, 바나바와 함께 안디옥교회로 파송하여 이를 전달하게 하였다(행 15:22). 유다와 실라는 예수살렘교회 공의회 결의 내용을 안디옥교회에 전달하고 형제들을 권면한 후 얼마 동안 있다가 예루살렘으로 돌아갔다.

④ 바울과 바나바는 당분간 안디옥교회에 복음을 가르치며 전파하고 있었다.

제4절 바울의 2차 선교여행(행 15:36-18:22)

1) 개관

(1) 새로운 대륙으로

예루살렘교회의 인정을 받은 바울은 다시 안디옥으로 돌아와 복음사역에 열중하였다. 그러나 그는 그의 사역을 안디옥에만 국한시킬 수는 없었다. 1차 선교여행 때의 개종자들을 찾아다니며 영적 상태를 점검하고 더욱 확고한 신앙을 나누고자 하였다. 그러나 하나님의 의도는 거기서 끝나게 하지 않았고, 마게도냐 환상을 통하여 그를 더 넓은 세계로 인도하였다. 바울은 소아시아를 넘어 마게도냐 지방 등 유럽의 새로운 대륙까지 복음을 전하는 역사적 제2차 선교여행을 약 3년에 걸쳐(AD 50-52) 수행하게 된다. 2차 선교여행을 통하여 특히 마게도냐 지방의 교회(빌립보교회, 데살로니가교회, 베뢰아교회)와 고린도교회가 새롭게 개척되었다. 실라는 안디옥에서부터 고린도까지, 디모데는 루스드라에서부터 고린도까지, 누가는 드로아에서부터 빌립보까지 바울을 수행(동역)하였다. 또한 바울은 고린도에서 데살로니가 전후서를 기록하였다(AD 51). 어느 여행보다 큰 행적을 남긴 여행이었다.

(2) 2차 선교여행 경로

안디옥(수리아)→다소(길리기아)→더베(갈라디아)→루스드라(갈라디아)→비시디아 안디옥(갈라디아)→드로아(아시아)→네압볼리(마게도냐)→빌립보(마게도냐)→데살로니가(마게도냐)→베뢰아(마게도냐)→아덴→고린도(아가야)→겐그레아(아가야)→에베소(아시아)→로도→가이사랴(유대)→예루살렘→안디옥(수리아)

2) 수리아 안디옥 출발(행 15:36-41)

바울이 2차 전도여행을 바나바에게 제안하고 합의하였으나 동행할 수행자에 관하여는 의견이 엇갈렸다. 바나바는 1차 여행 초기에 이탈한 마가 요한을 수행원으로 동행하기를 원하였으나 바울은 이를 거절하였다. 두 사람 사이에 심한 논쟁이 벌어져 결국 갈라서게 되었다.

바나바는 마가요한을 데리고 고향 구브로로 갔다. 그리고 바울은 예루살렘 공회의 결의문을 전달한 후 예루살렘으로 돌아간 실라(실루아노)를 수리아의 안디옥으로 다시 돌아오게 하고 그와 함께 2차 전도여행을 떠났다.

3) 루스드라에서 선교(행 15:40–16:5)–디모데 합류

(1) 도착 경로

바울과 실라는 수리아의 안디옥을 출발한 후 육로로 길리기아를 거쳐 더베에 이르고 다시 루스드라까지 갔다. 1차 선교여행 때는 바다를 거쳐 더베에 갔었다(행14:6).

(2) 디모데의 합류(행 16:1)

바울은 루스드라에서 젊은 디모데를 처음 만났다. 디모데는 그때부터 실라와 함께 바울을 수행하게 된다. 디모데는 어머니 유니게와 외조모 로이스의 도움으로 어려서부터 성경에 익숙하였으며 바울의 1차 전도여행 때 복음을 받은 것으로 보인다. 디모데는 이후 바울의 전도사역에 큰 몫을 담당하게 된다.

바울은 디모데에게 할례를 행했다. 이는 그의 전도방침과는 배치되는 것이었으나 그의 방침을 포기하는 것은 결코 아니었다. 그는 새로 방문하게 될 지역에서 야기될 수 있는 유대인들과의 마찰을 최소화하고 자신이 유대인의 전통을 모욕하는 것 같은 모습을 피하며, 무엇보다도 할례자나 무할례자 모두 결국 복음에 이르도록 하기 위해서였다. 오히려 바울은 여러 성에 다니며 예루살렘 총회의 결의를 지키게 했다.

4) 드로아에서 선교(행 16:6–10) / 누가의 합류

① 도착 경로

더베, 루스드라, 이고니온 등 갈라디아의 여러 성읍을 방문한 후 바울 일행(바울, 실라, 디모데)은 로마 대로를 따라 서남쪽 아시아(소아시아) 에베소 쪽으로 가려고 했으나 성령의 제지를 받았다. 다시 방향을 바꾸어 브루기아와 갈라디아 지방을 거쳐 비두니아 지역으로 가려 했으나 그 또한 저지당했다. 할 수 없이 서쪽으로 진행하여 드로아에 이르렀다.

② 마게도냐 환상

바로 이 시점에서 바울에게 밤에 환상이 나타나 마게도냐로 건너오라고 하였다. 이를 마게도냐 환상이라 한다. 만약 마게도냐 환상이 없었다면 유럽 선교도 없었을 것이다. 따라서 마게도냐 환상이 유럽 선교에서 차지하는 비중은 대단한 것이다.

③ 누가의 합류(행 16:13)

드로아에서 누가가 합류하였다. 행 16:13에서 주어의 '우리'는 사도행전의 저자 누가가 합류하였음을 의미한다. 그리하여 바울 일행은 4명(바울, 실라, 디모데, 누가)이 되었다

5) 빌립보에서 선교 / 빌립보교회 개척(행 16:11-40)

(1) 빌립보 도착 경로 / 빌립보 성읍의 연혁

바울 일행은 환상을 통한 하나님의 명령에 따라 드로아를 떠났다. 일행은 드로아에서 배로 떠나 사모드라게 섬에 내리지 않고 에게 해를 건너 이튿날 마게도냐(발칸 반도)의 동북의 항구 네압볼리에 도착, 상륙하였다. 그리고 육로로 빌립보에 이르렀다. 빌립보는 마게도냐(속주)에 이르러 만난 첫 성읍이다. 마게도냐 속주(屬州)의 수도는 데살로니가였지만, 빌립보는 누가가 그 기록에 지면을 가장 많이 할애할 만큼 바울에게는 중요한 성읍이었다. 빌립보는 알렉산더의 아버지 빌립이 세우고 자신의 이름을 붙인 도시이다. 동방에서 유럽으로 통하는 육로의 관문에 해당하는 로마황제 직할 도시였다. 역사적으로 빌립보는 아구스도(아우구스투스) 황제와는 특별한 인연이 있는 성읍이다. 그것은 시저(카이사르)를 죽이고 로마에서 도주한 브루투스(M. J. Brutus) 일파를 아구스도가 BC 42년에 원정하여 격파하고 돌아와 로마제국의 초대 황제가 되었기 때문이다.

(2) 루디아의 회심

빌립보에는 회당이 없었다. 그것은 당시 이곳에 유대인 거주자(디아스포라) 수가 매우 적었음을 의미한다. 유대인의 규례로는 규칙적으로 모일 수 있는 유대인이 수가 10명만 되면 회당을 구성할 수 있었기 때문이다. 바울 일행은 며칠을 유한 후 안식일에 기도처를 찾다가 문 밖 강가에 나가 무리에게 말씀을 전했다. 무리 중에 루디아라는 여인이 있었다. 그녀는 두아디라 시에 있는

자색 옷감 장사(부자들의 옷감)로 사업차 빌립보에 와 있었고, 이미 하나님을 섬기는 자였다. 루디아가 바울이 전하는 말을 들을 때 주께서 마음을 열어 바울의 말을 따르게 하였다. 그와 그의 집이 다 세례를 받았으며, 바울 일행이 자기 집에 들어와 거하도록 강권하였다. 이로써 루디아의 집은 초기 빌립보 전도의 중심지가 되었다(행 16:40).

(3) 옥중 기적과 간수들의 구원

① 귀신들린 점쟁이 여종을 치유

빌립보 성에 귀신들린 여종 하나가 점을 치며 주인에게 큰돈을 벌어주고 있었다. 이 여종이 며칠 동안 바울을 따라 다니며 신들린 말로 바울을 하나님의 종, 구원을 주는 자라고 외쳤다. 바울이 더 이상 참지 못하고 예수 그리스도의 이름으로 그 여종에게서 귀신을 내쫓았다.

② 바울과 실라가 투옥되다

점쟁이 여종이 치유되어 더 이상 돈 벌이를 하지 못하게 된 주인들은, 바울과 실라를 시장관리청(市場官理廳)에 끌고 가 무리와 합세하여 그들을 시장소요죄 및 사설(邪說)유포죄로 고발하였다. 관리들이 그들의 옷을 벗기고 구타한 후 투옥시키고 간수들에게 철저히 감시하도록 하였다. 두 사람을 깊은 감옥에 가두고 그 발을 족쇄에 든든히 채웠다.

③ 옥중 기적

역경에 처했지만 바울과 실라는 감옥 속에서 밤중에도 기도하며 찬송하였다. 그때 갑자기 큰 지진이 나서 옥터가 움직이고 옥문이 열리며 족쇄가 저절로 벗겨지는 기적이 발생하였다. 그러나 바울과 실라는 도망하지 않고 그대로 있었다. 자다가 옥문이 열린 것을 발견한 간수는 죄수들이 도망간 줄로 생각하여 자결하려 하였다. 그때 바울이 자기들은 도망치지 않았다고 외쳤다.

④ 간수와 그 가정의 구원

간수가 등불을 켜고 옥에 들어가 바울과 실라가 그대로 있음을 보고 그들 앞에 엎드린 후 데리고 나가 "선생들이여 내가 어떻게 하여야 구원을 얻으리이까?" 물었다. 바울이 대답했다. "주 예수를 믿으라. 그리하면 너와 네 집이 구원을 받으리라"(행 16:31)고. 그 밤에 간수가 두 사람을 데려다가 맞은 부위를 씻어주고, 집에 초대하여 음식을 대접하고 온 집안이 세례를 받았다.

⑤ 바울과 실라의 방면

이튿날 관청 상관이 간수에게 바울과 실라를 방면하라 지시하였다. 간수가 그들을 방면하고 전송하였다. 그때 바울은 자신이 로마인인데 죄명도 없이 대중 앞에서 구타하고 투옥시킨 뒤 해명도 없이 방면하는 것이 부당하다고 항의하자, 관리들이 전해 듣고 두려워하여 친히 와서 방면

조치를 취하였다.

(4) 빌립보를 떠나다

바울 일행(바울, 실라, 디모데, 누가)이 빌립보에서 체류한 기간은 오래지 않았다. 그러나 루디아를 만나 빌립보 교회의 설립 기초를 굳게 하였고 간수의 가정을 확실하게 구원시켰다. 바울과 실라는 옥에서 풀려난 후 루디아의 집에 들러 모여 있는 주의 형제들을 위로하고 디모데 및 실라와 함께 데살로니가를 향해 떠났다. 이때 **누가**는 그들과 함께 출발하지 않고 빌립보에 남아 교회를 맡고 있다가, 3차 여행 때 이곳에서 바울과 다시 만나 계속 함께 하게 된다.

* 빌립보 교회는 훗날 바울이 로마에서 옥에 갇혔을 때 에바브라디도 편에 헌금을 보낸다.

6) 데살로니가에서 선교 / 데살로니가교회 개척(행 17:1–9)

(1) 도착 경로와 데살로니가의 연혁

바울 일행(바울, 실라, 디모데)이 빌립보를 떠나 암비볼리와 아볼로니아(Apolonia)를 거쳐 데살로니가에 당도하였다. 데살로니가 성은 발칸 반도의 관문으로 BC 315년경 마게도냐 왕 카산더(Cassander: 알렉산더 대왕의 후계 장군들 중 하나로 마게도냐 지방 통치자)에 의해 세워졌다. 카산더 왕은 자기 아내(알렉산더 대왕의 이복누이)의 이름을 따서 이 성의 이름을 데살로니가로 명명하였다. 로마제국은 BC 167년에 마게도냐를 4개의 속주로 구분하였는데, 데살로니가는 두 번째 큰 속주의 수도가 되었다. 그러나 BC 146년에는 4개의 속주가 하나의 시로 통합되었고, 데살로니가는 전(全) 마게도냐의 수도가 되었다. BC 42년부터 자유시가 되었고 7인의 읍장(Politiarchs: city officials)이 통치하였다. 동서양을 연결하는 대로(大路)인 비아 에그나티우스(Via Egnatius)는 데살로니가를 북서쪽과 남동쪽으로 관통하고 있었다. 바울이 도착했을 때는 유대인이 있었고 회당도 있었다. 유대인은 주민의 절반가량이나 되었다

(2) 데살로니가교회의 개척 / 야손의 집

데살로니가에는 회당이 있어 바울은 관례대로 회당에 들어가 세 번의 안식일에 성경을 가지고

강론하되, 특히 예수의 죽음과 부활 그리고 심판에 관하여 진지하게 전하였다. 이처럼 3주 이상 이곳에서 복음을 전한 결과 경건한 헬라인의 큰 무리와 적지 않은 귀부인들이 바울과 실라를 따랐다. 데살로니가교회는 야손의 집에서 모였다(행 17:5). 데살로니가교회의 대표적 신자 중에는 야손 외에 아리스다고와 세군도도 있었다(행 20:4).

(3) 유대인이 바울 등을 체포 시도

유대인들은 이와 같이 데살로니가의 존경받는 사람들(경건한 헬라인의 큰 무리)과 귀부인들이 바울을 따르는 것을 보고 시기하여, 장터의 불량배들을 선동하고 성을 소란하게 한 뒤 바울 일행이 유숙하고 있는 야손의 집에 쳐 들어가 바울 등을 붙잡으려 했다. 그러나 바울 등을 발견하지 못하자 야손과 몇 형제들을 붙들어 끌고 읍장들 앞에 가서, 이들을 "천하를 어지럽게 하던 자들"의 동조자로 황제의 명을 거역하고 데살로니가 성읍에서도 소요를 일으키고 있다고 고발하였다. 바울과 실라는 간신히 붙들리지 않았다. 읍장들은 보석금(bond)을 받고 고발된 자들을 풀어주었다.

(4) 바울과 실라를 데살로니가에서 탈출시키다 / 디모데는 남겨둔 채

제자들은 바울의 신변을 염려하여 그 밤에 바울과 실라를 데살로니가에서 베뢰아(유다의 베레아와 구분)로 보냈다(행 17:10). 디모데는 동행하지 못했다.

<천하를 어지럽게 하던 자들>

클라우디우스 황제(로마의 네 번째 황제 즉 네로의 전임前任: AD 41-54) 시대에 로마에서 기독교인들로 인한 소요가 발생하자, 황제는 칙령을 반포하고 기독교인들을 '천하를 어지럽게 하는 자들'이라 하여 로마시에서 추방시켰다(cf. 본서 제1편 제1장 제2절).

7) 베뢰아에서 전도(행 17:10-15)

① 베뢰아(Berea) 도착 경로 / 디모데의 합류

바울과 실라를 데살로니가에서 베뢰아로 가게 된 것은 자의에 의한 것은 아니었다. 데살로니가 형제들이 바울과 실라를 유대인으로부터 보호하면서 이곳으로 인도하였기 때문에 가게 된 것이다. 사실 그들은 서쪽 아드리아 해(Sea of Adria)를 건너 이탈리아(로마)로 갈 생각을 하고 있었다(롬 1:13 등). 디모데도 베뢰아에서 후에 다시 합류한 것으로 보인다(행 17:14).

베뢰아는 데살로니가처럼 상업도시의 번성을 이루지는 못하였지만 장식세공업과 농업, 석공업의 중심지로 그 이름을 떨쳤다.

② 베뢰아에서 복음 전도

바울과 실라는 회당에서 전도하였다. 베뢰아 사람들은 데살로니가 사람들보다 너그러워서(noble character) 간절한 마음으로 말씀을 받아들이고 질문도 하고 상고(詳考)도 하면서 진지하였다. 믿는 사람이 늘어나고 헬라의 귀부인들과 남자가 적지 않게 믿었다. 베뢰아의 회심자 가운데 대표적인 신자는 소바더이다(행 20:4).

③ 바울이 베뢰아를 떠나다 / 실라와 디모데는 남고

바울의 베뢰아에서의 전도소식이 데살로니가에 전해지자, 데살로니가 유대인들이 베뢰아까지 내려와 무리를 선동하며 소동을 일으키게 하고 바울의 전도를 방해하였다. 주의 형제들이 이를 보고 바울을 보호하고자 바울만 인도하여 바다로 가 아덴까지 호송하였다. 실라와 디모데는 베뢰아에 그대로 남아 있었다(행 17:14). 바울은 그들에게 디모데와 실라를 속히 자기에게 오게 하라고 부탁한 후 그들과 작별하였다(행 17:15).

[이로써 마게도냐 지방에 빌립보교회, 데살로니가교회, 베뢰아교회 등이 개척되었다. 따라서 '마게도냐 교회'라고 말할 때는 이중 어느 교회를 말하는지 경우에 따라 파악해야 한다.]

8) 아덴에서 전도(행 17:16–34)

① 아덴 사람들의 정신

바울은 주의 형제들의 인도로 홀로 베뢰아를 빠져나와 아덴(아테네)에 도착하였다. BC 5세기 그리스 시대의 아덴은 정치, 경제, 철학, 문학, 예술 등 전반에 걸쳐 찬란한 업적을 이룩하였었다.

그러나 헬레니즘시대 즉 알렉산더와 그 후계자들의 시대에는 오랫동안 전쟁이 지속됨으로써 사람들은 혼란한 외부 세계보다 자신의 내면세계에서 구원과 행복을 얻으려 하였다.

아덴은 우상의 도시였다. 그리스의 다른 어떤 도시보다 우상이 많았다. 그리스의 신화를 통해 그들의 신에 대한 생각이 어떠하였는지 알 수 있다.

② 아덴에서 1인 전도 / 철학자들과 쟁론

바울이 베뢰아를 떠날 때 실라와 디모데는 동행하지 못하였다(행 17:14). 바울은 아덴에 도착하여 실라와 디모데를 기다리고 있었다. 그는 기다리는 시간을 이용하여 홀로 날마다 회당에서 그리고 시장터에서 만나는 사람들에게 말씀을 전하였다. 그의 전도는 변론과 쟁론으로 이어졌다. 그는 에피쿠로스 및 스토아 철학자들과 예수와 부활에 관하여 쟁론하였다.

③ 아레오바고(Areopagus) **설교**

아레오바고는 본래는 아크로폴리스(성채) 서편에 위치한 평평한 언덕 이름이었다. 여기서 주요 종교 및 도덕상의 문제에 대한 재판이 열렸다. 때문에 아레오바고는 법정 또는 평의회를 가리키는 말이 되었다. 아덴의 스토아 및 에피쿠로스 학자들이(cf. 본서 제1편 제2장 제2절) 바울을 데리고 아레오바고에 와 "네가 전하는 이상하고 새로운 가르침이 도대체 무엇인지 우리에게 설명하라"고 요구하였다. 사실 그 사람들은 외국인이 전하는 가장 새로운 것만 듣는 사람들이었다. 바울은 "내가 아덴을 두루 다녀 보았는데 당신들은 무수한 신을 섬기고 있다. 심지어 알지 못하는 신에게 만들어 놓은 제단도 보았다. 이제 그 알지 못하는 신을 당신들이 알게 하겠다"는 말로 설교를 시작하였다. 그리하여 그는 올바른 신관 즉 참 하나님을 알게 하는 데 주력하였다. 창조론을 설명하여 우상숭배의 허탄함을 지적하고 유물론적, 진화론적 사고를 배격하였다.

바울은 설교의 끝 부분에 이르러 그리스도의 부활에 대해 증언하였다. 설교를 듣고 어떤 이들은 바울을 조롱하고 어떤 이는 다음날 다시 듣겠다고 했다. 바울이 자리를 떴다. 바울은 얼마 후 아덴을 떠나 고린도로 왔다.

④ 디모데의 합류 / 데살로니가교회에 파송(살전 3장).

[데살로니가전서 3장에 의하면 바울이 아덴에 있을 때 디모데가 베뢰아로부터 아덴으로 와서 바울과 합류한 것으로 보인다.] 바울은 데살로니가 교인들의 믿음을 위로함으로써 그들이 "여러 환난 중에 동요하지 않도록 하기 위하여"디모데를 데살로니가로 다시 파송했다(살전 3:2-3).

⑤ 아덴에서 전도성과

그러나 아덴에서의 설교(전도)는 다른 곳에 비해 성과가 적었다. 그것은 그들이 새로운 지식을 듣고 이야기하는 것으로 낙을 삼았을 뿐 그것을 구체적인 삶의 교훈으로 삼아 실천에 옮기는 일에는 무관심했기 때문이었다. 그렇지만 아덴에서도 아레오바고 관원 디오누시와 다미리라 하는 여인, 그리고 또 다른 믿는 형제를 얻었다.

9) 고린도에서 선교(행 18:1–17)

(1) 고린도 연혁

펠로폰네소스(Peloponnesus)는 마게도냐 대륙(발칸반도)에 '호박이 지붕에 매달린 것처럼'붙어 있는 섬 모양의 반도이다. 즉 병목 모양의 좁은 지협(地峽)에 의해 발칸반도와 연결되어 있었다. 그러나 AD 1893년 고린도 운하(Corinth Canal)의 개통으로 펠로폰네소스 반도는 섬이 되었다. 고린도는 병목 모양으로 되어 있는 지협의 서쪽에 있는 항구도시이고, 그 동쪽에 있는 항구도시가 레카움이다. 운하가 개통되기 전에는 동쪽 에게 해에서 서쪽 이오니아 해로 가는(또는 그 반대로 가는) 선박들은, 펠로폰네소스 반도 남쪽으로 돌아갈 경우 거리가 멀고 위험하였으므로 고린도 항 또는 레카움 항에 정박하고, 화물은 육로로 수송하여 반대편 항구 선박에 실었다. 때문에 고린도는 무역의 중심지이면서 부의 축적이 급속하게 이루어졌다. 고린도는 정치적으로는 빌립보처럼 로마의 식민지였고 아가야 주(州)(발칸 반도 남부 + 펠로폰네소스 섬)의 수도였다. 주민은 혼합 민족이었다. 유대인은 주로 무역에, 로마인은 주로 공무집행에, 헬라인은 기타 여러 분야에 종사하였다. 부의 급속한 성장은 이 도시를 타락하게 만든 원인이 되었다. 고린도는 부와 빈곤, 미와 추, 문화와 야만이 교차되는 곳이었다.

(2) 바울의 선교 여건 / 실라와 디모데와 다시 합류

① 바울이 아덴을 떠나 홀로 고린도에 이르렀을 때 그는 우울했다. 아덴에서의 선교사역이 성공적이지 못했기 때문에 또 다시 아덴에서와 같은 상황이 전개될까 염려되었다. 더욱이 실라와는 베뢰아에서부터 헤어졌고, 디모데는 아덴에서 다시 데살로니가로 파송했기 때문에, 그는 지금 홀로 전도해야 했다.

② 재정적 문제도 스스로 해결해야 했다. 다행히 바울은 천막 만드는 기술을 갖고 있었기 때문에, 이미 그곳에서 천막 만드는 업을 하고 있는 아굴라 부부에게 가서 생업을 함께 하게 되었다(행 18:2, 자력 전도의 본).

③ 드디어 실라와 디모데가 마게도냐로부터 왔고 선교 후원금도 갖고 왔다(행 18:5) (이것이 실라의 행적에 관한 마지막 기록이다). 그리고 디모데는 데살로니가교회에 관한 기쁜 소식도 전해 주었다. 이제 바울은 전도에 전념할 수 있게 되었다.

④ 바울이 데살로니가교회에 감사와 기쁨의 편지(데살로니가전서)를 써 보냈다(살전 3:6-13).

〈아굴라 부부: 아굴라와 브리스길라〉

클라우디우스는 로마의 4대 황제로 책을 좋아하고 정무를 소홀히 한 관계로 무능하다는 평을 받았다. 그의 재위 9년(AD 49년경)에 로마에 사는 유대인들이 폭동을 일으키자 이를 저지하기 위해 나사렛 칙령을 발표하였으며, 이로 인하여 유대인들이 로마에서 추방되었다. 아굴라 부부도 이렇게 추방당한 사람들이다(cf. 본서 제1편 제1장 제2절).

(3) 고린도교회의 개척 / 디도 유스도의 집 / 회당장 그리스보(행 18:7-8)

고린도에도 유대인 회당이 있었다. 바울은 안식일마다 회당에서 강론하고 유대인과 헬라인에게 권면하였다. 실라와 디모데가 도착한 후부터는 생업 전선에서 손을 떼고, 전적으로 하나님의 말씀에 붙잡혀 유대인들에게 예수는 그리스도라 밝히 증언하였다. 그러나 유대인들은 이 말씀 듣기를 거부하고 바울을 대적하며 비방하였다.

고린도 교인들은 하나님의 능력을 의지하기보다는 인간적인 지혜, 즉 철학, 수학, 웅변술 등을 더 중요시하였다. 이에 바울은 그들은 멸망할 것이고, 그 멸망은 그들 자초한 것이기 때문에 바울 자신에게는 책임이 없으며 자신은 이방인에게로 가겠다고 단언하였다(행 18:6). 바울은 회당에서의 전도를 그만두고 전도 장소를 (가이오) 디도 유스도(Giaus Titus Justus)의 집으로 옮겼다. 디도 유스도의 집은 회당 옆에 있었나. 디도 유스도는 하나님을 공경하는 자였는데 이방인이었을 것이다. 디도 유스도의 집은 고린도교회의 모체가 되었다. 고린도에서 또 한 사람의 중요한 열매가 있었다. 그는 회당장 그리스보이다. 그는 온 집안과 더불어 주를 믿었다(행 18:7-8).

(4) 주님의 환상(행 18:9)

밤에 주께서 환상 가운데 바울에게 나타나서 두려워하지 말라 하시며 힘을 주셨다.

(5) 바울의 피소 / 총독 갈리오의 기각 판결(행 18:12-17)

① 유대인들의 바울에 대한 적대적 행동은 고린도에서도 여전했다. 당시 로마의 관리 갈리오가 아가야(고린도) 총독으로 있을 때 유대인들이 바울을 법정에 고발했다. 죄목은 바울이 율법을 어기면서 하나님을 경외하라고 사람들을 권한다는 것이었다.

② 그러나 총독 갈리오는 냉철한 사람이었다. 그는 문제가 불법이나 부정에 관한 것이 아니고 만일 유대교의 언어와 명칭과 유대인의 법(율법)에 관한 것이면 너희가 스스로 처리하라고 선언했다. 이는 당시 로마정부가 식민지 통치정책의 일환으로 채택하고 있던 정교(政敎)분리의 원칙을 분명하게 적용한 것이다. 그는 사건을 이와 같은 원칙의 입장에서 보고 유대인들의 고소를 기각하였다. 그래서 유대인들은 법정으로부터 쫓겨나고 냉대를 받았다.

③ 때 마침 평소 반(反) 유대주의적 감정을 품고 있던 헬라인들은 유대인들이 총독으로부터 소

를 기각당하고 냉대 받는 것을 보고, 그 고소의 책임자인 회당장 소스데네(유대인)를 붙잡고 무고죄로 총독 앞에서 구타하였다. 그것은 회당장이 불필요한 고발을 함으로써 소란만 키우고 바울 일행이 석방된 것에 분개하였기 때문이었다. 그러나 총독 갈리오는 상관하지 않았다. 회당장 소스데네는 그리스보의 후임이었다.

〈총독 갈리오〉

유명한 철학자 세네카(BC 4-AD 65)의 형으로 매우 독창적이며 청렴결백하고 온화한 성격의 소유자였다(cf. 본서 제1편 제2장 제2절 2.).

〈헬라의 표현〉

헬라와 그리스 그리고 아가야는 같은 말이다.

(6) 장기체류(행 18:11) / 데살로니가 전후서를 기록하였다.

바울은 환상으로 인하여 힘을 얻고 고린도에서 1년 6개월을 체류하며 선교하였다(AD 51년경). 그것은 2차 선교여행 중 한 도시에서 머문 가장 긴 기간이었다. 그는 앞에서 본 바와 같이 먼저 데살로니가전서를 써 데살로니가교회에 보냈고, 그 후에 다시 후서를 써 디모데 편에 보냈다(살후 1:1).

(7) 고린도 출발(행 18:18)

바울은 고린도에서 1년 6개월 동안 전도하고 형제들과 작별한 후 배를 타고 수리아의 안디옥을 향하여 떠났다. 바울은 3차 전도여행 때 또 다시 고린도교회에 들리게 된다(행 20:2-3). 바울이 고린도를 떠날 때 **아굴라 부부**만 동행했다. **디모데**는 동행하지 않았다. 아마 데살로니가 후서를 가지고 데살로니가로 갔기 때문일 것이다. 3차 선교여행 때 에베소에서 다시 만난다(행 19:22).

〈바울이 떠난 후의 고린도교회〉

바울이 고린도교회를 떠난 후 아볼로(Apollos)가 에베소교회로부터 추천서를 받아 가지고 고린도교회로 오게 된다. 아볼로는 알렉산드리아 출신 유대인이다. 그는 고린도교회에 와서 열심히 활동한다. 그의 박식과 웅변은 바울의 오로지 복음과 눌변(訥辯)과 대조를 이루어 많은 고린도 교인들이 아볼로를 따르게 된다. 그러나 이로 인하여 고린도교회에 파가 생기고 교회가 분열된다. 바울은 이후 3차 선교여행 때 에베소에서 이 소식을 듣게 된다. 이 소식을 들은 바울이 에베소에서 고린도교회에 편지를 쓴다(고린도 전후서).

10) 겐그레아에서(행 18:18) / 나실인 서원

고린도를 떠나 겐그레아 항에 도착한 바울은 그곳에서 머리를 깎았다. 고린도에서 이미 나실인 서원(誓願)을 했기 때문이다(행 18:18). 그러나 그가 겐그레아에서 머리를 깎았다는 사실은 그가 유대힌이면서도 굳이 율법의식에 얽매이지 않았음을 시사한다

〈나실인 서원〉

나실인이란 자기 몸을 구별하여 여호와께 드리는 특별한 서원을 한 사람을 말한다(민 6장). 서원 기간은 일반적으로 30일이지만 7일 또는 30일 이상도 할 수 있다. 나실인은 서원기간을 시작할 때 머리를 깎는다. 그리고 서원기간 동안에는 머리에 삭도를 대지 않는다. 포도나 포도주를 먹지 아니하고 사체(死體)를 만지지 않는다. 서원기간의 시작은 어디서나 할 수 있다. 그러나 나실인의 의무를 완전히 이행하려면 서원(기간)의 끝맺음을 하여야 한다. 즉 서원기간을 끝낼 때 서원기간 동안 자란 머리를 자르고 예루살렘에서 정결의식에 참여하여 자른 머리를 희생제물과 함께 성전에 바쳐야 한다.

11) 에베소에 단기 선교(행 18:19-21)

아굴라 부부와 함께 고린도를 떠난 바울은 겐그레아를 거쳐 배를 타고 에베소로 왔다. 그는 생애 처음으로 에베소에 온 것이다. 그곳 여러 사람들이 더 오래 있기를 청했으나, 그는 예루살렘에 도착해야 할 일정 때문에 하나님의 뜻이면 다시 오리라 약속하고 브리스길라와 아굴라 부부를 남겨둔 채 그곳을 떠나 배를 타고 가이사랴로 갔다.

12) 예루살렘 방문(행 18:22)

가이사랴를 경유하여 예루살렘에 도착한 바울은 교회에 문안하고 선교 결과를 보고한 다음 곧 바로 수리아의 안디옥으로 왔다.

13) 수리아 안디옥 귀환(행 18:22)

안디옥으로 돌아온 바울은 안디옥교회에 문안하고 2차 선교여행의 결과를 보고하였다.

〈바울이 2차 선교여행 중에 쓴 서신들(2권)〉

〈1. 데살로니가전서〉

1) 저자, 기록 연대, 수신자, 기록 장소

바울은 제2차 선교여행(AD 50-52년) 중 고린도에서 1년 6개월 동안 머무는 동안 데살로니가교회에 편지(데살로니가전서)를 보냈다. 바울의 서신 가운데 가장 먼저 기록한 편지이자 신약성경 27권 중 가장 먼저 기록되었다.

2) 기록 배경

① 데살로니가교회는 위에서 본 바와 같이 바울이 2차 선교여행 때 유대인들의 극심한 박해 가운데 세운 교회이다.

② 바울과 실라는 그곳에서 전도하다가 유대인들의 박해 때문에 믿는 형제들의 인도로 디모데를 그곳에 남겨 둔 채 밤에 탈출하였었다(행 17:10).

③ 바울과 실라는 베뢰아에서 디모데와 다시 합류하였다(행 17:10). 그리고 바울은 홀로 아덴으로 왔다(행 17:14).

④ 바울은 항상 데살로니가교회의 상황에 관하여 지대한 관심을 갖고 있었다. 바울은 아덴에서 디모데와 다시 합류했다. 그러나 그는 우울한 소식을 가지고 왔다. 바울은 그를 다시 데살로니가로 파송했다(살전 3장).

⑤ 그런데 바울이 고린도에 이르렀을 때 디모데가 (실라와 함께) 데살로니가교회로부터 좋은 소식을 가지고 왔다(행 18:5). 바울이 이 소식을 듣고 고린도에서 데살로니가교회에 편지(데살로니가전서)를 써 보냈다(살전 3장).

3) 내용

(1) 데살로니가 교인의 믿음을 칭찬(살전 1장)

바울은 먼저 데살로니가 교인들이 그리스도인의 삶으로 회심하고 또 향상된 것에 대해 감사의 말을 썼다. 그들이 유대인들의 핍박 중에도 신실함을 잃지 않아 마게도냐(데살로니가)와 아가야(헬라, 그리스)에 있는 다른 그리스도인들에게 모범이 된 것을 감사하며 칭찬하였다(살전 3:7-9).

(2) 바울의 자기변호(살전 2장)

바울은 자신이 데살로니가에서 복음을 전할 때 박해받았던 사실을 회상하면서, 그렇게 어려운 여건 가운데서도 복음 사역을 포기하지 않았던 것은 오직 하나님을 기쁘시게 하기 위해서였다고 고백하고 있다. 또한 아직도 데살로니가 교인들에 대한 자신의 사랑과 관심이 여전히 식지 않았음을 밝히고 있다.

또한 그는 데살로니가 교회에 두 번이나 돌아가려고 했으나 그리하지 못한 이유를 설명한다.

(3) 디모데의 파송(살전 3장)

① 바울이 아덴에서 데살로니가 교회에 대하여 가졌던 염려, 바울이 데살로니가교회를 격려하기 위하여 디모데를 파송하게 된 경위, 그리고 디모데의 사명에 대하여 말한다(살전 3:1-5).

② 그런데 바울이 고린도에 이르렀을 때 디모데는 바울의 염려와는 달리 기쁜 소식을 가져 왔다. 바울은 이제 감사기도를 한다(살전 3:6-13). 즉 살전 3장은 바울이 디모데를 데살로니가교회에 파송한 배경 그리고 기쁜 소식을 듣고 감사하는 것을 내용으로 하고 있다.

[그런데 사도행전은 바울이 디모데를 아덴에서 다시 합류한 사실(살전 3:1)은 언급하지 않고 고린도에서 다시 합류한 것으로 기록하고 있다(행 18:5).]

(4) 주의 재림에 대한 교훈 / 종말론(살전 4-5장)

① 실생활에 대한 교훈(살전 4:1-12)

바울은 현세의 핍박과 도전에 직면한 데살로니가교회에 세상 종말에 받게 될 영원한 위로를 말함으로써 지금의 고통을 참도록 격려한다. 재림의 주를 맞이하며 부활의 영광에 참여하기 위해서는 부도덕한 생활을 청산하고 성결하게 생활함으로써 하나님을 기쁘시게 해야 하며(살전 5:16-22), "조용히 자기 일을 하고 너희의 손으로 일하기를 힘써야 하며, 항상 기뻐하고 쉬지 말고 기도하고, 범사에 감사해야 한다." 즉 항상 긴장하는 자세로 살아야 하며 사람과 하나님에게 의무를 다하여야 한다고 말하고 있다.

② 주의 재림과 부활에 대한 교훈(살전 4:13-18)

바울은 데살로니가교회에 종말에 관하여 교훈한다. 그것은 데살로니가교회에서 주의 재림을 보지 못하고 죽은 자에 대한 논란이 있었기 때문이었다. 그는 기독교인의 부활을 말한다. 즉, 예수 그리스도께서 재림하실 때 이미 죽은 성도들이 먼저 부활하고 살아있는 성도들과 함께 모두 지상으로부터 공중으로 들려올라가(rapture: 휴거), 그리스도인들의 몸이 불멸하는 영화의 몸으로 변형되고, 예수 그리스도와 함께 거하게 된다는 것이다.

③ 재림을 기다리는 자의 자세(살전 5:1-11)

바울은 주님의 재림을 기다리는 자의 자세를 자세히 언급한다. 재림의 시기는 누구도 알 수 없으므로 항상 긴장하는 자세로 살아야 하며 대인관계나 대신관계에 있어서 그 의무를 이행하여야 한다. 재림의 날은 '주의 날'이고 '마지막 날'이며 '장차 올 진노의 날'(살전 5;1-10)이다. 그날이 믿지 않는 사람에게는 밤의 도둑같이 임하며, 사람들이 평안하다 안전하다고 말할 그때에 갑자기 멸망으로 덮칠 것이다. 주님이 재림하시는 날의 시기는 아무도 모르지만 주의 재림은 분명히 이루어진다. 그러나 바울은 묵시론적, 단절론적 종말론을 말하지는 않는다.

〈2. 데살로니가후서〉

1) 기록 시기, 기록 장소, 수신자

바울은 제2차 선교여행 기간(AD 50-52) 중 고린도에서 데살로니가전서(편지)를 써서 데살로니가교회에 보낸 직후 또 다시 두 번째 편지(데살로니가후서)를 보냈다. 바울의 저작권에 대해 19세기 비평신학자들의 논란이 있지만 데살로니가전서와의 연관성 때문에 일반적으로 바울의 저작권이 인정되고 있다.

2) 기록 배경(동기)

첫 번째 편지(살전)를 보낸 후에도 데살로니가교회에서는 종말에 관한 올바른 지식이 정착되지 못하였다. 그리하여 바울은 자신이 가르치고자 했던 내용 중 데살로니가 교인들이 잘못 이해한 것을 올바르게 이해시키고 자신의 설명 중 미흡했던 부분을 보충 설명하는 목적으로, 고린도에서 데살로니가전서를 보내고 몇 개월 후, 두 번째 편지를 써 디모데 편에 보냈는데 이 편지가 데살로니가후서이다.

3) 내용

(1) 박해에 대한 바울의 감사와 격려(살후 1:1-12)

바울은 환난과 박해 가운데서도 인내하는 믿음을 보여준 데살로니가 교인들에 대한 칭찬과 성도들을 박해하는 대적들에 대한 심판을 말한다. 그리고 데살로니가 교인들을 위한 간구가 언급된다. 실루아노(실라)와 디모데(2차 선교여행 때 일행)도 함께 문안한다.

(2) 주의 재림에 대한 교훈-재림전 적그리스도의 출현(살후 2:1-17)

혹심한 박해를 받고 있던 데살로니가 교인들은 데살로니가전서의 말씀(5:1-11)을 잘못 해석하여 두 가지 오류를 범했다. 첫째, 재림 즉 지상의 종말이 극도로 임박했다는 착각이다. 그리하여 일상적인 생활까지도 포기하는 자까지 속출하게 되었다. 둘째, 성도로서 종말을 환영해야할 터인데도 혹시 자신도 심판받지 않을까 두려워하며 소동을 일으켰다. 이에 대하여 바울은 첫째, 재림 전 반드시 적그리스도의 출현이 재림의 징조로 있을 것이므로 영적으로 깨어있는 사람은 미래를 대비할 기회가 있으니 당장 불안해하지 말라고 충고한다(살후 2:1-12). 둘째, 하나님은 한번 택하신 성도는 기필코 구원해 주신다고 확신시키며 위로한다(살후 2:13-17).

(3) 우리를 위하여 기도하라 / 무위도식 하지 말라(살후 3장)

① 바울은 성도의 일상생활에서도 기도가 필수적이나 종말론과 관련해서도 흔들리지 않도록 기도생활을 하라고 권면한다(살후 3:1-5).

② 또 종말이 내일이라 해도 건전한 생활까지 폐기할 필요는 없으니, "누구든지 일하기 싫어하거든 먹지도 말게 하라"(살전 3:10), 즉 무위도식 하지 말고 게으르거나 낙심하지 말라고 명한다.

제5절 바울의 3차 선교여행(행 18:23–20:38)

1) 3차 선교여행 목적과 여행 경로

① 바울의 제3차 선교여행(AD 53-58)은 이미 제1, 2차 선교여행 때 개척한 교회들을 살펴보고 권면하는 것, 특히 에베소교회의 기반을 튼튼하게 하는 것과 예루살렘교회를 돕기 위한 기근 헌금(부조금) 모금에 있었던 것으로 보인다. 따라서 3차 선교여행은 새로운 교회의 개척보다 이미 세웠던 교회들을 답사하고 권면하는 데 주력한 여행이었다. 바울은 3년에 걸쳐 3차선교여행을

하면서(행 20:31) 에베소교회, 마게도냐교회, 고린도교회 등을 튼튼하게 하였다.

② 3차 선교여행 경로는 아래와 같다.

안디옥(수리아)-갈라디아→브루기아→에베소-드로아→마게도냐(빌립보)-헬라(고린도)→마게도냐(빌립보)→아시아(드로아)→앗소→밀레도→두로→가이사랴→예루살렘

2) 수리아의 안디옥 출발(행 18:23)

바울은 3차 선교여행도 역시 수리아의 안디옥에서 출발하였다.

3) 갈라디아 지방 교회들을 격려 (행 19:1)

바울은 1차 선교여행 때 개척했던 갈라디아와 브루기아 땅의 교회들을 차례로 다니며 제자들의 믿음을 굳게 했다. 특히 갈라디아교회에서는 예루살렘교회를 돕기 위한 연보를 강조했다(고전 16:1).

4) 에베소에서 전도(AD 53–56?)

(1) 에베소의 연혁과 도착 경로(행 18:22-23)

① 에베소는 소아시아(터키) 서쪽에 위치한 항구 도시이며 지정학상 동서무역의 관문에 위치하여 무역과 상업의 중심지가 되어 있었다. 에베소는 고대에는 바사(페르시아)의 지배하에 있었으나 BC 334년 알렉산더가 이곳을 점령한 후부터는 헬라의 통치를 받았다. BC 133년부터는 로마의 지배를 받았다. 에베소는 고대 종교의 중심지 중 하나로 특히 아데미(Artemis) 여신 숭배의 중심지로 널리 알려져 있었다. 아데미 여신은 고대 근동의 풍요의 여신(fidelity goddess)이며, 에베소에 있던 아데미 신전은 고대 7대 불가사의 가운데 하나로 유명하였다. 아데미 신전에는 5만 명이나 수용할 수 있는 성전 뜰이 있었다.

② 수리아의 안디옥을 출발한 바울은 육로로 갈라디아와 브루기아 땅을 차례로 거쳐 에베소에 이르렀다.

③ 에베소는 그가 2차 전도여행을 마무리하는 단계에서 잠깐 들렀을 때 호의적 반응을 보였던

곳이다. 바울은 그때(2차 전도여행 때) 일정 사정으로 단기 선교로 끝내고 하나님의 뜻이면 다시 오리라 약속하며 떠났었다.

(2) 아볼로(Apollos)와 아굴라 부부(행 18:24)

① 바울이 2차 선교여행을 마무리하면서 잠깐 들러 간(단기) 후, 에베소교회에는 알렉산드리아 출신 아볼로가 와서 전도하고 있었다. 그는 언변이 좋고 성경에 능통하였으나, 요한의 세례만 알 따름이었다.

② 한편 바울의 2차 선교여행 때 고린도에서 바울을 따라 이곳 에베소에 온 아굴라 부부(아굴라와 브리스길라)는 에베소에 남아 사도들과 가까이 지내고 있었다.

③ 아굴라 부부가 아볼로를 집으로 초대하여 하나님의 도를 정확하게 설명해 주었다. 복음의 진수를 정확하게 깨달은 아볼로는 성도들의 격려를 받으며 에베소교회의 추천서를 받아 고린도교회로 떠났다.

(3) 에베소 교인들의 신앙 상태(행 19:1-8)

① 아볼로가 고린도교회로 떠난 뒤 바울이 3차 전도여행 중 에베소교회에 이르렀다. 바울이 제자들을 만나 너희가 믿을 때 성령을 받았느냐고 물었을 때 그들은 성령이 있음을 듣지도 못하였고 요한의 세례만 받았다고 했다. 이와 같이 에베소의 믿는 사람들의 신앙은 아직 초보단계에 있었다. 바울이 그들에게 안수하니 그들이 성령을 받고 방언도 하였다. 모두 12명 쯤 되었다.

② 바울은 에베소 도착 후 처음에는 회당에 들어가 3개월 동안을 담대히 하나님 나라에 대하여 강론하며 권면하였다.

(4) 두란노 서원 전도 / 두 해 동안(행 19:9-10)

바울이 회당에서 선교할 때 복음을 받아들이지 않고 오히려 무리 앞에서 바울을 비방하는 사람들이 있었다. 바울은 복음을 호의적으로 받아들이는 형제들과 함께 회당을 떠나 전도 장소를 두란노 서원으로 옮기고, 그곳에서 날마다 강론하며 2년 동안(AD 53-55) 선교했다. 유대인이나 헬라인이나 다 말씀을 들었다.

(5) 유대인 마술사 / 스게와의 일곱 아들들(행 19:11-22)

하나님께서는 바울의 손을 통해 많은 놀라운 능력을 행하셨다. 사람들이 바울의 몸에서 손수건을 가져다가 귀신들린 사람에게 얹기만 하면 귀신이 나갔다. 이 광경을 본 유대인 마술사들이 시험적으로 악귀 들린 자에게 예수의 이름을 대며 귀신을 내쫓는 흉내를 냈다. 유대의 한 제사장 스게와의 아들 일곱도 이들과 똑같이 바울의 흉내를 냈다. 그때 악귀 들린 사람이 대답하되 내가 예수도 알고 바울도 아는데 너는 누구냐 하며 스게와의 두 아들에게 달려들어 붙들고 제압하였다. 두 아들이 상처를 입고 벗은 몸으로 도망하였다. 에베소에 거하는 많은 유대인과 헬라인이 이 일을 알고 와서 자복하고 예수의 이름을 높이었다. 또 많은 마술사들이 마술 책을 갖고 와서 소각하니 그 책값이 은 5만에 달하였다.

(6) 이후 전도계획 수립 / 동역자를 마게도냐로 파송(행 19:21)

① 고린도교회로부터 분쟁의 소식을 듣고 근심 중에 있던 바울은(고전1:11), 이후의 여행 계획을 수정해야 했다. 즉 속히 마게도냐를 거쳐 아가야(고린도)에 가야 했다. 그리고 예루살렘에 가는 것과 로마에서의 전도도 구상했다(행 19:21, 고후 1:15-18).

② 바울은 이를 위하여 디모데와 에라스도를 먼저 마게도냐로 파송했다(행 19:22).

디모데는 바울의 2차 선교여행 때 바울의 서신(데살로니가후서)을 가지고 마게도냐로 갔었다. 아마 그 후 에베소로 왔을 것이다. 그리고 바울의 3차 여행 때 그는 에베소에서 바울을 다시 만나고, 그를 돕다가 또 다시 마게도냐로 파송되었을 것이다. 또한 바울이 3차 선교여행을 마치고 예루살렘을 향하여 고린도를 떠날 때, 디모데는 연보 수송단의 일원으로 바울과 다시 만난다(행20:4).

에라스도는 고린도 출신으로 3차 전도여행 때 에베소에서 바울을 돕던 자이다.

(7) 데메드리오의 소동 사건과 서기장의 결단(행 19:23-41)

① 그 당시 에베소에서는 은장색(silver smith: 은 주물 제조업자)들이 은으로 아데미(아르테미스) 여신의 신상 모형(silver shrines of Artemis)을 만들어 큰 돈벌이를 하고 있었다. 그런데 바울이 나타나 사람이 만든 신상은 신이 아니라고 전하였다. 은장색들은 영업에 결정적 타격을 입게 되었다.

데메드리오라는 은장색 동업자 조합의 대표가 동업자들의 선동에 나섰다. 그는 바울의 전도로 말미암아 그들의 영업이 파산에 처하게 되었고 아데미 신상이 무시를 당하며 위엄이 추락된다고 외쳤다. 이에 에베소 온 시내가 소요에 빠졌으며 바울을 없애버리려 하였다.

② 은장색들이 바울은 붙잡지 못하고 바울의 동행자인 마게도냐 사람 가이오와 아리스다고를 잡아 연극장 안으로 몰려 들어갔다. 그들이 서로 외치므로 연극장은 2시간 동안이나 수라장이 되었다.

③ 유대인 공동체의 대변자 알렉산더가 사태의 악화를 염려하여 바울이 그들의 주장과 무관함을 설득하기 위해 그들을 진정시키려 했으나 소용이 없었다.

④ 소요 사태에 놀란 서기장이 군중을 조리 있게 설득했다. 에베소는 큰 아데미와 제우스에게서 내려온 우상의 신전지기(the guardian of the temple)인 것은 누구나 다 아는 바이다. 바울 일행이 이 신전을 모독한 것은 아니니 이성을 회복하고 법과 질서에 따라 민회를 통해 처분을 결정하라고. 이 말을 듣고 무리들이 흩어졌다.

서기장은 본토 출신 관리로 에베소시의 집회를 주선하고 그 결과를 기록하여 총독에게 보고하는 직책을 가진 자인데, 그는 이 문제를 로마 재판에까지 회부하여 확대시키는 것은 더 큰 문제를 야기할 것으로 판단하고 이렇게 결정을 한 것으로 보인다.

(8) 갈라디아서와 고린도전서를 기록하다

① 바울이 에베소에서 전도 중일 때 갈라디아교회에 유대주의자들이 침투하여 자기들의 주장(기독교로 개종하려면 할례를 받아야 한다)을 가르치고 있다는 소식을 들었다. 바울이 이를 바로잡기 위하여 갈라디아서를 썼다.

② 또한 고린도교회에 분쟁이 있다는 소식을 들었다. 근심 중에 있던 바울은 고린도교회에 편지를 써 보냈다. 이 편지가 고린도전서이다.

(9) 에베소를 떠나다(행 20:1)

① 바울은 디모데와 에라스도를 먼저 마게도냐로 보낸 후 혼자 그 곳에 얼마동안 머물렀다가 데메드리오 소요가 진정되자 제자들을 불러 권면한 후 작별하고 마게도냐로 갔다(행 20:1).

② 에베소에서의 전도기간은 모두 합하여 3년 동안이나 되었다(통산, 행20:31).

5) 드로아를 경유(고후 2:12-13)

바울은 에베소를 떠나 마게도냐(데살로니가)로 가는 도중 드로아에 도착했다. 이 곳에서 디도를 만나기로 약속되었으나 만나지 못하였다. 바울은 곧 드로아를 떠나 마게도냐로 갔다(행 20:1, 고후 2:12-13).

6) 마게도냐에서 선교(행 20:1)–'고린도후서'를 쓰다

① 바울은 드로아를 떠나 마게도냐에 이르렀다(행 20:1).

② 바울은 마게도냐(빌립보)에서 **디도**와 만났고, 디도는 고린도교회로부터 위로의 소식을 가지고 왔다(고후 7:5-16). 여기서 바울은 큰 위안을 얻고 고린도후서를 기록하여 디도 편으로 보냈다.

③ 바울은 마게도냐를 떠나 헬라(고린도)로 갔다(행 20:1).

7) 고린도(헬라)에서 선교 – '로마서'를 쓰다

① 바울은 마게도냐를 떠나 헬라(고린도)로 왔다(행 20:2-3).

② 바울은 고린도에서 3개월을 선교하였다(행 20:2-3, 고전 16:6).

③ 가이오의 집에 거하면서(롬 16:23) 로마서를 기록하였다.

④ 고린도에서 선교를 끝내고 배를 타고 지중해를 거쳐 수리아(안디옥)로 직행하고자 하였으나, 유대인들이 자기를 해하려 공모하기 때문에(선상 살해), 계획을 바꾸어 마게도냐(빌립보)를 거쳐 돌아가기로 했다(행 20:3).

⑤ 이때 지역교회들이 모금한 부조(연보)를 예루살렘 교회에 전달하기 위하여 예루살렘으로 가는 사절단(부조금 수송단: 7명)도 드로아로 가고 있었다.

⑥ 사절단은 바울보다 먼저 드로아에 도착하여 그곳에서 바울 일행을 기다렸다(행 20:4-5).

<연보 사절단 / 연보수송자들>

① 베뢰아 지방 교회 대표: 소바더. ② 데살로니가 지방 교회 대표: 아리스다고(행 19:29, 27:2, 골 4:10, 몬 1:24)와 세군도. ③ (갈라디아지방 교회 대표) 더베 사람: 가이오와 디모데(그는 원래 루스드라 출신이다). ④ 아시아 지방교회 대표: 두기고(엡 6:21, 골 4:7, 딤후 4:12, 딛 3:12)와 드로비모(딤후 4:12).

8) 빌립보를 경유하여 드로아로(행 20:6)

① 바울 일행(누가 등, '우리')도 헬라(고린도)를 떠나 빌립보에 이르렀다.

② 바울 일행은 다시 드로아를 향하여 빌립보를 떠났다(행 20:6).

9) 드로아에서(행 20:4-13)

① 바울 일행은 배로 빌립보를 떠나 5일 만에 드로아에 이르렀다(행 20:6).

② 바울 일행은 드로아에서 디모데 일행(연보 사절단)과 만나고 그들과 함께 7일을 머물렀다(행 20:6).

③ 청년 유두고 사건: 안식 후 첫날 즉 '주일'에 어느 개인의 집에 바울 일행과 드로아의 형제들이 떡을 떼려 모였다. 바울의 강론이 있었다. 바울은 다음날 출발할 계획이어서 강론이 부득이 밤늦게까지 계속되었다. 유두고라 하는 청년도 참석하였다. 그는 창에 걸터앉아 강론을 듣다가 졸음을 못 이겨 창에서 떨어져 죽고 말았다. 그러나 바울이 내려가 그를 소생시켰다. 바울은 날이 샐 때까지 강론을 하고 누가와 함께 드로아를 떠났다.

④ 드로아에서의 기사 중 특별한 것은 '안식 후 첫날'(주일)의 예배사건이다. 이는 초대교회 성도들이 유대인처럼 처음에는 안식일에 모였지만(행 15:21, 18:4), 이제는 독립하여 주일 예배를 드리려 모였다는 사실에 대한 증거이며 동시에 최초의 언급으로 여겨진다.

10) 밀레도에서(행 20:14-38) / 고별 설교

(1) 밀레도 도착 경로(행 20:14-16)

바울은 먼저 드로아를 떠나 도보로 앗소에 도착했다. **누가**는 배를 타고 드로아를 출발한 후 앗소에 도착하였고 그 곳에서 바울과 합류하였다. 바울 일행은 앗소에서 배를 타고 출발하여 미둘레네와 기오 그리고 사모를 들러 3일이 되는 날 밀레도에 이르렀다.

(2) 밀레도의 고별 설교(행 20:17-35)

① 밀레도(밀레토스)는 아시아(터키 반도 서남부)에 있으며 에베소에서 가까운 항구다. 바울

은 11년 동안(AD 47-58) 3차에 걸쳐 행한 이방선교의 마지막 시간을 이 밀레도에서 맞는다. 그러나 그에게는 오순절 안에 예루살렘에 도착해야 한다는 성령의 지시를 받고 있었다. 때문에 그는 이방선교의 전진기지인 수리아의 안디옥교회에 가서 전도결과를 보고하는 것도 그만 두기로 했다. 또 3년 동안에 걸쳐 개척한 에베소교회가 지척에 있었지만 그곳에 들리는 것도 생략하기로 했다. 대신 그는 에베소교회의 장로들을 밀레도에 초청하여 감회 깊은 고별 설교를 했다.

② 그의 이전 설교들이 아직 믿지 않는 사람들을 대상으로 한 설교였음에 비하여 이번 설교는 기성신자를 대상으로 한 것이 특징이다. 그는 말했다. "자신은 아무런 사심 없이 오직 예수 그리스도의 복음을 전하는 일에만 겸손과 눈물로 헌신하였다. 유익한 것은 누구에게나 꺼림이 없이 전하였다. 성령의 지시로 예루살렘에 가는데 거기서 무슨 일을 만날지 모른다. 지금까지 복음 증거를 위해서는 생명도 귀한 것으로 여기지 않았다. 너희 에베소교회를 배교의 길로 유혹할 거짓 선지자들의 출현을 예감하고 염려하였다. 복음 증거를 생계의 방편으로 삼는다는 평을 듣지 않기 위하여 직접 노동을 하여 쓸 것을 마련하였다"고. 그의 고별설교는 그의 많은 서신들의 축소판이다.

(3) 밀레도 출발(행 20:36-38) / 3차 선교여행의 마감

바울은 설교를 마친 후 무릎을 꿇고 함께 기도하였다. 그리고 그는 다시 만나지 못하리라는 말을 남기며 눈물의 이별을 하고 배를 탔다. 바울의 3차 선교여행(AD 53-58)은 이렇게 끝이 나고, 이제부터 예루살렘을 향한 그의 발걸음이 시작되었다.

〈바울이 3차 선교여행 중에 쓴 서신들(4권)〉

〈1. 갈라디아서〉

1) 저자

바울의 저작권은 의심 받지 않는다.

2) 수신자

수신자는 갈라디아교회이다. 갈라디아교회는 바울이 1차 선교여행 때 세운 교회이다. 2차 선교여행 때 다시 방문하였다. 그러나 갈라디아교회가 갈라디아 지방의 어느 지역에 위치하였는지에 관하여는 두 가지 설이 있다.

(1) 갈라디아 지명의 이중성

갈라디아서의 수신자는 갈라디아교회이다. 갈라디아는 오늘날 터키 반도의 중앙(중앙아시아)과 그 북부지역을 말한다. 갈라디아는 역사적으로 AD 25년에 로마의 속주(屬州)가 되었다. AD 25년 이전의 갈라디아를 옛(old) 갈라디아라 부른다. 옛 갈라디아는 중앙 소아시아의 '북부지역'만을 의미했다. 그러나 AD 25년 이후 갈라디아는 로마의 속주로 비시디아의 안디옥, 이고니온, 더베, 그리고 루스드라 등 '남쪽의 여러 도시들까지 포함한 행정 구역 전체'를 의미하였다. 갈라디아라는 지역의 명칭은 이와 같이 갈라디아 지역의 발전 과정에서 이중적(二重的) 의미를 갖게 되었는데, 바로 이 이중적 의미 때문에 갈라디아서의 수신자를 이해하는데 어려움이 있다. 그것은 갈라디아서에는 수신자인 갈라디아교회가 위의 두 이름 중 어느 갈라디아의 교회인가를 알려주는 내용이 없기 때문이다.

(2) 남 갈라디아 설

어떤 학자는 바울 일행은 1차 전도여행 때(행 18:19-21) '남쪽 지역'의 갈라디아(비시디아의 안디옥 등을 포함한)로 가서 그곳에 교회를 세웠고, 2차 전도여행 때(행 19:8-10)에도 또다시 그 곳을 방문했으며, 갈라디아서의 수신자는 이 '남쪽'의 갈라디아교회를 말한다고 한다.

(3) 북 갈라디아설

다른 학자는 2차 전도여행 때에는 AD 25년 이전의 도시 즉 '북쪽'의 갈라디아까지 방문하여 그곳에도 교회를 세웠는데, 갈라디아서의 수신자는 바로 이 북쪽 갈라디아의 교회를 말한다고 한다.

이 문제가 갈라디아서의 근본문제도 아니고 교리상의 문제와도 상관이 없으므로, 이에 대하여 더 언급할 필요는 없겠으나 남 갈라디아설을 지지하는 학자가 많다.

3) 기록의 배경

갈라디아교회는 바울의 전도로 세워진 교회이다. 갈라디아 사람들은 바울이 전한 복음을 열광적으로 받아들였다. 그러나 바울이 그곳을 떠난 후 얼마 되지 아니하여 나타난 다른 교사들(유대적 그리스도인)에 의해 갈라디아 사람들의 미숙한 신앙은 크게 흔들리게 되었다. 저들은 바울이 진정한 사도가 아니라고 주장하였다. 그 교사들은 만일 갈라디아 사람들이 하나님과 아브라함 사이에 맺어진 약속의 축복을 상속받으려 한다면, 이방인으로서 유대교에 개종할 때 행하는 규례인 할례와 율법을 준수하여야 한다는 것이다. 왜냐하면 하나님의 약속은 아브라함과 그 후손에게만 한정된 것이기 때문이라는 것이다. 바울은 이 같은 그리스도의 복음에 대한

편협한 민족주의적 해석과 여기에 내포된 율법주의에 대해 의분을 금치 못했다. 이에 그는 갈라디아 교인에게 항의의 편지를 보내게 되었다. 이것이 바로 갈라디아서이다.

4) 기록의 시기와 장소

(1) 갈라디아서의 기록 시기도 확실하지 않다. 학자들은 "십사 년 후에 내가 바나바와 함께 디도를 데리고 다시 예루살렘에 갔더니"라는 갈 2:1을 통해 기록 연대를 추정하려 한다

(2) 바울은 회심 후 3차에 걸쳐 예루살렘을 방문하였다. AD 32년에 회심하였고, AD 35년에 회심 후 1차 방문하였으며, AD 46년에 2차 방문하였다(부조금 전달). 그리고 AD 49년에 회심 후 3차 방문(공의회 참석)을 하였다.

(3) 갈 2:1에서 바울은 예루살렘 방문을 말한다. 그러나 여기에서 말하는 그의 예루살렘 방문이 몇 차 방문인지는 언급이 없다. 하지만 3차 예루살렘 방문으로 보는 견해가 많다. 왜냐하면 회심 후 1차 방문(AD 35)과 3차 방문(AD 49) 사이에는 14년의 간격이 있기 때문이다.

(4) 그리고 3차로 보는 경우에도, 바울이 예루살렘 공회의 결의 내용(할례의 무용)을 인지한 상태에서 갈라디아서를 기록하였는지, 아니면 인지하지 못한 상태에서 기록하였는지에 관하여는 언급이 없다. 왜냐하면 전자의 경우라면 갈라디아서의 기록 연대는 AD 49년(예루살렘 공회) 이후가 될 것이고, 후자의 경우라면 AD 49년 이전이 될 것이기 때문이다. 그러나 전자로 보는 경우가 많다. 왜냐하면 이 사실은 이미 알려진 주지의 사실이기 때문에 굳이 다시 언급할 필요가 없었다고 보기 때문이다.

(5) 전자를 따른다면 갈라디아서의 기록 시기는 대략 바울의 3차 전도여행 기간(AD 53-58년)인 AD 54-55년으로 볼 수 있다.

(6) 기록 장소는 일반적으로 에베소로 본다.

5) 내용

(1) "다른 복음은 없다"(갈 1:6-10)

바울은 인사말에서 자기의 사도직의 신적 수여를 말하고(갈 1:1-5), 이어 본서 기록의 동기가 갈라디아 교인의 배교적 행위 때문임을 이야기한다(갈 1:6-10).

바울이 갈라디아교회를 떠난 후 유대(교)적 기독교인들(할례당)이 갈라디아교회에 가만히 들어와 이방인이 구원을 얻으려면 믿음 외에 할례도 받아야 한다(율법의 준수)고 가르쳤다. 그런데 갈라디아 교인들은 이들의 가르침을 그대로 받아들였다. 이 소식을 들은 바울이 "우리나 혹은 하늘부터 온 천사라도 우리가 너희에게

전한 복음 이외에 다른 복음을 전하면 저주를 받을 지어다"라고 강경한 어조로 유대적 기독교인들을 비판하고 갈라디아 교인들이 배교적 행위에서 벗어날 것을 촉구한다(갈 1:8).

(2) "내가 전한 복음은 그리스도의 계시로 인한 것이다"(갈 1:11-17).

바울은 다른 복음은 없다는 주장과 관련하여, 자신의 회심과 사도로 활약하기까지의 초기 행적을 고백하면서, 자기가 전하는 복음과 사도권의 권위를 변증한다.

먼저 바울은 자기가 전하는 복음은 사람의 뜻을 따라 된 것이 아니라 그리스도의 계시로 된 것이라고 천명함으로써 자기가 전하는 복음의 신적 권위를 말한다(1:11-12).

(3) 회심 후 예루살렘교회 3차 방문에 관하여(갈 2:1-10)

① 그는 이어서 자신의 회심 후 예루살렘교회에 대한 3차 방문(AD 49)에 관하여 설명한다. 즉, 이미 설명한 바와 같이 AD 32년에 회심하였고, 3년 후인 AD 35년에 예루살렘 1차 방문을 하였다. 또한 회심하고 14년 후인 AD 46년에는 부조금 전달 목적으로 예루살렘 2차 방문을 하였다. 그리고 1차 방문하고 14년 후인 AD 49년(AD 35+14=AD 49)에 예루살렘을 공회에 참석차 회심 후 예루살렘 3차 방문을 하였다. 갈 2:1은 이를 말한다.

그러나 여기에서 바울은 공의회의 결의사항(할례의 무용)에 관하여는 언급하지 않는다. 때문에 갈라디아서의 기록연대 파악에 어려움이 있다.

② 바울은 금반 3차 방문을 계기로 예루살렘교회의 기둥이 되는 세 명의 지도자, 즉 예수의 동생 야고보와 게바(베드로), 그리고 (사도) 요한과의 접촉의 기회를 가졌다. 바울은 그들에게 자기가 전하는 복음이 예루살렘교회가 전하는 복음과 다르지 않다는 것을 확인시켰다. 실례로 유대적 기독교인의 주장대로라면 바울이 동행한 디도는 헬라인(이방인)이기 때문에 할례를 받아야 하지만 바울은 그들의 주장에 복종하지 않았다고 말한다(갈 2:3-5).

③ 예루살렘교회의 지도자들은 자신들이 동포 유대인들을 전도하기 위해 부르심을 받은 것처럼, 바나바와 바울은 이방인을 전도하기 위하여 부르심을 받았다는 것을 분명하게 인식하였으며, 쌍방은 친교의 악수를 하였다고 한다(갈 2:6-9).

(4) 바울이 베드로를 면박하다(갈 2:11-14)

바울은 복음의 진수인 이신득의 교리를 논증하기에 앞서 베드로의 외식(外飾)행위를 비판하며, 자신의 사도권이 베드로보다 결코 열등하지 않음을 언급한다. 내용은 이렇다.

예루살렘 공의회 이후 야고보가 보낸 이들(할례당)이 예루살렘으로부터 안디옥교회에 왔다. 그런데 베드로는 안디옥에서 이들(할례자들)이 이르기 전 이방인(할례받지 않은 자)과 식사를 하고 있다가, 이들이 오자 그들을 두려워하여 자리에서 떠났다. 남은 유대인들도 함께 떠났다. 그것은 할례자들은 그리스도인들이 이방인(할례 받지 않은)과 함께 식사하거나 교제하는 것을 용인하지 않았기 때문이다. 이 사실을 목격한 바울은 베드로의 외식적(外飾的) 태도를 용인할 수가 없었다. 때문에 바울은 베드로에게 "네가 유대인(그리스도인)으로서 이방인(할례당)을 따르고 유대인답게 살지 아니하면서 어찌하여 억지로 이방인을 유대인답게 살게 하려느냐?"고 공개적으로 면박을 하였다는 것이다(갈 2:14).

사실 고넬료 회심사건의 주인공이며 이미 본 바와 같이 예루살렘 총회 때에도 전면에서 바울의 주장을 지원하였던 베드로가 이와 같이 외식적 태도를 취한 것은 그의 실수(순간적 체면치례)로 밖에는 설명할 수가 없다. 바울의 이같이 단호한 태도(책망)는 예루살렘 공의회 결정을 더욱 확고하게 하였고 바울 자신의 사도적 권위를 한층 더 견고하게 하였다.

(5) 이신득의(以信得義: Justification) 교리 요약(갈 2:15-21)

바울은 이신득의의 교리를 간략하게 요약하고 있다. 즉 우리는 오직 믿음으로만 의로워진다고, 그리스도는 인류의 구속을 위하여 스스로 속죄양이 되었고, 구원으로 가는 유일한 길은 율법의 행위가 아니라 오직 그리스도와 그에 대한 믿음뿐이라는 것이다. 다시 말하면 이 세상 그 누구도 율법의 행위로는 구원을 받을 수가 없다. 예수의 죽음과 연합하여 하나님 앞에 죽었다가 예수의 부활과 연합하여 다시 하나님 앞에서 새 생명을 얻는다는 사실을 믿는 믿음만이 구원의 길이라는 것이다(갈 2:16).

바울은 이와 같이 갈라디아서를 통하여 사실상 신교(信教)의 자유헌장을 선포하였다. 즉 바울은 인간으로부터의 신앙 독립과 하나님에 대한 신뢰를 선포하고 있는 것이다. 이와 같은 의미에서 갈라디아서는 로마서와 함께 개인이 하나님께로 나감을 가로막는 일체의 권위, 제도, 관습, 율법을 거부하는 그리스도교 신앙의 대헌장이라고 말할 수 있다.

(6) 믿음인가, 율법의 준수인가?(갈 3장)

본장에서는 먼저 갈라디아 교인들의 배교를 꾸짖고 이어서 복음과 율법의 관련성 및 율법의 역할과 기능에 대해 설명한다.

① 바울은, 갈라디아 교인들이 그리스도의 구속의 은혜를 '직접 체험하고도'이를 속히 저버리고 율법주의의 거짓 형제들의 가르침을 무비판적으로 받아들인 것에 대해 이를 어리석은 짓이라고 비판한다(갈 3:1-5).

② 바울은, 하나님이 아브라함을 의로 여긴 것도 율법의 준수(행위)에서가 아니라 그의 믿음에 의한 것임을 이신득의의 예로 든다. 그리고는 아브라함의 시대에는 율법이 없었음을 그 증거로 제시한다(갈 3:6-9).

③ 바울은 하나님께서 아브라함과 그 아들(그리스도)에게 주신 약속은 결코 바뀌지 않는다는 사실을 분명히

한다(갈 3:15-22).

④ 바울은 율법이 그리스도를 영접하기 전까지만 유효한 것이고, 사람들을 참된 스승이자 구속자이신 그리스도께로 인도하는 역할을 수행하는 초등교사(guardian, 갈 3:23-29)라고 분명히 말한다.

(7) 믿음의 자유와 율법의 노예(갈 4장)

① 바울은 어린 유산상속자의 비유를 통해 교훈한다. 즉 상속자가 어렸을 동안에는 청지기(후견인)의 지배를 받는 것과 같이, 우리도 복음의 진리를 깨달을 때까지는 율법의 지배(멍에)를 받는다(율법의 시간적 제한). 그러나 복음의 진리를 깨달은 장성한 자는 율법의 멍에로부터 자유롭게 된다. 율법 아래 예속된 자는 하나님의 자녀라 할지라도 참 자유를 누리지 못한다고(갈 4:1-20).

② 바울은 아브라함의 두 아내와 그 아들들의 비유를 통해 교훈한다. 즉 바울은 먼저, 행위와 결과를 요구하는 율법을 그 신분과 지위가 제약을 받는 여종과 거기서 난 서자(이스마엘)에게 적용한다. 그리고는 믿음과 동기를 요구하는 약속 즉 언약의 복음은 자유로운 약속의 아내와 적자(이삭)에게 적용한다(갈 4:21-31).

(8) 윤리적 권면(갈 5장)

① 그리스도인의 자유와 사랑(갈 5:1-15)

바울은 율법주의자들이 특히 강조하던 할례를 구체적으로 지적하면서 이를 단호히 배격할 것을 훈계하고 있다. 본장의 핵심적 주제는 복음을 통해 주어진 그리스도인의 자유를 굳게 지키라는 것이다. 여기에서 자유는 단순히 방종적이고 이기적인 자유가 아니라, 죄와 사망의 노예로부터의 근원적인 해방인 동시에 참된 인간성의 회복을 그리고 그리스도의 영과 사랑이 그 생활을 지배함을 말한다.

② 육체의 열매와 성령의 열매(갈 5:16-26)

바울은 성령을 따라 행하라고 권면한다. 그는 육체의 열매와 성령의 열매를 대조시키고 성도는 이전의 율법으로 돌아가는 우를 범해서는 안 되며 육체의 일을 도모하지 말아야 한다고 강조한다. 성령의 열매는 사랑, 희락, 화평, 오래 참음, 자비, 양선, 충성, 온유, 절제라고 가르친다(갈 5:22).

(9) 실천적 명령(갈 6장)

바울은 본장을 통하여 두 개의 실제적 권면(행동 지침) 즉 그리스도인의 대인관계(6:1-5)와 재물의 올바른 사용(6:6-10)에 대하여 역설하고 있다.

〈2. 고린도전서〉

1) 기록 배경

① 고린도는 발칸 반도의 최남단에 위치한다. 당시 고린도는 어느 지역보다도 퇴폐한 도시였다. 바울은 2차 선교여행 때 일행(실라와 디모데)의 동행 없이, 아덴을 출발하여 고린도에 도착하여 아굴라 부부 집에서 천막 만드는 일을 같이 하면서 전도했다. 그는 그곳에 1년 6개월 동안 머물면서 고린도교회를 개척했다. 이렇게 바울이 2차 선교여행 때(AD 50-52) 고린도에 세운 교회가 고린도교회이다.

② 바울이 3차 선교여행 도중 에베소에서 전도하고 있을 때(행 19:1), 고린도교회에 음행이 심하다는 소식을 들었다. 이에 바울은 음행하는 자들을 사귀지 말라는 경고의 편지를 써 보냈다(고전 5:9). 이 편지가 바울이 고린도교회에 보낸 첫 번째 편지이다. 이 첫 번째 편지는 '소실'되었다.

③ 그러나 고린도 교인들은 바울의 첫 번째 편지를 잘못 이해하여 문제를 야기했다. 바울은 이때 고린도교회 글로에의 집 사람들로부터 '신앙적 질문의 편지'를 받았다(고전 1:11). 이 편지는 분쟁 문제, 혼인 문제, 우상문제 등과 같이 항목별 질문형식으로 되어 있었다. 그리고 글로에의 집 사람들이란 아마 스데바나와 브드나도일 것이다(고전 16:17). 바울은 이와 같은 질문에 대한 답변으로 고린도교회에 다시 편지를 써 디모데 편에 보냈다(고전 16:10). 이 답변의 편지는 바울이 고린도교회에 보낸 두 번째 편지이며, 항목별 답변의 형식으로 되어 있다. 이 두 번째 편지가 곧 고린도전서이다.

④ 로마서가 신학적, 교리적 서신인 것에 비하여 고린도전서는 실제적, 실천적 서신이다.

⑤ 고린도전서는 전반부와 후반부로 구분할 수 있다. 전반부는 분쟁의 문제에 대한, 후반부는 기타의 질문에 대한 조목별 답변을 내용으로 하고 있다.

2) 저자, 기록장소, 수신자, 기록연대

고린도전서는 바울이 그의 3차 선교여행 때인 AD 55년경에 에베소에서 고린도교회의 신자들에게 써 보낸 편지다.

3) 내용

〈 전반부〉

(1) 고린도교회의 분쟁 문제(고전 1:10-4:21)

① 분쟁 문제(고전 1:10-17)

바울은 먼저 고린도교회의 분쟁 문제를 다룬다. 바울이 2차 선교여행 때 고린도교회를 개척하고 떠난 뒤, 아볼로가 에베소교회의 추천서를 가지고 고린도교회로 왔다(에베소교회의 파송). 그는 능력이 있었고 열심히 사역하였으며 특히 말솜씨가 바울보다 좋았다. 그러나 교회 내에 바울파, 아볼로 파, 게바파, 그리스도파 등 파당이 발생되었다. 이와 같은 파당 행위는 그리스도의 몸이 하나 됨을 부인하는 것이요, 못 박히신 그리스도를 모욕하는 것이요, 세례의 의미를 부인하는 것이다. 바울은 고린도에서 사역할 때 은혜의 행위가 개인에 대한 충성으로 변질될까 염려하여 세례도 소수의 사람에게만 베풀었다고 말한다(디도 유수도, 그리스보, 스데바나의 집 사람들에게만. 고전 1:14-16).

② 인간의 지혜에 대한 과신(고전 1:18-2:5)

바울은 고린도교회 분쟁의 근본 원인은 무엇보다도 하나님 무시와 인간의 지혜에 대한 과신 때문이라고 말한다. 고린도교회 교인들은 십자가의 도를 인간의 지혜로 해석하려 했다. 하지만 바울은 십자가의 도는 인간의 지혜로 인식되는 것과는 반대라고 한다. 즉 십자가의 도가 표적을 사랑하는 유대인들에게는 거리끼는 것이요 지혜를 사랑하는 헬라인에게는 미련한 것이지만, 하나님의 부르심을 입은 자들에게는 구원을 주시는 하나님의 능력이요 하나님의 지혜라는 것이다.

③ 성령이 계시하는 하나님의 구원 계획 / 성령의 조명(고전 2:6-16)

첫째, 바울은 하나님의 지혜가 제한적인 세상 지혜와는 다른 온전한 지혜임을 말하고, 하나님의 영원한 구원계획(하나님의 지혜)을 제시하고 있다. 그것은 인류를 구속하려는 계획, 즉 그리스도의 십자가를 통한 죄인의 구속계획으로, 만세 전부터 하나님의 주권 하에 추진되어 왔으며, 선지자들에 의해 예언되어 오다가 그리스도의 성육신과 십자가 사건으로 성취되었다(고전 2:6). 이사야(기록된 바)는 어느 날 하나님께서 인간이 생각하지도 못하는 방법으로 이와 같은 진리들을 인간에게 계시하실 것이라고 예언했다(고전 2:9).

둘째, 그리고 바울은 바로 지금 성령으로 말미암아 그것들이 사도들에게 계시되었다고 한다. 그것은 하나님의 마음을 아시는 분은 오직 성령뿐이므로 하나님의 진리를 하나님의 백성들에게 계시해 줄 분도 오직 성령밖에 없기 때문이다(성령의 조명, 고전 2:10-11).

④ 육신적인 파당 / 교회분쟁의 원인(고전 3:1-9)

첫째, 고린도 교인들이 파당을 나누어 분쟁하게 된 것은 세상적인 지혜로 하나님의 일을 판단하고 세상적인 기준으로 지도자를 편애하고 추종한 까닭이라고 진단한다.

둘째, 바울은 농사의 비유를 들어, 고린도 교인들이 진정으로 섬기고 추종해야 할 분은 열매를 맺게 하시는(자라게 하시는) 하나님 한 분뿐이며, 따라서 하나님의 도구(종)에 불과한 바울이나 아볼로 같은 교회 지도자들(심고 물을 주는)을 추종하는 것은 잘못임을 지적한다(3:1-7). 물론 심고 물을 주는 달란트를 수행하는 자도 하나님의 약속대로 상급을 받을 것이다(3:8).

셋째, 성도들의 마음은 하나님의 밭이다. 성도는 그 밭에서 복음이 자라 열매를 맺을 수 있도록 일구어야 한다(3:9).

⑤ 교회의 유일한 기초 / 견고한 건축자(고전 3:10-15)

바울은 먼저 그리스도를 교회의 기초(터), 바울 자신을 기초공사자, 다른 지도자들은 기초 위에 건물을 세우는 건축자로 묘사한다. 그리고 건축자들이 금, 은, 보석과 같은 견고한 건축 자재를 사용하여 그 터 위에 교회를 세운다면 그 교회는 마지막 때에 하나님의 불심판도 능히 견디며 최후의 승리를 얻게 될 것이지만, 나무, 풀, 짚과 같은 임시적인 자재를 사용하여 교회를 세운다면 그 교회는 마지막 불 심판 때에 타 없어지고 말 것이라고 한다.

⑥ 교회 / 하나님의 전(殿)을 더럽히지 말라(고전 3:16-17)

구약시대에 성전에 하나님의 영광이 임재하신 것과 같이, 하나님의 영이신 성령께서 각 성도 안에 내주(內住)하심으로, 각 성도는 하나님의 전(殿)이 된다. 바울은 따라서 각 성도들의 집합체인 교회 역시 하나님의 (성)전이 됨을 지적하고, 하나님의 영적 성전인 교회공동체를 더럽히는 자들을 하나님께서 멸하실 것은 자명하다고 말한다.

⑦ 세상 지혜의 어리석음(고전 3:18-23)

세상 사람들이 스스로를 아무리 지혜롭다고 여길지라도 하나님께서 보시기에는 그들이야말로 미련하기 짝이 없는 자들이다. 따라서 바울은 이와 같은 세상 지혜를 기준으로 교회의 지도자들을 평가하고 파당을 일삼는 고린도 교인들의 처사가 얼마나 잘못된 것인지 책망한다.

⑧ 교회 지도자들에 대한 판단에 관하여(고전 4:1-5)

본장에서는 교회 지도자들을 세상적 지혜로 판단하지 말 것을 권면하고 있다. 즉, 성도들은 복음 사역자를 그리스도의 일꾼이며 하나님의 비밀을 맡은 자로 여김으로써 일체의 세상적이고 인간적인 판단을 배제해야 한다. 판단은 장차 최고의 심판주이시며 공의로우신 하나님께 맡겨야 한다. 반면에 복음 사역자들은 자신의 사명에 충성을 다하는 자세를 지녀야 한다고 주장한다.

⑨ 고린도 성도들의 영적 교만을 책망(고전 4:6-13)

바울은 여기에서 '이미 배부르며 이미 부요하며 우리 없이 왕 노릇 하고 있는'고린도 교인들의 영적 교만과, 복음 전파과정에서 수많은 고난을 인내하며 겸손을 잃지 않았던 사도들(바울과 아볼로를 포함하여)의 태도를 대조시킴으로써, 고린도 교인들의 교만을 간접적으로 책망하고 있다.

⑩ 분쟁 해결을 위한 사랑의 권면(고전 4:14-21)

교회분열 문제에 대한 결론적 부분으로, 교회의 분열을 조속히 극복하고 그리스도 안에서 사랑으로 하나 될 것을 권면하면서, 바울 자신의 신앙적 모본을 따르도록 이끌고 있다.

또한 바울은 디모데를 고린도교회에 파송한다는 사실을 밝히면서 디모데를 사랑하고 신실하고 아들임을 소개한다. 그리고 바울 자신은 교만해서 고린도교회를 직접 방문하는 것을 피하고 대신 다른 사람을 보내는 즉 편지로만 큰 소리 치는 자라는, 오해를 불식시키는 말도 빠뜨리지 않는다.

(2) 음행의 관한 책망과 권면(고전 5장)

① 당시 고린도는 성적으로 문란한 도시였다. 심지어 교회 내에서도 근친상간이 발생하기에 이르렀다. 문제는 이러한 죄악에 대하여 고린도교회가 수수방관하고 있었다는 점이다. 바울은 고린도교회의 이러한 무책임한 행동을 책망한다. 바울은 고린도교회가 그리스도의 권위와 능력 아래서 그들을 출교시킴으로써 후에 회개를 통하여 그 영혼은 구원받을 수 있도록 하라고 권면한다(5:1-5).

② 바울은, 크기는 매우 작으나 삽시간에 온 덩어리에 퍼져 반죽을 부풀리는 누룩의 특성을 비유로 사용한다. 죄는 누룩과 같아서 금방 번식한다. 따라서 교회 내에 죄가 있을 경우 속히 가려내어 권징함으로써 죄를 없이 해야 함을 지적한다. 성도들은 누룩 없는 새 덩어리이다. 그리고 성도들이 누룩 없는 자가 되게 하기 위해 그리스도께서 희생되셨음을 상기시킨다(5:6-8).

③ 교회라고 해서 세상으로부터 분리될 수는 없다. 그러나 세상과는 철저히 구별되어야 한다. 즉 세상에서 빛과 소금의 역할을 감당해야 한다. 그리고 교회 밖의 불신자에 대한 판단은 하나님께 맡겨야 한다. 한편 교회 안의 성도가 죄를 범한 때는 그를 엄격히 징계하며 그가 돌이킬 수 있도록 유도해야 한다(5:9-13).

(3) 교회 내의 송사 문제(고전 6:1-11)

고린도교회 내의 분쟁문제가 결국 세상 법정에까지 나가게 되었다. 그러나 교회 내에서 발생한 문제를 세상법정에까지 끌고 가 세상기준으로 해결하려는 것은 바람직한 일이 아니다. 성도들은 그리스도의 재림 시 그리스도와 함께 왕 노릇하며 이 세상과 타락한 천사들을 심판하게 될 자들인 것이다. 바울은 성도들이 지극히 작은 일 하나도 해결하지 못한다는 것은 실로 어리석은 일이라 지적하고, 이를 호되게 책망한다. 그리고 분쟁의 해결 방법을 제시한다. 즉 성도간의 분쟁에서는 불이익을 당할 것을 감수하면서라도 성도에게 사랑과 미덕으로 양보하라고(5:7-8), 만일 그리하지 못하면 그는 하나님의 유업을 얻지 못할 것이라고 경고한다.

(4) 일반적 음행의 본질(고전 6:12-20)

① 당시 고린도에서는 신전 안에서 음행을 하는 것이 보편화되어 있었다. 그러한 악행이 교회 속으로까지 번지게 되었다. 이에 바울은 성도는 예수 그리스도와 연합하여 영적으로 하나가 된 자들이라는 사실을 상기시키며 창기와 한 몸이 되는 것은 용납될 수 없다고 지적하고, 만일 성도가 자신의 몸을 음행의 도구로 사용한다면 성령께서 거하시는 성전을 더럽히는 것으로 심각한 신성 모독이 됨을 경고한다.

② 바울은 이러한 악행이, 하나님께서 주시는 그리스도인의 자유를 무슨 일을 해도 괜찮은 것이라고 오해한 데에, 그 원인이 있다고 진단한다. 그러나 그리스도인의 자유는 그리스도 안에서 그리스도를 통하여 얻는 죄와

율법에서의 자유이며, 성도의 몸은 주의 권능으로 부활할 것일 뿐 아니라 그리스도의 지체요 성령의 전(殿)임을 상기시킨다.

〈후반부〉

(5) 결혼과 이혼문제(고전 7장)

본장은 결혼 및 이혼에 관한 문제를 다루고 있다. 이러한 문제를 다루게 된 것은, 첫째, 당시 팽배했던 극단주의적 금욕주의와 임박한 종말사상으로 인해 성도들 사이에서 꼭 결혼을 해야 하는가라는 질문이 제기되었기 때문이다. 둘째, 당시에는 성적으로 타락한 헬라 문화의 영향으로 이혼이 빈번했는데 성도 중에서도 신앙을 이유로 이혼한 예가 늘어났기 때문이다. 때문에 고린도 교인들은 결혼문제에 대해 상당한 혼란을 겪고 있었다.

① 결혼과 부부생활 전반에 대하여(고전 7:1-7)

첫째, 바울은 모든 사람이 자신을 본받아 독신으로 지내는 것이 바람직하다고 권면한다. 아마 당시 팽배했던 임박한 종말사상으로 인해 그리스도의 재림 전에 있을 환난을 염두에 두고 한 말일 것이다.

둘째, 결혼을 통해 한 몸이 된 남편과 아내는 자신의 몸을 자기가 주장할 수 없으므로 상대방의 성적 요구를 들어줄 의무가 있음을 말한다(7:3-4).

셋째, 부부간의 분방은 단기간, 쌍방의 합의를 조건으로 할 것을 권면한다.

이상의 결혼에 대한 전반적 권면도 자신의 권고이지 명령은 아니라고 한다. 시대적 개인적 상황에 맞추어 적용시킬 수 있는 주관적 규범도 있음을 보여준다.

② 미혼자와 과부에 대하여(고전 7:8-9)

바울은 아직 결혼하지 않은 사람과 과부들에게는 (임박한 종말을 염두에 두고) 현재의 독신 상태 그대로 있을 것을 권면한다.

③ 기혼자의 이혼문제에 대하여(고전 7:10-16)

첫째, 바울은 원칙적으로 그리스도 안에서 부부된 자의 이혼을 금지하였다. 특히 신자끼리 부부된 자의 이혼금지 명령이 그의 사적인 권도가 아니라 주의 명령임을 상기시켜 절대적 순종을 요구하고 있다. 사실 예수께서 음행의 연고 외에 성도 간의 이혼은 엄격히 금지하셨기 때문이다(마 19:4-9).

둘째, 불신자와 결혼한 부부에 대하여는 불신 배우자가 결혼생활을 계속하기를 원한다면 굳이 이혼하지 말라고 한다.

셋째, 불신 배우자가 이혼을 요구할 경우에는 이혼이 가능함도 말한다.

④ 성도들과 세상 신분과의 관계(고전 7:17-24)

세상에서나 교회 내에서 사람들의 신분은 다양하다. 즉, 주인과 노예, 귀족과 자유인, 유대인과 헬라인, 할례 받은 성도와 할례 받지 않은 성도 등. 성도들은 자신의 세상적 신분이 어떠하든지 거기에 얽매이지 말고 주어진 상황 속에서 하나님의 뜻이 무엇인지 분별하여 그에 합당한 삶을 살아야한다고 권면한다.

⑤ 처녀의 결혼 문제(고전 7:25-38)

첫째, 임박한 종말의 때를 살아가는 처녀는 시집을 가지 않고 독신으로 지내는 것이 좋다.

둘째, 종말의 때에 성도들은 세상 것에 집착하지 않고 재림하실 그리스도에 집중해야 한다.

셋째, 결혼한 자들은 배우자에게 마음을 빼앗겨 주를 온전히 섬길 수 없는 반면, 독신자는 오직 주만 섬길 수 있는 유익이 있다.

넷째, 종말의 때에 딸을 둔 부모는 시집보내지 않는 것이 좋다.

(6) **우상의 제물로 바쳐진 음식에 관하여**(고전 8:1-11:1)

고린도교회 안에는 우상의 제물을 먹느냐 먹지 않느냐 하는 문제를 두고 논란이 있었다(우상의 제단에 바쳐졌다가 시장에서 매매되는 음식). 바울은 원론적으로 신자가 우상의 제물에 대하여 자유롭다고 천명하였다. 즉 우상 자체는 아무 것도 아니므로 제물을 먹어도 괜찮다는 것이다. 그래서 그들은 바른 지식을 근거로 양심의 가책 없이 음식을 먹을 수 있는 자유를 행사하였다. 그러나 아직도 우상숭배에 대한 부정적인 관념이 남아 있어 양심에 가책을 받고 있는 사람들에게는(초신자) 부담을 주었다. 그래서 바울은 자유도 중요하지만 형제에 대한 사랑도 중하게 생각하여, 절제할 수 있는 지식과 사랑이 있는 자유를 행사하라고 권면한다(아디아포라의 문제).

(7) **여인들이 공공 예배 시 수건을 쓰는 문제**(고전 11:2-16)

바울은 여인들이 예배시간에 수건을 쓰는 것이 마땅하다고 했다. 그것은 하나님께 대한 경건이기 때문이다. 물론 남녀가 차등적인 존재가 아니고 상호 의존하는 관계이지만, 사역과 역할에 있어서 질서를 지켜야 하기 때문이라 하였다.

(8) **성만찬 문제**(고전 11:17-34)

성찬은 그리스도의 죽음을 기념하는 예식이고, 애찬은 성도들의 공동식사이다. 당시 애찬은 성도들이 집에서 준비한 것을 교회로 가지고 와서 함께 나누어 먹었는데, 경제적으로 부유한 자들이 준비한 음식을 가난한 자들과 나누지 않고 가난한 자들이 교회에 오기 전에 먹고 마심으로써 그들은 취하고 배불렀으나 가난한 자들은 굶주리는 상처를 받았다. 결국 빈부 사이에 형제애가 깨어지고, 애찬과 함께 행해지던 성찬식까지 불경하게 드리게 되었다. 바울은 교회의 이러한 처사를 엄히 책망하고 성찬예식의 유래와 근본의미를 설명한다.

(9) 은사 문제(고전 12장)

① 은사의 다양성과 통일성(고전 12:1-12)

본장에서 바울은 영적 은사의 기원(12:1-3)을 밝히고 그 다양성(12:4-11)을 소개함으로써, 은사를 바르게 이해하고 교회가 하나 될 것을(통일성) 촉구하고 있다. 큰 은사를 받은 자라도 그것이 성령으로부터 말미암은 것이라는 사실을 깨닫지 못하면 독선에 빠질 수밖에 없다.

첫째, 성령께서는 각 사람이 지닌 개성에 따라 다양한 은사를 베풀어 주신다(은사의 다양성). 즉, 지혜의 말씀, 지식의 말씀, 믿음, 병 고침, 능력 행함, 예언함, 영들을 분별함, 방언을 말함, 방언을 통역함 등(9가지).

둘째, 하지만 이처럼 다양한 은사들은 각기 다른 목적을 가지고 있는 것이 아니라 오직 하나의 공통된 목적을 가지고 있다(은사의 통일성). 그것은 모든 은사의 근원인 성령이 원하시는 뜻을 성취하기 위한 것이다. 성령이 원하시는 뜻이란 교회의 유익과 덕을 세우는 일이다.

② 몸과 지체와의 유기적 관계 / 교회와 성도와의 관계(고전 12:12-26)

바울은 사람의 몸과 지체들과의 유기적 관계를 비유로 하여 교회를 설명한다. 즉, 몸의 각 지체가 생김새와 역할이 다르지만 분리할 수 없고 상호보완적이고 의존적인 관계인 것처럼, 예수 그리스도의 몸인 교회도 성도라는 다양하고 많은 지체로 구성되어 있는데, 서로 직분은 다르지만 하나의 목적에 연결되어 완전한 통일성을 이루고 있다는 것이다.

③ 교회 안에서의 직분의 평등성(고전 12:27-31)

바울은 선지자, 교사, 능력을 행하는 자, 병 고치는 은사, 서로 돕는 것, 다스리는 것, 방언을 말하는 자 등 바울 당시 교회의 직책에 대해 언급하고 있다. 그리고 그 모든 것에 우열이 존재할 수 없음을 강조한 다음 '더욱 큰 은사'를 사모하라고 촉구한다. 더욱 큰 은사는 '사랑'을 의미한다 할 것이다.

④ 사랑의 은사(고전 13장) / '사랑의 시편'

"내가 사람의 방언과 천사의 말을 할지라도 사랑이 없으면 소리 나는 구리와 울리는 꽹과리가 되고 … 사랑은 오래참고, 온유하며, 시기하지 아니하며, 자랑하지 아니하며, 교만하지 아니 하며, 무례히 행치 아니하며, 자기의 유익을 구하지 아니하며, 성내지 아니하며, 악한 것을 생각하지 아니하며, 불의를 기뻐하지 아니하며, 진리와 함께 기뻐하고, 모든 것을 참으며, 모든 것을 바라며, 모든 것을 견디느니라 … 그런즉 믿음, 소망, 사랑은 항상 있을 것인데 그 중의 제일은 사랑이라"

(a) 가장 큰 은사(고전 13:1-7)

바울은 13장에서 은사 중 사랑의 속성과 절대적 우위성을 아름다운 필치로 그려내고 있다. 본장은 '사랑의 시편(the Psalm of Love)'으로 일컬어진다. 이 사랑은 인본주의적 사랑 곧 남녀 간의 애정인 에로스, 친구간의 우정인 필리아(philia), 혈연적 사랑을 의미하는 스톨게(storge)와는 다른 것으로, 자기희생적인 신의 사랑 즉 아가페를 의미한다. 바울은 성도들에게 그리스도의 성육신과 십자가를 통해 나타난 하나님의 자기희생적 사랑의 실천을 진지하게 호소하여 성도들의 가슴에 숙연한 마음자세와 참된 각성을 던져준다.

(b) 사랑의 영원성과 지속성(고전 13:8-13)

사랑의 영원성과 지속성이 특별히 강조되어 있다. 모든 은사는 일시적인 것이고 불완전하여 하늘의 완전한 것이 올 때는 폐하여지지만, 사랑은 하나님의 본질로서 영속하는 것이다.

⑤ 예언과 방언(고전 14장)

(a) 방언의 제한성 / 예언의 상대적 유익성(고전 14:1-19)

첫째, 당시 고린도 교인들은 방언 은사를 최고의 은사로 여겼다. 그러나 바울은 '너희가 다 방언 말하기를 원하나 특별히 예언하기를 원한다'고 한다. 그것은 방언(은사)은 자기 자신에게 유익하나 타인과 교회 전체에는 무익하고, 방언을 통역하여 교회의 덕을 세우지 아니하면 예언하는 자만 못하기 때문이라 하였다. 바울은 악기와 전투 준비를 알리는 나팔이 분명하지 못한 소리를 내면 아무 쓸모가 없는 것처럼,'알아듣지 못하는 방언'은 교회 공동체에 유익을 줄 수 없다고 설명한다.

둘째, 그러나 방언을 통역하는 자는 방언을 통해 계시된 하나님의 뜻을 깨달아 삶에 적용시킬 수 있고, 그것을 권면하여 교회에 덕을 끼칠 수 있기 때문에 방언과 통역의 은사를 겸비할 것을 권면한다.

셋째, 따라서 바울은 방언 은사만을 사모하지 말고 교회 공동체에 덕을 세울 수 있는 은사를 사모하라고 당부한다.

(b) 예언의 우월성(고전14:20-25)

바울은 고린도 교인들이 아직 영적으로 미숙하기 때문에 방언 은사만을 사모하는 것으로 판단하여, 지혜에 있어 장성한 자가 될 것을 촉구한다(14:20).

그리고 방언에 비한 예언의 우월성을 말한다. 먼저 이스라엘 백성이 선지자들의 예언을 외면한다면 하나님께서 이방인들을 보내 그들에게 방언으로 말할지라도 듣지 않을 것이라는 구약의 말씀을 상기시킨다(사28:11-22.고전14:21). 또한 그는, 방언은 믿지 않는 자들에게 이적으로서의 충격과 감동을 줄 수 있으나, 회중들이 무슨 말인지 이해할 수 없기 때문에, 그것을 듣고 그리스도를 영접하거나 새로운 삶을 결단하기에는 불충분하다. 뿐만 아니라 공중 예배시 방언을 지나치게 사용할 경우 불신자들이나 신앙의 초보자들이 역반응으로 교회에 대해 좋지 않은 인식을 갖게 되며, 성도들을 비정상적으로 생각할 수 있기 때문에, 방언의 사용을 절제해야 한다. 그러나 '다 예언을 하면 믿지 아니하는 자들도 수용할 것이다'라고 말한다(14:22-25).

(c) 예언과 방언의 사용 규칙(고전 14:26-30)

예배 시 방언과 예언 은사의 사용규칙에 대해 자세히 언급하고 있다. 은사의 사용은 교회의 건덕을 위해 하라. 방언은 반드시 통역하며 통역이 없을 경우는 잠잠하라. 방언은 순서를 따라 하고 세 사람 이상 하지 말라. 예언도 세 명 이상 하지 말고 그 내용은 타인에 의해 진위의 판단을 받아야 한다. 예언하는 자는 스스로도 자제하고 타인에 의해서도 절제를 받아야 한다.

(10) 부활을 부인하는 자들에 관하여(고전 15장)

① 그리스도의 부활의 역사성(고전 15:1-11)

그리스도는 성경(의 예언)대로 우리 죄를 위하여 십자가 위에서 죽으셨고 장사 지낸 바 되었다가 성경(의 예언) 대로 사흘 만에 부활하셨다. 이는 역사적 사실이다. 부활한 그리스도를 직접 목격한 자들도 많다. 즉 게바와 열두 제자, 오백여 명의 형제와 야고보 등. 그리고 나(바울) 자신도 목격자의 한 사람이다. 목격자들 중 아직까지 살아있는 자들도 많다.

② 성도들의 육체적 부활의 확실성(고전 15:12-19)

성도들(죽은 자들)의 부활을 부인하는 것은

(a) 그리스도의 부활을 부인하는 것과 같다.

(b) 성도들의 믿음과 복음 전파 사역을 부인하는 것과 같다.

(c) 복음 전도자들의 증거의 진실성을 부인하는 것과 같다. 즉 거짓 증인임을 스스로 인정하는 것이다.

(d) 우리의 믿음과 죄 사함을 부인하는 것과 같다.

(e) 우리의 소망을 부인하는 것과 같다. 즉 모든 사람 가운데 가장 불쌍한 자임을 인정하는 것이다.

③ 그리스도 부활의 의의 / 부활에 대한 보증성과 대표성(고전 15:20-22)

(a) 그리스도의 부활은 부활의 첫 열매로서 성도들의 부활에 대한 보증과 예표가 된다. 즉, 하나님 앞에 바친 첫 곡식단이 추수의 시작을 의미하는 표식이듯, 그리스도는 하나님 앞에 바쳐진 부활의 첫 열매로서, 모든 성도들의 부활에 대한 약속의 증표(보증서)이자 예표가 된다.

(b) 인류의 조상인 아담이 범죄함으로 말미암아 죽음이 세상에 들어왔고 그리스도의 십자가 부활로 말미암아 부활과 영생이 가능케 되었다. 고로 아담으로 대표되는 인류는 죽을 수밖에 없지만, 그리스도 안에 있는 성도들은 그리스도의 재림 때 부활의 영광에 참여하게 될 것이다(그리스도 부활의 대표성).

④ 종말론적 부활의 순서(고전 15:23-28)

(a) 바울은 이제 그리스도가 부활하실 때 함께 부활하게 될 자들과 부활의 순서에 대해 말한다. 즉 첫째는 그리스도 자신이다. 둘째는 그리스도가 강림하실 때 그에게 속한(믿는) 백성이다. 셋째는 불신자의 부활이다(고전 15:23-24).

그러나 신자와 불신자의 부활은 그리스도의 재림 때에 일어날 사건으로서, 시간상 전후 관계가 아니라 동시적인 사건이며, 심판의 양면성을 나타낸 것이다. 이때 성도들은 영생과 영광으로 덧입게 되는 반면 불신자들은 영원한 형벌로 귀착된다(계 20:11-15).

(b) 그 후에는 세상의 종말이 올 것인데 그때에는 재림하신 그리스도께서 세상의 모든 권세와 악의 세력을 멸하시고 마지막으로 사망 권세까지 정복하신 후 주인 되신 하나님께 만물을 돌려드리게 될 것이다(15:25-28).

⑤ 부활에 대한 소망(고전 15:29-34)

(a) (세례는 원래 그리스도와 함께 옛사람이 죽고 그리스도와 함께 새사람으로 부활하는 것을 의미한다). 따라서 바울은 세례를 받지 않고 죽은 신자를 위해서 산 자가 대신 받은 것은 무의미하다고 말한다.

(b) 바울은 자신이 복음을 전파하며 계속적인 핍박과 고통을 감수해야 했지만, 그럼에도 그리스도만 바라보고 오직 부활을 통한 미래의 소망을 간직하고 있었기에 환난 가운데서도 즐거워할 수 있었다고 고백한다.

⑥ 부활의 원리 / 부활한 육체의 상태(고전 15:35-49)

(a) "죽은 자들이 어떻게 다시 살아나며, 만약 부활한다면 몸은 어떤 상태를 지니게 되는가"라는 의문에 대해 바울은 파종의 비유와 대표 원리에 근거하여 답변한다. 즉 먼저 죽은 자들이 어떻게 다시 사는가라는 의문에 대해서는, 식물의 씨앗이 땅에 떨어져 죽어야만 살아나듯이, 인간 육체의 부활도 죽음의 과정을 필연적으로 거쳐야함을 말한다(고전 15:36).

(b) 부활한 몸이 어떤 상태를 지니는가에 대해서는, 씨앗이 '새로운 형태의 식물을'만들어 내듯, 부활 이전 상태와 이후의 상태는 분명히 다르다고 설명한다. 즉 하나님께서 창조질서를 통하여 모든 피조물에게 서로 다른 다양한 형체를 주었듯이, 부활할 때에도 죽기 이전의 육체와는 비교할 수 없는 새로운 몸의 형체를 예비하여 주신다는 것이다(고전 15:37-41). 구체적으로 현재의 육체는 썩고 욕되며 약한 것이나, 부활 후의 육체는 영원히 썩지 아니하며 영광스럽고 강하다고 하였다(영적 육체. 고전 15:42-44).

(c) 성도의 부활 소망은 둘째 아담 그리스도에게 주어졌다. 즉 첫 아담은 인류에게 죽음과 멸망의 좌절을 주었지만, 둘째 아담 그리스도는 인류에게 생명과 부활의 소망을 준 것이다. 다시 말하면 첫 아담은 생령(a living being)이 되었고, 둘째 아담은 살리는 영(a life giving spirit)이 되었다. 그러므로 아담은 모든 인간에게 육의 몸의 조상이 되는 반면, 예수 그리스도는 인간에게 영원한 생명, 즉 신령한 몸을 주시는 분이 되었다고

말한다(고전 15:45-49, 구원의 대표성 원리).

⑦ 재림 때의 부활 / 부활의 승리(고전 15:50-58)

(a) 그리스도의 재림 때 성도들은 살아있는 자나 죽은 자나 모두 영원히 죽지 않는 영화로운 몸으로 부활하여(영적 육체로 부활하여), 하나님의 영광에 참여하게 될 것이다(고전 15:50-54).

(b) 부활에 대한 모든 강론을 마친 바울은 이제 부활에 대한 분명한 확신 위에서 사망을 향해 "사망아 네가 쏘는 것이 어디 있느냐"(고전 15:55-58)는 담대한 승리의 선언을 한다.

(11) 연보에 관한 교훈/ 마지막 권면과 문안(고전 16장)

예루살렘의 가난한 성도들을 위한 연보에 대해, 바울은 수입에 따라 체계 있게 미리 모아 두기를 권면하였다.

〈3. 고린도후서〉

1) 저자, 기록장소, 수신자, 기록연대

고린도후서는 바울이 3차 선교여행(AD 53-58) 중 AD 55년, 즉 고린도전서를 썼던 그 해에, 마게도냐(빌립보)에서 써 고린도교회에 보낸 서신서이다.

2) 기록 배경

① 바울이 3차 선교여행 때 에베소에서 고린도전서를 써 디모데 편에 보냈지만, 디모데의 노력에도 불구하고 문제의 해결에서 바울이 기대한 만큼 좋은 결과를 얻지 못하고 있는 것 같았다.

② 그러나 바울이 3차 선교여행 중 마게도냐(빌립보)에 이르렀을 때 그곳에서 디도를 만났고 그에게서 고린도교회에 대한 기쁜 소식을 들었다.

③ 바울은 디도의 보고에 대한 응답으로 마게도냐(빌립보)에서 편지를 써 디도 편에 고린도교회로 보냈다. 이 서신이 바로 고린도후서이다.

3) 특징

① 고린도후서는 바울의 개인적이고 자기변호적인 서신으로, 시공(時空)의 구분과 문학적 체계가 부족한

것(무질서)이 특징이다.

② 바울이 고린도교회에 있는 자신의 새로운 대적들에게 자기를 변호하는 측면이 강하다. 새로운 대적의 실체에 대하여는 논란이 많지만 고린도전서의 대적들과는 달리 거짓 교사와 유대주의자(유대적 기독교인 할례당)로 본다. 그들은 교리문제보다는 주로 바울의 개인적인 면모(외모, 언변, 우유부단), 권위, 가르침 등의문제로 인신공격에 주력했던 자들이다.

③ 바울은 연보 문제를 비중 있게 다룬다.

4) 내용

(1) 고난과 하나님의 위로(고후 1:3-11)

바울은 신자들의 환난과 고난에 대하여 말한다. 그러나 여기에서 강조하고 있는 것은 고난이 아니라 고난 중에 주시는 하나님의 위로이다. 그는 아시아(루스드라와 에베소)에서 자신이 당했던 환난에 대하여도 언급한다.

(2) 고린도교회의 방문을 연기 / 눈물로 쓴 편지(고후 1:12-2:11)

① 바울은 3차 선교여행 중 에베소에서 전도활동을 하고 있을 때, 앞으로 수행하게 될 마게도냐 지방(고린도 등)의 선교여행(3차 선교여행)의 경로를 변경했던 사실에 관하여 설명한다. 그는 처음에는 에베소-고린도-마게도냐-고린도-유대(예루살렘)로 계획했다(고후 1:16). 그러나 다시 여행경로를 에베소-마게도냐-고린도-유대(예루살렘)로 변경하였다가(고전 16:2-8) 그마저도 그만 두었다(연기되었다, 고후 1:23). 그의 실제 3차 여행은 에베소-드로아-마게도냐-고린도-드로아-밀레도-예루살렘 순으로 진행되었다(행 20:1-14).

② 이처럼 잦은 계획변경에 대해 고린도 교인들이 바울을 믿을 수 없다고 비난한 것 같다. 그는 "내가 내 목숨을 걸고 하나님을 불러 증언하노니 내가 고린도에 가지 않은 것은 너희를 아끼려 함이라"고 자기변호를 한다(고후 1:23).

③ 바울은 이에 눈물로 편지를 써 디모데 편에 고린도교회로 보냈다고 한다(고린도전서). (행 19:22, 고전 16:10).

(3) 디도를 만나지 못함(고후 2:12-17)

① 바울은 에베소에서 데메드리오 소동으로 인하여(행 19:21-41) 그 곳을 떠나 드로아로 왔으나, 이곳에서 만나기로 약속한 디도를 만나지 못하였다. 실망한 바울은 드로아에서 전도의 기회가 열렸음에도 불구하고 디도를 만나기 위하여 마게도냐로 갔다(고후 2:12-13).

② 한편 바울은 복음전도자를 하나님께 바치는 그리스도의 향기로 비유하고, 그 향기가 구원을 받을 사람에게는 생명으로부터 생명에 이르게 하는 냄새라 하였다(고후 2:14-17).

(4) 바울의 사도권의 근거 / '새언약'의 일꾼들(고후 3장)

① 대적들은 바울에게 추천서가 없음을 들어 바울이 복음의 방해자이며 사기꾼이라고 비방했다. 바울은 이에 대해 자신의 사도직은 공적인 추천서가 필요 없는 하나님의 소명이며, "너희는 우리로 말미암아 나타난 그리스도의 편지"라 말함으로써 고린도 교인들이 바로 그의 사역과 사도권의 진실성을 보증하는 추천서라고 주장한다(고후 3:1-5).

② 그리고는 사도들의 직분은 '새 언약'으로 말미암아 이루어진 (복음 선포를 위한) 성령의 직분이고 의의 직분이기 때문에, 옛 언약 즉 율법으로 말미암은 직분(율법 선포를 위한)을 넘어서는 영광스러운 직책임을 밝힌다(3:6-11).

③ 또한 유대인들이 참된 구원과 영광의 자유를 얻는 것은 '율법에 대한 무지와 오해'에서 벗어나(율법의 수건을 벗고) 그리스도를 영접할 때에만 가능하다고 역설한다(3:12-18).

〈율법의 수건〉

모세가 시내산에서 하나님으로부터 증거의 두 판(板. 율법을 새긴)을 받아 들고 내려올 때 모세의 얼굴에는 광채가 났다(율법의 광채). 모세 자신은 그것을 깨닫지 못하였다. 이스라엘 자손은 이를 보고 두려워하여 모세에게 가까이 하지 못하였다. 모세가 아론과 회중의 대표들을 불러 그들과 말을 다 마치니 그제야 이스라엘 자손들이 가까이 왔다. 모세는 이스라엘 자손들에게 말을 마치고 수건으로 자기 얼굴을 가렸다(출 34:29-33). 그것은 모세는 율법이 영원하지 않으며 장차 없어질 것임을 이미 알았기 때문에 그의 백성들이 자기 얼굴에 나타난 광채를 보고 영원하지 않은 것(율법)을 영원한 것으로 착각할까 봐 수건으로 가린 것이다. 그러나 이스라엘 자손들은 모세 얼굴의 영광 즉 율법의 영광이 곧 사라질 '한시적'이라는 사실을 깨닫지 못하였다. 그러므로 이후 유대인들은 그들의 완고함이 더하여 오직 모세의 율법만 영원한 것으로 착각하고 예수 그리스도를 배척하며 복음을 거부하였다. 이러한 배경에서 율법의 수건은 유대인의 '율법에 대한 무지와 오해'를 의미한다.

(5) 사도의 자세 / 사역의 고난 극복(고후 4장)

① 바울은 사도된 자의 자세를 말한다. 즉 복음전파의 핵심은 오직 그리스도 예수가 주 되신 것과 예수를 위해 그들(사도들)이 사람들의 종 된 것을 전파하는 것이라 말한다(4:1-6). 이는 전도사역의 대(大)철칙이다.

② 바울은 질그릇 안에 담긴 보배의 비유(질그릇 비유)를 통해 인간의 연약성(질그릇)과 복음의 능력(보배)을

대조시키면서, 복음 사역의 고난과 영광, 복음 전도 과정에서 부딪히는 어려움을 극복하는 바울의 신앙적 근거를 역설적이고 감동적 문체로 기록하고 있다(고후 4:7-15).

③ 바울은 우리가 낙심하지 아니하노니 우리의 겉사람은 낡아지나 우리의 속사람은 날로 새로워진다고 한다. 즉 육체는 늙어가지만 속사람은 부활을 알기 때문에 날로 새로워진다는 것이다(고후 4:16-17).

(6) 새 하늘의 삶 / 사도의 역할과 직분(고후 5장)

① 이 땅에서의 삶(현세) 즉 육의 삶은 잠깐이며 새 하늘에서의 삶(내세)은 영원하다. 그러므로 성도는 천국을 맛보며 현세를 살아야 한다(고후 5:1-10). 바울은 인간 육체를 장막에 비유함으로써 인간 육체의 임시성과 한계성 그리고 부활의 확신을 분명하게 지적한다.

② 사도는 하나님의 사랑의 강권에 의해 부름 받았으므로 하나님의 사랑을 전하기에 주력해야 한다. 특히 주님의 사역으로 성취된 하나님과 성도, 성도 상호간의 화목을 도모해야 한다(고후 5:11-21).

(7) 바울의 수고(고후 6장)

① 바울은 이제 사도로서 자신이 겪은 수난을 말한다. 즉, 복음 전도자에게는 죽음이 곧 삶이고, 고난이 기쁨의 원천이 된다고 한다. 이를 역설의 진리라고 말한다(고후 6:1-13).

② 한편 바울은 고린도 교인과의 화해를 요청한 후 결론으로 신자와 불신자간의 구별(분리)을 강조한다. 그것은 신자는 살아계신 하나님의 성전이기 때문이다(고후 6:14-18).

(8) 디도와의 재회, 고린도후서의 배경(고후 7장)

① 바울은 자신의 수고에 대해 다시 이야기를 이어간다(고후 7:1-4).

② 바울은 빌립보에서 디도를 만났고 그로부터 고린도교회에 대한 기쁜 소식을 들었다. 바울은 고린도교회의 문제가 해결되고 자신과 고린도 교인 간에 화해가 이루어진 것을 기뻐한다. 그리고 눈물로 써 보낸 편지(고후 2:4)를 회상하면서 이 편지(고린도후서, 즉 본서)를 기록하는 배경을 이야기한다(고후 7:5-16).

(9) 예루살렘교회를 위한 연보(고후 8장)

① 바울은 8장과 9장에서는 예루살렘 성도들을 위한 풍성한 연보를 부탁한다. 당시 예루살렘교회는 빈민층이 많았고 심한 기근으로(AD 41-54) 대단히 궁핍한 상황에 처해 있었다. 바울은 예루살렘교회가 모든 이방교회의 모교회인 동시에 영적 양식의 공급처임을 강조하면서, 이방 교회들이 물질로 예루살렘교회를 돕는 것이 정당한 의무임을 역설한다.

② 그리고 마게도냐(빌립보) 교인들의 연보(구제)에 대한 모범을 자랑한다.

③ 바울은 단독으로 일을 추진하지 않고 디도를 비롯한 세 명의 동역자를 고린도교회에 파송함으로써 연보를 예루살렘으로 보내는 일을 함께하게 하고 불필요한 오해를 불식시킨다.

(10) **연보의 지침**(고후 9장)

바울은 본장에서 헌금에 대한 구체적 지침을 전달한다. 즉 ① 파송자들이 고린도에 도착하기 전에 미리 헌금을 준비하여 둠이 좋다. ② 헌금은 각각 그 마음에 정한대로 할 것이요 인색함으로나 억지로 하지 말 것이다.

(11) **바울의 사도권에 대한 두 번째 변호**(고후 10장)

바울은 본서 초반에서 자신의 사도권을 말하였으나 또 다시 이야기한다.

① 대적들은 바울이 서신으로는 용감하지만 대면하면 비겁하다고 했다. 그러나 바울은 어디까지나 그리스도의 온유하심을 본받아 싸움을 피한 것이라 변호한다(고후 10:1-2).

② 바울은 강한 어조로 말한다. "우리 싸움의 병기는 세상의 방법 즉 육체에 속한 것이 아니고 하나님의 권세(능력)로 하는 싸움이다. 바울 자신의 권세는 하나님께서 주신 참된 권세이다. 그 권세는 너희를 파하려고 하신 것이 아니라 세우려고 하신 것이다"고. 바울은 그럼에도 고린도 교인들이 사람을 외모로만 보았다고 책망한다(고후 10:3-11).

③ 이어 바울은 선교구역에 대하여 말한다. 자칭 사도라는 자들이 고린도에 와서 고린도교회가 자기들의 노력의 열매인양 자랑했지만, 그곳의 정당한 사도는 자신임을 지적한다(고후 10:12-18).

(12) **거짓 사도들(false Apostles)을 비판 / 자기의 자랑**(고후 11장)

① 바울은 지금까지의 방어적 자세에서 나아가 적극적이고 격한 어조로 고린도 교인들을 책망하고, 거짓 사도들과 대비하며 자신의 사도직을 변호한다. 즉 "나는 너희가 지금 거짓 사도들(이단자들)의 간계와 미혹에 빠져 신앙의 순수성을 잃고 부패할까 두려워한다"(고후 11:3). "나는 지극히 크다는 사도들보다 부족한 것이 전혀 없다"(고후 11:5).

② 그리고 바울이 선교비용을 조달하는 일에 있어 "형제에게 폐를 끼치지 않기 위하여 지금까지 스스로 조심하여 왔다"(고후 11:9)고 하였다.

③ 또한 자신이 유대인 출신이며 그리스도의 일꾼으로서 복음을 위해 수많은 죽음과 위험과 고통을 당한 사실을 구체적으로 언급한다(고후 11:16-33).

(13) **바울의 환상, 육체적 가시**(고후 12장)

① 주의 환상과 계시(Paul's visions & revelations)

바울은 이제 자신이 본 환상과 계시에 대하여 언급한다. 환상이란 초자연적이고 기적적으로 어떤 실체를 보는 것을 말한다. 계시는 베일을 벗긴다는 의미를 갖는다. 환상이 직접적으로 보여진 현상이라면, 계시는 보이는 것뿐 아니라 보이지 않는 것을 통해 감지하게 됨을 말한다. 바울이 지금 환상과 계시에 대해 말하는 것은, 대적들이 신비적인 경험에 대해 자랑한다면 바울 자신도 그런 것들을 얼마든지 말할 수 있다는 의미로 이해해야 한다.

② 삼층천(the third heaven)

바울은 자신이 환상 속에서 본 삼층천(三層天)을 3인칭을 사용하여 말한다. 이것은 공간적인 개념이라기보다는 바울이 인간의 한계를 초월한 곳, 즉 하나님께서 계시는 곳에 가서 말할 수 없는 체험을 했다는 것을 보여주는 상징이다. 일부 학자들은 첫째 하늘을 대기권으로, 둘째 하늘을 우주로, 셋째 하늘을 하나님과 천사들이 거하는 천상이라고 주장한다.

③ 육체적 가시(thorn in flesh)

바울은 하나님께서 자기를 쳐서 너무 자만하지 않게 하기 위하여 자기 육체에 가시를 주셨다고 말한다(고후 12:7). 바울은 그 가시가 자기 육체로부터 떠나기를 주께 간구하였으나 주께서는 "내 은혜가 네게 족하도다"라고 응답하셨다. 학자들 중에는 이 육체의 가시는 육체적 고통을 주는 것으로서 간질로 보는 견해가 많다.

④ 고린도교회에 대한 세 번째 방문 계획(고후 12:14)

첫째, 바울은 고린도교회에 대한 세 번째 방문 계획을 밝힌다. 그러나 물질적인 폐를 끼치지 않으려 한다. 세 번째 방문은 이번 3차 전도여행으로 성사된다.

둘째, 이는 3차 방문 전 단기의 2차 방문이 있었음을 암시한다.

(14) 바울의 결론적 권고(고후 13장)

〈4. 로마서〉

〈저자, 수신자, 기록 시기, 기록 장소, 기록 배경〉

바울이 자신의 3차 선교여행이 끝날 무렵인 AD 57년경에, 고린도에서 로마의 성도들에게 이 서신을 기록하였다. 기록의 목적(배경)은 ① 서바나(스페인) 선교를 위한 자신의 로마 방문을 준비하게 하고, ② 사도들로부터 직접적인 가르침을 받지 못한 로마교회에 기독교 신앙의 기본 교리를 체계적으로 설명하며, ③

유대인과 이방인간 바른 관계를 가르치고, ④ 유대인 성도들의 율법주의적 신앙을 교정하기 위함 등이었다.

<로마교회>

① 로마교회의 기원에 관하여는 거의 알려진 것이 없다. 베드로는 오순절 메시지에서 '로마로부터 온 나그네'에 대하여 언급하고 있다(행 2:10). 따라서 오순절의 개종자들이 귀향한 후에 로마교회를 설립하였다고 볼 수도 있다.

② 누가는 사도행전(18:2)에서 글라우디오 황제(AD 41-54)의 유대인 추방명령에 의해(기독교인 소요 때문) 아굴라 부부가 로마로부터 고린도에 왔다고 기록하고 있다. 따라서 로마교회는 글라우디오 황제 때 이미 활동하고 있었음을 보여준다. 그리고 글라우디오 황제가 죽자 유대인들은 다시 로마로 돌아왔다. 그러므로 바울이 로마서를 쓸 무렵 로마교회는 큰 규모와 튼튼한 기반을 갖추고 있었을 것이다.

③ 바울은 로마와 로마교회가 기독교 선교상 전략적으로 중요한 의의를 지니고 있음을 잘 알고 있었기 때문에 로마에 가기를 원했고 로마서를 썼다.

④ 네로황제 때(AD 54-68) 로마교회 공동체는 네로가 그들을 로마 방화에 대한 희생양으로 몰아붙일 만큼 중요한 존재가 되었다.

⑤ 로마교회가 베드로에 의해 설립되었다는 가톨릭 교회의 주장은 받아들이기 어렵다.

⑥ 어떻든 로마교회는 오늘의 로마 가톨릭 교회(Catholic Church)로 계승되고 있다.

1부. 머리말

1) 인사(롬 1:1:7)

바울은 먼저 자신을 그리스도의 종이요 사도로서 복음을 위하여 택함을 받은 자라고 소개한다. 그리고 예수 그리스도의 신분은 육신으로는 다윗의 혈통에서 나셨고, 성결의 영으로는 죽은 자들 가운데서 부활하사 능력으로 하나님의 아들로 선포되었다고 하였다. 자신이 사도의 직분을 받은 것은 모든 이방인들이 복음을 믿어 순종케 하려는 데 그 목적이 있다 하였다. 또 바울이 여러 번 로마에 가고자 하였으나 그동안 길이 막혔다고 하였다.

2) 하나님의 능력인 복음(롬 1:8-17)

"내가 복음을 부끄러워하지 아니하노니 이 복음은 모든 믿는 자에게 구원을 주시는 하나님의 능력이 됨이라.

먼저는 유대인에게요 그리고 헬라인에게로다. 복음에는 하나님의 의가 나타나서 믿음으로 믿음에 이르게 하나니, 기록된 바 오직 의인은 믿음으로 말미암아 살리라 함과 같으니라"(롬 1:16-17).

① 바울은 인사말에 이어 로마서의 주제인 복음에 관하여 논술한다. 먼저, 바울은 복음을 부끄러워하지 않는다 하였다. 능력과 승리, 장엄으로 상징되는 메시아만을 기다리는 유대인에게나, 지혜만을 사랑하는 헬라인에게는, 예수님이 죽었다가 다시 살아나셨다(부활)는 복음의 이야기는 어리석고 미친 것이다. 그러나 바울은 이와 같은 복음을 부끄러워하지 않는다고 한다.

② 바울은 복음이 우리에게 구원을 주시는 하나님의 능력이라고 선언한다. 그리고 그 이유를 설명한다. 즉 복음 안에서 하나님의 의가 나타났기(계시) 때문이다. 다시 말하면 구원을 받도록 역사하시는 하나님의 능력은 오직 복음을 통해서만 나타난다는 의미다. 따라서 바울 사도가 설명하는 구원은 '모든 믿는 자에게'라는 말이 나타내듯이 그 자체로는 아무런 실재나 당위성, 개념이 없다. 오직 믿음으로 말미암아 구원에 이르도록 역사하시는 하나님의 능력인 복음 안에 구원의 개념이 있다는 것이다. 다른 말로 표현하면 복음은 성령의 능력으로 선포될 때 성령 안에서 믿는 자는, 마지막 하나님의 진노로부터 구원을 받고, 하나님의 영광에 참여할 것을 확신하게 된다는 것이다.

③ "믿음으로 믿음에 이르게 하나니"는 구원은 처음부터 끝까지 믿음의 문제라는 것이다. 또한 "의인은 오직 믿음으로 말미암아 살리라"함은 하나님으로부터 인정받는 자는 오직 믿음의 사람이라는 의미이다. 처음부터 끝까지 하나님의 주권을 인정하고 그의 신실하심을 의지하며 사는 자는 반드시 하나님이 의도하신 생명의 충만을 경험할 것이라는 것이다.

〈율법(Law)과 복음(Gospel)〉

① 율법은 광의로는 모세가 시내 산에서 하나님으로부터 받아 기록한 모세 5경 그리고 나아가서는 구약성경 전체를 말한다. 그러나 모세 5경의 핵심은 십계명으로 요약된다. 따라서 율법은 협의로는 '십계명'을 말한다. 율법에 있어서 구원은 율법을 행함으로 이루어진다.

② 복음에 관하여는 본서 제2편 제1장 제1절의 1을 참고.

II부. 하나님의 진노 아래 있는 인간(롬 1:18-3:8)

1) 이방인의 죄악상(롬 1:18-32)

본 절에서는 죄와 정죄의 보편성을 언급하기에 앞서 먼저 '이방 세계'의 죄와 타락상을 지적하고 있다.

바울은 인간이면 누구나 자연의 오묘함(일반계시)을 통하여 하나님의 영원한 능력과 신성을 알 수 있음에도 불구하고, 그들(이방인)은 이를 무시하고 하나님을 영화롭게 하거나 하나님께 감사하기는 고사하고 경건치 않고 불의를 범함으로, 하나님께서 그들을 그들의 선택에 맡겨두셨다고 말한다. 바울은 '버려두심'이라는 용어를 세 번이나 사용하여 버려두심 자체가 심판적 선언임을 강조하고 있다. 그들의 악함(롬 1:18-23)과 방종(롬 1:24-27) 그리고 판단력의 상실(롬 1:28-32) 등을 구체적으로 지적한다.

2) 유대인의 죄악상(롬 2:1-3:8)

(1) **하나님의 심판원리**(롬 2:1-16)

바울은 먼저 하나님의 심판 원리를 설명한다. 하나님의 심판은 공의롭다. 하나님께서는 유대인이나 이방인이나 사람을 외모로 판단하시지 않으신다. 특별히 유대인뿐만 아니라 앞 절에서 열거된 도덕적, 종교적 부패에 빠져있지 않다고 스스로 생각하는 사람들에까지, 이 원리가 적용된다고 선언한다. 하나님 앞에서는 율법을 듣는 자가 의인이 아니라 오직 율법을 행하는 자가 의롭다하심을 얻는다고 한다. 그리고 율법 없는 이방인이 본성으로 율법의 일을 행할 때에는, 이 사람은 율법이 없어도 그의 양심과 본성이 율법을 대신하여 그의 행동을 판단하리라고 말한다.

(2) **유대인의 특권과 책임**(롬 2:17-29)

이어 바울은 유대인의 특권과 책임을 말한다. 유대인은 하나님으로부터 율법을 받은 것을 특권과 자랑으로 여긴다. 그러므로 그들은 율법을 준수할 책임이 있는 백성이다. 그러나 그들은 율법을 형식적으로만 지켰을 뿐, 실제에 있어서는 지키지 않았다. 따라서 그들이 자랑하는 율법을 스스로 실천에 옮기지 못하면, 그들이 향유하고 있는 모든 특권으로 인해, 그들의 정죄가 더욱 심각하게 될 것임을 지적하고 있다. 앞 절에서 하나님의 심판 원리를 보여준 바울은, 죄와 그에 따르는 보응(심판)을 유대인에게 상기시킨다. 율법은 생활로 나타나지 않으면 안 된다. 그렇지 않으면 율법은 정죄를 위한 것일 뿐, 헛되고 무익하다. 할례는 하나님의 언약 백성(유대인)임을 나타내는 육체의 수술이다. 그러니 율법대로 살면 할례는 유익하다. 그러나 율법대로 살지 않으면 차라리 할례를 받지 않는 것이 낫다. 참 유대인은 표면적 유대인이 아니라 내면적 유대인이다. 즉 육신에만 할례를 받은 자가 아니라, 성령으로 마음에 할례를 받은 자가 참 유대인이다.

(3) **유대인의 특혜와 하나님의 신실성**(롬 3:1-8)

바울은 유대인이 하나님으로부터 받은 특혜가 범사에 많은데, 특히 할례와 하나님의 말씀을 받은 것을 지적한다. 유대인들이 특혜를 받은 것만큼 그 특혜를 소홀히 할 때는 그에 비례하여 정죄 받을 것이라고 한다.

3) 죄의 보편성(롬 3:9-20)

드디어 지금까지 다룬 죄에 대한 결론을 말한다. 즉 헬라인이나 유대인을 막론하고 전 인류가 죄 아래 있다고 선언한다. 이는 죄의 보편성과 편재성(遍在性)을 말한다. 의인은 없나니 한 사람도 없다. 따라서 인간은 모두 하나님의 정죄(진노) 아래 놓이게 되었다는 것이다.

〈죄론〉

1. 죄의 기원

① 하나님께서는 (태초에) 만물과 함께 일군의 천사들을 창조하셨다. 그리고 하나님께서는 지으신 모든 것(천사들을 포함)을 보시니 "보시기에 심히 좋았더라"라고 말씀하셨다(창 1:31). 이로 보아 천사들이 창조주의 손에서 나올 때는 모두 선했다.

② 그러나 천사들의 세계에 타락이 있었고 이때 일군의 천사들이 하나님으로부터 떨어져 나왔다. 천사를 타락시킨 것은 그들이 아름다움으로 교만해져 권능과 권위에 있어서 하나님과 같이 되고자 하는 그들의 교만의 죄이었을 것이다(겔 28:17). (죄의 기원에 관한 천사타락설). 이와 같이 타락하여 하늘에서 쫓겨난 천사들을 옛 뱀 곧 마귀라고도 하고 사탄이라고도 한다(계 12:3).

2. 죄의 침투

죄는 최초로 에덴동산에서 인간에게 침투하였다. 하나님께서는 아담 부부를 만드신 후 그들에게 동산의 각종 열매를 자유롭게 따 먹을 수 있지만 선악을 알게 하는 나무의 열매만은 먹을 수 없으며, 만일 먹는다면 죽으리라고 그들의 자유권에 제한을 두셨다. 그러나 뱀(사탄)이 아담 부부에게 선악과를 먹어도 죽지 않으며 오히려 하나님과 같이 될 수 있다고 유혹하였다(창 3:5). 이때 아담 부부의 마음속에 탐심이 불현듯 일어나(롬 7:8), 하나님의 경고에도 불구하고 그들은 결국 선악과를 따 먹었다(창 3:6). 즉 하나님의 명령에 대한 불순종을 선택하였다. 그런데 하나님의 명령에 대한 불순종, 배반, 거역이 바로 죄이다. 그러므로 그들은 결국 죄를 선택한 것이고 인류 최초의 죄인이 된 것이다(죄의 침투). 또한 그들의 선택은 누구의 강요에 의한 것이 아니라 그들의 자유로운 의지에 의한 것이다(자유의지설).

3. 죄의 구분

아담의 죄는 대표의 원리(롬 5:12)에 의거 모든 아담의 후손(인간)에게 유전되었다(원죄). 따라서 이후 인간은 자기 의지와 상관없이 죄인의 신분에 있게 되었다. 다만 예수께서는 성령으로 잉태되신 분이므로 죄와는 상관없으시다. 또한 아담의 후손도 원죄 외에 그들의 자유의지로 범한 죄(자범죄: 自犯罪)가 있다. 전자는 예수를 믿음으로써 죄로부터 자유로워지지만, 후자는 오직 회개와 믿음으로써 죄로부터 해방될 수 있다.

Ⅲ부. 하나님의 의(義)

1) 믿음으로 의롭다 함을 얻는다 / 이신득의(以信得義) (롬 3:21-31)

율법을 지킬 능력이 없어서 율법 없는 자보다 더 큰 정죄를 받을 수밖에 없던 상태에 있던 인류에게, 비로소 하나님의 한 의가 나타난 것이다. 곧 예수 그리스도를 믿음으로 말미암아 모든 믿는 자에게 미치는 하나님의 의(구원)니 차별이 없다는 것이다.

의(righteousness)란 미쁘고 참됨을 말한다. 그리고 하나님의 의는 하나님의 완벽한 미쁘심과 참되심을 의미한다. 곧 하나님의 속성이다. 그것은 결국 인간의 하나님과의 올바른 관계를 의미한다. 또한 하나님의 의는 하나님의 구원과 동의어로 사용되고 있다.

〈하나님의 속성〉

하나님의 의란 모든 사람을 편견 없이 공정하게 대하시는 하나님의 속성을 말한다. 하나님께서는 절대적 속성과 상대적 속성을 가지고 계신다. 절대적 속성은 자존성, 영성, 무한성, 불변성, 전지성(omniscience), 전재성(omnipresence), 전능성 등을 말하고 상대적 속성은 사랑, 의(義), 진실, 거룩함, 진실, 지혜, 지식 등을 말한다.

〈믿음으로 구원을 얻는다. 이신득의(以信得義)〉

① 예수 그리스도를 믿는다는 것은 예수 그리스도 안에 대속(代贖)이 있다는 사실을 믿는 것이다. 하나님은 죄인인 우리(인간)를 하나님의 공의로 심판하시기 전에 먼저 우리를 의롭다 하시기를 원하셨다. 즉, 하나님께서는 길이 참으시는 중에 인간이 이전에 지은 죄를 간과(看過)하심으로써 하나님의 의로우심을 나타내기 원하셨다. 그리하여 하나님께서는 인간이 요청하기도 전에 능동적이고 무조건적인 사랑으로 예수를 통한 구원의 방법을 제시해주셨다(은혜). 즉 하나님께서는 예수를 화목제물로 세우시고 그로 하여금 죄가 없음에도 불구하고 십자가에서 죽게 하셨다. 그러나 그는 부활하셨다. 즉 사망을 극복하셨다. 이는 죄인인 우리가 감당해야 할 죽음(죄의 대가)을 예수께서 대신 감당하신 것이다. 즉 대속(代贖)하신 것이다.

속죄(redemption)란 정당한 몸값을 치루고 노예를 풀어줄 때 사용되는 말이다. 그렇다고 하나님께서 채권자로서 대가를 받는다는 것은 아니다. 속죄란 죄에 따른 죽음을 감당한다는 것이다. 그리고 대속이란 죄인 아닌 자가 대신 죄 값(죽음)을 감당하는 것을 말한다. 이 점에서 배상설(賠償說, Ransom Theory)과는 차이가 있다.

② 이때 성령이 우리에게 하나님의 사랑 즉 그를 향한 하나님의 사랑을 나타내는 신적 중재자의 역할을 하신다(요 14:6).

③그리하여 우리가 예수의 대속 사실을 의심 없이 믿을 때 하나님께서는 우리를 의롭다고 선언 또는 인정하신다는 것이다. 이를 칭의(稱義: justification)라 한다. 이와 같이 우리는 오직 믿음으로 말미암아 하나님으로부터 의롭다고 인정받을 수 있다(以信得義). 즉, 인간은 그 연약성으로 인하여 율법의 행위로는 의롭다 함을 얻을 수 없지만, 오직 믿음으로 의롭다함을 얻을 수 있다. 그리하여 바울은 단언하였다. 사람이 의롭다하심을 얻는 것은 율법의 행위에 있지 않고 믿음으로 되는 줄 우리가 아노라고(롬 3:28). 그리고 의는 이방인에게나 유대인에게나 차별이 없다고.

④ 칭의는 구원의 한 과정이다. 구원에는 흔히 소명-중생-신앙-칭의-성화-영화 등의 순서가 있다고 한다. 따라서 칭의의 단계에서 구원이 완성되는 것은 아니다. 구원은 영화의 단계에 이르러 완성된다.

⑤ 칭의는 하나님의 초자연적 사건이다. 칭의는 죄인의 밖에서 일어나는 하나님의 법적 행위이다. 칭의는 오직 한 번의 사건이다. 칭의는 현세에서 이루어진다. 칭의를 통하여 육신의 법인 율법과의 관계(옛 법의 시대)는 끝나고, 이제 그리스도 안에서 하나님과의 새로운 관계(새로운 법의 시대)가 시작된다.

⑥ 그러나 믿음이 율법을 파기하는 것은 아니다(롬 3:31). 예수께서 오신 것은 율법을 폐하기 위함이 아니었고 완전하게 하기 위함이었다(마 5:17). 이것이 율법과 복음의 올바른 관계이다. 즉 양자는 배척의 관계에 있는 것이 아니라 발전 및 승화의 관계에 있으며, 계시의 점진적 발전과정에 따라 율법이 복음으로 수용, 대체된 것이다.

⑦ 갈라디아서에서도 이신득의 사상을 소개하고 있다. 갈라디아서와 로마서는 바울 신학, 즉 복음 신학의 핵심이다.

2) 아브라함의 선례(롬 4:1-25)

(1) 바울은 믿음에 의한 칭의의 교리를 아브라함과 다윗의 예로 구체적으로 언급하고 있다. 특히 이 단락에서 바울은 아브라함이 의롭게 된 것은 행위나 율법에 의해서가 아니라 믿음으로 되었다는 사실을 밝히고 있다(롬 12:3).

(2) 또한 바울은 하나님께서 아브라함이나 그 후손에게 세상의 후사(後嗣)가 되리라고 하신 언약도 율법으로 말미암은 것이 아니라 오직 믿음으로 말미암은 것이라고 한다. 이것이 하나님 약속의 전부다. 후사는

이와 같이 믿음에 속한 것이며, 그것이 은혜에 속한 것이라는 사실도 아브라함의 예로 증언한다. 아브라함은 유대인뿐만 아니라 모든 믿는 자들의 조상으로서, 아브라함에게 주신 약속 곧 믿음으로써 의를 얻어 하나님의 자녀가 되는 특권이, 오직 하나님의 능력과 은혜로 말미암았음을 역설한다. 따라서 아브라함의 믿음은 의로 간주되었을 뿐 아니라, 아브라함을 표본으로 하여 모든 믿는 사람들 역시, 믿음으로 의롭다함을 얻는다고 말하고 있다(롬 4:16-25).

Ⅳ. 칭의(稱義)의 결과(롬 5-8장)

믿음으로 말미암아 의롭다 함을 받은 성도는 이제 인생의 전환점을 체험한다. 지금까지의 삶은 옛 시대의 삶이고, 이제부터의 삶은 새 시대의 삶이다. 즉 성화의 삶이다. 바울은 5-8장을 통하여 점진적으로 칭의의 결과를 설명한다. 즉 화평한 삶(롬 5장), 죄로부터 자유한 삶(롬 6장), 율법으로부터 자유한 삶(롬 7장), 성령의 법(롬 8장) 등을 차례로 설명한다.

1) 화평한 삶

(1) **화평과 기쁨**(롬 5:1-11)

바울은 먼저 "그러므로 우리가 믿음으로 의롭다함을 받았으니 하나님과 화평을 누리자"고 한다. 화평(화목)은 적대관계가 끝나는 것이다. 인간이 하나님을 거역하고 적대관계를 가졌으나, 하나님께서는 탕자의 아버지처럼 거역한 인간을 사랑하시어 그의 독생자 예수를 희생시킴으로써 거역한 인간을 회복시키셨다. 그리하여 의롭다함을 받은 자들은 하나님과 화평의 관계에 놓이게 되었다. 그들은 더 이상 하나님에게서 분리되지도, 하나님을 두려워하지도 않는다. 그러므로 우리는 하나님께 영광을 돌리고 즐거워한다.

그러나 우리가 하나님과 화평한 삶을 누린다 해서 우리의 삶이 무사태평한 것이 되는 것은 아니다. 적대적 세상에서 받는 환난이 있다. 그러나 우리는 이 환난마저도 기뻐하며 사랑한다. 그것은 환난을 인내를, 인내는 연단을, 연단을 소망을 이루는 것임을 알기 때문이다.

(2) **아담과 그리스도의 비유**(롬 5:12-21)

바울은 이 단락에서 죄의 통치와 은혜의 통치를 대조하고 있다. 그는 아담과 예수 그리스도를 대비시켜 유사점과 차이점을 밝히고 있다. 먼저 인류의 머리인 아담과 새 인류의 머리이신 그리스도가 머리라는 점에서 유사점을 갖는다. 그러나 아담으로부터는 죄, 정죄, 사망이 비롯되었고, 예수 그리스도로부터는 의, 칭의,

생명이 비롯되었다는 점에서 차이점을 갖는다. 즉 그리스도의 죽음과 화해를 통하여 인류가 구원, 생명, 영생을 얻었다.

2) 죄로부터 자유한 삶: 성화의 원리(롬 6:1-23)

(1) 그리스도와 함께 죽고 함께 산다(롬 6:1-14)

"율법이 들어 온 것은 범죄를 더하게 하려 하려함이라. 그러나 죄가 더한 곳에 은혜가 더욱 넘쳤나니"(롬 5:20)라는 바울의 말은 심각한 비판을 불러일으켰다. 그것은 바울의 말이 더욱 큰 은혜를 체험하려면 죄가 많을수록 좋다는 뜻으로 들렸기 때문이다. 바울은 결코 그렇지 않다고 주장한다. 하나님은 은혜로운 분이기 때문에, 방종한 생활을 하면서 죄를 지어도 괜찮다는 생각은 심각한 오해라고 말한다. 그것은 믿는 자들은 그리스도 안에서 범죄에 대한 형벌에서 구출되었을 뿐 아니라, 죄의 세력(통치)으로부터도 해방되었기 때문이다.

그러면 그리스도인은 어떻게 죄의 통치에서 해방되었는가? 죄에 대한 죽음을 통하여서다. 믿는 자들은 죄에 대해 죽었기 때문에 더 이상 죄의 종이 아니다. 그렇다면 믿는 자들이 죄에 대해 죽었다고 말할 수 있는 근거는 무엇인가? 바울은 우리가 받는 세례를 상기시킨다. 세례는 물에 잠기는 의식을 말한다. 바울 당시 세례 받는 자는 흐르거나, 고여 있는 물에 완전히 잠겼다. 이것은 죽음을 상징한다. 그러므로 우리가 세례를 받을 때 물에 잠기는 것은 그리스도와 함께 죽고 함께 장사되는 것을 뜻한다. 세례라는 의식은 그 자체에 신비한 힘이 있는 것은 아니다. 다만 그 의식은 우리가 믿음으로 그리스도의 죽음에 동참한 것을 상징한다. 이것은 아담 안에서 죄와 죽음의 지배를 받았던 우리가 세례를 받으면서(성화) 예수님과 함께 죽는 것을 말한다. 다시 말하면 죄의 몸인 옛 사람이, 무력하게 되는 것을 뜻한다. 이와 같이 죄에서 자유롭게 될 수 있는 길은 죽음을 수용하는 것이다. 죽음은 모든 부채를 청산한다. 죽은 사람에게 더 이상 죄의 부채를 물을 수 없다. 그리하여 우리는 죄의 세력으로부터 자유함을 얻었다는 것이다.

우리가 예수의 죽으심과 같은 모양으로 연합한 자가 되었으면 그의 부활과 같은 모양으로 연합한 자도 되리라. 즉 그리스도와 함께 죽었으면 또한 그와 함께 살 것이라는 것이다.

〈성화(sanctification: 聖化)의 원리〉

학자들은 이러한 과정을 성화의 원리로 설명한다.

① 죄 아래 놓여있었던 사망의 신분에서 생명과 영생의 신분으로 변이(transformation)하는 것을 성화라고 흔히 정의하기도 한다. 즉 성화란 죄와 더러움에서 분리되어 하나님을 향해 거룩하게 나아가는 것을 말한다.

② 성화는 하나님의 초자연적인 사역이지만 인간의 협력을 필요로 한다.

③ 성화는 죄인이었던 인간의 내면에서 일어나는 도덕적 재창조적 행위이다.

④ 성화는 칭의처럼 단번에 완성되는 것이 아니다. 성화는 계속되는 점진적 과정이다.

<구원의 순서론: the order of the salvation>

"하나님이 미리 아신 자들을 또한 그 아들의 형상을 본받게 하기 위하여 미리 정하셨으니, 이는 그로 많은 형제 중에서 맏아들이 되게 하려 하심이라. 또 미리 정하신 그들을 또한 부르시고, 부르신 그들을 또한 의롭다 하시고, 의롭다 하신 그들을 또한 영화롭게 하셨느니라"(롬 8:29-30).

학자들은 위 성경 구절에 근거하여 구원은 소명—중생—회심—칭의—양자(adoption)—성화—견인(perseveration)—영화(완전한 구원)의 과정을 거쳐 완성된다고 한다. 즉, 구원은 오랜 기간의 거룩한 생활을 통해 점진적, 계속적으로 성숙되고, 사후에 영화(glorification)를 통해 완성된다는 것이다. 다만 구원의 이러한 단계적 과정은 인간의 경험을 초월한 하나님의 신비에 속하는 것으로 본다.

(2) **의의 종**(롬 6:15-23)

그러므로 우리가 죄로부터 해방되었을 때 비로소 의의 종이 될 수 있다. 죄의 종이 된다는 것은 의의 대적이 됨을, 죄의 대적이 된다는 것은 의의 친구가 됨을 말한다. 따라서 죄와 의, 양자를 동시에 섬기는 것은 불가능한 일이므로 둘 중 하나를 선택하여야 한다.

3) 율법으로부터 자유한 삶(롬 7:1-25)

(1) **율법으로부터 자유**(롬 7:1-6)

바울은 이제 '율법'으로부터의 자유(해방)에 관하여 설명한다. 위에서 언급된 죄로부터의 해방은 동시에 율법으로부터의 해방이다. 죄의 지배와 율법의 지배가 본질적으로 다른 것이 아니다. 양자는 모두 사망을 요구한다. 우리는 그리스도의 죽음에 참여함으로써 죄의 지배에서 해방된다. 또한 그리스도는 우리 대신 율법의 저주(사망)를 담당하시어 십자가 위에서 죽으셨다. 그러므로 우리는 믿음으로 그의 죽음에 연합되어 율법의 지배(정죄하는 권세)로부터 해방되었다. 이것은 사형선고를 받은 죄인이 법에 의해 속박을 받다가, 나중에 사형집행을 받으면 그 법에서 자유함을 얻는 것과 같은 원리이다.

바울은 우리가 율법과 갖는 관계를 결혼에 비유하여 설명하고 있다. 즉, 결혼의 구속력이 남편이 살 동안만 유효하고 남편이 죽은 후에는 여인에게 구속력이 없는 것처럼, 그리스도인들은 그리스도로 말미암아 율법에 대해 죽은 자이므로 이제는 율법의 구속에서 벗어나는(해방) 것이다. 따라서 우리는 기록된 문자에 따라 하나님을 섬기는 것이 아니라 성령의 새로운 법으로 섬긴다.

(2) 율법과 죄(롬 7:7-13)

율법으로 말미암지 않고는 인간이 죄를 알지 못한다. 만일 율법이 탐내지 말라고 하지 않았다면 탐심을 알지 못했을 것이다. 그러나 죄가 그 계명(율법)을 통하여 기회를 틈타서 인간 안에 탐심을 일으켰다. 선악과를 따먹지 말라는 계명이 주어지기 전에는 아담(인간)의 마음속에 탐욕(죄)이 생기지 않았다. 그런데 계명이 들어오자 뱀(죄)은 그것을 이용해서 선악과를 따먹으면 하나님과 동등하게 된다고 아담(인간)을 유혹하였다. 그리하여 인간의 마음에 탐욕을 만들어냈다. 이와 같이 죄는 계명(율법)을 수단으로 삼아 인간의 호기심을 자극하여 그 호기심을 도저히 억제할 수 없는 탐욕으로 변질시키는 것이다. 이처럼 탐심(욕)은 모든 죄의 시작이며 뿌리다. 전에 율법이 없었을 때는 죄가 드러나지 않았다. 원래 계명은 "너희는 나의 규례와 법도를 지키라. 사람이 이를 행하면 그로 인하여 살리라"(레 18:5)에서 보는 바와 같이, 생명을 보호하기 위하여 주어졌다. 그런데 그런 계명이 도리어 사람을 사망에 이르게 하는 것이 된 것이다.

그리하여 바울은 질문한다. "율법이 죄냐?"고(롬 7:7). 그리고 대답한다. "그럴 수 없다. 율법은 거룩하고 계명도 거룩하고 의로우며 선하도다. 오직 죄가 죄로 드러나기 위하여 선한 그것으로 말미암아 나를 죽게 만들었으니 이는 계명으로 말미암아 죄로 심히 죄 되게 하려 함이라"(롬 7:12-13)고.

(3) 그리스도인의 내적 투쟁(롬 7:14-25)

바울은 율법의 외적(外的) 사역이 이제는 자신의 마음속에서 죄와 관련하여 끊임없이 되풀이되어 갈등하고 있음을 고백한다. 즉 "내 지체 속에서 역사하는 죄의 율법이, 내 이성적 마음으로 즐거워하는 율법과 싸워, 승리하여 나를 포로로 삼는다"고. 다시 말하면 나는 이성적인 마음으로는 하나님의 율법(하나님의 법)을 섬기나, 육신으로는 죄의 율법에 복종한다는 것이다. 그리하여 바울은 독백한다. "오호라 나는 곤고한 사람이로다. 이 사망의 몸에서 누가 나를 건져 내리오"라고. 그러므로 그리스도인에게 성령의 능력이 절대적으로 필요함을 웅변적으로 말해준다.

〈율법의 유효성〉

① 율법이 죄인을 의롭게 할 수는 없지만, 즉 인간을 구원할 수는 없지만, 율법은 인간에게 그 죄가 무엇인지 알게 한다.

② 율법은 우리를 그리스도에게로 인도하는 계몽선생의 역할을 한다(롬 3:24).

③ 그러나 율법은 완전하다. 율법은 탐심을 금하였고 사랑을 명하였다. 따라서 율법을 행하는 자는 그 가운데서 살리라 한 것은 진리이다(갈 3:12). 율법이 인간을 의롭게 못하는 것은 인간행위의 불완전성에 있는 것이지 율법 명령의 불완전에 있는 것은 아니다. 따라서 율법은 그 자체로는 완전한 것이다. 율법도 복음과 같이

하나님의 구원의 뜻을 계시한 것이다. 따라서 율법이 지닌 부족한 점은 복음에 의하여 충족되어야 한다.

4) 성령 안에서 새로운 삶(롬 8장)

(1) 그리스도가 우리의 죄를 대신 담당하심(롬 8:1-4)

"율법이 육신으로 말미암아 연약하여 할 수 없는 그것을 하나님은 하시나니, 곧 죄로 말미암아 자기 아들을 죄 있는 육신의 모양으로 보내어 육신에 죄를 정하사, 육신에 따르지 않고 그 영을 따라 행하는 우리에게, 율법의 요구가 이루어지게 하려 하심이라"(롬 8:3-4)

8장에서는 먼저 그리스도께서 우리의 죄를 대신 담당하셨다고 설명하고 있다. 이전에는 우리는 죄의 전적인 지배를 받고 있었기 때문에, 율법을 행하고 싶어도 행할 수 없었다. 사실 죄의 지배 아래에서는 하나님께 순종하는 것이 불가능하다. 그러나 하나님께서는 그리스도의 죽으심을 통해 우리가 하나님께 순종할 수 있게(율법을 행할 수 있게) 해주셨다.

그러므로 예수님의 죽으심은 죄의 권세 아래 있는 있던 인류의 죽음이요, 죄악 된 육신의 멸망이었다. 실로 예수님의 죽음은 죄의 시대를 종결시킨 획기적인 사건이다. 이제 율법의 요구가 성취되었다. 율법의 요구란 율법의 완성인 '사랑'을 의미한다.

(2) 성령의 법(롬 8:5-11)

죄의 지배 아래서는 하나님께 대한 순종이 불가능하다. 죄에서 해방되어 새로운 세력의 지배를 받아야 비로소 순종할 수 있다. 이제 하나님께서는 죄의 세력을 무너뜨리고 우리에게 성령을 주셨다. 성령은 새로운 피조물을 만들기 위하여 지상의 영역으로 침입해 들어오는 하늘의 기적적인 능력이다.

'이제는' 하나님의 '한 의'인 그리스도가, 율법을 완성하고 새 시대를 열었다. 육신의 법인 율법과의 관계는 끝나고, 이제 그리스도 안에서 하나님과 새로운 관계가 시작되었다. 이것이 바로 성령의 법이다. 이 법은 구속사적인 새 시대의 법이요 하나님 나라의 법이다. 즉 하나님 나라를 지배하는 법이다. 따라서 본 장은 이 사실을 기초로 그리스도 안에 있는 은혜로운 신분에 대한 승리의 선언이다. 이 모든 승리의 기본은 그리스도 안에서만 발견된다.

(3) 하나님의 자녀로서 삶(롬 8:11-17)

성령의 인도함을 받는 사람이라야 하나님의 아들이라 할 수 있다. 이제 우리의 신분은 하나님을 무서워하는 종의 신분이 아니다. '아빠 아버지'라고 부를 있는 양자(adoption to sonship)의 신분이다.

(4) 성도의 고난과 소망(롬 8:18-27)

여기에서는 육신에 속한 상태에서 성도가 겪어야 하는 곤고함에 대해서 언급하고 있다. 즉 영에 속하여 성령의 인도를 받고 있는 하나님의 후사로서 고난이 강조된다. 중생자(重生者)의 갈등은 결코 심각하거나 절망적인 것이 아니다. 그리스도와 함께 받는 고난이기 때문에 장차 누릴 영광을 바라고 견딜 수 있는 고난이다. 진정한 소망은, 보지 못하는 것을 참고 기다리는 것이다. 성령도 우리의 연약함을 아시고 우리가 마땅히 기도할 바를 알지 못할 지라도 말할 수 없는 탄식으로 우리를 위하여 친히 간구하신다.

(5) 구원의 환희(롬 8:28-39)

로마서 1장에서부터 계속 소개되었던 하나님의 능력, 하나님의 의, 하나님의 구원 등은 이 단락에서 비로소 확신에 찬 음성으로 소개된다.

지금까지 본 바와 같이 그리스도 안에서 우리를 향하신 하나님의 사랑은 영원 전부터 계획되고 정해진 하나님의 구원으로 말미암아 불변적인 사실이 되었다. 정죄 받아 죄인일 수밖에 없었던 우리는 하나님의 칭의로 치료되었다. 율법과 죄로부터 자유함을, 성령의 법으로 자유의 실제화(實際化)를 체험하게 되었으며, 드디어 성화의 기쁨을 누리게 되었다. 이제 누구도 우리를 대적할 수 없고 고발할 수 없으며, 정죄할 수 없고 그리스도의 사랑에서 끊을 수 없다. 바울은 성화의 기쁨을 이렇게 표현한다. “사망이나 생명이나, 천사들이나 권세자들이나, 현재 일어날 일이나 장래 일어날 일이나, 능력이나 그 어느 것도, 우리를 그리스도 예수 안에 있는 하나님의 사랑에서 끊을 수 없다”고.

여기에서 사랑은, 인간을 죄와 저주와 멸망에서 구원하시기 위해 인간을 대신하여 죄를 짊어지고, 채찍에 맞으며 가시관을 쓰시고 죽음을 당하신 그리스도의 실천적인 참사랑을 말한다.

IV부. 이스라엘의 구원사(救援史) (롬 9-11장)

1) 이스라엘의 과거-하나님의 주권적 선택(롬 9:1-29)

(1) 이스라엘에 대한 바울의 고통(롬 9:1-5)

바울은 9-11장에서 선민 이스라엘의 운명에 관하여 설명한다.

이스라엘의 대다수는 불신앙으로 그리스도를 배척하고 있다. 이와 같은 이스라엘의 실패에 대하여 바울은 큰 근심과 그치지 않는 마음의 고통을 갖고 있음을 말한다. 그것은 바울이 이스라엘에 대하여 뜨거운 동족애를 갖고 있기 때문이다. 이스라엘은 같은 혈족이요 양자됨과 영광이 있고 언약과 율법을 유산으로 받았으며 그리스도가 그들에게서 나셨다. 이와 같이 이스라엘에게는 특권적 지위가 주어졌다.

(2) 하나님의 주권적 선택(롬 9:6-13)

① 이와 같은 동족 백성의 대다수가 하나님을 배척한다는 것은 가슴 아픈 일이다. 어떻게 보면 이스라엘에 대한 하나님이 약속이 결국 취소된 것처럼 보인다.

그러나 바울은 결코 그렇지 않다는 것이다. 즉 이스라엘에 대한 하나님의 약속은 취소되지 않았다는 것이다. 그리고 하나님의 말씀은 폐하여질 수 없다고 말한다.

② 그러면 어떻게 이스라엘에게 하신 하나님의 약속이 유효하다고 말할 수 있겠는가? 바울 당시 유대인의 표준적인 견해는 아브라함과 이삭의 상속자인 야곱의 '육신적 자녀들'이 이스라엘을 구성한다는 것이었다. 그러나 바울은 육신적으로 이스라엘에 속한다고 해서 모두 참 이스라엘은 아니라고 주장한다.

이를 입증하기 위하여 먼저 '약속의 자녀'가 씨로 여김을 받는다고 한다. 그리고 아브라함의 아들 이삭을 예로 든다. 아브라함에게는 이스마엘과 이삭 두 아들이 있었다. 그러나 '이삭'이 약속의 아들이다(창 21:12, 롬 9:7). 따라서 약속에 의해 초자연적으로 태어난 이삭(노년 태생)과 이삭을 통해 난 자만이 아브라함의 진정한 자손이라는 칭함을 받을 것이라고 한다.

③ 그리고 이어서 참 이스라엘은 하나님의 '주권적인 선택'에 의한다고 한다. 이삭의 아들인 에서와 야곱을 예로 든다. 에서와 야곱은 동시에 태어난 쌍둥이 형제다. 그런데 하나님은 에서와 야곱이 아직 세상에 나오기도 전에 어머니 리브가에게 "큰 자가 어린 자를 섬기리라"고 말씀하셨다. 이것은 태어나기도 전에 곧 무슨 선이나 악을 행하기도 전에, 이미 큰 아들 에서는 배척되고, 작은 아들 야곱이 선택받은 것을 말한다. 이러한 하나님의 선택과 배척은 야곱 다음에 이어지는 세대들에서도 계속된다. 유대교에서는 야곱의 후대는 모두가 선민이라고 이해한다. 그러나 바울에 의하면 야곱의 자손 중에도 선택된 자(남은 자)와 배제된 자들이 있다고 한다.

그리하여 바울은 선언한다. "하나님의 자녀가 되는 복은 인간의 행위에 의해 결정되는 것이 아니라 하나님의 주권적 은혜의 부르심에 근거한 것이라"(롬 9:11)고.

(3) 하나님의 주권과 자비(롬 9:14-29)

① 어떤 이는 하나님의 주권적 선택이기 때문에 하나님께서 의롭지 못하다고, 즉 불의하다고 질문할 수도 있다. 바울은 단호하게 이러한 주장을 거부한다. 인간은 모두가 죄인이다. 그들에게는 오직 무서운 심판만이 기다리고 있을 뿐이다. 그런데 그 중에 일부(남은 자)가 선택된 것은 오로지 하나님의 주권적 자비와 긍휼에 의한 결정이다. 그것은 사람의 의지나 노력에 근거한 것이 아니다. "그런즉 원하는 자로 말미암음도 아니요 또한 달음박질하는 자로 말미암음도 아니다"(롬 9:16), 오직 하나님의 자비와 긍휼에 의한 것이라는 것이다.

② 그러므로 우리의 구원은 전적으로 하나님의 선택의지에 달려있다. 어느 누구도 하나님께 구원의 은혜를 요구할 권리가 없다. 그러면 하나님께서는 어찌하여 죄인들 곧 선택함을 받지 못한 불신자를 책망하시는가?

바울은 이 문제에 대한 답을 하나님은 '심판자 하나님'이라는 관점보다는, 하나님은 '창조주 하나님'이라는 관점에서 대답한다. 즉 인간은 피조물에 불과하다. 그리하여 토기장이가 진흙 한 덩이로, 하나는 귀히 쓸 그릇을, 하나는 천히 쓸 그릇을 만들 권한이 있듯이, 하나님께서도 구속사 속에서 그분의 목적을 성취하기 위해서 인간들이 다양한 역할을 하도록 정하셨다는 것이다. 구체적으로 이스마엘, 에서, 바로 등에게는 부정적인 역할을 부여하신 반면, 이삭, 야곱에게는 긍정적인 역할을 부여하신 것이라 한다.

그리하여 오직 하나님의 자비와 긍휼 안에서만 하나님의 백성은 존재할 수 있고 유지될 수 있다고 한다.

③ 바울은 이제 하나님의 자비의 폭이 이방인에게까지 확대됨을 말한다(롬 9:24). 하나님의 자비의 빛은 어두움을 배경으로 할 때 더욱 밝게 빛난다. 바로의 이야기에서 나타난 것처럼, 하나님은 자기에게 반역하는 자들을 오래 참으시는데, 그것은 반역이 계속되고 강도가 더해짐에 따라 하나님의 능력이 더욱 영광스럽게 나타나게 하기 위함이다. 그러므로 자비의 그릇은 더 이상 유대민족만 가리키는 것이 아니다. 유대인과 이방인 중에서 부르심을 받은 자로 구성된 새로운 백성까지 확대됨을 가리킨다. 위에서는 하나님의 백성이 선택된 이스라엘로 제한되지만, 여기서는 새롭게 나타난 이방인에게까지 확대된다. 이것은 호세아의 글에서도 이미 예언된 것이다(호 2:23, 롬 9:25).

〈하나님의 섭리(Providence)〉

하나님의 섭리란 창조주께서 그의 모든 피조물을 보존하시며, 세계 안에서 일어나는 모든 일에 작용하시며, 만물을 그들의 정해진 목적으로 인도하시는 신적 능력의 지속적인 실행(continued exercise)이라고 정의된다. 그리고 섭리에는 세 가지 요소 즉 보존(preservation), 협력(cooperation), 그리고 통치(government)가 있다고 한다. (cf. L. Berkhof 저서, 별첨 참고문헌).

〈예정론: Predestinarianism〉

학자들은 롬 9:13, 9:17-18, 11:5 등의 성경구절에 근거하여 하나님은 영원 전부터 인간을 구원할 자와 멸망할 자로 예정하셨다는 예정론을 전개한다(선택과 유기遺棄: election and reprobation). 그러나 구원의 예정론이 궁극적으로 말하고자 하는 바는 예정된 자들을 하나님께서 끝까지 지키신다는 것이다. 따라서 예정론은 목자인 예수께서 양들인 우리에게 이러한 확신을 주려는 것이지, 우리의 이성으로는 헤아릴 수 없는 예정의 교리를 가지고 스스로 예정 받았는지 안 받았는지 불안감을 주려는 것이 아니다. 누구나 현재 그리스도를 믿는 사람이면 구원으로 자기가 예정되어 있음을 믿어야 한다.

2) 이스라엘의 현재: 하나님을 거절함(롬 9:30-10:21)

(1) 이스라엘이 행위로 의를 추구함(롬 9:30-33)

유대인은 대다수가 아직도 하나님의 진정한 백성이 되지 못하였다. 바울은 질문한다. 그러면 왜 이스라엘의 대다수가 아직까지 복음을 수용하지 못하였는가?

그것은 유대인들이 하나님의 선민인 것만 믿고 오로지 율법의 순종에 집착하였기 때문이다. 또한 율법에 순종하여야만 언약 안에 계속 머무를 수 있다고 믿었기 때문이다. 즉 그들은 믿음을 의지하지 않고 행위를 의지하였다. 그 결과 십자가에 달리신 예수는 그들에게 오히려 걸림돌이 되었다(롬 9:32-33).

(2) 율법의 마침: 믿음으로 구원(롬 10:1-5)

① 이스라엘은 행위로 말미암은 의에 집중한 결과 믿음으로 말미암는 의에 이르지 못하였다. 즉 올바른 지식을 따르지 아니하였다(롬 10:2). 그리하여 복음을 수용하는 데는 실패하였다. 그 결과 자신들은 하나님의 언약을 깨트린 자들이며, 대속자가 필요하다는 것을 전혀 깨닫지 못하였다. 그들이 볼 때 십자가에 달리신 예수는 자기들의 구원자가 아니라 하나님으로부터 저주를 받은 자였다.

② 그러나 예수님은 자기 백성의 죄를 위하여 십자가에서 죽임을 당하셨다. 그리하여 하나님의 의(믿음으로 구원)를 이루셨다. 이제 예수 그리스도의 대속적인 죽음을 믿는 모든 자들은 하나님의 새로운 (언약의) 백성이 되었다. 따라서 율법의 백성이라고 해서 자동적으로 하나님의 백성이라고 인정받는 시대는 지나갔다. 율법은 더 이상 이스라엘의 특권의 상징이 아니다. 바울은 말한다. "그리스도는 모든 믿는 자에게 의를 이루기 위하여 율법의 마침이 되시니라"(롬 10:4)고. 물론 그것이 율법의 폐기를 의미하지는 않는다. 율법의 유효성은 여전히 유지된다.

(3) 율법으로 말미암는 의 / 믿음으로 말미암는 의(롬 10:5-13)

바울은 모세의 율법으로 말미암는 의와 신약시대의 믿음으로 말미암는 의를 대비시킨다. 그리고 믿음으로 말미암는 의를 따르라고 한다.

바울은 먼저 모세가 "율법으로 말미암는 의를 행하는 자는 그 의로 살리라"고 말하였음을 상기시킨다. 율법의 준수는 모세 언약의 의무이다. 곧 모세 언약 안에 포함되어 있는 모든 복을 누리기 위한 조건이다. 그러나 율법에의 순종으로 이전에 없었던 생명을 새롭게 얻는 것은 아니다. 그 순종은 다만 이미 선물로 주어진 생명을 보존하고 유지하는 조건이다. 그런데 죄의 권세 때문에 율법 준수는 불가능했다.

반면에 믿음으로 말미암는 의로, 우리가 쉽게 다가갈 수 있는 그리스도를 우리에게 제시한다. 우리는 그리스도를 모셔 내리기 위하여 하늘에까지 올라갈 필요가 없고(성육신), 또는 그리스도를 죽은 자들 가운데서 모셔 올리기 위하여 음부까지 내려갈 필요가 없다(부활). 그러한 시도는 불필요하고 어리석다. 왜 그런가? 우리에게 절대적으로 요구되는 한 가지는 오직 믿음이기 때문이다. 말씀이 다스리는 곳에서는 어디서나 믿음만이 중요하다. 그러므로 이미 우리에게 가까이 와 있는 말씀을 믿기만 하면 구원을 얻는다. "말씀이 네게 가까워 네 입에 있으며, 네 마음에 있다 하였으니, 곧 우리가 전파하는 믿음의 말씀이라. 누구나 믿는 자는 구원을 얻으리라. 유대인이나 헬라인이나 차별이 없다."

(4) 모든 사람에게 구원이 이름(롬 10:14-21)

그러나 조상이나 현재의 대다수(이스라엘)는 믿음으로 말미암는 의를 믿지 아니하였다. 물론 이렇게 변명할 수 있다. 그리스도를 믿지 아니한다면 주님이라고 부를 수 없고, 듣지도 못하였다면 이를 믿을 수 없다. 또한 전파하는 이가 없다면 들을 수 없고, 보내심을 받지 아니하고는 전파할 수 없다고.

그러나 사도들과 선교사들은 파송되었고 파송되고 있다. 그들은 예루살렘에서 시작하여 로마에 이르기까지 널리 복음을 전파하였다. 모든 사람에게 구원의 소식이 이르렀다. 그 대상은 먼저 유대인이었고 다음은 이방인이었다. 그럼에도 대다수의 이스라엘은 복음에 순종하지 않았다. 왜냐하면 하나님의 종(대속의 종)이 많은 사람들의 죄를 담당하며 고난을 받으리라는 메시지가 이사야를 통하여 예언되었음에도(사 53:1) 불구하고, 그들에게는 수용하기 어려웠고 오히려 충격적이었기 때문이다. 복음의 선포는 성령이 주도하는 사건이기 때문이다.

3) 이스라엘의 회복(미래): 하나님의 신비로운 계획(롬 11:1-32)

바울은 이스라엘 민족이 일시적으로 그리스도를 배척했지만 곧 회복되어 구원의 날이 올 것임을 확신하는 예언적인 성격의 말을 전한다.

(1) 이스라엘의 '남은 자'(롬 11:1-10)

대다수의 이스라엘은 그리스도 안에서 계시된 하나님의 의(믿음으로 말미암는 의)를 배척하였다. 그리하여 이스라엘은 실패하였다. 그러나 그것은 역사 속에 발생한 단순한 우연이 아니다. 이스라엘의 실패는 이미 구약성경에서 예언되었다.

그렇다면 하나님이 자기 백성을 버리셨는가? 하나님의 백성에겐 희망이 없는가? 바울의 대답은 분명하다. 그럴 수가 없다는 것이다. 하나님은 이스라엘을 버리신 것이 아니다. 다시 말하면 하나님께서는 자기 백성을 버리지 아니 하신다는 구약성경 속의 약속을 파기하신 것이 아니다. 이를 입증하기 위하여 바울은 먼저 자기 자신을 언급한다. "나도 이스라엘인이요 아브라함의 씨에서 난 자요..."라고. 이것은 바울이 하나님의 언약 백성 중 하나로 이스라엘에 대한 하나님의 신실하심을 단언하는 것이다.

다음으로는 엘리야를 예로 든다. 엘리야는 자기 생명을 찾는 이세벨을 피하여 호렙산까지 가서 "그들이

주의 선지자들을 죽였으며 내 목숨도 찾나이다"라고 고발할 때, "내가 나를 위하여 바알에게 무릎을 꿇지 아니한 사람 칠천 명을 남겨 두었다"는 의외의 대답을 하셨다. 칠천 명의 사람들이 자기들의 능력이나 노력으로 하나님께 대한 믿음을 보존한 것이 아니라, 하나님께서 은혜로 그들의 믿음을 보존하신 것이다. 이것은 자기 백성에 대한 하나님의 계속적인 신실하심을 보여주는 것이다.

지금까지 바울은 '남은 자'가 존재하고 있다는 사실을 지적하여 하나님이 자기 백성을 버리지 아니하셨다는 것을 입증하였다. 그리하여 "이스라엘은 구하는 그것(의)을 얻지 못하고 오직 소수의 택하심을 입은 자가 얻었고, 나머지 대다수의 백성은 완악하여졌다"고 말한다(롬 11:7).

(2) 이스라엘의 회복에 대한 소망(롬 11:11-24)

그러면 대다수의 이스라엘(남은 자를 제외한)에게는 미래가 없는 것인가? 그들은 십자가에 걸려 넘어져서 완전히 멸망하게 되었는가? 그들이 넘어지기까지 완전히 망하게 되었는가? 바울은 그렇지 않다고 단호하게 대답한다. 대다수의 이스라엘이 넘어진 것은 사실이다. 그러나 "그것은 이스라엘이 넘어짐으로 구원이 이방인에게 이르러 이스라엘로 시기(猜忌)하게 하려는 것이다"(롬 11:11). 즉 이스라엘이 거부한 복음이 이방인에게 전해졌다. 그리고 이방인이 하나님의 복을 누리게 되었다. 이제 넘어졌던 이스라엘은 이방인들이 누리는 하나님의 복을 보고, 시기하게 된다. 그리하여 이스라엘이 충만(회심)하게 되어 구원에 이르게 될 것이라는 것이다.

그렇기 때문에 이스라엘의 구원은 확실하다. "제사하는 처음 익은 곡식 가루(이스라엘의 조상)가 거룩한즉 떡덩이(이스라엘 전체)도 거룩하고, 뿌리(이스라엘의 조상)가 거룩한즉 가지(이스라엘 전체)도 거룩하니라"(롬 11:28). 따라서 조상들 안에서 선택된 이스라엘에 대한 하나님의 신실하심은 변함이 없다는 것이다.

다음으로 바울은 이방인 그리스도인들에게 경고한다. 즉 돌 감람나무(이방인 그리스도인)가 참 감람나무(유대인, 이스라엘)를 향하여 자긍하지 말라는 것이다. 그것은 첫째, 이방인 그리스도인들은 이스라엘의 뿌리에 의존하고 있기 때문이다. 둘째, 이방인 그리스도인도 교만하면 유대인들처럼 찍힐 수도 있기 때문이다(롬 11:19).

(3) 온 이스라엘의 구원에 대한 비밀(롬 11:25-32)

바울은 이스라엘에 대한 하나님의 구원계획을 '신비'로 표현하면서 "이 신비를 너희가 모르기를 내가 원치 않는다"고 말한다. 이 신비는 하나님에 의해 예비된 것으로서, 세상 사람들에게는 감추어졌으나 사도 바울에게는 은혜로 계시된 사건이다. 그 내용은 "이방인의 충만한 수가 들어오기까지 이스라엘의 더러는 우둔하게 된 것이라. 그리하여 온 이스라엘이 구원을 받으리라"는 것이다(롬 11:25-26). 여기에 하나님의 구원계획에 있는 3단계가 나타난다.

첫째, 대다수의 이스라엘의 불신이며. 둘째, 하나님에 의해 구원받기로 정해진 이방인의 수가 모두 하나님 나라에 들어오는 것이고. 셋째, 온 이스라엘의 구원이다. 처음 두 단계는 이미 실현되고 있기 때문에, 바울의 관심은 역사의 절정인 마지막 단계에 있다.

V부. 성도의 실천적 윤리(롬 12-16장)

값없이 구원을 얻은 의인들이 이제 마땅히 살아야할 삶을 언급한다.

1) 교회생활(롬 12장)

(1) 영적 예배(롬 12:1-2)

바울은 구원을 얻은 성도들의 하나님과 교회에 대한 첫 번째 의무로서 영적 예배를 말한다. 즉 우리의 영혼과 전 인격을 포함한 예배를 뜻하는 '삶의 제사'를 드리며 살아가라는 것이다. 구약에서 자신의 온몸을 제물로 바쳤듯이 성도는 생활의 전부분에서 예배하는 자세로 살아야 한다고 권면한다.

(2) 공동체 구성원 간의 사랑(롬 12:3-21)

공동체 구성원간의 행동에 대하여 말한다. 즉 자아(롬 12:1-2), 교회(롬 12:3-8), 형제(롬 12:9-16), 불신자(롬 12:17-21)에 이르기까지 사랑과 봉사를 아끼지 말라 하였다.

2) 사회생활(롬 13장)

(1) 그리스도인과 정부(롬 13:1-10)

바울은 국가권력을 장악한 자들에 대한 기독인의 의무를 말한다. 먼저 권세자들에게 복종하라고 명한다. 그 이유는 모든 권세자는 하나님의 권세를 대행하기 때문이다. 바울은 성경의 일관된 가르침은 하나님이 모든 권력의 원천이라는 것이다. 그러므로 세상 권력자 또한 최고 통치자이신 하나님을 의식하며 공의로 다스려야 한다. 그리고 성도는 시민생활의 원리에 충실하여 시민으로서의 책임과 의무를 다하고 동시에 범사에 사랑으로 행하여야 한다.

(2) 종말론적 권면(롬 13:11-14)

종말이 임박하였기 때문에, 즉 구원이 때가 가까웠기 때문에 도덕적으로 진지해야 하며 깨어있는 자세로 종말을 준비해야 한다.

3) 성도의 자유의 한계(롬 14장)

① '믿음이 강한 자'는 '믿음이 약한 자'를 그리스도인으로 받아들여야 할 의무가 있으며, 서로 사적인 자유를 제한하지 말 것을 권유하고 있다.

'믿음이 연약한 자'는 그리스도 안에서 누릴 수 있는 자유와 의무를 완전히 구분할 수 있을 만큼 충분히 성숙되지 못한 자를 가리킨다(14:1). 반면에 '믿음이 있는 자'는 거리낌 없이 모든 것을 먹을 수 있는 확고한 믿음의 소유자를 말한다.

② 먼저 '믿음이 있는 자'에 대하여 충고한다. 믿음이 있는 자, 즉 믿음이 강한 자는 자기 이익추구가 정당하다 해도, 형제를 위하여 절제하는 것이 성도의 공동체에서 덕을 행하는 일이 된다는 것이다.

'믿음이 약한 자들'에 대하여는 어떤 음식이 본질적으로 나쁜 것이 아닌 한 판단은 자기 양심에 있으므로, 양심에 걸린다면 그것을 하지(먹지) 말아야 한다고.

〈아디아포라(adiaphora)의 문제〉

성도의 생활에서 어떤 문제는 본질적으로 선악과 관련된 것이 아니기 때문에 또는 성경이 직접 금하거나 행하라고 밝히지 않기 때문에, 각 개인의 판단과 양심의 자유에 맡겨야 할 문제가 있다. 이러한 문제를 아디아포라의 문제라고 한다. 이러한 문제는 믿음이 앞선 자나 뒤진 자나, 또는 견해 차이로 인하여 성도의 교제 중에서 갈등을 조성할 수 있다. 바울은 당시 교회에서 가장 큰 아디아포라 문제였던 일상생활의 음식문제를 주로 다루고 있다. 아디아포라의 대상이 되는 것은 결국 그 자체가 목적이나 윤리적 원칙이 아닌 상징적 의식의 이행 문제, 또는 본질적으로 선악과는 관련이 없는 주초(酒草)의 문제 등을 예로 들 수 있다.

4) 공동체 안에서 성도의 책임과 의무(롬 15:1-13)

그리스도인은 하나님께 영광을 돌리고 그리스도를 모범으로 삼아(롬 15:3) 믿음이 약한 자를 대할 책임과 의무가 있다. 그래서 구속함을 입은 자들은 서로 하나가 되어 하나님을 영화롭게 하며 한 마음과 한 입으로 하나님께 영광을 돌려야 한다(롬 15:4-7). 하나님의 구원 또한 보편적이어서 모든 나라, 모든 사람에게 차별이 없을 것이다. 현대 교회도 어떤 기준, 어떤 배경으로도 나뉘어서는 안 된다는 강한 교훈을 배워야 한다.

5) 바울의 선교 계획 / 개인적인 문안인사(롬 15:14-16장)

(1) 바울의 로마 선교 계획(롬 15:14-33)

이방인의 사도인 바울은 로마 선교를 앞에 두고 그리스도를 위한 자신의 사역을 설명한다(롬 15:15-21). 또한 자신의 로마 방문 계획이 오래 전부터 막혔음을 강조하면서 자신의 열망과 함께 방문에 방해되는 요건들을 이야기 한다.

(2) 개인적인 문안 인사(롬 16장)

바울 자신이 가르쳤다고 생각되는 몇 사람과 가정에서 모이고 있는 몇몇의 로마교회들에게 주로 개인적인 문안을 기록하고 있다. 로마교회에는 분쟁을 일으키는 소수의 무리가 있었다. 이들이 누구인가에 대해서는 그들은 유대주의적 신자들이었다는 것, 율법주의자들이었다는 것, 영지주의적 분파였다는 것 등 여러 가지 의견들이 있다.

① 뵈뵈(롬 16:1): 그녀는 고린도 동편 항구인 겐그레아 교회의 여집사이다. 바울은 그녀를 칭찬하고 로마교회에 추천하였다. 로마서를 로마교회에 전달한 장본인일 것이다.

② 브리스길라(브리스가, 롬 1:3)와 아굴라: 부부간이며 클라우디우스 황제가 기독교를 박해할 당시 로마를 떠나 고린도에 와 있을 때 바울과 함께 장막 만드는 일을 했다. 바울과 함께 에베소로 왔다가 클라우디우스가 죽자 로마로 돌아갔다. 이런 인연으로 바울이 로마 서신에서 그들 부부의 안부를 물었을 것이다.

③ 루포(롬 16:13): 구레네 사람 시몬의 두 아들 중 하나이다. 구레네 사람 시몬은 예수의 십자가를 대신 지고 간 사람이다(마 27:32).

제6절 예루살렘에서 / 바울이 체포됨

배를 타고 밀레도를 출발한 바울 일행(누가 포함)은 에게 해를 빠져 나와 지중해 동북단을 통과하여 두로와 돌레미아를 거쳐 가이사랴에 도착하였다. 그곳을 떠나 마침내 예루살렘에 입성하였다.

그러면 바울이 왜 이렇게 단호한 각오로 예루살렘에 가기를 원했는가?

첫째는 바울의 전도에 대한 오해의 불식을 위해서였을 것이다. 바울을 동행한 누가는 이에 관한 기록을 남겼다. 즉 바울은 자신이 이방의 유대인들(디아스포라)에게 전도하면서 조상의 규례와 율법을 파기하도록 권했다는 헛소문이 예루살렘에 유포되고 있다는 것을 감지하였고, 따라서 이에 대한 해명이 필요하다고 생각했을 것이다(행 21:21). 당시 예루살렘에서는 민족주의의 물결이 날로 고조되고 있었으므로, 만일 이를 그대로 방치한다면 바울의 세계주의적 복음사역이 자칫 오해를 불러일으킬 소지가 있었다. 둘째는 바울이 오순절을 예루살렘에서 보내고자 했기 때문이었다. 셋째는 바울이 예루살렘교회에 연보를 전달하기 위해서였다(롬 15:25-27, 고전 16:1-4).

그러나 바울은 예루살렘에서 체포되었고(AD 58), 예루살렘 공의회와 로마 총독에 의해 2년에 걸친 재판을 받았다. 바울은 상소하여 로마 황제의 재판을 받기 위해 로마로 압송된다.

1) 두로에서(행 21:1–6)

바울과 누가는 밀레도를 출발한 후 로도를 지나 바다라에 도착하였다. 바다라에서 배를 바꾸어 탄 후 수리아의 두로에 도착하였다. 두로에 상륙한 후 그곳에서 제자들을 찾아가 7일을 머물렀다. 제자들이 성령의 감동으로 바울에게 예루살렘에 들어가지 말라 하였으나, 바울은 그곳에서 좀 더 머물다가 작별하고 다시 배를 타고 두로를 떠났다.

2) 가이사랴에서 / 아가보의 예언(행 21:7–16)

두로를 출발한 바울 일행은 돌레미아를 거쳐 가이사랴에 이르렀다. 가이사랴에서는 빌립 집사(7집사 중 한 사람)의 집에서 머물렀다. 빌립에게 딸이 넷이 있으니 처녀로 예언하였다. 가이사랴에서 여러 날 머물렀다. 그 때 아가보라는 예언자가 유대로부터 내려와 바울의 띠를 가져다가 몸을 묶는 모습을 보이며, 바울이 그처럼 결박되어 이방인에게 넘겨지리라고 예언하였다. 누가와 그곳 사람들이 함께 바울에게 예루살렘에 가지 말도록 권하였으나, 바울은 예수의 이름을 위하여 죽을 것도 각오하였다며 그의 뜻을 접지 않았다. 가이사랴에서 몇 제자가 함께 예루살렘으로 갔으며 오랜 제자 구브로 사람 나손도 동행했다. 나손을 동행한 이유는 예루살렘에서 그의 집에 유하려 함이었다.

3) 예루살렘으로

(1) 바울의 예루살렘 입성-체포됨

① 예루살렘 입성과 전도결과 보고(행 21:17-20).

바울 일행이 예루살렘에 이르니 형제들이 바울 일행을 기꺼이 영접하였다. 연보에 대한의 감사의 뜻도 포함되었을 것이다. 이튿날 바울 일행이 야고보 등 장로들에게 문안하고 이방 전도 결과를 낱낱이 보고하니, 그들이 이를 듣고 하나님께 영광을 돌렸다.

② 나실인의 결례(潔禮) **참여**(행 21:20-26)

이때 야고보 등이 예루살렘에 유포된 바울에 대한 헛소문에 대해 말했다. 즉 바울이 이방에서 전도할 때 유대인들에게, 모세를 배반하고 할례를 행하지 말며 율법의 관습을 지키지 말라 하였다는 것이다. 이 헛소문은 바울이 이미 성령의 계시를 통하여 감지하고 있었던 바이다. 그러나 야고보 등은 이 사건은 방치할 수는 없는 것이기 때문에, 비난을 잠재우기 위해 바울도 형식에 불과한 나실인의 결례(행 18:18, 겐그레아에서)에 다른 4인과 함께 참여할 것이며, 그 4인의 머리 깎는 비용도 모두 지불함으로써 저들이 들은 바가 사실이 아니며 바울은 율법을 잘 지켜 행하고 있음을 믿게 하라고 권고하였다. 사실 바울의 평소 율법관에 의하면 야고보 등의 이러한 권고는 수용 될 수 없는 것이었다. 그러나 "내가 유대인들에게 유대인과 같이 된 것은 유대인을 얻고자 함이요, 율법 아래 있는 자들에게 내가 율법 아래에 있지 아니하나 율법 아래 있는 자 같이 된 것은 율법 아래 있는 자를 얻고자 함"(고전 9:20)이라는 것이 바울의 율법관이었기 때문에 바울은 권고를 받아들였다. 그리하여 바울은 4인의 머리 깎는 비용을 지불하고 그들과 함께 나실인 결례를 행하였고 결례기간이 만기(7일)가 된 것도 신고하였다.

③ 아시아에서 온 유대인들이 바울을 붙잡다(행 21:27-30).

나실인 기간(7일)이 거의 찼을 때 아시아(에베소)로부터 온 유대인들이 성전에서 바울을 발견하고 모든 무리를 충동하여 바울을 체포하였다. 그들은 에베소에서 바울이 전하는 복음을 받아들이지 않고 바울을 박해하던 자들이었다.

바울을 체포한 첫째 이유는 바울이 각처에서 모든 사람에게 율법과 예루살렘 성전을 비방하는 것을 가르쳤다는 것이다. 바울이 이 조작된 비난을 면하기 위하여 나실인 결례에도 동참하였지만, 물거품이 되고 말았다.

두 번째 이유는 바울이 헬라인(이방인)을 데리고 성전에 들어가서 성전을 더럽혔다는 것이다. 당시 예루살렘 성전 내부는 벽 하나를 사이에 두고 유대인의 뜰과 이방인의 뜰로 구분되어 있었다. 이방인이 유대인의 뜰에 들어가면 유대인의 뜰을 더럽혔다는 이유로 그 이방인 및 이방인을 데리고 들어간 사람도 돌로 쳐 죽이게 되어 있었다.

그런데 며칠 전 바울이 시내에서 어떤 에베소인(이방인)과 함께 있는 것을 아시아(에베소)에서 온 유대인들이 보았다. 사실 그 에베소인(이방인)은 드로비모라 하는 자로서 바울이 전하는 복음을 받아들인 자였고, 그를 성전(유대인의 뜰)에 데리고 들어간 것은 아니었다. 그럼에도 그들은 바울이 그를 성전에 데리고 들어갔다고 모함하였다.

바울의 체포로 인하여 아시아에서 온 유대인들의 함성 소리가 커지자, 곧 군중들이 모여들어 바울을 둘러싸고 그를 성전(유대인의 뜰) 밖으로 끌어내었고 성전 문은 곧 닫혔다.

④ 로마 군대의 천부장(千夫長)이 바울을 체포하다(행 21:31-33).

당시 성전 서북 모퉁이에는 안토니 요새(성채)가 있었는데 이 요새의 책임자는 예루살렘의 치안을 담당하고 있었던 로마군의 천부장이었다. 그 이름은 글라우디오 루시아(Claudius Lysias)였다(행 23:26). 천부장은 성전 주변에서 소요가 발생하였다는 보고를 받고 즉시 군사들을 파견하여, 아시아에서 온 유대인들로부터 바울을 넘겨받아 체포하고 결박하였다(AD 58). 이렇게 바울은 이방인(로마의 군대)의 손에 넘겨져 그 후 2년 동안 가이사랴에서 로마 총독의 재판을 받는 신세가 되었다.

⑤ 천부장의 진상 조사와 바울의 연설(행 21:33-22:24)

천부장은 유대인들에게 바울을 붙잡은 이유를 물었다. 그러나 그들은 갑론을박만 할 뿐이어서 천부장은 그 사건의 진상을 알 수 없었다. 때문에 그는 바울을 로마군의 영내로 데려가라 명하였다. 바울이 영내로 끌려갈 때에 영내로 들어가는 계단에서 바울이 천부장에게 대화를 제의하자 천부장은 바울에게 "네가 헬라말을 할 줄 아느냐, 그러면 네가 이전에 소요를 일으켜 자객 4천 명을 거느리고 광야로 가던 애굽인이 아니냐?"하고 물었다. 바울은 "아니다. 나는 유대인이며 작은 읍이 아닌 다소시의 시민이다"라고 답하였다.

〈거짓 애굽인 선지자〉

AD 54년 한 애굽인 거짓 선지자에 의해 예루살렘에 반란 사건이 발생했다. 스스로를 위대한 선지자로 자처한 이 애굽인은 자신의 추종자 3만 명(그 중 자객이 4천 명)을 이끌고 예루살렘으로 와 광야와 감람산 등에 웅거하면서, 예루살렘 성벽의 파괴 및 로마군 멸망을 예언하며 때가 되면 반란을 일으키려 했다. 그러나 총독 벨릭스(Felix)의 군대에 의해 자신의 추종자 중 일부가 죽고 일부는 생포 당하자 감쪽같이 자취를 감추었다. 이 애굽인은 헬라어를 썼는데, 로마 천부장의 말은 바울이 혹시 그 때 사라진 그 애굽인 선지자가 아니냐는 질문을 한 것이다(cf. F. F. Bruce 저서, 별첨 참고문헌).

바울은 천부장과 대화가 된 것을 계기로 백성에게 말할 기회를 자기에게 달라고 부탁하였다. 천부장이 허락하여 바울은 자기에게 수갑을 채운 군사들과 백성 앞에서 연설하게 되었다.

바울은, 자기는 다소에서 태어났고 예루살렘으로 가 가말리엘 문하에서 교육을 받았으며, 이 도를 열광적으로 박해하였으나, 다메섹 도상에서 회심하였고, 다메섹으로 가서 하나님의 명령을 받은 아나니아의 방문을 받고 자기의 사명이 무엇인지 알게 되었으며, 그 후 예루살렘으로 올라가 기도하는 중에 이방인 전도의 명령을 받았다고 했다. 지금까지 잠잠하게 듣고 있던 군중이 이 말을 듣고는 이런 놈은 세상에서 없이하자 하며 소란과 난동을 부렸다. 천부장은 소란을 제지하고 바울을 로마 경비대 영내에 구속시켰다.

⑥ 바울이 로마 시민임을 확인 / 합법적 심문 시작(행 22:24-29)

천부장은 바울을 큰 죄인으로 단정하고, 채찍의 고문을 통해 사건의 진상을 밝히려 했다. 바울은 자신이 부당하게 형벌을 당할 위기에 처했음을 알고, 이러한 위기에서 자기를 구할 수 있는 무기로써 자신이 로마 시민임을 밝혔다. 로마 시민은 정당한 법적 절차에 의하지 않고는 부당하게 채찍을 맞지 않는 특권을 갖고 있었기 때문이다. 바울이 백부장(천부장의 부하)에게 "너희가 로마 시민 된 자를 죄도 정하지 아니하고 채찍질 할 수 있느냐?"고 항의하였다. 바울이 로마 시민임이 즉시 천부장에게 보고되었다. 천부장 또한 즉시 와서 이 사실을 확인한 후 지금까지 자기가 바울에 대하여 취한 조치가 잘못되었음을 발견하고 두려워했다. 그는 이제부터 바울 문제를 적법한 절차에 따라 처리키로 했다. 그리고 천부장은 이 문제는 유대인에 관한 것이기 때문에 1차적으로 유대인의 최고 사법기관인 산헤드린에 넘겼다.

(2) 바울이 예루살렘 공회 앞에서 심문받다(행 22:30-23:22)

천부장이 산헤드린 공회를 소집한 다음 바울을 공회원들 앞에 세웠다. 바울이 먼저 말했다. "나는 오늘날까지 범사에 양심을 따라 하나님을 섬겼다"고. 이 말이 끝나기도 전에 대제사장 아나니아(AD 48-58)가 서 있는 사람들에게 "바울의 입을 치라"고 명했다. 바울이 대제사장에게 반항했다. "회칠한 담(whitewashed wall)이여 하나님이 너를 치리로다. 네가 율법을 어기고 나를 치라 하느냐"고. 곁에 선 사람이 바울에게 말했다. "하나님의 제사장을 네가 욕하느냐?"고. 바울이 정중하게 대꾸했다. "당신이 대제사장인 것을 몰랐다"고.

바울은 모인 유대인들이 바리새인들과 사두개인들임을 보고, 두 파간의 분쟁 문제인 부활의 건을 들고 나왔다. 즉 "형제들아. 나는 바리새인이요. 또 바리새인의 아들이라. 죽은 자의 소망 곧 부활로 말미암아 내가 심문을 받노라"고. 사실 바리새인들은 죽은 자의 부활이 있다고, 사두개인들은 죽은 자의 부활이 없다고 주장한다. 바울의 말을 들은 바리새인들은 바울의 무죄를, 사두개인들은 유죄를 주장하여 두 파간의 다툼이 격해지자, 천부장은 바울의 신변에 불안을 느낀 나머지 바울을 자기들의 영내로 끌고 갔다. 그 밤에 주님께서 바울에게 "담대하라 네가 예루살렘에서 증언한 것처럼 로마에서도 증언해야 한다"고 이르셨다.

(3) 바울을 죽이려는 음모 / 바울의 가이사랴 이송(행 23:23-35)

유대인들 중에 바울에 대하여 극도의 적개심을 불태우던 유대인 열성당원 40여 명이 있었다. 그들은 정식 재판을 통해서는 바울을 처형시키기가 어렵다는 인식을 같이 하고, 산헤드린 공회와 합작하여 바울을 살해할 음모를 계획했다. 그것은 천부장에게 바울에 대해 알아볼 일이 있다고 속여 바울을 영 밖으로 끌어낸 다음 적당한 기회에 살해한다는 것이었다. 그러나 이 음모에 관한 정보가 바울의 조카의 귀에 들어갔고, 바울의 조카를 통해 다시 천부장의 귀에까지 들어갔다. 천부장은 더 이상 바울의 안전에 대해 개인적인 책임을 질 수 없었다. 그는 자기가 대처할 수 없는 문제들이 있음을 발견하였고, 만약 이 문제들을 처리할 수 있는 자가 있다면 그는 전(全) 유대의 안전에 대하여 책임을 지고 있는 총독이라고 생각했다. 그는 보안 유지를 철저히 단속하면서 백부장에게 바울을 총독의 관저가 있는 가이사랴까지 이송할 준비를 밤 제3시(로마표기 9시)까지 완료하도록 지시했다. 이송에 동원될 군대는 보병 200명, 기병 700명, 창병 200명이었다. 그리고 천부장은 총독에게 보내는 문서도 준비했다. 편지의 내용은 유대인이 바울을 고발한 이유가 종교적 문제라는 것, 바울을 살해할 음모가 있었다는 것, 바울을 고발한 사람들도 보내겠다는 것이었다. 이송 군대는 그날 밤에 출발했다. 먼저 보병이 안디바드리(지명)까지 바울을 호송하고, 이곳부터 가이사랴까지는 이튿날 기병이 호송하였다. 호송군대는 가이사랴에 도착하여 바울과 편지를 총독 벨릭스(AD 52-60)에게 인계하고 가이사랴를 떠났다.

제7절 바울이 가이사랴에서 심문받다: 2년 동안

1) 바울이 벨릭스 총독 앞에 서다(행 24:1–27)

바울이 가이사랴에 도착하고 5일 후 바울의 심문이 시작되었다. 대제사장 아나니아를 비롯하여 바울을 고발한 유대인 다수가 예루살렘으로부터 왔다. 변호사 더둘로(Tertullus)가 원고인 그들을 대리하여 먼저 고소 사유를 밝혔다. 첫째는 바울이 정치적 선동을 도모하려고 했다는(정치 선동죄와 공공질서 파괴죄) 것이고, 둘째는 나사렛 당의 장본인으로서 민심을 동요하게 하는 이단세력의 괴수(이단죄)라는 것, 셋째는 성전을 더럽게 했다(성전 모독죄)는 것이었다.

이에 대하여 바울은 학식과 능변을 갖춘 상대를 의식하고, 자신이 로마제국에 대한 반란을 기도한 적이 없음을 다음과 같이 조리 있게 항변했다. 첫째, 자신이 예루살렘을 방문한 것은 순전히 종교상의 이유이지 다른 음모를 꾸미기 위함이 아니었다. 둘째, 바울이 예루살렘에서 머문 기간이 12일에 불과하며 그중 4일은 죄수로 갇혀 있었다. 그가 잡히기 이전까지는 결례의식 관계로 성전에서 조용히 지냈다. 따라서 이렇게 짧은 기간에 난동이나 선동을 했다는 주장은 조작이며, 또한 그것을 뒷받침할 증거가 없다. 자기를 정치적 선동자라고 주장한 아시아(에베소)에서 온 유대인들이 만일 자신들의 주장을 뒷받침할 증거가 있다면, 마땅히 당신 앞에 나와 이를 제시했어야 한다. 바울의 주장은 논리 정연했다. 사실 성전을 더럽혔다고 주장하며 바울을 붙잡았던 에베소 유대인들은 나타나지 않았다. 그러므로 이 고소는 철회된 것이나 다름없었다. 뿐만 아니라 총독 벨릭스는 바울이 말하는 도(道)를 알고 있었다.

그럼에도 불구하고 벨릭스는 천부장이 다시 올 때까지 재판을 연기한다고 선언했다. 그리고 바울에게 약간의 자유를 주도록 백부장에게 지시했다. 벨릭스는 이후에도 자기 아내 드루실라와 함께 바울을 불러 그의 이야기를 들었다. 바울은 그때 복음의 핵심(의와 절제와 장차 오는 심판)을 강론했다. 그러나 벨릭스가 이와 같이 바울을 선처하고 만나기도 했던 것은 내심 바울로부터 뇌물을 기대했던 것이다. 벨릭스는 유대인의 환심을 사기 위해 바울에게 어떤 조치를 취함이 없이 무려 2년 동안을 옥에 가두어 두었다.

2) 바울이 베스도 총독 앞에 서다(행 25:1-26:32)

(1) 벨릭스의 해임과 베스도의 부임(행 25:1)

가이사랴에서는 유대인과 헬라인 간에 주도권 다툼이 심했다. 총독 벨릭스가 이 사건에 개입하여 벨릭스 휘하의 군인들이 유대인들을 학살, 투옥, 약탈하였다. 이에 유대인들이 백성들의 대표를 로마정부에 보내어 그들의 울분을 호소했다. 이 때문에 벨릭스는 로마로 소환되고 베스도(AD 60-62)가 후임으로 부임했다.

(2) 유대인들의 바울 이송 도중 살해 음모(행 25:2-5)

베스도는 벨릭스의 실정(失政)으로 인하여 가중된 팔레스타인의 여러 가지 문제점들과 긴장상태를 점검하기 위하여, 부임 후 3일을 가이사랴에서 머문 다음 곧바로 예루살렘으로 올라가 예루살렘의 지도자들을 만났다. 유대인 지도자들은 베스도를 만나 바울을 예루살렘으로 이송해 주도록 요청했다. 그들은 신임 총독의 미숙함을 이용하여 바울을 이송하는 도중에 살해할 음모를 갖고 있었다. 그러나 베스도는 비록 부임 초기여서 상황파악이 모두 되지는 않았지만 냉철한 사람이었다. 베스도는 그들의 청을 일단 유보시켰다. 그 이유는 그가 바울의 사건내용을 잘 몰랐기 때문이고, 재판업무보다 행정업무가 시급하다고 판단했기 때문이었을 것이다. 무엇보다도 법정에 구류되어 있는 로마시민 된 자를, 신중한 고려도 없이 유대인들에게 내어줄 수 없었기 때문이었다. 그리하여 베스도는 유대인 지도자들에게 가이사랴에서 열리게 될 바울의 재판에 유력한 자들을 보내어 자신들의 주장을 충분히 진술하라고 지시했다.

(3) 바울이 베스도 총독 앞에 서다(행 25:6-12)

베스도가 예루살렘에 올라간 지 10여 일 후 가이사랴에 내려와 재판을 열고, 유대인 대표자들과 바울을 불러 진술하게 하였다. 유대인들은 또다시 바울을 정치적 선동가, 이단자, 그리고 성전 모독자로 몰아세웠다. 바울 또한 이에 대해 답변했다. 자초지종을 들은 베스도는 바울에게 특별한 죄목을 적용시킬 만한 근거를 발견하지 못하였다. 단순히 법적으로만 따진다면 그는 바울을 무죄로 석방시킬 수도 있을 터였다. 하지만 그는 부임 초부터 유대지도자들과 충돌하기를 원하지 않았다. 베스도는 여러 가지를 고려한 후 바울에게 예루살렘 행을 넌지시 권고했다. 바울은 자기의 예루살렘 행이 얼마나 위험한 것인가를 잘 알고 있었기 때문에, 로마시민으로서 로마 황제에게 항소하기로 결심했다. 바울은 단호하게 말했다. "내가 가이사의 재판 자리 앞에 섰으니 마땅히 거기서 심문을 받을 것이라. 당신도 아시는 바와 같이 내가 유대인들에게 불의를 행한 일이 없나이다. 내가 가이사에게 상소하노라"(행 25:10-12)고. 당시 로마시민은 지방행정관(총독)으로부터 심한 압제를 받을 때 황제에게 직접 호소할 수 있었고, 행정관 또한 황제에게 호소할 수 있는 기회를 주어야 할 책임이 있었다. 바울 자신도 새로 부임한 베스도의 판결보다는 로마에 있는 가이사의 판결이 자기에게 호의적일 것이라고 생각했을 것이다. 베스도가 배석자들과 상의한 후 "네가 가이사에게 상소하였으니 가이사에게 갈 것이라"고 판결하였다.

3) 바울이 아그립바 왕 앞에 서다(행 25:14–26:32)

며칠 후에 유다 왕 아그립바(2세: AD 50-100)와 그의 아내 버니게가 베스도에게 문안하려고 가이사랴에 왔다. 베스도는 아그립바 왕에게 유대인들이 바울을 고발한 사건에 관한 이야기를 하였다. 그는 바울을 심문한 바 그에게는 종교에 관한 주장을 제외하면 악행에 관한 혐의는 없었으며, 바울이 예루살렘에서 유대인으로부터 재판받기를 거부하고 황제에게 판결받기를 원하였기 때문에 그렇게 하기로 결정하였다고 말하였다. 이에 아그립바도 바울이 주장하는 바를 듣고자 하였다(행 25:22). 이튿날 베스도, 아그립바 왕 부부, 천부장과 호위병사들, 그리고 시중의 높은 사람들이 운집한 접견장소에서 바울과의 문답이 진행되었다. 아그립바가 바울에게 발언을 허락하였다. 바울은 정중한 어조로 유다 땅에서의 최후의 변증을 하였다. 그는 자신의 출생과 교육과정, 그리고 다메섹 도상에서의 극적 체험을 언급하였다. 그는 궁극적으로 부활하신 예수님이 구약 언약의 성취자이며 메시아라는 사실을 강조하였다(행 26장). 이 말을 들은 베스도는 바울에게 "바울아 네가 미쳤구나. 너의 많은 학문이 너를 미치게 하는구나"라고 말하였다(행 26:24). 바울은 자기가 미친 것이 아니며 참되고 온전한 말을 한다고 반박한 뒤, 아그립바 왕을 향하여 전도하였다. "아그립바 왕이여. 선지자를 믿으시나이까? 믿으시는 줄을 아나이다."이때 아그립바 왕은 "네가 적은 말로 나를 그리스도인이 되게 하는구나"라고 말하며 바울과의 문답은 끝났다. 그리고 아그립바는 베스도에게 "이 사람이 만일 가이사에게 상소하지 아니하였더라면 석방될 수 있을 뻔하였다"라고 말하였다(행 26:32).

제8절 예루살렘에서 로마까지 / 지중해 항해

1) 가이사랴에서–미항까지(행 27:1–8)

바울이 로마에 호송되기 위하여 가이사랴에서 승선하였다.

① 인솔 책임자: 이달리야 군대 아구스도대(regiment)의 백부장 율리오였다.

② 승선 선박명: 아시아의 서쪽에 있는 항구 아드라뭇데노(Adramyttium)로 향하는 배였다.

③ 바울의 일행: 아리스다고(데살로니가 사람)와 누가(우리: 사도행전 저자)가 바울과 함께 하였다. 인솔책임자 율리오는 바울에게 관대하였다.

④ 이 배에는 죄인 276명이 타고 있었다(행 27:37).

⑤ 항해로: 가이사랴를 출발한 배는 시돈–구브로 해안–길리기아–밤빌리아를 경유하여 루기아의 무라시(터키 서남단)에 이르렀다. 무라시에서 이탈리아로 가는 곡물 수송선박 알렉산드리아 배로 환승하였다. 무라시를 출발하여 니도 맞은편–살모네 앞–그레데 섬의 해안을 통과하여 미항(그레데 섬의 남부 해안 중심지에 있는 항구)에 이르렀다.

2) 미항에서 – 멜리데(말타)까지(행 27:9–28:1)

인솔 책임자 백부장 율리오는 미항(Fair Havens)에서 월동하는 것이 불편하기 때문에, 그레데 섬의 서북쪽에 있는 뵈닉스 항구로 옮겨 월동하고자 하였다.

그러나 바울은 시기적으로 금식하는 절기(태양력으로 9-10월)가 지난 때이어서 강풍이 심하여질 것을 예상하여(파선의 위험), 율리오에게 미항에서 출발을 연기하도록 권고하였다. 하지만 율리오는 이를 받아들이지 않고 선장과 선주의 말을 믿고 출항을 강행하였다(27:11).

출항과 동시에 강풍이 불어왔다. 당시에는 나침판이 없었기 때문에 해와 별을 의지하였다. 여러 날 동안 해와 별이 보이지 아니함으로 배는 방향을 잃고, 유라굴라라고 하는 광풍에 밀려 뵈닉스로 가지 못한 채 10-15일 동안을 아드리아 해상(Adriatic Sea)에서 표류하였다. 배에는 죄수 등 276명의 사람과 많은 양의 곡물이 실려 있었다. 그동안 선원들의 탈출 시도, 굶주림, 죄수들의 탈출 위험, 배의 일부 파선 등 숱한 어려움과 위기를 감수해야 했다. 이러한 어려움과 위기 속에서도 바울은 이렇게 말하고(전도) 그들을 안심시켰다.

> "내가 너희를 권하노니 이제는 안심하라. 너희 중 아무도 생명에는 아무런 손상이 없겠고 오직 배뿐이리라. 내가 속한 바 곧 내가 섬기는 하나님의 사자가 어제 밤에 내 곁에 서서 말하되 바울아 두려워 말라. 네가 가이사 앞에 서야 하겠고 또 하나님께서 너와 함께 항해하는 자를 다 네게 주셨다 하였으니 그러므로 여러분이여 안심하라. 나는 내게 말씀하신 그대로 되리라고 하나님을 믿노라. 그런즉 우리가 반드시 한 섬을 지나게 되리라"(행 27:23-26).

배는 60년 10월 하순 경 멜리데(Malta)에 상륙하였다(행 28:1, cf. 톰슨II 주석성경). 멜리데는 이탈리아에 가까운 섬이다.

3) 멜리데에서 3개월(행 28:1–11)

① 바울은 그 섬의 주민들로부터 따뜻한 대접을 받았다. 어느 날 바울이 나무 한 묶음을 거두어 불에 넣을 때 독사가 그의 손을 물었다. 그러나 그가 그 뱀을 불에 떨어버렸어도 아무런 상함이 없었다. 주민들은 이를 보고 바울을 신이라 하였다. 또한 그 섬의 추장 보블리오의 아버지가 열병과 이질에 걸려 누워있었는데, 바울이 안수하니 치유되었다. 이를 보고 많은 사람들이 와서 병 고침을 받았다.

② 항해의 위험 속에서도 살아남은 바울이 낯선 섬에서 죽을 수는 없었다. 기적은 그를 통하여 실증되었고, 이 사건들은 그로 하여금 섬의 주민들에게 복음을 전할 수 있는 계기를 마련해 주었다.

③ 멜리데 섬에서 3개월을 보내면서 후한 예로 대접을 받고 항해 여건이 좋아지자 섬을 떠났다(행 28:1-11).

④ 멜리데를 떠나 수라구사(Syracuse, 3일 체류)-레기온(Rhegium, 하루 체류)-보디올(Puteoli, 그곳 형제들과 7일 체류)을 거쳐 드디어 로마에 이르렀다.

제9절 로마에 온 바울: 옥중생활

1) 옥중생활(imprisonment)

(1) 로마에서 영접을 받다(행 28:15)

바울이 로마에 도착하였다는 소식을 듣고, 로마의 형제들이 압비오(Appius)광장과 트레이스 타베르네(Three Taverns)까지 나와 바울 일행을 영접하였다. 바울은 자기를 지키는 한 군인과 함께 따로 있게 허락되었다(옥중생활의 시작).

(2) 바울의 항소 배경 설명(행 28:17-22)

바울은 로마에 이르러 제일 먼저 유대인 지도자들을 만나 그들에게 복음을 증언하고자 하였다. 그러나 그들이 이미 바울의 대적들로부터 연락을 받아 바울에게 강한 편견을 갖고 있을지도 모르는 일이었다. 때문에 바울은 그들을 만나자 먼저 자신이 매인 이유와 로마 황제에게 항소를 하지 않을 수 없었던 상황 등에 관한 설명을 꺼냈다. 그러나 로마의 유대교 지도자들은 바울에 대한 소문을 들은 바 없다고 하였다(행 28:21-22).

로마의 유대인 지도자들은 기독교에 관해 많은 것을 알고 있었을 것이 분명하며, 바울에 대해서도 어느 정도 소문을 접하였을 것이다. 왜냐하면 불과 몇 년 전에 로마 내에서 유대인들과 그리스도인들 간에 큰 대립이 있었기 때문이다. 그럼에도 불구하고 그들이 기독교를 알지 못하는 것처럼 행동한 데에는 49년 말경의 글라우디우스의 칙령(나사렛 칙령: Decree of Claudius)이 큰 작용을 한 듯하다(행 18:2). 즉 그들은 더 이상 기독교 문제로 소란을 조성하고 싶지 않았던 것이다.

(3) 2년 동안의 옥중생활(행 28:16) / 옥중 서신

① 바울은 자기를 지키는 한 군인과 함께 자기 셋집에 따로 있게 허락되었다(1차 가택연금). 사실 바울은 자유인이 아닌 죄인의 신분으로 로마 황제의 재판을 받기 위하여 로마에 왔다. 따라서 그의 주거가 제한되는 것은 당연하였다(가택 연금생활: house-arrest). AD 61년(중순경?)에 로마에 도착한 바울은 이와 같은 가택연금 생활을 약 2년 동안 계속하였다.

② 그러나 강제로 활동을 제한받는 이 기간에도 그에게는 열매가 있었다. 바울은 예루살렘에 있을 때에도 외부인과 접촉하는 것이 제지되지 않았다(행 23:6). 그리고 바울은 로마에서도 자기 셋집을 방문하는 모든 사람에게 자유롭게 복음을 전할 수 있었다. 바울은 날짜를 정하여 자기 셋집에 형제들을 불러 아침부터 저녁까지 강론하며 복음을 전하였다.

③ 또한 그는 여행을 하지는 않았으나 글(편지)을 쓰는 일을 계속했다. 즉 그는 옥중에서 서신을 써 보내는 방법으로 전도 활동을 계속할 수 있었다. 그가 2년 동안 옥중생활을 하면서 4편의 서신, 즉 골로새서, 빌레몬서, 에베소서, 빌립보서 등을 기록하였는데, 이들을 옥중 서신이라고 한다(Prison Letters or Epistles). 이 서신들은 모두 바울의 옥중 구속을 언급하고 있기 때문에 그렇게 부른다(빌 1:12-13, 엡 3:1, 6:20. 골 4:18).

④ 옥중 서신에 나타난 교회들의 모습은 바울이 투옥되어 있었음에도 불구하고 이미 안정을 향하여 급속도로 성장해가고 있음을 보여준다. 옥중 서신들은 로마서를 제외하고는 그때까지 쓴 어떤 서신들(여행 서신)보다 강하고 교훈적인 성격을 띠고 있다. 즉 옥중 서신들은 여행 서신들보다 일반적인 가르침을 더 많이 다루고 있는 반면 개인적인 문제들을 조금 다루고 있다. 바울은 예루살렘 심문에서도 부활을 중요시했지만 옥중 서신들에서 이를 더욱 강조하고 있다.

2) 바울의 석방

바울은 옥중생활을 시작한지 2년 만에 무죄로 석방되었다(행 28:30). 석방된 때는 아마 AD 63년경일 것이다. 고발자의 증인이 나타나지 않아 결국 구류기간 만료로 인하여 석방된 것으로 추정한다.

3) 누가가 '사도행전'(the Acts of the Apostles)을 기록

그 동안 바울을 수행하여 오던 누가는 바울이 출옥한 즈음(AD 63년경) 그때까지 자기가 기록해온 일지를 총 정리하여 로마에서 사도행전을 기록하였다. 초대교회의 탄생과 확장 그리고 바울의 선교활동을 체계적으로 총 정리한 역사책이 사도행전이다. 지금까지 설명된 바울의 선교활동에 관한 서술은 전적으로 누가가 기록한 사도행전에 의존한다.

〈옥중 서신(4권)〉

〈1. 골로새서〉

1) 수신자, 기록배경, 저자, 기록 장소

① 수신자

수신자는 골로새교회이다. 골로새는 에베소 동쪽에 있으며 같은 소아시아 지방의 성읍(리쿠스 계곡의 남쪽)이다. 골로새교회는 바울이 직접 세우지는 않았다. 바울의 제3차 전도여행 때 에베소에서 수행하였던 전도의 영향이 가까운 이곳까지 미쳤을 것이다. 골로새교회는 바울의 동역자 **에바브라**가 설립하고 목회하던 교회일 가능성이 크다(골 1:7). 골로새 교인 중에는 이방인이 많았고 유대인도 적지 않았다. 교인의 혼합적 구성은 사상의 혼합도 가져오기 마련이다. 골로새교회는 혼합사상에 허덕이고 있었다.

② 기록 배경

바울이 로마 옥중에 있을 때 에바브라의 방문을 받았다(골 1:8). 혹은 함께 옥중생활을 하였다고 보기도 한다. 바울은 그를 통하여 골로새교회에 대해 대체로 유익하지 못한 소식 즉 이단의 침투에 관한 소식을 들었다. 바울은 그 교인들을 향하여 붓을 들 수밖에 없었다. 바울은 그리스도론을 주제로 하여 골로새교회 앞으로 편지를 썼다. 이 편지가 바로 골로새서이다. 두기고를 통해 골로새교회에 보냈다(골 4:7). 골로새서는 회람서신이다(골 4:16).

③ 저자, 기록 장소

저자, 기록 장소 등에 대하여는 일부 학자의 이견이 있지만, 바울이 로마 옥중에서 기록하였다고 일반적으로 인정하고 있다(골 4:18).

2) 내용

(1) 교회성장을 위한 기도(골 1:9-12)

에바브라를 통해 골로새교회 내에 이단 사상이 만연해가고 있음을 안 바울은 골로새교회의 성장을 위하여 뜨겁게 하나님께 간구하고 있다.

(2) 그리스도의 탁월성 /그리스도론(Christology) (골 1:13-23)

바울은 이단이 침투했다는 소식을 듣고, 골로새교인들이 참된 지식을 깨달을 수 있도록 본서의 실질적 주제인 기독론에 대하여 언급한다. 그리스도는 하나님의 형상이며, 만물을 지으신 창조주이며, 교회의 머리이며, 하나님의 충만한 신성을 몸에 지닌 분이며, 하나님과 인간을 화해시킨 유일한 중보자라는 점이다. 골로새서의 그리스도론은 우주적 범위로 웅대하다.

(3) 교회를 위한 바울의 사명(골 1:24-29)

바울은 자신의 고난과 골로새 교인과의 관계(골 1:24), 그리고 그리스도의 비밀을 이방인에게 알리는 것이 자신의 사명임을 언급하고 있다.

(4) 혼합적 이단에 대한 경고(골 2장)

갈라디아서는 유대주의적 이단을, 유다서는 헬라 영지주의적 이단을 각각 배격한다. 바울은 골로새교회 교인들의 얼굴을 본 적은 없지만(2:1), 이제 골로새교회의 이단을 여러 가지 이단 사설들을 교회의 정통교리와 은연중에 통합하려는 일종의 혼합적 이단이라고 진단하고, 각각에 대하여 논박하면서 이것들을 붙잡지도, 맛보지도, 만지지도 말라고 경고한다(골 2:21).

① 헬라의 인본주의적 철학에 토대를 둔 이단(골 2:8-10).

② 유대교의 율법적 형식주의에 토대를 둔 이단(골 2:11-17).

③ 위장된 기독교의 형식주의적 요소에 토대를 둔 이단 즉 천사 숭배와 같은 신비주의(골 2:18-19).

(5) 성도의 실천 강령-새로운 삶의 강령(골 3:1-4:6)

① 성도의 삶의 근본 원리(골 3:1-17)

죽음, 부활, 승천을 통한 그리스도와 신자와의 연합은 이 땅의 삶에서 반드시 쌓아야 할 토대이다. 그리스도인들은 그리스도와 함께 죽었기 때문에 예전의 죄 된 방식에 대하여 죽은 자로 여겨야 하며, 그리스도와 함께 부활하였기 때문에 의에 대하여 산 자로 여겨야 한다. 그리고 옛사람을 벗어버리고 그리스도의 사랑으로 생겨나는 새로운 성품(새사람)을 덧입어야 한다.

② 성도의 가정생활과 신앙생활(골 3:18-4:6)

바울은 남편과 아내, 아이, 종, 주인이 지켜야 할 가정생활에 대한 교훈(골 3:18-4:1). 그리고 성도의 신앙생활에 대하여 권면하고 있다(골 4:2-6).

(6) 교제와 문안(골 4장)

① 두기고: 너희를 위로하기 위하여 골로새서를 가지고 로마에서 고린도교회로 간다(행 20:4).

② 오네시모, 아리스다고, 마가(바나바의 조카)는 두기고와 함께 로마에서 고린도교회로 간다. 영접하라(행 19:29, 27:2).

③ 유스도(할례당: 행 1:23)와 에바브라(몬 23), 그리고 의사 누가(누가복음 기자)와 데마(몬 24)도 골로새 교인에게 문안한다(골 4:14).

④ 아킵보에게 문안하라(골 4:17).

〈2. 빌레몬서〉

1) 수신자, 저자, 기록연대, 기록 장소

바울이 로마에서 옥중생활을 할 때 빌레몬 개인에게 보낸 편지이다.

2) 기록 배경

빌레몬은 골로새에 살던 그리스도인이다. 빌레몬은 오네시모라는 노예(종)를 거느리고 있었는데, 오네시모가 주인의 물건을 훔치고 로마까지 달아났다(몬 18-19). 아마 오네시모는 로마에서 또 다른 범죄를 저지른 것 같다. 오네시모는 로마 감옥에 투옥되어 감옥에서 바울을 만나게 된다. 오네시모는 바울의 옥중 전도를 통해 그리스도인이 되었으며(몬 10), 바울을 위해 일하는 자가 되었다. 바울은 오네시모의 허물을 용서해주기를 바라는 편지를 써 오네시모에게 들려서 오네시모의 주인 빌레몬에게 보냈는데, 그 편지가 바로 빌레몬서이다.

3) 부탁 내용

바울은 편지에서 먼저 빌레몬의 사랑을 칭찬한다. 그리고 압비아(여성도)와 아킵보(골 4:17)에게 문안한 다음 "오네시모가 전에는 너 빌레몬에게는 무익한(나쁜) 존재이었으나, 이제는 그가 새로운 사람으로 변하여 옥중에 있는 나 바울에게는 믿음의 아들 그리고 심복이 되었다"고 말한다. 그리고 "오네시모는 옥중에 있는 나 바울을 돕고자 하나 그것은 너 빌레몬의 승낙 없이는 허락될 수 없는 일이다. 그러므로 나 바울이 너 빌레몬에게 오네시모를 보내면서 명령으로 하지 않고 간구로 호소하는데, 그의 허물을 용서하고 종 이상의 사랑받는 형제로 대해주기 바란다"고 부탁한다. 바울은 또한 자기가 그곳 골로새에 가게 될 경우 숙소도 마련해 주기를 부탁한다(몬 21).

4) 신원 보증

그러면서 바울은 오네시모의 신원에 대한 보증도 이야기한다(몬 18).

5) 마지막 안부인사

빌레몬서는 법적으로 보호받지 못하는 사람에게까지 따뜻한 사랑을 실천한 바울의 인간적 애정의 표본이다.

바울은 빌레몬이 오네시모를 자유롭게 해줄 것을 확신하면서, 노예도 진정한 형제로 보는 그의 사랑과 신뢰의 편지는 끝난다. 바울은 마지막 안부 인사에서 동역자 에바브라(골로새 교인), 마가(바나바의 조카, 행 12:12), 아리스다고(행 19:29), 데마(딤후 4:10), 그리고 누가가 로마에 함께 있음을 말한다.

〈3. 에베소서〉

1) 수신자, 저자. 기록연대, 기록 장소

수신자인 에베소교회는 소아시아 지방(오늘의 터키반도 서부)의 대표적 교회였다. 바울은 2차 전도여행이 끝날 무렵 단기간 전도하였으며, 3차 전도여행 때에는 2년 3개월간 머물면서 다졌던 교회이다.

에베소서도 골로새서 및 빌레몬서등과 같이 바울이 로마에서 옥중생활을 할 때 기록한 것이라고 전통적으로 인정되고 있다. 그러나 18세기 말부터는 에베소서의 언어와 문체, 에베소서에 나타난 교리 등을 이유로 바울의 저작권을 부인하는 학자들이 많이 나타났다.

에베소서는 에베소교회라는 특정교회에 보낸 서신이 아니고 에베소 지역에 있는 여러 교회에 보내진 서신으로, 기독교인이면 누구나 읽을 수 있도록 작성된 회람 서신(encyclical letter)이라고 생각되고 있다. 그리고 에베소서의 전체적 구도가 골로새서와 유사하기 때문에, 두 서신을 가리켜 쌍둥이 서신(twin epistles)이라고 부르기도 한다(cf. 김득중 저서, 별첨 참고문헌).

바울은 이 편지를 두기고 편에 에베소교회로 보냈다(엡 6:1). 두기고는 에바브라 그리고 오네시모와 동행하여 로마에서 소아시아로 갔다.

〈두기고〉

두기고는 소아시아, 마게도냐, 헬라의 이방인 성도로부터 모은 구제 연보를 예루살렘교회에 전달할 때 디모데 등과 빌립보에서 드로아로 동행하였던 아시아 지방의 그리스도인이다(행 20:4). 그는 바울이 로마 옥중에 있을 때 바울을 방문한 것으로 보인다.

2) 내용

에베소서의 주요 내용은 첫째는 '교리적 부분'으로서 교회론(ecclesiology)이고, 둘째는 교리의 '실천적 부분'으로서 세상에 빛을 비추는 성도의 빛 된 삶이다.

〈교리적 부분〉

(1) 삼위일체의 구속사역(엡 1장)

① 개별 성도의 구원(엡 1:3-13)

바울은 총론격인 1장에서 인사말에 이어 웅대한 구속의 도리(교리)를 설명한다. 즉 성부는 세상을 창조하시기 전에 우리를 선택하셨고, 성자는 구원사역을 이루셨으며, 성령은 인치시고 기업의 보증이 되셨다는(엡 1:3-14) 내용이다.

② 신앙 성숙을 위한 바울의 기도(엡 1:15-21)

바울은 구속의 도리(교리)를 설명한 뒤 부르심의 소망에 대하여, 성도의 유업에 대하여, 능력의 크심에 대하여, 그리고 그리스도의 주권에 대하여, 성도의 자각(성숙)을 촉구하는 기도를 한다. 이 비밀을 깨닫는 것이 곧 천국의 비밀을 깨닫는 것이다.

③ 교회는 그리스도의 몸, 그리스도는 교회의 머리(엡 1:22-23)

바울은 이와 같이 구원받은 자들의 모임인 교회는 그리스도의 몸이며, 또한 그리스도를 교회의 머리로 삼으셨다고 말한다.

(2) 교회의 일체성과 보편성(엡 2장)

① 죽음에서 생명으로-성도의 지위의 변화(엡 2:1-10)

바울은 여러분(에베소 교인 즉 이방인)은 구원받기 전에는 영적으로 죽은 사람이었으나, 하나님께서는 여러분을 사랑하사 그리스도와 함께 살리셨으며 따라서 영적으로 죽었던 생명에게 새 생명을 주시고 하늘나라에서 그분과 함께 앉게 해주셨다고 한다.

② 교회의 일체성과 보편성(엡 2:11-22)

바울은 말한다. 여러분은 구원받기 이전에는 하나님으로부터 소외된 외인(外人)이었다. 소망이 없었다. 그리스도와 아무 관계가 없었고 이스라엘 국민도 아니었으며 하나님의 약속에 근거한 계약에서도 제외되어 있었다. 그러나 그리스도의 중보적 화해(피)를 통해 소외가 해소되었다. 이제 새 생명을 얻음으로써 새로운 영적 신분을 소유하고, 그리스도와 화목하며 주의 지체(肢體)가 되는 특권을 갖게 되었다. 즉 이방인이나 유대인이나 모두 그리스도를 통해 한 성령님 안에서 아버지께로 나아갈 수 있게 되었다. 때문에 그리스도 안에서 하나가 되었다(교회의 일체성). 이와 같이 교회는 유대인이나 이방인 모두를 수용(화합)하는 우주적 성격을 지닌다(교회의 보편성).

(3) 교회의 사명 / 이방인을 위한 그리스도의 비밀(엡 3장)

① 바울은 이방인들이 복음(기쁜 소식)으로 말미암아 그리스도 예수 안에서 유대인과 함께 상속자가 되고, 지체가 되고 하나님의 약속에 참여하는 것을 '그리스도의 비밀'이라 표현한다. 그리고 이것이 교회의 사명이며 또한 자신이 이 비밀을 감당하는 일꾼으로 부름 받았음을 고백한다(엡 3:1-13).

② 교회의 사명을 말한 바울은 이어서 에베소교회가 자체적으로 하나님의 무한한 은혜(성령과 믿음)로 더욱 성숙하고 강건해지기를 간구한다(엡 3:14-21).

〈교회의 속성〉

① 교회는 하나이다(Unity). ② 교회는 거룩해야 한다(Holiness). ③ 교회는 보편적이다(Catholic). 모든 지역에 흩어져 있는 교회가 곧 하나라는 것이다. ④ 교회는 사도적 교회다. 사도적 교회란 사도들의 전통에 서 있는 교회를 말한다.

〈실천적 부분〉

(4) 교회의 활동(엡 4장)

① "하나 됨으로 행하라" / 교회의 연합(엡 4:1-16)

바울은 주 안에서 하나 됨으로 행동하라고 말한다. 즉 하나님께서는 예수 그리스도를 통해 갈라져있던 것들을 하나 되게 하셨다. 그러므로 하나가 되는 것(연합)은 모든 믿는 이들에게 주어진 막중한 책임이다.

바울은 연합을 위한 덕목으로 겸손과 온유, 오래 참는 사랑, 성령의 줄을 명시한다. 또한 몸, 성령, 주님, 믿음, 세례가 각각 하나인 것과 하나님도 한 분이심을 지적한다(엡 4:4-10). 나아가서 사도, 선지자, 전도자, 목사, 교사 등 다양한 직분도 교회가 하나 됨을 도모하는 직분임을 언급한다.

② "새 사람을 입으라"(엡 4:17-32)

바울은 다시 새 시대의 새로운 삶을 언급한다. 그것은 이교도의 옛 생활이 아니라, 그리스도를 본받아 실제로 나 자신의 부패한 행실을 버리고 적극적으로 이웃을 위해 봉사하는 삶이다.

(5) **성도의 빛된 삶**(엡 5장)

바울은 교리의 실천으로 세상에 빛을 비추는 성도의 삶을 말한다. 이러한 삶은 그 도덕적 기준을 온전히 하나님께 두어, 모든 일에 의와 거룩함과 진실을 나타내는 것이다. 따라서 무엇보다 하나님을 기쁘시게 하는 생활이 되어야 한다. 또한 성도의 영역은 교회에만 국한하는 것이 아니고 온 세상이므로, 교회는 모이는 교회로만이 아니요, 흩어지는 교회로서 존재한다는 점에 대해서도 유의하여야 한다.

바울은 본장을 통하여 타협하지 않는 교회의 삶(엡 5:1-7), 빛으로 나타나는 교회의 삶(엡 5:8-14), 지혜로운 교회의 삶(엡 5:15-21), 부부간의 조화를 이루는 교회의 삶(엡 5:22-23)을 말한다.

(6) **자녀와 부모의 관계**(엡 6:1-9)

부모와 자녀, 주인과 종 관계의 요체는 권위에 대한 존경과 순종임을 말한다.

(7) **성도의 영적 전투**(엡 6:10-20)

① 그리스도인의 영적 전투의 대상은 사탄이다. 전투 방법은 성령의 무장뿐이다. 하나님이 주시는 전신갑주(全身甲?: the whole armor)를 입어야 한다.

② 바울은 두기고를 에베소교회에 보낸다. 두기고는 연보수송단의 일원으로 바울과 함께 예루살렘을 방문하였는데(행 20:4), 바울에 의해서 에베소와 그레데에 파견되기도 하였다(딤후 4:12, 딛 3:12).

〈4. 빌립보서〉

1) 수신자, 저자. 기록연대, 기록 장소

① 수신자인 빌립보교회는 바울이 유럽 땅에 세운 최초의 교회이다. 바울이 2차 전도여행 중 드로아에 이르렀을 때, 환상 가운데 마게도냐 사람 하나가 마게도냐로 건너와서 도와달라고 간청하는 것을 듣고 세운

교회이다. 바울은 빌립보 전도 시 루디아를 만나 개종시켰고 점치던 여자 노예의 병도 고친 바 있다.

② 바울은 빌립보교회와 친밀한 관계를 맺고 있었다. 빌립보교회는 바울의 전도활동에 적극 협력하였다. 특히 연보에서 그랬다. 빌립보서는 이에 대한 화답의 편지이다.

③ 빌립보서는 바울이 로마 옥중에서(AD 61-63) 빌립보교회 성도에게 보낸 개인적 서신이다. 또한 4편의 옥중서신 중 가장 마지막으로 기록한 것이다.

④ 빌립보서는 내용이 다른 여러 통의 편지를 하나로 묶은 것 같은 느낌을 주기 때문에, 이 서신에는 통일성이 없다는 지적을 받기도 한다. 바울은 빌립보서에서 유난히 기쁨에 대하여 강조한다. 어떤 학자는 빌립보서를 '기쁨의 책'이라고까지 말한다.

2) 내용

(1) **빌립보 교회에 대한 감사와 사랑**(빌 1:1-11)

바울은 빌립보서에서는 사도권에 관한 이야기가 없이 곧 바로 감사와 간구로 편지를 시작한다.

(2) **바울의 소신**(빌 1:12-30)

바울은 자신의 투옥을 염려하는 빌립보 교인들을 안심시키고 위로하기 위하여 옥중생활을 간증한다. 바울은 자신이 로마 옥중생활(매임)에서 겪은 고난과 그 인내의 모범으로 인하여 형제 중 다수가 담대해졌다는 것(1:14)과, 자신의 최대 소원인 복음 확장을 위해서는 여기에서 죽는 것도 유익하지만(1:21), 육신으로 있는 것이 너희를 위하여 더 유익하리라(1:24)고 말한다. 그리고는 그리스도 안에서 합당하게 생활하라(1:27)고 권면한다.

(3) **겸손과 흠 없는 삶**(빌 2:1-18)

① 바울은 성도들이 추구해야 할 하나님의 자녀다운 삶이 어떤 것인가를 구체적으로 밝히고 있다. 그는 먼저 그리스도의 겸손을 말한다. 그는 특히 "너희 안에 이 마음을 품으라. 곧 그리스도 예수의 마음이니 그는 근본 하나님의 본체이시나 하나님과 동등 됨을 취하지 아니하시고 오히려 자기를 비워 종의 형체를 가지사 사람과 같이 되셨다"고 기록함으로써 그리스도의 겸손과 기독론의 진수를 말하고 있다.

② 그리고 하나님의 흠 없는 자녀로 살라고 당부한다(2:15).

(4) **디모데와 에바브로디도를 추천**(빌 2:19-30)

바울은 자신의 뒤를 이을 사역자로 디모데와 에바브로디도를 추천한다. 빌립보교회는 바울이 로마에서 감옥에 갇혔다는 소식을 듣고 헌금을 모아, 에바브로디도를 로마에 파송하여 바울에게 전달하고 옥중의 바울에게 수종도 들게 하였다. 그러나 로마로 간 에바브로디도는 병에 걸려 오히려 바울에게 무거운 짐을 안겨주었다. 이 소식을 들은 빌립보교회는 이 일을 크게 미안하게 생각했다. 그런데 그들이 미안해 한다는 소식이 또 바울에게 전하여져 바울의 짐은 한 번 더 무겁게 되었다. 그러는 중에 에바브로디도의 병도 낫게 되어 바울은 그를 빌립보에 돌려보내면서 감사의 말을 전하고 그를 영접하여 줄 것도 부탁한다. 빌립보서는 그의 편에 의해 빌립보 교회에 전달되었다.

〈에바브라를 골로새 교회의 설립자로 본다(골 1:7). 그러나 에바브라와 에바브로디도(빌 3:25)가 동일인인지는 확실하지 않다. 에바브로디도를 약칭 에바브라로 부르기도 한다.〉

(5) 이단에 대한 경고(빌 3장)

① "할례파를 경계하고 하나님으로부터 난 의를 구하라"(빌 3:1-9):

바울은 유대주의자들(할례파, 개들)이 그 지역에 있다는 사실을 알고 빌립보 교인들에게 경고한다. 개들과 악한 일꾼들 즉 할례당을 삼가하고 또한 그들의 할례(몸을 상해하는 것)를 삼가하라. 우리가 추구해야 할 의는 율법에 의한 나 자신의 의가 아니라, 그리스도를 믿는 믿음을 통한 의 즉 믿음 위에 세워진 하나님으로부터의 의라고.

② "푯대를 향하여 달려가라"(빌 3:10-16):

바울은 다시 권면한다. 죽는 순간까지 신앙의 완성은 없다. 그러므로 목표점(푯대)을 분명히 하고 자신의 상태를 깨달아 그 푯대를 향하여 끝까지 분투하라고.

③ "그리스도 십자가의 원수로 행하지 말라"(빌 3:17-21):

바울은 이어서 말한다. "그들(이단)을 본받지 말고 나를 본받으라. 우리의 시민권이 하늘에 있다. 우리는 지금 하늘로부터 오실 예수 그리스도를 기다리고 있다"(빌 3:17-21)고.

(6) 권면과 감사의 말(빌 4장)

① 바울은 자신의 동역자였었던 유오디아와 순두게 그리고 글레멘드 등에 대하여 자신의 관심과 배려를 표한다(빌 4:1-3).

② "주 안에서 기뻐하라" 말하고(빌 4:4), 믿는 자들에게 부여된 덕목들을 행하라고 권면한다(빌 4:8).

③ 끝으로 바울은 이전에 자기에게 지원해주었던 선교비에 대하여, 또한 에바브로디도 편에 보내온 선물(물질적 봉사)에 대하여 깊은 감사를 표한다. 이것은 빌립보서를 기록한 동기이기도 하다.

<바울이 로마에서 1차 옥중생활을 할 때 디모데의 행적>

바울이 로마에서 1차 옥중생활을 할 때 옥중 서신을 썼다. 옥중 서신 중 골로새서와 빌립보서의 발신인으로 디모데가 나타난다(빌 1:1, 골 1:1). 따라서 이때는 그가 바울과 함께 로마에 있었던 것으로 본다.

제10절 바울의 제4차 선교여행: 목회서신(Pastoral Letters or Epistles)

1) 바울의 4차 선교여행과 바울의 최후

바울은 AD 61년경에 로마에 도착한 후 바로 가택연금 상태로 옥중생활을 시작하였다. 그러나 바울은 그 후 2년이 넘도록 기소되지 않자 무죄로 자동적으로 석방된 것 같다(행 28:30, AD 63년경).

바울은 출옥되자 자유로운 상태에서 다시 선교활동을 시작하였다. 이와 같이 바울이 로마에서 출옥한 후 또 다시 수행하였던 선교여행을 우리는 바울의 4차 선교여행이라 한다. 바울은 네로 황제 통치시대(AD 54-68)에 발생한 로마 화재사고로 인하여 기독교인이 박해를 받을 때 AD 66년에 다시 투옥되고(로마 2차 투옥), 이어서 순교한 것(참수형)으로 본다(F. F. Bruce).

2) 3권의 목회서신(the Pastoral Letters or the Shepherd Letters)

그는 4차 전도활동 중에 3편의 편지, 즉 디모데 전후서와 디도서를 썼다. 이중 디모데후서는 로마 2차 옥중생활 때 쓴 것으로 본다. 이 서신들은 바울이 목회 현장에서 부딪치는 문제들에 대한 실질적 지침들을 내용으로 썼기 때문에 목회서신이라 부른다. 오직 이 세 서신만이 지역 교회를 담당하고 있는 '개인들'에게 보낸 편지이다. 목회서신은 디모데 전, 후서 그리고 디도서의 순으로 신약성경에 배열되어 있다. 그러나 일부 학자는 이들 3개 서신의 내용에서의 시공(時空)을 기준으로 본다면 디모데후서, 디도서, 디모데전서의 배열이 바람직하다고 주장한다(cf. 김득중 저서, 별첨 참고문헌).

3) 바울의 4차 선교활동 역사의 재구성(reconstructions of Paul's movements)

① 그런데 이 목회서신을 정확히 이해하려면 그에 앞서 바울이 이 4차 선교기간 중 어디에서 어떻게 활동하였는가의 행적에 대한 역사적 설명이 선행되어야 한다. 바울이 로마에서 옥중생활을 하기 이전 행적에 대하여는 사도행전이라는 위대한 역사서가 있기 때문에, 여행서신(데살로니가

전후서, 고린도 전후서, 갈라디아서, 로마서)과 옥중서신(골로새서, 빌레몬서, 에베소서, 빌립보서) 등의 이해는 비교적 용이하였다.

② 그러나 바울의 4차 선교활동에 관하여는 애석하게도 역사서가 없다. 그리하여 많은 학자들은 목회서신들을 토대로 바울의 4차 선교활동의 행적에 관한 가설을 구성하였다. 하지만 누구나 인정하는 통일된 가설은 아직 없다.

우선 바울이 마게도냐(빌립보), 에베소, 드로아, 그레데, 밀레도, 니고볼리 등의 지역을 4차 선교 중에 여행한 것은 확실하다(아래 참조). 다만 그가 서바나(스페인)까지 여행하였는가에 대하여는 의견이 나뉜다. 그리고 여행시 행선지와 순서, 동행자에 관하여도 의견이 나뉜다.

〈바울의 4차 선교여행 행적에 관한 성경적 근거〉

마게도냐-딤전 1:3, 에베소-딤전 1:3, 드로아-딤후 4:13, 그레데-딛 1:5, 밀레도-딤후 3:20, 니고볼리-딛 3:12.

③ 4차 선교기간 동안의 바울의 행적에 대하여 Thomas Nelson Publishers 발간서의 가설을 소개한다. 본서도 이 가설에 의존하여 목회서신을 설명한다.

〈기대했던 바대로(빌 1:19, 25, 26. 2:24) 바울은 자신의 첫 번째 로마 수감에서 풀려났다(AD 약 63년). 빌립보교인들에게 약속을 지키고자(빌 2:19-23), 그는 디모데를 **빌립보**로 보내 좋은 소식을 전하게 했다. 바울 자신도 **에베소**에 갔고(행 20:38에 나오는 처음의 기대에도 불구하고), **골로새**와 같은(몬 22) 아시아의 다른 교회들도 방문하였다. 디모데가 에베소에서 바울과 재회했을 때, 바울은 자신의 동역자인 디모데에게 "에베소에 남아 있으라"고 지시했고(딤전 1:3), 자신은 **마게도냐(빌립보)**를 향해 여행을 떠났다. 바울이 마게도냐에서 지체될 것이 예상되자 아마도 빌립보(딤전 3:14, 15)에서 디모데전서를 썼던 것으로 보인다(AD 약 63년). 에베소에서 디모데를 본 후 바울은 **그레데 섬**으로 여행을 떠났다. 한 차례의 사역을 마친 후 바울은 디도에게 사역을 맡기고 이 섬을 떠났다(딛 1:5). 고린도에서 바울은 디도에게 자신의 편지를 썼다. 세나와 아볼로가 그레데 섬을 지나가는 여행을 하고 있었기 때문이다(딛 3:13). 바울은 디도에게 그레데 섬에서 자신을 대신할 사람이 도착하면 **니고볼리**에서 만나자고 지시했다(딛 3:13). 만약 바울이 계획대로(롬 15:24, 28) **서바나**로 갔다면 바울은 아마 겨울을 니고볼리에서 보낸 후 디도와 함께 서방세계로 떠났을 것이다. 초대교회의 전승은 바울이 **서바나**에 갔다고 생각한다. 그는 아마도 서바나에서 AD 64년부터 66년까지 머물렀을 것이다. 바울은 그리스와 아시아에 즉 **고린도와 밀레도와 드로아**(딤후 4:13, 20)에 돌아왔고, 그가 소중한 책들과 가죽 종이에 쓴 책을 두었던 드로아에서 체포되었을 것이다(딤후 4:13, 15). 체포된 후 바울은 로마 감옥에 수감되었고 이곳에서 디모데후서를 쓴다.〉

〈목회서신〉

〈1. 디모데전서〉

1) 수신자, 저자. 기록연대, 기록 장소, 기록 배경

① 디모데는 소아시아의 루스드라 태생으로 그의 아버지는 이방인이지만 그의 어머니는 유대인이었다(행 16:1). 디모데는 바울의 1차 전도여행 때 루스드라의 개종자 중 한 사람이었다(딤전 1:2). 디모데는 바울의 2차 전도여행 때 루스드라에서 바울을 다시 만났고, 그 때부터 수행자요 동역자가 되었다(행 16:1). 디모데는 바울이 로마에서 1차 옥살이를 할 때 바울과 함께 로마에 있었다. 바울은 로마에서 1차 옥살이를 마치고 4차 전도여행을 할 때 디모데를 에베소교회에 자기의 대리인(담임목사)으로 남겨 놓았다.

② 당시 성도의 신앙 분위기는 차츰 위험에 접어들고 있었다. 임박했다고 믿고 있던 종말이 지연됨에 따라 성도들의 신앙적 긴장감은 이완되었고, 그 틈새를 이용하여 이단이 교회에 침투하여 있었다. 에베소교회가 더욱 그랬다. 이단의 정확한 성격은 모르지만 유대적 기독교(할례당)와 영지주의가 혼합된 형태였다.

③ 바울은 디모데를 에베소교회에서 담임목사로서 임명하면서, 교회의 존속을 위하여 이단들과 필사적으로 싸울 것을 주문하였었다. 디모데전서는 바울이 4차 전도여행 도중 빌립보에서 에베소교회의 디모데에게 보낸 첫 번째 서신으로 격려와 목회지침이 담긴 서신이다(딤전 3:14-15). AD 66년경이었다.

④ 에베소서는 바울이 로마에서 1차 옥중 생활을 할 때 전(全) 에베소교회에 회람용으로 쓴 서신이고, 반면에 디모데전후서는 바울이 4차 전도여행 때 에베소교회에서 목회하고 있는 디모데에게 목회지침으로 쓴 (개인적) 편지이다.

2) 내용

(1) 거짓 교사들의 교리에 대한 경고(딤전 1장)

① 바울은 디모데를 에베소교회의 담임목사로 임명한 이유가 이단(다른 교훈)의 침투를 막는 것과 에베소 교인들이 신화와 족보에 끝없이 몰두하지 못하게 하는 데 있다고 말한다. 에베소교회에는 이단 집단인 신화적 종교 사상자들과 율법주의자들이 활동하고 있었다. 특히 율법주의자들은 자신의 족보를 이스라엘의 유명한 조상들에게 억지로 연결시키는 잘못된 구원사상을 가진 자들로서, 율법을 악용하는 자들이었다. 바울은 이들 거짓 교사들의 정체에 대해 강하게 질타한다(딤전 1:1-7).

② 그리고 그는 율법의 본래 의도는 사람들로 하여금 죄를 깨닫게 하는 것임을 밝힌다(딤전 1:8-11).

③ 바울은 자신이 죄인이었으나 하나님의 은혜로 회심하였음을 고백하고, 그가 받은 구원에 대하여 감격적인 어조로 감사한다(딤전 1:12-17).

④ 바울은 이제 디모데에게 믿음과 착한 양심을 가지고 선한 싸움을 할 것과 이단자 후메내오와 알렉산더를 자신이 출교시켰음을 말한다(1:18-20).

(2) 기도와 교회의 질서에 대한 지침(딤전 2장)

① 바울은 "모든 사람을 위하여 기도하라"는 중보기도에 관한 교훈을 말한다. 중보기도는 신자의 생활에 평안을 줄 뿐만 아니라 다른 사람을 구하는데 가장 중요한 역할을 한다. 바울은 이 같은 맥락에서 통치자들을 위해 기도해야 하는 이유를 밝힌다. 바울은 또한 그리스도께서 이 땅에 오셔서 십자가에 달리신 것(대속물)도 모든 인류를 위한 것이라고 설명한다. 바울은 결국 본장에서 복음의 보편성을 이야기하고 있다(딤전 2:1-7).

② 바울은 이어서 교회 내 여성의 덕에 대하여 이야기한다. 즉 여성도들의 신앙생활 자세, 질서유지를 위한 여성들의 활동 제한과 그 성경적 근거 등을 말한다(딤전 2:9-15).

(3) 교회 감독 및 집사의 자격 / 성직 제도(딤전 3장)

① 바울은 역시 목회 지침으로서 감독과 집사의 자격을 이야기한다. 초대교회 당시 감독은 가르치는 일과 영적 일을 맡았고, 집사는 교회의 재정과 행정을 관장했다.

② 바울은 감독의 자격 조건으로 책망할 것이 없는 것 등 15 가지를 제시한다. 교회의 지도자는 가정을 잘 다스리는 자여야 함을 강조한다(딤전 3:1-7).

③ 집사의 자격 조건으로는 성령과 지혜가 충만하여 칭찬 듣는 사람으로 표현하고 있다(딤전 3:8-13).

(4) 거짓 교사들의 윤리에 대한 경고(딤전 4장)

에베소교회의 이단문제 중 또 하나는 극단적 금욕주의였다. 이들은 영혼은 선하고 육신이 악하다는 교리에 근거하여 혼인제도를 거부하고 육식과 음주를 부인하였다. 바울은 이에 반론을 제기한 후에 디모데에게 이단에 대한 경계의 말을 한다. 그리고는 경건의 우월성, 목회자의 의무, 개인적인 경건 생활에 대한 전념 등을 교훈하고 있다.

(5) 교회(성도)의 질서 문제(딤전 5장)

바울은 다양한 부류의 성도 문제 그리고 그들과 목회자 간의 문제, 즉 장유 노소 간, 교회 지도자와 신도 간, 과부와 고독한 사람들에 대한 처우 문제 등에 대하여 언급하고 있다.

(6) 믿음의 선한 싸움-주종관계와 이단 및 재물에 관한 교훈(딤전 6장)

결론인 6장에서는 종과 상전과의 관계(딤전 6:1-2), 그리고 목회자 디모데에 대한 권면으로서 이단과 돈에 대한 경계(딤전 6:3-10), 개인적인 권면(딤전 6:11-16), 부자들에 대한 경계(딤전 6:17-21)를 말하고 있다.

〈2. 디모데후서〉

1) 수신자, 저자. 기록연대, 기록 장소, 기록 배경

① 디모데후서는 바울이 로마에서 1차 옥살이를 마치고 4차 전도여행을 하다가 또 다시 체포되어 로마에서 2차 옥살이를 하던 중 에베소교회에서 이단과 싸우며 필사적으로 헌신(담임목사)하고 있는 디모데에게 보낸 두 번째 편지이다. 또한 그의 생애 의 마감을 앞에 두고 쓴 그의 생애 마지막 편지이기도 하다.

② 아마 디모데전서를 쓴 해와 같은 해인 AD 66년경이었을 것이다.

③ 바울은 이제 나이도 늙었다. 그는 이 땅에서의 날도 얼마 남지 않았음을 알고 있었다. "나의 떠날 시각이 가까웠다"(딤후 4:6)고 그는 편지에 말하고 있기 때문이다. 막 자신의 무거운 짐을 내려놓으려는 순간 그 어두운 상황에도 불구하고 바울은 디모데에게 거룩하게 부여받은 의무를 완수하면서 끗끗하도록 강권하고 또한 유언하였다.

디모데후서 전체의 중심은 현재의 시험을 견디고 미래의 시험을 인내해야 할 필요성에 초점을 맞추고 있다.

④ 결과적으로 바울은 에베소교회에 3통의 편지를 썼다. 즉, 바울이 로마에서 1차 옥중생활을 할 때 회람용 서신으로 에베소서를 썼고, 그리고 다시 바울이 로마에서 2차 옥중생활을 할 때 에베소교회 담임목사(감독)인 디모데에게 디모데전후서를 썼다.

2) 내용

(1) "복음과 함께 고난을 받으라" / 과거의 회상(딤후 1장)

바울은 먼저 디모데에게 문안한다. 그리고 디모데의 외할머니(로이스)와 어머니(유니게)의 믿음을 말한다. 이는 디모데의 아버지는 비록 이방인일지라도(행 16:1) 그의 모계는 유대인 것과 또한 그의 아버지도 기독교로 개종 후 결혼하였음이 틀림없을 것이기 때문에 디모데의 신앙의 뿌리에 대한 의구심을 차단시키면서, 또한 바울 자신도 디모데의 신앙을 완전히 신뢰하고 있음을 보여준다(딤후 1:5).

이어서 바울은 지금까지의 자신의 신앙을 간증하고 동시에 복음을 위해 고난 받는 것을 디모데에게 권면한다(딤후 1:6-14).

그리고 바울은 자기를 배반한 두 사람의 명단(부겔로와 허모게네)과 어려울 때 자기를 찾아주고 위로해주었던 오네시보로(몬 1:10의 오네시모가 아님)의 이름을 밝힌다(딤후 1:15-18).

(2) "그리스도의 좋은 병사가 되라" / 현제의 문제(딤후 2장)

본장에서는 복음 전도자의 자세와 임무가 특별히 강조되어 있다. 본장은 ① 복음 전도자의 자세에 대한 세 가지 비유(딤후 2:1-7), ② 복음을 위한 고난과 영광(딤후 2:8-13), ③ 선한 일꾼으로서의 권면과 거짓교사들(후메내오와 빌레도 등)에 대한 경계(딤후 2:14-26)로 구성되어 있다.

(3) 종말의 징조-미래의 전망(딤후 3장)

바울은 말세의 현상으로 나타날 징조를 "사람들이 자기를 사랑하며, 돈을 사랑하며, 자랑하며, 교만하며"등 19 가지라고 열거하고 있다. 바울은 이렇게 디모데에게 종말이 가까울수록 박해와 고난이 심화되지만 사명자는 그것에 개의치 말고 자신의 길을 달려가야 한다고 전한다.

그리고 모든 성경은 하나님의 감동으로 된 것이므로 책망과 바르게 교육함에 유익하다고 말한다(딤후 3:16).

(4) 전도에 대한 권면과 마지막 당부(딤후 4장)

본장은 사랑하는 동역자인 디모데에게 최후의 교훈을 주고 있다. 특히 로마의 감옥에 투옥되어 죽음의 순간을 기다리는 위대한 사도 바울의 마음과 고백이 나타나고 있다. 본장은 전도자의 사명에 끝까지 충성할 것을 권면(딤후 4:1-5), 바울의 죽음에 대한 예견(딤후 4:6-8), 주변 사정에 대한 설명(딤후 4:9-18), 문안과 축도(딤후 4:18-22)로 되어있다.

끝으로 디모데를 자기 곁으로 오라는 부탁과 주변 동역자들에 대한 동태를 말하고 있다. 데마는 자기를 배신하여 데살로니가로 떠났고, 디도(디도서의 수신자)는 달마디아로 갔으며, 두기고를 에베소로 보냈고, 누가(누가복음 저자)만이 자기와 함께 있다고 한다. 알렉산더는 유해한 인물로 경계하라고 말한다. 에베소에 있는 브리스가와 아굴라 및 오네시보로에게 문안을 전한다. 기타 몇 형제들에 대하여도 행방과 문안을 전한다.

데마(몬 24), 두기고(엡 6:21, 골 4:27), 오네시보로(행 18:8과 같은 사람), 에라스도(행 19:22, 몬 24), 드로비모(행 20:4).

〈3. 디도서〉

1) 수신자, 저자. 기록연대, 기록 장소, 기록 배경

① 편지의 수신자인 디도는 사도행전에는 나타나지 않는다. 갈라디아서에 의하면 바울은 예루살렘 공의회(AD 49) 때 디도를 만났다(갈 2:1). 또한 고린도후서에 의하면 바울은 3차 선교여행 때(AD 53-58) 마게도냐(데살로니가)에서 그를 다시 만난다(고후 7:6) 그리고 위(가설)에서 본 바와 같이 바울이 로마 감옥에서 석방되어 4차 전도활동을 할 때(AD 63-66?) 디도가 동행하다가 디도는 그레데 섬에서 남겨져 그곳에서 교회를 담당하게 되었다(딛 1:5).

② 그런데 바울은 그레데교회에서도 이단 즉 영지주의와 유대주의(할례당)가 판을 치고 있음을 알았다. 바울은 에베소교회(디모데서)의 경우와 같이 그레데교회를 바로잡기 위한 방편의 일환으로 교회지도자와 제도 등에 관한 목회 지침을 로마에서 편지로 써서 디도(수신자)에게 보냈다. 그 편지가 디도서이다.

2) 내용

(1) 장로 선택의 필요성과 그 요건(딛 1장)

바울은 감독과 장로의 자격 및 그들에 대한 지시를 한다. 디모데전서에서는 두 직분이 구분되었으나 여기서는 동일한 것으로 나타난다. 실제로 동일한 것이다. 바울은 교회를 바로잡기 위한 방편의 일환으로 장로의 선택이 꼭 필요하다는 것과 장로 선택의 긍정적 자격 조건을 설명하고 있다(딛 1:1-9). 그리고 이어서 거짓 교사들의 정체를 말하고 있다(딛 1:10-16).

(2) 건전한 교리의 가르침 / 목회 지침(딛 2장)

본장에서는 여러 모양의 신자들을 적극적인 면에서 어떠한 방향으로 양육할 것인지와 그렇게 해야 할 이유에 대하여 말하고 있다. 즉, 나이 든 남자와 여인에 대하여, 젊은 여인과 남자에 대하여, 디도 자신과 종들에 대하여 적용할 지침을 교훈하고 있다.

(3) 신자들의 대인관계(딛 3장)

바울은 본장에서 세속정부에 순종하며 모든 불신자들에게 관용하는 자세를 권면하고 그리고 편지를 끝내면서 아데마 또는 두기고(행 20:4)를 편지 지참자로, 세나와 아볼로(행 18:24)를 돕는 자로 파송한다고 말한다.

제 5 장
공동(일반)서신

1. 공동(일반)서신 개관

이미 설명한 바와 같이 신약성경은 크게 예수의 생애와 가르침에 관한 복음서(4권), 교회의 성립과 확장에 관한 역사서(1권), 바울 등이 기록한 서신서(21권) 그리고 예언서(1권) 등 모두 27권으로 구성되어 있다(cf. 본서 제1권. 제4장의 1). 그리고 서신서 21권 중 바울이 기록한 13권을 제외한 나머지 8권을 일반서신 또는 공동서신이라고 한다.

공동서신서들은 저자가 각각 다르며, 요한1, 2, 3서를 제외하고는 어느 특정한 교회나 개인에게 보내진 서신들이 아니고 전체 교회에 보내진 회람형 서신들이다. 때문에 이들을 일반적으로 공동 또는 일반서신(the Catholic or General Epistles)이라 부른다.

① 히브리서 ② 야고보서 ③ 베드로전서 ④ 베드로후서, ⑤요한1서 ⑥ 요한2서 ⑦ 요한3서 ⑧유다서

2. 사도시대

AD 30년은 예수의 십자가 처형 및 부활과 승천, 오순절 성령 강림, 초대교회의 탄생, 그리고 12 제자들이 전도의 현장에 서게 된 숨 가쁘게 활동한 한 해였다. 예수께서 부활 승천한 이후부터 12 제자를 12 사도라고 부른다(가룟 유다 대신 맛디아가 포함됨. 사도 바울을 합하면 13 사도가 됨). 그런데 AD 66-68년경에 이르러 사도 베드로가, AD 67년경에 이르러 사도 바울이 순교하였다. 또한 AD 100년경에는 사도 요한이 12 사도 중 마지막으로 사망하였다(자연사). 결과적으로 AD 100년경에는 12 사도들 중 한 사람도 이 세상에 남지 않게 되었다. 그리하여 AD 30년부터 AD 100년까지를 사도시대라 부른다. 어떻든 AD 30년에 시작된 사도시대는 AD 100년경에

끝났다.

3. 사도시대 말기 / 박해와 이단

① 사도 바울이 사역하던 시대(AD 40년대 중반부터 60년대 초반까지)에는 로마정부와 기독교 사이에 큰 충돌은 없었다. 로마정부는 자국에 정치적 불안을 주지 않는 한 이방종교에 대하여 대체로 관대했기 때문이다. 그리고 더욱이 기독교는 아직 유대교의 한 분파로 보았기 때문에 별 문제가 없었다.

② 그러나 사도시대 후기, 즉 AD 60년대에 접어들면서 상황은 변화하였다. 기독교인들은 유대교와 구별되는 하나의 다른 무리로 인식되기 시작하였다. 보이지 않는 하나님과 부활하신 그리스도를 믿는 그들의 확고한 믿음은 사람들의 경멸과 의심을 일으켰으며 또한 현세가 멸망할 것이라는 것과 심판이 다가올 것이라는 그들의 주장은 오해와 미움을 촉발시켰다.

③ 드디어 AD 64년 네로(AD 54-68)가 통치할 때 기독교에 대한 가혹한 박해가 가해졌다. 여기에 네로의 의도적이고 악의에 찬 책임전가는 기독교인들을 더욱 큰 고난에 처하게 했다. 이른바 고난과 박해의 시대를 맞게 했다.

이때 사도 베드로와 바울이 희생의 제물이 되었다. 그리고 도미티아누스 황제(AD 81-96) 및 트라야누스 황제(AD 98-117) 시대에 이르러 박해는 절정에 달했다.

④ 또한 사도시대 말기 즉 1세기가 채 끝나기도 전에 거짓 교리들의 출현이 가시화 되었다. 즉 거짓 선지자들과 거짓 교사들(벧후 2:1) 다시 말하면 거짓 교리의 주장자들이 교회 안에 들어와 성도들을 유혹하고 교회를 분열 시키고 있었다. 대표적인 거짓 교리는 영지주의였다. 그리고 영지주의와 유사하거나 그들의 분파인 말시온주의와 에비온주의도 있었다(cf. 본서 제1편 제2장 제2절).

그리하여 사도시대 말기(AD 60-100)는 기독교에 대한 로마정부의 박해의 시작 그리고 이단(heresy)의 침투 및 이에 따른 이단과의 투쟁이 특징적 상황이었다. 이와 같은 시대 상황은 속사도시대에도 계속되었다.

〈사도시대 이후〉

① AD 100년부터 AD 313년까지를 사도후시대 또는 교부시대라고 한다. AD 100년에는 사도시대가 끝났고, AD 313년에 콘스탄틴 대제가 기독교를 공인함으로 드디어 기독교에 대한 박해가 끝났다.

사도후시대는 다시 속사도(續師徒)시대와 변증가들의 시대 그리고 교부시대로 구분하기도 한다.

② 속사도시대(the post-apostolic age)는 어느 사도와 관계를 가졌거나 그 시대가 사도시대 후에 계수되는 시대를 말한다.

③ 변증가들의 시대는 기독교에 대한 공격, 비난, 오해 등을 변증하기 위하여 글을 쓴 학자들의 시대를 말한다.

④ 교부(the Fathers of Churches)시대는 기독교의 교리의 정립에 따른 논쟁과 투쟁의 시대를 말한다.

〈공동(일반)서신〉

〈1. 히브리서〉

Ⅰ. 저자, 수신자, 기록 연대

본서는 서론 부분이 없다. 저자, 서신이라는 표시, 기록 연대 등을 암시하는 내용이 없다.

① 저자에 대하여는 그동안 여러 가지 추측과 가설이 나왔으나 지금까지 정설은 없다. '불가사의한 저자'요 '이름을 알 수 없는 저자'라는 것이 정답이다. 그러나 본서의 사상과 문체가 다른 바울 서신과 일치하기 때문에 본서의 저자를 바울로 보는 견해도 있다. 어떻든 본서의 저자는 높은 수준의 신학과 헬라사상에 익숙한 자인 것 같다.

② 수신자는 책의 제목으로 되어있는 히브리인으로 보이는데 그렇다면 어떤 층의 히브리인을 수신자로(대상으로) 하였는가? 유대적 기독교인이거나 또는 헬라사상을 아는 기독교인인 것 같다.

③ 책의 기록 형태에 관하여는 편지라고 말하지만 오히려 신학적 논문, 혹은 설교로 보인다.

④ 기록 연대에 관하여는 AD 60년대 후반에 기록되었다는 주장이 많다.

2. 기록 배경

당시 그리스도인들 중에는 아직도 율법에 의한 구원의 향수를 버리지 못하고 율법으로의 회귀를 고집하는 무리가 있었다. 그들은 유대적 그리스도인이었다. 또한 유대교는 사회적 인정을 받았지만 기독교는 아직 사회적 공인을 받지 못했으며 특히 도미티안(Domitianus)의 황제숭배 강요 등 박해의 세력이 접근하고 있었다. 당연한 귀결로서 이들의 신앙은 성장하지 못하였을 뿐만 아니라 심지어는 아예 그리스도에 대한 믿음을 버리고 율법(유대교)으로 복귀하려는 배교(apostasy)의 무리도 나타났다.

히브리서는 바로 이러한 시기에 그리스도인들로 하여금 그리스도에 대한 믿음을 끝까지 지켜나갈 수 있도록 권고하기 위하여 기록된 편지이다.

그리고 히브리서 저자는 그리스도의 탁월성을 증언함으로써 그의 목적을 달성하려 했다. 또한 그리스도의 탁월성을 증언함에 있어서도 그 근거를 구약의 율법으로부터 찾아내고 구약의 인물들과 비교하여 증언하려고 노력하였다. 그리고 그는 특유의 논법으로 비교법과 대조법을 사용하며 수준 높게 이야기를 전개한다. 여기서 유의해야할 점은 현대인들에게는 너무나도 당연하게 인식되는 그리스도의 우월성이 왜 그토록 다양한 관점에서 변증되어야 야만 했느냐 하는 것이다. 그것은 당시의 유대인들은 아직 유대적 전통으로부터 완전히 벗어나지 못해서 예수 그리스도에 대한 이해가 부족했기 때문이었다.

3. 내용

1) 선지자, 천사, 모세보다 우월하신 그리스도(히 1:1-4:13)

(1) 선지자보다 우월하신 그리스도(히 1:1-3)

옛적(구약시대)에는 하나님께서 선지자들을 통하여 우리 조상들에게 부분적으로 말씀하셨다. 그러나 이 모든 날 마지막에는(구약시대의 마지막 곧 신약시대의 始點에서는) 아들(예수 그리스도)을 통하여 말씀하셨다. 그는 하나님의 아들로서 하나님과 동일하신 분이고 하나님의 우편에 앉아 계신다. 그는 모든 것을 완전하게 계시하신다.

(2) 천사보다 우월하신 그리스도(히 1:4-2장)

하나님께서는 예수 그리스도에게 내 아들이라는 아름다운 이름을 기업으로 주셨고, 하나님의 모든 천사들은 그에게 경배할지어다라고 말씀하셨다. 그리고 또한 너는 내 우편에 앉아 있으라 하셨다. 그러나 하나님께서 천사들을 아들이라 부르신 적이 없다. 그들은 섬기는 영(ministering spirits)으로서 주의 백성(구원받을 상속자)들을 위하여 섬기라고 보내심을 받았다.

(3) 복음을 소홀히 함에 대한 경고(히 2:1-4)

히브리서 저자는 히브리서를 통하여 도중에 몇 차례의 경고를 한다. 우리는 큰 구원의 메시지(복음)를 가볍게(소홀히) 여기지 말아야 한다(1차 경고). 과거(구약시대)에 천사들을 통해 전한 메시지(모세의 율법)도 유효하여 아무도 그것을 피해 갈 수 없었는데, 하물며 최근에(신약시대의 始點에) 받은 구원의 메시지를 우리가 어떻게 소홀히 할 수 있겠는가? 이 구원의 메시지는 가장 먼저 주님이 직접 주셨고, 그 다음은 주님께 들은 이들이 우리에게 전해주었다. 또한 하나님께서도 성령을 통해 여러 은사의 형태로 우리에게 확증해주셨다.

(4) 그리스도의 인성(人性) (히 2:5-18)

① 하나님께서는 지상의 통치권을 원래 천사들이 아니라 사람에게 주셨다. 즉, 하나님께서는 비록 잠시 동안이지만 사람을 천사보다 못하게 하시고 그에게(사람에게) 영광과 존귀의 관을 씌워 세상으로 하여금 그에게 복종하게 하셨다(인간의 과거). 그럼에도 사람이 지금 세상만물을 온전히 지배하지 못하고 있음을 본다(인간의 현재).

② 그리고 예수 그리스도께도 사람과 똑같이 잠시 동안 천사보다 못하게 하셨다가 죽음을 맛보게 하셨다. 이는 그가 완전한 인성을 가지신 분으로서 모든 인간을 위하여 죽음을 맛보신 분임을 보이려 하심이었다. 그리고 그로인하여 예수께서 영광과 존귀의 관을 쓰신 것을 본다. 이는 또한 사람들의 구원의 창시자인 예수 그리스도를 (죄가 없음에도) 고난을 통하여 온전케 하심은 합당한 것이다. 그는 고난을 맛 보셨으므로 또한 고난당하는 자를 도울 수(인간을 구원할 수) 있다(인간의 미래).

(5) 모세보다 탁월하신 그리스도-종으로서 모세 / 아들로서 그리스도(히 3:1-6)

예수 그리스도께서는 사도이시며 동시에 대제사장이시다. 즉 그리스도께서는 하나님으로부터 보내심을 받은 사도이시며 또한 하나님과 사람 사이의 중보자(仲保者)요 중개자(仲介者)이신 대제사장이시다. 그리고 모세도 대제사장이었다. 그러므로 대제사장이라는 점에서는 예수와 모세는 공통점이 있다. 그러나 모세는 광야시대 하나님의 온 집에서 '종'으로서 충성하였다. 이에 비하여 예수께서는 하나님의 집을 맡은 '아들'로서 충성하였다. 그리고 그리스도는 그 집을 직접 지으셨다. 집을 지은 자는 그 건물보다 존귀하다. 따라서 예수께서는 모세보다 우월하신 대제사장이시다.

(6) 불순종을 다시 경고함 / 순종의 당위성(히 3:7-19)

애굽에서 나온 이스라엘 백성들은 40년 동안 광야에서 여러 가지 기사와 이적을 체험하고도 하나님께 불순종하였다. 그러므로 하나님께서는 "내가 노하여 그들은 내 안식에 들어가지 못하리라" 말씀하셨다. 결국 그들은 불순종으로(믿지 아니함으로) 인하여 능히 안식(가나안 땅, 즉 지상의 안식)에 들어가지 못하였다. 그러므로 너희들도 살아 있는 이 순간에 매일 피차 권면하며, 너희 중에 누구든지 죄의 유혹에 빠지지 않도록 해야 한다.

(7) 안식의 약속(히 4:1-13)

① 하나님께서는 창세전에 안식일 제도를 만드시고 제7일에 그의 모든 일을 쉬셨다. 이와 같이 하나님께서는

이 땅에서의 안식도, 천국에서의 안식도 이미 만들어 놓으셨다(육신의 안식/천국에서의 안식). 그러므로 이미 믿는 우리들은 육신의 안식이나 천국의 안식을 누린다. 그러나 광야시대(구약시대) 사람들은 갈렙과 여호수아를 제외하고는 안식(가나안 땅/육체적 안식)에 들어가지 못하였다(유익이 되지 못하였다). 그것은 그들이 믿음과 결부시키지 못했기(불순종했기) 때문이다(히 4:1-6).

② 하나님께서는 '오늘'로 날짜를 조정하시며 끊임없이 약속을 갱신해 주신다(순종의 기회를 주신다). 따라서 안식에 들어가리라는 하나님의 약속은 여전히 우리에게 효력이 있다(히 4:7).

③ 비록 여호수아가 백성을 (모세가 들어가지 못한) 가나안 땅으로 인도했지만 그 역시 진정한 안식을 줄 수는 없었다. 여호수아로 인한 가나안 땅에서의 안식(육체적 안식)은 참 안식(영원한 안식)의 예표적 그림자일 뿐이다. 만일 여호수아가 그들에게 참 안식을 주었더라면 그 후에 다른 날을 말씀하지 아니하셨을 것이다(히 4:8).

④ 그러므로 우리는 순종하지 아니함으로 안식에 들어가지 못하는 실패자의 표본이 되지 않도록 노력하자(히 4:9-11).

⑤ 하나님의 말씀은 살아있고 힘이 있다. 검보다도 예리하여 우리의 생각까지도 알아내신다. 진심으로 참 안식을 소망하자(히 4:12-14).

2) 모든 제사장보다 우월하신 그리스도 / 큰 대제사장(히 4:14-7:28)

(1) 큰 대제사장이 되신 예수 그리스도(히 4:14-16)

우리에게는 큰 대제사장이 계시니 그 분은 하나님의 아들 예수 그리스도이다. 그분은 사람 가운데서 선택된 자로서 우리의 연약한 부분을 알고 계신다. 그분은 우리와 마찬가지로 시험을 받으셨지만 죄를 짓지 않으신 분이다.

(2) (율법의) 대제사장의 자격(히 5:1-4)

대제사장은 사람 가운데서 선택되어야 한다. 타인뿐만 아니라 자신의 속죄를 위한 제물도 바쳐야 한다. 또한 아론 지파이어야 하고 아론과 같이 하나님의 부르심(선택)을 받아야 한다.

(3) 멜기세덱의 반차(班次)를 따르는 대제사장(히 5:5-10)

① 그러나 하나님께서는 아론의 반차(班次, order)를 따르는 제사장이 아니라, 자기의 아들이시며 유다 지파 출신이신 예수 그리스도를, 멜기세덱의 반차를 따르는, 영원한 대제사장이 되게 하셨다.

② 그리스도의 제사장직도 아론 계통의 대제사장과 같이 하나님의 부르심을 받았다. 그분은 아직 육체의

고난에 계실 때 하나님께 눈물의 소원(기도)을 올렸고, 하나님께서는 그 소원을 들으셨다. 그 분은 하나님의 아들이지만 이와 같이 인간이 되시고 고난에 순종함으로써 온전하게 되셨고, 또한 영원한 구원의 근원이 되셨다.

(4) 영적 미성숙 / 교리 전파의 어려움(히 5:11-14)

멜기세덱에 관하여는 할 말이 많으나 너희가 귀 기울여 듣지 않는 나쁜 습관 때문에 너희를 이해시키기가 어렵다. 지금쯤 너희는 선생이 되어 있어야 할 텐데도 여전히 젖을 먹어야 하는 유치한 상태에 있다. 하나님에 대한 견고한 지식은 영적으로 성장한 자의 것이다.

(5) 신앙 성숙의 필요성 / 장성한 신자가 되자(히 6:1-8)

우리는 구약성경의 기초적 교훈(지식)의 단계에서 벗어나 성숙한 그리스도인의 단계까지 성장해야 한다. 하나님께서 허락하시면 그렇게 할 수 있다. 한편 하나님의 능력을 체험하고도 하나님의 아들을 다시 십자가에 못 박히게 하면, 그들은 아무 일도 없었다는 듯이 처음부터 새로 시작할 수는 없다. 그들은 사람들이 쓰기에 유용한 산물을 내지 못하는(산출하지 못하는) 땅과도 같으며, 이러한 땅은 불살라지기로 예정되어 있다.

(6) 신앙 성숙의 권고 / 소망을 잃지 말자(히 6:9-20)

① 너희에게는 구원에 필요한 열매가 있음을 확신한다. 하나님께서는 너희의 사랑의 행위와 계속되는 섬김을 잊어버리시지 않는다. 우리가 바라는 것은 너희가 이와 같은 행위를 계속 실천하여, 너희로 하여금 약속들을 기업으로 받으려는 자들의 본이 되게 하려는 것이다(히 6:9-12).

② 아브라함은 그것을 보여주는 하나의 모범이다. 하나님께서는 아브라함에게 자기 자신을 가리켜(명예를 걸고) 맹세하면서, 복(별과 같이 많은 자손)을 주리라는 약속을 하셨다. 그리고 아브라함은 참고 견딘 끝에 하나님께서 약속하신 것을 모두 성취했다(히 6:13-15).

③ 사람들에 있어서도 맹세는 최후의 보루이다. 하나님께서 구원의 약속을 하시고 그 약속을 보증하기 위하여 약속 위에 맹세를 더하셨다. 이는 하늘의 소망을 향하여 달려가는 우리에게 큰 안위를 주기 위함이다(히 6:16-18).

④ 우리가 가지고 있는 이 소망은 배의 유동(流動)을 방지하는 닻과 같이 튼튼하다. 그리스도께서는 성소의 휘장(커튼)을 찢고 우리보다 앞서 지성소에 들어가심으로써(멜기세덱의 반차를 따라), 우리도 그곳으로 확실하게 들어갈 수 있는 길을 열어 놓으셨다(히 6:19-20).

(7) 멜기세덱의 실체(히 7:1-3)

멜기세덱은 살렘(평화) 왕이요, 의의 왕이며, 지극히 높으신 하나님의 제사장이다. 그는 아브라함을 축복하였고 그에게서 십분의 일을 받았다. 그는 족보도 없고 기록상으로 시작이나 끝도 없다. 따라서 영원하다. 그리고 그는 하나님의 아들(그리스도)과 닮아서 항상 제사장으로 있는 자이다.

(8) 멜기세덱의 제사장 직분의 우월성(히 7:4-10)

① 멜기세덱은 아브라함(레위의 조상)으로부터 십분의 일을 받았고 또한 아브라함을 축복하기도 했다. 율법에 의하면 레위 지파의 제사장만이 십분의 일은 받을 수 있다. 한편 레위 지파도 아브라함을 통해 멜기세덱에게 십분의 일을 바쳤다고 말할 수 있다. 왜냐하면 멜기세덱을 만났을 때 레위는 아직 태어나지 않았고 아브라함의 몸속에 있었기 때문이다.

② 높은 자가 낮은 자를 축복하는 것이 논란의 여지없는 법이다. 따라서 멜기세덱은 높은 자이기 때문에 낮은 자(아브라함)를 축복한 것이다.

③ 또한 레위 계통은 죽을 자들로서 십분의 일을 받았고, 멜기세덱은 산다고 증거를 얻은 자(영원한 자)로서 십분의 일을 받았다.

그러므로 멜기세덱의 제사장 직분은 아론과 같은 레위 지파의 그것보다 우월하다.

(9) 새로운 대제사장 직분의 불가피성 / 율법의 제사장과의 차별성(히 7:11-28)

① 레위계통의 제사장 직분이 온전하지 못하기 때문에 아론의 반차를 따르지 않고 멜기세덱의 반차를 따르는 다른 한 제사장(예수 그리스도)을 세울 필요가 있게 되었다. 그리하여 예수 그리스도는 멜기세덱의 반차를 따르는 영원한 제사장이 되셨다(히 7:11).

② 제사장 제도(직분)가 바꿔졌은즉 율법도 바꿔져야 한다. 이는 제사장직을 수행해본 적이 없는(레위지파가 아닌) 다른 지파에 속한 제사장의 출현을 의미한다. 예수 그리스도는 유다 지파에 속하기 때문이다. 모세의 율법이 새로운 제사장에 관하여는 말한 것이 없다. 따라서 제사장 직분에 관한 율법(옛 법)은 폐지되었고 새로운 소망이 생기게 되었다. 새로운 제사장은 모세의 율법에 의해서가 아니라 영원한 생명의 능력으로 되셨다. 또한 하나님의 맹세로 되셨다(히 7:12-22).

③ 율법의 제사장은 그들의 죽음으로 인하여 그 수효가 많으나 새로운 제사장(예수 그리스도)은 오직 한 분이며 영원하다(히 7:23-25).

④ 율법의 제사장들은 자기도 죄가 있기 때문에 먼저 자기를 씻기 위한 제사가 필요했지만, 그리스도께서는 죄가 없으시므로 그럴 필요가 없고 단번에 완전한 제사를 드리셨다(히 7:26-28).

3) 새 언약의 탁월성(히 8:1-9:10)

(1) 참 성막의 대제사장 / 새 언약(new covenant)의 필요성(히 8장)

① 지금의 우리에게는 한 분 대제사장이 계신다. 그분은 하나님의 우편에 앉아 계시고 하늘(나라)의 성소와 참 장막에서 섬기고 계신다. 땅(율법)의 성소와 장막은 모세가 하나님의 지시를 받아 지은 것으로서 하늘에 있는 것들의 모형과 그림자이다. 율법의 제사장들은 땅의 성소와 장막에서 섬기는 자들이다(히 8:1-5).

② 예수 그리스도는 하늘나라의 제사장 직분이라는 더 아름다운 직분을 얻으셨으며, 이 직분은 하나님께서 더 좋은 약속으로 주신 것이다. 곧 언약의 중보자(the mediator of the covenant)이시다(히 8:1-6).

③ 율법의 언약(옛 언약)이 흠이 없었다면 둘째 언약(신약의 새 언약)이 필요 없었을 것이다. 그러나 율법은, 율법의 행위로는 인간을 구원할 수 없다는 결정적 흠을 갖고 있다. 즉 율법을 어김으로 인하여 언약은 흠이 있게 되었다. 그러므로 하나님께서는 이미 예레미야가 예언한 바와 같이(히 8:8) 새 언약을 약속하셨다. 새 언약은 전적으로 하나님으로부터 난 것이며 사람들의 생각에 두고 마음에 기록한 것이다. 새 언약은 옛 언약을 쓸모없게 만든다(대체시킨다)(히 8:7-13).

(2) 첫(옛) 언약의 불완전성 / 첫 언약 하에서의 제사와 그 의미(히 9:1-10)

① 첫 언약(율법)에도 섬기는 예법과 세상에 속한 성소가 있다. 즉, 첫 휘장 뒤에 첫 장막(성소)이 있고, 둘째 휘장 뒤에는 둘째 장막(지성소)이 있다. 성소와 지성소에는 율법이 정한 여러 가지 제기(祭器)들이 있다. 등잔대와 상과 진설병 등 제기들에 관하여는 낱낱이 말할 필요 없다(히 9:1-5).

② 첫 장막(성소)에는 제사장들이 들어가 율법이 정한대로 섬기는 예식을 행한다. 둘째 장막(지성소)에는 대제사장이 일 년에 한 번 들어간다. 그리고 대제사장이 지성소에 들어갈 때는 자기와 백성의 허물을 위하여 짐승의 피를 드린다(피 없이는 아니한다). 이와 같은 예식은 구약시대의 예법으로서 육체의 예법이며 그리스도께서 십자가에 못 박히실 때까지 맡겨둔 것이다(히 9:9-10).

(3) 새 언약의 완전성 / 그리스도 속죄의 효력(히 9:11-17)

① 하늘의 성소에서 섬기는 대제사장(그리스도, 새 언약의 대제사장)께서는 우리를 위해 영원한 속죄를 이루사 짐승의 피가 아니라 자신의 피를 가지고 단번에 하늘의 성소(지성소)로 들어가셨다. 짐승의 피가 육체를 정결하게 하거든, 하물며 영원하신 성령으로 말미암아 흠 없는 자기를 하나님께 드린 그리스도의 피가 어찌 우리를 깨끗하게 못하겠는가?(히 9:11-15).

② 유언은 유언하는 자가 죽어야 효력을 발생한다. 따라서 예수께서 우리에게 주신 구원과 영원한 생명에 관한 모든 약속은 그가 죽으심으로써 효력을 발생하게 되었다(히 9:16-17).

(4) 그리스도 희생 제사의 충족성(히 9:18-10:18)

① 하나님께서 모세를 통하여 첫 언약(구약시대의 율법)을 주실 때 언약을 세우셨다. 그것은 제사장이 일년에 한 번씩(속죄일: 레 23:27) 짐승의 피를 뿌림으로 죄 사함을 받는 피의 언약이었다. 그것은 곧 피로써 모든 것을 정결케 하는 것이었다. 그러므로 피 흘림 없이는(죽음, 희생 없이는) 죄 사함도 없다. 그것은 또한 매년 뿌려야 했다. 그 언약은 결코 바뀔 수 없는 것이었다(히 9:18-22).

② 그러나 하늘의 장막에서는 동물의 피보다 더 좋은 제물로 함이 마땅하다. 즉 그리스도께서는 손으로 만든 장막이 아니라 곧 바로 하늘의 참 성소로, 짐승의 피가 아니라 자기(그리스도) 자신을, 매년이 아니라 단번에, 제물로 드려 죄 없이 하시려고, (구약시대의) 끝 날에 나타나셨다. 이제 율법의 희생제사는 필요 없게 되었다. 그리고 재림 때에는 그가 죄와 상관없이 나타나실 것이다(히 9:23-10:18). 여기에서 피는 생명을 뜻하고, 대속적 죽음과 희생을 상징한다.

4) 믿음의 도리(히 10:19-12:4)

(1) 변치 않는 믿음의 능력(히 10:19-39)

① 이제 우리는 주저 없이 하나님 앞으로 나갈 수 있게 되었다. 우리의 대제사장이 계시고, 또한 그분께서는 피를 흘려 성소로 나가는 길을 열어 주셨기 때문이다. 하나님은 미쁘시니 그분에 대한 소망을 굳게 잡고 나가야 한다. 모이기를 폐하지 말아야 한다(히 10:19-25).

② 진리를 아는 지식을 받은 후, 다른 종교로 돌아간다면, 그들에게는 속죄하는 제사가 없고 심판만이 있을 뿐이다(히 10:26-31).

③ 너희는 핍박 받는 성도들에게 그것을 잘 인내하도록 격려해야 한다(히 10:32-39).

(2) 믿음의 본질(히 11:1-3)

"믿음은 바라는 것들의 실상이요 보이지 않는 것들의 증거"(히 11:1)이다. 즉 믿음은 우리가 바라는 것들에 대해서 확신하는 것이요 또한 보이지 않지만 그것이 사실임을 아는 것이다.

(3) 믿음의 표본들 / 조상들(히 11:4-40)

① 역사의 여명기(黎明期): 아벨은 믿음으로 가인보다 나은 제사를 드렸다. 에녹은 믿음으로 죽음을 보지 않고 옮겨졌다. 노아는 믿음으로 방주를 준비하였다(히 11:4-7).

② 아브라함의 가족과 야곱의 가족: 아브라함은 이삭을 제물로 바칠 때 큰 시험을 받았다. 그러나 그는

하나님께서 이삭을 다시 살리실 것을 믿었다. 사라는 늙었으나 하나님은 미쁘신 줄을 알았다. 이삭은 믿음으로 야곱의 장래를 축복하였다. 야곱은 믿음으로 죽을 때 자기의 각 아들들을 축복하였다. 요셉은 믿음으로 임종 시 자기의 뼈를 고국에 묻어달라고 명하였다(히 11:8-22).

③ 모세: 모세는 믿음으로 바로의 공주의 아들 되기를 거절하였고, 유월절 예식을 정하였으며, 믿음으로 홍해를 건넜다(히 11:23-30).

④ 기생 라합, 기드온, 바락, 삼손, 입다, 다윗, 사무엘 등 믿음의 조상들이 수없이 많다(히 11:31-32).

⑤ 믿음의 조상들의 고난과 약속의 성취: 믿음의 조상들은 세상이 감당하지 못할 시험을 받았으나 믿음으로 극복하였다. 그들은 하나님의 약속들 중 어떤 것들은 아직 성취되지 않은 것을 보면서 죽었지만 주님의 재림 때에는 그 약속들이 성취된 것을 보게 될 것이다(히 11:33-40).

(4) **믿음의 경주**(히 12:1-4)

믿음의 찬란한 역사를 소개한 저자는 이제 믿음의 주이신 예수를 바라보고 믿음의 경주에 최선을 다하라고 권면한다.

5) 경고와 권고(히 12:5-13:25)

(1) **주의 징계하심**(히 12:5-13)

핍박과 고난은 하나님의 아들과 딸들을 연단시키기 위한 것이다. 그리고 유익을 위한 것이다. 육신의 부모가 징계하여도 감수하였거든 영의 아버지께서 주시는 징계에 복종함은 당연하다.

(2) **배교에 대한 경고**(히 12:14-29)

① 하나님의 은혜에 이르지 못하는 자들, 배교의 쓴 뿌리가 솟아나도록 하는 자들, 부도덕한 자들, 에서처럼 영적 가치를 무시하는 자들을 향하여 저자는 또 경고를 보낸다. 에서는 나중에 마음을 바꾸었지만 이미 때는 늦었다.

② 율법으로 회귀하려는 사람들에게 경고한다. 여러분의 선조가 율법을 받은 시내산은 모세도 두렵고 떨린다고 말할 만큼 무서운 곳이었다. 한편 새 언약을 받은 곳은 시온산과 하나님의 도성 예루살렘이다. 그러므로 너희는 거역하지 말라(회귀하려 하지 말라). 그때에는(거역하는 날에는) 그분의 음성이 땅의 뿌리까지 흔들었지만, 이번에는 하늘까지 흔드시겠다고 분명히 말씀하셨다(히 12:18-27).

③ 우리는 흔들리지 않는 나라를 받았다. 따라서 우리는 하나님을 기쁘게 해야 한다. 거역하는 날에는 하나님께서 적극적으로 정리하신다. 그분은 불이시기 때문이다(히 12:28-29).

(3) 결론적 권면(히 13장)

① 먼저 도덕에 관한 교훈을 담고 있다. 형제사랑, 손님접대, 옥에 갇힌 자들을 돌보는 일, 고난당하는 성도들을 동정하는 일, 결혼의 순결, 돈을 사랑하지 말고 자기가 가진 것으로 만족하는 일 등에 유의하라고(히 13:1-6).

② 다음으로 신앙생활에 대한 교훈을 말한다. 우리는 영적 인도자들을 존경하고 그들의 믿음을 본받아야 한다. 우리는 그리스도와 우리의 제단에 성별되어 있어야 하며, 그분의 능욕을 지고 영문 밖 그분에게로 나가야 한다. 우리는 우리의 인도자들에게 복종해야 한다(히 13:7-17).

③ 개인적인 기도 부탁, 그리고 독자들을 위한 축원과 마지막 인사로 끝을 맺는다(히 13:18-25).

〈2. 야고보서〉

1) 저자, 수신자, 기록 시기, 기록 장소

① 본서는 예수의 형제 야고보가 로마제국의 박해로 고통 받고 있는 전 세계 유대인 성도들에게 예루살렘에서 쓴 편지이다.

'야고보'라는 이름은 매우 일반적이었으며 신약에는 적어도 5명이나 나와 있다. 그중 1명은 예수님의 제자였고, 또 하나는 예수님의 형제(동생으로 본다) 야고보였다. 예수님의 제자(사도) 야고보는 AD 44년경에 헤롯 아그립바(1세)에 의해 순교 당했다. 따라서 사도 야고보는 야고보서의 저자가 아니다. 예수의 동생 야고보를 본서의 저자로 본다. 즉, 야고보서 1:1에 "하나님과 주 예수 그리스도의 종 야고보"라고 표현되고 있는 저자가 바로 예수의 형제 야고보를 가리키는 것으로 전통적으로 인정되고 있다.

야고보는 예수님의 부활 이후에도 주님을 따르는 자로 불리지 않았지만 예수님의 명령에 순종하여 다락방에서 성령을 기다렸고 성령의 충만을 받았던 제자들 중에 있었던 것 같다(행 1:14, 2:4). 베드로가 예루살렘에서 유대인의 감금으로부터 풀려난 후 야고보를 말했을 때(행 12:17) 예수의 형제 야고보는 예루살렘교회의 지도자가 되었던 것으로 보인다. 또한 예수의 형제 야고보는 예루살렘 공의회 때(AD 49) 바울과 교제의 악수를 하였으며(갈 2:9-10), 바울의 참된 모습을 오해하고 있는 유대인들을 설득하려고 애를 썼다(행 15:13).

그러나 본서의 저자가 예수의 형제가 아니며 익명의 저자가 과거 예루살렘교회의 지도자의 이름으로 기록하였다는 설도 있다.

② 본서의 수신자에 관하여는 약 1:1의 "흩어져 있는 열두 지파에게 문안 한다"가 수신자에 대한 단서이다.

유대인들의 지파구분은 기독교시대 이전에 이미 없어졌기 때문에 문자적 열두 지파를 말하는 것은 아니다. 이것은 팔레스타인 밖에 거주하는 유대인(디아스포라)을 말한다. 즉 세계에 퍼져 있는 유대인이었을 가능성이 높다. 따라서 다수를 수신자로 하는 회람서신이다(cf. Walter A. Elwell & Robert W. Yarbrough 저서, 별첨 참고문헌).

③ 본서는 기독교 박해가 시작되기 직전인 AD 62년경에 예루살렘에서 기록된 것으로 본다. AD 64년 네로의 박해가 있기 직전이다.

2) 기록의 배경-박해 시대를 대비

앞에서 밝힌 바와 같이 1세기 후반에는 교회의 주변 환경은 기독교 초기에 비하여 많이 변하였다. 즉 로마정부의 박해와 이단의 침투가 기독교를 위기로 몰고 갔다. 야고보서는 이와 같은 로마제국과 유대교인들의 가혹한 박해에 직면하여 참된 사랑과 교제를 상실한 유대인 성도들에게 환난 가운데서도 인내할 것을 권면하고 믿음을 실천함으로써 윤리적 의와 사랑의 교제를 회복하도록 할 목적으로 쓰인 편지이다.

3) 특징

(1) 야고보서를 위기의 신학이라 한다. 박해와 고난의 위기가 닥칠 때 믿음을 잘 지키도록 믿음을 훈련하며, 고난을 당하는 자들에게 위로와 소망을 주고자 했다. ① 믿음의 시험(약 1:1-18), ② 믿음의 특징(약 1:19-5:6), ③ 믿음의 승리(약 5:7-7:20)가 이 서신의 특징 중 하나이다.

(2) 야고보서를 신약의 잠언이라고도 한다. 이는 야고보서가 간결한데다 구약의 예언 문학과 지혜문학의 형태로 씌어 있기 때문이다. 실천과 믿음, 윤리와 신학의 깊은 관련성을 강조한 것은 부분적으로 구약성경(잠언)의 영향력이라고 본다. 또한 야고보서가 예수님의 가르침 특히 산상수훈으로부터 깊은 영향을 받았음이 분명하다. 야고보서가 여러 곳에서 예수님의 산상설교 의 가르침을 반영하고 있기 때문이다.

(3) 야고보서는 이와 같이 기독교적 복음의 선포가 없고 다양한 교훈으로 가득 차 있기 때문에 기독교서신이라기 보다는 윤리적 교훈집으로 취급 받는 경우가 많다.

4) 내용

(1) 시험의 목적과 근원(약 1장)

첫 장부터 암울한 사회적 분위기를 드러낸다. 성도는 믿음으로 인해 여러 가지 고난과 환난을 당하나 이것은 오히려 믿음을 연단하여 성도의 인격을 온전하게 하려 하는 것이기 때문에 염려하지 말고 기쁨으로 시험에 대처해야 한다. 사람이 시험에 처할 때 내가 하나님께 시험 받는다 하지 말라. 하나님은 누구도 시험하시지 않는다. 욕심에 끌려 미혹되지 말라. 시험의 근원은 욕심이다. 욕심이 결국 죄와 사망을 가져온다.

(2) 참된 믿음의 본질(약 2장)

① 참된 믿음의 소유자는 형제를 외모로 취하지 않는다. 때문에 야고보는 교회 내의 형제 차별을 강한 어조로 책망한다. 참된 믿음은 이웃과의 관계에서 사랑을 동반하며 살아 있는 행위로 나타난다(약 2:1-13).

② 또한 야고보는 행함이 없는 믿음은 그 자체가 죽은 것이라 한다. 아브라함도 행함으로 의롭다함을 인정받은 것이 아니고 믿음으로 의롭다함을 인정받았다. 야고보는 이렇게 믿음과 행위의 관계성을 강조한다(약 2:14-26).

그러나 일부 학자들은 야고보가 약 2:24에서 "이로 보건대 사람이 행함으로 의롭다 하심을 받고 믿음으로만 아니니라"라고 말한 것 때문에 야고보의 사상이 바울의 로마서 및 갈라디아서의 가르침(이신득의의 사상)과 모순된다고 지적한다. 그러나 이 구절에 대한 일반적인 해석은 야고보가 믿음을 공박한 것이 아니라 행위로 믿음 있음을 보이지도 않고서 믿음을 가진 척하는 위선에 대하여 공격한 것이라고 해석한다(cf. Merrill C. Tenney 저서, 별첨 참고 문헌).

(3) 참된 지혜의 본질(약 3장)

① 말에 실수가 없도록 하라. 혀는 작지만 실로 대단한 위력을 지니고 있다. 강한 의지를 통해서 아름답고 덕을 세우는 말만 하여야 한다(약 3:1-12). ② 참된 지혜는 위로부터 내려온 지혜이다(약 3:13-18).

(4) 세상의 정욕과 교만의 결과(약 4장)

세상의 정욕을 버리고 하나님께 순종하라. 세상의 정욕은 서로간의 다툼, 간음, 하나님의 뜻에 대한 불순종, 교만, 비방으로 나타난다. 하나님을 가까이 하라. 마음을 성결하게 하라(약 4:1-10).

또한 야고보는 자기 확신에 찬 행상인들을 등장시켜 하나님의 계획을 무시한 정욕적인 삶이 얼마나 허무하고 비참한 결과를 초래하는 지에 대하여 언급한다(약 4:13-27).

(5) 사회적, 종말론적 가치관(약 5장)

야고보는 신자의 개인 윤리뿐만 아니라 사회적 문제까지도 주제로 삼았다. 즉 부자들의 악행에 대하여 예언적 경고를 한다(약 5:1-6). 그리고 그는 말세의 성도들이 인내해야 할 필요성을 보여준다(약 5:7-12). 또한 기도를 통한 교제의 삶을 권장한다. "너희 중에 고난당하는 자가 있느냐. 그는 기도할 것이요. 즐거워하는 자가 있느냐. 그는 찬송할지니라. 너희 중에 병든 자가 있느냐. 그는 교회의 장로들을 청할 것이요"(약 5:13-20)라고.

〈3. 베드로전서〉

1) 저자, 기록 연도, 기록 장소, 수신자

① 본서의 저자는 베드로로 본다. 베드로는 예수의 12 제자를 대표하는 제자이며 사도이다. 그의 이름은 세 가지로 불린다. 첫 번째는 그가 태어날 때의 본명인 '시몬'이고, 두 번째는 예수께서 지어주신 새 이름인 '베드로'(막 3:16)이며, 세 번째는 베드로와 같은 뜻을 가진 '게바'라는 아람어로 된 이름이다. 베드로는 '바위'라는 뜻이다.

그는 12 제자들의 대변자였고 예수 승천 후에는 야고보 및 요한과 더불어 예루살렘교회의 3대 지도자 중 한 사람이 되었다.

그는 AD 49년 예루살렘교회의 공의회 이후부터 사도행전에서 자취를 감추었다. 그러나 바울 서신에 의하면 베드로는 안디옥을 거쳐(갈 2:11-14) 아주 먼 이방지역까지 전도여행을 떠났던 것으로 나타나 있다(고전 1:12, 3:22, 9:5).

초대교회의 전승에 의하면 베드로가 마지막에는 로마(벧전 5:13에는 바벨론으로 되어 있으나 로마를 말함)로 건너가서 네로 황제 통치시대(AD 58-68)에 로마시의 대화재 사건으로 인하여 기독교인들이 박해 당할 때, AD 68년경에 순교한 것으로 전해지고 있다.

그가 죽은 후 그에게는 바울과 함께 로마교회의 설립자이자 감독이라는 칭호가 붙여졌다. 가톨릭교회는 그를 초대교황으로, 그리고 사도권이 그로부터 승계된다고 주장한다. 개신교는 이를 인정하지 않는다.

베드로서가 바울의 서신과 유사한 점과 또한 서신의 헬라어 문체가 너무 유창하다는 것을 들어 베드로의 저작권을 부인하는 설도 있으나 일반적으로는 베드로의 저작권을 인정한다.

② 본서는 AD 64년경 즉 네로 통치시대(AD 54-68)에 박해를 직면하고 기록된 것으로 본다.

③ 본서는 이 서신이 '바벨론'에서 기록되었다고 말하고 있다(벧전 5:13). 그러나 이 경우 바벨론은 사회 분위기적 사정으로 로마를 빗대어 바벨론으로 말한 것으로 여겨지고 있다.

④ 본서는 수신자를 "본도, 갈라디아, 갑바도기아, 아시아와 비두니아에 흩어져 있는 택하심을 받은 자들"로 기록하고 있다. 이들 지역 중 본도와 갑바도기아 그리고 비두니아는 바울이 전도하지 않은 지역이다. 갈라디아와 아시아의 경우에도 이 지방의 북쪽지역은 바울이 들리지 않았다. 그런데 베드로는 이런 지역들을 수신자로 하고 있다. 베드로는 안디옥에 있는 교회에서 일 한 적이 있기 때문에(갈 2:11) 이 지역에서 복음을 전했을 가능성이 있다. 어떻든 오늘날 터키반도 북부 특히 소아시아 전체에 흩어져 사는 그리스도인들에게

보내진 서신으로 본다.

2) 기록 배경

본서는 베드로가 AD 64년경 네로(AD 54-68)의 박해를 직면한 상태에서 쓴 서신이다. 위에서 언급한 바와 같이 야고보서가 앞으로 닥쳐올 기독교의 박해에 대처하고자 한 서신이라면, 베드로전서는 지금 눈앞에 닥쳐온 박해를 대처하는 목적으로 기록된 것이다. 즉 환난 중에 있는 신자들로 하여금 닥쳐온 대박해를 극복할 수 있도록 격려하고 어떠한 고난과 시험에도 흔들리지 않는 담대한 믿음과 소망을 가지도록 촉구하기 위해서 쓴 서신이다. 베드로는 위기감을 느끼고 있었다. 그는 "만물의 마지막이 가까이 왔으니"라고 기록하고 있다(벧전 4:7).

3) 내용

(1) 현재의 시련과 미래의 소망(벧전 1:1-12)

이미 고난을 체험한데다 또 환난을 앞둔 소아시아 여러 지역의 교회들에게 종말에 얻게 될 영화로운 유업을 제시하면서, 베드로는 그들에게 현재의 고난을 극복할 것을 부탁한다. 그리고 그리스도를 믿는다는 이유로 박해를 당하는 것에 대하여 오히려 기뻐하라고 권면한다.

(2) 성화의 삶

① 현재의 고난을 잘 이겨내라고 권고한 베드로는 이제부터는 그보다 한 걸음 더 나아가 성화의 삶(거룩한 삶)을 살아야 한다고 강조한다(벧전 1:13-25).

② 그리고 이어서 성화된 삶을 실현하는 방법을 말한다. 성도는 주의 말씀에 의지하여 주의 장성한 분량에 이르기까지 자라야 한다. 즉 성도는 영적 성장을 통해서 그리스도(산 돌)와 하나가 되어야 한다. 또한 성도는 자신이 하나님의 성전인 것과 거룩한 제사장임을 항상 염두에 두어야 한다고(벧전 2:1-12).

(3) 국가와 주인에 대한 순종(벧전 2:13-25)

베드로는 성화된 삶을 실현하는 방법으로서 또 한 가지 국가와 주인(고용주)에 대한 순종을 말한다. 그리고 "너희를 위하여 친히 당하신 그리스도의 고난을 본받으라"한다.

(4) 남편에 대한 순종(벧전 3:1-7)

베드로는 역시 성화된 삶의 실현 방법으로서 남편에 대한 순종을 말한다. 아내들은 남편에게 순종해야 한다. 그리고 아내가 남편에 순복한 것처럼 남편들도 아내에게 해야 할 의무가 있다. 즉 연약한 아내를 보살피며 돌보아야한다. 아내와 남편은 순종과 보호의 도를 지키라고.

(5) 성도들 상호간의 행동 지침(벧전 3:8-12)

역시 성화된 삶의 실현 방법으로서 신자들 상호간에 취해야 할 5가지 행동 지침 즉 '동정, 형제사랑, 불쌍히 여김, 겸손, 악을 선으로 갚음'을 제시한다. 이것들은 이미 그리스도께서 우리에게 본으로 보여주신 것들이다.

(6) 의를 위한 고난 / 노아의 방주의 비유(벧전 3:13-22)

① 베드로는 성도의 고난에 대하여 다시 말한다. 의를 위하여 고난을 받는 자는 복이 있다고(벧전 3:13-17).

② 그리고 그리스도의 대속적 죽음을 통하여 구원을 얻은 신자는 의를 위하여 핍박 받아야 됨을 일러준다(벧전 3:18).

③ 또한 베드로는 구약시대 노아의 홍수 사건을, 종말에 오는 심판의 예표로 즉 방주에 들어간 자를 순종에 의한 구원의 상징으로, 그리고 신약시대의 예수 그리스도의 세례로 비유한다(벧전 3:19-22).

(7) 성도들의 고난과 각성(벧전 4장)

베드로는 또한 박해시대의 성도들이 감당해야 할 고난과 각성을 말한다.

① 먼저 그리스도를 본받으라 권면한다. 즉 그리스도의 고난을 힘입어 구원받은 그리스도인은 그리스도처럼 고난 받을 각오로써 영적 무장을 해야 하며 비록 박해가 가중되는 상황 가운데서도 경건한 일상적 삶을 살아야 될 것을 강조한다(벧전 4:1-6).

② 그리고 고난 속에 있는 성도의 삶을 말한다. 즉 고난에 대처하고 있는 신자들이 말세의 현실 속에서 지켜야 할 사항으로 형제를 사랑하며 교회 안에서 열심히 봉사해야 한다는 것이다(벧전 4:7-11).

③ 이어서 그리스도인들의 고난의 필연성을 말한 다음 시험 가운데서도 하나님을 의지하며 의롭게 살 것을 권면한다(벧전 4:12-19).

(8) 위기의 교회지도자(벧전 5장)

교회가 고난에 처했을 때 그들을 위로할 자는 교회지도자들이다. 베드로는 이미 소아시아 지역의 일부 교회들에 환난이 도래했고 조만간 대환난이 닥칠 상황을 염두에 두고 교회지도자들의 책임을 언급하고 있다.

〈4. 베드로후서〉

1) 저자, 기록 시기, 수신자, 기록 장소, 기록의 배경

① 베드로후서에 대한 베드로의 저작권은 일반적으로 인정되어 왔다. 그러나 본서가 여러 가지 점에서 유다서와 비슷하여 문학적으로 유다에 의존하고 있다는 주장이 있다. 그렇다고 예수의 수제자 베드로가 유다서에 의존한다는 것은 납득될 수 없다. 따라서 본서는 베드로가 아닌 어떤 자의 저작이라는 설도 있다.

② 본서의 수신자도 베드로전서에서와 같이 아시아의 성도들이다.

③ 기록 연대는 베드로의 저작권을 인정하는 전제에서 베드로가 순교되었다고 추정되는 66년경 로마에서 기록하였다고 본다.

④ 기록의 배경에 관하여는, 베드로전서가 외적 고난에 대한 위로와 격려의 내용을 다루고 있는 반면, 본서는 AD 66년경 교회 안에서 발생한 문제 즉 배교와 거짓 교사들(이단)의 잘못된 가르침을 경고하고, 성도들로 하여금 복음의 진리 위에 굳게 서서 부도덕한 쾌락주의와 싸워 이길 수 있도록 하기 위해서 쓰였다고 본다. 또한 베드로후서와 함께 앞으로 설명될 요한1, 2, 3서 및 유다서는 공통적으로 교회 안의 이단을 배격하기 위하여 기록되었다.

2) 내용

(1) 그리스도 안에서의 영적 성장(벧후 1장)

① 영적 성장의 요청(벧후 1:1-11)

베드로는 거짓 교사에 대한 본론적 경고에 앞서 거짓 교사의 미혹을 피하기 위하여 수신자들에게 보다 높은 수준의 경건한 생활로 정진할 것(영적 성장)을 권면한다. 즉 하나님이 성도들에게 경건한 삶을 살 수 있는 능력을 주셨기 때문에 신자는 이에 대한 합당한 반응을 해야 한다는 것이다. 그러면서 영적 성장을 위한 구체적인 덕목들 즉 믿음, 덕, 지식, 절제, 인내, 경건, 형제우애, 사랑을 제시하고 있다(벧후 1:5-7).

② 자신의 가르침의 신적 권위(벧후 1:12-18)

또한 베드로는 노년에 접어들어 자신의 죽음이 임박한 것을 말하면서 자신의 가르침은 신적 권위를 갖는 확실한 것이라고 말한다.

③ 예언의 권위(벧후 1:19-21)

다시 베드로는 재림에 관한 구약의 예언은 암흑과 같은 세상에 사는 성도들에게 등불과 같은 역할을 한다. 예언은 언제든지 사람의 뜻으로 낸 것이 아니다. 따라서 성경은 해석자 멋대로 해석해서는 안 된다고 말한다.

(2) 거짓 교사에 대한 경고(벧후 2장)

본장은 다음에 설명되는 유다서와 비슷하다. 베드로는 거짓 선지자들(이단)이 등장하였으니 그들이 너희 중에도 있으리라고 경고한다. 거짓 선지자(이단)란 이단을 끌어들이는 자, 자기들을 사신 주를 부인하는 자, 임박한 멸망을 스스로 취하는 자, 호색하는 자, 탐심으로 지어낸 말을 가지고 성도들로 이득을 삼는 자, 재림을 부인하는 자, 계명을 지키지 아니하는 자들을 말한다. 베드로는 그들이 심판을 받을 것이며 멸망할 것이라고 구약시대의 여러 사건들을 예로 들면서 설명한다.

(3) 재림 부인론자에 대한 경고(벧후 3장)

당시 거짓 교사들은 세상이 창조된 후 아무런 일이 없이 보전되어 왔던 것처럼 이후에도 그러할 것이라면서 장차 도래할 세상의 심판과 주의 재림을 부인하였다. 이에 대해 베드로는 예전에 이 세상이 노아의 홍수(물)로 심판을 받았듯이 종말에도 심판이 있을 것인데 그때는 불로 심판을 받을 것이며 그날에 악인들에 대한 심판도 함께 있을 것이라고 경고한다.

〈5. 요한1서〉

1) 저자, 수신자, 기록 시기, 기록 배경

① 일반적으로 사도 요한의 저작권이 인정되고 있다.

사도 요한은 세베대의 아들이며 사도 야고보의 형제(동생)이다(막 1:19-20). 사도 요한은 요한복음과 요한1, 2, 3서 그리고 요한계시록 등 5권을 기록했다. 바울(13권) 다음으로 가장 많다.

사도 야고보와 사도 요한은 세베대의 아들이었고 모두 어부였다. 사도 요한과 사도 안드레는 처음에는 세례 요한의 제자였다. 그 후 두 사람 다 예수의 제자가 되었다.

12 제자들 중 사도 요한은 그의 형 야고보 및 베드로와 함께 예수의 특별한 사랑을 받았다. 예수께서 십자가에 달리셨을 때 예수께서는 요한에게 어머니를 부탁하셨다. 그의 이름은 사도행전에서도 언급된다.

사도 요한은 약 AD 67년에 예루살렘에서 에베소로 옮겼다. 정확히는 모르지만 에베소에서 밧모섬에 유배되었다. 아마 도미티아누스(도미티안) 황제(81-96) 이후 밧모섬에서 풀려났을 것이다. 그는 에베소에서 예수의 어머니를 죽을 때까지 돌보았다고 전해진다.

그의 저작들의 내용은 매우 원숙하다. 믿음의 애매함이나 신학적 우유부단과 혼돈되지 않는다. 그의 서신들은 모두 진리와 거짓, 의와 불의, 빛과 어둠, 사랑과 미움 사이에 명확한 선을 긋고 있다.

② 수신자는 물론 발신자의 이름도 나타나지 않는다. 그래서 요한1서를 편지가 아니라 일종의 신학적인 소책자로 보기도 한다.

③ 요한복음과 요한1, 2, 3서 모두 96년 이전에 아마 90년경에 에베소에서 기록되었을 것이다(요한계시록은 96년경에 기록되었다).

④ 기록 목적은 위에서 말한 바와 같이 이단의 침투를 배격하기 위함이었다. 때문에 이단 사상에 대항하기 위하여 기독교의 교리적 부분에 역점을 두었다.

2) 내용

(1) 예수 그리스도의 역사성(요일 1:1-4)

요한은 이단자들을 반박하기 전에 예수 그리스도를 '생명'으로 표현하면서 우리(사도 집단)가 예수 그리스도의 구원의 사역을 목격하였다고 말함으로써 그리스도 복음의 역사성과 진실성을 입증한다.

(2) 이단의 판단 기준- 도덕적 윤리적 기준(요일 1:5-4:16)

주로 도덕적이고 윤리적인 여러 가지 기준을 다음과 같이 제시하면서 이단(거짓 교사 또는 선지자)에 대하여 반박한다.

① 하나님은 빛(요일 1:5-2:2)

요한은 첫 번째 기준으로서 하나님은 빛이심을 제시한다. 하나님은 빛이기 때문에 성도는 빛의 속성을 드러내야 한다. 이단들처럼 우리는 죄가 없다하고 또한 범죄하지 않았다고 한다면 이는 스스로 자신을 속이며 하나님을 거짓말하는 자로 만드는 것이다(1:5-2:2).

② 계명, 형제 사랑, 주 되심(요일 2:7-11)

두 번째 기준으로 하나님의 계명을 지키는가?(2:3-6), 형제를 사랑하는가?(2:7-11), 예수께서 예수 그리스도임을 믿는가?(2:18-27)를 말하고 이를 통해 이단을 반박한다. 적그리스도가 이미 등장하였다. 이를 이길 수 있는 방편은 먼저 외적으로는 예수 그리스도의 증거 즉 성경말씀의 진리 위에 굳게 서야 하며 내적으로는 성령의 기름 부음과 인도하심에 전적으로 순종해야 한다. 신약에서 적그리스도라는 말은 요한만이 사용하고 있다(요일 2:18, 계 13:17).

③ 의, 서로 사랑, 주 되심(요일 2:28-4:6)

이번에도 역시 의를 행하는가, 서로 사랑하는가?(요일 3:10b-3:24), 예수님을 누구로 믿는가?(요일 4:1-6) 등의 질문을 제기하고 여기에 대한 대답을 통하여 성도의 윤리적 의무는 성도의 신앙과 밀접하게 관련되어 있으며 또한 분리가 불가한 것을 밝혀주고 이를 통해 이단을 단죄한다.

④ "하나님은 사랑이심이라" / 우리가 사랑해야 할 이유(요일 4:7-12)

이번에는 하나님의 속성으로서의 사랑을 시험의 기준으로 제시한다. 우리가 서로 사랑해야 할 이유는 "하나님은 사랑이기 때문에"(요일 4:7), 하나님이 먼저 우리를 사랑하셨기 때문에, 그리고 우리가 서로 사랑할 때 하나님의 사랑이 우리 안에서 완전해지기 때문이다. 거짓 교사들도 하나님을 사랑한다고 말했다. 그러나 요한은 그것을 단호히 부인하고 사랑의 원천은 오직 하나님이며 인간은 이 사랑의 빛 아래에서만 형제에 대한 진정한 사랑을 실천할 수 있다고 주장한다.

⑤ 성령의 내주(內住) (요일 4:13-16)

이번에는 성령의 내주를 기준으로 제시한다. 성령의 내주는 예수 그리스도 안에서 객관적으로 성취되고 증거되었다. 성령의 내주는 성령의 역사를 통해 성도 각 개인에게 주관적으로 적용, 지속된다. 성령을 통한 하나님의 내주는 불가분리의 것이며 인격적인 것이다.

(3) 사랑의 완성과 그 효과(요일 4:17-21)

요한은 여기에서 하나님의 속성으로서의 사랑을 말한다. 즉 참된 사랑은 수직적 관계 다시 말하면 대신(對神)관계에만 머무는 것이 아니라 대신적 관계를 기반으로 대인적 관계에까지 그 영역이 확산되어가야 하며 추상적 논리나 생각의 영역을 뛰어 넘어 구체적 만남과 실천으로 옮아가야 한다고.

(4) 성도들의 사랑과 순종(요일 5:1-3)

믿음, 사랑, 순종의 자연스러운 연결이 강조되어 있다. 이는 사랑과 순종을 하지 않는 사람은 참 믿음을 갖고 있다고 볼 수 없음을 말한다. 요한은 여기에서 불신자를 향해서 말하는 것이 아니고 믿는다고 하며 사랑하지 않는 이단들에게 말하고 있다.

(5) 예수 그리스도에 대한 증거(요일 5:6-12)

이단들에 대한 반박 기준으로 예수께서 그리스도임을 계속 증언하기 위하여 예수 그리스도에 대한 세 가지 증거를 제시하고 있다. 즉 ① 물의 증거: 세례 요한에게 받은 물세례. ② 피의 증거: 십자가에서 흘리신 그리스도의 보혈. ③ 성령의 증거: 성도 안에 내주하시며 계속적으로 예수께서 그리스도이심을 증언해주시는 증거를 말하고 있다.

〈6. 요한2서〉

1) 저자, 수신자, 기록 시기, 기록 배경

저자 장로는 사도 요한을 말한다. 수신자는 택하심을 받은 부녀이다.

아마 AD 90년경에 기록하였을 것이다. 본서도 요한1서와 같이 거짓 교사들로부터 교회를 지키기 위한 것이었다.

2) 내용

① 사랑의 실천에 대한 권면(요이 1:1-6)

요한은 먼저 사랑의 실천에 대하여 권면한다. 참다운 진리는 형제 사랑이라는 구체적인 생활로 표현되어야 한다. 이것은 "너희가 처음부터 들은 바 하나님의 계명이다"라고.

② 거짓 교사에 대한 특별한 경계(요이 1:7-11)

그러나 요한은 거짓 교사(영지주의자)에 대한 경계를 또 다시 단호하게 강조하고 있다. 요한은 잘못된 이론을 퍼뜨리는 거짓 교사들과는 상종하거나 인사도 하지 말라고 권고하고 있다. 이는 우리 기독교인들에게는 형제에 대한 사랑이 계명의 기본이지만 또한 어떤 경우에는 이웃에 대한 사랑을 거부해야 하는 경우도 있음을, 즉 사랑의 관용과 한계에 대하여 교훈하고 있는 것이다.

〈7. 요한3서〉

1) 저자, 수신자, 기록 시기, 기록 배경

저자는 사도 요한이다. 수신자는 가이오이다. 가이오는 교회 지도자이거나 목사일 것이다. 따라서 본서의 수신자는 교회들이 아니고 사랑하는 가이오이다. 때문에 본서는 요한의 사신(私信)이라고 한다. 그리고 아마 요한2서와 같은 시기에 기록하였을 것이다. 그리고 영지주의에 대한 경계 서신이라기보다는 교회지도자에 대한 지도 서신으로서의 성격이 강하다.

2) 내용

주로 가이오에 대한 칭찬과 디오드레베에 대한 책망을 담고 있다.

① 가이오에 대한 칭찬과 축복(요삼 1:1-8)

요한은 가이오가 복음전도자를 선대하였다는 소식을 들었다. 요한은 가이오의 이와 같은 행위를 칭찬하며 축복한다. "사랑하는 자여. 네 영혼이 잘 됨 같이 네가 범사에 잘 되고 강건하기를 내가 간구하노라"고. 그리고 복음을 위해 애쓰고 있는 순회사역자들을 정성껏 예우할 것을 주문하고 있다.

② 디오드레베에 대한 책망(요삼 1:9-11)

디오드레베는 요한의 사도권을 부정하고 또한 순회전도자를 접대하지 아니하며 오히려 접대하는 자를 교회에서 내쫓는 자였다. 요한은 디오드레베의 이와 같은 악행을 강하게 질책하고 있다.

③ 데메드리오에 대한 칭찬(요삼 1:12-15)

데메드리오는 순회전도자 중 한 사람으로서 가이오에게 이 편지를 가지고 간 사람으로 본다. 요한은 데메드리오가 계명과 일치하게 삶으로써 신뢰의 증거를 받은 것으로 칭찬하고 있다.

〈8. 유다서〉

1) 저자, 기록 시기, 수신자, 기록 장소

① 저자로서 유다는 자신을 예수 그리스도의 종이요 야고보의 형제인 유다라고 소개하고 있다. 전통적으로 유다는 12 사도에 들어가지 않는 예수님의 제자 가운데 하나이며, 예수님의 형제 가운데 하나로 본다(마 13:55, 막 6:3). 야고보의 아들인 유다와는 구별되어야 한다(눅 6:16, 요 14:22).

② 수신자는 교회 일반 혹은 기독교인 전체를 대상으로 하였다고 본다.

③ 기록 시기는 AD 70-80년 사이일 것이다. 그러나 베드로후서가 유다서에 많이 의존하고 있다고 보기 때문에 유다서의 기록 시기는 베드로후서의 기록 시기(AD 66)보다 이전으로 보는 설도 유력하다.

④ 예루살렘에서 기록된 것으로 본다.

2) 기록의 배경

이미 언급한 바와 같이 베드로후서, 요한1, 2, 3서 그리고 유다서는 공통적으로 교회 안의 거짓 교훈(이단)을 배격하기 위하여 기록되었다. 즉 1세기 후반에 이르러 영지주의가 교회 안으로 들어와 만연함으로써 성도들이 타락하자 이와 같은 영지주의의 이단을 적극적으로 공격하고 성도들로 하여금 믿음 위에 굳게 서서 이들과 대적할 것을 권면하기 위해서 기록되었다.

3) 내용

(1) 기록의 목적(유 1:1-4)

유다는 당초에는 구원의 교리에 관해 글을 쓰려고 했다. 그러나 이단 즉 영지주의자들(교회에 가만히 들어온 몇 사람들)이 있기 때문에 이들에 대한 정체를 밝히고 이들을 경계하기 위해 이 편지를 쓴다고 말하고 있다. 그리고 유다는 이들의 정체를 "경건하지 아니하며 우리 하나님의 은혜를 도리어 방탕한 것으로 바꾸고 홀로 하나이신 그리스도를 부인하는 자"라고 밝히고 있다(유 1:4).

(2) 거짓 교사들에 대한 심판의 실례(유 1:5-16)

유다는 거짓 교사를 직접적 경고하기에 앞서 과거 이스라엘 역사상 불경건한 자들에게 임한 하나님의 심판 몇 가지를 실례로 제시한다.

① 출애굽 후(광야시대)에 있었던 불신자들에 대한 심판 사건(여호수아와 갈렙을 제외한 전원 사망)(유 5).

② 태초에 천사들의 일부가 교만해져서 하나님의 보좌를 넘보다가 하나님의 심판을 받고 추방당한 사건(타락한 천사들: 사탄의 기원)(유 6).

③ 소돔과 고모라성에 대한 하나님의 심판 사건(유 7).

④ 천사장 미가엘도 마귀에 대한 심판권을 하나님께 온전히 드릴만큼 겸손했는데 그보다도 낮은 거짓 교사들이('이 사람들') 멋대로 판단한 사건(유 9-10).

〈모세의 시체와 천사장 미가엘〉

사탄은 모세가 살인자라는 이유로(출 2:12) 모세의 시체에 대한 자신의 권리를 주장하였다. 그러나 천사장 미가엘은 분명히 권세와 능력과 위엄을 가지고 있었음에도 불구하고 사탄을 훼방하는 판결을 하지 아니하고 사탄에 대한 판결과 심판을 하나님의 주권에 맡겨버렸다. 능력과 권세와 위엄을 가지고 있는 천사장 미가엘도 훼방하거나 고소하지 않았다는 비유의 말이다. (cf. 외경 모세의 승천).

③ 성도들을 권면함(유 1:17-23)

유다는 이제 사도들의 말을 인용하면서 믿음 안에 굳건히 서서 영적으로 자라며, 거짓 선지자들에 의해 미혹된 자들을 구출해줄 것을 권면한다.

제 6 장
요한계시록 / 기독교 종말론
(Christian Eschatology)

제 1 절 요한계시록(Revelation) 개관

1. 저자, 수신처, 저작시기, 장소, 배경

① 요한계시록은 예수님께서 사도 요한에게 친히 '계시'하신 내용을 기록한 책이다. 계시는 무엇인가를 드러낸다는 말이다. 따라서 요한계시록은 하나님께서 당신이 계획하고 작성한 비밀스러운 계획(궁극적으로는 인류의 구원)을 예수 그리스도를 통해 사도 요한에게 드러내신 것이다. 그 계획의 일부는 예수 그리스도의 초림으로 이미 성취되었다. 따라서 요한계시록에서 나타나는 계시는 하나님의 계획 중 아직 성취되지 못한 부분에 대한 것이다.

② 본서의 수신자(처)는 에베소, 서머나, 버가모, 두아디라, 사데, 빌라델비아, 라오디게아 교회 등 소아시아에 있던 일곱 교회다(계1:4). 이들 일곱 교회는 요한 생존 당시 소아시아 지방에 있었던 대표적 교회들이었다.

이 일곱 교회는 당시 세상의 교회들을 대표하는 것이었고, 현재와 미래 즉 교회시대의 세상 모든 교회들을 대표하는 것이다. 따라서 편지의 내용 또한 당시의 일곱 교회에게만 전하는 것이 아니고 현재와 미래의 모든 교회들에게 전하는 하나님의 말씀이요 신탁이다.

③ 요한계시록에 대한 사도 요한의 저작권은 초대교회 때부터 인정되어왔다. 저작 연대는 로마의 도미티아누스 황제(AD 81-96)시대인 AD 95-96년경으로 본다.

④기록 장소는 지중해 동북부 에게해(Aegean Sea)상에 있는 밧모(Patmos)섬이다. 당시 사도 요한은 이 섬에서 유배생활을 하고 있었다. 사도 요한이 이곳에서 유배생활을 하고 있을 때, 박해를 받고 있는 소아시아 교회들에게 위로와 격려의 서신을 보내도록 계시를 받았고, 이를 기록한 서신이 요한계시록이다.

⑤ 당시 도미티아누스 황제의 종교에 대한 박해는 조직적이고 공포적(恐怖的)이었다. 그는 디도(티투스) 황제의 동생으로 치밀한 조직성과 교활성으로 자신을 신격화하면서, 황제예배라는 형식으로 로마제국내의 종교들을 통솔하려 했다. 그는 특히 기독교 신앙을 금지하는 법령을 공포하고, 기독교를 조직적으로 박해하였다(cf. 본서 제1편, 제1장, 제2절). 한편 소아시아 교회들은 이러한 황제의 박해에 니골라 당이라는 일종의 세속주의와 향락주의가 겹쳐 내적 어려움까지 겪고 있었다. 교인들 중 일부는 박해가 두려워 배교하였고 일부는 이교도와 타협하려 하였다. 그러나 교회에 대한 박해와 배교, 그리고 그 가능성은 그 시대로 끝난 것은 아니기 때문에, 위로와 격려를 전하는 이 책의 목적은 지금도 앞으로도 계속 유효하다.

〈니골라 당〉

에베소 교회와 버가모 교회에 나타났던 이단의 무리. 창시자는 니골라(니콜라우스).

2. 요한계시록의 특징

1) 하나님의 계시에 관한 책

① 요한계시록은 앞에서 말한 바와 같이 '예수 그리스도의 계시'를 기록한 책이다. 그리고 계시된 사건들은 실현되지만 지금은 감추어져 있다. 따라서 감추어진 확실함이라 말할 수 있다. 즉 정확함은 끝까지 숨겨져 있으나 명확한 것이다(concealed definiteness).

② 하나님께서 당신의 장차 계획을 드러내는 것을 우리는 종말론이라고 한다. 종말론은 개인적 종말론과 일반적(역사적) 종말론으로 구분된다.

개인적 종말론은 육체의 죽음, 영혼의 불멸성, 그리고 중간기(중간 상태)등을 다룬다. 일반적 종말론은 세상의 종말에 관한 일련의 사건 즉 예수 그리스도의 재림, 부활, 천년왕국, 최후심판, 그리고 새 하늘과 새 땅 등이 그 내용이다. 요한계시록은 일반적 종말론을 다룬다.

2) 복합적 문학 형태의 책

요한계시록은 하나의 통일된 문학형태로 기록되지 않았고 복합적인 문학형태를 반영하고 있다. 이 책이 이해하기가 어려운 것도 바로 이 때문이다. 이 책은 묵시문학 형태와 예언문학 형태 그리고 서신형식 등 세 가지 문학 형식의 복합체이다(cf. 김득중 저서. 별첨 참고문헌).

3) 별도의 해석방법을 필요로 하는 책

요한계시록을 이해하기 위하여는 성서의 다른 부분과 달리 별도의 해석방법에 대한 지식이 필요하다. 그 해석방법으로 과거적 방법, 미래적 방법, 역사적 방법 등이 주장되고 있다.

① 과거적 해석은 요한계시록에 계시된 내용(사건)이 이미 모두 로마제국(초기)시대에 성취되었다고 보는 견해이다. 다시 말하면 계시록 1장에서 18장(마지막 대접 재앙)까지의 사건들은 이미 성취되었다고 보는 것이다. 이 견해는 로마 가톨릭의 견해이다.

도미티아누스 황제 시대에 로마제국은 기독교인에게 황제숭배를 강요하였다. 그래서 기독교는 로마 황제를 적그리스도로 표현하는 등 대립이 심각하였다. 이때 로마 가톨릭의 한 사제가 과거적 해석을 들고 나와, 요한계시록의 계시는 모두 로마제국 시대(초기)에 '이미' 성취되었다고 주장함으로써 기독교와 로마제국의 대립을 완화시키는데 기여하였다.

② 미래적 해석방법은 계시록에서 4장 이후의 사건(4-22장)을 먼 미래에 일어날 사건으로 보는 견해이다. 미래적 해석방법도 과거적 방법과 동일한 동기에서 발표되었다. 즉 계시록의 사건들을 '먼 미래 시대'의 사건으로 해석함으로써 당시 로마 제국시대 기독교의 가톨릭에 대한 비난을 잠재울 수 있었기 때문이다.

③ 역사적 해석법은 요한계시록의 환상들을 요한이 계시를 받은 당시로부터 세상 종말까지의 전체 역사를 압축한 그림으로 보는 견해이다. 다시 말하면 계시록 4장부터 18장까지(마지막 대접 재앙까지)의 사건들은 역사적 사건으로 연대순으로 축도(縮圖)하여 기록된 것으로 보는 것이다. 역사적 해석은 계시록을 인류 역사 시간표로 보고 그 사건들을 시기별로 나누어 각 시대에 할당하였다. 따라서 그 사건들이 어느 시대에 해당하는지를 알아내기만 하면 예수 그리스도의 재림 시기도 미리 알 수 있다는 것이다. 그러나 이와 같은 인위적인 이론은 설득력이 없다.

④ 결론적으로 요한계시록은 요한이 계시를 받은 당시로부터 세상 종말까지 전체 역사의 축도로 보는 것을 옳지만 고정된 시간표는 아니다. 요한계시록이 임박한 종말의 환난시대에 대한 계시를 주요 내용으로 하는 책임에는 틀림이 없다.

3. 요한계시록의 전체적 구조

제1부: '네가 본 것'(계1;19)(계 1장)-서론, 과거에 이미 경험한 것

제2부: '지금 있는 일'(계1:19)(계2-3장)-현재의 교회시대에 관한 것

제3부: '장차 될 일'(계1:19)(계4-22장)-미래의 환난시대에 대한 계시

Ⅰ. 환난시대에 대한 계시(계4-18장)

1. 환난시대에 관한 첫 환상(계4장)

2. 일곱 인(印)의 재앙(계5-7장)

첫 번째 삽입장면(계7장)-환난시대 구원받을 자

3. 일곱 나팔의 재앙(계8:2-14:2)

두 번째 삽입장면(계10-11장)-종말의 임박성과 두 증인

세 번째 삽입장면(계12-13장)-악의 세 축

네 번째 삽입장면(계14장)-환난시대 구원받은 자와 심판받을 자

4. 일곱 대접의 재앙(계15-18장)

5. 큰 바벨론(음녀) 심판(계17:1-6)

Ⅱ. 그리스도의 재림과 성도들의 부활에 대한 계시(계19장)

Ⅲ. 천년왕국과 최후 심판에 대한 계시(계20장)

Ⅳ. 새 하늘과 새 땅에 대한 계시(계21-22장)

<교회시대와 환난시대(the period of Great Tribulation)

1. 일반적 견해

① 교회시대는 예수의 부활 승천 이후부터 예수의 재림까지의 시대를 말한다. 우리는 지금 교회시대에 살고 있다. 사탄의 세력은 예수께서 재림하기 전까지 이 땅에서 자기들의 왕국을 확실하게 건설하기 위해 끊임없이 그리고 무섭게 인류를 죄악으로 유혹한다. 때문에 그리스도께서는 이와 같은 사탄의 계획과 악행을 저지하기 위하여 교회시대 내내 사탄과의 영적 전쟁을 계속하시고 죄악의 삼판을 위한 재앙을 계속 내리신다. 그런데 세상의 죄악은 시대가 경과할수록 더욱 **강박**해지고 이에 따라 심판(재앙)의 양상 또한 가혹해진다. 따라서 그리스도의 재림 직전에는 죄악과 그에 대한 심판이 절정에 달하리라고 본다. 그리하여 사람들은 죄악과 죄악에 대한 심판이 절정에 달하는 교회시대 말기 즉, 예수 재림 직전 시대를 환난시대 또는 대(大)환난시대 부르고, 환난시대를 끝으로 예수께서 재림하신다고 믿는다. 따라서 환난시대는 교회시대와 단절된 별개의 시대가 아니고 교회시대의 연속이자 그 말기(종말)로 이해되고 있다.

② 교회시대는 이방인에게 주어졌기 때문에 그 기간은 알 수 없다. 지금까지 교회시대가 시작된 지 2000여 년이 경과했다. 환난시대의 기간은 '한 이레' 즉 7년이고, 그 기간 7년도 전(前) 3년 반(半)과 후(後) 3년 반으로 구분하는데, 7년 이라는 기간은 문자적(고정적) 7년이라기보다는 상징적 표현으로, 그 기간이 '단기'임을 상징한다고 믿는다. 인 재앙과 나팔 재앙은 전 3년 반 동안에, 대접 재앙은 후 3년 반 동안에 일어난다고 본다.

③ 성경에서는 환난시대의 3년 반을 '마흔 두 달'(계 11:2), '1,260일'(계 11:3), '사흘 반'(계11:9), '삼일 반'(계 11:11), '한 때 두 때 반 때'(계12:14) 등으로 표현하고 있다.

2. 7년 환난시대의 성경적 근거

① 학자들은 일반적으로 환난시대(7년)의 성경적 근거를 구약의 다니엘서에서 찾는다. 다니엘은 인류의 역사기간을 다니엘 생존시대(바사의 다리오 왕 시대)부터 '70이레'동안이라는 계시를 받았다(단9:24). '한 이레'는 7년이다. 따라서 70이레는 490년이다. 다니엘의 인류 역사기간은 교회시대의 기간이 제외된 기간이다.

② 그의 예언에 의하면 예루살렘 성(바사시대 스룹바벨 성전)을 중건하라는 명령이 내려진 때부터 기름 부은 자(예수 그리스도)가 오기까지 일곱(7)이레와 62이레 즉, 69이레가 지날 것이라 하였다(단9:25). 실제적으로 69이레가 지나고 예수 그리스도가 오셨다. 그리고 사역하신 후 십자가에 죽으시고 부활 승천하셨다. 예수의 부활 승천 후 교회시대가 시작되었다(단 9:26).

③ 그리고 교회시대 끝날 무렵 '한 이레'(70번째 이레: 7년의 환난시대)가 올 것이며, 그 이레 동안에 사람들은 환난을 겪을 것이고, 그리고 그 끝에 종말이 올 것이라고 다니엘은 예언하였다(단 9:27).

3. 세대주의자들의 견해

1) 세대주의자들은 다니엘서에는 69번째 이레(교회시대 직전의 시대)와 70번째 이레(환난시대)를 연결시키는 내용이 없기 때문에, 69번째 이레와 70번째 이레는 '단절'된다고 주장한다. 그리고 그 양자 사이에 독립된 교회시대가 존재한다고 한다(gap theory).

(69번 째 이레→교회시대→환난시대(70번째 이레)→예수 재림)

2) 그들은 환난시대 기간 7년도 문자적(고정적)인 7년이라고 주장한다. 또한 전(前) 3년 반(半)과 후 3년 반도 문자적으로 해석한다.

3) 또한 교회시대의 전체기간은 알지 못하지만 그 기간이 다음과 같이 일곱 교회의 순으로 구분된다고

주장한다.

① 에베소 교회시대: AD 33-100

② 서머나 교회시대: AD 100-312

③ 버가모 교회시대: AD 312-590

④ 두아디라 교회시대: AD 590-1517

⑤ 사데 교회시대: AD 1517-1750

⑥ 빌라델비아 교회시대: AD 1750-1905

⑦ 라오디게아 교회시대: 1905-7년 환난 초. 우리는 현재 라오디게아 시대에 살고 있다.

*** 세대주의**

세대주의(dispensationalism)는 1830년 영국과 아일랜드에서 시작된 전(前)천년주의자들의 운동으로, 플리머스 형제단(Plymouth Brethren)에서 유래되었다. 대표적인 지도자는 J. N. Darby였고, 그들의 사상을 전파한 매체는 스코필드 목사(C. I. Scofield 1843-1902)의 주석 성경이었다.

4. 다수의 견해

① 많은 학자들은 환난시대가 교회시대로부터 단절되지 않는다고 본다. 즉, 환난시대를 교회시대의 말기이자 재앙이 집중되는 시대로 본다. 교회시대 말기와 70번째 이레(환난시대)는 겹치는 것으로 이해한다.

② 교회시대의 기간도 에베소 교회 등 일곱(7) 교회의 기간으로 분할되지 않으며, 환난시대도 문자적 7년으로 해석하지 않고 단기간을 상징적으로 표현한다고 생각한다.

제 2 절 요한계시록의 분해(分解) 해석

제 1 부 '네가 본 것'(계 1:19) – 서론, 과거에 대한 것(계 1장)

① 요한계시록은 서론에서 반드시 속히 일어날 일에 대한 계시라고 밝힌다.

② 요한계시록의 제1부는 이 책의 서론으로, 사도 요한이 이미 본 것, 이미 경험한 것 즉, '네가 본 것'에 대한 기록이다. 이 책의 표제(제목), 저자, 기록의 목적과 내용, 내용의 유익성, 성취의 임

박성, 계시의 전달 경로(하나님-그리스도-천사-요한-종들) 등을 내용으로 하고 있다.

③ 이 예언의 말씀을 읽는 자들과 듣는 자들과 지키는 자들은 복이 있나니 때가 가까움이라 하였다(계1:3).

④ 이 계시가 삼위일체 하나님을 통해 온 것임을 밝힌다. 즉, 이제도 계시고 전에도 계셨고 장차 오실 이(성부)와, 그 보좌 앞에 있는 일곱 영(충만하고 완전하신 성령), 그리고 예수 그리스도(성자)가 강조되고 있다(계1:4-5).

⑤ 그리스도의 공개적 재림을 선언한다(계 1:7). 그리스도의 초림을 본 사람은 적으나, 그리스도의 재림은 공공연하게 이루어질 것임을 의미한다.

⑥ 사도 요한의 현재 처한 상황을 설명한다(밧모섬 유배)(계 1:9)

⑦ 하나님께서 사도 요한에게, 본 것을 책으로 써서 소아시아 지방의 일곱 교회(교회시대를 대표하는 교회)에 보내라고 말씀하신다(계 1:11).

⑧ '네 본 것은 내 오른 손의 일곱 별의 비밀과 일곱 촛대라. 일곱 별은 일곱 교회의 사자요, 일곱 촛대는 일곱 교회니라'하신다(계 1:20).

일곱 별은 교회를 보호하도록 '하나님의 위임을 받은 하늘의 사자 즉, 천사'를 의미한다. 그리고 일곱 촛대는 '일곱 교회'를 말한다. '일곱'은 숫자적 개념이라기보다는 '완전성'을 상징한다.

제 2 부 '지금 있는 일'(계1: 19)–교회시대에 대한 계시(계 2장–3장)

제 2부는 '지금 있는 일' 즉 교회 시대의 상황에 관한 계시의 기록이다. 하나님께서는 소아시아에 있는 일곱 교회에 편지를 보내는 방식으로 교회시대에 대하여 말씀하셨다.

1) 일곱 교회에 대한 편지

당시 소아시아에 있었던 일곱 교회들에게 보내는 편지가 계시의 기록 및 전달 방법으로 사용되었다. 일곱 교회는 에베소, 서머나, 버가모, 두아디라, 사데, 빌라델비아, 라오디게아 교회 등으로서, 당시 소아시아에 실존하고 있었고 대표적 교회들이었다. 이 교회들이 교회시대를 대표한다. 모든 편지의 발신자는 예수 그리스도로 되어있으며 기록 장소와 발신지는 에게 해(Aegean sea)상 밧모(Patmos)섬이었다. 그리고 일곱 교회에 동일한 편지(7개를 한데 모은 편지)를 보냈다. 회람용 서신이다.

2) 개별 편지들의 구성 형식

각 편지들은 모두 ①수신자로서의 교회 이름, ②예수께서 그 교회를 보시는 태도, ③ 칭찬, ④ 비판(꾸중), ⑤ 권면(가르침), ⑥약속, ⑦ 약속 후의 적용 등 동일한 형식으로 구성되었으며 이를 요약하면 아래 표와 같다.

교회이름	칭찬	비판	가르침	약속
①에베소	악한 자를 용납하지않고 견디고 인내했다	처음사랑을 버렸다	처음 행위를 가져라	생명나무의 과실
②서머나	은혜롭게 환난과 궁핍을 견뎠다.	없음	죽도록 충성해라	생명의 면류관
③버가모	믿음을 버리지 않았다	부도덕, 우상숭배, 음행을 허용했다	회개	감추었던 만나와 새 이름을 새긴 돌
④두아디라	사랑, 섬김, 믿음, 인내가 처음보다 더 했다	우상숭배의 제단과 부도덕을 허용했다	심판이 다가온다. 믿음을 지켜라.	만국을 다스리는 권세와 새벽별
⑤사데	믿음을 지킨 사람들이 있었다	죽은 교회이다	회개하라. 남은 것을 굳게 하라	명예를 얻고 흰옷을 입을 것이다
⑥빌라델비아	믿음 안에서 견디었다	없음	믿음을 지켜라	하나님이 임재하시는 장소, 새이름, 새예루살렘
⑦라오디게아	없음	무관심했다	열심을 내라. 회개하라	예수의 보좌에 함께 앉음

〈cf. Nelson's Complete Book of Bible & Charts〉

제 3 부. '장차 될 일'(계1:19)(계4-22장)

제3부는 장차 될 일에 대한 계시이다. 즉, 장차 될 일에 대한 계시로서,

첫째는 '환난 시대에 될 일'에 대한 계시이다. 환난 시대는 단기(상징적으로 7년)로 본다. 환난 시대는 전 3년 반과 후 3년 반으로 구분된다. 환난시대는 크게 두 가지 측면으로 진행될 것을 보여준다. 한편으로는 재앙들(심판들)의 진행으로서, 그것은 인(印) 재앙과 나팔 재앙 그리고 대접 재앙으로 전개된다. 또 한 측면은 세상을 배후에서 조종하는 세력인 악의 축들의 출현과 활동으로 전개된다. 즉, 용(사단)과 적그리스도 그리고 거짓선지자가 출현하고 세상세력들과 일체가 되어 활동함을 보여준다. 그것들은 환난시대 말에는 큰 바벨론으로 등장하고 드디어 처참하게 멸

망함으로써 환난시대는 끝난다.

둘째는 예수 그리스도의 재림과 성도들의 부활에 대한 계시이다

셋째는 천년왕국과 최후 심판에 대한 계시이다,

넷째는 새 하늘과 새 천지에 대한 계시이다. 이것으로 요한계시록은 끝난다.

Ⅰ. 환난시대에 대한 계시(계 4장–18장)

1. 환난시대에 관한 첫 환상(계4장)

환난시대는 이미 말한바와 같이 교회시대의 말기 즉, 그리스도의 재림 직전의 시대로서, 환난 (재앙)이 극심한 시대를 말한다. 환난시대에 대한 계시는 요한이 천상에 있는 하나님의 보좌를 보는 것으로부터 시작된다. 그리고 재앙들(심판들)의 진행과 악의 축들의 활동이 교차적으로 진행됨이 계시된다.

1) 첫 환상

일곱 교회들에게 편지를 보낸 후, 요한은 드디어 하나님의 열린 문(門)의 환상을 본다. 요한의 몸은 밧모 섬에 있었지만 그가 환상에서 본 것은 하나님께서 계시는 천상(天上)세계에서 이었다.

① 보좌에 앉으신 이(계4:2-3)

그가 천상 세계의 환상에서 맨 처음 본 것은 천상 보좌에 앉으신 하나님의 모습이었다. 누구도 하나님의 모습을 직접 볼 수는 없다. 다만 외면으로 보이는 하나님의 모습은 벽옥과 홍보석 같았고 또 무지개가 둘려 있었다.

② 이십 사 장로들(계4:4)

그가 두 번째로 본 것은 24 보좌 위에 앉아 있는 24 장로들이었다. 24 장로는 구약의 12 지파와 신약의 12 사도를 대표한다. 결국 24 보좌와 장로는 구약에서 구원 받은 모든 성도들과 신약에서 구원 받은 모든 성도들을 대표한다.

③ 일곱 영(계4:5)

또한 일곱 등불이 보였다. 일곱 등불은 일곱 영이다. 일곱은 온전함을 상징한다.

④ 네 생물과 네 생물의 예배(계4:6-11)

그리고 다시 본 것은 네 생물이었다. 네 생물은 '그룹 천사'다. 네 생물은 세 가지의 특별한 모양을 갖고 있으나, 결국은 짐승의 왕(사자), 가축의 대표(송아지), 만물의 영장(사람), 새들의 왕(독수리) 등 '모든 피조물을 대표'한다. 그들이 하나님께 예배를 드리고 있었다.

2. 일곱 인(seals: 印)의 재앙(심판)(계 5장–7장)

2:1. 일곱 인으로 봉(封)한 두루마리 책과 어린양(계5장)

이제부터는 심판의 진행을 보여준다.

① 요한은 천상의 계시에서 다시 하나님께서 오른 손에 책(scroll)을 가지고 계심을 보았다. 그 책은 두루마리 형태로 감아졌고 7 번 인(도장)을 찍어 봉(封)해져 있었다. 힘 있는 천사가 큰 음성으로 누가 하나님으로 부터 이 책을 받아 펼치기에(take to open and look inside) 합당하느냐고 외쳤을 때 아무도 보이지 않았다. 이로보아 그 책은 아주 소중한 것 같았다. 이와 같은 소중한 책임에도 받아 펼칠 자가 없음을 본 요한은 슬펐다. 그러나 마침내 '어린양'(예수 그리스도)께서 나와서 그 책을 하나님의 오른 손으로 부터 취하셨다. 예수 그리스도께서 책을 취하자 주위의 존재들 즉, 24장로, 수 많은 천사, 네 생물(그룹들), 그리고 모든 만물들이 그리스도 앞에 찬송과 존귀와 영광과 능력을 돌려드렸다.

하나님의 '오른 손에 있는 책'은 하나님의 비밀로서 그리스도를 통해 성취될 역사의 완성, 즉, 이 세상에 대한 심판과 성도들에 대한 최종적인 상급이 기록되어 있는 책이다. 때문에 예수 그리스도가 아니면 아무도 감히 그것을 하나님으로부터 취할 수 없다.

② 그 계획의 집행자는 예수 그리스도이심을 보여준다.

③ 드디어 환난시대(상징적으로 7년) 전 3년 반의 심판(재앙)이 시작되고 있음을 보여준다.

2:2 인(印) 재앙의 내용 / 여섯째 인 까지(계 6 장)

바야흐로 환난시대(상징적로 7년)의 심판의 재앙이 시작된다. 재앙은 인(印)의 재앙으로부터 시작된다.

① 예수 그리스도(어린양)께서 첫째 인을 떼시니 흰말(적그리스도를 상징) 이 나타난다.

② 둘째 인을 떼니 붉은 말(전쟁과 피를 상징)이 나타난다.

③ 셋째 인을 떼니 검정말(기근을 상징)을 탄 자가 저울을 손에 들고 나타난다. 이는 음식을 저울로 달아서 파는 전무후무한 기근이 닥쳐 올 것을 상징한다. 그러나 감람유와 포도주(생활 필수품)는 해치지 말라는 음성이 들렸다

④ 넷째 인을 떼니 청황색 말(사망과 음부를 상징)을 탄 자가 사망이라는 이름을 가지고 나타난다. 땅의 1/4을 검과 흉년 등의 방법으로 멸한다.

⑤ 다섯째 인을 떼니 '하나님의 말씀과 그들이 가진 증거로 말미암아 죽임을 당한 영혼들'(순교자)이 제단 아래로 부터 나타난다. 그들이 땅에 거하는 자들에 대한 심판을 속히 이루어주소서 라고 호소하니, 아직 때가 이르지 않았음을 알리는 대답의 소리가 들렸다.

⑥ 여섯째 인을 떼니 천재지변이 일어나 세상에 극도의 혼란이 발생함을 보여준다.

인의 재앙들은 주로 인간의 고통에 초점이 있으며, 재앙에 대한 하나님의 경고는 결코 경고로 끝나지 않고 실제로 발생할 것임을 보여주는 것이다. 아직 일곱째 인에 대하여는 언급이 없다

〈삽입(插入) 장면〉

계시록은 환난시대의 역사를 7년 동안에 재앙들이 각각 다르게 세 번 중복(三重)되는 역사로 기록 하고 있다. 전(前) 3년 반 동안의 인 재앙 및 나팔 재앙과 그리고 후(後) 3년 반 동안의 대접 재앙이 그것이다.

그러나 어느 부분에서는 삼중의 재앙들과는 구분되는 그러나 이러한 재앙들에 대한 보충적 설명이 되는 장면이 등장한다. 이를 삽입사건 또는 중간 장면이라고 한다. 계시록에는 4 개의 삽입 장면이 있다.

〈첫 번째 삽입 장면〉 / 환난 시대 구원 받을 자 (계 7장)

첫 번째 삽입장면은 환난시대에 구원받을 자가 있을 지, 있다면 누구인가를 보여준다(계 6:17).

1) 인 치심을 받은 144,000 명(계7:1-12)

환난시대에 보호를 받을 자는 첫째로 인 치심을 받은 이스라엘 144,00명이라 한다. 이들은 상징적으로 해석하여, 대 환난을 통과하는 유대인과 이방인들로 구성되는 교회전체를 의미한다. 한편 문자적으로 해석하여, 이스라엘의 12 지파(단 지파와 에브라임 지파 누락)중 신실한 성도(각 지파별로 12,000명씩)를 말한다는 주장도 있다. '인 치심을 받은 자'란 성도들이 환난 기간 동안 극심한 고통을 받게 될지라도 결국 구원을 받게 될 것이라는 확신을 가지고, 영적 인침을 받은 자를 말한다. 하나님께서는 천사들을 시켜 전쟁(바람)을 중지시키면서(붙잡음) 까지 이들의 머리에 인을 치심으로써 이들을 구원 받을 자로 구분하신다.

2) 흰 옷 입은 큰 무리(계 7:13-17)

환난시대 구원받을 자는 두 번째로 흰 옷 입은 자들이다. 이들은 환난기간 동안 사탄과 그 추종세력의 온갖 핍박에고 불구하고 승리한 자들이며 그리스도의 십자가 죽음을 믿음으로 받아들일 뿐만 아니라 주 안에서 믿음의 신실한 증거를 가진 자들을 말한다. 그들은 천상에서 주림도, 목마름도, 열에 상함도 받지 않을 것이다.

〈환난 시대의 재앙(심판)들〉

① 삼중(三重)의 재앙

환난시대(교회시대 말기)의 재앙은 인의 재앙으로 끝나지 않는다. 또 다시 나팔 재앙(8장)과 대접 재앙(15장)으로 이어진다. 이를 삼중의 재앙이라 한다.

② 삼중 재앙들의 연속성 및 내포성

그런데 계시록(8:1)은 삼중의 재앙들이 각기 독립되어 있지 않음을 보여 준다. 즉 일곱 인의 재앙이 끝나고 새롭게 나팔 재앙이 시작 되는 것이 아니라, 인 재앙의 마지막인 일곱 번째 인을 뗌으로써 나팔 제앙의 첫 번째 재앙이 나타나는 것으로 되어 있다. 그러므로 나팔 제앙의 첫 번째는 인재앙의 일곱 째 재앙의 내용에 불과한 것이다. 이와 같은 현상은 일곱째 나팔 재앙과 첫 번째 대접 재앙의 경우에도 나타난다. 이는 인 재앙과 나팔 재앙 그리고 대접 재앙이 각기 독립된 것이 아니고 단 하나의 연속된 사건으로, 즉 세 가지의 일곱은 하나의 일곱에 다 포함된 것으로 보아야한다.

③ 삼중 재앙들의 계속, 반복, 중복, 강도의 점진성

어떤 학자는 재앙들이 인의 재앙->나팔 재앙->대접 재앙의 순으로 질서 정연하게 계속된다고 한다. 그런가 하면 일곱 나팔재앙과 일곱 대접재앙은 일곱 인(印)의 재앙을 반복 또는 중복한다고 보기도 한다. 또한 재앙별로 기간의 장단이 있다고 주장하기도 한다.. 뿐만 아니라 재앙들은 계속 이어지지만 재앙의 강도가 기간의 경과에 따라 점점 가혹해지고 주님의 재림 직전에 절정에 달한다고 주장 한다.

우리는 재앙들의 반복과 중복 그리고 재앙은 점점 심하여 교회시대 말기에 절정에 달한다는 주장을 거부할 수는 없다고 본다. 그러나 모든 재앙들은 결국 같은 종말과 같은 목적에 도달할 것으로 보되 그러나 지나치게 인위적 문자적 주장에는 신중하게 접근해야 한다고 본다.

3. 일곱 나팔(trumpets)의 재앙(심판)(계 8:2–14:2)

3:1 일곱 째 인 / 나팔 재앙의 준비(계8:1-5)

두 번째 재앙에 관한 계시이다.

① 그리스도께서 일곱째 **인**을 떼실 때 하늘이 반시간 쯤 고요하였다. 더 무서운 재앙이 준비되었을 암시하는 긴장의 시간을 뜻한다.

② 또 다른 천사가 제단 곁에 서서 금향로를 가고 있음을 본다. 금향로의 향은 성도들의 기도로서 하나님 앞으로 올라가고 있었다. 반면에 천사가 향로(심판의 도구를 상징)를 가지고 제단의 불을 담아다가 땅에 쏟으니 음성과 번개와 지진이 났다.

③ 따라서 일곱 째 인 재앙은 실제로 일어난 것이 아니고 나팔 재앙의 서곡이자 준비이다.

3:2 나팔 재앙의 내용 / 여섯째 나팔 재앙까지(계8:6-9:21)

① 첫째 천사가 나팔을 불 때 피 섞인 우박과 불이 땅에 쏟아졌으며 땅의 1/3이 타버리고 수목의 1/3도 타버린다.

② 둘째 천사가 나팔을 부니 바다의 1/3이 피가 되고, 바다의 피조물 1/3이 죽고, 배들의 1/3이 깨졌다.

③ 세 번째에는 큰 별이 하늘에서 떨어져 강들의 1/3을 해쳤다.

④ 넷째 천사가 나팔을 부니 해와 달과 별들의 각 1/3이 떨어져 어둠과 빛이 없어졌다.

⑤ 다섯째 천사가 나팔을 불매, 요한이 보니, 하늘에서 땅에 떨어진 별 하나가 있는데 그가 무저갱(바닥없는 구덩이)의 열쇠를 받았다. 그가 무저갱을 여니 화덕의 연기와 황충(메뚜기)이 나왔다(계 9:1-11).

'하늘에서 떨어진 별 하나'는 '타락한 천사'로서 사탄을 의미한다. 그리고 '무저갱'은 사탄과 그의 졸개들(악한 귀신)을 일시 투옥시켜 두는 지하 감옥이다. '황충(蝗蟲)'(메뚜기)은 무서운 폭식력(暴食力)을 가지고 있다. 황충이 들에게는 전갈(심한 고통을 주는 쏘는 것이 특징)의 권세가 주어졌고, 또한 그것들은 지상의 자연은 제외하고 이마에 하나님의 인침을 받지 못한 사람들만 5개월 동안 해치라는 하나님의 명령을 받았다. 그리고 그것들은 여러 가지 무서운 모양을 가졌으며, 그들에게 왕이 있으니 왕의 이름은 아바돈이었다.

⑥ 여섯째 천사가 나팔을 부니 '유브라데 강에 결박하여 놓은 네 천사를 방면하라'는 하나님의 명령의 음성이 들렸다(계9:13-14).

네 천사들은 '전쟁'과 '반역의 천사'로서 하나님께서 유브라데 강가에 결박지어 놓았던 악한 천사들이다. 그 천사들은 수하에 2만만(2억)의 마병대를 거느리고 있었으며, 그 마병대는 때가 되면(년, 월, 시) 인구의 1/3을 죽이기로 준비된 자들이었다. 그리고 그 마병대는 불빛과 흉갑 등으로 완전무장하고 있었다.

유브라데 강과 그 곳의 바벨론은 고래로 죄악과 반역의 진원지이고 우상의 소굴이며, 동서(東西)진영 간 전쟁의 장(場)이었다. 피비린 내 나는 대 전쟁(다음의 대접심판)이 임박했음을 보여주는 환상이었다.

나팔재앙은 넷 째까지는 주로 자연계에 대한 재앙이고, 다섯 째와 여섯 째는 인간에 대한 재앙이며, 일곱 째는 또 다른 일곱 대접재앙의 서곡이자 출발점이다.

〈두 번째 삽입 장면〉

두 번째 삽입 장면에서는 두루마리 책과 대환난을 통과하는 교회 그리고 두 증인에 대한 환상을 보여준다.

1) 천사의 손에 놓인 두루마리 책(계 10장)

요한이 또 보니 '힘센 다른 천사'(예수 그리스도)가 구름을 입고 하늘에서 내려온다. 그 손에는 작은 두루마리가 들렸고 그의 양 발은 바다와 땅을 밟았다(계10:1-2).

하늘에서 우레 소리가 남으로 요한이 그것을 기록하려 하니 '하늘에서 우레 소리가 말한 것을 인봉하고 기록하지 말라'는 음성이 들렸다. 그리고 다시 힘센 천사가 하늘과 피조물을 두고 맹세하여 말하되 '지체하지 아니 하리라. 일곱 째 천사가 나팔을 불려고 할 때 하나님의 종 선지자들이 이미 전한 바와 같이 하나님의 그 비밀이 이루어 지리라. 네(요한)가 가서 바다와 땅을 밟고 서 있는 천사(예수 그리스도)의 손에 펴 놓인 두루마리를 가지라'라고 말했다. 이 말을 듣고 요한이 작은 두루마리를 달라한즉 천사가 이르되 '갖다 먹어 버리라. 배에는 쓰되 네 입에는 달리라'고 하였다(계10:3-11)

① 여기에서 '힘센 다른 천사'는 지금까지 앞에서 언급된 천사와는 다른 천사를 말한다. '양발이 바다와 땅을 밟았다'는 것은 전 세계적으로 영향을 미칠 것임을 의미한다.

② '작은 두루마리'는 장차 일어날(후 3년 반 동안에 일어날) 대접재앙에 대한 예언이 기록되어 있는 비밀의 책을 말한다. 즉 11장부터 18장까지의 내용이 기록된 비밀의 책이다.

③ '지체하지 아니하리라'는 나머지재앙이 임박하여 하였음을 뜻한다.

④ '배에는 쓰되 네 입에는 달리라'는 말은 후 3 년 반 동안에 당할 인류의 처참한 환난과 고통을 예언하는 하나님의 말씀이다. 따라서 이 말씀은 신자들에게는 달지만 불신자들에게는 쓰다.

2) 성전과 그 안에서 경배하는 자들(계 11: 1-2)

내게(나에게) 지팡이 같은 갈대를 주며 하늘에서 말하는 소리가 들렸다. 성전과 제단과 그 안에서 경배하는 자들을 측량하라. 그러나 성전 바깥마당은 측량하지 말고 그냥 두라.

대환난을 통과하는 교회와 하나님의 신실한 성도들의 회복과 보존에 관하여 말한다.

① '지팡이 같은 갈대'는 측량 도구를 말한다.

② '측량'은 성도의 회복과 보존(preservation)을 암시한다.

③ '성전과 제단'은 성소와 지성소를 뜻하고 '성전 바깥마당'은 이방인의 뜰을 표현한다. 이방인의 뜰은 후 3년 반 동안 보호할 필요가 없다.

3) 두 증인(계 11:1–13)

(하나님의 계시)

내(하나님)가 나의 두 증인에게 권세를 주리니 1,260일을 예언하리라. 두 증인은 이 땅의 주 앞에 서 있는 두 감람나무와 촛대니 누구든지 그들(두 증인)을 해하면 그들은 죽임을 당하리라. 그들이 예언을 하는 동안 비가 오지 못하게 하리라.

그들(두 증인)이 증언을 마칠 때 무저갱으로부터 올라오는 짐승이 그들과 전쟁을 일으켜 그들(두 증인)은 죽이고 그들의 시체가 큰 성 길에 있을 것이다. 사람들이 사흘 반(후3년 반) 동안 시체를 그 곳에 방치할 것이다. 세상 사람들이 그 모습을 보고 즐거워 할 것이시다'라고(계 11:1-11).

(사도 요한이 본 것).

'삼일 반 후'(후 3년 반 후)에 하나님께로부터 생기가 그들(두 증인) 속에 들어가매 그들이 발로 일어섰다. 또한 하늘로부터 올라오라 하는 음성이 들리니, 그들이 구름을 타고 올라갔다. 그들의 원수들도 구경하더라고(계11:12-13).

일반적으로 두 증인은 교회시대 전 기간에 걸쳐 예언 하도록 부르심을 받은 모든 예언자를 가리킨다고 본다. 모세와 엘리야로 보는 견해도 있다.

그들 예언자의 사명, 결국 그들이 주게 됨, 그리고 그들이 부활 할 것을 계시한다.

① '두 감람나무와 두 촛대'도 두 증인을 비유적으로 표현한 말이다

② '1,260일'은 7년 환난시대의 '전 3년 반'을 나타내는 말이다.

③ '그들이 증언을 마칠 때'는 7년 환난에서 전 3년 반이 끝나고 후 3년 반이 시작되기 직전을 의미한다.

④ '무저갱으로부터 올라오는 짐승'은 다음 장에 설명되는 사탄의 권력을 대행하여 외부로부터 교회를 핍박하는 '적그리스도'를 상징한다.

⑤ '그들(두 증인)이 죽임을 당한 것'은 두 증인이 적그리스도에게 순교됨을 말한다,

⑥ 두 증인을 죽인 곳은 예수님께서 십자가 못 박히신 곳이다.

⑦ '삼일 반 후'는 후 3년 반이 경과한 때 즉 7년의 환난이 끝날 무렵을 말한다. 두 증인은 부활

하여 승천한다.

3:3 일곱 째 나팔 소리(계 11:14-19).

(앞에서 본) 두 번째 삽입 장면이 끝나고 일곱째 천사가 나팔을 불 때 큰 소리가 울려 퍼진다. '세상 나라가 우리 주와 그의 그리스도의 나라가 되어 그가 세세토록 왕 노릇 하시리로다'라고. 또한 이십사 장로가 하나님께 경배하여 이르되 '이방들을 심판하여 주시며 주의 이름을 경외하는 자들에게 상을 줄 때가 이 때로 소이다'라고.

그리고 하나님의 성전이 열리니 성전 안에 하나님의 언약궤가 보였다.

① 두 증인이 죽고 후 3년 반이 끝날 무렵, 일곱째 천사가 일곱째 나팔을 불면 그리스도가 재림하여, 그의 나라를 되찾고 그가 세세토록 왕 노릇 할 날이 멀지 않았음을 말한다. 즉 종말이 임박했음을 상징한다.

② 그리고 천상의 보좌 앞에 있는 24 장로들이 환난시대의 종말을 찬양하고 있는 모습이 보여진다.

③ 또한 성전의 지성소에 있는 하나님의 언약궤가 보였다. 언약궤는 언제나 볼 수 있는 것은 아니다. 일 년에 한 번 속죄일에 뿐이다. 언약궤가 보였다는 것은 하나님께서 인류 구원의 언약(약속)을 다시 한 번 확인하고 증명하여 주시는 것 이었다.

④ '천사가 일곱 째 나팔을 부니'에서 일곱째 나팔은 별개의 '나팔재앙'을 가리키는 것이 아니다. 일곱 째 나팔재앙은 일곱의 '대접재앙'을 내포하고 있기 때문이다. 따라서 일곱 째 대접재앙을 끝으로 하여 마지막의 전 재앙이 주어진다.

〈세 번째 삽입 장면(계12-13장)〉 / 이스라엘의 운명과 악의 주체들

세 번째 삽입장면에서는 이스라엘의 운명과, 악의 주체들에 관한 환상을 보여준다.

A. '해를 옷 입은 한 여자' / 이스라엘의 운명(계12:1-2, 5-6)

하늘에 큰 이적이 보이니 해를 옷 입은 한 여자가 있는데 그 발 아래에는 달이 있고 그 머리에는 열두 별의 관을 썼더라. 이 여자가 아이를 배어 해산하게 되매 아파서 애를 쓰며 부르짖더라(

계12:1-2). 여자가 아이를 낳으니 이는 장차 철장으로 만국을 다스릴 남자라. 그 아이를 하나님과 그 보 앞으로 올려가더라(계12:5). .

해를 옷 입은 한 여자(a woman clothed with the sun)는 이스라엘을 상징한다. 이스라엘은 신구약 전(全) 시대를 통하여 사탄의 세력으로부터 괴롭힘을 받아 왔다. 이를 상징적으로 보여준다

B. 악의 세 축(軸)들

세 번째 삽입장면은 이어서 악의 주체들에 관한 환상을 보여준다. 악의 주체들은 ① '하늘에서 본 한 붉은 용'(an enormous red dragon: 사탄)과, ② '바다에서 나온 한 짐승'(a beast, coming out of the sea: 적그리스도), 그리고 ③ '땅에서 나온 또 다른 짐승'(a second beast, coming of the earth: 거짓 선지자)을 말한다. 이들은 악의 세 축(주체)들로서(空,海,陸의 세축), 악의 삼연일체三聯一體)이라고 말 할 수 있다. 이 악의 축들은 세상나라들이나 정치세력들을 배후에서 조종하거나 지배하는 영적 존재(靈體)로서 불가시적(不可視的) 이다.

1) 하늘에서 보인 '한 큰 붉은 용'(계 12:7–17) / 사탄(Satan)

(1) 사탄의 기원과 형상(계12:7-9)

'하늘에 전쟁에 있으니 미가엘과 그의 사자들이 용과 더불어 싸울새 용과 그의 사자들도 싸우나, 이기지 못하여 다시 하늘에서 그들이 있을 곳을 얻지 못한지라. 큰 용이 내쫓기니 옛 뱀 곧 마귀라고도 하고 사탄이라고도 하며 온 천하를 꾀는 자라. 그가 땅으로 내쫓기니 그의 사자들도 그와 함께 내쫓기니라'(계 12:7-9).

하늘에 또 다른 이적이 보이니 보라 한 붉은 용이 있어 머리가 일곱이요 뿔이 열이라 그여러 머리에 일곱 왕관이 있는데... (계12:3)

① 세 번째 삽입장면에서, 먼저 악의 세 축 중 첫 번째인 사탄의 기원과 형상에 관한 환상을 이야기한다.

모든 천사가 처음에는 거룩하게 창조되었다. 천사는 하나님을 경배하며 섬기고, 영광을 돌리며 그분을 대표하고, 메시지를 전달하는 일을 하는 영적 존재다. 미가엘은 천사의 우두머리 즉,

천사장이고 수호하는 천사이다(단 9:21, 유 1:9, 계 12:7). 그런데 하나님을 수종드는 거룩한 천사들 중 가장 고등 계급의 천사가 '아름다움으로 교만하여져'(겔 28:17), 하나님과 동등함을 취하려다가 미가엘과 싸워 패하고, 아담이 태어나기도 전에 하늘에서 쫓겨났다. 그가 옛뱀 곧 마귀라고도하고 사탄이라고도 한다. 그러므로 사탄은 하늘에서 쫓겨난 타락한 천사이다(사탄=교만하여 타락한 천사 기원설). 쫓겨난 그는 하나님의 보좌와 이 땅의 중간인 공중에서 권세를 잡고 있었다.

② 그는(사탄은) '일곱 머리와 열 뿔을 가진 용'으로 묘사되고 있다. 일곱 머리와 열 뿔은 다니엘의 환상에서 유래한 것이다(단7:7-24). 그리고 '일곱'과 열'은 모두 '완전'을 상징하는 수로, 사탄의 세력이 강력함을 상징한다. 그동안 사탄은 수많은 부하들(하늘의 별들의 1/3)을 세상에 보냈다. 이것들은 사탄의 졸개들로서 마귀군(群)이다.

① 계12:7-12은 '사탄의 기원'에 관한 성경적 근거 구절이다. 따라서 계 12장에서 계 12:7-12 구절이 먼저 나오고, 그 뒤를 이어서 계12:1-6 구절이 나왔으면 더욱 이해가 쉬었을 것이다).

② 사탄의 기원에 관한 또 다른 성경적 근거로는 사 14:12-14,사 14:12-14, 겔 28; 17 등이 있다.

③ 루시퍼(Lucifer)를 마귀의 대장으로 보는데 성경에는 루시퍼라는 이름이 없다. 루시퍼는 '빛을 가져 온 자'라는 말이다. 사 14:12의 계명성(morning star)이 새벽별인 것에서 새벽별=루시퍼로 이해하게 되었다.

(2) 용의 만행 (계12:13-17)

① 사탄은 이스라엘(한 여자)이 아들(그리스도)을 해산하려하자 그 아들을 삼키려 했다(계 12:1-2). 그러나 아들이 해산되자 그 아들은 하나님 앞으로 올라갔다(그리스도의 부활: 계 12:5-6). 이 장면은 요한이 세상에서 보아왔던 그때까지의 이스라엘의 역사를 계시해준 것이다.

② 용의 세력은 지상의 여자(이스라엘)를 아예 말살하려 든다. 그러나 여자(이스라엘)는 광야로 도망하였다(AD 66년 초대 기독교인들이 데가볼리 지방의 한 도시인 Pella로 탈출한 사건을 말한 것으로 추정). 그곳은 후 3년 반 동안(1,260일) 그들(이스라엘)을 양육하기 위하여 하나님께서 미리 예비하신 곳이다.

③ 그러나 용의 세력은 이제 강물 같은 군대를 동원하여 이스라엘(여자)을 수장시키려 한다. 하지만 이때 땅에 지진이 일어나 강물 같은 군대를 삼켜버린다(계 12:13-16).

④ 용의 세력은 아직도 미련을 버리지 못하여 이제는 여자의 남은 자손과 싸우려고 바다 모래 위에 집결한다(계12:17).

2) '바다에서 나온 한 짐승'(계13:1–10) / 적그리스도(antichrist)

(1) '바다에서 한 짐승'의 출현(계13:1-5)

'내가 보니 바다에서 한 짐승이 나오는데 뿔이 열이요 머리가 일곱이라. 그 뿔에는 열 면류관이 있고 그 머리들에는 참람한 이름들이 있더라. 내가 본 짐승은 표범과 비슷하고.... 용이 짐승에게 권세를 주므로 용에게 경배하며 짐승에게 경배하여 이르기를 누가 이 짐승과 같으냐. 누가 능히 이 짐승과 더불어 싸우리요'하더라(계13:1-4).

① 세 번째 삽입 장면에서는, 악의 세 축 중 두 번째인 적그리스도의 출현을 계시한다. 적그리스도는 예수 그리스도와 반대되는 존재로서, 통치자 또는 국가의 모습으로(탈을 쓰고), 이미 역사에 등장하였거나 또는 미래에 등장 할 세력을 말한다. 일반적으로 이 환상에서 바다에서의 한 짐승은 적그리스도를 상징 한다고 설명된다. 이 역시 불가시적 존재이다.

② 용이 이 짐승(적그리스도)에게 자기의 능력과 보좌와 큰 권세를 주었다고 한다. 이는 용이 적그리스도와 연합함을 상징한다(용+적그리스도). 이 짐승은 감히 그와 더불어 싸울 자가 없을 만큼 강자가 되었다. 용과 적그리스도가 연합한 존재도 동시에 적그리스도로 통칭되기도 한다.

③ 이 짐승도 첫 번째와 비슷하게 뿔이 열이요 머리가 일곱이었다. 그의 머리 하나가 상하여 죽게 된 것 같았으나, 그 상처가 나으니 사람들이 놀랍게 여겨 추종자가 늘었다.

(2) 적그리스도의 만행(계13:6-10)

① 그 짐승(적그리스도)이 입을 벌려 하나님을 향하여 비방하였다. 후 3년 반 동안(마흔 두 달 동안) 신성모독을 말하는 입을 받았다.

② 땅에 사는 불신자들로 하여금 그를 경배하게 만들었다.

3) '땅에서 올라 온 또 다른 짐승'(13:11–18) / 거짓 선지자 (a false prophet)

'요한이 보매 또 다른 짐승이 땅에서 올라오니, 어린 양 같이 두 뿔이 있고 용처럼 말하더라. 그가 먼저 나온 짐승의 모든 권세를 그 앞에서 행하고 땅과 땅에 사는 자들을 처음 짐승에게 경배하게 하니 곧 죽게 되었던 상처가 나은 자니라. 큰 이적을 행하되 심지어 사람들 앞에서 불이 하늘로 부터 땅에 내려오게 하고'(계 13: 11-13).

① 세 번째 삽입 장면에서, 악의 세 축 중 세 번째인 '땅에서 올라 온 또 다른 짐승'을 말하고 있다. 그도 짐승으로서 예수의 흉내를 낸다. 또 두 뿔을 가지고 용처럼 말한다. 그리고 그는 이적도 행한다. 그는 곧 거짓 선지자를 상징한다. 적그리스도가 예수를 표방한다면, 거짓 선지자는 성령을 표방한다. 그는 적그리스도의 권세를 행하고 그 앞에서 그를 선전한다.

② 그가 앞에서 먼저 나온 짐승(용 + 적그리스도)으로부터 권세를 받는다. 이는 그가 먼저 나온 짐승과 결합됨을 상징한다(용+적그리스도+거짓 선지자). 다시 말하면 이제 악의 세 축들이 일체가 되었음을 의미한다(악의 삼연 일체). 이 짐승은 환난시대 마지막(후 3년 반)에 출현할 것이다.

③ 그는 자신을 위하여 성도들에게 자기들의 우상에게 경배를 강요한다. 짐승의 우상에게 경배하지 않는 자는 죽인다.

④ 또한 그는 자기와 같은 부류의 사람들에게 오른 손이나 이마에 표(印)를 받게 한다. 표는 생활 필수물자의 매매를 할 수 있는 증표이다. 표의 수는 666이다. 즉, 용도 6, 적그리스도도 6, 거짓선지자도 6, 함께 나열하면 666이도 된다. 그러므로 666은 마귀를 표시하는 숫자인 것이다. 숫자의 표시는 표시를 받은 자와 받지 못한 자와의 구별을 위한 것이며, 받은 자들은 환난시대에 자기들끼리의 특권을 누린다.

⑤ 이 악의 축들은 사탄, 적그리스도 그리고 짐승으로 통칭되기도 한다.

〈네 번째 삽입 장면〉 / 환난시대 구원 받은 자와 심판 받을 자 (계14장)

네 번째 삽입 장면은 후 3년 반 동안에 있을 하나님의 공의로운 심판을 미리 계시해 보인다. 그 내용은 구속받은 144,000의 영광스런 모습, 세 천사의 심판에 대한 예고, 알곡 신자의 구원, 포도송이로 비유된 불신자들의 심판으로 나누어진다.

1) 환난시대에 구원받은 자(계14:1–5).

요한은 환상에서 시온 산에 서 있는 144,000 명을 보았다(계14:1). 그들은 계7:4에서 본 144,000명과 동일한 무리들이다. 그러나 지금의 그들은 대환난시대를 통과한 모습이다. 그리하여 그들은 땅에서 구속함을 받은 자들만이 아는 노래를 하늘의 보좌 앞에서 부르고 있다. 그들은 여자로 더럽히지 않았으며, 입에 거짓말이 없었다.

2) 세 천사가 전하는 심판 복음(계14: 6-13)

좋은 소식을 전하는 세 천사가 공중을 나르며 땅에 거하는 자들에게 하나님의 나머지 심판에 관한 소식을 전하고 있었다.

첫째 천사는 하나님께서 심판하실 시간이 이르렀음을 전한다(계14:6-7).

둘째 천사는 바벨론(적그리스도의 국가)의 멸망을 예고한다(계14:8)

셋째 천사는 누구든지 짐승과 짐승의 우상에게 경배하고 이마에 표를 받으면 하나님의 진노의 포도주를 마시리라고 경고의 말을 전한다(계14:9-13).

3) 두 가지 마지막 추수 예고(계14:14-20)

① 요한은 구름위에 앉은 그리스도(인자와 같은 이)께서 예리한 낫을 가지고 계신 것을 보았다. 한 천사가 성전으로 부터 나와 '당신의 낫을 휘둘러 거두소서. 땅의 곡식이 거둘 때가 이르렀습니다'라고 외쳤다. 천사의 말이 끝나자 그리스도께서 낫을 휘둘러 땅의 곡식을 거두었다. 이는 그리스도께서 후 3년 반 동안에 마지막 성도들(순교자들)을 구원하시는 장면이다.

② 이번에는 불을 가진 천사가 제단으로부터 나와 낫을 가진 또 한 천사에게 '네 예리한 낫으로 땅의 포도송이를 거두라. 포도가 익었느니라' 고 외쳤다. 그 천사가 낫을 휘둘러 포도를 거두어 하나님의 진노의 큰 포도주 틀에 던졌다(대량살상을 상징). 그 피가 온 세상(1,600 스다디온)을 퍼졌다. 이는 불신자에 대한 마지막 심판의 장면이다.

4. 일곱 대접(bowls)의 재앙(심판) (계15장-18장)

4:1 일곱 대접 심판의 준비(계15장)

네 번째의 삽입(중간)장면이 끝나고 일곱 대접 재앙을 알리는 서론의 장이다. 하나님의 진노를 담은 일곱 대접을 일곱 천사에 주는 장면이 보인다. 일곱 대접 심판(재앙)은 3 중(重)의 심판 중 마지막 심판이다. 이미 인의 재앙과 나팔의 재앙으로 경고를 하였음에도 회개치 않음으로 이제는 가장 고통스러운 최후의 심판을 내리는 것임을 보여준다. 그런데 구원 받은 성도들이 하나님을 찬양하는 모습이 보인다. 이는 하나님의 종 모세의 노래로서 출애굽 사건에서 시작하여 그리스도의 사역으로 완성되는 하나님의 전능함과 구원의 사역의 위대함을 찬양하는 것이다. 애굽에서 구원받은 이스라엘처럼 성도들도 종말의 환난 에서 결국 승리할 것임을 시사한다.

4:2 일곱 대접 심판의 내용(계16장)

드디어 마지막 재앙인 일 곱 대접 재앙의 실현되는 가장 무서운 장면이 전개 된다. 대접 재앙은 대부분 자연에 대한 심판으로서 인류가 지금까지 경험 해보지 가장 고통스러운 극심한 심판이다.

① 첫째 대접을 쏟으니 악하고 더러운 종기가 짐승의 표를 받은 사람들에게 나타난다.

② 둘째 대접을 바다에 쏟으니 바다는 죽은 자의 피가 되고 바다의 생물이 모두 죽는다.

③ 셋째 대접을 강과 물에 쏟으니 이것들이 피로 변한다.

④ 넷째 대접을 해에 쏟으니 태양의 열이 초고도화 됨으로 만물은 견딜 수 없게 된다.

⑤ 다섯째 대접을 짐승(적 그리스도 국가)에 쏟으니 그 나라가 사양길에 접어들고 백성이 이를 갈며 하나님을 훼방한다.

⑥ 여섯째 대접을 유브라데 강에 쏟으니 강의 바닥이 들어나 무수한 동방의 군대가 서방으로 진격할 수 있는 통로가 생긴다. 적그리스도국가(연합국)의 군대가 아마겟돈(구약 시대 전쟁터인 므깃도로 추정)에 집결한다. 지진이 생기고 세상의 성과 큰 성 바벨론이 무너지며, 산과 섬이 사라지고 무서운 우박이 떨어진다.

5. 음녀의 심판 / 큰 바벨론(Babylon the Great)의 심판 (계17장)

5:1 붉은 빛 짐승을 탄 음녀의 환상(계17:1-6)

'일곱 대접을 가진 천사 중 하나(일곱 번째 대접 천사)가 내게 말하여 이르되, 이리로 오라. 많은 물위에 앉은 큰 음녀가 받을 심판을 네게 보이리라(계17:1). 내가 보니 여자가 붉은 빛 짐승을 탔는데 그 짐승의 몸에 하나님을 모독하는 이름들이 가득하고 일곱 머리와 열 뿔이 있더라(계17:3). 그 여자는 자주 빛과 붉은 빛 옷을 입고 금과 보석과 진주로 꾸미고, 손에 금잔을 가졌는데.... (17:4). 그의 머리에 이름이 기록되었으니 비밀이라. 큰 바벨론이라(계17:5).

이제 최종 심판으로서 일곱째 대접 심판은 '붉은 빛 짐승을 탄 음녀의 심판'으로 진행됨을 계시한다.

첫째, 위에서, '붉은 빛 짐승'은 이미 설명한 사탄, 적그리스도 그리고 짐승 등으로 통칭되는 악의 세 축의 연합체를 말한다.

둘째, '음녀의 정체'에 관하여는, 위에서 '그 여자는 자주 빛과 붉은 빛 옷을 입고 금과 보석과 진주로 꾸미고 손에 금잔을 가졌는데.... (17:4).'라고 설명되고 있다. 이에 관하여는 일반적으로 '종말에 나타날 모든 나라를 포괄하는 초역사적 실체로, 사탄의 권세와 현혹의 상징이며, 인간의 제도 및 힘으로는 완전히 파괴되거나 바꾸어 버릴 수 없는 신적 비밀'이라고 해석하는 사람이 많다(cf. 톰슨 II 주석성경. 별첨 참고문헌). 이는 곧 최종말에 존재할 세상세력(국가)를 말한다.

셋째, 여자(음녀)가 붉은 짐승을 탔다고 한다. 이는 악의 세 축의 연합체와 세상 세력과 일체가 되었음을 말한다. 그리고 그 이마에 큰 바벨론이라 기록되었다고 한다. 즉, 악의 세 축의 연합체와 세상세력과 일체가 된 존재가 곧 큰 바벨론이라는 말이다. 이는 또한 종말에 출현하는 악의 세 축의 연합체가 결국 큰 바벨론과 동일하다는 말이기도 한다

그러므로 결국 종말의 세상 세력(국가)은 사탄, 적그리스도, 짐승, 음녀 등으로 통칭되는 배후조종 세력과 연합된 초역사적 국가 형태를 취할 것을 상징한다고 본다. 그리고 그 이름이 큰 바벨론이라는 것이다.

5:2 붉은 빛 짐승을 탄 음녀의 역사적 정체(계17:7-18)

'천사가 이르되 왜 놀랍게 여기느냐. 내가 여자와 그가 탄 일곱 머리와 열 뿔을 가진 짐승의 비밀을 네게 이르리라. 네가 본 짐승은 전에 있었다가 지금은 없으나 장차 무저갱으로부터 들어갈 자니.....

지혜있는 뜻이 여기 있으니 그 일곱 머리는 여자가 앉을 일곱 산이요, 또 일곱 왕이라. 다섯 왕은 망하였고 하나는 있고, 다른 하나는 아직 이르지 아니하였으나 이르면 반듯이 잠시 동안 머무르리라. 전에 있었다가 지금은 없어진 짐승은 여덟 째 왕이니 일곱 중에 속한자라. 그가 멸망으로 들아 가리라. 네가 보던 열 뿔은 열 왕이니 아직 나라를 못하였으나 다만 짐승과 더불어 임금처럼 한 동안 권세를 받으리라. 그들이 한 뜻을 가지고 자기의 권세와 능력과 권세를 짐승에게 주더라'(계17:7-13).

(1) 이제부터 하나님께서 그 짐승이 인류의 역사 현장에 과거에서 현재까지 어떤 모습으로 나

타났으며, 또한 앞으로 어떻게 멸망할 것인가(심판의 실상)에 관하여 계시하신다(계17:7)

(2)그 짐승은 전에 있었다가 지금은 없으나 장차 무저갱으로부터 들어갈 자라 한다. 즉 짐승의 영적 측면으로서 적그리스도의 운명을 말한다(계17:8).

(3) 그 짐승은 그 머리가 일곱 이요, 뿔이 열이라고 한다. 먼저 '일곱 머리'는 세상의 일곱 나라를 상징한다. 그리고 일곱 왕 중 다섯 왕은 망하였고 하나는 있고, 다른 하나는 아직 이르지 아니하였으나 이르면 반듯이 잠시 동안 머무르리라 한다(계17:10). 여기에서 이미 망한 다섯 왕은 역사적으로 ① 앗수르, ② 바벨론, ③ 메데와 바사, ④ 애굽, ⑤ 헬라 등을 상징한다고 설명되고 있다. 그리고 현재 있다고 하는 하나는 ⑥ 요한이 살고 있던 시대의 로마 제국을 뜻한다. ⑦ 다른 하나 즉, 일곱 째 나라는 아직 이르지 아니하였으나, 이르면 반듯이 잠시 동안 머무르리라 라고 한다. 그리고 전에 있었다가 지금은 없어진 짐승은 여덟 째 왕이니 일곱 중에 속한 자라는 말은 여덟 째 왕은 이미 살아진 다섯 나라 왕 중에서 하나가 또는 로마가 중흥할 것을 말한다.

(4) 다음으로 그 짐승은 '열 뿔'또한 '열 왕'이라 하였다(계17:12). 이는 여덟 째 나라로서 그 나라가 10개국의 연합국가의 형태를 취하게 될 것을 의미한다

(5) 이 연합국이 전 3년 반 동안에는 적그리스도와 조화를 잘 이루어 오다가(계17:13), 전 3년 반이 지나자마자 적그리스도가 일곱째 왕국을 자신의 독재 아래 둔다(계17:16).

(6) 이 연합국이 그리스도와 더불어 싸우나 그리스도께서 이기실 터이다(계17:14)

5:3 큰 바벨론의 멸망 실상(18장)

1) 큰 바벨론의 멸망을 선언(계18:1-8)

요한이 다시 하늘에서 내려오는 다른 천사를 본다. 그는 큰 권세를 가졌다. 그가 외쳤다. 무너졌도다. 큰 성 바벨론이여 라고. 즉 죄악의 도성 바벨론의 멸망을 통고하는 소리이었다. 바벨론에게 심판이 임한다는 메시지이다. 그러므로 주의 백성은 그 죄악에 참여하지 말라고 한다.

2) 큰 도성 바벨론의 멸망 실상(계18:9-24)

땅의 왕들이 바벨론의 불타는 연기를 보고 울고 가슴을 칠 것이다. 사망, 애통, 흉년, 불에 탐, 땅의 상인들(상고들)의 통곡 바로 그것이 바벨론의 최후의 모습이 될 것이다.

Ⅱ. 그리스도의 재림과 성도들의 부활에 대한 계시(계 19장)

1) 하늘의 찬양(계 19:1-5)

예수의 재림은 음녀(큰 성 바벨론)에 대한 하나님의 심판이 의롭고 참되다는 성도들의 찬양으로부터 시작 된다. 짐승의 심판에 대한 찬양에 이어 24 장로와 네 생물(그룹)의 경배와 찬양으로 이어졌다.

2) 그리스도의 재림 (second coming)

(1) 어린 양의 혼인잔치 선포 (계 19:6-10)

이어서 많은 무리의 음성으로 신랑인 어린양의 혼인 기약이 이르렀으며 신부인 성도들이 깨끗한 세마포를 입고 예비 되었다는 선포의 음성이 들렸다. 이는 드디어 환난 시대가 끝나고 그리스도의 재림을 알리는 음성이었다.

'어린 양의 혼인 잔치'는 그리스도의 재림 때 이루어질 어린 양 되신 그리스도와 교회 사이의 완전한 연합을 묘사한 비유이다. 신랑은 어린양 즉 그리스도이고, 신부는 혼인 잔치에 청함을 받은 자들로서, 모든 신자들 곧 하나님의 선민으로 모인 모든 성도들 곧 교회를 가리킨다. 혼인이란 하늘의 아버지와 아들이 하나이신 것 같이 그리스도와 교회가 '일체'가 되는 것을 상징한다. 그러므로 재림 전에 공중에서 상당기간 동안 실제 혼인 잔치가 있게 되는 것은 아니다.

(2) 그리스도의 재림과 성도의 부활(살전 4:16-17, 계 20:5)

성경은 '주께서 호령과 천사장의 소리와 하나님의 나팔 소리(계8:6의 천사의 나팔소리가 아님)로, 하늘로 부터 강림하시리니, 그리스도 안에서 죽은 자들이 먼저 일어나고(죽은 성도들의 부활), 그 후에 우리 살아남은 자들도 그들과 함께 구름 속으로 끌어 올려(rapture, 휴거), 공중에서 주를 영접하시리니, 그리하여 우리가 항상 주와 함께 있으리라'라고 기록하고 있다(그리스도의 공중 재림과 휴거: 살전 4:16-17). 성경은 그리스도의 '지상' 재림에 관하여는 침묵하고 있다. 이와 같이 그리스도께서 공중 재림하실 때, 이미 죽은 성도들은 육체적으로 부활하여 살아 있는 성도들(산 모습으로)과 함께 휴거된다. 이때의 성도들의 부활을 첫 째 부활이라 한다(계 20:5). 불신자들은 천년 왕국을 거처 최후 심판 때까지 부활하지 못하다가, 최후 심판 때에 이르러 최후 심판을 받기 위하여 부활 한다. 이를 '둘째 사망'이라고 한다(계20:5-6).

<육체적 부활과 둘째 사망>

① 여기에서 '육체적 부활'이란 생전의 육체와 동일한 육체를 가진 부활을 말하지 않는다. 부활의 육체는 '영의 육체'(a spiritual body)로서, 생전의 육체 즉, 자연적인 유체(a natural body)와는 구분되는 신성한 육체이다(고전 15:44).

② '둘째 사망은 육체의 죽음 다음에 심판날에 심판받고 그 죄로 인하여 처벌 받게 되는 영원한 죽음을 의미한다. 성도들에게는 둘째 사망이 없다.

③ 성도들이 '공중에서 주를 영접하시리니'를 그리스도의 재림으로 해석한다.

3) 재림의 주로서 그리스도(계 19:11–18)

그리스도께서는 재림주로서, 불신 세상을 심판하고 짐승을 멸하기 위한 정복자로, 충실과 진실로, 공의 심판자로, 등 여러 가지 모습으로 나타나신다.

4) 아마겟돈 전쟁(계 19:19–21)

요한이 보니 짐승과 그의 추종자들이 모여 예수 그리스도 및 그의 군대들과

더불어 전쟁을 일으키고 있었다. 이는 재림한 예수 그리스도와 사탄의 세력 사이에 벌어질 최후의 전쟁 즉 아마겟돈 전쟁에 대한 묘사이다(계16:16).

예수 그리스도는 세상에 대한 절대적인 권세를 가지고 짐승과 거짓 선지자를 잡아 산채로 유황불 붙는 못(the fiery lake of burning sulfur)에 던져 넣으실 것이다.

Ⅲ. 천년 왕국과 최후 심판에 대한 계시(계 20장)

그리스도가 재림하신 후 성도와 함께 천 년 동안 지상 세계를 다스리게(통치와 심판) 되는 것을 천년 왕국이라 한다.

1) 사단의 결박(계 20:1–3)

천사가 무저갱의 열쇠와 큰 사슬을 그의 손에 가지고 하늘로부터 내려와서 사탄을 잡아 무저

갱에 넣고 인봉하여, 천년이 차도록 다시는 만국을 미혹하지 못하게 한다. 무저갱은 바닥이 없는 구덩이 즉 음부를 말한다.

2) 천년 왕국(Millennium. 계 20:4-6)

① 그리스도의 재림 후에 이 지상에 이루어질 하나님 나라가 실제적으로 천년 동안 계속된다.

② 그리스도와 더불어 심판하는 권세를 가지고 천년 동안 왕 노릇 하게 될 사람들은 첫째는 순교자들 즉 짐승에 목 베임을 당한 자들이고 둘째는 짐승과 그의 우상에게 경배하지 않은 자들이다.

③ 지구의 사람들은 천년 동안 사탄의 유혹과 권세 아래 있지 않았으므로 죄도 짓지 않고 병도 없이 번성하여 그 수가 모래알 같이 많아진다.

3) 사탄의 방면과 그의 최후(20:7-10)

① 왕국이 천년이 되었을 때(최후 백보좌 심판 직전에) 사탄이 그 옥에서 놓여나와서 땅의 사방 백성 곧 곡과 마곡(하나님을 대적하는 백성)을 미혹하고 모아 하나님과 대적하는 싸움을 일으킬 것이다. 그리스도의 재림 때 있을 아마겟돈 전쟁과는 다른 것이다. 하나님을 대적하는 백성의 수가 바다의 모래와 같이 많을 것이다.

② 사탄은 천년동안 무저갱에 결박을 당했어도 그 작정을 바꾸지 않았다. 사람들 또한 천년동안 사탄의 유혹을 받지 않았어도 조물주를 대적하려는 기본성향을 바꾸지는 않았다. 인간의 악성이 얼마나 철저한가를 보여준다.

③ 전쟁의 결과는 하늘에서 불(심판)이 내려와 저희를 소멸함으로써 성도의 승리로 끝난다. 사탄은 이제 무저갱이 아닌 영원한 지옥 즉 불과 유황불 못(lake of burning sulfur)에 던져지게 된다. 거기서 짐승과 거짓 선지자와 함께 세세토록 밤낮 괴로움을 받을 것이다.

〈3 가지의 천년왕국 이론〉

지금까지의 설명에서 우리는 천년왕국이 시작되기 '전'에 예수의 재림이 있는 것으로 보았다. 이를 역사적 전(前) 천년왕국설이라 한다. 그러나 전 천년설 주장자들 중에도 대환난 기간이 시작되기 전에 휴거가 있음을 주장하는 사람도 있다. 그리하여 신실한 성도들은 지상에서 환난시대를 통과하지 않는다고 한다.

또한 계시록의 천년이라는 말을 상징적으로 해석하여 그리스도의 승천부터 재림 시 까지의 전 기간을 천년으로 생각하고 이 기간 동안의 교회를 통한 그리스도의 영적 통치를 그리스도의 왕국으로 보는 견해도 있다. 이를 무(無) 천년설이라 한다

반면에 천년왕국 '이후'에 그리스도의 재림이 있다고 보는 견해가 있다. 그들은 그리스도 재림 전의 천년동안에 복음이 효과적으로 전파되고 교회가 왕성해지며 이것이 바로 1천년의 그리스도의 나라(왕국)에 해당된다는 것이다. 이를 후 천년설이라 한다. 이 견해는 결국 무천년설과 같게 된다.

4) 전 인류의 심판과 둘째 사망 / 백보좌 심판(20: 11-15).

① 천년이 차고 사탄의 영원한 퇴장과 동시에 갑자기 땅과 하늘이 간데없이 사라진다. 그리고 예비하신 심판대가 나타나게 된다. 그 심판대가 바로 백보좌(Great White Throne)이다. 심판자는 성자 하나님이시다. 성부 하나님께서 심판의 권세를 성자 하나님께 위임하셨기 때문이다.

② 심판이 시작되자 믿지 않고 죽은 자들이 무론 대소하고 바다와 사망 그리고 음부로부터 나와 모두 부활하고 심판대 앞에 섰음을 본다. 이와 같이 믿지 않고 죽은 자들은 최후의 심판 때에 심판을 받기 위하여 부활한다(둘째 사망 대상자). 그러나 성도들은 공중 혼인 잔치 때 이미 부활하였기 때문에 이 경우에는 해당되지 않는다. 그러나 심판대 앞에는 불신자뿐만 아니라 신자들도 서게 된다.

③ 심판의 근거는 책이다. 심판대위에 책들이 펼쳐져 있는데, 하나는 '책들'이라고, 다른 책은 '생명책(the book of life)'이라고 표현되어 있다. 그리하여 어떤 사람들은 '책들'은 사람들의 행위를 기록한 행위록 또는 불신자의 이름을 기록한 책이고, '다른책' 즉 색명책은 구원받은 성도들의 이름을 기록한 책 또는 신자들의 이름을 기록한 책이라고 설명하기도 한다. 어떻든 이 책들은 심판의 근거가 된다. 즉 불신자의 경우에는 영원한 지옥으로 던져지는 근거를, 신자의 경우는 상급의 등급을 결정하는 근거를 제공한다. `

불신자(생명책에 명단이 없는 자)는 불 못(the lake of fire)에 던져 진다. 즉 영원한 지옥으로 던져진다. 이를 둘째 사망(the second death)이라고 한다. 신자에게는 둘째 사망이 없다.

Ⅳ. 새 하늘과 새 땅에 대한 계시(계 21-22장)

1. 신천 신지와 새 예루살렘(계21장)

본서의 절정에 21장과 22장에서 나타난다.

그것은 지금까지의 모든 재앙과 결전들이 종료되고 하나님의 새로운 나라가 성취되는 모습을 담고 있기 때문이다.

계 21장은 먼저 새 하늘(新天)과 새 땅(新地)의 영광스러운 모습을 묘사한다. 새 하늘과 새 땅은 더 이상 사망이나 고통, 죄악이 존재하지 않는 성도들의 새로운 공동체를 의미한다. 어린양의 생명책에 이름이 기록된 사람들이 이곳에서 하나님과 함께 영원히 살게 된다.

그리고 다음으로 새 예루살렘의 환상을 기록 한다. 새 예루살렘은 새 땅의 수도(首都)이다.

계 21장은 ① 새 예루살렘의 외적인 형태(계 21:9-17), ② 새 예루살렘 성의 재료(계 21:18-21), ③ 성안에서 구속 받은 성도들이 누리게 될 생활(계 21:22-27)로 세분 된다.

2. 생명수 강과 생명 나무(계 22장)

본장에서는 범죄로 말미암아 상실 되었던 에덴동산의 축복이 그리스도로 말미암아 새 하늘에서 성취될 것임을 보여준다.

22장은 생명수 강과 생명 나무(계 22:1-5), 천국의 소망(계22:6-21)로 세분 된다.

참고 문헌

강병도: 톰슨 II 주석 성경(강병도 편집 책임). 기독지혜사, 1999.

강성률: 철학의 세계. 형설출판사, 2007.

김득중: 신약성서 개론. 컨콜디아사, 1986

김세윤: 요한복음 강해. 두란노, 2001.

대한성공회: 공동번역 성서(외경포함). ㈜보진재.

박준서 외: 성서와 기독교. 연세대학교출판부, 2001.

박종홍: 철학개론. 박영사, 1981.

스코필드: 스코필드 주석 성경.

유동근: 고린도후서(바이블 코어 성경 주석 강해 시리즈). IMC.

이병렬: 이스라엘 역사와 지리. 요단출판사, 1993.

이성호: 새성서 대사전. 성지사, 1978.

이애실: 신약읽기 내비게이션. 성경방, 2013.

이종성: 베스트 성경(이종설 책임편집). 성서원, 1999.

제자원: 그랜드 종합 주석(The Grand Bible Commentary). 성서교재간행사, 1991.

정형철: 성경사전. 아가페출판사, 1992.

정형철: 개역개정 성경. 아가페출판사, 2006.

조용기: 히브리서 강해. 서울서적, 1981.

조용기: 요한계시록 강해. 서울말씀사, 1996

조의설: 세계사 대사전. 민중서관, 1976.

조종남: 요한 웨슬레의 신학. 대한기독교출판사, 1993.

조좌호: 세계문화사. 박영사, 1999.

존 위트머: BKC 강해주석(로마서). 허미순 옮김, 두란노, 2011.

차하순: 서양사 총론. 탐구당, 1987.

최창모: 이스라엘사. 대한교과서주식회사, 2005.

최홍진: 요한복음 강해. 한국장로교출판사, 2006.

홍인규: 로마서, 어떻게 읽을 것인가. 성서유니온선교회, 2001.

Albright, William F.: Archaeology and the Religion of Israel(Fifth edition). Westminster John Knox Press, London. 1968.

Boren, Henry C.: The Ancient World; An Historical Perspective. Prentice Hall, New Jersey, 1976.

Berkhof, Louis: Introduction to Systematic Theology, 1988. 권수경 이상원 옮김. 크리스챤 다이제스트.

Berkhof, Louis: The History of Christian Doctrines. 박문재 옮김. 크리스챤 다이제스트. 2010.

Bright, John: A History of Israel(The Fourth Edition). Westminster John Knox Press, London, 2000.

Burns, Edward M. : Western Civilization. W. W. Norton & Company, 1984.

Bruce, F. F.: Israel and the Nations. The Paternoster Press, 1963, 유행열 옮김. 기독교문서선교회.

Bruce, F. F.: Paul: Apostle of the Heart Set Free. 정원태 옮김. 기독교선교문화사, 1977.

Bruce, F. F. :New Testment History. 나용화 옮김. 기독교선교문화사, 1999.

Brooks, Richard: The Book of Revelation. 이중수 옮김. 목회자료사, 1993.

Calvin, John: Instiutes of the Christian Religion. 이형기 옮김. 크리스챤 다이제스트, 1995.

Dimont, Max I.: Jews, God & History. 김재신 옮김. 크리스챤 다이제스트.

Elwell, Walter A., Yarbrough, Robert W.: Encountering the New Testament. Baker Academic, U.S.A. 2013.

Erickson, Millard J.: Christian Theology. Barker Book House. U.S.A.

Frazee, Charles A.: World History(Volume Ⅰ). Baron's Educatonal Series Inc, 1997.

Grudem, WAyne: An Introduction to Systematic Theology. 노진준 옮김. 은성, 1996.

G. E. Wright & R. H. Fuller: The Book of The Acts of God. 김득중, 이군호 옮김. 컨콜디아사, 1981.

Guthrie, Donald: New Testament Theology. Inter-Varsity Press, U.S.A. 1981.

Guthrie, Donald: Jesus the Messiah.. The Zondervan Co. U.S.A. 1972

Gibbon, Edward: The History of the Decline and Fall of the Roman Empire. Down Load, 2012.

Halley, Henry H.: Halley's Bible Handbook. 박양조 등 옮김. 기독교문사, 2001.

Hagglund, Bengt: History of Theology. 1989. 박희석 옮김. 성광문화사.

Josephus, Flavius: The History of the Jewish War (Ⅲ). 김지찬 옮김. 생명의말씀사, 1987.
Josephus, Flavius: The Antiquities of the Jews (Ⅳ). 김지찬 옮김. 생명의말씀사, 1987.
Johnson, Paul: A History of the Jews. Harper Perennial, 1988.
Lightner, Robert P.: Evangelical Theology, A Survey and Review. 박용성 옮김. 기독교문서회.
Lamprecht, Sterling. P.: Our Philosophical Traditions(A Brief History of Philosophy in Western Civilization), 1955.
Lightner, Robert P.: Evangelical Theology(A Survey and Review). 박용성 옮김. 기독교선교문화사, 1991.
Lyoyd-Johnes, D. M. : The Church and the Last Things(Volume 3). 장광수 옮김. 기독교선교문화사, 2000.
Lyoyd-Johnes, D. M.: God the Father, God the Son(Volume I). 강철성 옮김. 기독교선교문화사, 2000.
Macdonald, William: Pocket New Testament Commentary. Everday Publishing Co. Canada.
Milgiore, Daniel L.: Faith Seeking Understanding(Christian Theology). 장경철 옮김. 한국장로교출판사, 1994.
Noth, Martin: History of Israel: Biblical History, 1984. 박문재 옮김. 크리스챤 다이제스트, 2001.
Osbome, Grant: Hebrews(Life Application Bible Commenatary). 김진선 옮김. 성서유니온, 2008.
Rhodes, Arnold B.: The Mighty Acts of God. John Knox Press, 문희석, 황성규 옮김. 대한기독교출판사, 1964.
Russel, D. S.: Between The Testaments. SCM Press Ltd., 임태수 옮김. 컨콜디아, 1959.
Surburg Raymond F.: Introduction to the Intertestamental Period. 김의원 옮김. 기독교문서선교회.
Scarre, Chris: Chronicle of the Roman Emperors. Thames & Hudson ltd, 2002.
Schlatter, Adolf: 로마서 강해. 김희보 옮김. 종로서적, 1994.
Thomas Nelson Publishers(출판사): Nelson's Complete Book of Bible Maps & Charts. 김창환 옮김. 죠이선교회 출판부, 1996.

Toussaint, Stanley D. : Acts(The Bible Knowledge Commentary). Victor Books. U.S.A, 1983.

Tenney, Merril C. : New Testament Survey. 국제신학연구원 옮김. 서울말씀사, 1996.

Willmington, Harld L. : 본문중심 성경연구. 나침반출판사, 2002.

Wood, Leon: A Survey of Israel's History. 김의원 옮김. 크리스챤 다이제스트, 1995.

Walvoord, John F. : Revelation(The Bible Knowledge Commentary). Victor Books. U.S.A, 1983.

Walker, Williston: A History of the Christian Church. 1969.

Wright, G. E. & Fuller, R. H. : The Book of the Acts of God. 김득중 이군호 옮김. 컨콜디아사, 1987.

헤롯 때의 이스라엘 땅
헤롯 대왕의영토
A.D. 6-37년의 정치적 경계
지중해
(큰바다)
시돈
사렙다
두로
아빌레네
다메섹
이두래아
시리아 지방
가이사랴 빌립보
트라코니티
라파나
가울라니티
아우라니티
프톨레마이오
갈릴리
벳새다
가버나움
막달라
갈릴리 바다
세포리스
나사렛
가다라
아벨라
도라(돌)
가이사랴
(스트라토의 탑)
펠라
데가볼리
세바스테(사마리아)
거라사
사마리아
얍복강
안티파트리
알렉산드리움
욥바
룻다
여리고
예루살렘
유대
아소도
베들레헴
히르카니아
아스칼론
(자유도시)
헤로디움
헤브론
가자
엔게디
아르논강
그랄
이두매
마사다
라피아
브엘세바
말라타
나바테안

바울의 2차 선교 여행 여정

색인(전체)

-4복음서 주제별 색인-

사역 구분	내용	마태	마가	누가	요한	쪽수
5. 갈릴리지방 2차 사역	1)-(1)안식일 논쟁- 밀이삭을 잘라먹다	12:1-18	2:23-28	6:1-5		192
	(2)안식일 논쟁-손 마른자 고치다	12:9-13	3:1-6	6:6-11		193
	2) 12제자를 확정	3:13-19		6:12-16		194
	3) 산상수훈-(1) 팔복 선포	5:1-16		6:20-23		198
	(3) 율법을 완전케 하려 왔다	5:17-20				198
	(4) 눈은 눈으로, 이는 이로(동해동량)	5:38-42				199
	(5)사람에게 보이려고 의를 행치 말라	6:1-18	7:1-23	11:1-13		200
	(6) 이렇게 기도하라(기도의 모범)	6:5-13.		11:2-4		200
	(7)재물을 땅에 쌓아 두지 말라	6:19-34		11:34-36		201
	(8)비판을 받지 아니하려거든	7:1-6		6:37-42		202
	(9) 좁은 문으로 들어가라	7:13-14				202
	(9) 반석위에 집을 지으라	7:21-27				202
	4) 백부장의 하인을 치유	8:5-13.		7:1-10		202
	5) 나인성 과부의 아들을 살리심			7:11-17		203
	6) 오실 그이가 당신 입니까?	11:2-19		11:18-35		203
	7) 패역한 도시에 대한 경고	11:20-30				206
	8) 옥합을 깨뜨린 여인			7:36-50		206
	9) 재정을 후원하는 여인들			8:2-3		207
	10) 바알 세불의 사역 논쟁	12:22-37	3:20-30	11:14-23		207
	11) 요나의 표적밖에 없다 -표적논쟁	12:38-45		11:29-36		208
	12) 예수의 참 가족	12:46-50	3:31-35	8:19-21		209
	13) 비유의 설교-① 씨뿌리는 비유	13:3-9		8:4-15		210
	② 알곡과 가라지 비유	13:24-30				211
	③ 겨자씨 비유	13:31-32				211
	④누룩 비유	13:33				211
	⑤ 감추인 보배 비유	13:34				211
	⑥ 감추인 진주 비유	13:47-50				212
	⑦ 그물 비유(물고기 구분의 비유)	13:47-50				212
	⑧ 등불 비유	5:14-16		8:16-18		212
	14) 풍랑을 잔잔하게 하시다	8:23-37.	4:35-41	8:22-25		212
	15) 거라사의 귀신들린 자 치유	8:28-34	5:1-20	8:26-39		213
	16)화당장 야이로의 딸, 혈루증 여인 치유	9:18-26	5:21-43	8:49-56		213
	17)두 소경과 귀신 들린 벙어리 치유	9:27-34				214
	18) 나사렛의 두 번째 배척	13:54-58	6:1-6			214

사역 구분	내용	마태	마가	누가	요한	쪽수
6. 갈릴리지방 3차 사역 (6:1 계속 사역)	1) 12 제자의 파송-전도지침	10:7-42	6:7-13	9:3-6		215
	2) 다시 살아난 세례 요한	14:1-12	6:14-29	9:7-9		217
	3) 12 제자들의 사역결과 보고		6:30	9:10-11		218
	4) 오병 이어의 표적	14:13-21	6:30-44	9:12-17	6:1-15	218
	5)정한 것과 부정한 것 (유전)의 논쟁	15:1-20	7:1-23			219
	6) 파도를 잔잔하게- 물위를 걸으시다	14;22-23	6:45-52		6:16-21	220
	7) 게네사렛 병자들을 고치심	14:34-46	6:53-56			220
	8) 생명의 떡-영생의 떡 강론				6:22-71	220
6. 갈릴리지방 3차 사역 (6:2 외곽 지역사역)	1)수로보니게 여인의 딸 치유	15:21-28	7:24-30			222
	2)귀먹고 벙어리된 자 치유- 에바다 선언)	15:29-31	7:31-37			223
	3) 떡 일곱개와 생선 두 마리의 기적	15:32-39	8:1-10			223
	4) 요나의 표적 - 표적 논쟁	16:1-12	8:11-13			224
	5) 바리새인과 사두개인의 누룩을 주의	16:5-12	8:14-26			225
	6)가이사랴 빌립보 선언-베드로의 고백	16:13-20	8:27-30	9:18-21		225
	7) 예수의 수난 예고(1차)	16:21-28	8:31-9:1	9:22-27		227
	9) 변화산 사건	17:1-13	9:2-13	9:28-36		228
	10) 귀신들린 아이를 치유 - 아홉 제자들의 실패	17:14-21	9:14-29	9:37-43		230
6. 갈릴리지방 3 차사역- (6:3 마지막사역)	1) 예수의 수난 예고(2차)	17:22-23	9:30-32	9:43-45		231
	2) 성전세 납부문제	17:24-27				231
	3)어린 아이의 교훈- 천국에서 큰 자?	18:1-35	9:33-50	9:46-50 17:1-0		232
	4) 형제들의 불평				7:1-9	232
6. 갈릴리 3차 (6:4- 도중사역)	(1) 사마리아 사람들의 배척		9:51-56			233
	(2) 여우도 굴이 있는데-제자의 도	8:18-22		9:57-62		234

사역 구분	내용	마태	마가	누가	요한	쪽수
7. 유대지방 3차 사역 (7:1 초막절-수전절)	1) 예루살렘 입성				7:10-13	236
	2)-(1)초막절 중간 설교-메시아 논쟁				7:14-36	236
	(2) 초막절 끝날 설교-생수론				7:37-53	237
	3) 현장에서 감음한 여인을 죄사함				8:1-11	237
	4) "나는 세상의 빛이다"				8:12-20.	238
	5) 내가 가는 곳에 너희는 오지 못하리라				8:21-30	239
	6) 진리가 너희를 자유케 하리라				8:31-59	240
	7) 날 때부터 맹인 된 사람 치유				9 장	241
	8) 선한 목자의 비유				10:1-21	243
	9) 70인 전도단의 파송 결과 보고			10:1-24		243
	10) 선한 사마리아인의 이야기			10:29-37		247
	11)마리아는 좋은 편을 택하였으니			10:38-42		245
	14) 어찌 이 시대는 분별치 못하느냐?			11:1-3		246
	14) 그들이 갈릴리 사람 보다 죄가 더 있는가?			13:1-5		247
	16) 겨자씨와 누룩의 비유			13:18-21		248
	17) "아버지와 나는 하나니라"- 수전절 선언	삼위일체			10:22-39	248
7. 유대지방 3차 사역 (7:2 베레아 지방)	2) 좁은 문으로 들어가기를 힘쓰라			13:22-35		250
	3) 안식일에 수종병 환자 치유-안식일 논쟁			14:1-24		250
	5) 회개에 관한 비유 들-(1)잃어버린 양			15:3-7		250
	(2) 잃은 드라크마의 비유			15:8-10		251
	(3) 탕자의 비유			15:11-22		251
	6) 재물에 관한 비유들-(1)불의한 청지기			16:1-13		252
	(3) 부자와 거지 나사로의 비유			16:29-31		253
	7) 용서와 섬김에 관한 비유- (2) 겨자씨 한 알 만한 믿음이 있다면			17:5-6		254
	(3) 섬기는 종의 의무			17:7-10		254
	8) 죽은 나사로의 회생				11:1-44	255

사역 구분	내용	마태	마가	누가	요한	쪽수
7. 유대지방 3 차 사역 (7:3 예루살렘 까지)	1) 10 명의 문둥병자를 고치심			17:12-19		257
	2) 하나님 나라는 너희 안에 있다 -말세의 징조			17:20-37		258
	3) 기도의 형태-(1)불의한 재판관 비			18:1-8		258
	(2) 바리새인의 기도와 세리의 기도			18:9-14		260
	4) 결혼과 이혼에 대한 함정 질문	19:1-12	10:1-12			260
	5) 예수님이 아이들을 축복하심	19:13-15	10:13-16	18:15-17		261
	6) 부유한 젊은 청년과 영생	19:16-30	10:13-31	18:18-30		261
	7) 포도원 품꾼들의 비유	20:1-16				262
	8) 예수의 수난 예고(3차)	20:17-28	10:32-34	18:31-34		262
	9) 야고보와 요한의 야심	20:20-28	10:35-45			263
	10) 소경 바디메오를 고치심		10:46-52	18:35-43		263
	11) 삭개오와의 대화			19:1-10		263
	12) 므나의 비유			19:11-27		264
	13) 마르다와 마리아의 집-값비싼 향유를				12:1-8	265
	14) 나사로를 죽이려는 음모				12:9-11	265
8. 고난의 한 주간 (8:1일요일)	1) 승리의 예루살렘 입성	21:1-9	11:1-11	19:28-44	12:12-19	267
	2) 예수를 비하	21:10-11				267
	3) 예루살렘성을 보고 우시다			19:41-44		267
(8:2월요일)	1) 무화과 나무 저주-기도의 원칙	21:18-22	11:12-25			268
	2) 성전 정화	21:10-17	11:15-19	19:45-48		268
	3) 헬라인과 만남-"한 알의 밀이 땅에 떨어져 죽지 아니하면"				12:20-25	269

사역 구분	내용	마태	마가	누가	요한	쪽수
	1) 종교지도자들과의 변론 (1)요한의 세례가 어디로서냐?	21:23-27	11:27-33	20:1-8		271
	(2) 두 아들의 비유로 종교 지도자들 비판	21:28-32				271
	(3) 악 한 농부 비유로 종교 지도자들 비판	21:33-46				271
	(4) 혼인 잔치 비유로 유대인들 비판	22:1-14				271
	2) 유대 종교지도자등과 논쟁 (1)가이사의 것은 가이사에게	22:15-22	12:13-17	20:20-26		272
	(2) 사두개인들과 부활 논쟁	22:23-33	12:18-27	20:27-40		274
	(3) 가장 큰 계명-사랑하라	22:34	12:28-34	10:25-28		275
	3)그리스도는 뉘 자손이냐? (그리스도의 신성, 선재성)	22:41	12:35-37	20:41-44		275
	4) 화(禍)있을진저 바리새인이여- 일곱 가지 화	23:13-36		11:37-54		276
	5) 과부의 두 렙돈	23:37-39	12:41-44	21:1-4		278
	6) 감람산 설교	24-25장	13:1-37	21:5-36		278
(8:3 화요일)	(1)예루살렘 성전의 파괴 예언	24:1-14	13:1-2	21:5-6		278
	(2) 종말의 징조	24:15-27	13:14-23	21:20-24		278
	(3) 인자의 재림 예언	14:29-51				279
	(4) 재림을 마지 할 준비와 심판	24:42/25:46				280
	① (항상 깨어 있으라)(집주인과도둑)	24:42-44				280
	② (선한 청지기와 악한청지기비유)	24:45-51				280
	③ (열처녀 비유)	25:14-30				280
	④ (달란트 비유)	25:14-30				280
	⑤ (양과 염소의 비유)	25:31-46				281
	7) 십자가 수난 예고(3차)	26:1-5	14:1-5	22:1-2		281
	8) 유다의 배반 계약	26:14-16	14:10-11	22:3-6		281
	9) 예수의 머리에 향유를 붓다	26:6-13.	14:3-9		12:1-6	281

사역 구분	내용	마태	마가	누가	요한	쪽수
(8:5 목요일)	1)유월절 만찬 예비	26:17-19	14:12-16	22:7-13		282
	2) 세족식				13:1-20	282
	3)유다의 배반을 예고	26:20-25	14:18-21	22:21-23	13:21-30	282
	4) 최후의 만찬	26:26-29	14:22-26	22:14-20		282
	6) 다락방강론- 고별설교				13:31-14:31	285
	(1)새 계명을 주노니				13:31-35	285
	(2)닭 울기 전에 세 번 부인하리라			22:33-34	13:36-38	286
	(3) 너희는 마음에 근심하지 말라				14:1-4	286
	(4) 내가 길이요 생명이니(도마)				14:5-7	286
	(5)우리에게 아버지를 보여 주소서(빌립)				14:8-11	286
	(6)나를 믿는 자는 내가 하는 일을 그도 할 것이요				14:12-15	287
	(7) 보혜사 성령을 너희에게 주사				14:16-21	299
	7) 포도밭 교훈				15장,16장	289
	(1) 나는 참 포도나무요				15:1-11	289
	(2) 서로 사랑하라				15:12-17	290
	(4) 성령의 일				16:1-15	290
	8) 대제상적 중보기도-고별기도				17장	291
	10)겟세마네 동산의 기도-비탄의 기도	26:36-56	14:32-52	22:39-53		293
(8:6 금요일)	1) 예수가 체포되시다	26:47-56	14:43-50	22:47-53	18:3-12	294
	2) 안나스의 예비 심문				18:12-23	294
	3) 베드로의 세 번 부인	26:69-75	14:66-72	22:54-62		295
	4) 가야바의 심문	26:57-68	14:55-65	22:63-71	18:19-24	295
	5) 가룟 유다의 자살	27:3-10				296
	6) 빌라도의 1차 심문	27:1-14	15:1-5	23:1-7	18:28-38	296
	7) 헤롯 안디바 앞에 선 예수			23:6-12		297
	8)빌라도의 2차 심문-십자가 처형언도	27:15-26	15:6-15	23:13-25	18:33-19:16	297
	9) 골고다로 끌려감	27:31-34	15:20-23	23:26;33	19:16-23	298
	10) 골고다에서 6시간 -가상 7언	27:35-44	15:24-32	23:33-43	19:18-27	301
	(2) 엘리 엘리 라마 사박다니	27:46	15:34			301
	(2) 내가 목마르다				19:28	301
	(2) 다 이루었다				19:30	301
	(2) 아버지여 내 영혼을 부탁하나이다			23:46		301
(안식후 첫날)	1) 예수의 부활	28:1-10	16:1-8	24:1-12		303
	3)예수가 다락방 제자들에게 나타나시다	28:16-20	16:14-18	24:36-49	20:19-23	304
	4)엠마오로 가는 제자들에게 나타나심		16:12-13	24:13-35		304
	6)-① 갈릴리에서 7 제자에게 나타나심				21:1-14	305
	-② 시몬아 네가 나를 사랑하느냐				21:15-23	306
	7)예수의 지상 명령	28:16-20		24:49		306
(40일후)	예수 그리스도의 승천		16:19-20	24:50-53		307